CoinWorld

Guide to U.S. Coins, Prices & Value Trends

By William T. Gibbs
and
Coin Values Market Analyst
Mark Ferguson, contributor

Nineteenth Edition
2007

A SIGNET BOOK

SIGNET
Published by New American Library, a division of
Penguin Group (USA) Inc., 375 Hudson Street,
New York, New York 10014, U.S.A.
Penguin Group (Canada), 90 Eglinton Avenue East, Suite 700, Toronto,
Ontario M4P 2Y3, Canada (a division of Pearson Penguin Canada Inc.)
Penguin Books Ltd., 80 Strand, London WC2R 0RL, England
Penguin Ireland, 25 St. Stephen's Green, Dublin 2,
Ireland (a division of Penguin Books Ltd.)
Penguin Group (Australia), 250 Camberwell Road, Camberwell, Victoria 3124,
Australia (a division of Pearson Australia Group Pty. Ltd.)
Penguin Books India Pvt. Ltd., 11 Community Centre, Panchsheel Park,
New Delhi - 110 017, India
Penguin Group (NZ), cnr Airborne and Rosedale Roads, Albany,
Auckland 1310, New Zealand (a division of Pearson New Zealand Ltd.)
Penguin Books (South Africa) (Pty.) Ltd., 24 Sturdee Avenue,
Rosebank, Johannesburg 2196, South Africa

Penguin Books Ltd., Registered Offices:
80 Strand, London WC2R 0RL, England

Published by Signet, an imprint of New American Library,
a division of Penguin Group (USA) Inc.

First Signet Printing, November 2006
10 9 8 7 6 5 4 3 2 1

Copyright © Amos Press, Inc., 2006
All rights reserved

 REGISTERED TRADEMARK—MARCA REGISTRADA

Printed in the United States of America

Foreword

The information included in The *2007 Coin World Guide to U.S. Coins, Prices & Value Trends* has been compiled by William T. Gibbs, *Coin World* news editor, with assistance from Paul Gilkes, senior staff writer, and Fern Loomis, editorial assistant. Price guide values have been researched by Mark Ferguson, *Coin World* Values analyst, who also wrote Chapter 4. Graphic designer Jared Wolf designed the cover and Angie Stricker designed the book.

For more than 46 years, since 1960, *Coin World* has reported on people, laws, new issues, auctions, pricing trends and other elements that affect the hobby and business of collecting coins and related items.

In the *Coin World Price Guide*, the *Coin World* editors present in an easy-to-use format a wealth of information and insights. The retail value guide included in the *Coin World Price Guide* is from *Coin World's Coin Values,* a monthly price guide magazine available by subscription and on the newsstand. The value of the information included in this section has been proven over time.

To contact the editors of *Coin World* or request subscription information, write to *Coin World,* P.O. Box 150, Dept. 02, Sidney, Ohio 45365-0150. Visit Coin World Online at **www.CoinWorld .com**. Get the latest information on the State quarters program at **www.StateQuarters.com**. Check out the latest coin values at **www .CoinValuesOnline.com**.

Contents

Introducing the guide

Welcome to the world of coins. *Coin World's 2007 Guide to U.S. Coins, Prices and Value Trends* is designed for the collector, whether neophyte or advanced. However, it should also be useful to the noncollector who has inherited some old coins or who has just become interested in coins, and to the history buff interested in facets of American history virtually ignored in most history textbooks.

This year's feature, "Presidential Coinage," focuses on how the United States switched from depicting images of Liberty on its coinage to issuing coins featuring some of its presidents, despite the wishes of George Washington, who in the 1790s rejected congressional efforts to depict him on the nation's new coinage. Through 2006, only five American presidents had been depicted on circulating coinage, and a few more on its noncirculating commemorative coinage. That changes beginning in 2007, when the United States Mint will begin a program of depicting almost every past American president on a dollar coin, to be issued at a rate of four a year.

This year's edition also contains illustrations of all State quarter dollars through 2006. More people are collecting quarter dollars than any other denomination ever: more than 140 million Americans, according to the United States Mint. The State quarter dollars chapter offers insight into the program and provides suggestions for collecting them.

Our comprehensive analysis of the rare coin market during the period from August 2005 to August 2006, written by *Coin Values* Analyst Mark Ferguson, follows the annual feature and State quarter dollars chapters, and then we get right into what you buy this book for—the retail price guide of U.S. coins. Within the pricing section, we also present the technical specifications for each series, such as size, weight, composition, etc.

Following the pricing section are chapters devoted to mintages, Proof and Uncirculated Mint sets and commemorative coins. Then you'll find a chapter about the art and science of grading (determining a coin's level of preservation and ultimately its value), a background history of U.S. coins, and a look at Mint marks and why they are important.

We then discuss the history and latest techniques of coin manufacturing, followed by an illustrated guide to error and die variety coins.

You'll also find a glossary of often-encountered terms and an index for quick and easy reference.

Why do people collect coins?

People collect coins for many different reasons.

You may want to collect coins because of their historical significance. Coins reveal much about a nation. For example, the word LIBERTY, appearing on every United States coin, says volumes about Americans' love of freedom. The motto E PLURIBUS UNUM, Latin for "out of many, one," defines the nation's character, forged from 50 states and the many peoples who make up such a diverse country. The motto IN GOD WE TRUST was introduced during the Civil War, and while at first optional, became mandatory after Theodore Roosevelt, facing strong public criticism, backed down on his insistence the motto *not* be used on new gold coins introduced in 1907 (he thought the motto's use sacrilegious).

You may collect coins for their artistic beauty. The country's greatest sculptor at the beginning of the 20th century, Augustus Saint-Gaudens, sculptured classical designs for gold $10 and $20 coins. Many other U.S. coins are amazing examples of the coiner's art. (Others, sadly, are unattractive at best.)

You may, like some people, collect for financial reward. This book is not an investment advisory; *Coin World* has always promoted coin collecting, not coin investing. Many authors are willing to give you their personal recommendations. However, we would be remiss if we did not point out that many individuals have profited from collecting U.S. coins. As is true for any investment, investing in rare coins is a calculated risk. The collector should know exactly what he is buying and understand the risks. The risks may be great, but so may be the rewards.

You may collect simply for the love of collecting. A true collector can't explain to the uninitiated the inner joy that comes from owning a 160-year-old half cent that costs less than $40, or a unique misstruck coin pulled from circulation at face value, or an 1861 half dollar that may have been struck by the Confederate States of America after it took control of the three U.S. Mints located south of the Mason-Dixon Line.

Regardless of your vantage point, we hope you will find this book useful, educational and entertaining.

Tips for new collectors

Beginning collectors soon learn that there are no "wrong" ways or "right" ways to collect coins and related numismatic items. No one way or method of collecting is objectively better than another.

However, there are right and wrong ways to do many things collectors routinely do.

Here are some useful tips any collector, beginning or experienced, can benefit from:

• Never hold a coin by placing your fingers on the coin's surfaces. Instead, hold the coin by its edge. The human skin contains oil and contaminants that can damage a coin's surfaces.

• Never speak or sneeze while bending over a coin. While this advice may sound silly, it's practical. Saliva and mucus can damage a coin's surfaces if contact is made.

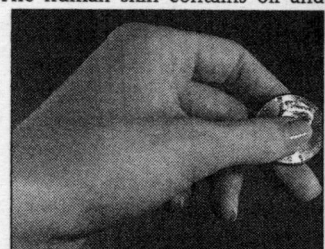

Wrong way to hold a coin.

• Avoid the impulse to clean your coins. Experienced hobbyists use chemicals to safely remove undesirable toning from a coin, and dirt and other substances can be removed without harming the coin; however, these techniques are best left to the expert. Cleaning coins with abrasive cleaners like scouring powder or pencil erasers will damage them; never use an abrasive cleaning method. As for the impulse to clean naturally toned coins, they usually should be left alone. A pati-

Right way to hold a coin.

na—the film that builds up on the surfaces of the coin—forms on copper and silver coins as a natural result of the chemical reaction of the coinage metal to the environment. This film may actually help protect the metal from further reactions. In addition, many collectors and dealers find natural toning attractive, and will even pay a premium for pleasingly toned coins.

• Store your coins properly. Hobbyists have found that certain types of plastic used in coin holders and flips (plastic holders creased in the middle, with the coin housed on one side) actually damage the coins placed in them. Avoid storage materials made of polyvinyl chloride (PVC); ask your dealer what is safe. In addition, some forms of paper envelopes and albums contain high amounts of sulfur, a substance that will cause copper and silver coins to tone. Do not leave your coins exposed to sunlight, high heat or high humidity for very long; all can damage a coin.

• Learn about grading. **Chapter 7** discusses grading in more detail. Even a basic knowledge of what grading represents is important if you begin to buy coins from others. That's because the higher the grade or condition a coin is in, the more it is worth. However, if a collector does not know whether a coin's grade is represented accurately, he can end up paying more than the coin is worth if the coin grades lower than indicated by the seller.

Getting started

Collecting can be fun for the individual and for the entire family. It can be as easy as getting a couple of rolls of coins from a bank and placing the coins into folder-style albums (one of Coin World's most popular columns is "Found in Rolls," written by a collector who searches through dozens of rolls every week), or a family trip to a local coin show (coin shows are held every weekend in some part of the United States; there's probably one in your area within the next few months).

State quarter dollars and Jefferson 5-cent coins are good places to start since their designs have changed (ending the original series for each denominations). It takes little effort to go to the bank, buy several rolls of quarters or 5-cent coins and put individual dates and Mint marks into the holes of an inexpensive album or holder. Most coin stores carry some sort of album or holder for the State quarter dollars or Jefferson 5-cent coins. After going through the rolls and saving the coins needed, take the unwanted coins back to the bank and get some more, or just spend them. If you have duplicates of some coins, trade them with other collectors for the dates you need.

Sorting pocket change and searching new rolls from the bank brings enjoyment to many beginners. It's inexpensive and doesn't take a lot of time or effort. You may want to substitute Roosevelt dimes for the quarter dollars or 5-cent coins, or maybe the Lincoln cent, but the goal is still the same—collecting an example of each date and Mint mark for any given series.

Coin collecting opens many doors: economics, history, art and technology, both old and new. Welcome to the world of collecting and U.S. coins!

Presidential dollar coins

Get ready for the Presidential dollar coins! You are going to be seeing a lot of them in circulation for the next 10 or 11 years, until nearly every former president is commemorated on a dollar coin. Then again, maybe you will not be seeing them, if the coins circulate no more widely than the Anthony and Sacagawea dollars that preceded the new dollar coins.

Rep. Michael Castle, the congressman who was the originator of the wildly successful State quarter dollar program, is hoping to achieve the same level of public success with the Presidential dollar program. Longtime collectors, and even the Federal Reserve, are doubtful, however; they know that history suggests a different outcome is likely.

Two factors may ensure the Presidential dollar program fails to live up its supporters' expectations:

One, traditionally, dollar coins have not circulated widely. Not in this century, not in the last century, not in the 19th century.

Two, the subject matter can be controversial. Some may prefer not to carry around a coin bearing the portrait of the disgraced Richard Nixon, or those depicting such forgotten presidents as James K. Polk and Millard Fillmore?

When the first Presidential dollar coin enters circulation in February 2007, it will depict George Washington, the first U.S. president, the first U.S. president depicted on a U.S. coin and, ironically, an early opponent of presidential portraits on the nation's coinage.

This chapter will explore several aspects of presidential coinage portraits, including: why the United States did not use presidential portraits in the 1790s, when the first coins struck under authority of the U.S. Mint were produced; how the tradition against presidential portraits ended a little more than a century ago; how presidential portraits on U.S. circulating coinage became the norm in the 20th century; and the birth of the Presidential dollar program.

Presidential dollars

With the State quarter dollars program nearing its December 2008 end, its creator, Rep. Castle, began looking for a similar coin program—one that would pump multiple new coin designs into circulation every year, and both promote coin collecting and continue a concept that the State quarter dollars have represented: coinage as history lessons. Castle conceived of depicting every U.S. president on a circulating dollar coin, struck on the same manganese-brass clad planchets used for the Sacagawea dollars. The Presidential $1 Coin Act of 2005 became law in December 2005.

Beginning with the release of the George Washington Presidential dollar Feb. 19, 2007 (the official federal holiday of Washington's Birthday), four Presidential dollars will be issued every year, through 2016 at least, and possibly beyond. Sitting presidents and living former presidents are ineligible to be depicted.

The total number of coins to be released in the program is dependent upon a grim statistic. Each of the four former presidents living at the time this article was written in July 2006—Gerald R. Ford, James Earl Carter, George H.W. Bush and William Jefferson Clinton—must die at least two years before his coin could be issued in order to be eligible. Ford and Carter could appear on dollar coins in 2016, if they die by 2014 or earlier. Compute the odds: Ford would turn 103 in 2016, and Carter, 92. The senior Bush and Clinton would be eligible in 2017, as would the younger Bush, who will no longer be in office. All, of course, must meet the eligibility clause (Bush 41 would turn 93 in 2017; and both Clinton and Bush 43 would turn 71).

A schedule of release for the Presidential dollars appears at the end of this chapter. Note that while presidents serving consecutive terms of office will be honored with just one coin, the sole president to serve in nonconsecutive terms, Grover Cleveland, will get two coins, both to be issued in 2012.

Each Presidential dollar must depict on the obverse a portrait of the president, the president's years in office and the number of the presidency (first president, second president and so on). The reverse must depict an image of the Statue of Liberty, UNITED STATES OF AMERICA and the denomination expressed as $1. Other standard inscriptions—E PLURIBUS UNUM, IN GOD WE TRUST and the Mint mark—will be moved to the edge where they will be incused (sunken), creating the first lettered edge U.S. coins issued for circulation since the early 1930s. Castle wanted the statutory inscriptions moved to the edge to help avoid design clutter on the obverse and reverse. The word LIBERTY will be omitted per a provision in the public law authorizing the coins.

Castle's legislation also calls for a series of First Spouse half-ounce

.9999 fine gold bullion coins of the same diameter as the Presidential dollars. The First Spouse coins will not circulate, but will be sold at a premium beyond their bullion and production cost. The Presidential dollars and First Spouse coins will be issued in conjunction with each other by couple (for example, the George Washington dollar and Martha Washington gold coin will be released about the same time).

The public law does not ban depiction of a living former first spouse on a coin as it does a living former president. (Some individuals have had fun speculating that Bill Clinton could be depicted both on a Presidential dollar and on a First Spouse coin if his wife, Hillary, were elected president in 2008.)

For the First Spouse coins issued concurrent with the dollar coins for presidents who served without a spouse, the gold coin must depict an image of Liberty as depicted on a coin issued during their terms in office. The first such First Spouse coin will be issued for Thomas Jefferson's presidency. Jefferson was a widower.

Because the gold coins will be so expensive, inexpensive bronze medals bearing the same designs but lacking the coin-specific inscriptions will be available from the U.S. Mint.

So, will the Presidential dollars circulate any more widely than the Anthony dollars or Sacagawea dollars? Many collectors have their doubts. So does the Federal Reserve, the nation's central bank. A Federal Reserve official testified at the House of Representatives public hearing July 19, 2006, that "it is unclear at this point whether the Presidential $1 Coin Program will have a substantial effect on the use of dollar coins in everyday transactions." The official noted that with the combined inventories of dollar coins in Federal Reserve and Mint vaults, the Fed had enough coins to meet current demand for three-and-a-half years.

The official also recommended Congress repeal a provision of the Presidential $1 Coin Act of 2005 that requires one-third of all dollar coins struck during the Presidential dollars program retain the Sacagawea dollar designs. That provision was included in the act to placate those who objected to the removal of the only American Indian depicted on a circulating coin. The official said, essentially, the Fed had enough Sacagawea dollars and didn't need more.

Whether the Presidential dollars actively circulate, the program will achieve something that, had things gone differently in Congress in early 1792, would already have been a reality.

A debate in Congress

The signing of the Treaty of Paris in 1783 ended the Revolutionary War and officially recognized the United States as an independent nation. Even as the War for Independence raged, state governments and the national government both worked on resolving monetary issues.

The Articles of Confederation—the nation's first constitution—was agreed to by the Second Continental Congress in 1777 but not ratified until 1781. The Articles created a weak national government and permitted states to keep what today seems like a surprising amount of power. Among the many issues addressed in the Articles was coinage, and in recognition of each state's independence, states and the national government had equal authority to issue coinage, although "The United States in Congress assembled" had the authority to regulate the alloy and value of all state and national coinage. Several states and the federal government issued copper coins under that authority.

The Articles of Confederation were replaced by the United States Constitution upon that new document's ratification in June 1788. The Constitution strengthened the national government and weakened the authority and independence of the individual states. Congress retained the right to regulate coinage and retained the right to authorize a national coinage, but the states lost their right to issue their own coinages.

Soon after, some of the nation's greatest minds worked at devising a national coinage system and a national Mint, notably Robert Morris, Thomas Jefferson and, most importantly, Alexander Hamilton, the nation's first secretary of the Treasury. While most of the focus of their research was determining the denominations to be issued, coin composition and whether a gold or silver standard should be established, some consideration was given to designs. Hamilton, in his monumental coinage report to Congress of Jan. 28, 1791, suggested that design devices should be made "vehicles of useful impressions ... emblematic, but without losing sight of simplicity." Hamilton's report was submitted to Congress and reported favorably. In response, Congress passed a resolution on March 1, 1791, that called for the establishment of a Mint, but the resolution lacked specific provisions.

Thinking about coinage designs, Jefferson sought to engage a French artist, Jean Pierre Droz, to do the engraving. Droz was willing, but, Jefferson wrote on Nov. 24, 1791, "Drost [sic] wishes the devices of our money to be sent to him, that he may engrave them there [in France]. This cannot be done, because not yet decided on. The devices will be fixed by the law which shall establish the mint. ..."

Some public sentiment for design devices existed: a depiction of the first president. Washington was a popular subject on medals and tokens issued from 1783 to 1795, some of which circulated as unofficial money in the coin-poor states.

Sentiment for using Washington's portrait existed in Congress as well as it moved closer to approving both a national coinage and a Mint. Robert Morris introduced a bill in the Senate Jan. 9, 1792, calling for "an impression or representation of the head of the President of the United States for the time being," plus his name (to appear as "G. Washington") and which president he represented in succession (first, second), among other devices. An eagle was to appear on the other side of the gold and silver coins, and an inscription of the denomination on the copper coins (but not the precious metals pieces).

Morris had already hired Pennsylvanian Peter Getz in 1791 to produce dies (the obverses dated 1792) to illustrate his concept of coin-age devices. Getz, assisted by Robert Birch, engraved dies intended for a half dollar and a cent. The obverses depict President Washington, with the reverses of each depicting an eagle. Half dollar patterns in copper and silver were struck

Getz 1792 cent

in December 1791 in Philadelphia and distributed in the Senate when the Morris bill was introduced. The bill passed the Senate Jan. 12.

Meanwhile, Getz's cent-sized pattern pieces depicting Washington were produced and distributed in the House of Representatives when the coinage legislation was debated in that chamber. There the idea of depicting the president was received less favorably than in the Senate.

According to Don Taxay in his *The United States Mint and Coinage,* the copper cent patterns "provoked a storm of criticism because of the 'monarchical' effigy of the president's head. Washington himself seems to have disapproved of the device," according to a Mint official in 1861, Taxay writes.

James Ross Snowden, Mint director from June 1854 to April 1861, wrote years after the 1792 debate: "It is a well-ascertained fact that Washington did not favor the proposition to place his likeness upon the coins of the United States. It is even said, that when several specimens of that description were exhibited to him, for inspection and approbation,

Presidential dollar coins — 13

he indignantly ordered the dies to be destroyed; and expressed his desire that there should be placed on the coins an ideal head of Liberty."

Whether Snowden's tale of an indignant Washington is accurate or fanciful, the House rejected the idea of a presidential portrait on the national coinage. A motion was introduced in the House March 24 to replace the presidential portrait with a design "Emblematic of Liberty." One member, John Page, commented on why he supported the change. He noted that it was the custom of monarchies to place a portrait or figure of their king on their coins, possibly "to show to whom the coin belonged" or to illustrate to the ignorant "a kind of chronological account of their kings." Neither was necessary in the United States, Page said. "... I am certain it will be more agreeable to the Citizens of the United States, to see the head of Liberty on their coins, than the heads of Presidents."

Page was especially percipient about the future of the office: "However well pleased they might be with the head of the great man now their President, they may have no great reason to be pleased with some of his successors."

The House rejected Presidential portraits and the amended bill passed by a large majority March 26; it was sent to the Senate for its consideration. The Senate rejected the amendment, and the bill went back to the House for more debate.

In the renewed debate in the House, one supporter of presidential portraits argued that every tribute justly due to Washington should be paid, including depicting his portrait on the coinage. As for displaying Liberty, he asked, "But what is this Liberty which some appear to be so fond of?"

After more debate, Page rose and said, essentially, that Congress was considering placing a terrible burden on Washington by sending him a bill that if he accepted, would place his portrait on the coinage. A Nero and a Caligula might enjoy the honor, Page said, but it would be "highly improper" to ask Washington to accept such a bill, "for if he were to pass an act for this purpose, it might blast his reputation." (While it is true that Washington could have vetoed the bill or allowed it to become law without his signature, he had in October 1791 reminded Congress of the coinage "disorders" and the effects of the scarcity of small change on the "poorer classes." He said that it was critical for Congress to carry "into immediate effect, the resolution already entered into concerning the establishment of a mint." Given the need for coinage, would Washington have vetoed such an important bill, even though it carried a provision he found personally distasteful and one that could besmirch his reputation in the future?)

The House voted to retain the Liberty amendment April 1, and the next day, the Senate acquiesced. The Mint Act of April 2, 1792, became law, and it was Liberty, not the sitting president, who would appear on the nation's first coinage. There matters rested for more than a century.

A change in outlook

Although half dismes (silver 5-cent coins, also called half dimes) were struck for circulation in 1792 under the authority of the April 2 act, production could not take place in the Mint, which was still under construction. Those first half dismes were followed by the first coins to be struck at the new Mint—the copper half cent and cent, struck starting in 1793; higher silver denominations, introduced in 1794, 1795 and 1796; and the first gold coins, in 1795. All bore portraits of Liberty.

For the next 60 years, every U.S. coin depicted Liberty in the guise of an allegorical female. From 1792 until 1836, the representations always took the form of a head of Liberty—some showing her from the neck up, others featuring a portion of her shoulders and bust, some with her bareheaded, others showing her wearing various headdress. Beginning in the 1830s, a different approach at portraying Liberty was introduced on the silver coinage—a seated figure. The Seated Liberty figure of designer Christian Gobrecht and the revisions of his design by later artists would appear on most silver coinage until it was finally replaced in 1892 with a new Liberty Head design.

As the country grew in the mid-19th century, so did its need for denominations of coin not approved in the 1792 act. Congress in 1849 approved a gold dollar and gold $20 double eagle, both of which were required to adhere to the provision that they depict an image of Liberty. Liberty's days, however, were numbered.

In 1851, Congress began relaxing the requirement that every U.S. coin depict Liberty. It authorized a silver 3-cent coin and, while not explicitly omitting the requirement it depict Liberty, required the coin to "bear such devices as shall be conspicuously different from those of the silver coins." The Mint chose to depict a large star on the obverse of the new denomination rather than Liberty.

Of three new denominations authorized during the 1860s, two—a bronze 2-cent coin and a copper-nickel 5-cent coin—appeared with large shields on the obverses rather than Liberty. The third—a copper-nickel 3-cent coin—appeared with a Liberty portrait. For all three coins, the authorizing legislation left the decision about devices to the director of the Mint with the approbation of the secretary of the Treasury.

Similarly, when Congress authorized the copper-nickel small cent in 1857 as a replacement for the copper large cent, the device was left to the discretion of the Mint director. A Flying Eagle design was used on the obverse for the first small cent in 1857 and 1858, before being replaced with a Liberty portrait in 1859.

The nation's first presidential coinage portrait almost happened during and shortly after the end of the Civil War. For the bronze 2-cent coin and copper-nickel 5-cent coin, Mint officials examined a number of possible designs and struck some pattern pieces—experimental coins—depicting George Washington and some showing Abraham Lincoln. The Mint routinely made pattern pieces in compositions and denominations different than those authorized for circulating coinage, to show what a potential design, new composition or new denomination could look like.

1863 Washington 2-cent coin patterns

Mint officials began experimenting with the 2-cent denomination before the Treasury Department formally proposed the denomination to Congress. An 1863 Washington 2-cent pattern represents the first presidential portrait on a coin struck by the U.S. Mint (though it was never issued for circulation). The Mint director wrote that he preferred the Washington portrait for the 2-cent coin when he proposed the denomination to the Treasury secretary, who in turned proposed it to Congress. Congress approved the denomination and, as noted, gave the Mint director authority to select the design, but instead of a presidential or Liberty portrait, the new coins, introduced in 1864, depicted a shield.

Mint officials, however, had not abandoned the possibility of overriding tradition by depicting a presidential visage on a coin. In 1866, preparing to issue a copper-nickel 5-cent coin once Congress authorized the denomination,

1866 Washington 5-cent coin patterns, Judd 461 to J-485

1866 Lincoln 5-cent coin patterns, Judd 486 to J-488a

Mint officials struck patterns with Washington or Lincoln portraits. The Mint director in May 1866 recommended to the Treasury secretary four possible designs for the new coin, three depicting a Washington portrait and one featuring a shield. For whatever reason, both men agreed on the Shield design for the new coin. Mint and Treasury officials in the 1860s therefore upheld the tradition of not depicting a president on a coin, although they twice had come close to taking that step.

The introduction of the first U.S. commemorative coins in 1892 and 1893—a half dollar each year and a quarter dollar in 1893, all three coins commemorating the World's Columbian Exposition—marked the initial use of portraits of actual individuals on a nonpattern U.S. coin. Interestingly, neither of the two individuals depicted was an American and one was a monarch (Christopher Columbus appears on the half dollar and financier Queen Isabella of Spain on the quarter dollar). However, the advent of commemorative coinage finally opened the doors to coining the first presidential portrait.

The beginning

In 1899, Congress authorized the nation's second commemorative coin program: a silver dollar to be sold to help raise funds to erect in Paris a monument to the Frenchman whose aid was essential to the fledgling United States during the Revolutionary War.

The obverse of the coin not only depicts Lafayette, it features a portrait of George Washington. The two portraits are depicted conjoined (overlapping), with Washington's visage, not Lafayette's image, being the outer portrait. One might have thought that Lafayette, supposedly the focus of the coin, would have been depicted in front of Washington, but clearly, the officials selecting the design believed the beloved first president should be depicted more prominently

1900 Lafayette-Washington silver dollar

than the Frenchman who fought with him. The fact that all 50,026 coins for the 1900 program were struck Dec. 14, 1899, the centennial date of Washington's death, further strengthens the reality that Mint officials considered this coin a Washington commemorative coin as much as a Lafayette commemorative.

The piece is the first issued U.S. coin to depict an American president. It is more than a bit ironic that the first U.S. coin to do so features the man collectors credit as helping to derail plans to portray the sitting president on all of the nation's coinage.

Once the tradition was broken with the Washington portrait on the Lafayette Memorial dollar, other presidential coins were forthcom-

1903 Louisiana Purchase gold dollar, McKinley portrait

ing. After the Washington portrait, the next presidential visages were those of Thomas Jefferson and William McKinley, depicted on the two different 1903 Louisiana Purchase Exposition gold dollars. Jefferson was depicted on one of the gold dollars because he had authorized the Louisiana Purchase a century earlier. McKinley received the honor because he had sanctioned the exposition and in recognition of his assassination in 1901.

Six years later, the Bureau of the Mint produced the first circulating U.S. coin to depict an American president: the 1909 Lincoln cent. The Indian Head cent, introduced in 1859, was still being produced, but plans to redesign the denomination were made beginning in 1905. President Theodore Roosevelt that year had commissioned master sculptor Augustus Saint-Gaudens to redesign the nation's coinage, starting with the cent and the gold coinage. Initial plans called for replacing

the Indian Head Liberty portrait with another Liberty design. Saint-Gaudens actually created several Liberty designs for the cent. However, he was already dying of cancer when commissioned, and managed to design only the gold $10 and $20 coins before he died in the summer of 1907. Redesign of the cent was still contemplated, but a new theme was being considered: honoring Abraham Lincoln on the centennial of his birth in 1909. Nearly a century later, the same portrait remains on the cent.

1909 Lincoln cent

According to researcher Roger Burdette, Mint and Treasury officials were worried about the legality of a Lincoln portrait in 1909. Laws passed in 1873 and 1874 continued the requirement that Liberty appear on the obverse of each coin; the design freedom granted in the 1850s and 1860s had been overturned by those later laws. The Treasury secretary in 1909 asked the U.S. attorney general for an official opinion. While Burdette had not found the attorney general's opinion by July 2006, he theorized the attorney general's opinion "provided that the figure or likeness [on the coin] could be of the goddess Liberty or of a figure emblematic of liberty." Mint officials apparently felt comfortable considering the Great Emancipator "emblematic of Liberty" and went ahead with the coin.

1911 5-cent electrotrial

Also in 1909, Mint officials experimented with new designs for the copper-nickel 5-cent coin and struck a number of patterns, including pieces bearing two different portraits of George Washington. An additional Washington 5-cent pattern was struck in 1910. When James Earle Fraser was hired in 1911 to redesign the copper-nickel 5-cent coin, his first design was an obverse portrait of Lincoln. No actual pattern pieces were struck, although the Lincoln design was created as a one-sided experimental form called an electrotrial. However, Fraser turned from that design to the Indian Head, Bison on Mound design that was introduced on the 5-cent coin in 1913.

Despite the Lincoln cent (and introduction of male Indian portraits on the gold $2.50 and $5 coins in 1908), Liberty designs continued to dominate U.S. coinage for the next decade, with new Liberty designs introduced in 1916 (on the dime, quarter dollar and half dollar) and 1921 (the dollar). No new presidential portraits were introduced on circulating coinage during the

1918 Illinois Centennial half dollar

1922 Grant Memorial half dollar

1910s and 1920s. However, a growing commemorative coin series regularly depicted presidential portraits: McKinley, again, on gold dollars in 1916 and 1917, Lincoln on the 1918 Illinois Centennial half dollar, Ulysses S. Grant on 1922 half dollars and gold dollars honoring the centennial of

1923 Monroe Doctrine half dollar

1926 Sesquicentennial half dollar

his birth, James Monroe and John Quincy Adams on the 1923 Monroe Centennial half dollar, and Washington and Calvin Coolidge on the 1926 Sesquicentennial of American Independence half dollar (Coolidge is the only president to appear on a U.S. coin while in office).

Liberty first fell to a president in the 1930s. The Standing Liberty design on the quarter dollar was replaced in 1932 with a portrait of Washington in celebration of Washington's birth (the same design used through 1998 and in a reduced form on the State quarter dollars). Replacing existing designs with presidential portraits on circulating coinage gained momentum when a portrait of Thomas Jefferson replaced the Indian Head design in 1938. That Jefferson portrait remained in use on the coin until 2005, when a new design was introduced; yet another Jefferson portrait was introduced in 2006. Franklin D. Roosevelt's death in 1945 was marked the following year with the introduction of his portrait on the dime. It replaced the Winged Liberty Head design popularly known as the "Mercury" dime. This represented the first time a presidential design was introduced on a circulating U.S. coin within a year or so of the president's death.

The Walking Liberty design on the obverse of the half dollar was

1932 Washington quarter dollar

1938 Jefferson 5-cent coin

1946 Roosevelt dime

replaced in 1948 with a portrait of a Founding Father, but not one of the early presidents. A Benjamin Franklin portrait was introduced that year and used until 1963, when it was replaced the next year with a portrait of John F. Kennedy, the president assassinated in Dallas in November 1963.

1964 Kennedy half dollar

Former President Dwight D. Eisenhower died in 1969 and Congress soon approved resurrecting the dollar coin—as a copper-nickel clad coin. The Eisenhower dollar was introduced in 1971 and struck through 1978. It was replaced in 1979 with the short-lived Anthony dollar. Liberty made something of a return in 2000 when a new dollar coin was introduced. After much debate and study of numerous design themes, the Treasury

1971 Eisenhower dollar

Department's Dollar Coin Advisory Committee voted 6 to 1 June 9, 1998, to recommend that the United States' new dollar coin's obverse "depict Liberty as represented by a Native-American woman inspired by Sacagawea." Today, the fact that Treasury officials initially considered the obverse design of the coin a Liberty design is largely forgotten, and most refer to the coin as the Sacagawea dollar, not as the Liberty as Inspired by Sacagawea dollar.

The new Presidential dollars will fulfill the wishes of both sides in the 1792 debate over what, or who, U.S. coinage should depict. One side will depict a U.S. president, the theme originally rejected as too monarchal. The other side will depict the most famous figure of Liberty—the Statue of Liberty. For the next 10 or 11 years, collectors can start searching for coins depicting the marriage of president and Liberty.

2007 Presidential dollar sketch

Presidential dollar schedule

2007: George Washington, John Adams, Thomas Jefferson, James Madison

2008: James Monroe, John Quincy Adams, Andrew Jackson, Martin Van Buren

2009: William Henry Harrison, John Tyler, James K. Pole, Zachary Taylor

2010: Millard Fillmore, Franklin Pierce, James Buchanan, Abraham Lincoln

2011: Andrew Johnson, Ulysses S. Grant, Rutherford B. Hayes, James A. Garfield

2012: Chester A. Arthur, Grover Cleveland, Benjamin Harrison, Grover Cleveland

2013: William McKinley, Theodore Roosevelt, William Howard Taft, Woodrow Wilson

2014: Warren G. Harding, Calvin Coolidge, Herbert Hoover, Franklin D. Roosevelt

2015: Harry S. Truman, Dwight D. Eisenhower, John F. Kennedy, Lyndon B. Johnson

2016: Richard M. Nixon, *Gerald R. Ford, James Earl Carter,* Ronald Reagan

2017: *George H.W. Bush, William Jefferson Clinton, George W. Bush*

Presidents whose names are italicized will be depicted only if they die at least two years before their coins are to be issued.

State quarter dollars

More than 140 million Americans can't be wrong—collecting State quarter dollars is fun.

As 2007 dawns, the United States will be entering the ninth year of a 10-year program of circulating commemorative quarter dollars honoring each of the 50 states. The first State quarter dollars entered circulation in January 1999. The last will enter circulation near the end of 2008. Between those two dates, more new coinage designs will enter circulation than in any previous 10-year period in U.S. coinage history.

The United States Mint is producing five different quarter dollars each year for 10 years, until each state is represented by a quarter dollar with a commemorative reverse design. Congress, spurred by spirited lobbying by the coin collecting community, authorized the 10-year program in 1997. Most collectors are joyous over the opportunity to collect something new from circulation after so many decades of coins of numbing sameness.

Changing our change

Until the State quarter dollars program was introduced, most Americans did not give the coins in their change a second glance. Coinage designs, after all, had been a static, unchanging force in our daily lives. For many Americans, until the State quarter dollars and the new Westward Journey 5-cent coins, the quarter dollar they were familiar with previously always depicted George Washington and an eagle; the cent, Abraham Lincoln and the Lincoln Memorial; the dime, Franklin D. Roosevelt and a torch; the half dollar, John F. Kennedy and presidential coat of arms; and the 5-cent coin, Thomas Jefferson and his home at Monticello.

To collectors, that was a problem.

Coinage designs used to change with regularity, sometimes to the point of absurdity from a modern viewpoint. For example, three distinctly different design types were used in 1793 for the nation's first cents: a Flowing Hair Liberty, Chain cent obverse-reverse combination; a Flowing Hair Liberty, Wreath cent; and a Liberty Cap, Wreath cent. Public and official dissatisfaction over these coinage designs resulted in rapid changes in less than 12 months, the first change being made after just 36,103 cents were struck over the period of a few weeks!

While the pace of design change during the next century wasn't always that hectic, Mint officials changed designs for most denominations on a routine basis. Congress finally put the brakes on unrestricted design changes in 1890. At the request of Treasury officials seeking guidance, it passed a new law requiring the Treasury Department to seek congressional approval to change coinage designs unless the designs had been in use for at least 25 years.

Happily for collectors, Mint officials during the early decades of the 20th century interpreted the 1890 regulation as *requiring* design changes every 25 years. For example, new designs for the dime, quarter dollar and half dollar had been introduced in 1891; 25 years later, in 1916, Mint officials felt compelled to introduce new designs for each of those three denominations. By the 1960s, however, Mint officials' bureaucratic thought processes had changed: Change was bad. Keeping the status quo was good.

After the introduction of the Kennedy half dollar in 1964, changes to U.S. coin designs were few and short-lived: Two new dollar coins were introduced in 1971 and 1979, giving collectors some new designs to collect—except that the dollar coins were unpopular and barely circulated. The only other changes to existing coinage denominations came in 1975 and 1976 when new reverses were created for the quarter dollar, half dollar and dollar to celebrate the nation's Bicentennial. In 1977, the celebration over, Mint officials returned the original designs to the three coins and the Bicentennial coins soon passed from circulation.

Changing coinage designs simply to put a new face on them became a concept largely foreign to Mint and congressional officials from the 1960s until the end of the 20th century. The State quarter dollars program was the first coinage redesign embraced by Mint officials in the latter part of the 20th century, although they were reluctant at first to support the program. However, led by the popularity of the State quarter dollars program, government officials now embrace design changes, as reported elsewhere in this book.

The changes that have occurred since 1999 did not come easy. Before then, official policy used to state that no public support existed for changes in coinage designs. While collectors argued that point, lobbying efforts at the Treasury Department and on Capitol Hill were largely fruitless. Collectors got close several times. Furthermore, many in Washington, D.C., would find it difficult to remove from our circulating coinage such icons as George Washington, Thomas Jefferson and Abraham Lincoln. Lawmakers also might find it daunting to select a racially diverse five Americans for portrayal, if the policy of depicting actual persons were continued.

However, coin collectors finally gained a sympathetic ear when Rep. Michael Castle, R-Del., was named chairman of the House subcommittee in charge of coinage legislation in the mid-1990s. Rep. Castle listened and acted when collectors told Congress that too many expensive commemorative coins were being struck merely to raise funds for various special-interest groups.

To answer coin collectors' cries that too many programs were being approved, many with inappropriate subjects, Castle got Congress to approve legislation limiting commemorative programs to no more than two a year (although Congress has violated that law already). He also forced changes that call for greater accountability from those organizations and foundations receiving funds from commemorative coin sales. And he indicated he was open to the idea of requiring the Treasury Department to change some of the circulating coins' designs.

Coins for states

During Castle's commemorative coin hearing July 12, 1995, he asked New York City coin dealer Harvey Stack, representing the Professional Numismatists Guild, for any other recommendations after Stack read his prepared statement on commemorative programs. Stack suggested a circulating commemorative quarter dollar program honoring each of the 50 states as a means of introducing a broader audience to coin collecting, and at low cost (at face value from circulation!). While Stack may not have been the first to suggest the idea publicly, he was the first to do so publicly to someone in government who could act on the proposal. The Citizens Commemorative Coin Advisory Committee, then chaired by the director of the U.S. Mint, unanimously endorsed the idea, as did other hobby leaders testifying at the hearing. Castle warmed to the idea and introduced legislation that passed both houses and was signed into law. Even Treasury officials backed the program, but not until completing a congressionally mandated study and asking Congress to order the program to be implemented with another law (some reluctance still showed in the Treasury's reaction to the new law). At Castle's instigation, Congress did.

Over the 10 years of the program, five quarter dollars are being issued each year at roughly 10-week intervals in the order the states entered the Union. Each coin is intended to have a design reflective of the state being commemorated. Each state's governor may recommend up to five design concepts, with each state determining the process by which its design concepts are selected. The secretary of the Treasury approves the proposed designs after consultation with two government-appointed committees empowered to comment on coinage designs. The state's governor selects the final design from those approved by the secretary of the Treasury.

Congress avoided any controversy over removing Washington from the design by mandating changes to the reverse only. The 1932 Washington portrait remains in place on the obverse of each quarter dollar, although some surprising changes have taken place that involve the obverse and reverse. Mint officials studied the placement of existing inscriptions on both sides, the space available on the reverse for the individual state designs, and the need for additional space for new reverse legends. Officials concluded that in order to incorporate the new designs and inscriptions, they needed authority to reposition existing legends. Since the positioning of such elements as the date and QUARTER DOLLAR are mandated by law, Treasury officials had to get congressional authority to move them. Congress again moved remarkably quickly; President Clinton signed the legislation into law in May 1998. Mint officials also had to make the Washington portrait smaller to make space for the additional inscriptions.

The most jarring changes involve the date and the denomination. Mint officials moved the date from the obverse to the bottom of the reverse. (These coins are not the first U.S. coins with dates on the reverse; gold dollars and $3 coins have reverse dates.) The denomination QUARTER DOLLAR was moved from the reverse to the obverse, beneath Washington's portrait (where the date is located on pre-1999 quarter dollars). Officials moved UNITED STATES OF AMERICA from the reverse to the obverse, and some of the obverse legends were moved into different positions on that side.

The Mint has struck State quarter dollars at both the Philadelphia and Denver Mints for circulation, and collector-only versions at those two facilities and the San Francisco Mint. As with all coins, distribution of circulating pieces is under the control of the Federal Reserve Bank, which buys coins from the Mint at face value and sells them to commercial banks when requested. It's anyone's guess as to how widely the State coins will circulate, and for how long.

For some idea on how long State quarter dollars might circulate, consider, for example, the 1776-1976 Bicentennial quarter dollars, half dollars and dollars—the only other circulating commemorative coins produced by the U.S. government in recent decades. The Mint struck and circulated more than 1.67 billion 1976 Washington quarter dollars, each—like the State coins—bearing a commemorative reverse design (a Colonial drummer and Liberty torch). Despite the large quantity produced, few are seen in circulation today, probably because individuals pull the coins from circulation when they encounter them, just because their designs are a little different.

Collectors have provided some insight into the circulation patterns of the State quarters. *Coin World* has been tracking distribution since the program began, through its First Reports and Circulation Reports page at its State quarter dollars Web site (**www.statequarters.com**). *Coin World* tracks when a newly issued State quarter is reported for each of the 50 states. So far, each coin has shown up in each state within a few months of release.

Philadelphia Mint and Denver Mint strikes are not distributed evenly throughout the country. Denver Mint coins tend to circulate more in the West, with Philadelphia Mint coins found in larger quantities in the East. There is some broader distribution, but for the most part, collectors tend to find coins from one Mint more often than those of the other Mint. Informal tracking by *Coin World* readers who record what they find over short periods tends to confirm the regional distribution by Mint mark through the Federal Reserve banks.

Some collectors report that they have difficulty finding any State quarters locally. That might be because the banks and other commercial businesses in their locale have little need to order new coins from the Federal Reserve and thus are not getting quantities of the State quarters.

How to collect

Why are most collectors happy about the State quarter dollar program? It gives them something to collect from circulation that's different from all of the other coins. And that's fun.

In fact, the ranks of coin collectors have grown immensely since the introduction of the State quarter dollars. United States Mint officials report more than 140 million adult Americans are saving the State quarter dollars from circulation. *Coin World* staff members encounter many people collecting the quarter dollars who never collected coins before. Many of these new collectors are constantly asking, "When's the next quarter due?"

So how should collectors collect the new State quarter dollars?

A basic approach would be to collect one coin for each state, regardless of issuing Mint, for 50 coins, from Delaware (the first state) to Hawaii (the 50th state). Collectors can pull the coins from circulation, which is the most fun. Most of these coins will exhibit circulation wear and damage, unless collectors acquire fresh rolls of coins directly from their local banks. And even those pieces will bear "contact marks," scrapes and gouges on the surfaces of the coins caused by the coins jostling against each other after they are struck.

A second collecting approach would double the number of coins to 100 pieces: seeking examples of each coin struck at the Denver and Philadelphia Mints. This approach will be even more fun for collectors, although collectors again are finding most coins in their area are predominately from one Mint or the other. Since most collectors collect by date and Mint mark, this approach will probably be the most common.

A third approach is to buy the coins directly from the Mint. The Mint offers the copper-nickel clad circulating coins and special silver versions in a variety of packaging. Benefits to this approach include getting all of the coins being produced in somewhat better condition than likely to be encountered in circulation. The drawbacks will be cost (collectors will pay much more than face value for the coins) and a lower "fun" threshold (collectors who buy directly from the Mint will miss the thrill of the hunt from circulation).

Another approach would be to add a single example to one's collection of quarter dollars by type. A type collection would include one of each major design within a specific denomination or century. For example, a 20th century type set of quarter dollars would include a Barber quarter dollar, a Standing Liberty coin, silver composition Washington quarter dollars from 1932 to 1964 and 1992 to 1998 (the latter were struck not for circulation but for the Silver Proof sets), a copper-nickel clad example from 1965 to date, a Bicentennial reverse example, and one or more examples of the new State coins (a true type coin collection would require one coin from each state, since each has its own reverse design and thus is a separate type). The coins in the annual Uncirculated Mint set got a special Matte Finish for the first time in 2005, giving collectors another version of the State quarter dollars to collect.

Coin market analysis

While the coin market continued its three-year-long bull market, the biggest event of the period between August 2005 and August 2006 was a tremendous rise in the prices of precious metals. Gold, silver and platinum are the three most watched metals in the numismatic community. While higher metals prices don't directly affect the values of rare coins, a significant rise greatly enhances the enthusiasm of the whole coin market in general, in addition to directly having an upward influence on the values of common-date precious metals-related coinage.

The price of gold bullion ranged from roughly between $432 and $448 per ounce during August 2005. Then during early to mid-September, gold's price moved upward to settle for several weeks in the $460 to $480 range. From early November to mid-December 2005, gold's price made a beeline to reach nearly $540 per ounce before backing off to about $510 to $515 during year's end.

Gold began 2006 with a fairly steady climb to more than $700 per ounce in early May 2006, with $725 the high, reached during May 12. That price represented the highest gold has reached since the high inflationary days of early 1980.

Since spring 2006, gold bounced around a bit, from a little below $600 to the mid-$600s. In mid-August 2006, it was about $625, nearly $200 an ounce higher than a year earlier.

Directly affected, of course, are common-date pre-1933 circulated gold coins, valued near their bullion content; American Eagle gold coins of all denominations, both as bullion coins, their intended use, and as graded collectibles; and the new gold coin introduced by the U.S. Mint in June 2006, the American Buffalo .9999 fine gold $50 bullion coin, in both Proof and Uncirculated versions.

Interestingly, the price of gold was rocketing higher as Mint officials prepared for the launch of the American Buffalo gold coin, prompting them to announce a price of $875 for the Proof version. Before sales of the coin began, however, the gold price began falling, leading the Mint to lower the Proof coin price to $800.

Soon after sales of the American Buffalo gold coin began, examples began appearing on the market bearing commercial grading service grades of "perfect" Proof 70 deep cameo and ultra cameo. Early attempts to sell these Proof American Buffalo gold coins brought prices from about $2,500 to nearly $6,000 for coins graded by Professional Coin Grading Service and of $1,095 for pieces graded by Numismatic Guaranty Corporation.

Standards vary between grading services, at least slightly, and hence values of the coins they grade do as well, sometimes greatly. Undoubtedly over time, many more American Buffalo gold coins will be graded Mint State 70 and Proof 70 by PCGS, NGC and other services, causing their prices to settle into a much lower range, as we've seen with other similar modern coin values.

Gold wasn't the only precious metal gaining attention in the collector marketplace. Silver was about $7 an ounce in August 2005, rising to about $7.50 an ounce at the end of September 2005. The price of silver continued to rise, to $9.22 on Dec. 12, 2005. After the first of the new year, without much of a break, silver continued to surge, reaching the relatively lofty level of $14.94 on May 12, 2006, before backing off to around the $11 per ounce area.

When silver was at just under $15 an ounce, circulated silver coins were worth nearly 10 times their face value.

Circulated silver coinage trades in the marketplace in several forms, with those who buy in bulk acquiring bags containing $1,000 in face value. Each bag contains about 715 ounces of silver, so multiplying the silver price by 715 gives one the approximate trading value of the coins in the bag. (When silver is $11 per ounce, for example, circulated pre-1965 silver coins should trade at roughly 7.86 times face value, based on their melt value, not counting the dealer premium, which varies per market conditions.)

Another form of silver coins traded for their bullion value, circulated Morgan and Peace silver dollars, have a little more silver in them percentage-wise than the smaller denominations, so they sell for a little more. Bulk buyers prefer coins that have full rims and are willing to pay slightly higher prices for them. Coins that are worn slick, coins without full rims, holed dollars, bent coins and other substandard pieces trade for less.

Higher silver prices also boosted values for common-date collectible circulated silver coins like Winged Liberty Head and Roosevelt dimes, older Washington quarter dollars and Kennedy half dollars. The American Eagle 1-ounce silver coins rose in value as well.

Platinum is the third most watched precious metal, after gold and silver, as the U.S. Mint demonstrates by producing American Eagle platinum coins to allow Americans to efficiently invest in this metal. Platinum has experienced a long-term price climb, though not always steadily. Its price began an upward trend in 2000 from a point below $400 per ounce to a high of $1,331 on May 17, 2006. However, since platinum's peak, it has backed off to the $1,150 to $1,250 price range.

Platinum has never been used for regular issue American coinage, so the only coins affected by this dramatic price change are the four American Eagle platinum coins (they are sold in tenth-ounce $10, quarter-ounce $25, half-ounce $50 and 1-ounce $100 sizes).

Additionally, the price of copper and nickel, both base metals, has risen so far, so fast that in August 2006 it cost more to manufacture a Lincoln cent and Jefferson 5-cent coin than their face values. These price increases have caused a tremendous amount of discussion in the public arena about whether to continue making the 1-cent coin.

Important discoveries

Back in July 2005, at a coin show in the San Francisco area immediately preceding the American Numismatic Association convention, a woman of Asian descent brought in a Coronet gold $2.50 quarter eagle that was passed down from her great-grandfather who came to the area from China during the gold rush days. She showed the coin to David Lange of NGC, who could hardly believe what he saw.

It was an 1854-S Coronet quarter eagle, of which only nine examples were previously known. NGC couldn't help her with certification at that show and he asked if she could bring it the following week to the ANA convention where the firm would be prepared to authenticate, grade and encapsulate the coin. The woman brought the coin to the NGC booth at the ANA convention.

It was promptly authenticated by NGC, which graded it Extremely Fine 45, a grade level denoting the coin has some wear but is very pleasing. It is now the 10th known example (of just 246 pieces coined, all at the San Francisco Mint). It's now considered the second finest example of the 10 known, right behind the Harry W. Bass Jr. Collection coin, which was graded as About Uncirculated 50 and AU-53 by PCGS and NGC respectively.

Rumors of the coin's discovery circulated very quickly throughout the San Francisco ANA coin show and convention, with numerous potential buyers offering to buy it. Several people had the chance to look at the coin and it was finally consigned for auction to American

Numismatic Rarities with the help of their expert cataloger Frank Van Valen.

The result was the sale of the coin on Sept. 18, 2005, in Beverly Hills in an ANR auction called "The C.L. Lee Sale," named in honor of this historic coin and, especially, the consignor. Ms. Lee sat in the back of the auction room, along with a few family members, as the coin was hammered down at $220,000; with the addition of the 15 percent buyer's fee, the coin brought $253,000. Rare gold specialist dealer Douglas Winter purchased the coin on behalf of a client.

Later in 2005, contractor George Williams of upstate New York was raking some fill dirt around a foundation project he was doing when he heard a "clink" sound. He tossed the object on the sidewalk where his son who was helping him hosed it off to reveal that it was an early date half dollar.

Upon taking the coin home, Williams' younger son, a teenaged coin collector, researched the coin and found they had a major rarity, an 1817/4 Capped Bust half dollar, of which just seven were previously known. He found that the highest graded example, a PCGS-graded AU-50 piece, sold in 2004 for $333,500.

The coin Williams found was authenticated as genuine and graded by ANACS as Extremely Fine details, corroded, making this coin the second finest known example of this rare issue. The other examples are graded Good, Fine and Very Fine.

After studying this coin and the current state of the market, and after considering various ways of selling it, Williams consigned it to Heritage Galleries and Auctioneers. The Dallas firm sold the coin Jan. 5, 2006, in Orlando, Fla., during its Platinum Night session of its Signature Auction (Heritage conducted the sale as part of the official Florida United Numismatists' convention auction).

Williams was sitting in the auction, where standing room only remained, and was introduced by Heritage President Greg Rohan before the sale began. Later on, before the auction lot offering his coin came up, he moved to the back of the room to stand and watch the action. Bids climbed around the room, and Williams raised his arms with glee, followed by an applause, as the coin was hammered down at the same price brought by the 1854-S Coronet quarter eagle, $220,000, making the final selling price $253,000 with the 15 percent buyer's fee.

(For comparison purposes, another 1817/4 Capped Bust half dollar was sold in a mail-bid sale in July 2005 by early half dollar specialist Sheridan Downey. This coin was graded as Very Fine 20 by NGC. It brought $193,359, including a 10 percent buyer's fee.)

The chances of discovering similar rare coins are probably akin to winning a large lottery, but as illustrated, it does happen. Many people are finding less important, but still valuable, error coins, die varieties and coins in ultra-high grades, sometimes in circulation and sometimes mixed in with their collections. As the coin market changes, active collectors are often making great finds of exciting varieties within their existing collections.

Overall coin market

Continuing its progression from the July 2005 American Numismatic Association convention in San Francisco, the strong bull market for coins carried on well into 2006. The overall coin market has been in a bull run for more than three years, and the general sentiment among both experienced collectors and dealers is that the market will continue to be strong for the foreseeable future.

There are no signs of a reversal, and heightened inflation, especially caused by high fuel prices, will bode well for continuing numismatic price increases, as precious metals and rare coins are a hedge (or store of value) offering protection against inflation. If this strong coin market continues, the bull market will be about four years in length sometime during the winter of 2006 to 2007.

A further expansion of the coin market is very likely. Many new collectors who begin collecting the newer coin designs produced by the Mint during the past several years eventually move past just picking coins out of change and begin purchasing coins for more than face value. As these new collectors begin their coin purchases, they inevitably complete their collections of late-date coins and move back into earlier coin issues not seen today in circulation.

These additional funds coming into the market chasing a limited supply of coins push prices higher. (Conversely, in a declining market, as more people sell off their coins into a marketplace of fewer buyers, coin prices usually decline. In mid-2006, as this chapter was being written, this decline in values was happening to some of the late-issue coins. The increasing numbers of current coins in the marketplace given the perfect grades of MS-70 and Proof 70 or the nearly perfect MS-69 and Proof 69 grades are outpacing the numbers of buyers.)

Several other major factors became more obvious during this past year than during prior years of this bull market. Most noticeable is the observation that grading standards vary among the grading services, which are all commercial entities with no regulatory body actively overseeing their grading standards.

Most grading standards are similar from firm to firm, but even small differences in grades can mean huge differences in prices. For example, in the higher Mint State and Proof grades, a one-point differential between grades can often mean a doubling of the value. That's why so many dealers make a practice of cracking coins out of their holders and resubmitting them to other grading services in an effort to receive higher grades. This practice is extremely risky and is best left to the experts.

Another major trend that seems to have grown exponentially during the year under review is the collecting of attractively toned coins. Toning is really colorful oxidation that develops over time on a coin through a chemical reaction with the environment in which it is stored: the air and the components of paper envelopes, cloth Mint bags, cardboard holders, coin albums and the like.

Attractive "rainbow toned" silver dollars, for example, have been selling for as much as, or even more than, 10 times the value for the same coin issue graded the same, but without toning. Early silver commemorative coins, struck from 1892 to 1954, have also experienced the same dramatic price trend for exquisitely toned examples.

Coins that are darkly toned, blotchy or otherwise unattractive sell for discounts. "Coin doctors" also artificially add toning to some coins in hopes of making them more attractive and worth more money. Experienced collectors, at least most of the time, can distinguish an original toned coin from an artificially toned coin.

Gold coins don't tone like silver coins do, but the market for rare gold has been very strong during the year in review, creating an emphasis on the originality of the coins' surfaces, compared to coins that have been lightly cleaned or dipped (a form of chemical cleaning). While cleaning may brighten up the surfaces of gold coins, most aficionados of gold coins prefer original, uncleaned coins, unless the coins are so rare that imperfect examples are the only ones available.

Another major trend involves valuation fundamentals, especially for rare gold coins, but for most other coins as well, with the creation of a collector-driven market to replace the traditional dealer-driven market. Just a few years ago, the values of most coins were driven by what dealers were offering to pay on a bid basis over the trading networks, the prices of which are reported and published by a popular wholesale price guide.

But times have changed, and now dealers are more willing to pay retail values—that is, those prices collectors are paying—and they're basing their buy prices off retail values. Prices realized from major auctions have also become a much more significant factor in coin valuation than under the older system based on dealer bids. As the market has grown in its bullish trend, many dealers have been regularly observed at public auctions having to pay full retail prices just to acquire coins they really want for their customers.

August 2006

One of the most important periods for the coin market each year, and maybe the most important, is the 10 to 12 days immediately before and during the annual American Numismatic Association summer convention. Now dubbed as the World's Fair of Money, the ANA convention is the largest numismatic event held annually in the world. Collectors and dealers from throughout the United States and from many foreign countries make the journey to the annual convention each year, and numerous mints from around the world set up booths.

Activities surrounding the 2006 convention began the week before the official convention with three major pre-convention auctions and two smaller coin shows. The auctions were very strong, with coins setting numerous records, but some individuals attending the smaller shows reported some slowness, which may have been due to a lack of attendance.

Market activity at the ANA show itself was mixed – slow for some dealers and pleasing for others. Financial liquidity was a problem for many dealers who were heavy on inventory and short of excess funds. One reason for this was the release of the new American Buffalo gold $50 coins just weeks prior to the convention. Dealer money was tied up in these coins, leaving many with slim checkbook balances to buy more new inventory.

Sales at the three pre-ANA auctions plus the official convention auction by Bowers and Merena Auctions totaled just more than $70 million. The American Numismatic Rarities auction was the first held, realizing about $16 million in rare coins and other numismatic items. In addition to some major coin rarities, it included the beginning of a series of auctions offering printing plates and roller dies from the American Bank Note Co., which generated more interest and higher prices than the firm expected.

Superior Galleries conducted the next auction, which brought in more than $7 million. This auction offered a large consignment from a partial liquidation of coins purchased through two state of Ohio-funded investments in rare coins totaling $25 million each. The total fund investment is expected to earn a profit, but state officials contend the fund was mismanaged and they ordered it liquidated. Criminal charges were filed against the Ohio coin dealer hired to manage the funds; the program was a major political scandal in Ohio.

Heritage Auction Galleries next conducted a two-day auction, with results totaling approximately $30 million. Heritage auction session items sold included many high-ticket rarities, along with numerous affordable coins selling for a few hundred dollars each to a few thousand dollars each. It was interesting to note that 123 floor bidders were successful—they purchased about a third of the total sale dollar amount. Many other participants on the floor were unsuccessful. Nearly 2,000 Internet bidders bought another third of the lots and the remainder was sold by mail, telephone and other means.

The official ANA auction, conducted by Bowers and Merena Auctions, sold more than $17 million in rare coins and paper currency, mostly coins. Numerous world record auction prices were achieved at this sale.

We point out these totals to give you an idea of the amount of activity being experienced in the coin market during a period of slightly more than a week. Of course, some of these funds are leaving the market, but a good portion of this money is being reinvested in numismatic items. Many of the coins sold were from individual collectors who had finished or gone as far as they could go in collecting a particular series, so they sold (and some may begin again with another series).

Values of U.S. coins

Rare coin prices rise and fall based upon the interest of collectors, investors and dealers, the overall economy, changes in precious metals prices and a host of other factors.

We make no predictions in these pages about what the future may bring for rare coins. We provide the reader with information. The *Coin Values* listings that follow give a guide as to retail value. However, users of this book should note that the price information included here was compiled in August 2006, and while many of the values given will not change substantially, some may. Users seeking the latest pricing information should consult the information published in *Coin World's Coin Values*, a glossy monthly magazine available by subscription and from newsstands nationwide, or the weekly updates at Coin World Online (**www.CoinValuesOnline.com**), which is accessible free to subscribers.

We will note that, historically, the rare coin market appears to move in cycles. Q. David Bowers, a longtime and well-respected dealer, was one of the first in the hobby to write about price cycles. The overall market moves in cycles, with peaks and slumps. As this edition was being edited, the market was entering its fourth year of a bull market covering most series. (See **Chapter 4** for *Coin World* Values Analyst Mark Ferguson's examination of the market, characterized as very strong, from August 2005 to August 2006.)

Individual series also experience cyclical movements, with gold coins popular in some years, Proof sets and rolls in other years, and high-grade "modern" U.S. coins at yet other times.

How coins become rare

The first factor that makes a coin rare is its mintage. The term mintage is the number of examples struck for any given date at a specific Mint. However, mintage figures are often deceptive. For example, the United States Mint struck 312,500 1933 Indian Head gold $10 eagles. However, price records indicate that the coin is much rarer than the mintage would indicate; perhaps as few as 30 to 40 pieces exist.

What happened? The coins were struck shortly before President

Franklin D. Roosevelt signed an executive order forbidding Americans to own certain gold coins. The only gold coins not banned from private ownership were those with numismatic value held by collectors and dealers. Only a few of the 1933 Indian Head eagles struck were released into circulation; the rest were melted before they ever left the Mint.

Another case of how mintage figures can be misleading is raised by the two 1883 Liberty Head 5-cent subtypes. Two distinct subtypes were struck that year. The first bears the denomination on the reverse in the form of the Roman numeral V; the word CENTS does not appear. After larcenous individuals began gold-plating the Liberty Head, No CENTS 5-cent coin and passing it off as the similarly sized gold $5 half eagle, a new subtype was struck. The second subtype bears the word CENTS in addition to the Roman numeral V.

Approximately three times as many of the second, With CENTS variety were struck (mintage: 16 million) as the first, No CENTS variety (mintage: 5.5 million). However, prices for the more "common" variety are much higher than for the lower mintage piece. Why is that so? a new collector might ask.

The sudden replacement of the 1883 Liberty, No CENTS 5-cent variety led to the quick withdrawal of the coin by the public, certain they had a rarity. The much more common subtype entered circulation and stayed there, with many more pieces eventually consigned to the melting pot as they became too worn and were withdrawn by banks. Thus, collectors saved many more examples of the first version than the second version.

Most coins end up in the melting pot. As coins circulate, they become worn, scratched and damaged. Eventually, they are returned to the Mint for melting. Gold and silver coins have been melted in large quantities by the government and by private individuals. When gold surpassed $800 an ounce and silver reached $50 an ounce in January 1980, millions of common-date gold and silver coins were melted for their precious metal content. A worn 1964 quarter dollar, for example, worth a dollar or less to a collector in 1978, had a bullion value of $9.04 when silver hit $50 an ounce! Recent coins considered common are probably much scarcer than thought because of the widespread melting.

Many coins are otherwise removed from circulation, through loss or deliberate destruction or disposal. Think of all the coins you have seen on the ground in parking lots or on the street. Some people throw low-denomination coins like cents away as worthless.

Researchers study survival rates by degree of preservation. One author studied nearly 340 auction catalogs from 1921 to 1979 and listed, by grade, date, Mint mark and major die variety, every gold coin offered in those sales (his results were published in six volumes, by denomination). At least three grading services publish population reports of the coins they grade, another indicator of the survival rate for a particular coin in a particular condition. These population reports can be misleading, however, in that a single coin may be submitted to a grading service (or services) many times by an owner hoping to get a higher grade for the piece at some point. A coin submitted a half dozen times may be listed in the firm's population report a half dozen times, thus artificially inflating the number of coins with that grade.

Unexpected supplies of coins turning up on the market can also have an impact on the rare coin market. A 1903-O Morgan silver dollar in Uncirculated condition was listed in a popular price guide published in 1962 as being valued at $1,500, and a 1904-O Morgan dollar, also in Uncirculated condition, was priced at $350. A year later, in the next edition of the same price guide, the 1903-O Morgan dollar was priced at $30 in the same grade, a loss of more than $1,400, and the 1904-O dollar was worth just $3.50, 1 percent of its value a year earlier!

What happened? The Treasury Department emptied some of its vaults as citizens turned in ever-increasing numbers of silver certificates in exchange for silver dollars. Numerous bags of the 1903-O and 1904-O Morgan dollars, in storage for nearly 60 years, were suddenly dumped onto the market at face value. Prices plummeted.

It is unlikely that such extreme examples will occur again. The Treasury Department sold the last of its silver dollar holdings beginning in 1972 in a series of seven sales, through the General Services Administration. Some private hoards of certain coins may still exist.

Demand and dealer promotion can also affect the price of a coin.

Another form of promotion affecting values in recent years is felt most strongly among the "modern" coins—roughly those coins struck since 1934, including all of the series currently still in production. The interest in ultra high-grade examples of these coins has resulted in some incredible prices being paid for "common" coins in "uncommon" high grades. Much of this increased interest is being driven by collectors building "registry sets." Professional Coin Grading Service and Numismatic Guaranty Corp., two major grading services, maintain databases at their Web sites where collectors can register the coins in their collections. Points are awarded for every coin, with higher-grade coins awarded more points. The competition to own the highest-graded set of a particular series of coins has helped drive prices for even common coins to incredible levels. While many collectors are paying high prices for high-grade but otherwise common coins, other, more traditional collectors believe the market for such coins will eventually collapse and the values of these coins will drop. Time will tell who is right.

About the coin values

The values in this price guide were compiled by Mark Ferguson for *Coin World.* Many different sources are used in determining the values, including dealer price lists (both buy and sell), prices quoted on several dealer trading networks, Internet transactions, public auction prices, realistic (and confirmed) private transactions and any additional information acquired by the staff. In addition, demand and rarity are key considerations in compiling *Coin Values.* Values are for properly graded, problem-free, original coins with attractive color. Values given here are generally for sight-seen coins (coins that dealers demand to see before bidding on them), as opposed to sight-unseen coins (which dealers offer to buy without looking at them first, although at considerably lower bids than sight-seen coins). A sight-seen coin is generally acknowledged to be of higher value than a sight-unseen coin, even if the two coins bear the same grade.

Coin World neither buys nor sells coins. This values section is published as a reader service and may or may not be the same as an individual's or a firm's buy or sell prices.

About grading

Among the most important factors affecting a coin's value is its grade or level of preservation. The concept of grading is discussed in **Chapter 7**. All new collectors are strongly urged to read that chapter before attempting to determine the values of their coins.

In the valuing section that follows, grades are designated by letter-number abbreviations (for example, F-12 and MS-65) in the black bar that stretches across the values columns for each coin series. The grades read from left to right, from the lowest grades to the highest. You will note that generally, for any given coin, values will increase as the grades get higher. For example, a coin grading F-12 (Fine 12, meaning it has considerable circulation wear, but still retains some design details) might be worth 50 cents, while the same coin grading AU-50 (AU means About Uncirculated, which means the coin has only a touch of circulation wear at the highest points of the design) might be $50.

Coins with no circulation wear are designated as Uncirculated or Mint State (abbreviated MS, in an 11-point range from MS-60 to MS-70, the latter representing a coin rated by the grader as perfect). The same coin worth 50 cents in F-12 grade and $50 in AU-50 might be worth $100 in MS-63, $250 in MS-65 and $1,000 in MS-67.

The price gaps for some coins in Mint State can be staggering. An increase of a single point in grade, say from MS-64 to MS-65, might in some examples translate to a difference in value of thousands of dollars or even tens of thousands of dollars.

Unless otherwise noted, condition (grade) designations given here are for the lowest possible level of each grade range.

Some of the grades used in the values section bear an additional letter representing a further refinement. These are defined at the beginning of each design type (for example, turn to the listing of values for Winged Liberty Head dimes, where the "B" that is found as part of some Mint State grades is defined as "full split bands," a reference to well-struck examples with the bands around the fasces on the reverse being fully formed or "split"). These refinements affect the value of the coins.

Users should also be aware that coins that have been graded by some third-party grading services may not meet market standards for that grade, and thus would bring lower prices than coins graded by another grading service. Coins assigned the "same" grade but by a lower-tier "grading standard" may be worth less money, either because they grade below market standards or because the upper tier services have more "name recognition" among buyers. A coin graded MS-70 by one firm might sell for $35,000, while one of the same type, date and Mint and graded MS-70 but by another firm might sell for $1,000. The values that follow are for coins accurately graded to market grading standards (although no one standard exists).

Buyers are advised to consult with experienced and knowledgeable collectors and dealers for advice on a coin's grade and whether a particular grading service is judged to meet market standards.

Reading a values listing

It is not possible to configure each line of values to the market peculiarities of each date and variety of every series of U.S. coin. Therefore, gaps may appear in the listing.

A dash listed among the values usually indicates a coin for which accurate market information is not available due to rarity or lack of activity in the marketplace. An asterisk indicates no coins issued.

Liberty Cap, Left half cent

Date of authorization: April 2, 1792
Dates of issue: 1793
Designer/Engraver: Adam Eckfeldt
Diameter: 23.50 mm/0.93 inch
Weight: 6.74 grams/0.22 ounce
Metallic content: 100% copper
Edge: Lettered (TWO HUNDRED FOR A DOLLAR)
Mint mark: None

	G-4	VG-8	F-12	VF-20	VF-30	EF-40	EF-45
1793	2200.	3500.	6500.	10000.	14000.	19000.	25000.

Liberty Cap, Right half cent

Date of authorization: April 2, 1792
Dates of issue: 1794-1797
Designers: (Large Head): Robert Scot
(Small Head): Scot-John Gardner
Engraver: Robert Scot
Diameter: 23.50 mm/0.93 inch
Weight: 1794-1795: 6.74 grams/0.22 ounce
1795-1797: 5.44 grams/0.18 ounce
Metallic content: 100% copper
Edge: 1794-1795: Lettered (TWO HUNDRED FOR A DOLLAR)
1795 (Type of 1796): Plain
1796: Plain
1797: Most Plain, Some Lettered, Some Gripped
Mint mark: None

	AG-3	G-4	VG-8	F-12	VF-20	VF-30	EF-40	EF-45
1794	300.	450.	650.	1000.	1700.	2500.	4000.	5000.
1795 Lettered Edge, Pole	175.	400.	650.	1000.	1700.	2500.	4000.	5000.
1795 Plain Edge, Pole, Punctuated Date	175.	400.	650.	1000.	1700.	2500.	4000.	5000.
1795 Plain Edge, No Pole	175.	400.	650.	1000.	1700.	2500.	4000.	5000.
1795 Lettered Edge, Pole, Punctuated Date	200.	450.	700.	1200.	2500.	3500.	5000.	6000.
1796 With Pole	6000.	17000.	20000.	28000.	40000.	50000.	60000.	70000.
1796 No Pole	9000.	20000.	30000.	40000.	65000.	—	—	—
1797 Plain Edge	200.	450.	700.	1200.	2500.	3500.	5000.	5500.
1797 Pl. Edge,1 above 1	200.	400.	650.	1000.	1700.	3500.	4500.	5500.
1797 Lettered Edge	600.	1500.	3000.	5000.	—	—	—	—
1797 Gripped Edge	7500.	20000.	—	—	—	—	—	—

—— = Insufficient pricing data

Draped Bust half cent

Date of authorization: April 2, 1792
Dates of issue: 1800-1808
Designers: Obverse: Gilbert Stuart-Robert Scot
Reverse: Scot-John Gardner
Engraver: Robert Scot
Diameter: 23.50 mm/0.93 inch
Weight: 5.44 grams/0.18 ounce
Metallic content: 100% copper
Edge: Plain
Mint mark: None

	G-4	VG-8	F-12	VF-20	VF-30	EF-40	AU-50	MS-60B
1800	50.	75.	150.	250.	400.	600.	800.	1500.
1802/0 1802 Reverse	700.	1400.	2500.	8000.	—	—	—	—
1802/0 1800 Reverse	18000.	25000.	35000.	—	—	—	—	—
1803	50.	75.	150.	250.	400.	700.	1500.	3000.
1804 Plain 4, Stemless	50.	60.	80.	150.	300.	500.	700.	1200.
1804 Plain 4, Stems	60.	100.	200.	300.	800.	1250.	—	—
1804 Crosslet 4, Stemless	50.	60.	80.	150.	300.	450.	650.	1300.
1804 Crosslet 4, Stems	50.	60.	80.	150.	250.	400.	600.	1500.
1804 Spiked Chin	50.	60.	80.	200.	250.	450.	700.	2000.
1805 Med. 5, Stemless	50.	60.	80.	125.	175.	350.	600.	1250.
1805 Large 5, Stems	50.	60.	80.	150.	300.	400.	700.	—
1805 Small 5, Stems	750.	1500.	3500.	—	—	—	—	—
1806 Small 6, Stemless	50.	60.	80.	125.	175.	250.	400.	1000.
1806 Large 6, Stems	50.	60.	80.	125.	150.	250.	450.	1000.
1806 Small 6, Stems	200.	400.	700.	1250.	1500.	2650.	—	—
1807	50.	60.	80.	150.	250.	450.	800.	2100.
1808	50.	60.	90.	175.	400.	500.	1200.	2400.
1808/7	200.	350.	600.	1000.	2250.	3750.	9500.	—

—— = Insufficient pricing data

Classic Head half cent

Date of authorization: April 2, 1792
Dates of issue: 1809-1835
Designer/Engraver: John Reich
Diameter: 23.50 mm/0.93 inch
Weight: 5.44 grams/0.18 ounce
Metallic content: 100% copper
Edge: Plain
Mint mark: None

	G-4	VG-8	F-12	VF-20	VF-30	EF-40	AU-50	MS-60B
1809	35.	40.	55.	75.	100.	200.	350.	850.
1809 Circle in O	35.	50.	75.	100.	200.	400.	700.	—
1809/6	35.	50.	75.	100.	125.	200.	500.	1100.
1810	40.	50.	100.	250.	400.	700.	1000.	2100.
1811	125.	350.	600.	1100.	2100.	4500.	7500.	—
1825	35.	40.	55.	80.	100.	140.	350.	750.
1826	35.	40.	55.	70.	75.	125.	225.	450.
1828 13 Stars	35.	40.	55.	70.	75.	125.	175.	300.
1828 12 Stars	35.	40.	55.	85.	110.	225.	400.	1050.
1829	35.	40.	55.	70.	75.	100.	160.	300.
1831 Originals and Restrikes: Original VF-25 $8600; VF-30 $10250; PF-65 Br $22500; Restrike PF-64 R&B $12500; PF red $24500.								
1832	35.	40.	55.	70.	75.	80.	200.	300.
1833	35.	40.	55.	70.	75.	80.	200.	300.
1834	35.	40.	55.	70.	75.	80.	200.	300.
1835	35.	40.	55.	70.	75.	80.	200.	300.
1836 Originals and Restrikes Original PF-15 $1500; PF-60 $3500; PF-63 $5500; PF-64 $12000; 2nd Restrike PF-64 $12500; PF-65 red $45000.								

—— = Insufficient pricing data

Coronet half cent

Date of authorization: April 2, 1792
Dates of issue: 1849-1857
Designers: Obverse: Robert Scot-Christian Gobrecht
Reverse: John Reich-Gobrecht
Engraver: Christian Gobrecht
Diameter: 23.50 mm/0.93 inch
Weight: 5.44 grams/0.18 ounce
Metallic content: 100% copper
Edge: Plain
Mint mark: None

Note: For copper-alloy coins, the letter B following a numerical grade (as in MS-63B) is shorthand for brown, RB represents red and brown, and R stands for red. It is common practice for grading services to qualify copper coins. In addition to a Mint State grade, a copper coin is assigned as brown, red and brown, or red. Generally, full red coins are valued higher than red and brown coins, which in turn are valued higher than brown coins, all else being equal.

	G-4	VG-8	F-12	VF-20	VF-30	EF-40	AU-50	MS-60B
1840-49 Originals and Restrikes VF-20 $1500; AU-50 $2750; PF-60 $3800; PF-63 $5500; PF-64 $8250; PF-65 red $15000.								
1849 Large Date	40.	45.	60.	75.	85.	125.	200.	325.
1850	40.	45.	60.	75.	85.	125.	225.	500.
1851	35.	45.	60.	75.	85.	100.	150.	300.
1852 Restrikes: 1st Restrike Small Berries PF-60 $2600; PF-62 $4000; PF-63 $4500; PF-64 Br $4750; PF-65 R&B $11500; Large Berries PF-63 Br $90000.								
1853	35.	45.	60.	75.	85.	100.	150.	300.
1854	35.	45.	60.	75.	85.	100.	150.	300.
1855	35.	45.	60.	75.	85.	100.	150.	300.
1856	35.	45.	60.	75.	85.	100.	150.	350.
1857	45.	50.	70.	85.	100.	125.	200.	400.

Flowing Hair, Chain cent

Date of authorization: April 2, 1792
Dates of issue: 1793
Designer/Engraver: Henry Voigt
Diameter: 28.50 mm/1.13 inches
Weight: 13.48 grams/0.43 ounce
Metallic content: 100% copper
Edge: Vine and bars, or lettered
(ONE HUNDRED FOR A DOLLAR)

Mint mark: None

	AG-3	G-4	VG-8	F-12	VF-20	VF-30	EF-40	AU-50
1793 AMERICA	4000.	9000.	12000.	20000.	30000.	40000.	50000.	70000.
1793 AMERICA, Periods	5000.	10000.	13000.	25000.	35000.	40000.	60000.	75000.
1793 AMERI.	7500.	12000.	18000.	30000.	45000.	55000.	75000.	100000.

Flowing Hair, Wreath cent

Date of authorization: April 2, 1792
Dates of issue: 1793
Designers: Obverse: Henry Voigt-Adam Eckfeldt
Reverse: Eckfeldt
Engraver: Adam Eckfeldt
Diameter: 28.50 mm/1.13 inches
Weight: 13.48 grams/0.43 ounce
Metallic content: 100% copper
Edge: Vine and bars, lettered
(ONE HUNDRED FOR A DOLLAR)
Mint mark: None

	AG-3	G-4	VG-8	F-12	VF-20	VF-30	EF-40	AU-50
1793 Vine and Bars	1500.	2700.	4000.	5500.	7500.	9000.	12000.	20000.
1793 Lettered Edge	1800.	3000.	4500.	6500.	9000.	12000.	15000.	25000.
1793 Strawberry Leaf	125000.	250000.	450000.	—	—	—	—	—

—— = Insufficient pricing data

Liberty Cap cent

Date of authorization: April 2, 1792
Dates of issue: 1793-1796
Designers: (1793-1794): Joseph Wright
(1794-1796): Wright-John Gardner
Engravers: (1793-1794): Joseph Wright
(1794-1796): Robert Scot
Diameter: 28.50 mm/1.13 inches
Weight: 1793-1795: 13.48 grams/0.43 ounce
1795-1796: 10.89 grams/0.35 ounce
Metallic content: 100% copper
Edge: Plain, or lettered (ONE HUNDRED FOR A
DOLLAR)
Mint mark: None

	AG-3	G-4	VG-8	F-12	VF-20	VF-30	EF-40	AU-50
1793	5000.	8000.	12000.	20000.	40000.	45000.	50000.	85000.
1794 Head of 1793	1500.	2500.	3500.	6500.	10000.	18000.	25000.	—
1794 Head of 1794	250.	400.	750.	1500.	2000.	2700.	5000.	7000.
1794 Head of 1795	250.	400.	600.	1000.	2500.	3000.	3500.	5000.
1794 Starred Reverse	7500.	20000.	25000.	40000.	65000.	85000.	110000.	—
1795 Plain Edge	250.	400.	500.	800.	1500.	2000.	3500.	4500.
1795 Lettered Edge	300.	600.	700.	1200.	2500.	3500.	4500.	8500.
1795 Jefferson Head, Plain Edge	8500.	15000.	25000.	35000.	50000.	75000.	—	—
1796	250.	500.	800.	1500.	2500.	3500.	6000.	15000.

—— = Insufficient pricing data

Draped Bust cent

Date of authorization: April 2, 1792
Dates of issue: 1796-1807
Designers: Obverse: Gilbert Stuart-Robert Scot
Reverse: Joseph Wright-Scot
Engraver: Robert Scot
Diameter: 28.50 mm/1.13 inches
Weight: 10.89 grams/0.35 ounce
Metallic content: 100% copper
Edge: Plain, lettered (ONE HUNDRED FOR A DOLLAR), gripped
Mint mark: None

	AG-3	G-4	VG-8	F-12	VF-20	VF-30	EF-40	AU-50
1796 Reverse of 1794	200.	400.	1000.	3000.	3500.	4000.	10000.	25000.
1796 Reverse of 1796	250.	400.	800.	1500.	3000.	4500.	6500.	12000.
1796 Reverse of 1797	200.	450.	1000.	1500.	2500.	3000.	4000.	6000.
1796 LIHERTY	300.	500.	1500.	3000.	8000.	12000.	18000.	30000.
1797 Reverse of 1797, Stems	100.	200.	300.	750.	1500.	2000.	2500.	4000.
1797 Reverse of 1796, Gripped Edge								
	125.	200.	300.	600.	1500.	2500.	5000.	8000.
1797 Reverse of 1796, Plain Edge	175.	250.	450.	900.	1800.	2500.	4000.	7500.
1797 Reverse of 1797, Stemless	200.	300.	500.	2500.	3000.	4000.	5000.	20000.
1798 1st Hair Style	75.	125.	200.	400.	800.	1800.	3000.	7000.
1798 2nd Hair Style	70.	110.	150.	250.	800.	1500.	2000.	3000.
1798 Reverse of 1796	125.	200.	400.	1000.	2000.	3000.	6500.	12000.
1798/7 1st Hair Style	125.	200.	400.	800.	2000.	3000.	4500.	30000.
1799	1800.	3500.	8000.	15000.	25000.	50000.	75000.	—
1799/8	2000.	4000.	7500.	20000.	30000.	40000.	—	—
1800 Normal Date	75.	125.	200.	400.	1000.	1500.	2000.	4000.
1800/798 1st Hair Style	100.	125.	300.	700.	1800.	3000.	4000.	9000.
1800/79 2nd Hair Style	65.	100.	200.	400.	1500.	2500.	3500.	5000.
1801	50.	75.	125.	300.	700.	1200.	2000.	3000.
1801 3 Errors	125.	250.	700.	1500.	3000.	5000.	7000.	15000.
1801 1/000	75.	125.	175.	400.	700.	1500.	3000.	5000.
1801 100/000	100.	150.	225.	450.	1000.	2000.	4000.	7500.
1802	40.	65.	100.	200.	500.	1000.	1800.	4500.
1802 Stemless	50.	75.	125.	225.	400.	600.	1000.	2500.
1802 1/000	60.	100.	150.	300.	600.	1200.	1800.	3500.
1803	45.	65.	100.	200.	400.	700.	1500.	2500.

—— = Insufficient pricing data

	AG-3	G-4	VG-8	F-12	VF-20	VF-30	EF-40	AU-50
1803 Large Date, Small Fraction	45.	65.	100.	200.	400.	700.	1500.	2500.
1803 Large Date, Large Fraction	100.	150.	300.	750.	1500.	2500.	5000.	7500.
1803 Stemless S-243	55.	75.	150.	300.	500.	1000.	2000.	5000.
1803 100/000 S-249	65.	100.	150.	300.	500.	1000.	2000.	6500.
1804	700.	1500.	2000.	3000.	7500.	8500.	10000.	20000.
1804 restrike (c. 1860)	—	—	—	500.	600.	700.	800.	1000.
1805 Pointed 1	50.	75.	125.	250.	500.	1000.	2000.	4000.
1805 Blunt 1 S-267	50.	75.	125.	250.	500.	1000.	2000.	4000.
1806	65.	100.	175.	300.	500.	700.	2000.	3000.
1807 Large Fraction	50.	75.	125.	225.	400.	700.	1500.	2500.
1807 Small Fraction	60.	100.	175.	350.	700.	1500.	3500.	—
1807 Small Fraction, Comet	60.	100.	150.	350.	750.	1500.	3000.	5000.
1807/6 Large 7	50.	75.	125.	225.	400.	700.	1500.	2500.
1807/6 Small 7	2500.	4000.	6000.	10000.	18000.	30000.	—	—

—— = Insufficient pricing data

Classic Head cent

Date of authorization: April 2, 1792
Dates of issue: 1808-1814
Designer/Engraver: John Reich
Diameter: 28.50 mm/1.13 inches
Weight: 10.89 grams/0.36 ounce
Metallic content: 100% copper
Edge: Plain
Mint mark: None

Note: For copper-alloy coins, the letter B following a numerical grade (as in MS-63B) is shorthand for brown, RB represents red and brown, and R stands for red. It is common practice for grading services to qualify copper coins. In addition to a Mint State grade, a copper coin is assigned as brown, red and brown, or red. Generally, full red coins are valued higher than red and brown coins, which in turn are valued higher than brown coins, all else being equal.

	AG-3	G-4	VG-8	F-12	VF-20	VF-30	EF-40	AU-50	AU-55	MS-62RB
1808	50.	75.	175.	300.	750.	1300.	2500.	3500.	4000.	7000.
1809	125.	200.	300.	500.	1500.	2500.	4000.	5000.	6000.	12000.
1810	45.	65.	125.	250.	600.	1000.	2000.	3000.	4000.	10000.
1810 10/09	45.	75.	125.	300.	700.	1800.	2500.	5000.	6500.	15000.
1811	85.	150.	250.	400.	1000.	1500.	3000.	4000.	5000.	10000.
1811/0	125.	200.	300.	600.	1500.	2500.	5500.	8000.	10000.	17000.
1812	45.	75.	125.	250.	600.	1100.	2000.	3000.	6000.	8500.
1813	60.	85.	150.	300.	700.	1100.	2500.	3500.	4000.	9000.
1814 Plain 4	45.	65.	125.	250.	600.	1100.	1700.	3000.	3500.	7000.
1814 Crosslet 4	45.	65.	125.	250.	600.	1100.	1700.	3000.	3500.	10000.

—— = Insufficient pricing data

Coronet cent

Date of authorization: April 2, 1792
Dates of issue: 1816-1857
Designers: (1816-1835)
Obverse: Robert Scot
Reverse: John Reich
(1835-1839)
Obverse: Scot-Christian Gobrecht
Reverse: Reich
(1839-1857)
Obverse: Scot-Gobrecht
Reverse: Reich-Gobrecht
Engravers: (1816-1835) Obverse: Scot
Reverse: Reich
(1835-1839) Obverse: Gobrecht
Reverse: Reich
(1839-1857) Obverse: Gobrecht
Reverse: Gobrecht
Diameter: 28.50 mm/1.13 inches
Weight: 10.89 grams/0.35 ounce
Metallic content: 100% copper
Edge: Plain
Mint mark: None

	G-4	VG-8	F-12	VF-20	EF-40	AU-50	AU-55	MS-62RB	MS-63RB
1816	35.	45.	75.	125.	225.	400.	600.	1000.	1200.
1817 13 Stars	30.	40.	50.	100.	175.	400.	800.	2000.	2500.
1817 15 Stars	40.	50.	75.	200.	850.	1500.	2000.	—	—
1818	30.	40.	50.	100.	175.	350.	700.	2000.	2500.
1819	30.	40.	50.	100.	200.	400.	600.	1100.	1500.
1819/8	35.	45.	65.	150.	325.	500.	700.	1200.	1500.
1820	30.	40.	55.	110.	200.	400.	800.	1200.	1500.
1820/19	35.	45.	70.	165.	400.	800.	1000.	2000.	2500.
1820 Small Date, Curled 2	30.	40.	65.	125.	300.	600.	1000.	2500.	3000.
1820 Large Date, Curled 2	50.	75.	125.	300.	1800.	2500.	—	—	—
1820 Large Date, Plain 2	30.	40.	55.	110.	200.	400.	800.	1200.	1500.
1821	50.	100.	200.	500.	1500.	2500.	3000.	12000.	25000.

—— = Insufficient pricing data

	G-4	VG-8	F-12	VF-20	EF-40	AU-50	AU-55	MS-62RB	MS-63RB
1822	30.	40.	65.	175.	375.	800.	1100.	2000.	3500.
1823	125.	250.	600.	1200.	4000.	10000.	12000.	—	—
1823/2	100.	200.	500.	1000.	2500.	5000.	10000.	—	—
1823 restrike	—	—	—	—	600.	700.	800.	1500.	2000.
1824	35.	50.	100.	300.	700.	1000.	2000.	3000.	4000.
1824/2	50.	80.	150.	400.	1500.	2000.	2500.	10000.	20000.
1825	30.	45.	75.	200.	600.	1500.	2000.	3000.	3500.
1826	30.	40.	65.	175.	350.	600.	800.	1500.	2000.
1826/5	50.	100.	200.	400.	1000.	1800.	2500.	5000.	6000.
1827	30.	35.	50.	130.	350.	600.	800.	1500.	2000.
1828 Large Date	25.	35.	50.	125.	300.	400.	1000.	2000.	3500.
1828 Small Date	30.	50.	80.	175.	450.	1200.	1500.	2500.	4000.
1829 Large Letters	25.	35.	50.	150.	350.	600.	1000.	2000.	2500.
1829 Small Letters	60.	125.	250.	600.	2500.	4000.	5000.	—	—
1830 Large Letters	25.	35.	50.	110.	250.	350.	1000.	2000.	2500.
1830 Small Letters	85.	150.	300.	700.	3000.	4500.	6500.	18000.	—
1831	25.	35.	50.	100.	225.	350.	600.	1800.	3000.
1832	25.	35.	50.	125.	275.	350.	600.	1800.	3000.
1833	25.	35.	50.	85.	175.	350.	600.	1800.	3000.
1834 Small 8, Large Stars, Medium Letters	25.	35.	50.	85.	185.	350.	600.	1800.	2500.
1834 Large 8, Small Stars, Medium Letters	25.	35.	50.	100.	200.	350.	600.	1800.	2500.
1834 Large 8, Large Stars, Medium Letters	300.	500.	800.	1200.	3500.	4500.	5000.	—	—
1835	25.	35.	50.	100.	225.	350.	600.	1800.	2500.
1835 Small 8, Small Stars	25.	35.	50.	110.	225.	350.	600.	1800.	2500.
1835 Large 8, Large Stars	25.	35.	50.	135.	325.	700.	600.	2000.	2500.
1835 Type of 1836	25.	35.	50.	100.	175.	350.	600.	1800.	2500.
1836	25.	35.	50.	80.	150.	350.	600.	1800.	2500.
1837 Plain Cord, Large Letters	25.	35.	50.	75.	125.	350.	600.	1800.	2500.
1837 Plain Cord, Small Letters	25.	35.	50.	100.	200.	500.	1000.	1800.	2500.
1837 Beaded Cord	25.	35.	50.	75.	125.	350.	600.	1800.	2500.
1838	25.	35.	50.	75.	110.	350.	600.	1800.	2500.
1839 Head of 1838	25.	35.	50.	75.	150.	350.	600.	1800.	2500.
1839/6	300.	650.	1500.	2500.	5000.	12000.	—	—	—
1839 Silly Head	30.	40.	50.	100.	225.	350.	1000.	2000.	4000.
1839 Booby Head	25.	40.	50.	100.	200.	350.	900.	1500.	3000.

—— = Insufficient pricing data

Modified Portrait

Mature Head

	G-4	VG-8	F-12	VF-20	EF-40	AU-50	AU-55	MS-62RB	MS-63RB
MODIFIED PORTRAIT									
1839 Type of 1840	25.	35.	40.	75.	175.	350.	550.	900.	1000.
1840 Large Date	25.	35.	40.	60.	60.	300.	350.	1100.	1500.
1840 Small Date	25.	35.	40.	60.	60.	300.	350.	1000.	1500.
1840 Small Date, Large 18	25.	30.	40.	65.	300.	450.	500.	1000.	2000.
1841	20.	27.	32.	40.	60.	150.	200.	500.	800.
1842	20.	27.	32.	40.	60.	150.	200.	500.	800.
1843 Petite Head, Small Letters	20.	27.	32.	40.	100.	250.	350.	1000.	1500.
1843 Mature Head, Large Letters	20.	27.	32.	40.	100.	250.	350.	1000.	1500.
1843 Petite Head, Large Letters	20.	30.	40.	50.	100.	300.	500.	1500.	2000.
1844	20.	27.	32.	40.	60.	150.	200.	500.	800.
1844/81	35.	50.	75.	175.	350.	600.	750.	1800.	3000.
1845	20.	27.	32.	40.	60.	150.	200.	500.	800.
1846 Medium Date	25.	30.	40.	50.	100.	250.	400.	1200.	1800.
1846 Small Date	20.	27.	32.	40.	60.	150.	200.	500.	800.
1846 Tall Date	20.	27.	32.	40.	60.	150.	200.	—	—
1847	20.	27.	32.	40.	60.	150.	200.	500.	800.
1847 7/Small 7	30.	50.	75.	125.	250.	400.	500.	—	—
1848	20.	27.	32.	40.	60.	150.	200.	500.	800.
1849	20.	27.	32.	40.	60.	150.	200.	500.	800.
1850	20.	27.	32.	40.	60.	150.	200.	500.	800.
1851	20.	27.	32.	40.	60.	150.	200.	500.	800.
1851/81	35.	45.	60.	80.	175.	250.	300.	700.	1100.
1852	20.	27.	32.	40.	60.	150.	200.	500.	800.
1853	20.	27.	32.	40.	60.	150.	200.	500.	800.
1854	20.	27.	32.	40.	60.	150.	200.	500.	800.
1855	20.	27.	32.	40.	60.	150.	200.	500.	800.
1855 Knob Ear	30.	35.	45.	75.	125.	200.	300.	800.	1000.
1856	20.	27.	32.	40.	60.	150.	200.	500.	800.
1857	75.	100.	150.	200.	250.	350.	400.	1000.	1500.
1857 Large Date	110.	150.	200.	250.	300.	400.	500.	1200.	2000.

—— = Insufficient pricing data

Flying Eagle cent

Date of authorization: Feb. 21, 1857
Dates of issue: 1856-1858
Designers: Obverse: Christian Gobrecht-James B. Longacre
Reverse: Longacre
Engraver: James B. Longacre
Diameter: 19.30 mm/0.76 inches
Weight: 4.67 grams/0.15 ounce
Metallic content: 88% copper, 12% nickel
Edge: Plain
Mint mark: None

Note: Mint State 65 and Proof 65 copper values are for coins with full red original color; lower Mint State and Proof grades reflect specimens that are red and brown.

	G-4	VG-8	F-12	VF-20	EF-40	AU-50	MS-60	MS-63	MS-64	MS-65	MS-66
1856	6500.	7500.	10000.	12000.	14000.	16000.	20000.	25000.	35000.	65000.	175000.
1857	25.	30.	35.	50.	135.	200.	300.	1000.	1650.	4000.	7500.
1858 Large Letters	25.	30.	35.	50.	135.	200.	300.	1000.	1650.	4000.	6000.
1858 Small Letters	25.	30.	35.	50.	135.	200.	300.	1000.	1650.	4000.	10000.
1858/7 early die state	75.	100.	200.	400.	800.	1600.	3500.	10000.	25000.	50000.	—

—— = Insufficient pricing data

Indian Head cent

Shield Added

Date of authorization: Feb. 21, 1857
Dates of issue: 1859-1909
Designer/Engraver: James B. Longacre
Diameter: 1859-1864: 19.30 mm/0.76 inch
1864-1909: 19.05 mm/0.75 inch
Weight: 1859-1864: 4.67 grams/0.15 ounce
1864-1909: 3.11 grams/0.10 ounce
Metallic content: 1859-1864: 88% copper, 12% nickel
1864-1909: 95% copper, 5% tin and zinc
Edge: Plain
Mint mark: 1908-1909, reverse under wreath

Note: For copper-alloy coins, the letter B following a numerical grade (as in MS-63B) is shorthand for brown, RB represents red and brown, and R stands for red. It is common practice for grading services to qualify copper coins. In addition to a Mint State grade, a copper coin is assigned as brown, red and brown, or red. Generally, full red coins are valued higher than red and brown coins, which in turn are valued higher than brown coins, all else being equal.

INDIAN HEAD CENT (CONTINUED)

COPPER-NICKEL / SHIELD ADDED

	G-4	VG-8	F-12	VF-20	EF-40	AU-50	MS-60	MS-63	MS-64	MS-65	MS-66	PF-63	PF-64	PF-65	PF-66
COPPER-NICKEL															
1859	14.	16.	20.	50.	125.	200.	250.	500.	1500.	3500.	6000.	1600.	3000.	5000.	7500.
SHIELD ADDED															
1860 Broad Bust T 2	9.00	12.	15.	20.	60.	100.	150.	225.	600.	1000.	5000.	1000.	2100.	4000.	8500.*
1860 Narrow Bust	12.	15.	25.	50.	100.	150.	250.	500.	1500.	11000.	—				*
1861	20.	30.	40.	50.	110.	175.	200.	250.	350.	1500.	2500.	800.	4500.	8500.	32000.
1862	9.00	10.	12.	20.	35.	60.	100.	175.	350.	1100.	2500.	750.	1300.	2500.	4000.
1863	9.00	10.	12.	18.	30.	60.	100.	175.	350.	1100.	2500.	800.	1500.	3500.	8500.
1864	20.	25.	35.	50.	75.	100.	150.	225.	400.	1400.	11500.	800.	1500.	3500.	7500.

BRONZE

	G-4	VG-8	F-12	VF-20	EF-40	AU-50	MS-60BN	MS-63RB	MS-64RB	MS-65RB	MS-65R	MS-66R	PF-63RB	PF-64RB	PF-65RB
1864 Initial L	55.	65.	125.	175.	250.	300.	350.	550.	750.	1500.	2200.	3750.	30000.	70000.	53000.
1864	7.00	13.	20.	35.	60.	75.	100.	200.	300.	350.	450.	1000.	3000.	3000.	4000.
1865	7.00	11.	18.	21.	37.	50.	85.	150.	225.	500.	850.	1600.	21000.	1200.	800.
1866	45.	50.	65.	100.	200.	225.	250.	500.	800.	1300.	3125.	9500.	21000.	—	*
1877	65.	80.	125.	175.	250.	350.	450.	750.	1350.	—	—	—	—	—	*
1867	45.	55.	75.	110.	200.	225.	250.	400.	700.	1300.	2500.	10000.	7500.	525.	800.
1868	40.	45.	65.	85.	175.	200.	250.	450.	800.	1000.	1750.	6000.	—	675.	875.
1869	60.	85.	225.	300.	375.	450.	500.	700.	1000.	1500.	2200.	5000.	20000.	385.	900.
1869/9	125.	175.	300.	400.	550.	600.	700.	800.	1200.	1800.	—	—	—	—	*
1870	50.	76.	225.	300.	375.	450.	475.	550.	750.	1500.	2000.	5000.	18500.	375.	875.
1871	60.	85.	300.	350.	400.	450.	500.	950.	1300.	3500.	5000.	12500.	—	375.	850.
1872	75.	125.	300.	350.	400.	500.	600.	850.	1500.	4000.	12500.	25000.	75000.	450.	1000.
1873 Closed 3	35.	50.	75.	100.	175.	250.	325.	650.	1200.	3250.	3750.	12000.	17000.	300.	465.
1873 Doubled LIBERTY Die 1 bold	150.	400.	850.	1500.	2500.	4000.	6500.	15000.	35000.	—	—	—	—	—	*
1873 Open 3	20.	30.	50.	75.	150.	200.	250.	350.	550.	1400.	2500.	10000.	—	200.	—
1874	18.	20.	30.	50.	100.	150.	175.	250.	400.	750.	2000.	5000.	7500.	310.	2300.

—— = insufficient pricing data

INDIAN HEAD CENT (CONTINUED)

	G-4	VG-8	F-12	VF-20	EF-40	AU-50	MS-60B	MS-63B	MS-63RB	MS-64RB	MS-64R	MS-65RB	MS-65R	MS-66R	PF-63RB	PF-64RB	PF-65R
1875	18.	30.	50.	60.	100.	135.	175.	300.	500.	1600.	1600.	900.	3750.	—	700.	—	4000.
1876	30.	40.	65.	125.	225.	275.	300.	400.	750.	1600.	1600.	1200.	4500.	10000.	260.	600.	2600.
1877	850.	1100.	1400.	2000.	2700.	3200.	4000.	5000.	6500.	9000.	9000.	10000.	20000.	78000.	4000.	5000.	10000.
1878	30.	45.	75.	125.	225.	275.	300.	375.	650.	1200.	1200.	1000.	5000.	4000.	180.	250.	1050.
1879	8.00	12.	15.	30.	65.	75.	85.	125.	225.	375.	225.	400.	1400.	2500.	200.	250.	1050.
1880	4.00	5.00	6.00	10.	25.	40.	60.	110.	200.	375.	225.	400.	1000.	3250.	180.	240.	1600.
1881	4.00	5.00	6.00	8.00	18.	25.	40.	150.	200.	350.	175.	425.	1000.	1750.	170.	230.	1600.
1882	4.00	5.00	6.50	10.	18.	25.	40.	90.	175.	350.	175.	375.	1200.	2000.	170.	230.	1600.
1883	4.00	4.50	5.00	8.00	17.	25.	40.	75.	175.	400.	175.	375.	1400.	2000.	170.	230.	725.
1884	4.00	5.00	7.00	8.00	25.	35.	60.	125.	225.	500.	225.	500.	2200.	2000.	170.	230.	1100.
1885	6.00	7.00	12.	25.	60.	75.	100.	200.	350.	750.	350.	750.	2000.	—	160.	245.	1700.
1886 Feather between I and C	4.00	7.00	20.	50.	140.	175.	225.	275.	425.	1300.	425.	1500.	3100.	7500.	265.	350.	2250.
1886 Feather between C and A	8.00	15.	30.	75.	175.	200.	300.	525.	1250.	6000.	1250.	2750.	15000.	50000.	—	—	—
1887	2.00	2.50	3.50	5.50	18.	25.	50.	150.	300.	400.	300.	400.	1000.	6000.	200.	400.	6000.
1888/7	1200.	2000.	4500.	8000.	12000.	17500.	20000.	30000.	40000.	—	—	—	—	—	*	*	*
1888	2.00	2.50	4.50	5.50	18.	28.	42.	150.	350.	1000.	700.	900.	3600.	8500.	225.	325.	6000.
1889	2.00	2.50	3.00	4.75	10.	22.	30.	65.	225.	700.	225.	500.	3125.	17500.	165.	200.	1700.
1890	2.00	2.50	3.00	3.75	10.	21.	30.	65.	225.	450.	225.	375.	1650.	5500.	180.	240.	2000.
1891	2.00	2.50	3.00	3.75	10.	20.	30.	65.	225.	450.	225.	375.	1100.	—	165.	400.	3400.
1892	2.00	2.50	3.00	3.75	12.	20.	30.	65.	225.	425.	225.	375.	1200.	3500.	150.	190.	1050.
1893	2.00	2.50	3.00	3.75	10.	20.	29.	65.	225.	400.	225.	500.	1400.	2000.	150.	200.	1125.
1894	4.00	5.00	9.00	12.	45.	60.	75.	100.	225.	400.	225.	375.	900.	2250.	150.	215.	1550.
1894/94	20.	30.	75.	150.	250.	400.	700.	1700.	2500.	6500.	2500.	7500.	10000.	—	*	*	*
1895	2.00	2.50	3.00	4.00	12.	20.	30.	50.	150.	200.	150.	200.	1100.	2000.	150.	275.	1125.
1896	2.00	2.50	3.00	4.00	10.	22.	35.	50.	150.	225.	150.	225.	900.	2500.	220.	385.	2000.
1897	2.00	2.50	3.00	3.50	10.	20.	30.	50.	150.	200.	150.	250.	900.	3000.	150.	200.	1500.
1898	2.00	2.50	3.00	3.50	10.	18.	25.	45.	100.	350.	100.	250.	600.	3000.	150.	200.	1000.
1899	2.00	2.50	2.75	3.50	12.	18.	25.	45.	90.	150.	90.	200.	600.	1500.	185.	225.	1000.

——— = Insufficient pricing data

INDIAN HEAD CENT (CONTINUED)

	G-4	VG-8	F-12	VF-20	EF-40	AU-50	MS-60B	MS-63RB	MS-64RB	MS-64R	MS-65RB	MS-65R	MS-66R	PF-63RB	PF-64RB	PF-65R
1900	2.00	2.50	2.75	3.50	14.	18.	25.	40.	90.	225.	250.	900.	3300.	135.	200.	1000.
1901	2.00	2.50	2.75	3.50	8.00	17.	25.	40.	90.	150.	175.	500.	1050.	135.	205.	1000.
1902	2.00	2.50	2.75	3.50	8.00	17.	25.	40.	90.	125.	175.	500.	1050.	135.	200.	1000.
1903	2.00	2.50	2.75	3.50	8.00	17.	25.	40.	90.	125.	175.	500.	1050.	135.	400.	1000.
1904	2.00	2.50	2.75	3.50	8.00	17.	25.	40.	90.	125.	175.	600.	1250.	185.	250.	1400.
1905	2.00	2.50	2.75	3.50	8.00	17.	25.	40.	90.	125.	175.	500.	1050.	175.	225.	1000.
1906	2.00	2.50	2.75	3.50	8.00	17.	25.	40.	90.	125.	175.	500.	1150.	170.	200.	1000.
1907	2.00	2.50	2.75	3.50	8.00	17.	25.	40.	90.	125.	175.	750.	1250.	175.	300.	1450.
1908	2.00	2.50	2.75	3.50	8.00	17.	25.	40.	90.	125.	175.	700.	2000.	135.	200.	1100.
1908-S	75.	85.	90.	110.	175.	200.	275.	400.	600.	1000.	750.	3000.	4000.	*	*	*
1909	3.50	4.00	4.50	5.00	16.	25.	35.	60.	85.	150.	175.	600.	1500.	190.	285.	1600.
1909-S	475.	500.	550.	600.	700.	900.	1000.	1200.	1400.	2000.	1800.	5000.	8500.	*	*	*

—— = Insufficient pricing data   * = None issued

Lincoln, Wheat cent

Date of authorization: Feb. 21, 1857
Dates of issue: 1909-1958
Designer: Victor D. Brenner
Engraver: Charles Barber
Diameter: 19.05 mm/0.75 inch
Weight: 1909-1942, 1944-1958:
3.11 grams/0.10 ounce
1943: 2.69 grams/0.09 ounce;
2.75 grams/0.09 ounce
Metallic content: 1909-1942: 95% copper, 5% zinc and tin
1942: 95% copper, 5% zinc
1943: zinc-coated steel
1944-1946: 95% copper, 5% zinc
1947-1958: 95% copper, 5% zinc and tin
Edge: Plain
Mint mark: Obverse under date

Note: For copper-alloy coins, the letter B following a numerical grade (as in MS-63B) is shorthand for brown, RB represents red and brown, and R stands for red. It is common practice for grading services to qualify copper coins. In addition to a Mint State grade, a copper coin is assigned as brown, red and brown, or red. Generally, full red coins are valued higher than red and brown coins, which in turn are valued higher than brown coins, all else being equal.

Also, the letter C following a numerical grade for a Proof coin stands for "cameo," while the letters DC stand for "deep cameo." Cameo coins have contrasting surface finishes: mirror fields and frosted devices (raised areas). Deep cameo coins are the ultimate level of cameo, with deeply frosted devices. Cameo and deep cameo coins bring premiums.

LINCOLN, WHEAT CENT (CONTINUED)

	G-4	VG-8	F-12	VF-20	EF-40	AU-50	MS-60B	MS-63RB	MS-64RB	MS-64R	MS-65RB	MS-65R	MS-66R	MS-67R	MS-68R	PF-63RB	PF-64RB	PF-65C	PF-65R	PF-66	PF-66DC	PF-66R	PF-67DC	PF-67R	PF-68DC	PF-69DC
BRONZE ALLOY																										
1909 VDB	8.50	9.00	9.50	10.	11.	12.	13.	14.	25.	55.	35.	110.	400.	1300.	—	5000.	6000.	—	12000.	*	*	*	*	*	*	*
1909-S VDB	850.	900.	1000.	1200.	1300.	1400.	1600.	2000.	3000.	5000.	5000.	8500.	15000.	100000.	—	*	*	*	*	*	*	*	*	*	*	*
1909	2.00	2.50	3.00	3.50	4.50	11.	16.	25.	30.	40.	50.	100.	800.	4000.	—	500.	700.	—	2500.	*	3500.	*	*	*	*	*
1909-S over Horizontal S	85.	100.	110.	175.	225.	275.	350.	400.	450.	650.	850.	1600.	2800.	—	—	*	*	*	*	*	*	*	*	*	*	*
1910	0.50	0.75	1.00	1.50	4.00	8.50	18.	25.	30.	75.	75.	250.	1800.	8500.	—	400.	500.	—	3000.	*	*	*	*	*	*	*
1910-S	9.00	11.	13.	17.	30.	65.	80.	100.	175.	300.	500.	500.	5000.	50000.	—	*	*	*	*	*	*	*	*	*	*	*
1911	0.50	0.75	1.00	2.00	3.00	5.00	9.00	20.	40.	150.	400.	2000.	2500.	25000.	—	400.	500.	—	2500.	*	8000.	*	*	*	*	*
1911-D	6.00	7.00	11.	18.	45.	65.	90.	175.	325.	1200.	650.	2000.	2000.	11000.	—	*	*	*	*	*	*	*	*	*	*	*
1911-S	20.	22.	25.	35.	50.	100.	175.	275.	400.	1500.	1000.	4000.	25000.	40000.	—	*	*	*	*	*	*	*	*	*	*	*
1912	1.50	1.75	2.00	4.50	15.	22.	35.	55.	75.	110.	150.	2000.	2000.	25000.	—	400.	800.	—	7500.	*	*	*	*	*	*	*
1912-D	7.50	8.50	11.	22.	55.	90.	160.	250.	500.	2000.	800.	2500.	2500.	30000.	—	*	*	*	*	*	*	*	*	*	*	*
1912-S	14.	17.	22.	28.	55.	100.	140.	250.	400.	1500.	1200.	5500.	10000.	—	—	*	*	*	*	*	*	*	*	*	*	*
1913	1.00	1.50	2.00	4.00	14.	22.	35.	55.	75.	125.	200.	400.	1500.	38000.	—	400.	500.	—	2000.	*	3000.	*	*	*	*	*
1913-D	3.50	4.00	5.00	11.	35.	65.	100.	175.	300.	650.	800.	3000.	17000.	—	—	*	*	*	*	*	*	*	*	*	*	*
1913-S	7.00	8.50	10.	15.	35.	75.	165.	275.	400.	1300.	1800.	7500.	70000.	—	—	*	*	*	*	*	*	*	*	*	*	*
1914	0.60	1.00	2.50	5.50	14.	35.	50.	75.	125.	300.	250.	500.	4000.	—	—	400.	500.	—	2500.	*	5000.	*	*	*	*	*
1914-D	175.	250.	350.	450.	700.	1400.	2000.	4000.	5000.	9000.	10000.	22000.	30000.	—	—	*	*	*	*	*	*	*	*	*	*	*
1914-S	14.	17.	20.	35.	65.	150.	300.	500.	1300.	2000.	3000.	11000.	20000.	—	—	*	*	*	*	*	*	*	*	*	*	*
1915	2.00	2.50	4.50	13.	45.	70.	85.	125.	150.	400.	300.	1000.	2500.	—	—	500.	600.	—	3500.	*	*	*	*	*	*	*
1915-D	2.50	3.00	4.00	20.	45.	70.	125.	275.	200.	600.	1200.	3000.	3000.	—	—	*	*	*	*	*	*	*	*	*	*	*
1915-S	9.00	11.	13.	18.	50.	75.	175.	275.	400.	2000.	3500.	—	—	—	—	*	*	*	*	*	*	*	*	*	*	*
1916	0.50	1.00	1.50	2.50	11.	18.	35.	50.	100.	75.	250.	1000.	4000.	—	—	500.	700.	—	9000.	*	20000.	*	*	*	*	*
1916-D	1.50	2.00	3.00	6.00	13.	30.	75.	140.	200.	500.	1000.	3000.	—	—	—	*	*	*	*	*	*	*	*	*	*	*

—— = Insufficient pricing data   * = None issued

LINCOLN, WHEAT CENT (CONTINUED)

	PF-69DC	PF-68DC	PF-67R	PF-67DC	PF-66R	PF-66DC	PF-66	PF-65R	PF-65C	PF-64RB	PF-63RB	MS-68R	MS-67R	MS-66R	MS-65R	MS-65RB	MS-64R	MS-64RB	MS-63RB	MS-60B	AU-50	EF-40	VF-20	F-12	VG-8	G-4
1916-S	*	*	*	*	*	*	*	*	*	*	*	—	—	28000.	7500.	1500.	1300.	500.	175.	90.	35.	17.	8.00	5.00	3.50	2.00
1917	*	*	*	*	*	*	*	*	*	*	*	—	40000.	2500.	400.	85.	150.	40.	25.	17.	11.	5.00	2.50	1.50	1.00	0.50
1917 Doubled Die	*	*	*	*	*	*	*	*	*	*	*	—	—	—	25000.	15000.	10000.	6000.	3500.	2000.	1700.	1200.	500.	250.	200.	125.
1917-D	*	*	*	*	*	*	*	*	*	*	*	—	—	5000.	2500.	800.	700.	250.	140.	65.	30.	17.	5.50	3.00	2.00	1.50
1917-S	*	*	*	*	*	*	*	*	*	*	*	—	—	15000.	5000.	1000.	1500.	300.	150.	65.	17.	11.	2.00	1.50	1.00	0.50
1918	*	*	*	*	*	*	*	*	*	*	*	—	—	6500.	750.	200.	300.	100.	40.	14.	8.50	4.00	2.00	1.50	1.00	0.50
1918-D	*	*	*	*	*	*	*	*	*	*	*	—	—	6500.	3000.	500.	900.	200.	160.	70.	30.	16.	5.50	3.00	2.00	1.50
1918-S	*	*	*	*	*	*	*	*	*	*	*	—	—	10000.	5500.	1500.	2000.	500.	175.	65.	35.	11.	4.00	1.50	1.00	0.50
1919	*	*	*	*	*	*	*	*	*	*	*	12000.	1500.	700.	250.	75.	100.	30.	25.	9.00	5.00	2.50	2.00	1.50	1.00	0.50
1919-D	*	*	*	*	*	*	*	*	*	*	*	—	—	6000.	2500.	400.	500.	175.	125.	55.	30.	11.	5.00	2.00	1.50	1.00
1919-S	*	*	*	*	*	*	*	*	*	*	*	—	—	20000.	7500.	1000.	3000.	350.	165.	45.	17.	5.00	3.00	1.50	1.00	0.50
1920	*	*	*	*	*	*	*	*	*	*	*	—	—	1500.	500.	100.	150.	35.	25.	14.	6.50	3.00	2.00	1.50	1.00	0.50
1920-D	*	*	*	*	*	*	*	*	*	*	*	—	—	5000.	2700.	400.	500.	200.	125.	65.	35.	17.	5.00	3.00	1.50	1.00
1920-S	*	*	*	*	*	*	*	*	*	*	*	—	—	6500.	7500.	1500.	1800.	400.	250.	45.	35.	11.	3.00	1.50	1.00	0.50
1921	*	*	*	*	*	*	*	*	*	*	*	—	—	2500.	800.	150.	250.	100.	75.	22.	22.	10.	3.00	1.50	1.00	0.50
1921-S	*	*	*	*	*	*	*	*	*	*	*	—	—	60000.	5000.	1000.	2500.	400.	225.	110.	75.	25.	6.00	3.00	2.50	2.00
1922 Missing D, Die Pair 2	*	*	*	*	*	*	*	*	*	*	*	—	—	—	175000.	75000.	60000.	40000.	35000.	9000.	7000.	3500.	1700.	1200.	750.	550.
1922-D	*	*	*	*	*	*	*	*	*	*	*	—	—	7500.	2000.	700.	500.	250.	175.	90.	55.	30.	20.	17.	15.	13.
1923	*	*	*	*	*	*	*	*	*	*	*	—	—	1700.	600.	160.	200.	70.	25.	15.	8.50	3.50	2.00	1.50	1.00	0.50
1923-S	*	*	*	*	*	*	*	*	*	*	*	—	—	—	4500.	1500.	3000.	800.	400.	200.	85.	25.	6.00	4.00	3.00	2.50
1924	*	*	*	*	*	*	*	*	*	*	*	—	—	720.	230.	75.	75.	60.	45.	21.	10.	3.50	2.00	1.50	1.00	0.50
1924-D	*	*	*	*	*	*	*	*	*	*	*	—	—	18000.	5000.	1400.	1500.	700.	350.	275.	175.	90.	40.	25.	22.	18.
1924-S	*	*	*	*	*	*	*	*	*	*	*	—	—	—	7000.	1500.	1500.	650.	275.	125.	60.	18.	5.00	3.00	2.00	1.50
1925	*	*	*	*	*	*	*	*	*	*	*	1500.	—	300.	100.	35.	35.	30.	20.	10.	7.00	2.50	2.00	1.50	1.00	0.50

——— = Insufficient pricing data   * = None issued

LINCOLN, WHEAT CENT (CONTINUED)

	G-4	VG-8	F-12	VF-20	EF-40	AU-50	MS-60B	MS-63RB	MS-64RB	MS-64R	MS-65RB	MS-65R	MS-66R	MS-67R	MS-68R	PF-63RB	PF-64RB	PF-65C	PF-65R	PF-66	PF-66DC	PF-66R	PF-67DC	PF-67R	PF-68DC	PF-69DC
1925-D	0.50	1.50	1.50	5.50	16.	30.	60.	125.	175.	325.	300.	2400.	10000.	—	—	*	*	*	*	*	*	*	*	*	*	*
1925-S	1.50	1.00	1.50	2.00	12.	30.	80.	250.	700.	3000.	2500.	6500.	—	—	—	*	*	*	*	*	*	*	*	*	*	*
1926	0.50	1.00	1.50	2.00	2.50	5.00	15.	20.	25.	25.	100.	600.	2100.	—	—	*	*	*	*	*	*	*	*	*	*	*
1926-D	0.50	1.00	1.50	4.00	13.	35.	85.	185.	300.	425.	700.	3500.	—	—	—	*	*	*	*	*	*	*	*	*	*	*
1926-S	3.00	4.00	5.00	9.00	20.	60.	125.	300.	1000.	5500.	6500.	65000.	—	—	—	*	*	*	*	*	*	*	*	*	*	*
1927	0.50	1.50	1.50	2.00	2.50	4.00	9.00	17.	27.	75.	50.	250.	3800.	—	—	*	*	*	*	*	*	*	*	*	*	*
1927-D	0.50	1.00	1.50	2.00	7.50	25.	60.	100.	150.	400.	500.	2500.	—	—	—	*	*	*	*	*	*	*	*	*	*	*
1927-S	1.50	2.00	2.50	4.00	12.	35.	65.	160.	300.	1200.	1400.	5000.	—	—	—	*	*	*	*	*	*	*	*	*	*	*
1928	0.50	1.00	1.50	2.00	2.50	4.00	9.00	15.	27.	38.	32.	85.	425.	—	—	*	*	*	*	*	*	*	*	*	*	*
1928-D	0.50	1.00	1.50	2.00	6.00	15.	35.	70.	100.	300.	250.	2000.	4000.	—	—	*	*	*	*	*	*	*	*	*	*	*
1928-S	1.00	1.50	2.50	3.00	9.00	25.	80.	120.	200.	600.	500.	3500.	—	—	—	*	*	*	*	*	*	*	*	*	*	*
1929	0.50	1.00	1.50	2.50	5.00	7.00	14.	25.	60.	100.	85.	300.	600.	1500.	—	*	*	*	*	*	*	*	*	*	*	*
1929-D	0.50	1.00	1.50	2.00	5.00	12.	23.	40.	50.	250.	200.	1200.	2000.	—	—	*	*	*	*	*	*	*	*	*	*	*
1929-S	0.50	1.00	2.00	2.00	4.00	7.00	18.	28.	50.	200.	150.	400.	4000.	—	—	*	*	*	*	*	*	*	*	*	*	*
1930	0.50	1.00	1.50	2.50	2.50	3.00	5.00	7.00	10.	50.	50.	100.	200.	525.	—	*	*	*	*	*	*	*	*	*	*	*
1930-D	0.50	1.00	1.50	2.00	3.00	4.50	13.	25.	50.	100.	75.	250.	650.	—	—	*	*	*	*	*	*	*	*	*	*	*
1930-S	0.50	1.00	1.50	2.00	2.50	6.00	12.	13.	25.	75.	50.	150.	500.	—	—	*	*	*	*	*	*	*	*	*	*	*
1931	0.50	1.00	2.00	2.00	2.50	9.00	30.	30.	50.	135.	75.	250.	1400.	—	—	*	*	*	*	*	*	*	*	*	*	*
1931-D	4.00	5.00	6.00	7.50	12.	40.	60.	85.	110.	225.	225.	800.	2500.	—	—	*	*	*	*	*	*	*	*	*	*	*
1931-S	70.	80.	90.	100.	110.	120.	135.	175.	200.	350.	400.	750.	1500.	—	—	*	*	*	*	*	*	*	*	*	*	*
1932	1.50	2.00	3.00	4.00	5.00	13.	20.	25.	40.	100.	75.	200.	500.	3000.	—	*	*	*	*	*	*	*	*	*	*	*
1932-D	1.00	2.00	3.00	4.00	5.00	18.	30.	30.	50.	100.	75.	200.	450.	—	—	*	*	*	*	*	*	*	*	*	*	*
1933	1.50	2.00	3.00	3.00	4.00	11.	18.	25.	50.	100.	75.	150.	300.	2500.	—	*	*	*	*	*	*	*	*	*	*	*
1933-D	2.00	2.50	3.00	6.00	11.	17.	25.	32.	50.	100.	75.	150.	500.	—	—	*	*	*	*	*	*	*	*	*	*	*
1934	0.05	0.10	0.25	0.40	1.25	4.00	8.00	9.00	12.	35.	65.	220.	7500.	—	—	*	*	*	*	*	*	*	*	*	*	*
1934-D	0.05	0.10	0.35	0.55	5.00	8.75	12.	28.	35.	65.	150.	850.	—	—	—	*	*	*	*	*	*	*	*	*	*	*
1935	0.05	0.10	0.25	0.40	0.75	1.00	1.25	6.00	9.00	30.	50.	150.	10000.	—	—	*	*	*	*	*	*	*	*	*	*	*

——— = Insufficient pricing data   * = None issued

LINCOLN, WHEAT CENT (CONTINUED)

	G-4	VG-8	F-12	VF-20	EF-40	AU-50	MS-60B	MS-63RB	MS-64RB	MS-64R	MS-65RB	MS-65R	MS-66R	MS-67R	MS-68R	PF-63RB	PF-64RB	PF-65C	PF-65R	PF-66	PF-66DC	PF-66R	PF-67DC	PF-67R	PF-68DC	PF-69DC
1935-D	0.05	0.10	0.40	0.45	0.85	2.00	3.25	5.00	10.	—	—	25.	55.	135.	—	*	*	*	*	*	*	*	*	*	*	*
1935-S	0.05	0.10	0.65	1.50	2.50	4.25	6.50	25.	30.	—	—	50.	150.	8000.	—	*	*	*	*	*	*	*	*	*	*	*
1936	0.05	0.10	0.40	0.45	0.90	1.25	1.95	2.00	4.00	—	—	20.	45.	100.	—	*	*	*	*	*	*	*	*	*	*	*
1936-D	0.05	0.10	0.30	0.40	0.85	1.00	1.85	4.00	4.00	—	—	15.	40.	150.	—	*	*	*	*	*	*	*	*	*	*	*
1936-S	0.05	0.10	0.35	0.50	1.50	2.00	2.65	5.00	5.00	—	—	23.	70.	250.	—	*	*	*	*	*	*	*	*	*	*	*
1936 Satin Proof	*	*	*	*	*	*	*	*	*	*	*	*	*	*	*	300.	600.	—	2000.	—	—	3500.	—	—	—	—
1936 Brilliant Proof	*	*	*	*	*	*	*	*	*	*	*	*	*	*	*	450.	700.	—	2500.	—	—	6000.	—	10000.	—	—
1937	0.05	0.10	0.20	0.30	1.00	1.50	2.00	2.00	4.00	—	—	20.	70.	110.	—	75.	200.	—	300.	—	—	1500.	—	3500.	—	—
1937-D	0.05	0.10	0.25	0.40	0.65	1.00	2.25	3.00	5.00	—	—	25.	45.	100.	—	*	*	*	*	*	*	*	*	*	*	*
1937-S	0.05	0.10	0.25	0.40	0.65	1.00	2.00	4.00	5.00	—	—	28.	45.	125.	—	*	*	*	*	*	*	*	*	*	*	*
1938	0.05	0.10	0.20	0.30	0.60	1.00	1.25	3.00	5.00	—	—	15.	60.	150.	—	50.	150.	—	250.	—	—	800.	—	2500.	—	—
1938-D	0.05	0.10	0.40	0.75	1.00	1.85	2.50	4.00	8.00	—	—	15.	50.	135.	4500.	*	*	*	*	*	*	*	*	*	*	*
1938-S	0.05	0.10	0.35	0.55	0.80	1.00	2.50	3.50	6.00	—	—	23.	45.	100.	—	*	*	*	*	*	*	*	*	*	*	*
1939	0.05	0.10	0.15	0.25	0.30	0.40	0.50	1.50	4.00	—	—	15.	40.	130.	10000.	50.	150.	—	500.	—	—	1800.	—	4000.	—	—
1939-D	0.05	0.10	0.40	0.75	1.00	1.30	1.75	3.00	6.00	—	—	18.	45.	100.	7000.	*	*	*	*	*	*	*	*	*	*	*
1939-S	0.05	0.10	0.25	0.40	0.75	1.00	1.30	2.50	5.00	—	—	20.	40.	100.	—	*	*	*	*	*	*	*	*	*	*	*
1940	0.05	0.10	0.20	0.30	0.40	0.45	0.60	1.00	3.00	—	—	18.	40.	175.	13000.	40.	150.	—	250.	—	—	500.	—	2000.	—	—
1940-D	0.05	0.10	0.20	0.50	0.60	0.70	0.90	2.00	4.00	—	—	15.	32.	160.	—	*	*	*	*	*	*	*	*	*	*	*
1940-S	0.05	0.10	0.30	0.50	0.60	0.90	1.25	2.00	4.00	—	—	10.	38.	150.	—	*	*	*	*	*	*	*	*	*	*	*
1941	0.05	0.10	0.25	0.40	0.50	0.55	0.80	1.50	3.00	—	—	18.	35.	150.	—	40.	150.	—	250.	—	—	500.	—	2000.	—	—
1941-D	0.05	0.10	0.40	0.60	0.90	1.00	1.65	3.00	4.00	—	—	18.	45.	125.	—	*	*	*	*	*	*	*	*	*	*	*
1941-S	0.05	0.10	0.50	0.70	0.80	1.00	1.75	3.00	5.00	—	—	27.	42.	100.	—	*	*	*	*	*	*	*	*	*	*	*
1942	0.05	0.10	0.20	0.30	0.40	0.45	0.65	1.00	2.50	—	—	18.	40.	150.	—	40.	125.	—	250.	—	—	600.	—	—	—	—
1942-D	0.05	0.10	0.25	0.35	0.40	0.45	0.60	1.00	2.50	—	—	16.	40.	100.	13000.	*	*	*	*	*	*	*	*	*	*	*
1942-S	0.05	0.10	0.55	0.75	1.00	1.50	2.50	6.00	12.	—	—	30.	40.	100.	14000.	*	*	*	*	*	*	*	*	*	*	*

———— = Insufficient pricing data   * = None issued

LINCOLN, WHEAT CENT (CONTINUED)

Date	G-4	VG-8	F-12	VF-20	EF-40	AU-50	MS-60B	MS-63RB	MS-64RB	MS-64R	MS-65RB	MS-65R	MS-66R	MS-67R	MS-68R	PF-63RB	PF-64RB	PF-65C	PF-65R	PF-66	PF-66DC	PF-66R	PF-67DC	PF-67R	PF-68DC	PF-69DC
ZINC-COATED STEEL																										
1943	0.10	0.15	0.20	0.30	0.40	0.65	0.80	1.50	3.00	—	—	18.	30.	—	—	*	*	*	*	*	*	*	*	*	*	*
1943-D	0.15	0.20	0.25	0.45	0.60	0.75	1.00	2.50	5.00	—	—	13.	30.	80.1000.	80.3000.	*	*	*	*	*	*	*	*	*	*	*
1943-S	0.15	0.25	0.35	0.55	0.75	1.00	2.00	4.00	9.00	—	—	20.	40.	100.2500.	—	*	*	*	*	*	*	*	*	*	*	*
SHELL-CASE BRASS																										
1944	0.05	0.05	0.10	0.15	0.20	0.35	0.42	1.00	1.50	—	—	10.	21.	100.	—	*	*	*	*	*	*	*	*	*	*	*
1944-D	0.05	0.10	0.20	0.25	0.30	0.35	0.40	1.00	1.50	—	—	15.	30.	100.	—	*	*	*	*	*	*	*	*	*	*	*
1944-D/S Variety 1	50.	75.	100.	175.	250.	300.	400.	500.	750.	—	—	2000.	4000.	—	—	*	*	*	*	*	*	*	*	*	*	*
1944-D/S Variety 2	35.	45.	60.	135.	200.	250.	350.	400.	550.	—	—	1500.	—	—	—	*	*	*	*	*	*	*	*	*	*	*
1944-S	0.05	0.10	0.15	0.20	0.25	0.40	0.55	1.00	1.50	—	—	10.	25.	80.	—	*	*	*	*	*	*	*	*	*	*	*
1945	0.05	0.10	0.15	0.15	0.25	0.35	0.40	1.00	1.50	—	—	12.	35.	125.	—	*	*	*	*	*	*	*	*	*	*	*
1945-D	0.05	0.10	0.15	0.20	0.25	0.40	0.45	1.00	1.50	—	—	10.	30.	100.	—	*	*	*	*	*	*	*	*	*	*	*
1945-S	0.05	0.10	0.15	0.20	0.25	0.30	0.40	1.00	1.50	—	—	10.	30.	65.	—	*	*	*	*	*	*	*	*	*	*	*
1946	0.05	0.10	0.10	0.15	0.20	0.25	0.30	1.00	1.50	—	—	11.	30.	90.	—	*	*	*	*	*	*	*	*	*	*	*
1946-D	0.05	0.10	0.15	0.18	0.20	0.25	0.30	1.00	1.50	—	—	10.	25.	100.	—	*	*	*	*	*	*	*	*	*	*	*
1946-S	0.05	0.10	0.20	0.25	0.30	0.35	0.40	1.00	1.50	—	—	15.	30.	150.	—	*	*	*	*	*	*	*	*	*	*	*
1946-S/D	—	—	—	—	—	100.	175.	300.	400.	—	—	600.	750.	—	—	*	*	*	*	*	*	*	*	*	*	*
BRONZE ALLOY																										
1947	0.05	0.05	0.05	0.05	0.05	0.10	—	1.50	1.75	2.50	4.00	10.	50.	135.	—	*	*	*	*	*	*	*	*	*	*	*
1947-D	0.05	0.05	0.05	0.05	0.05	0.10	0.10	0.40	1.00	2.00	4.00	9.00	30.	40.	—	*	*	*	*	*	*	*	*	*	*	*
1947-S	0.05	0.05	0.05	0.05	0.05	0.10	0.10	0.75	1.50	2.50	4.00	11.	30.	125.	—	*	*	*	*	*	*	*	*	*	*	*
1948	0.05	0.05	0.05	0.05	0.05	0.10	0.10	0.50	1.50	3.00	4.00	10.	100.	250.	—	*	*	*	*	*	*	*	*	*	*	*

—— = Insufficient pricing data   * = None issued

LINCOLN, WHEAT CENT (CONTINUED)

Date	G-4	VG-8	F-12	VF-20	EF-40	AU-50	MS-60B	MS-63RB	MS-64RB	MS-64R	MS-65RB	MS-65R	MS-66R	MS-67R	MS-68R	PF-63RB	PF-64RB	PF-65C	PF-65R	PF-66	PF-66DC	PF-66R	PF-67DC	PF-67R	PF-68DC	PF-69DC
1948-D	0.05	0.05	0.05	0.05	0.05	0.10	0.10	0.50	0.75	1.00	2.00	6.00	38.	400.	—	*	*	*	*	*	*	*	*	*	*	*
1948-S	0.05	0.05	0.05	0.05	0.05	0.10	0.10	1.35	1.75	2.50	3.50	5.50	30.	125.	—	*	*	*	*	*	*	*	*	*	*	*
1949	0.05	0.05	0.05	0.05	0.05	0.10	0.10	1.50	1.50	2.50	3.50	15.	150.	250.	—	*	*	*	*	*	*	*	*	*	*	*
1949-D	0.05	0.05	0.05	0.05	0.05	0.10	0.10	0.65	1.00	1.50	3.00	17.	30.	40.	—	*	*	*	*	*	*	*	*	*	*	*
1949-S	0.05	0.05	0.05	0.05	0.05	0.10	0.10	0.65	1.75	2.50	4.00	11.	40.	60.	—	*	*	*	*	*	*	*	*	*	*	*
1950	0.05	0.05	0.05	0.05	0.05	0.10	0.10	1.25	1.00	3.00	4.00	11.	80.	500.	—	35.	50.	70.	60.	—	8900.	120.	—	720.	*	—
1950-D	0.05	0.05	0.05	0.05	0.05	0.10	0.10	0.65	1.00	1.50	3.00	15.	80.	250.	—	*	*	*	*	*	*	*	*	*	*	*
1950-S	0.05	0.05	0.05	0.05	0.05	0.10	0.10	0.65	0.75	1.50	2.00	7.50	40.	45.	—	*	*	*	*	*	*	*	*	*	*	*
1951	0.05	0.05	0.05	0.05	0.05	0.10	0.10	0.85	1.00	1.50	3.50	14.	75.	95.	—	25.	50.	310.	60.	—	—	145.	—	270.	*	—
1951-D	0.05	0.05	0.05	0.05	0.05	0.10	0.10	0.35	1.00	1.50	2.00	10.	30.	95.	—	*	*	*	*	*	*	*	*	*	*	*
1951-S	0.05	0.05	0.05	0.05	0.05	0.10	0.10	0.55	1.00	2.50	2.00	12.	35.	45.	—	*	*	*	*	*	*	*	*	*	*	*
1952	0.05	0.05	0.05	0.05	0.05	0.10	0.10	0.55	1.00	1.50	2.50	18.	45.	75.	—	13.	35.	*	50.	—	—	90.	—	210.	*	—
1952-D	0.05	0.05	0.05	0.05	0.05	0.10	0.10	0.25	2.50	3.50	4.00	11.	30.	50.	—	*	*	*	*	*	*	*	*	*	*	*
1952-S	0.05	0.05	0.05	0.05	0.05	0.10	0.10	1.75	0.50	1.00	2.50	11.	25.	50.	—	*	*	*	*	*	*	*	*	*	*	*
1953	0.05	0.05	0.05	0.05	0.05	0.10	0.10	0.20	0.50	1.00	5.00	16.	70.	90.	—	10.	30.	70.	35.	—	—	40.	—	155.	8000.	—
1953-D	0.05	0.05	0.05	0.05	0.05	0.10	0.10	0.20	0.50	1.00	2.00	11.	25.	35.	—	*	*	*	*	*	*	*	*	*	*	*
1953-S	0.05	0.05	0.05	0.05	0.05	0.10	0.10	0.50	0.75	1.00	2.00	10.	25.	125.	—	*	*	*	*	*	*	*	*	*	*	*
1954	0.05	0.05	0.05	0.05	0.05	0.10	0.10	0.40	0.50	1.00	2.00	12.	35.	100.	—	5.00	12.	*	18.	—	230.	40.	—	90.	*	—
1954-D	0.05	0.05	0.05	0.05	0.05	0.10	0.35	0.60	0.50	1.00	2.00	12.	25.	40.	—	*	*	*	*	*	*	*	*	*	*	*
1954-S	0.05	0.05	0.05	0.05	0.06	0.10	0.20	0.20	0.50	1.00	2.00	14.	22.	85.	—	*	*	*	*	*	*	*	*	*	*	*
1955	0.05	0.05	0.05	0.05	0.05	0.10	0.15	0.15	0.50	1.00	2.00	18.	45.	55.	—	*	*	*	*	*	*	*	*	*	*	*
1955 Doubled Die	1000.	1100.	1300.	1500.	1600.	1700.	2100.	3200.	6500.	13000.	20000.	40000.	—	—	—	*	*	*	*	*	*	*	*	*	*	*
1955-D	0.05	0.05	0.05	0.05	0.05	0.10	0.15	0.15	0.50	1.00	2.00	15.	40.	100.	—	*	*	*	*	*	*	*	*	*	*	*
1955-S	0.06	0.06	0.05	0.05	0.05	0.10	0.50	0.50	0.85	1.50	2.50	15.	30.	60.	10000.	*	*	*	*	*	*	*	*	*	*	*
1955	—	—	—	—	—	—	—	—	—	—	—	—	—	—	—	4.75	13.	*	12.	—	—	20.	—	55.	—	—

—— = Insufficient pricing data   * = None issued

LINCOLN, WHEAT CENT (CONTINUED)

	G-4	VG-8	F-12	VF-20	EF-40	AU-50	MS-60B	MS-63RB	MS-64RB	MS-64R	MS-65RB	MS-65R	MS-66R	MS-67R	MS-68R	PF-63RB	PF-64RB	PF-65C	PF-65R	PF-66	PF-66DC	PF-66R	PF-67DC	PF-67R	PF-68DC	PF-69DC
1956	0.05	0.05	0.05	0.05	0.05	0.10	0.10	0.15	0.50	1.00	2.00	11.	125.	175.	—	2.00	3.00	—	5.00	—	—	25.	—	60.	70.	—
1956-D	0.05	0.05	0.05	0.05	0.05	0.10	0.10	0.15	0.50	1.00	2.00	10.	25.	55.	—	*	*	*	*	*	*	*	*	*	*	*
1957	0.05	0.05	0.05	0.05	0.05	0.10	0.10	0.15	0.50	1.00	2.00	11.	90.	125.	—	2.00	3.00	35.	5.00	—	—	20.	—	30.	—	—
1957-D	0.05	0.05	0.05	0.05	0.05	0.10	0.10	0.15	0.50	1.00	2.00	10.	35.	75.	—	*	*	*	*	*	*	*	*	*	*	*
1958	0.05	0.05	0.05	0.05	0.05	0.10	0.10	0.15	0.50	1.00	2.00	12.	30.	40.	—	2.50	4.00	—	6.00	—	—	20.	950.	30.	—	—
1958-D	0.05	0.05	0.05	0.05	0.05	0.10	0.10	0.15	0.50	1.00	2.00	11.	20.	75.	—	*	*	*	*	*	*	*	*	*	*	*

—— = Insufficient pricing data   * = None issued

Lincoln, Memorial cent

Date of authorization: Feb. 21, 1857
Dates of issue: 1959-present
Designers: Obverse: Victor D. Brenner
Reverse: Frank Gasparro
Engravers: Obverse: Charles Barber
Reverse: Gilroy Roberts
Diameter: 19.05 mm/0.75 inch
Weight: 1959-1982: 3.11 grams/0.10 ounce
1982-present: 2.50 grams/0.08 ounce
Metallic content: 1959-1962: 95% copper, 5% zinc and tin
1962-1982: 95% copper, 5% zinc
1982-present: 97.5% zinc, 2.5% copper
(99.2% zinc, 0.8% copper planchet
plated with pure copper)
Edge: Plain
Mint mark: Obverse under date

Note: For copper-alloy coins, the letter B following a numerical grade (as in MS-63B) is shorthand for brown, RB represents red and brown, and R stands for red. It is common practice for grading services to qualify copper coins. In addition to a Mint State grade, a copper coin is assigned as brown, red and brown, or red. Generally, full red coins are valued higher than red and brown coins, which in turn are valued higher than brown coins, all else being equal.

Also, the letter C following a numerical grade for a Proof coin stands for "cameo," while the letters DC stand for "deep cameo." Cameo coins have contrasting surface finishes: mirror fields and frosted devices (raised areas). Deep cameo coins are the ultimate level of cameo, with deeply frosted devices. Cameo and deep cameo coins bring premiums.

LINCOLN, MEMORIAL CENT (CONTINUED)

	G-4	VG-8	F-12	VF-20	EF-40	AU-50	MS-60B	MS-63RB	MS-64RB	MS-64R	MS-65RB	MS-65R	MS-66R	MS-67R	MS-68R	PF-63RB	PF-64RB	PF-65C	PF-65R	PF-66	PF-66DC	PF-66R	PF-67DC	PF-67R	PF-68DC	PF-69DC
MEMORIAL REVERSE																										
1959	0.05	0.05	0.05	0.05	0.05	0.10	0.10	0.15	—	10.	—	20.	40.	175.	—	—	1.00	—	12.	—	60.	25.	375.	40.	*	—
1959-D	0.05	0.05	0.05	0.05	0.05	0.10	0.10	0.15	—	8.00	—	16.	40.	150.	—	*	*	*	*	*	*	*	*	*	*	*
1960 Large Date	0.05	0.05	0.05	0.05	0.05	0.10	0.10	0.15	—	5.00	—	10.	20.	175.	—	1.00	1.00	—	12.	—	14.	14.	—	19.	*	—
1960 Small Date	0.05	0.05	0.05	0.05	0.05	—	—	2.00	—	8.00	—	17.	40.	200.	—	14.	14.	—	20.	—	30.	30.	70.	—	*	—
1960-D Large Date	0.05	0.05	0.05	0.05	0.05	0.10	0.10	0.15	—	5.00	—	10.	21.	50.	—	*	*	*	*	*	*	*	*	*	*	*
1960-D Small Date	0.05	0.05	0.05	0.05	0.05	0.10	0.10	0.20	—	—	—	12.	25.	75.	—	*	*	*	*	*	*	*	*	*	*	*
1961	0.05	0.05	0.05	0.05	0.05	0.10	0.10	0.15	—	6.00	—	10.	100.	125.	—	0.60	0.60	—	10.	—	14.	14.	170.	40.	*	—
1961-D	0.05	0.05	0.05	0.05	0.05	0.10	0.10	0.15	—	10.	—	20.	100.	125.	—	*	*	*	*	*	*	*	*	*	*	*
BRASS ALLOY																										
1962	0.05	0.05	0.05	0.05	0.05	0.10	0.10	0.15	—	5.00	—	10.	40.	100.	—	0.60	0.60	—	10.	—	30.	14.	50.	40.	*	—
1962-D	0.05	0.05	0.05	0.05	0.05	0.10	0.10	0.15	—	10.	—	20.	110.	140.	—	*	*	*	*	*	*	*	*	*	*	*
1963	0.05	0.05	0.05	0.05	0.05	0.10	0.10	0.15	—	7.00	—	15.	150.	225.	—	0.60	0.60	—	10.	—	40.	14.	—	70.	*	—
1963-D	0.05	0.05	0.05	0.05	0.05	0.10	0.10	0.15	—	7.00	—	15.	150.	225.	—	*	*	*	*	*	*	*	*	*	*	*
1964	0.05	0.05	0.05	0.05	0.05	0.10	0.10	0.15	—	5.00	—	12.	35.	75.	—	1.00	2.00	—	10.	—	30.	14.	50.	40.	*	—
1964-D	0.05	0.05	0.05	0.05	0.05	0.10	0.10	0.15	—	6.00	—	12.	40.	100.	—	*	*	*	*	*	*	*	*	*	*	*
1965	0.05	0.05	0.05	0.05	0.05	0.10	0.10	0.15	—	5.00	—	12.	25.	35.	—	*	*	*	*	*	*	*	*	*	*	*
1966	0.05	0.05	0.05	0.05	0.05	0.10	0.10	0.15	—	5.00	—	10.	15.	25.	—	*	*	*	*	*	*	*	*	*	*	*
1967	0.05	0.05	0.05	0.05	0.05	0.10	0.10	0.15	—	5.00	—	10.	20.	25.	—	*	*	*	*	*	*	*	*	*	*	*
1968	0.05	0.05	0.05	0.05	0.05	0.10	0.10	0.15	—	6.00	—	12.	30.	50.	—	*	*	*	*	*	*	*	*	*	*	*
1968-D	0.05	0.05	0.05	0.05	0.05	0.10	0.10	0.15	—	6.00	—	12.	50.	50.	—	*	*	*	*	*	*	*	*	*	*	*
1968-S	0.05	0.05	0.05	0.05	0.05	0.10	0.10	0.15	—	7.00	—	14.	25.	75.	—	1.00	2.00	—	6.00	—	25.	7.00	45.	8.00	*	—
1969	0.05	0.05	0.05	0.05	0.05	0.10	0.10	0.25	—	7.00	—	7.50	250.	—	—	*	*	*	*	*	*	*	*	*	*	*

—— = Insufficient pricing data   * = None issued

LINCOLN, MEMORIAL CENT (CONTINUED)

Grade	1969-D	1969-S	1969-S Doubled Die	1970	1970-D	1970-S Low 7	1970-S Level 7	1970-S Doubled Die	1971	1971-D	1971-S	1972	1972-D	1972-S	1972 Doubled Die	1973	1973-D	1973-S	1974	1974-D	1974-S	1975	1975-D	1975-S
PF-69DC	*	—		*	*	*	—		*	*	*	*	*	*		*	*	*	*	*	*	*	*	—
PF-68DC	*	—		*	*	*	—		*	*	*	*	*	*		*	*	*	*	*	*	*	*	—
PF-67R	*	8.00		*	*	8.00			*	*	45.	*	*	8.00		*	*	10.	*	*	10.	*	*	8.00
PF-67DC	*	35.		*	*	27.	100.		*	*	700.	*	*	—		*	*	—	*	*	—	*	*	21.
PF-66R	*	7.00		*	*	7.00	90.		*	*	15.	*	*	7.00		*	*	8.00	*	*	8.00	*	*	7.00
PF-66DC	*	20.		*	*	18.	160.		*	*	—	*	*	—		*	*	—	*	*	—	*	*	10.
PF-66	*	—		*	*	—			*	*	—	*	*	—		*	*	—	*	*	—	*	*	—
PF-65R	*	6.00		*	*	6.00	55.		*	*	6.00	*	*	6.00		*	*	6.00	*	*	6.00	*	*	6.00
PF-65C	*	—		*	*	—			*	*	—	*	*	—		*	*	—	*	*	—	*	*	—
PF-64RB	*	2.00		*	*	—			*	*	2.50	*	*	2.50		*	*	2.00	*	*	2.00	*	*	5.00
PF-63RB	*	1.00		*	*	0.75	50.		*	*	1.50	*	*	1.50		*	*	1.00	*	*	1.00	*	*	4.00
MS-68R	—	—		—	—	—	—		—	—	—	—	—	—		—	—	—	—	—	—	—	—	*
MS-67R	150.	75.	—	65.	75.	—	—	—	75.	60.	75.	65.	60.	125.	—	50.	75.	100.	40.	75.	45.	35.	110.	*
MS-66R	100.	25.	—	35.	50.	50.	88.	—	50.	30.	50.	30.	30.	60.	1100.	32.	40.	60.	20.	40.	14.	60.	—	*
MS-65R	10.	12.	20000.	10.	6.00	19.	62.	—	30.	7.00	6.00	5.00	13.	30.	900.	9.00	12.	10.	10.	10.	9.00	15.	—	*
MS-65RB	—	—	—	—	—	—	—	—	—	—	—	—	—	—	750.	—	—	—	—	—	—	—	—	*
MS-64R	5.00	6.00	—	5.00	5.00	9.00	30.	—	15.	5.00	5.00	5.00	6.00	15.	700.	5.00	6.00	5.00	5.00	5.00	5.00	5.00	7.00	*
MS-64RB	—	—	—	—	—	—	—	—	—	—	—	—	—	—	600.	—	—	—	—	—	—	—	—	*
MS-63RB	0.15	0.15	—	0.25	0.15	0.15	24.	—	0.25	0.25	0.15	0.15	0.15	0.20	500.	0.15	0.15	0.25	0.15	0.15	0.25	0.15	0.15	*
MS-60B	0.10	0.10	5000.	0.10	0.10	0.10	—	—	0.10	0.10	0.10	0.10	0.10	0.10	450.	0.10	0.10	0.10	0.10	0.10	0.10	0.10	0.10	*
AU-50	0.10	0.10	—	0.10	0.10	0.10	—	—	0.10	0.10	0.10	0.10	0.10	0.10	400.	0.10	0.10	0.10	0.10	0.10	0.10	0.10	0.10	*
EF-40	0.05	0.05	—	0.05	0.05	0.05	—	—	0.05	0.05	0.05	0.05	0.05	0.05	350.	0.05	0.05	0.05	0.05	0.05	0.05	0.05	0.05	*
VF-20	0.05	0.05	—	0.05	0.05	0.05	—	—	0.05	0.05	0.05	0.05	0.05	0.05	300.	0.05	0.05	0.05	0.05	0.05	0.05	0.05	0.05	*
F-12	0.05	0.05	—	0.05	0.05	0.05	—	—	0.05	0.05	0.05	0.05	0.05	0.05	275.	0.05	0.05	0.05	0.05	0.05	0.05	0.05	0.05	*
VG-8	0.05	0.05	—	0.05	0.05	0.05	—	—	0.05	0.05	0.05	0.05	0.05	0.05	250.	0.05	0.06	0.05	0.05	0.05	0.05	0.05	0.05	*
G-4	0.05	0.05	—	0.05	0.05	0.05	—	—	0.05	0.05	0.05	0.05	0.05	0.05	225.	0.05	0.06	0.05	0.05	0.05	0.05	0.05	0.05	*

—— = Insufficient pricing data   * = None issued

LINCOLN, MEMORIAL CENT (CONTINUED)

	G-4	VG-8	F-12	VF-20	EF-40	AU-50	MS-60B	MS-63RB	MS-64RB	MS-64R	MS-65RB	MS-65R	MS-66R	MS-67R	MS-68R	PF-63RB	PF-64RB	PF-65C	PF-65R	PF-66	PF-66DC	PF-66R	PF-67DC	PF-67R	PF-68DC	PF-69DC
1976	0.05	0.05	0.05	0.05	0.05	0.10	0.10	0.15	—	10.	—	20.	18.	40.	—	*	*	*	*	*	*	*	*	*	*	*
1976-D	0.05	0.05	0.05	0.05	0.05	0.10	0.10	0.15	—	10.	—	20.	20.	60.	—	*	*	*	*	*	*	*	*	*	*	*
1976-S	*	*	*	*	*	*	*	*	*	*	*	*	*	*	*	3.00	4.00	—	12.	—	10.	15.	—	20.	—	—
1977	0.05	0.05	0.05	0.05	0.05	0.10	0.10	0.15	—	10.	—	20.	35.	150.	—	*	*	*	*	*	*	*	*	*	*	*
1977-D	0.05	0.05	0.05	0.05	0.05	0.10	0.10	0.15	—	10.	—	20.	65.	125.	—	*	*	*	*	*	*	*	*	*	*	*
1977-S	*	*	*	*	*	*	*	*	*	*	*	*	*	*	*	2.00	3.00	—	6.00	—	7.00	7.00	15.	8.00	—	—
1978	0.05	0.05	0.05	0.05	0.05	0.10	0.10	0.15	—	10.	—	20.	65.	100.	—	*	*	*	*	*	*	*	*	*	*	*
1978-D	0.05	0.05	0.05	0.05	0.05	0.10	0.10	0.15	—	7.00	450.	15.	70.	110.	—	*	*	*	*	*	*	*	*	*	*	*
1978-S	*	*	*	*	*	*	*	*	*	*	*	*	*	*	*	2.50	4.00	—	6.00	—	7.00	7.00	15.	8.00	—	—
1979	0.05	0.05	0.05	0.05	0.05	0.10	0.10	0.15	—	7.00	—	15.	40.	100.	—	*	*	*	*	*	*	*	*	*	*	*
1979-D	0.05	0.05	0.05	0.05	0.05	0.10	0.10	0.15	—	5.00	—	10.	60.	125.	—	*	*	*	*	*	*	*	*	*	*	*
1979-S Filled S	*	*	*	*	*	*	*	*	*	*	*	*	*	*	*	3.00	4.00	—	7.00	—	10.	10.	—	30.	—	—
1979-S Clear S	*	*	*	*	*	*	*	*	*	*	*	*	*	*	*	3.00	4.00	—	10.	—	—	—	—	—	—	—
1980	0.05	0.05	0.05	0.05	0.05	0.10	0.10	0.15	—	5.00	—	9.00	15.	40.	—	*	*	*	*	*	*	*	*	*	*	*
1980-D	0.05	0.05	0.05	0.05	0.05	0.10	0.10	0.15	—	6.00	—	13.	60.	200.	—	*	*	*	*	*	*	*	*	*	*	*
1980-S	*	*	*	*	*	*	*	*	*	*	*	*	*	*	*	1.50	2.50	—	6.00	—	10.	7.00	14.	8.00	—	—
1981	0.05	0.05	0.05	0.05	0.05	0.10	0.10	0.15	—	5.00	—	10.	40.	95.	—	*	*	*	*	*	*	*	*	*	*	*
1981-D	0.05	0.05	0.05	0.05	0.05	0.10	0.10	0.15	—	6.00	—	12.	50.	60.	—	*	*	*	*	*	*	*	*	*	*	*
1981-S	*	*	*	*	*	*	*	*	*	*	*	*	*	*	*	2.50	4.00	—	7.00	—	12.	8.00	22.	10.	—	—
1982 Large Date	0.05	0.05	0.05	0.05	0.05	0.10	0.10	0.20	—	5.00	—	8.00	30.	60.	—	*	*	*	*	*	*	*	*	*	*	*
1982 Small Date	0.05	0.05	0.05	0.05	0.05	0.10	0.10	0.30	—	—	—	10.	35.	70.	—	*	*	*	*	*	*	*	*	*	*	*
1982-D Large Date	0.05	0.05	0.05	0.05	0.05	0.10	0.10	0.20	—	5.00	—	8.00	20.	50.	—	*	*	*	*	*	*	*	*	*	*	*
1982-S	*	*	*	*	*	*	*	*	*	*	*	*	*	*	*	2.50	4.00	—	2.00	—	—	—	14.	—	18.	20.

—— = Insufficient pricing data   * = None issued

COPPER-PLATED ZINC

Date	G-4	VG-8	F-12	VF-20	EF-40	AU-50	MS-60B	MS-63RB	MS-64RB	MS-64R	MS-65RB	MS-65R	MS-66R	MS-67R	MS-68R	PF-63RB	PF-64RB	PF-65C	PF-65R	PF-66	PF-66DC	PF-66R	PF-67DC	PF-67R	PF-68DC	PF-69DC
1982 Large Date	0.05	0.05	0.05	0.05	0.05	0.05	0.05	0.25	—	5.00	—	8.00	50.	70.	—	*	*	*	*	*	*	*	*	*	*	*
1982 Small Date	0.05	0.05	0.05	0.05	0.05	0.05	0.05	0.75	—	5.00	—	10.	50.	70.	—	*	*	*	*	*	*	*	*	*	*	*
1982-D Large Date	0.05	0.05	0.05	0.05	0.05	0.05	0.05	0.30	—	5.00	—	9.00	25.	50.	—	*	*	*	*	*	*	*	*	*	*	*
1982-D Small Date	0.05	0.05	0.05	0.05	0.05	0.05	0.05	0.25	—	5.00	—	7.00	20.	30.	—	*	*	*	*	*	*	*	*	*	*	*
1983	0.05	0.05	0.05	0.05	0.05	0.05	0.05	0.15	—	5.00	—	8.00	30.	60.	650.	*	*	*	*	*	*	*	*	*	*	*
1983-D	0.05	0.05	0.05	0.05	0.05	0.05	0.05	0.15	—	5.00	—	7.00	20.	70.	700.	*	*	*	*	*	*	*	*	*	*	*
1983 Doubled Die	—	—	—	—	—	—	170.	*	*	*	*	300.	500.	725.	5000.	*	*	*	*	*	*	*	*	*	*	*
1983-S	*	*	*	*	*	*	*	*	*	*	*	*	*	*	*	2.50	4.00	*	3.50	*	*	—	14.	—	18.	20.
1984	0.05	0.05	0.05	0.05	0.05	0.05	0.05	0.15	—	5.00	—	7.00	25.	50.	250.	*	*	*	*	*	*	*	*	*	*	*
1984-D	0.05	0.05	0.05	0.05	0.05	0.05	0.05	0.30	—	5.00	—	7.00	25.	35.	—	*	*	*	*	*	*	*	*	*	*	*
1984 Doubled Die	—	—	—	—	—	—	155.	*	*	*	*	190.	240.	360.	1000.	*	*	*	*	*	*	*	*	*	*	*
1984-S	*	*	*	*	*	*	*	*	*	*	*	*	*	*	*	4.00	5.00	*	3.00	*	*	—	15.	—	18.	20.
1985	0.05	0.05	0.05	0.05	0.05	0.05	0.05	0.50	—	5.00	—	6.00	14.	80.	—	*	*	*	*	*	*	*	*	*	*	*
1985-D	0.05	0.05	0.05	0.05	0.05	0.05	0.05	0.15	—	5.00	—	6.00	10.	25.	40.	*	*	*	*	*	*	*	*	*	*	*
1985-S	*	*	*	*	*	*	*	*	*	*	*	*	*	*	*	4.00	5.00	*	3.50	*	*	—	14.	—	18.	20.
1986	0.05	0.05	0.05	0.05	0.05	0.05	0.05	0.75	—	5.00	—	6.00	11.	25.	1200.	*	*	*	*	*	*	*	*	*	*	*
1986-D	0.05	0.05	0.05	0.05	0.05	0.05	0.05	0.20	—	5.00	—	9.00	20.	50.	125.	*	*	*	*	*	*	*	*	*	*	*
1986-S	*	*	*	*	*	*	*	*	*	*	*	*	*	*	*	6.00	8.00	*	6.00	*	*	—	15.	—	18.	20.
1987	0.05	0.05	0.05	0.05	0.05	0.05	0.05	0.50	—	5.00	—	6.00	12.	50.	350.	*	*	*	*	*	*	*	*	*	*	*
1987-D	0.05	0.05	0.05	0.05	0.05	0.05	0.05	0.15	—	5.00	—	6.00	12.	50.	750.	*	*	*	*	*	*	*	*	*	*	*

—— = Insufficient pricing data   * = None issued

LINCOLN, MEMORIAL CENT (CONTINUED)

	G-4	VG-8	F-12	VF-20	EF-40	AU-50	MS-60B	MS-63RB	MS-64RB	MS-64R	MS-65RB	MS-65R	MS-66R	MS-67R	MS-68R	PF-63RB	PF-64RB	PF-65C	PF-65R	PF-66	PF-66DC	PF-66R	PF-67DC	PF-67R	PF-68DC	PF-69DC
1987-S	*	*	*	*	*	*	*	*	*	*	*	*	*	*	*	3.00	4.00	—	3.50	—	—	—	15.	—	18.	20.
1988	0.05	0.05	0.05	0.05	0.05	0.05	0.05	0.15	—	5.00	—	6.00	22.	50.	200.	*	*	*	*	*	*	*	*	*	*	*
1988-D	0.05	0.05	0.05	0.05	0.05	0.05	0.05	0.15	—	5.00	—	6.00	10.	35.	130.	*	*	*	*	*	*	*	*	*	*	*
1988-S	*	*	*	*	*	*	*	*	*	*	*	*	*	*	*	9.00	12.	—	2.00	—	—	—	15.	—	18.	20.
1989	0.05	0.05	0.05	0.05	0.05	0.05	0.05	0.15	—	5.00	—	6.00	17.	60.	200.	*	*	*	*	*	*	*	*	*	*	*
1989-D	0.05	0.05	0.05	0.05	0.05	0.05	0.05	0.15	—	5.00	—	6.00	17.	35.	200.	*	*	*	*	*	*	*	*	*	*	*
1989-S	*	*	*	*	*	*	*	*	*	*	*	*	*	*	*	9.00	12.	—	2.50	—	—	—	14.	—	18.	20.
1990	0.05	0.05	0.05	0.05	0.05	0.05	0.05	0.15	—	5.00	—	6.00	15.	40.	375.	*	*	*	*	*	*	*	*	*	*	*
1990-D	0.05	0.05	0.05	0.05	0.05	0.05	0.05	0.15	—	5.00	—	6.00	10.	40.	125.	*	*	*	*	*	*	*	*	*	*	*
1990-S	*	*	*	*	*	*	*	*	*	*	*	*	*	*	*	4.50	6.00	—	4.00	—	—	—	15.	—	18.	20.
1990-S No S	*	*	*	*	*	*	*	*	*	*	*	*	*	*	*	3400.	3500.	—	4000.	—	—	—	—	—	5000.	—
1991	0.05	0.05	0.05	0.05	0.05	0.05	0.05	0.15	—	5.00	—	7.00	17.	35.	500.	*	*	*	*	*	*	*	*	*	*	*
1991-D	0.05	0.05	0.05	0.05	0.05	0.05	0.05	0.15	—	5.00	—	6.00	11.	45.	125.	*	*	*	*	*	*	*	*	*	*	*
1991-S	*	*	*	*	*	*	*	*	*	*	*	*	*	*	*	20.	25.	—	6.00	—	—	—	14.	—	18.	20.
1992	0.05	0.05	0.05	0.05	0.05	0.05	0.05	0.15	—	5.00	—	6.00	10.	35.	125.	*	*	*	*	*	*	*	*	*	*	*
1992-D	0.05	0.05	0.05	0.05	0.05	0.05	0.05	0.15	—	5.00	—	6.00	10.	35.	125.	*	*	*	*	*	*	*	*	*	*	*
1992-S	*	*	*	*	*	*	*	*	*	*	*	*	*	*	*	3.00	4.00	—	5.00	—	—	—	14.	—	18.	20.
1993	0.05	0.05	0.05	0.05	0.05	0.05	0.05	0.15	—	5.00	—	6.00	20.	40.	150.	*	*	*	*	*	*	*	*	*	*	*
1993-D	0.05	0.05	0.05	0.05	0.05	0.05	0.05	0.15	—	5.00	—	6.00	9.00	35.	100.	*	*	*	*	*	*	*	*	*	*	*
1993-S	*	*	*	*	*	*	*	*	*	*	*	*	*	*	*	5.00	6.00	—	7.00	—	—	—	14.	—	18.	20.
1994	0.05	0.05	0.05	0.05	0.05	0.05	0.05	0.15	—	5.00	—	9.00	17.	20.	650.	*	*	*	*	*	*	*	*	*	*	*
1994-D	0.05	0.05	0.05	0.05	0.05	0.05	0.05	0.15	—	5.00	—	6.00	11.	60.	200.	*	*	*	*	*	*	*	*	*	*	*
1994-S	*	*	*	*	*	*	*	*	*	*	*	*	*	*	*	5.00	6.00	—	6.50	—	—	—	15.	—	18.	20.
1995	0.05	0.05	0.05	0.05	0.05	0.05	0.05	0.15	—	5.00	—	6.00	12.	50.	350.	*	*	*	*	*	*	*	*	*	*	*
1995 Doubled Die, early die state	—	—	2.00	3.50	5.00	7.50	10.	18.	—	—	—	50.	70.	85.	175.	*	*	*	*	*	*	*	*	*	*	*
1995-D	0.05	0.05	0.05	0.05	0.05	0.05	0.05	0.15	—	5.00	—	6.00	10.	56.	375.	*	*	*	*	*	*	*	*	*	*	*

——— = Insufficient pricing data   * = None issued

LINCOLN, MEMORIAL CENT (CONTINUED)

	PF-69DC	PF-68DC	PF-67R	PF-67DC	PF-66R	PF-66DC	PF-66	PF-65R	PF-65C	PF-64RB	PF-63RB	MS-68R	MS-67R	MS-66R	MS-65R	MS-65RB	MS-64R	MS-64RB	MS-63RB	MS-60B	AU-50	EF-40	VF-20	F-12	VG-8	G-4
1995-S	20.	18.	—	14.	—	—	—	7.00	—	7.00	6.00	*	*	*	*	*	*	*	*	*	*	*	*	*	*	*
1996	*	*	*	*	*	*	*	*	*	*	*	200.	25.	8.00	6.00	—	5.00	—	0.15	0.05	0.05	0.05	0.05	0.05	0.05	0.05
1996-D	*	*	*	*	*	*	*	*	*	*	*	175.	55.	14.	6.00	—	5.00	—	0.15	0.05	0.05	0.05	0.05	0.05	0.05	0.05
1996-S	40.	19.	—	15.	—	—	—	4.50	—	4.00	3.00	*	*	*	*	*	*	*	*	*	*	*	*	*	*	*
1997	*	*	*	*	*	*	*	*	*	*	*	150.	70.	12.	6.00	—	5.00	—	0.15	0.05	0.05	0.05	0.05	0.05	0.05	0.05
1997-D	*	*	*	*	*	*	*	*	*	*	*	525.	40.	12.	6.00	—	5.00	—	0.15	0.05	0.05	0.05	0.05	0.05	0.05	0.05
1997-S	20.	15.	—	12.	—	—	—	7.00	—	10.	8.00	*	*	*	*	*	*	*	*	*	*	*	*	*	*	*
1998	*	*	*	*	*	*	*	*	*	*	*	450.	50.	14.	6.00	—	5.00	—	0.15	0.05	0.05	0.05	0.05	0.05	0.05	0.05
1998-D	*	*	*	*	*	*	*	*	*	*	*	75.	50.	12.	6.00	—	5.00	—	0.15	0.05	0.05	0.05	0.05	0.05	0.05	0.05
1998-S	20.	15.	—	12.	—	—	—	6.00	—	9.00	7.00	*	*	*	*	*	*	*	*	*	*	*	*	*	*	*
1999	*	*	*	*	*	*	*	*	*	*	*	125.	25.	10.	6.00	—	5.00	—	0.15	0.05	0.05	0.05	0.05	0.05	0.05	0.05
1999-D	*	*	*	*	*	*	*	*	*	*	*	100.	25.	10.	6.00	—	5.00	—	0.15	0.05	0.05	0.05	0.05	0.05	0.05	0.05
1999-S	25.	15.	—	12.	—	—	—	6.00	—	6.00	5.00	*	*	*	*	*	*	*	*	*	*	*	*	*	*	*
2000	*	*	*	*	*	*	*	*	*	*	*	100.	25.	9.00	6.00	—	5.00	—	0.15	0.05	0.05	0.05	0.05	0.05	0.05	0.05
2000-D	*	*	*	*	*	*	*	*	*	*	*	100.	25.	9.00	6.00	—	5.00	—	0.15	0.05	0.05	0.05	0.05	0.05	0.05	0.05
2000-S	25.	15.	—	12.	—	—	—	6.00	—	4.00	2.50	*	*	*	*	*	*	*	*	*	*	*	*	*	*	*
2001	*	*	*	*	*	*	*	*	*	*	*	80.	25.	9.00	6.00	—	5.00	—	0.15	0.05	0.05	0.05	0.05	0.05	0.05	0.05
2001-D	*	*	*	*	*	*	*	*	*	*	*	90.	45.	20.	6.00	—	5.00	—	0.15	0.05	0.05	0.05	0.05	0.05	0.05	0.05
2001-S	60.	18.	—	15.	—	—	—	7.50	—	4.00	3.00	*	*	*	*	*	*	*	*	*	*	*	*	*	*	*
2002	*	*	*	*	*	*	*	*	*	*	*	80.	25.	9.00	6.00	—	5.00	—	0.15	0.05	0.05	0.05	0.05	0.05	0.05	0.05
2002-D	*	*	*	*	*	*	*	*	*	*	*	80.	25.	9.00	6.00	—	5.00	—	0.15	0.05	0.05	0.05	0.05	0.05	0.05	0.05
2002-S	42.	17.	—	15.	—	—	—	—	—	4.00	3.00	*	*	*	*	*	*	*	*	*	*	*	*	*	*	*
2003	*	*	*	*	*	*	*	*	*	*	*	80.	25.	9.00	6.00	—	5.00	—	0.15	0.05	0.05	0.05	0.05	0.05	0.05	0.05
2003-D	*	*	*	*	*	*	*	*	*	*	*	80.	25.	9.00	6.00	—	5.00	—	0.15	0.05	0.05	0.05	0.05	0.05	0.05	0.05
2003-S	42.	17.	—	15.	—	—	—	—	—	4.00	3.00	*	*	*	*	*	*	*	*	*	*	*	*	*	*	*
2004	*	*	*	*	*	*	*	*	*	*	*	125.	25.	9.00	6.00	—	5.00	—	0.15	0.05	0.05	0.05	0.05	0.05	0.05	0.05
2004-D	*	*	*	*	*	*	*	*	*	*	*	125.	25.	9.00	6.00	—	5.00	—	0.15	0.05	0.05	0.05	0.05	0.05	0.05	0.05

—— = Insufficient pricing data   * = None issued

	G-4	VG-8	F-12	VF-20	EF-40	AU-50	MS-60B	MS-63RB	MS-64RB	MS-64R	MS-65RB	MS-65R	MS-66R	MS-67R	MS-68R	PF-63RB	PF-64RB	PF-65C	PF-65R	PF-66	PF-66DC	PF-66R	PF-67DC	PF-67R	PF-68DC	PF-69DC
2004-S	*	*	*	*	*	*	*	*	*	*	*	*	*	*	*	3.00	4.00	—	—	—	—	—	15.	—	17.	42.
2005	0.05	0.05	0.05	0.05	0.05	0.05	0.05	0.15	—	—	—	—	—	—	—	*	*	*	*	*	*	*	*	*	*	*
2005 Satin Finish	—	—	—	—	—	—	—	—	—	—	—	—	—	—	—	*	*	*	*	*	*	*	*	*	*	*
2005-D	0.05	0.05	0.05	0.05	0.05	0.05	0.05	0.15	—	—	—	—	—	—	—	*	*	*	*	*	*	*	*	*	*	*
2005-D Satin Finish	—	—	—	—	—	—	—	—	—	—	—	—	—	—	—	*	*	*	*	*	*	*	*	*	*	*
2005-S	*	*	*	*	*	*	*	*	*	*	*	*	*	*	*	—	4.00	—	—	—	—	—	—	—	—	40.
2006	0.05	0.05	0.05	0.05	0.05	0.05	0.05	0.15	—	—	—	—	—	—	—	*	*	*	*	*	*	*	*	*	*	*
2006 Satin Finish	—	—	—	—	—	—	—	—	—	—	—	—	—	—	—	*	*	*	*	*	*	*	*	*	*	*
2006-D	0.05	0.05	0.05	0.05	0.05	0.05	0.05	0.15	—	—	—	—	—	—	—	*	*	*	*	*	*	*	*	*	*	*
2006-D Satin Finish	—	—	—	—	—	—	—	—	—	—	—	—	—	—	—	*	*	*	*	*	*	*	*	*	*	*
2006-S	*	*	*	*	*	*	*	*	*	*	*	*	*	*	*	—	—	—	—	—	—	—	—	—	—	—

—— = Insufficient pricing data   * = None issued

2 cents

Date of authorization: April 22, 1864
Dates of issue: 1864-1872
Designer/Engraver: James B. Longacre
Diameter: 23.00 mm/0.91 inch
Weight: 6.22 grams/0.20 ounce
Metallic content: 95% copper, 5% zinc and tin
Edge: Plain
Mint mark: None

Note: For copper-alloy coins, the letter B following a numerical grade (as in MS-63B) is shorthand for brown, RB represents red and brown, and R stands for red. It is common practice for grading services to qualify copper coins. In addition to a Mint State grade, a copper coin is assigned as brown, red and brown, or red. Generally, full red coins are valued higher than red and brown coins, which in turn are valued higher than brown coins, all else being equal.

	F-12	VF-20	EF-40	AU-50	MS-60B	MS-63RB	MS-64RB	MS-65R	PF-63RB	PF-65R
1864 Small Motto	275.	400.	600.	700.	900.	1600.	2000.	6000.	18000.	75000.
1864 Large Motto	25.	35.	45.	75.	100.	165.	275.	1500.	650.	4000.
1865	25.	35.	45.	75.	100.	165.	275.	1500.	450.	3000.
1866	25.	35.	40.	75.	100.	165.	275.	2000.	450.	2100.
1867	40.	50.	60.	100.	125.	175.	300.	2000.	450.	2600.
1868	40.	50.	65.	110.	140.	200.	300.	2500.	450.	2100.
1869	40.	50.	70.	125.	175.	200.	400.	2000.	450.	2100.
1870	45.	60.	100.	150.	250.	300.	600.	2500.	450.	2300.
1871	50.	75.	125.	175.	250.	425.	800.	2500.	475.	2100.
1872	500.	700.	900.	1100.	1500.	2000.	3500.	10000.	550.	2300.
1873 Closed 3 Proofs Only	1500.	1600.	1700.	1800.	*	*	*	*	2000.	3000.
1873 Open 3 Restrike Proofs Only	—	—	—	—	*	*	*	*	2500.	6000.
1873 Open 3 Restrike Proofs Only	—	—	—	—	—	—	—	—	2500.	6000.

—— = Insufficient pricing data

Copper-nickel 3 cents

Date of authorization: April 22, 1864
Dates of issue: 1865-1889
Designer/Engraver: James B. Longacre
Diameter: 17.90 mm/0.71 inch
Weight: 1.94 grams/0.06 ounce
Metallic content: 75% copper, 25% nickel
Edge: Plain
Mint mark: None

	F-12	VF-20	EF-40	AU-50	MS-60	MS-63	MS-64	MS-65	MS-66
1865	18.	23.	30.	50.	100.	175.	300.	700.	1500.
1866	18.	23.	30.	50.	100.	175.	300.	700.	—
1867	18.	23.	30.	50.	100.	175.	300.	900.	
1868	18.	23.	30.	50.	100.	175.	300.	700.	1500.
1869	18.	23.	30.	60.	125.	200.	300.	800.	1700.
1870	18.	23.	30.	60.	125.	200.	300.	800.	2000.
1871	20.	25.	35.	60.	125.	200.	300.	850.	1700.
1872	20.	25.	35.	60.	125.	250.	350.	1200.	2000.
1873 Closed 3	20.	30.	50.	85.	175.	275.	450.	2000.	—
1873 Open 3	20.	30.	50.	85.	200.	350.	750.	3000.	
1874	20.	25.	35.	60.	125.	200.	400.	1400.	2500.
1875	20.	30.	40.	75.	165.	200.	350.	900.	1700.
1876	22.	35.	40.	90.	185.	300.	600.	2000.	3000.
1877 (Proofs only)	1200.	1300.	1400.	1500.	*	*	*	*	*
1878 (Proofs only)	750.	800.	900.	1000.	*	*	*	*	*
1879	80.	90.	100.	135.	250.	350.	500.	900.	1500.
1880	100.	125.	140.	180.	300.	400.	450.	900.	1500.
1881	18.	23.	30.	50.	100.	200.	300.	750.	1400.
1882	100.	125.	140.	175.	250.	450.	600.	1200.	2000.
1883	225.	275.	325.	400.	500.	1000.	2000.	5000.	8500.
1884	500.	600.	700.	800.	1000.	1500.	2500.	6500.	—
1885	600.	650.	750.	900.	1100.	1200.	1500.	3000.	—
1886 (Proofs only)	350.	400.	450.	500.	*	*	*	*	*
1887/6 (Proofs only)	400.	450.	500.	550.	*	*	*	*	*
1887	300.	350.	400.	600.	750.	900.	1200.	1500.	2000.
1888	75.	85.	100.	150.	300.	400.	500.	900.	1200.
1889	110.	125.	140.	175.	300.	450.	600.	900.	1500.

—— = Insufficient pricing data   * = None issued

Silver 3 cents

Date of authorization: March 3, 1851
Dates of issue: 1851-1873
Designer/Engraver: James B. Longacre
Diameter: 14.00 mm/0.55 inch
Weight: (1851-1853): 0.80 grams/0.03 ounce
(1854-1873): 0.75 grams/0.02 ounce
Metallic content: (1851-1853): 75% silver, 25% copper
(1854-1873): 90% silver, 10% copper
Weight of pure silver: (1851-1853): 0.60 grams/0.02 ounce
(1854-1873): 0.67 grams/0.02 ounce
Edge: Plain
Mint mark: 1851-O only, reverse right field

	VG-8	F-12	VF-20	EF-40	AU-50	MS-60	MS-63	MS-64	MS-65	MS-66	PF-65
1 OUTLINE OF STAR											
1851	35.	40.	45.	70.	160.	200.	300.	500.	1000.	2000.	—
1851-O	50.	60.	100.	175.	300.	400.	500.	1200.	2500.	8500.	*
1852	35.	40.	45.	70.	175.	200.	300.	500.	1000.	2000.	*
1853	35.	40.	45.	75.	175.	250.	350.	650.	1200.	2500.	*
3 OUTLINES OF STAR											
1854	35.	40.	50.	125.	300.	400.	800.	2000.	3500.	6000.	40000.
1855	75.	90.	125.	225.	350.	750.	1500.	3000.	11000.		18000.
1856	40.	45.	60.	125.	225.	350.	800.	1800.	3700.	9000.	18000.
1857	40.	45.	60.	125.	250.	375.	800.	1800.	3500.	—	15000.
1858	40.	45.	55.	110.	225.	350.	800.	1800.	3500.	7500.	8000.
2 OUTLINES OF STAR											
1859	40.	45.	60.	85.	175.	200.	325.	500.	1200.	2500.	2500.
1860	40.	45.	60.	85.	175.	200.	375.	500.	1200.	2500.	4500.
1861	40.	45.	60.	85.	175.	200.	300.	500.	1000.	1800.	2100.
1862	45.	55.	75.	85.	200.	250.	300.	500.	1000.	1800.	2000.
1862/1	40.	50.	65.	85.	175.	250.	375.	800.	1000.	1800.	—
1863	350.	400.	450.	550.	650.	800.	1200.	1500.	2500.	3500.	1500.
1863/2 (Proofs only)	500.	600.	700.	900.	1100.	*	*	*	*	*	6000.
1864	350.	400.	450.	550.	650.	800.	1200.	1500.	2000.	3000.	1500.
1865	400.	500.	550.	600.	650.	800.	1200.	1500.	2000.	3500.	1500.
1866	350.	400.	450.	550.	650.	800.	1200.	1500.	2000.	3000.	1500.
1867	400.	500.	550.	600.	650.	800.	1400.	1800.	3000.	6500.	1500.
1868	425.	500.	550.	600.	650.	800.	1400.	2500.	6000.	8500.	1500.
1869	425.	500.	550.	600.	650.	800.	1200.	1600.	3000.	6000.	1500.
1869/8 (Proofs only)	—	—	—	—	625.	*	*	*	*	*	6000.
1870	425.	500.	550.	600.	650.	900.	1200.	1500.	5000.	6500.	1500.

—— = Insufficient pricing data   * = None issued

SILVER 3 CENTS (CONTINUED)

	VG-8	F-12	VF-20	EF-40	AU-50	MS-60	MS-63	MS-64	MS-65	MS-66	PF-65
1871	425.	500.	550.	600.	650.	800.	1200.	1500.	2000.	3000.	1500.
1872	425.	500.	550.	600.	750.	1000.	1600.	2500.	6000.	11000.	1800.
1873 Closed 3 (Proofs only)											
	750.	800.	850.	950.	1100.	*	*	*	*	*	2000.

Enlarged to show detail

One outline of star

Three outlines   Two outlines

——— = Insufficient pricing data   * = None issued

Shield 5 cents

  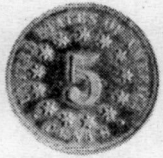

Rays removed

Date of authorization: May 16, 1866
Dates of issue: 1866-1883
Designer/Engraver: James B. Longacre
Diameter: 20.50 mm/0.81 inch
Weight: 5.00 grams/0.16 ounce
Metallic content: 75% copper, 25% nickel
Edge: Plain
Mint mark: None

SHIELD 5 CENTS (CONTINUED)

	G-4	VG-8	F-12	VF-20	EF-40	AU-50	MS-60	MS-63	MS-64	MS-65	MS-66	PF-63	PF-64	PF-65	PF-66
1866	30.	40.	55.	85.	175.	250.	275.	400.	800.	2500.	6000.	2500.	3500.	5000.	6500.
1867	40.	55.	70.	100.	200.	300.	350.	500.	1100.	4000.	7500.	35000.	50000.	80000.	—
RAYS REMOVED FROM REVERSE															
1867	18.	20.	25.	35.	55.	90.	125.	200.	350.	900.	2500.	700.	1800.	4000.	5000.
1868	18.	20.	25.	35.	55.	90.	125.	200.	350.	900.	2500.	400.	800.	1500.	2500.
1869	18.	20.	25.	35.	55.	90.	125.	200.	350.	900.	2500.	500.	700.	1500.	2500.
1870	27.	30.	50.	65.	85.	125.	200.	300.	500.	1500.	3000.	400.	700.	1500.	2500.
1871	60.	80.	120.	175.	225.	275.	325.	600.	900.	1500.	2500.	400.	700.	1500.	2000.
1872	30.	40.	60.	80.	100.	135.	200.	325.	700.	1200.	2500.	400.	700.	1500.	1800.
1873 Closed 3	30.	40.	65.	80.	125.	175.	250.	500.	1000.	2000.	3500.	400.	700.	1200.	1800.
1873 Open 3	25.	35.	55.	65.	80.	125.	175.	300.	500.	1500.	2500.	*	*	*	*
1874	28.	40.	55.	85.	100.	135.	200.	325.	550.	1700.	3000.	400.	750.	1500.	2000.
1875	40.	55.	65.	100.	135.	175.	225.	400.	600.	2000.	3500.	400.	900.	2000.	2500.
1876	35.	50.	80.	95.	125.	165.	210.	300.	400.	1200.	3000.	400.	700.	1200.	1800.
1877 (Proofs only)	1600.	1800.	2000.	2200.	2300.	2500.	*	*	*	*	*	3000.	3500.	4000.	5500.
1878 (Proofs only)	750.	850.	1000.	1100.	1300.	1500.	*	*	*	*	—	1700.	2000.	2200.	2800.
1879	400.	500.	600.	700.	800.	900.	1000.	1200.	1400.	2000.	2500.	500.	800.	1200.	1800.
1880	500.	500.	800.	1000.	1300.	2800.	3500.	7500.	15000.	25000.	—	400.	500.	700.	1200.
1881	250.	325.	450.	500.	700.	850.	950.	1100.	1400.	2000.	2500.	400.	500.	700.	1200.
1882	18.	20.	25.	35.	55.	90.	125.	200.	300.	750.	2000.	400.	500.	700.	1200.
1883/2	200.	275.	350.	400.	700.	950.	1100.	1400.	2000.	5000.	7500.	*	*	*	*
1883	18.	22.	30.	35.	55.	90.	125.	200.	300.	750.	2000.	400.	500.	700.	1200.

——— = Insufficient pricing data   * = None issued

Liberty Head 5 cents

No CENTS   With CENTS

Date of authorization: May 16, 1866
Dates of issue: 1883-1912
Designer/Engraver: Charles Barber
Diameter: 21.21 mm/0.84 inch
Weight: 5.00 grams/0.16 ounce
Metallic content: 75% copper, 25% nickel
Edge: Plain
Mint mark: 1912 only, reverse left of CENTS

	VG-8	F-12	VF-20	EF-40	AU-50	MS-60	MS-63	MS-64	MS-65	MS-66	PF-63	PF-64	PF-65	PF-66
1883	7.00	8.00	8.00	10.	14.	30.	50.	75.	250.	750.	350.	600.	1200.	2000.
CENTS ADDED BELOW WREATH ON REVERSE														
1883	20.	40.	55.	90.	125.	175.	225.	300.	700.	1200.	300.	400.	700.	1500.
1884	35.	45.	60.	90.	135.	200.	250.	400.	2500.	4000.	250.	400.	700.	1500.
1885	650.	850.	1100.	1300.	1700.	2000.	2500.	4000.	7500.	10000.	1000.	1500.	2000.	2500.
1886	300.	400.	550.	700.	850.	1000.	1600.	2500.	9000.	12000.	500.	600.	800.	1800.
1887	17.	35.	50.	85.	110.	150.	200.	350.	1200.	2500.	200.	400.	700.	1500.
1888	40.	65.	125.	200.	225.	275.	400.	550.	1800.	5000.	200.	400.	700.	1500.
1889	12.	35.	55.	85.	125.	150.	200.	350.	1000.	2500.	200.	400.	700.	1500.
1890	18.	28.	40.	70.	120.	175.	250.	500.	2000.	3000.	200.	400.	700.	1500.
1891	9.00	22.	40.	65.	110.	150.	200.	300.	1400.	2000.	200.	400.	700.	1500.
1892	9.00	23.	40.	70.	120.	140.	175.	300.	1400.	2500.	200.	400.	700.	1500.
1893	9.00	27.	40.	65.	120.	140.	175.	300.	1400.	2500.	200.	400.	700.	1500.
1894	35.	110.	175.	250.	325.	375.	450.	700.	1800.	2500.	200.	400.	700.	1500.
1895	8.00	27.	50.	70.	120.	150.	200.	350.	2000.	3000.	200.	400.	700.	1500.
1896	20.	40.	70.	100.	160.	200.	275.	400.	2000.	3500.	200.	400.	700.	1500.
1897	5.00	13.	28.	50.	75.	100.	175.	350.	1500.	2500.	200.	400.	700.	1500.
1898	5.00	12.	25.	45.	75.	140.	200.	250.	1400.	2000.	200.	400.	700.	1500.
1899	3.00	10.	22.	35.	65.	100.	135.	250.	750.	1500.	200.	400.	700.	1500.
1900	3.00	10.	20.	35.	75.	100.	135.	250.	750.	1500.	200.	400.	700.	1500.
1901	3.00	7.00	16.	35.	60.	80.	125.	250.	750.	1800.	200.	400.	700.	1500.
1902	3.00	5.00	16.	35.	60.	80.	125.	250.	750.	1800.	200.	400.	700.	1500.
1903	3.00	6.00	12.	30.	55.	80.	125.	250.	750.	1800.	200.	400.	700.	1500.
1904	3.00	6.00	12.	30.	55.	80.	125.	250.	750.	1800.	200.	400.	700.	1500.
1905	3.00	5.00	12.	30.	55.	80.	125.	250.	750.	1800.	200.	400.	700.	1500.
1906	3.00	5.00	12.	30.	55.	80.	125.	250.	750.	2500.	200.	400.	700.	1500.
1907	3.00	5.00	12.	30.	55.	80.	125.	300.	1000.	2500.	200.	400.	700.	1500.
1908	3.00	5.00	12.	30.	55.	80.	125.	250.	1000.	2500.	200.	400.	700.	1500.
1909	3.00	5.50	13.	30.	65.	90.	150.	300.	1000.	2000.	200.	400.	700.	1500.

—— = Insufficient pricing data   * = None issued

LIBERTY HEAD 5 CENTS (CONTINUED)

	VG-8	F-12	VF-20	EF-40	AU-50	MS-60	MS-63	MS-64	MS-65	MS-66	PF-63	PF-64	PF-65	PF-66
1910	3.00	5.00	12.	30.	50.	65.	125.	250.	800.	2500.	200.	400.	700.	1500.
1911	3.00	5.00	12.	30.	50.	65.	125.	250.	750.	1800.	200.	400.	700.	1500.
1912	3.00	5.00	12.	30.	50.	65.	125.	250.	750.	1800.	200.	400.	700.	1500.
1912-D	5.00	12.	40.	85.	185.	300.	400.	600.	2500.	3500.	*	*	*	*
1912-S	200.	300.	550.	900.	1400.	1600.	2000.	3500.	7500.	10000.	*	*	*	*

1913 Eliasberg Specimen Proof 66 (NGC) sold for $4.15 million in June 2005

—— = Insufficient pricing data   * = None issued

Indian Head 5 cents

Bison on Mound   Bison on Plain

"Buffalo nickel"

Date of authorization: May 16, 1866
Dates of issue: 1913-1938
Designer: James Earle Fraser
Engraver: Charles Barber
Diameter: 21.21 mm/0.84 inch
Weight: 5.00 grams/0.16 ounce
Metallic content: 75% copper, 25% nickel
Edge: Plain
Mint mark: Reverse below FIVE CENTS

—— = Insufficient pricing data

INDIAN HEAD 5 CENTS (CONTINUED)

	G-4	VG-8	F-12	VF-20	EF-40	AU-50	MS-60	MS-63	MS-64	MS-65	MS-66	PF-63	PF-64	PF-65	PF-66
BISON STANDING ON MOUND															
1913	8.00	12.	13.	15.	20.	25.	35.	50.	80.	175.	350.	1200.	2500.	4000.	5000.
1913-D	13.	16.	22.	27.	38.	50.	65.	85.	125.	350.	1000.	*	*	*	*
1913-S	38.	42.	55.	65.	80.	100.	125.	200.	400.	1000.	2000.	*	*	*	*
BISON STANDING ON PLAIN															
1913	9.00	12.	13.	15.	20.	25.	35.	60.	100.	350.	1500.	1200.	2000.	3000.	4000.
1913-D	100.	130.	175.	200.	225.	275.	325.	400.	700.	1800.	4500.	*	*	*	*
1913-S	275.	350.	400.	475.	550.	660.	1000.	1300.	2000.	5000.	10000.	*	*	*	*
1914	18.	20.	25.	30.	35.	40.	50.	100.	200.	550.	1500.	1200.	2000.	3000.	4000.
1914/3	200.	350.	500.	650.	800.	1200.	3500.	6500.	12000.	30000.	—	*	*	*	*
1914-D	75.	110.	175.	225.	300.	400.	450.	600.	1200.	2500.	4000.	*	*	*	*
1914-S	25.	35.	50.	65.	100.	140.	200.	500.	800.	3000.	6000.	*	*	*	*
1915	5.00	6.00	8.00	12.	23.	40.	55.	100.	140.	350.	750.	1000.	2000.	2500.	3500.
1915-D	17.	25.	45.	65.	125.	175.	250.	350.	600.	1000.	8000.	*	*	*	*
1915-S	40.	60.	100.	200.	325.	500.	650.	1000.	1600.	4000.	7500.	*	*	*	*
1916 Doubled Die	2200.	4500.	8500.	13000.	18000.	35000.	55000.	150000.	300000.	350000.	—	*	*	*	*
1916-D	13.	20.	27.	40.	90.	110.	175.	300.	600.	3500.	15000.	*	*	*	*
1916-S	12.	14.	22.	35.	75.	125.	200.	300.	600.	1200.	6000.	*	*	*	*
1916	4.00	5.00	6.00	8.00	15.	25.	50.	80.	125.	400.	1200.	1500.	2500.	4000.	5500.
1917	4.00	5.00	7.00	10.	16.	35.	60.	150.	250.	750.	1400.	*	*	*	*
1917-D	17.	25.	50.	85.	150.	275.	400.	1000.	1500.	5000.	20000.	*	*	*	*
1917-S	25.	40.	75.	110.	200.	300.	450.	1500.	2500.	7000.	15000.	*	*	*	*
1918	4.00	5.00	7.00	16.	35.	60.	110.	350.	600.	2000.	4000.	*	*	*	*
1918/7-D	1200.	2000.	3200.	6500.	11000.	15000.	35000.	65000.	125000.	300000.	—	*	*	*	*
1918-D	20.	35.	50.	135.	250.	350.	400.	1300.	2000.	5000.	11000.	*	*	*	*
1918-S	15.	30.	50.	110.	200.	300.	650.	3500.	8500.	35000.	50000.	*	*	*	*
1919	2.00	2.50	4.00	7.00	16.	35.	60.	125.	250.	750.	1800.	*	*	*	*
1919-D	15.	25.	60.	125.	300.	400.	600.	1800.	3000.	8500.	14000.	*	*	*	*

—— = Insufficient pricing data   * = None issued

INDIAN HEAD 5 CENTS (CONTINUED)

	G-4	VG-8	F-12	VF-20	EF-40	AU-50	MS-60	MS-63	MS-64	MS-65	MS-66	PF-63	PF-64	PF-65	PF-66
1919-S	9.00	22.	50.	125.	300.	400.	600.	2500.	5000.	20000.	40000.	*	*	*	*
1920	2.00	2.50	4.00	8.00	16.	35.	60.	150.	300.	1000.	3000.	*	*	*	*
1920-D	9.00	16.	40.	125.	300.	400.	600.	2000.	3500.	8500.	25000.	*	*	*	*
1920-S	5.00	11.	35.	110.	225.	375.	550.	2500.	6000.	30000.	50000.	*	*	*	*
1921	4.00	7.00	10.	25.	60.	75.	135.	350.	500.	1000.	2000.	*	*	*	*
1921-S	65.	125.	250.	600.	1000.	1400.	1800.	2500.	3500.	10000.	20000.	*	*	*	*
1923	2.50	3.00	5.00	8.00	15.	40.	60.	160.	250.	750.	1400.	*	*	*	*
1923-S	9.00	12.	25.	150.	300.	350.	500.	1200.	3000.	15000.	45000.	*	*	*	*
1924	2.00	3.00	5.00	11.	22.	45.	75.	200.	600.	1200.	3000.	*	*	*	*
1924-D	8.00	12.	35.	90.	250.	350.	400.	1300.	2000.	6000.	25000.	*	*	*	*
1924-S	17.	35.	100.	500.	1400.	2000.	2700.	4500.	6000.	15000.	40000.	*	*	*	*
1925	3.00	3.50	4.00	10.	18.	35.	50.	110.	250.	750.	2500.	*	*	*	*
1925-D	10.	20.	40.	100.	200.	300.	450.	800.	2000.	7500.	20000.	*	*	*	*
1925-S	5.00	10.	20.	100.	200.	300.	500.	2500.	5000.	45000.	—	*	*	*	*
1926	1.50	2.00	3.00	6.00	12.	22.	35.	70.	100.	200.	500.	*	*	*	*
1926-D	9.00	14.	30.	100.	200.	275.	350.	600.	2000.	6500.	12000.	*	*	*	*
1926-S	20.	40.	90.	500.	1200.	3000.	5000.	10000.	20000.	11000.	—	*	*	*	*
1927	1.50	2.00	3.00	5.00	13.	22.	40.	75.	100.	300.	800.	*	*	*	*
1927-D	3.00	5.00	10.	30.	80.	125.	175.	300.	1000.	10000.	—	*	*	*	*
1927-S	2.00	3.00	5.00	35.	100.	175.	500.	3000.	7500.	22000.	1500.	*	*	*	*
1928	1.50	2.00	3.00	5.00	13.	25.	35.	65.	150.	400.	—	*	*	*	*
1928-D	2.00	3.00	4.00	18.	45.	50.	60.	100.	150.	1100.	6500.	*	*	*	*
1928-S	2.00	2.50	3.00	12.	35.	100.	250.	700.	1500.	7000.	3000.	*	*	*	*
1929	1.00	1.50	2.50	5.00	13.	22.	35.	65.	125.	400.	2000.	*	*	*	*
1929-D	1.50	2.00	3.00	8.00	35.	45.	65.	125.	350.	2000.	4500.	*	*	*	*
1929-S	1.00	1.50	2.00	3.00	13.	25.	50.	85.	200.	600.	2000.	*	*	*	*
1930	1.00	2.00	3.00	5.00	13.	22.	35.	75.	100.	250.	600.	*	*	*	*
1930-S	1.00	2.00	3.00	5.00	16.	35.	55.	125.	300.	800.	2500.	*	*	*	*
1931-S	16.	17.	18.	22.	35.	50.	65.	90.	135.	400.	1800.	*	*	*	*
1934	1.00	2.00	3.00	5.00	11.	20.	50.	65.	125.	400.	900.	*	*	*	*

——— = Insufficient pricing data   * = None issued

	G-4	VG-8	F-12	VF-20	EF-40	AU-50	MS-60	MS-63	MS-64	MS-65	MS-66	PF-63	PF-64	PF-65	PF-66
1934-D	2.00	3.00	5.00	10.	23.	50.	85.	110.	300.	1200.	7000.	*	*	*	*
1935	1.00	1.50	2.00	2.50	4.00	10.	22.	40.	65.	125.	300.	*	*	*	*
1935 Doubled Die	40.	50.	100.	200.	500.	1500.	3000.	11000.	12500.	30000.	—	*	*	*	*
1935-D	1.50	2.50	4.00	10.	22.	45.	75.	100.	175.	1000.	2500.	*	*	*	*
1935-S	1.00	1.50	2.00	2.50	4.00	17.	55.	75.	100.	200.	700.	*	*	*	*
1936	1.00	1.50	2.00	2.50	3.00	9.00	20.	50.	60.	100.	150.	*	—	*	*
1936-D	1.00	1.50	2.00	2.50	4.00	13.	40.	50.	60.	100.	275.	*	—	*	*
1936-S	1.00	1.50	2.00	2.50	4.00	12.	40.	50.	60.	125.	250.	*	—	*	*
1936 Satin Proof	*	*	*	*	*	*	*	*	*	*	*	1500.	2000.	2700.	3500.
1936-D 3 and one half legs	600.	900.	1400.	2500.	5000.	9000.	18000.	—	—	—	—	*	*	*	*
1936 Brilliant Proof	*	*	*	*	*	*	*	*	*	*	*	1800.	2500.	3000.	4000.
1937	1.00	1.50	2.00	2.50	3.00	9.00	18.	35.	45.	60.	100.	*	*	*	*
1937-D	1.00	1.50	2.00	2.50	4.00	10.	35.	45.	50.	70.	125.	*	*	*	*
1937-D 3 Legs	525.	700.	900.	1100.	1300.	1500.	3000.	6000.	10000.	30000.	80000.	*	*	*	*
1937-S	1.50	1.75	2.00	2.50	4.00	10.	30.	40.	50.	75.	175.	*	*	*	*
1938-D	4.00	4.50	5.00	5.50	6.00	10.	22.	30.	40.	60.	100.	*	*	*	*
1938-D/D	2.00	3.00	5.00	7.00	10.	15.	30.	50.	75.	100.	150.	*	*	*	*
1938-D/S	6.00	8.00	12.	15.	20.	35.	50.	75.	135.	200.	350.	*	*	*	*

——— = Insufficient pricing data   * = None issued

Jefferson 5 cents

Date of authorization: May 16, 1866; March 27, 1942;
April 23, 2003
Dates of issue: 1938-present
Designer: Felix Schlag
Engraver: John R. Sinnock (original 1938 designs)
Diameter: 21.21 mm/0.84 inch
Weight: 5.00 grams/0.16 ounce
Metallic content: (1938-1942): 75% copper, 25% nickel
(1942-1945): 56% copper, 35% silver,
9% manganese
(1946-present): 75% copper, 25% nickel
Weight of pure silver: (1942-1945): 1.75 grams/0.06 ounce
Edge: Plain
Mint mark: (1938-1942, 1946-1964): Reverse right
of building
(1942-1945, silver): Reverse above
dome
(1968-2004): Obverse below
Jefferson's ponytail

The letters FS following a numerical grade stand for Full Steps. They refer to fully formed, undamaged steps on Monticello on the reverse of 1938 to 2003 Jefferson 5-cent coins.

Also, the letter C following a numerical grade for a Proof coin stands for "cameo," while the letters DC stand for "deep cameo." Cameo coins have contrasting surface finishes: mirror fields and frosted devices (raised areas). Deep cameo coins are the ultimate level of cameo, with deeply frosted devices. Cameo and deep cameo coins bring premiums.

Westward Journey 5-cent coins

Peace Medal reverse

Keelboat reverse

2005 obverse

American Bison
reverse

Ocean in View
reverse

Designers: 2004 obverse: Felix Schlag
Peace Medal reverse:
Norman E. Nemeth
Keelboat reverse: Al Maletsky
2005 obverse: Joe Fitzgerald
American Bison reverse: Jamie Franki
Ocean in View reverse: Joe Fitzgerald

Engravers: Original 1938 designs: John R. Sinnock
Peace Medal reverse: Norman E. Nemeth
Keelboat reverse: Al Maletsky
2005 obverse: Don Everhart II
American Bison reverse: Norman E.
Nemeth
Ocean in View reverse: Donna Weaver

Mint mark: Below LIBERTY

New obverse, Restored Monticello

2006 obverse

Monticello reverse

Designers: 2006 obverse: Jamie Franki
2006 reverse: Felix Schlag

Engravers: 2006 obverse: Donna Weaver
2006 reverse: John Mercanti

Mint mark: Below date

JEFFERSON 5 CENTS (CONTINUED)

COPPER-NICKEL

	VF-20	EF-40	AU-50	MS-60	MS-63	MS-64	MS-65	MS-65FS	MS-66	MS-66FS	MS-67	MS-67FS	MS-68	MS-69	MS-70	PF-63	PF-64	PF-65	PF-65DC	PF-66DC	PF-67DC	PF-68DC	PF-69DC	PF-70DC
1938	0.45	0.65	0.90	2.25	2.75	5.00	30.	200.	65.	—	100.	—	—	—	—	60.	110.	125.	—	—	—	—	—	—
1938-D	1.00	1.75	2.25	3.50	5.00	7.00	15.	250.	40.	300.	100.	—	—	—	—	*	*	*	*	*	*	*	*	*
1938-S	2.05	2.75	3.50	4.00	8.00	5.00	16.	40.	45.	140.	175.	—	—	—	—	*	*	*	*	*	*	*	*	*
1939	0.25	0.45	0.75	1.35	2.50	5.00	20.	—	25.	—	—	—	—	—	—	45.	100.	125.	—	—	—	—	—	—
1939 Doubled Monticello	60.	70.	125.	165.	300.	400.	575.	—	800.	—	—	—	—	—	—	*	*	*	*	*	*	*	*	*
1939-D	8.00	12.	30.	60.	75.	90.	100.	335.	125.	—	—	—	—	—	—	*	*	*	*	*	*	*	*	*
1939-S	1.75	3.25	8.50	15.	22.	25.	35.	150.	150.	—	—	—	—	—	—	*	*	*	*	*	*	*	*	*
1939	—	—	—	—	—	—	—	90.	—	200.	—	—	—	—	—	45.	90.	70.	—	—	—	—	—	—
1940	0.20	0.25	0.60	0.75	1.35	5.00	12.	90.	17.	200.	—	185.	—	—	—	45.	90.	115.	—	—	—	—	—	—
1940-D	0.30	0.50	1.45	2.25	2.75	5.00	15.	40.	27.	70.	185.	—	—	—	—	*	*	*	*	*	*	*	*	*
1940-S	0.35	0.55	1.00	1.90	3.35	5.00	10.	60.	25.	275.	—	150.	—	—	—	*	*	*	*	*	*	*	*	*
1941	0.20	0.30	0.40	0.65	1.25	7.00	12.	60.	20.	105.	25.	—	—	—	—	40.	75.	110.	—	—	—	—	—	—
1941-D	0.30	0.55	1.40	2.15	3.00	6.00	8.00	40.	35.	80.	—	200.	—	—	—	*	*	*	*	*	*	*	*	*
1941-S	0.30	0.60	1.75	2.75	4.00	5.00	13.	60.	25.	—	—	—	—	—	—	*	*	*	*	*	*	*	*	*
1942	0.20	0.45	0.70	1.25	4.25	6.00	35.	100.	50.	90.	75.	9000.	—	—	—	45.	90.	115.	—	—	—	—	—	—
1942-D	1.25	2.75	7.00	14.	17.	19.	60.	60.	60.	90.	225.	900.	—	—	—	*	*	*	*	*	*	*	*	*
1942-D/Horizontal D	100.	300.	750.	2000.	4000.	10000.	12000.	50000.	—	—	—	—	—	—	—	*	*	*	*	*	*	*	*	*

SILVER

	VF-20	EF-40	AU-50	MS-60	MS-63	MS-64	MS-65	MS-65FS	MS-66	MS-66FS	MS-67	MS-67FS	MS-68	MS-69	MS-70	PF-63	PF-64	PF-65	PF-65DC	PF-66DC	PF-67DC	PF-68DC	PF-69DC	PF-70DC
1942-P	0.75	1.10	3.00	5.25	8.00	9.00	12.	60.	22.	120.	40.	—	—	—	—	125.	175.	225.	—	—	—	—	—	—
1942-S	1.45	2.75	5.00	5.00	9.00	14.	25.	200.	50.	235.	60.	—	—	—	—	*	*	*	*	*	*	*	*	*
1943/2-P	65.	90.	175.	250.	300.	425.	650.	1150.	850.	—	—	—	4500.	—	—	*	*	*	*	*	*	*	*	*
1943-P	0.75	1.10	1.75	2.75	4.00	7.00	16.	35.	26.	125.	50.	1500.	—	—	—	*	*	*	*	*	*	*	*	*
1943-P Doubled Eye	30.	49.	88.	115.	150.	250.	400.	750.	750.	—	—	—	—	—	—	*	*	*	*	*	*	*	*	*
1943-D	1.00	1.50	2.10	2.50	4.00	11.	10.	50.	25.	75.	50.	125.	—	—	—	*	*	*	*	*	*	*	*	*

——— = Insufficient pricing data   * = None issued

JEFFERSON 5 CENTS (CONTINUED)

	VF-20	EF-40	AU-50	MS-60	MS-63	MS-64	MS-65	MS-65FS	MS-66	MS-66FS	MS-67	MS-67FS	MS-68	MS-69	MS-70	PF-63	PF-64	PF-65	PF-65DC	PF-66DC	PF-67DC	PF-68DC	PF-69DC	PF-70DC
1943-S	.75	1.10	1.75	2.90	5.00	10.	13.	45.	26.	120.	40.	1000.	—	—	—	*	*	*	*	*	*	*	*	—
1944-P	.80	1.15	2.00	2.75	4.00	6.00	25.	60.	52.	—	40.	—	—	—	—	*	*	*	*	*	*	*	*	—
1944-D	1.00	1.80	3.00	6.50	9.00	10.	20.	40.	30.	60.	50.	150.	—	—	—	*	*	*	*	*	*	*	*	—
1944-S	1.25	1.90	3.00	3.75	4.75	7.00	16.	75.	40.	—	60.	—	75.	—	—	*	*	*	*	*	*	*	*	—
1945-P	.80	1.50	2.00	2.65	4.75	7.00	20.	125.	35.	380.	—	—	—	—	—	*	*	*	*	*	*	*	*	—
1945-P Doubled Die	20.	30.	48.	75.	120.	200.	450.	—	700.	—	—	—	—	—	—	*	*	*	*	*	*	*	*	—
1945-D	1.35	1.75	2.35	2.65	4.00	7.00	20.	40.	30.	75.	125.	350.	—	—	—	*	*	*	*	*	*	*	*	—
1945-S	.70	1.25	1.50	2.15	3.75	6.00	16.	150.	25.	—	110.	1500.	1000.	—	—	*	*	*	*	*	*	*	*	—
COPPER-NICKEL																								
1946	.15	.20	.30	.50	.70	5.00	10.	215.	20.	—	20.	—	—	—	—	*	*	*	*	*	*	*	*	—
1946-D	.15	.30	.45	.55	.80	7.00	14.	25.	35.	120.	45.	—	—	—	—	*	*	*	*	*	*	*	*	—
1946-D/Horizontal D	80.	140.	225.	275.	400.	650.	1350.	—	350.	—	—	—	—	—	—	*	*	*	*	*	*	*	*	—
1946-S	.25	.35	.40	.50	.95	5.00	11.	125.	30.	350.	—	—	—	—	—	*	*	*	*	*	*	*	*	—
1947	.15	.20	.30	.55	1.20	5.00	10.	45.	15.	185.	50.	—	—	—	—	*	*	*	*	*	*	*	*	—
1947-D	.15	.40	.60	.70	1.20	5.00	10.	25.	25.	115.	40.	—	—	—	—	*	*	*	*	*	*	*	*	—
1947-S	.15	.25	.30	.35	.45	5.00	10.	100.	25.	800.	—	—	—	—	—	*	*	*	*	*	*	*	*	—
1948	.10	.20	.32	.40	.55	5.00	10.	20.	25.	1000.	—	—	—	—	—	*	*	*	*	*	*	*	*	—
1948-D	.30	.45	.60	.85	1.35	7.00	10.	70.	13.	—	90.	—	—	—	—	*	*	*	*	*	*	*	*	—
1948-S	.35	.40	.45	.50	.60	5.00	10.	25.	20.	175.	—	—	—	—	—	*	*	*	*	*	*	*	*	—
1949	.20	.30	.45	.65	.75	5.00	10.	125.	20.	—	—	—	—	—	—	*	*	*	*	*	*	*	*	—
1949-D	.25	.45	.55	.75	1.50	5.00	30.	—	23.	115.	50.	—	—	—	—	*	*	*	*	*	*	*	*	—
1949-D/S	50.	80.	125.	185.	300.	600.	200.	—	—	—	—	—	—	—	—	*	*	*	*	*	*	*	*	—
1949-S	.60	.75	.90	1.15	1.45	5.00	18.	150.	57.	—	—	—	—	—	—	*	*	*	*	*	*	*	*	—
1950	.30	.45	.70	.80	.90	5.00	18.	50.	58.	—	—	—	—	—	—	35.	60.	70.	—	—	—	—	—	—
1950-D	9.00	12.	14.	16.	18.	20.	25.	80.	150.	—	—	—	—	—	—	*	*	*	*	*	*	*	*	—

—— = Insufficient pricing data   * = None issued

JEFFERSON 5 CENTS (CONTINUED)

Year	PF-70DC	PF-69DC	PF-68DC	PF-67DC	PF-66DC	PF-65DC	PF-65	PF-64	PF-63	MS-70	MS-69	MS-68	MS-67FS	MS-67	MS-66FS	MS-66	MS-65FS	MS-65	MS-64	MS-63	MS-60	AU-50	EF-40	VF-20
1951	—	—	—	—	—	—	50.	45.	25.	—	—	—	—	—	1500.	15.	475.	12.	5.00	1.40	0.75	0.35	0.30	0.15
1951-D	—	*	*	*	*	*	*	*	*	—	—	—	—	—	250.	28.	35.	6.50	5.50	1.00	0.65	0.55	0.45	0.25
1951-S	—	*	*	*	*	*	*	*	*	—	—	—	—	—	1200.	35.	40.	10.	5.00	2.25	1.50	1.00	0.70	0.45
1952	—	—	—	—	—	—	40.	35.	13.	—	—	—	—	400.	—	25.	—	18.	5.00	0.96	1.00	0.50	0.10	0.08
1952-D	—	*	*	*	*	*	*	*	*	—	—	—	—	—	575.	25.	350.	20.	5.00	1.25	0.60	0.75	0.25	0.15
1952-S	—	*	*	*	*	*	*	*	*	—	—	—	—	—	—	—	—	20.	5.00	1.00	0.22	0.35	0.25	0.15
1953	—	—	—	—	—	—	40.	35.	7.00	—	—	—	—	—	—	42.	260.	10.	5.00	0.35	0.10	0.20	0.15	0.10
1953-D	—	*	*	*	*	*	*	*	*	—	—	—	—	—	—	42.	—	23.	5.00	0.35	0.21	0.30	0.25	0.20
1953-S	—	*	*	*	*	*	*	*	*	—	—	—	—	—	—	—	—	10.	5.00	0.75	0.38	0.15	0.10	0.08
1954	—	—	—	—	—	—	25.	20.	4.00	—	—	—	—	—	—	14.	400.	10.	5.00	0.35	0.19	0.15	0.10	0.08
1954-D	—	*	*	*	*	*	*	*	*	—	—	—	—	—	2250.	—	—	8.00	5.00	0.35	0.19	0.15	0.10	0.08
1954-S	—	*	*	*	*	*	*	*	*	—	—	—	—	—	—	35.	—	12.	4.00	0.40	0.23	0.20	0.10	0.08
1954 S/D	—	*	*	*	*	*	*	*	*	—	—	—	—	—	—	—	—	100.	45.	35.	25.	20.	16.	9.00
1955	—	—	—	—	900.	—	15.	12.	3.00	—	—	—	—	—	—	27.	475.	6.00	5.00	0.75	0.40	0.35	0.30	0.25
1955-D	—	*	*	*	*	*	*	*	*	—	—	—	—	—	—	27.	130.	6.00	4.00	0.30	0.19	0.15	0.10	0.08
1955 D/S Variety 1	—	*	*	*	*	*	*	*	*	—	—	—	—	—	—	—	—	100.	75.	50.	40.	28.	17.	10.
1956	—	—	—	—	1000.	—	4.00	2.00	1.00	—	—	—	—	—	—	25.	425.	40.	4.00	0.25	0.16	0.05	0.05	0.05
1956-D	—	*	*	*	*	*	*	*	*	—	—	—	—	—	—	80.	—	35.	4.00	0.25	0.16	0.05	0.05	0.05
1957	—	—	—	—	—	—	2.50	1.50	1.00	—	—	—	—	—	—	60.	—	15.	8.00	0.25	0.17	0.05	0.05	0.05
1957-D	—	*	*	*	*	*	*	*	*	—	—	—	—	—	—	20.	400.	14.	4.00	0.25	0.16	0.05	0.05	0.05
1958	—	—	—	—	—	—	4.00	1.50	1.00	—	—	—	—	—	—	—	—	50.	7.00	4.00	0.25	0.20	0.17	0.12
1958-D	—	*	*	*	*	*	*	*	*	—	—	—	300.	—	55.	25.	50.	15.	7.00	0.25	0.16	0.05	0.05	0.05
1959	—	—	—	—	1300.	—	2.50	1.50	1.00	—	—	—	—	—	—	35.	—	10.	4.00	0.25	0.16	0.05	0.05	0.05
1959-D	—	*	*	*	*	*	*	*	*	—	—	—	—	—	1850.	50.	375.	7.00	4.00	0.25	0.16	0.05	0.05	0.05
1960	—	—	—	—	—	—	2.50	1.50	1.00	—	—	—	—	—	—	12.	—	7.00	4.00	0.25	0.16	0.05	0.05	0.05
1960-D	—	*	*	*	*	*	*	*	*	—	—	—	—	—	—	50.	—	40.	7.50	0.25	0.16	0.05	0.05	0.05

—— = Insufficient pricing data   * = None issued

Date	VF-20	EF-40	AU-50	MS-60	MS-63	MS-64	MS-65	MS-65FS	MS-66	MS-66FS	MS-67	MS-67FS	MS-68	MS-69	MS-70	PF-63	PF-64	PF-65	PF-65DC	PF-66DC	PF-67DC	PF-68DC	PF-69DC	PF-70DC
1961	0.05	0.05	0.05	0.16	0.25	4.00	8.00	—	15.	—	—	—	—	—	—	1.00	1.50	2.50	—	—	—	—	—	—
1961-D	0.05	0.05	0.05	0.16	0.25	10.	45.	90.	75.	—	—	—	—	—	—	*	*	*	*	*	*	*	*	*
1962	0.05	0.05	0.05	0.16	0.25	3.00	7.00	—	15.	—	—	—	—	—	—	1.00	1.50	2.50	—	—	—	65.	—	—
1962-D	0.05	0.05	0.05	0.16	0.25	3.50	55.	250.	75.	—	—	—	—	—	—	*	*	*	*	*	*	*	*	*
1963	0.05	0.05	0.05	0.16	0.25	3.00	30.	—	40.	—	—	—	—	—	—	1.00	1.50	2.50	—	—	—	—	—	—
1963-D	0.05	0.06	0.05	0.16	0.25	3.00	45.	760.	65.	—	—	—	—	—	—	*	*	*	*	*	*	*	*	*
1964	0.05	0.05	0.05	0.16	0.25	3.00	35.	—	275.	—	—	—	—	—	—	1.00	1.50	2.50	—	—	—	—	—	—
1964-D	0.05	0.05	0.05	0.18	0.25	3.00	22.	—	100.	—	—	—	—	—	—	*	*	*	*	*	*	*	*	*
1965	0.10	0.15	0.15	0.20	0.25	3.00	10.	—	20.	—	—	—	—	—	—	*	*	*	*	*	*	*	*	*
1966	0.10	0.15	0.15	0.20	0.25	3.00	12.	—	25.	—	—	—	—	—	—	*	*	*	*	*	*	*	*	*
1967	0.10	0.15	0.15	0.20	0.25	3.00	12.	—	25.	—	—	—	—	—	—	*	*	*	*	*	*	*	*	*
1968-D	0.10	0.15	0.15	0.20	0.25	8.00	12.	—	16.	—	—	—	—	—	—	*	*	*	*	*	*	*	*	*
1968-S	*	*	*	*	*	*	*	*	*	*	*	*	*	*	*	1.00	2.00	3.00	—	8.00	16.	35.	*	—
1969-D	0.10	0.15	0.15	0.20	0.25	3.00	12.	—	20.	—	—	—	—	—	—	*	*	*	*	*	*	*	*	*
1969-S	*	*	*	*	*	*	*	*	*	*	*	*	*	*	*	1.00	2.00	3.00	—	13.	30.	65.	*	—
1970-D	0.10	0.15	0.15	0.20	0.25	8.00	15.	60.	30.	—	900.	—	—	—	—	*	*	*	*	*	*	*	*	*
1970-S	*	*	*	*	*	*	*	*	*	*	*	*	*	*	*	1.00	2.00	3.00	—	12.	20.	40.	*	—
1971	0.10	0.15	0.15	0.20	0.75	7.50	12.	—	30.	—	—	—	—	—	—	*	*	*	*	*	*	*	*	*
1971-D	0.10	0.15	0.15	0.20	0.50	3.00	5.00	—	25.	125.	—	—	—	—	—	*	*	*	*	*	*	*	*	*
1971-S	*	*	*	*	*	*	*	*	*	*	*	*	*	*	*	2.50	3.50	5.00	—	15.	35.	75.	700.	—
1971-S No S																900.	1000.	1100.	—	—	—	500.	4500.	—
1972	0.10	0.15	0.15	0.20	0.25	3.00	8.00	—	35.	—	—	—	—	—	—	*	*	*	*	*	*	*	*	*
1972-D	0.10	0.15	0.15	0.20	0.25	3.00	10.	—	25.	—	—	—	—	—	—	*	*	*	*	*	*	*	*	*
1972-S	*	*	*	*	*	*	*	*	*	*	*	*	*	*	*	2.00	3.00	4.00	—	10.	15.	25.	*	—
1973	0.10	0.15	0.15	0.20	0.25	3.00	5.00	—	15.	—	—	—	—	—	—	*	*	*	*	*	*	*	*	*
1973-D	0.10	0.15	0.15	0.20	0.25	3.00	10.	28.	35.	—	—	—	—	—	—	*	*	*	*	*	*	*	*	*
1973-S	*	*	*	*	*	*	*	*	*	*	*	*	*	*	*	1.50	2.50	4.00	—	12.	20.	45.	100.	—

—— = Insufficient pricing data   * = None issued

	PF-70DC	PF-69DC	PF-68DC	PF-67DC	PF-66DC	PF-65DC	PF-65	PF-64	PF-63	MS-70	MS-69	MS-68	MS-67FS	MS-67	MS-66FS	MS-66	MS-65FS	MS-65	MS-64	MS-63	MS-60	AU-50	EF-40	VF-20
1974	—	—	*	*	*	—	*	*	*	—	—	—	—	—	—	15.	—	5.00	3.00	0.25	0.20	0.15	0.15	0.10
1974-D	—	—	*	*	*	—	*	*	*	—	—	—	*	—	—	25.	—	10.	3.00	0.27	0.20	0.15	0.15	0.10
1974-S	—	*	18.	15.	10.	—	4.00	2.50	1.50	—	—	—	—	—	—	*	—	*	*	*	*	*	*	*
1975	—	—	*	*	*	—	*	*	*	—	—	—	—	—	—	30.	20.	5.00	3.00	0.40	0.20	0.15	0.15	0.10
1975-D	—	—	*	*	*	—	*	*	*	—	—	—	*	—	—	30.	—	5.00	3.00	0.35	0.20	0.15	0.15	0.10
1975-S	—	—	17.	14.	10.	—	4.00	3.00	2.00	—	—	—	—	—	—	*	—	*	*	*	*	*	*	*
1976	—	—	*	*	*	—	*	*	*	—	—	—	—	—	—	25.	—	10.	3.00	0.45	0.20	0.15	0.15	0.10
1976-D	—	—	*	*	*	—	*	*	*	—	—	—	*	—	—	30.	—	5.00	3.00	0.45	0.20	0.15	0.15	0.10
1976-S	20.	*	17.	15.	10.	—	4.00	2.50	1.50	—	—	—	—	—	—	*	—	*	*	*	*	*	*	*
1977	—	—	*	*	*	—	*	*	*	—	—	—	—	—	—	25.	—	9.50	3.00	0.25	0.20	0.15	0.15	0.10
1977-D	—	—	*	*	*	—	*	*	*	—	—	—	*	—	—	30.	20.	12.	3.00	0.40	0.20	0.15	0.15	0.10
1977-S	20.	*	18.	15.	11.	—	4.00	2.50	1.50	—	—	—	—	—	—	*	—	*	*	*	*	*	*	*
1978	—	—	*	*	*	—	*	*	*	—	—	—	—	—	—	25.	—	10.	3.00	0.25	0.20	0.15	0.15	0.10
1978-D	—	—	*	*	*	—	*	*	*	—	—	—	*	—	—	25.	95.	10.	3.00	0.35	0.20	0.15	0.15	0.10
1978-S	20.	*	18.	14.	11.	—	4.00	2.50	1.50	—	—	—	—	—	—	*	—	*	*	*	*	*	*	*
1979	—	—	*	*	*	—	*	*	*	—	—	—	—	—	—	30.	50.	10.	3.00	0.25	0.20	0.15	0.15	0.10
1979-D	—	—	*	*	*	—	*	*	*	—	—	—	*	—	—	25.	—	10.	3.00	0.27	0.20	0.15	0.15	0.10
1979-S Filled S	20.	*	14.	12.	10.	—	3.00	2.00	1.00	—	—	—	—	—	—	*	—	*	*	*	*	*	*	*
1979-S Clear S	—	*	25.	13.	11.	—	4.00	3.00	2.00	—	—	—	—	—	—	*	—	*	*	*	*	*	*	*
1980-P	—	—	*	*	*	—	*	*	*	—	—	—	—	—	—	15.	—	5.00	3.00	0.25	0.20	0.15	0.15	0.10
1980-D	—	—	*	*	*	—	*	*	*	—	—	—	*	—	—	25.	—	5.00	3.00	0.25	0.20	0.15	0.15	0.10
1980-S	20.	*	18.	15.	12.	—	3.00	2.00	1.00	—	—	—	—	—	—	*	—	*	*	*	*	*	*	*
1981-P	—	—	*	*	*	—	*	*	*	—	—	—	—	—	—	20.	—	5.00	3.00	0.25	0.20	0.15	0.15	0.10
1981-D	—	—	*	*	*	—	*	*	*	—	—	—	*	—	—	20.	95.	10.	3.00	0.25	0.20	0.15	0.15	0.10
1981-S Filled S	20.	*	14.	12.	10.	—	4.00	2.50	1.50	—	—	—	—	—	—	*	—	*	*	*	*	*	*	*
1981-S Clear S	—	*	14.	12.	10.	—	4.00	3.00	2.00	—	—	—	—	—	—	*	—	*	*	*	*	*	*	*
1982-P	—	*	—	*	*	—	*	*	*	—	—	—	—	—	—	25.	—	15.	3.00	0.75	0.20	0.15	0.15	0.10

—— = Insufficient pricing data   * = None issued

JEFFERSON 5 CENTS (CONTINUED)

	VF-20	EF-40	AU-50	MS-60	MS-63	MS-64	MS-65	MS-65FS	MS-66	MS-66FS	MS-67	MS-67FS	MS-68	MS-69	MS-70	PF-63	PF-64	PF-65	PF-65DC	PF-66DC	PF-67DC	PF-68DC	PF-69DC	PF-70DC
1982-D	0.10	0.15	0.15	0.20	1.25	3.00	15.	—	25.	—	—	—	—	—	—	*	*	*	*	*	*	*	*	*
1982-S	*	*	*	*	*	*	*	*	*	*	*	*	*	*	*	3.00	4.00	5.00	—	10.	14.	18.	20.	—
1983-P	0.10	0.15	0.15	0.20	0.90	3.00	5.00	—	20.	—	—	—	—	—	—	*	*	*	*	*	*	*	*	*
1983-D	0.10	0.15	0.15	0.20	0.90	3.00	5.00	—	20.	—	—	—	—	—	—	*	*	*	*	*	*	*	*	*
1983-S	*	*	*	*	*	*	*	*	*	*	*	*	*	*	*	3.00	4.00	5.00	—	10.	12.	18.	20.	—
1984-P	0.10	0.15	0.15	0.20	0.45	3.00	5.00	—	15.	—	—	—	—	—	—	*	*	*	*	*	*	*	*	*
1984-D	0.10	0.15	0.15	0.20	0.45	3.00	5.00	—	15.	—	—	—	—	—	—	*	*	*	*	*	*	*	*	*
1984-S	*	*	*	*	*	*	*	*	*	*	*	*	*	*	*	5.00	6.00	7.00	—	10.	12.	14.	20.	—
1985-P	0.10	0.15	0.15	0.20	0.45	3.00	5.00	100.	15.	—	—	—	—	—	—	*	*	*	*	*	*	*	*	*
1985-D	0.10	0.15	0.15	0.20	0.45	3.00	5.00	—	15.	—	—	—	—	—	—	*	*	*	*	*	*	*	*	*
1985-S	*	*	*	*	*	*	*	*	*	*	*	*	*	*	*	2.50	3.50	5.00	—	10.	12.	18.	20.	—
1986-P	0.10	0.15	0.15	0.20	0.45	3.00	5.00	—	15.	30.	—	—	—	—	—	*	*	*	*	*	*	*	*	*
1986-D	0.10	0.15	0.15	0.20	0.85	3.00	5.00	—	15.	—	—	—	—	—	—	*	*	*	*	*	*	*	*	*
1986-S	*	*	*	*	*	*	*	*	*	*	*	*	*	*	*	8.00	9.00	10.	—	10.	12.	14.	20.	—
1987-P	0.10	0.15	0.15	0.20	0.25	3.00	5.00	18.	12.	—	—	—	—	—	—	*	*	*	*	*	*	*	*	*
1987-D	0.10	0.15	0.15	0.20	0.25	3.00	5.00	—	12.	—	—	—	—	—	—	*	*	*	*	*	*	*	*	*
1987-S	*	*	*	*	*	*	*	*	*	*	*	*	*	*	*	2.00	3.00	4.00	—	7.00	9.00	15.	20.	—
1988-P	0.10	0.15	0.15	0.20	0.25	3.00	5.00	—	12.	—	—	—	—	—	—	*	*	*	*	*	*	*	*	*
1988-D	0.10	0.15	0.15	0.20	0.25	3.00	5.00	12.	12.	18.	—	—	—	—	—	*	*	*	*	*	*	*	*	*
1988-S	*	*	*	*	*	*	*	*	*	*	*	*	*	*	*	5.00	6.00	7.00	—	7.00	9.00	15.	20.	—
1989-P	0.10	0.15	0.15	0.20	0.25	3.00	5.00	—	12.	—	—	—	—	—	—	*	*	*	*	*	*	*	*	*
1989-D	0.10	0.15	0.15	0.20	0.25	3.00	5.00	—	12.	—	—	—	—	—	—	*	*	*	*	*	*	*	*	*
1989-S	*	*	*	*	*	*	*	*	*	*	*	*	*	*	*	4.00	5.00	6.00	—	7.00	9.00	15.	20.	—
1990-P	0.10	0.15	0.15	0.20	0.25	3.00	5.00	—	10.	—	—	—	—	—	—	*	*	*	*	*	*	*	*	*
1990-D	0.10	0.15	0.15	0.20	0.25	3.00	5.00	—	10.	—	—	—	—	—	—	*	*	*	*	*	*	*	*	*
1990-S	*	*	*	*	*	*	*	*	*	*	*	*	*	*	*	4.00	5.00	6.00	—	7.00	9.00	18.	20.	—

——— = Insufficient pricing data   * = None issued

JEFFERSON 5 CENTS (CONTINUED)

	VF-20	EF-40	AU-50	MS-60	MS-63	MS-64	MS-65	MS-65FS	MS-66	MS-66FS	MS-67	MS-67FS	MS-68	MS-69	MS-70	PF-63	PF-64	PF-65	PF-65DC	PF-66DC	PF-67DC	PF-68DC	PF-69DC	PF-70DC
1991-P	0.10	0.15	0.15	0.20	0.30	3.00	5.00	—	10.	—	—	—	—	—	—	*	*	*	*	*	*	*	*	—
1991-D	0.10	0.15	0.15	0.20	0.30	3.00	5.00	—	10.	—	—	—	—	—	—	*	*	*	*	*	*	*	*	—
1991-S	*	*	*	*	*	*	*	*	*	*	*	*	*	*	*	4.00	5.00	6.00	—	7.00	9.00	15.	20.	—
1992-P	0.10	0.15	0.15	0.20	0.35	3.00	5.00	10.	10.	—	—	—	—	—	—	*	*	*	*	*	*	*	*	—
1992-D	0.10	0.15	0.15	0.20	0.25	3.00	5.00	11.	10.	—	—	—	—	—	—	*	*	*	*	*	*	*	*	—
1992-S	*	*	*	*	*	*	*	*	*	*	*	*	*	*	*	2.00	3.00	4.00	—	7.00	9.00	15.	20.	—
1993-P	0.10	0.15	0.15	0.20	0.25	3.00	5.00	—	10.	10.	—	—	—	—	—	*	*	*	*	*	*	*	*	—
1993-D	0.10	0.15	0.15	0.20	0.25	3.00	5.00	—	10.	14.	—	—	—	60.	—	*	*	*	*	*	*	*	*	—
1993-S	*	*	*	*	*	*	*	*	*	*	*	*	*	*	*	2.50	3.50	5.00	—	7.00	9.00	15.	20.	—
1994-P	0.10	0.15	0.15	0.20	0.25	3.00	5.00	—	10.	—	—	—	—	—	—	*	*	*	*	*	*	*	*	—
1994-D	0.10	0.15	0.15	0.20	0.25	3.00	5.00	—	10.	—	—	—	—	—	—	*	*	*	*	*	*	*	*	—
1994-S	*	*	*	*	*	*	*	*	*	*	*	*	*	*	*	2.50	3.50	5.00	—	7.00	9.00	15.	20.	—
1994-P Matte Finish	—	—	—	—	65.	80.	100.	—	125.	—	175.	—	—	—	—	*	*	*	*	*	*	*	*	—
1995-P	0.10	0.15	0.15	0.20	0.25	3.00	5.00	35.	10.	—	—	—	—	—	—	*	*	*	*	*	*	*	*	—
1995-D	0.10	0.15	0.15	0.20	0.30	3.00	5.00	—	12.	—	—	—	—	—	—	*	*	*	*	*	*	*	*	—
1995-S	*	*	*	*	*	*	*	*	*	*	*	*	*	*	*	4.00	5.00	6.00	—	7.00	9.00	15.	20.	—
1996-P	0.10	0.15	0.15	0.20	0.25	3.00	5.00	20.	10.	—	—	45.	—	—	—	*	*	*	*	*	*	*	*	—
1996-D	0.10	0.15	0.15	0.20	0.25	3.00	5.00	—	10.	33.	—	230.	—	60.	—	*	*	*	*	*	*	*	*	—
1996-S	*	*	*	*	*	*	*	*	*	*	*	*	*	*	*	2.50	3.50	5.00	—	7.00	9.00	18.	20.	—
1997-P	0.10	0.15	0.15	0.20	0.25	3.00	5.00	—	10.	—	—	—	—	—	—	*	*	*	*	*	*	*	*	—
1997-D	0.10	0.15	0.15	0.20	0.25	3.00	5.00	—	10.	10.	—	—	—	—	—	*	*	*	*	*	*	*	*	—
1997-S	*	*	*	*	*	*	*	*	*	*	*	*	*	*	*	4.00	5.00	6.00	—	7.00	9.00	15.	20.	—
1997-P Matte Finish	—	—	—	—	175.	225.	275.	—	—	—	—	—	—	—	—	*	*	*	*	*	*	*	*	—
1998-P	0.10	0.15	0.15	0.20	0.25	3.00	5.00	—	10.	—	—	—	—	—	—	*	*	*	*	*	*	*	*	—
1998-D	0.10	0.15	0.15	0.20	0.25	3.00	5.00	—	10.	—	—	—	—	—	—	*	*	*	*	*	*	*	*	—
1999-P	0.10	0.15	0.15	0.20	0.25	3.00	5.00	16.	10.	65.	—	—	—	—	—	3.00	4.00	5.00	—	7.00	9.00	15.	20.	—

—— = Insufficient pricing data   * = None issued

	VF-20	EF-40	AU-50	MS-60	MS-63	MS-64	MS-65	MS-65FS	MS-66	MS-66FS	MS-67FS	MS-68	MS-69	MS-70	PF-63	PF-64	PF-65	PF-65DC	PF-66DC	PF-67DC	PF-68DC	PF-69DC	PF-70DC
1999-D	0.10	0.15	0.15	0.20	0.25	3.00	5.00	—	10.	50.	*	—	—	—	*	*	*	*	*	*	*	*	—
1999-S	*	*	*	*	*	*	*	*	*	*	—	—	—	—	3.00	4.00	5.00	—	7.00	8.00	10.	20.	—
2000-P	0.10	0.15	0.15	0.20	0.25	3.00	5.00	14.	10.	50.	*	—	—	—	*	*	*	*	*	*	*	*	—
2000-S	0.10	0.15	0.15	0.20	0.25	3.00	5.00	5.50	10.	20.	—	—	—	—	1.50	2.50	3.50	—	7.00	8.00	10.	20.	—
2001-P	0.10	0.15	0.15	0.20	0.25	3.00	5.00	15.	10.	100.	*	—	—	—	*	*	*	*	*	*	*	*	—
2001-D	0.10	0.15	0.15	0.20	0.25	3.00	5.00	*	10.	100.	*	—	—	—	*	*	*	*	*	*	*	*	—
2001-S	*	*	*	*	*	*	*	*	*	*	—	—	—	—	2.00	3.00	4.00	—	7.00	9.00	15.	20.	—
2002-P	0.10	0.15	0.15	0.20	0.25	3.00	5.00	—	10.	—	125.	—	—	—	*	*	*	*	*	*	*	*	—
2002-D	0.10	0.15	0.15	0.20	0.25	3.00	5.00	—	10.	—	*	—	—	—	*	*	*	*	*	*	*	*	—
2002-S	*	*	*	*	*	*	*	*	*	*	—	—	—	—	1.50	2.50	3.50	—	7.00	9.00	15.	20.	—
2003-P	0.10	0.15	0.15	0.20	0.25	3.00	5.00	—	10.	—	—	—	—	—	*	*	*	*	*	*	*	*	—
2003-D	0.10	0.15	0.15	0.20	0.25	3.00	5.00	—	10.	—	*	—	—	—	*	*	*	*	*	*	*	*	—
2003-S	*	*	*	*	*	*	*	*	*	*	—	—	—	—	2.50	3.50	5.00	—	7.00	9.00	15.	20.	—

	VF-20	EF-40	AU-50	MS-60	MS-63	MS-64	MS-65	MS-66	MS-67	MS-68	MS-69	MS-70	PF-63	PF-64	PF-65	PF-65DC	PF-66DC	PF-67DC	PF-68DC	PF-69DC	PF-70DC
2004-P Peace Medal reverse	0.10	0.15	0.15	0.20	0.25	3.00	5.00	10.	*	—	—	—	*	*	*	*	*	*	*	*	—
2004-D Peace Medal reverse	0.10	0.15	0.15	0.20	0.25	3.00	5.00	10.	*	*	—	—	*	*	*	*	*	*	*	*	—
2004-S Peace Medal reverse	*	*	*	*	*	*	*	*	*	*	—	—	11.	12.	13.	—	16.	18.	20.	25.	—
2004-P Keelboat reverse	0.10	0.15	0.15	0.20	0.25	3.00	5.00	10.	50.	—	—	—	*	*	*	*	*	*	*	*	—
2004-D Keelboat reverse	0.10	0.15	0.15	0.20	0.25	3.00	5.00	10.	10.	*	—	—	*	*	*	*	*	*	*	*	—
2004-S Keelboat reverse	*	*	*	*	*	*	*	*	*	*	—	—	11.	12.	13.	—	16.	18.	20.	25.	—

—— = Insufficient pricing data   * = None issued

JEFFERSON 5 CENTS (CONTINUED)

	VF-20	EF-40	AU-50	MS-60	MS-63	MS-64	MS-65	MS-66	MS-67	MS-68	MS-69	MS-70	PF-63	PF-64	PF-65	PF-65DC	PF-66DC	PF-67DC	PF-68DC	PF-69DC	PF-70DC
2005-P American Bison reverse	0.10	0.15	0.15	0.20	0.25	—	—	—	—	—	50.	—	*	*	*	*	*	*	*	*	*
2005-P American Bison reverse Satin Finish	—	—	—	—	—	—	—	—	—	40.	50.	—	*	*	*	*	*	*	*	*	*
2005-D American Bison reverse	0.10	0.15	0.15	0.20	0.25	—	—	—	—	—	—	—	*	*	*	*	*	*	*	*	*
2005-D American Bison reverse Satin Finish	—	—	—	—	—	—	—	—	—	—	—	—	*	*	*	*	*	*	*	*	*
2005-S American Bison reverse	*	*	*	*	*	*	*	*	*	*	*	*	9.00	10.	11.	—	—	—	—	35.	—
2005-P Ocean in View reverse	0.10	0.15	0.15	0.20	0.25	—	—	—	—	—	—	—	*	*	*	*	*	*	*	*	*
2005-P Ocean in View reverse Satin Finish	—	—	—	—	—	—	—	—	—	—	—	—	*	*	*	*	*	*	*	*	*
2005-D Ocean in View reverse	0.10	0.15	0.15	0.20	0.25	—	—	—	—	—	—	—	*	*	*	*	*	*	*	*	*
2005-D Ocean in View reverse Satin Finish	—	—	—	—	—	—	—	—	—	—	—	—	*	*	*	*	*	*	*	*	*
2005-S Ocean in View reverse	*	*	*	*	*	*	*	*	*	*	*	*	8.00	9.00	10.	—	—	—	—	35.	—
2006-P	0.10	0.15	0.15	0.20	0.25	—	—	—	—	—	—	—	*	*	*	*	*	*	*	*	*
2006-P Satin Finish	—	—	—	—	—	—	—	—	—	—	—	—	*	*	*	*	*	*	*	*	*
2006-D	0.10	0.15	0.15	0.20	0.25	—	—	—	—	—	—	—	*	*	*	*	*	*	*	*	*
2006-D Satin Finish	—	—	—	—	—	—	—	—	—	—	—	—	*	*	*	*	*	*	*	*	*
2006-S	*	*	*	*	*	*	*	*	*	*	*	*	8.00	9.00	10.	—	—	—	—	35.	60.

—— = Insufficient pricing data   * = None issued

Flowing Hair half dime

Half disme pattern   Flowing Hair

Date of authorization: April 2, 1792
Dates of issue: 1792 (half disme); 1794-1795
Designer/Engraver: Robert Scot
Diameter: 16.50 mm/0.65 inch
Weight: 1.348 grams/0.04 ounce
Metallic content: 89.25% silver, 10.75% copper
Weight of pure silver: 1.20 grams/0.04 ounce
Edge: Reeded
Mint mark: None

HALF DISME PATTERN

	AG-3	G-4	VG-8	F-12	VF-20	EF-40	AU-50	MS-60	MS-63
1792	7500.	12000.	40000.	60000.	75000.	100000.	135000.	225000.	375000.

FLOWING HAIR HALF DIME

	AG-3	G-4	VG-8	F-12	VF-20	EF-40	AU-50	MS-60
1794		800.	1200.	1500.	2000.	3000.	5000.	7500.	14000.
1795		600.	1000.	1200.	1700.	2500.	4000.	6500.	10000.

Draped Bust half dime

Small Eagle   Heraldic Eagle

Date of authorization: April 2, 1792
Dates of issue: 1796-1805
Designer: Obverse: Gilbert Stuart-Robert Scot
Reverse:
(1796-1797): Robert Scot-John
Eckstein
(1800-1805): Robert Scot
Engraver: Robert Scot
Diameter: 16.50 mm/0.65 inch
Weight: 1.35 grams/0.04 ounce
Metallic content: 89.25% silver, 10.75% copper
Weight of pure silver: 1.20 grams/0.04 ounce
Edge: Reeded
Mint mark: None

DRAPED BUST, SMALL EAGLE HALF DIME

	AG-3	G-4	VG-8	F-12	VF-20	EF-40	AU-50	MS-60
1796/5	800.	1400.	1800.	2500.	4000.	6500.	12000.	25000.
1796 LIBERTY	600.	1000.	1400.	2000.	3500.	6000.	9000.	15000.
1796 LIKERTY	600.	1000.	1400.	2000.	3500.	6000.	9000.	18000.
1797 15 Stars	600.	1000.	1400.	2000.	3500.	6000.	9000.	15000.
1797 16 Stars	600.	1000.	1400.	2000.	3500.	6000.	9000.	15000.
1797 13 Stars	1000.	2000.	2500.	3000.	4000.	8000.	15000.	25000.

DRAPED BUST, HERALDIC EAGLE HALF DIME

	AG-3	G-4	VG-8	F-12	VF-20	EF-40	AU-50	MS-60
1800	400.	700.	1000.	1800.	2500.	4000.	7500.	12000.
1800 LIBEKTY	400.	700.	1000.	1800.	2500.	4000.	7500.	12000.
1801	500.	800.	1200.	2000.	2500.	4000.	8000.	15000.
1802	12000.	20000.	30000.	40000.	60000.	80000.	125000.	—
1803	500.	900.	1200.	1800.	3000.	5000.	8000.	15000.
1805	700.	1000.	1500.	3000.	4000.	7000.	15000.	—

—— = Insufficient pricing data

Capped Bust half dime

Date of authorization: April 2, 1792
Dates of issue: 1829-1837
Designers: John Reich-William Kneass
Engraver: William Kneass
Diameter: 15.50 mm/0.61 inch
Weight: 1.35 grams/0.04 ounce
Metallic content: 89.25% silver, 10.75% copper
Weight of pure silver: 1.20 grams/0.04 ounce
Edge: Reeded
Mint mark: None

CAPPED BUST HALF DIME (CONTINUED)

	G-4	VG-8	F-12	VF-20	EF-40	EF-45	AU-50	AU-55	MS-60	MS-62	MS-63	MS-64	MS-65	MS-66
1829	25.	35.	40.	75.	125.	150.	200.	250.	300.	550.	800.	1600.	2800.	4000.
1830	25.	35.	40.	75.	125.	150.	200.	250.	300.	550.	800.	1600.	3500.	5000.
1831	25.	35.	40.	75.	125.	150.	200.	250.	300.	550.	800.	1600.	2500.	4000.
1832	25.	35.	40.	75.	125.	150.	200.	250.	300.	550.	800.	1600.	2500.	4000.
1833	25.	35.	40.	75.	125.	150.	200.	250.	300.	550.	800.	1600.	2500.	4000.
1834	25.	35.	40.	75.	125.	150.	200.	250.	300.	550.	800.	1600.	2500.	4000.
1835 all varieties	25.	35.	40.	75.	125.	150.	200.	250.	300.	550.	800.	1600.	2500.	4000.
1836 all varieties	25.	35.	40.	75.	125.	150.	200.	250.	300.	550.	800.	1600.	2500.	—
1837 Small 5c	30.	40.	50.	100.	200.	250.	350.	500.	1000.	1500.	2500.	5000.	12000.	
1837 Large 5c	25.	35.	40.	75.	125.	150.	200.	250.	300.	700.	1000.	2000.	4000.	6000.

—— = Insufficient pricing data   * = None issued

Seated Liberty, half dime

Date of authorization: April 2, 1792
Dates of issue: 1837-1873
Designers: (1837-1840): Christian Gobrecht
(1840-1859):
    Obverse: Gobrecht-Robert B.
    Hughes
    Reverse: Christian Gobrecht
(1860-1873):
    Obverse: Christian Gobrecht-
    Robert B. Hughes-James B.
    Longacre
    Reverse: James B. Longacre
Engraver: (1837-1840): Christian Gobrecht
(1840-1859): Christian Gobrecht
(1860-1873): James B. Longacre
Diameter: 15.50 mm/0.61 inch
Weight: (1837-1853): 1.34 grams/0.04 ounce
(1853-1873): 1.24 grams/0.04 ounce
Metallic content: 90% silver, 10% copper
Weight of pure silver: (1837-1853): 1.20 grams/0.04 ounce
(1853-1873): 1.12 grams/0.04 ounce
Edge: Reeded
Mint mark: Reverse within or below wreath

	G-4	VG-8	F-12	VF-20	EF-40	AU-50	MS-60	MS-62	MS-63	MS-64	MS-65
NO STARS											
1837 Large or Small Date											
	40.	50.	85.	150.	300.	500.	900.	1000.	1200.	1800.	3500.
1838-O	125.	200.	300.	500.	1000.	1500.	4000.	6500.	10000.	18000.	—
NO DRAPERY											
1838	20.	25.	30.	40.	100.	200.	400.	500.	600.	1000.	2500.
1838 Small Stars	30.	40.	50.	125.	250.	400.	700.	900.	1200.	2000.	5000.
1839	20.	25.	30.	40.	100.	200.	400.	500.	600.	1000.	2500.
1839-O	25.	35.	45.	65.	100.	200.	800.	1200.	2000.	3500.	4500.
1839-O Large O	325.	625.	1100.	1750.	3000.	4500.	—	—	—	—	—
1840	20.	30.	40.	50.	80.	150.	400.	500.	600.	1000.	2500.
1840-O	25.	35.	45.	65.	100.	300.	900.	1500.	2500.	5000.	8000.
DRAPERY											
1840	25.	40.	80.	125.	250.	400.	600.	750.	1000.	1350.	4000.
1840-O	40.	65.	125.	200.	500.	1200.	3500.	5000.	9000.	—	—

—— = Insufficient pricing data   * = None issued

	G-4	VG-8	F-12	VF-20	EF-40	AU-50	MS-60	MS-62	MS-63	MS-64	MS-65
1841	20.	25.	30.	40.	75.	150.	300.	400.	500.	800.	1500.
1841-O	20.	25.	30.	65.	150.	350.	800.	1000.	1500.	2500.	—
1842	20.	25.	30.	40.	75.	150.	300.	400.	500.	800.	2000.
1842-O	30.	50.	75.	250.	600.	1500.	3000.	3500.	5000.	8000.	15000.
1843	20.	25.	30.	40.	75.	150.	300.	400.	500.	800.	1500.
1844	20.	25.	30.	40.	75.	150.	300.	400.	500.	800.	1500.
1844-O Small O	60.	130.	250.	515.	850.	1700.	4900.	9000.	—	—	—
1844-O Large O	65.	110.	175.	350.	700.	—	4000.	—	—	—	26500.
1845	20.	25.	30.	40.	75.	150.	300.	400.	500.	800.	1500.
1846	300.	500.	700.	1000.	2500.	3500.	—	—	—	—	—
1847	20.	25.	30.	40.	75.	150.	300.	400.	500.	850.	1500.
1848 Medium Date	20.	25.	30.	40.	75.	150.	350.	500.	700.	1500.	3000.
1848 Large Date	25.	30.	50.	75.	200.	350.	700.	1200.	1800.	3000.	5000.
1848-O	20.	25.	35.	65.	150.	300.	500.	600.	800.	1500.	2000.
1849/6	25.	30.	40.	65.	125.	250.	600.	900.	1400.	1800.	3000.
1849/8	35.	50.	65.	80.	150.	300.	1000.	1400.	2000.	2500.	3000.
1849	20.	25.	30.	65.	100.	150.	300.	400.	600.	1200.	2000.
1849-O	30.	40.	100.	250.	500.	1200.	2500.	3500.	6000.	9000.	12000.
1850	20.	25.	35.	50.	75.	150.	300.	400.	500.	800.	1500.
1850-O	20.	30.	40.	75.	150.	350.	1000.	1200.	1800.	3000.	5000.
1851	20.	25.	30.	40.	75.	150.	300.	400.	500.	800.	1500.
1851-O	20.	25.	30.	50.	125.	250.	600.	700.	900.	1400.	4500.
1852	20.	25.	30.	40.	65.	150.	300.	400.	500.	800.	1500.
1852-O	35.	50.	75.	150.	300.	500.	1200.	1500.	2500.	3500.	—
1853	35.	50.	75.	150.	250.	400.	800.	1000.	1200.	1500.	2500.
1853-O	200.	300.	400.	700.	1500.	3000.	7000.	9000.	12000.	22500.	—

ARROWS

1853	20.	25.	30.	40.	75.	150.	250.	300.	400.	700.	2000.
1853-O	20.	25.	30.	40.	75.	200.	400.	700.	1200.	2000.	4500.
1854	20.	25.	30.	40.	65.	150.	300.	400.	500.	700.	2000.
1854-O	20.	25.	30.	40.	100.	200.	350.	600.	1000.	2500.	5000.
1855	20.	25.	30.	40.	65.	150.	250.	300.	400.	700.	2500.
1855-O	20.	25.	40.	75.	200.	300.	700.	1000.	1500.	2500.	5500.

NO ARROWS

1856	20.	25.	30.	40.	65.	150.	300.	350.	400.	800.	1600.
1856-O	20.	25.	30.	65.	125.	300.	400.	700.	1200.	1800.	3000.
1857	20.	25.	30.	40.	65.	150.	250.	300.	400.	800.	1500.
1857-O	20.	25.	30.	50.	75.	250.	400.	500.	600.	1000.	2000.
1858	20.	25.	30.	40.	65.	150.	250.	300.	400.	800.	1500.
1858/Inverted Date	28.	45.	55.	115.	200.	300.	475.	525.	750.	2000.	—
1858/1858	35.	50.	75.	155.	245.	325.	675.	775.	1300.	1975.	3000.
1858-O	20.	25.	30.	50.	100.	200.	400.	500.	1000.	2000.	2000.
1859	20.	25.	30.	50.	100.	150.	300.	350.	400.	1000.	1500.
1859-O	20.	25.	35.	50.	200.	300.	400.	450.	500.	1200.	2000.
1860 Transitional	—	—	—	—	—	—	1800.	2250.	3250.	4750.	8000.

LEGEND OBVERSE

1860	20.	25.	30.	35.	65.	100.	200.	250.	300.	500.	1200.
1860-O	20.	25.	30.	35.	65.	125.	300.	350.	400.	600.	1500.
1861	20.	25.	30.	35.	65.	100.	200.	250.	300.	500.	1200.
1861/0	30.	40.	75.	200.	400.	500.	800.	1000.	1200.	1800.	4000.
1862	25.	35.	50.	65.	80.	125.	250.	300.	400.	600.	1200.
1863	200.	250.	300.	400.	600.	700.	1000.	1200.	1500.	1800.	2500.
1863-S	30.	50.	65.	75.	200.	350.	800.	1000.	1200.	2000.	3000.
1864	400.	500.	600.	900.	1200.	1500.	2000.	2200.	2500.	3000.	3500.

——— = Insufficient pricing data   * = None issued

	G-4	VG-8	F-12	VF-20	EF-40	AU-50	MS-60	MS-62	MS-63	MS-64	MS-65
1864-S	65.	85.	125.	200.	300.	500.	800.	1000.	1500.	2500.	4500.
1865	400.	500.	600.	700.	800.	900.	1100.	1200.	1500.	1800.	2500.
1865-S	35.	50.	65.	100.	200.	600.	1000.	1400.	2000.	5000.	—
1866	400.	500.	600.	700.	800.	900.	1100.	1200.	1500.	1800.	3000.
1866-S	35.	50.	65.	100.	200.	400.	700.	800.	1000.	1800.	5000.
1867	600.	700.	800.	900.	1000.	1100.	1300.	1400.	1500.	1800.	2500.
1867-S	35.	50.	65.	100.	200.	400.	800.	1000.	1200.	2000.	4000.
1868	65.	85.	125.	200.	500.	600.	800.	900.	1000.	1500.	2500.
1868-S	20.	25.	35.	50.	65.	150.	400.	800.	800.	1500.	3500.
1869	20.	25.	35.	50.	65.	150.	400.	600.	800.	1000.	2500.
1869-S	20.	25.	35.	50.	65.	150.	400.	600.	1000.	2000.	4500.
1870	20.	25.	35.	50.	65.	100.	250.	300.	400.	600.	1200.
1870-S Unique - Graded (PCGS) MS-63 $661,250											
1871	20.	25.	35.	50.	65.	100.	250.	300.	400.	600.	1200.
1871-S	20.	30.	50.	75.	100.	200.	400.	500.	700.	1000.	3000.
1872	20.	25.	35.	50.	65.	100.	250.	300.	400.	600.	1200.
1872-S S in Wreath	20.	25.	35.	50.	65.	100.	250.	300.	400.	600.	1200.
1872-S S Below Wreath	20.	25.	35.	50.	65.	100.	250.	300.	400.	600.	1200.
1873	20.	25.	35.	50.	65.	100.	250.	300.	400.	600.	1200.
1873-S	20.	25.	35.	50.	65.	100.	250.	300.	400.	600.	1200.

—— = Insufficient pricing data   * = None issued

Draped Bust dime

Small Eagle   Heraldic Eagle

Date of authorization: April 2, 1792
Dates of issue: 1796-1807
Designer: Obverse: Gilbert Stuart-Robert Scot
Reverse:
(1796-1797): Robert Scot-John
Eckstein
(1800-1805): Robert Scot
Engraver: Robert Scot
Diameter: 18.80 mm/0.74 inch
Weight: 2.70 grams/0.09 ounce
Metallic content: 89.25% silver, 10.75% copper
Weight of pure silver: 1.20 grams/0.04 ounce
Edge: Reeded
Mint mark: None

	G-4	VG-8	F-12	VF-20	EF-40	AU-50	AU-55	MS-60	MS-62
1796	1500.	2000.	2500.	3500.	5500.	8000.	11000.	15000.	20000.
1797 16 Stars	1500.	2000.	2500.	3500.	6000.	8500.	11000.	15000.	20000.
1797 13 Stars	1500.	2000.	2500.	3500.	6000.	8500.	11000.	15000.	20000.
1798/97 16 Stars	750.	1000.	1500.	2000.	3500.	4000.	5000.	7500.	12000.
1798/97 13 Stars	2000.	3000.	4500.	6500.	9000.	—	—	—	—
1798	600.	900.	1200.	1800.	2500.	3000.	4000.	7000.	12000.
1798 Small 8	900.	1200.	1800.	2500.	4500.	7500.	8500.	12000.	15000.
1800	600.	900.	1200.	2000.	3000.	4000.	5000.	6000.	10000.
1801	600.	900.	1500.	2500.	5000.	8000.	10000.	15000.	25000.
1802	1000.	1400.	2000.	3500.	6500.	10000.	18000.	28000.	—
1803	600.	900.	1200.	2000.	4500.	8000.	10000.	13000.	—
1804 13 Star	1200.	1800.	3000.	5000.	15000.	30000.	40000.	—	—
1804 14 Star	1500.	2000.	3500.	6000.	17000.	35000.	45000.	—	—
1805 4 Berries	500.	750.	1000.	1400.	2000.	3000.	4000.	5000.	7500.
1805 5 Berries	600.	850.	1200.	1800.	2500.	4500.	6000.	—	—
1807	500.	750.	1000.	1400.	2000.	3000.	4000.	5000.	7500.

—— = Insufficient pricing data

Capped Bust dime

Date of authorization: April 2, 1792
Dates of issue: 1809-1837
Designer/Engraver: John Reich
Diameter: (1809-1828): 18.80 mm/0.74 inch
(1828-1837): 17.90 mm/0.71 inch
Weight: 2.70 grams/0.09 ounce
Metallic content: 89.25% silver, 10.75% copper
Weight of pure silver: 2.41 grams/0.08 ounce
Edge: Reeded
Mint mark: None

	G-4	VG-8	F-12	VF-20	EF-40	AU-50	AU-55	MS-60	MS-63	MS-64	MS-65
OPEN COLLAR STRIKE											
1809	125.	200.	350.	700.	1200.	1800.	2500.	4500.	7500.	10000.	17000.
1811/09	125.	200.	300.	500.	1100.	1500.	2000.	3500.	7000.	10000.	25000.
1814 Small Date	45.	65.	110.	225.	500.	1000.	1300.	2000.	4500.	7000.	14000.
1814 Large Date	30.	40.	55.	140.	400.	600.	700.	1000.	2500.	6000.	13000.
1814 STATESOFAMERICA											
	40.	65.	110.	225.	500.	1000.	1300.	2000.	4500.	7000.	15000.
1820 Large O	25.	35.	50.	110.	375.	600.	700.	1000.	2000.	4000.	9000.
1820 Small O Office Boy Reverse											
	30.	40.	60.	150.	400.	650.	750.	1100.	2250.	4500.	7850.
1820 STATESOFAMERICA	35.	50.	75.	200.	450.	850.	1200.	1800.	3500.	6000.	10000.
1821 Small Date	25.	35.	60.	125.	400.	700.	900.	1400.	3000.	4000.	—
1821 Large Date	25.	35.	50.	125.	400.	600.	750.	1000.	2250.	4500.	9500.
1822	350.	550.	900.	1400.	2400.	4500.	6000.	9500.	16000.		
1823/2 Large E reverse	25.	30.	45.	110.	400.	550.	700.	1100.	2500.	4000.	8500.
1823/2 Small E reverse	25.	30.	45.	110.	400.	550.	700.	1100.	3150.	7250.	—
1824/2	30.	50.	100.	350.	600.	1100.	1400.	1800.	5000.		
1825	25.	35.	50.	110.	400.	550.	650.	900.	2500.	4000.	9000.
1827	25.	35.	50.	110.	400.	550.	650.	900.	2200.	4000.	9000.
CLOSE COLLAR STRIKE											
1828 Large Date	75.	100.	175.	300.	600.	1000.	1500.	2500.	4000.	—	—
1828 Small Date	35.	45.	75.	150.	350.	600.	800.	1200.	2500.	4000.	—
1829 Curl Base 2	4000.	6000.	8000.	16000.	—	—	—	—	—		
1829 Small 10c	25.	30.	50.	85.	300.	350.	500.	800.	1700.	2800.	6000.
1829 Medium 10c	25.	30.	50.	85.	300.	350.	550.	900.	1800.	2800.	6000.
1829 Large 10c	35.	50.	100.	200.	400.	600.	750.	1000.	2000.	3500.	6500.
1830	25.	30.	35.	75.	250.	325.	450.	650.	1500.	2500.	6000.
1830/29	35.	60.	100.	200.	350.	600.	800.	1200.	3500.	5500.	—
1831	25.	30.	35.	60.	250.	325.	450.	650.	1500.	2500.	6000.

—— = Insufficient pricing data

	G-4	VG-8	F-12	VF-20	EF-40	AU-50	AU-55	MS-60	MS-63	MS-64	MS-65
1832	25.	30.	35.	60.	250.	325.	450.	650.	1500.	2500.	6000.
1833	25.	30.	35.	60.	250.	325.	450.	650.	1500.	2500.	6000.
1834	25.	30.	35.	60.	250.	325.	450.	650.	1500.	2500.	6000.
1835	25.	30.	35.	60.	250.	325.	450.	650.	1500.	2500.	6000.
1836	25.	30.	35.	60.	250.	325.	450.	650.	1500.	2500.	6000.
1837	25.	30.	35.	60.	250.	325.	450.	650.	1500.	2500.	6000.

Seated Liberty dime

Date of authorization: April 2, 1792
Dates of issue: 1837-1891
Designer: (1837-1840)
Obverse: Thomas Sully-Christian Gobrecht
Reverse: Christian Gobrecht
(1840-1860)
Obverse: John Hughes-Gobrecht-Sully
Reverse: Christian Gobrecht
(1860-1891)
Obverse: James B. Longacre-Hughes-Gobrecht-Sully
Reverse: James B. Longacre
Engraver: (1837-1840): Christian Gobrecht
(1840-1860): Christian Gobrecht
(1860-1891): James B. Longacre
Diameter: 17.90 mm/0.71 inch
Weight: (1837-1853): 2.67 grams/0.09 ounce
(1853-1873): 2.49 grams/0.08 ounce
Metallic content:: 90% silver, 10% copper
Weight of pure silver: (1837-1853): 2.41 grams/0.08 ounce
(1853-1873): 2.24 grams/0.07 ounce
Edge: Reeded
Mint mark: Reverse within or below wreath

SEATED LIBERTY DIME (CONTINUED)

	G-4	VG-8	F-12	VF-20	EF-40	AU-50	AU-55	MS-60	MS-63	MS-64	MS-65	PF-63	PF-64	PF-65	PF-66
NO STARS															
1837	40.	50.	100.	300.	500.	700.	800.	1000.	2000.	4000.	—	15000.	22500.	30000.	—
1838-O	50.	85.	125.	400.	700.	1200.	1800.	3000.	7000.	9000.	—	*	*	*	*
NO DRAPERY															
1838 Small Stars	25.	40.	65.	100.	250.	500.	600.	900.	1500.	2500.	5000.	*	*	*	*
1838 Large Stars	20.	25.	30.	50.	125.	300.	400.	500.	1000.	1200.	3000.	*	*	*	*
1838 Partial Drapery	30.	40.	65.	150.	200.	400.	500.	700.	2000.	—	—	*	*	*	—
1839	20.	25.	30.	50.	125.	300.	400.	500.	1000.	1250.	3500.	16500.	*	*	*
1839-O Reverse of 1838	115.	200.	350.	475.	750.	—	—	—	—	—	—	—	—	—	*
1839-O	20.	25.	30.	50.	125.	300.	400.	600.	1350.	2250.	—	—	—	*	*
1840	20.	25.	30.	50.	125.	300.	400.	500.	1000.	1400.	—	12000.	24000.	*	—
1840-O	20.	25.	30.	60.	150.	350.	500.	1000.	2500.	6500.	—	—	*	*	*
DRAPERY															
1840	40.	60.	100.	200.	300.	600.	1000.	1800.	—	1400.	3000.	25000.	*	*	*
1841	20.	25.	30.	35.	55.	150.	250.	400.	800.	3000.	—	—	*	*	*
1841-O Open Bud Reverse	10.	12.	20.	38.	85.	215.	375.	900.	1950.	3000.	—	—	*	*	*
1842	20.	25.	30.	35.	50.	150.	250.	400.	800.	1400.	3000.	—	—	*	*
1842-O	20.	25.	30.	75.	250.	1200.	1500.	2500.	5000.	—	—	*	*	*	*
1843	20.	25.	30.	35.	50.	150.	200.	300.	1000.	1500.	3500.	15000.	*	*	*
1843/1843	11.	18.	27.	60.	115.	185.	250.	375.	—	2800.	—	—	—	—	*
1843-O	40.	65.	130.	250.	800.	1200.	1800.	3000.	—	—	—	—	—	—	*
1844	250.	400.	600.	800.	1200.	2000.	3000.	4000.	15000.	—	—	—	—	—	*
1845	20.	30.	35.	40.	50.	150.	200.	400.	1000.	1500.	5000.	—	—	105000.	—
1845/1845	12.	20.	37.	50.	150.	415.	—	—	3850.	—	—	—	—	25000.	*
1845-O	30.	40.	75.	250.	600.	1500.	2500.	4000.	—	—	—	—	—	*	—
1846	100.	125.	200.	400.	1000.	2500.	4000.	—	—	—	—	12000.	15000.	25000.	—
1847	20.	30.	50.	80.	150.	400.	600.	1000.	2500.	—	—	—	—	30000.	—
1848	20.	25.	30.	65.	100.	200.	300.	700.	1500.	2500.	—	15000.	25000.	25000.	—

—— = Insufficient pricing data   * = None issued

SEATED LIBERTY DIME (CONTINUED)

	G-4	VG-8	F-12	VF-20	EF-40	AU-50	AU-55	MS-60	MS-63	MS-64	MS-65	PF-63	PF-64	PF-65	PF-66
1849	20.	25.	30.	50.	65.	150.	250.	400.	1200.	2000.	4000.	—	*	20000.	*
1849-O	30.	30.	50.	150.	300.	800.	1500.	2500.	6000.	—	—	*	*	*	*
1850	20.	30.	35.	40.	65.	150.	200.	300.	800.	1500.	4000.	*	—	*	*
1850-O	20.	30.	40.	75.	175.	350.	600.	1500.	3000.	5000.	—	*	*	*	*
1851	20.	30.	35.	40.	50.	150.	200.	400.	1000.	2500.	—	*	*	*	*
1851-O	20.	25.	50.	75.	200.	500.	800.	2000.	3500.	—	—	*	*	*	*
1852	20.	25.	30.	35.	50.	150.	200.	300.	800.	1200.	2500.	7500.	10000.	—	*
1852-O	20.	30.	50.	150.	300.	500.	900.	1500.	3000.	4000.	—	*	*	*	*
1853	55.	80.	125.	200.	300.	500.	700.	1000.	1500.	2500.	3000.	*	*	*	*
ARROWS AT DATE															
1853	20.	25.	30.	35.	65.	200.	300.	400.	900.	1200.	3000.	3500.	*	—	*
1853-O	20.	25.	30.	50.	100.	350.	500.	1000.	3000.	6000.	—	*	*	*	*
1854	20.	25.	30.	35.	65.	200.	300.	400.	900.	1500.	—	10000.	20000.	30000.	*
1854-O	20.	25.	30.	35.	75.	250.	350.	450.	1200.	1800.	—	*	*	*	*
1855	20.	25.	30.	35.	65.	200.	300.	500.	1200.	2000.	—	10000.	20000.	35000.	*
DRAPERY															
1856 Small Date	20.	25.	30.	35.	65.	200.	300.	400.	800.	1500.	—	4000.	7500.	12000.	*
1856 Large Date	20.	25.	30.	40.	100.	400.	600.	800.	1500.	2500.	—	*	*	*	*
1856-O	20.	25.	30.	35.	75.	300.	500.	800.	1800.	3500.	7000.	*	*	*	*
1856-S	125.	200.	400.	600.	1200.	1800.	2500.	3500.	12000.	18000.	—	*	*	*	*
1857	20.	25.	30.	35.	50.	200.	300.	400.	800.	1200.	3000.	4000.	6000.	8500.	*
1857-O	20.	25.	30.	35.	75.	250.	350.	500.	1000.	2000.	3000.	*	*	*	*
1858	20.	25.	30.	35.	50.	150.	200.	400.	800.	1500.	3000.	2500.	3000.	5000.	*
1858-O	20.	30.	50.	100.	300.	500.	800.	800.	1500.	3500.	6000.	*	*	*	*
1858-S	100.	150.	250.	400.	900.	1500.	2000.	3000.	12000.	15000.	—	*	*	*	*
1859	20.	25.	30.	40.	65.	150.	200.	400.	800.	1200.	3000.	1500.	2500.	4000.	*
1859-O	20.	25.	30.	40.	100.	250.	350.	500.	800.	1200.	3000.	*	*	*	*
1859-S	100.	150.	250.	600.	1000.	2000.	3000.	—	—	1400.	—	*	*	*	*

—— = Insufficient pricing data   * = None issued

	G-4	VG-8	F-12	VF-20	EF-40	AU-50	AU-55	MS-60	MS-63	MS-64	MS-65	PF-63	PF-64	PF-65	PF-66
1860-S	30.	40.	65.	150.	350.	700.	1000.	2500.	6000.	9000.	—	*	*	*	*
LEGEND OBVERSE															
1860	20.	25.	30.	40.	50.	100.	200.	300.	400.	800.	—	500.	700.	1500.	*
1860-O	400.	500.	900.	1800.	3500.	6000.	8000.	11000.	30000.	40000.	—	*	*	*	*
1861	20.	25.	30.	35.	40.	100.	150.	200.	350.	800.	1500.	600.	850.	1800.	*
1861-S	55.	90.	150.	300.	500.	850.	1100.	2000.	5000.	8000.	—	*	*	*	*
1862	20.	25.	30.	35.	40.	100.	150.	200.	350.	800.	—	600.	1000.	2000.	*
1862-S	50.	60.	100.	200.	400.	700.	1000.	1600.	3500.	7000.	—	*	*	*	*
1863	400.	500.	600.	700.	900.	1100.	1200.	1500.	2000.	3000.	5000.	600.	1000.	1800.	*
1863-S	50.	60.	75.	125.	200.	550.	800.	1500.	3000.	7500.	—	*	*	*	*
1864	250.	400.	500.	700.	900.	1000.	1100.	1200.	1500.	2500.	3500.	800.	1000.	1500.	*
1864-S	30.	40.	60.	100.	200.	400.	600.	1000.	1800.	3000.	—	*	*	*	*
1865	300.	400.	600.	800.	1000.	1200.	1300.	1500.	1800.	2000.	4500.	1000.	1200.	2500.	*
1865-S	30.	40.	60.	175.	300.	800.	1200.	2500.	7000.	—	—	*	*	*	*
1866	400.	500.	700.	900.	1100.	1400.	1500.	1700.	2000.	2500.	4000.	700.	900.	1500.	*
1866-S	50.	65.	100.	125.	250.	500.	800.	2000.	3000.	6000.	—	*	*	*	*
1867	500.	700.	900.	1100.	1500.	1800.	2000.	2500.	3000.	3500.	—	600.	800.	1800.	*
1867-S	35.	50.	75.	125.	250.	700.	1000.	2000.	4500.	—	4500.	*	*	*	*
1868	20.	25.	35.	50.	100.	200.	300.	400.	1000.	1500.	—	600.	800.	1500.	*
1868-S	20.	30.	40.	65.	85.	250.	350.	600.	1200.	2500.	—	*	*	*	*
1869	20.	30.	50.	85.	100.	200.	300.	500.	1200.	2500.	4000.	600.	800.	1500.	*
1869-S	20.	25.	30.	45.	65.	200.	200.	300.	1000.	1800.	—	*	*	*	*
1870	300.	400.	500.	600.	800.	1000.	1400.	2000.	3000.	3500.	2500.	600.	900.	1500.	*
1870-S	20.	25.	30.	35.	65.	125.	300.	400.	600.	1000.	6000.	*	*	*	*
1871	300.	400.	500.	600.	800.	1000.	300.	400.	700.	1200.	2500.	600.	900.	1500.	*
1871-CC	2000.	2500.	7000.	10000.	15000.	25000.	35000.	50000.	125000.	175000.	250000.	*	*	*	*
1871-S	25.	40.	65.	100.	175.	350.	500.	700.	1500.	3000.	—	*	*	*	*
1872	20.	25.	30.	35.	40.	100.	150.	200.	400.	800.	1500.	600.	800.	1600.	—

—— = Insufficient pricing data   * = None issued

SEATED LIBERTY DIME (CONTINUED)

	G-4	VG-8	F-12	VF-20	EF-40	AU-50	AU-55	MS-60	MS-63	MS-64	MS-65	PF-63	PF-64	PF-65	PF-66
1872-CC	500.	750.	1500.	3000.	6500.	12000.	20000.	35000.	—	—	—	*	*	*	*
1872-S	20.	35.	100.	150.	250.	450.	700.	1400.	2500.	5000.	—	*	*	*	*
1873 Closed 3	20.	25.	30.	35.	40.	100.	150.	200.	400.	900.	1500.	600.	800.	1500.	—
1873 Open 3	20.	30.	65.	85.	125.	250.	350.	700.	1500.	—	—	*	*	*	*
1873-CC (unique) Eliasberg/Bolen specimen sold for $632,500.															
ARROWS AT DATE															
1873 Doubled Die (Shield)	—	350.	500.	775.	1000.	—	—	—	—	—	—	*	*	*	*
1873-CC	1000.	2000.	4000.	7000.	13000.	20000.	25000.	35000.	50000.	80000.	—	*	*	*	*
1873-S	20.	25.	35.	75.	200.	400.	500.	1000.	2500.	4000.	4000.	*	*	*	*
1873	20.	25.	30.	50.	150.	300.	400.	600.	1000.	2000.	4000.	1200.	2500.	6000.	—
1874	20.	25.	30.	50.	150.	400.	500.	600.	1000.	2000.	—	1200.	2500.	6000.	*
1874-CC	2500.	5000.	6500.	12000.	20000.	30000.	35000.	40000.	—	—	—	*	*	*	*
1874-S	25.	50.	100.	150.	300.	500.	600.	1000.	2500.	5000.	8000.	*	*	*	*

—— = Insufficient pricing data   * = None issued

SEATED LIBERTY DIME (CONTINUED)

LEGEND OBVERSE	G-4	VG-8	F-12	VF-20	EF-40	AU-50	AU-55	MS-60	MS-63	MS-64	MS-65	PF-63	PF-64	PF-65	PF-66
1875	20.	25.	30.	35.	40.	100.	150.	200.	400.	600.	1000.	600.	800.	1500.	—
1875-CC	20.	25.	30.	45.	75.	125.	200.	325.	1000.	1600.	3000.	*	*	*	*
1875-CC in Wreath	20.	25.	30.	45.	60.	100.	150.	300.	900.	1500.	2500.	*	*	*	*
1875-S	20.	25.	30.	35.	40.	100.	150.	200.	400.	600.	1000.	*	*	*	—
1875-S S in Wreath	20.	25.	30.	35.	40.	100.	150.	200.	400.	600.	1000.	*	*	*	*
1876	20.	25.	30.	35.	40.	100.	150.	200.	400.	600.	1000.	600.	800.	1500.	*
1876-CC Doubled Die	25.	30.	50.	85.	225.	325.	400.	475.	1250.	—	—	*	*	*	—
1876-S	20.	25.	30.	35.	35.	100.	150.	200.	400.	600.	1000.	*	*	*	*
1877	20.	25.	30.	35.	50.	100.	150.	200.	500.	600.	1500.	—	600.	—	300000.
1877-CC	20.	25.	30.	35.	40.	100.	150.	200.	400.	600.	1000.	600.	800.	1500.	*
1877-S	20.	25.	30.	40.	60.	100.	150.	250.	500.	600.	1500.	*	*	*	—
1878	20.	25.	30.	35.	40.	100.	150.	200.	400.	600.	1000.	600.	800.	1500.	*
1878-CC	60.	100.	150.	225.	400.	600.	800.	1200.	1800.	—	—	*	*	*	—
1879	200.	300.	400.	500.	600.	800.	900.	1000.	1200.	1500.	1800.	600.	800.	1500.	—
1880	200.	300.	400.	500.	600.	800.	900.	1000.	1200.	1500.	1800.	600.	800.	1500.	—
1881	200.	300.	400.	500.	600.	800.	900.	1000.	1200.	1500.	1800.	600.	800.	1500.	—
1882	20.	25.	30.	35.	40.	100.	150.	200.	400.	600.	1000.	600.	800.	1500.	—
1883	20.	25.	30.	35.	40.	100.	150.	200.	400.	600.	1000.	600.	800.	1500.	—

—— = Insufficient pricing data   * = None issued

SEATED LIBERTY DIME (CONTINUED)

	G-4	VG-8	F-12	VF-20	EF-40	AU-50	AU-55	MS-60	MS-63	MS-64	MS-65	PF-63	PF-64	PF-65	PF-66
1884	20.	25.	30.	35.	40.	100.	150.	200.	400.	600.	1000.	600.	800.	1500.	—
1884-S	20.	30.	40.	65.	100.	350.	500.	900.	1500.	2500.	—	*	*	*	*
1885	25.	25.	30.	35.	40.	100.	150.	200.	400.	600.	1000.	600.	800.	1500.	—
1885-S	500.	750.	1000.	1800.	2500.	3500.	4500.	6000.	9000.	15000.	—	*	*	*	*
1886	20.	25.	30.	35.	40.	100.	150.	200.	400.	600.	1000.	600.	800.	1500.	—
1886-S	35.	50.	65.	100.	150.	250.	350.	700.	1500.	—	—	*	*	*	*
1887	20.	25.	30.	35.	40.	100.	150.	200.	400.	600.	1000.	600.	800.	1500.	—
1887-S	20.	25.	30.	35.	40.	100.	150.	200.	400.	600.	1000.	*	*	*	*
1888	20.	25.	30.	35.	50.	125.	200.	300.	700.	1200.	3000.	600.	800.	1500.	—
1888-S	20.	25.	30.	35.	40.	100.	150.	200.	400.	600.	1000.	*	*	*	*
1889	20.	25.	35.	50.	85.	200.	300.	400.	1200.	2000.	5000.	600.	800.	1500.	—
1889-S	20.	25.	30.	35.	40.	100.	150.	200.	400.	600.	1000.	*	*	*	*
1890	20.	25.	35.	60.	100.	200.	300.	400.	800.	1200.	2500.	600.	800.	1500.	—
1890-S	20.	25.	30.	35.	40.	100.	150.	200.	1200.	600.	1000.	*	*	*	*
1891	20.	25.	30.	35.	40.	100.	150.	200.	400.	600.	1000.	600.	800.	1500.	—
1891-O	20.	25.	30.	35.	40.	100.	150.	200.	400.	600.	1000.	*	*	*	*
1891-O/Horizontal O	50.	80.	115.	165.	225.	425.	—	—	—	—	—	*	*	*	*
1891-S	20.	25.	30.	35.	40.	100.	150.	200.	400.	600.	1000.	*	*	*	*

—— = Insufficient pricing data   * = None issued

Barber dime

Date of authorization: April 2, 1792
Dates of issue: 1892-1916
Designer: Obverse: Charles Barber
Reverse: James B. Longacre
Engraver: Charles Barber
Diameter: 17.91 mm/0.71 inch
Weight: 2.50 grams/0.08 ounce
Metallic content: 90% silver, 10% copper
Weight of pure silver: 2.25 grams/0.07 ounce
Edge: Reeded
Mint mark: Reverse within or below wreath

BARBER DIME (CONTINUED)

	G-4	VG-8	F-12	VF-20	EF-40	AU-50	MS-60	MS-63	MS-64	MS-65	MS-66	PF-63	PF-64	PF-65	PF-66
1892	5.00	7.00	18.	25.	30.	70.	110.	185.	325.	750.	1200.	450.	750.	1500.	2500.
1892-O	12.	15.	35.	55.	70.	100.	160.	300.	525.	1300.	2300.	*	*	*	*
1892-S	65.	110.	225.	250.	300.	350.	400.	850.	2000.	4200.	5500.	*	*	*	*
1893/2	150.	175.	200.	225.	300.	400.	800.	2000.	3200.	5000.	6500.	*	*	*	*
1893-O	35.	50.	125.	165.	210.	250.	325.	575.	1300.	3300.	6000.	*	*	*	*
1893-S	15.	25.	40.	50.	85.	160.	300.	700.	2200.	4500.	—	*	*	*	*
1893	9.00	13.	20.	32.	45.	85.	175.	225.	325.	1100.	2000.	450.	750.	1500.	2500.
1894	25.	45.	125.	150.	200.	250.	325.	500.	850.	1300.	—	450.	750.	1500.	2500.
1894-O	70.	100.	200.	300.	400.	700.	1600.	2800.	5500.	14000.	—	*	*	*	*
1894-S (Proof only) PF-4 $40000, PF-60 $65000	*				*							125000.	—	450000.	—
1895	85.	150.	350.	475.	500.	650.	800.	1200.	1600.	3000.	—	550.	850.	1500.	2000.
1895-O	400.	550.	900.	1300.	2500.	4000.	6000.	9000.	13000.	20000.	—	*	*	*	*
1895-S	45.	60.	130.	200.	250.	325.	550.	1200.	4000.	7500.	—	*	*	*	*
1896	12.	25.	55.	80.	100.	130.	175.	400.	750.	1600.	2200.	450.	750.	1500.	2000.
1896-O	80.	160.	300.	350.	450.	750.	1100.	2500.	5500.	8500.	21000.	*	*	*	*
1896-S	80.	150.	300.	325.	400.	550.	800.	1700.	3000.	4000.	6500.	*	*	*	*
1897	3.00	4.00	8.00	17.	35.	80.	125.	175.	300.	750.	2000.	450.	750.	1500.	2000.
1897-O	65.	110.	275.	375.	450.	700.	1000.	1600.	3000.	4500.	—	*	*	*	*
1897-S	20.	40.	100.	125.	185.	275.	450.	1000.	2500.	4500.	10000.	*	*	*	*
1898	3.00	4.00	8.00	13.	30.	75.	110.	175.	350.	750.	1200.	450.	750.	1500.	2000.
1898-O	14.	30.	90.	140.	200.	275.	450.	1300.	2800.	4000.	7500.	*	*	*	*
1898-S	8.00	17.	35.	50.	80.	175.	400.	1300.	2700.	4000.	7500.	*	*	*	*
1899	3.00	4.00	8.00	13.	27.	70.	100.	175.	325.	800.	1200.	450.	750.	1500.	2500.
1899-O	11.	20.	70.	110.	175.	250.	450.	1300.	3000.	5000.	7500.	*	*	*	*
1899-S	8.00	17.	25.	35.	50.	110.	300.	650.	1800.	3500.	6000.	*	*	*	*
1900	3.00	4.00	7.00	12.	28.	70.	90.	175.	300.	960.	2500.	450.	750.	1500.	2500.
1900-O	20.	40.	110.	160.	250.	400.	700.	1200.	3000.	6000.	10000.	*	*	*	*
1900-S	5.00	7.00	12.	20.	35.	75.	200.	450.	800.	2000.	4500.	*	*	*	*

—— = Insufficient pricing data   * = None issued

BARBER DIME (CONTINUED)

	G-4	VG-8	F-12	VF-20	EF-40	AU-50	MS-60	MS-63	MS-64	MS-65	MS-66	PF-63	PF-64	PF-65	PF-66
1901	3.00	4.00	8.00	11.	27.	70.	100.	175.	300.	900.	1500.	450.	750.	1500.	2500.
1901-O	4.00	6.00	17.	28.	70.	175.	450.	1000.	2000.	3300.	5500.	*	*	*	*
1901-S	85.	175.	375.	450.	550.	700.	1100.	2000.	3000.	5500.	7000.	*	*	*	*
1902	4.00	5.00	6.00	9.00	25.	70.	100.	175.	325.	750.	1500.	450.	750.	1600.	3000.
1902-O	4.00	7.00	15.	35.	60.	160.	450.	1000.	2300.	4500.	7500.	*	*	*	*
1902-S	8.00	20.	55.	90.	135.	200.	400.	1000.	2300.	4500.	7500.	*	*	*	*
1903	3.50	4.00	5.00	9.00	25.	65.	100.	200.	450.	1300.	3500.	450.	750.	1500.	3000.
1903-O	4.00	6.00	13.	25.	50.	110.	250.	600.	1300.	5000.	—	*	*	*	*
1903-S	85.	150.	350.	550.	800.	1000.	1300.	1800.	2500.	4000.	—	*	*	*	*
1904	4.00	5.00	8.00	11.	25.	70.	125.	200.	500.	2000.	3300.	450.	750.	1600.	3000.
1904-S	45.	75.	175.	250.	350.	500.	800.	1600.	3200.	4500.	11000.	*	*	*	*
1905	4.00	5.00	7.00	9.00	25.	65.	100.	175.	300.	700.	2200.	450.	750.	1500.	2000.
1905-O	5.00	10.	38.	55.	100.	160.	275.	500.	900.	2000.	3000.	*	*	*	*
1905-O Micro O	35.	65.	100.	150.	250.	500.	1000.	2000.	3000.	6000.	—	*	*	*	*
1905-S	4.00	5.00	9.00	20.	50.	100.	250.	325.	550.	1000.	3000.	*	*	*	*
1906	3.00	4.00	5.00	8.00	25.	65.	100.	175.	300.	700.	1200.	450.	750.	1500.	2500.
1906-D	4.00	5.00	10.	17.	40.	80.	200.	400.	900.	2000.	3500.	*	*	*	*
1906-O	6.00	15.	50.	80.	110.	150.	225.	325.	500.	1300.	3000.	*	*	*	*
1906-S	4.00	6.00	14.	25.	50.	110.	275.	500.	1000.	1400.	3000.	*	*	*	*
1907	4.00	4.00	5.00	8.00	25.	65.	100.	175.	300.	700.	1200.	450.	750.	1700.	2500.
1907-D	4.00	6.00	10.	20.	50.	110.	300.	1000.	2300.	4000.	—	*	*	*	*
1907-O	4.00	7.00	35.	50.	60.	110.	190.	330.	675.	1500.	2500.	*	*	*	*
1907-S	4.00	6.00	17.	28.	65.	150.	450.	800.	1700.	2300.	5000.	*	*	*	*
1908	2.50	3.00	4.00	7.50	22.	65.	85.	140.	275.	700.	1500.	450.	750.	1700.	2500.
1908-D	2.50	3.00	7.50	12.	35.	65.	120.	200.	425.	1500.	4000.	*	*	*	*
1908-O	6.00	15.	45.	60.	100.	160.	325.	700.	850.	2000.	4000.	*	*	*	*
1908-S	2.50	5.50	11.	23.	50.	185.	265.	535.	1425.	2700.	4000.	*	*	*	*
1909	2.50	3.00	4.00	7.50	23.	65.	85.	150.	275.	700.	6000.	450.	750.	1500.	2500.
1909-D	8.00	18.	65.	100.	140.	250.	500.	1100.	1600.	3200.	3000.	*	*	*	*
1909-O	4.00	8.00	13.	23.	50.	100.	200.	500.	1100.	1700.	3000.	*	*	*	*

—— = Insufficient pricing data   * = None issued

	G-4	VG-8	F-12	VF-20	EF-40	AU-50	MS-60	MS-63	MS-64	MS-65	MS-66	PF-63	PF-64	PF-65	PF-66
1909-S	8.00	20.	85.	130.	200.	325.	600.	1300.	2000.	3200.	4000.	*	*	*	*
1910	3.00	4.00	5.00	11.	25.	65.	100.	175.	300.	700.	1500.	450.	750.	1500.	3000.
1910-D	3.00	5.00	10.	20.	50.	100.	250.	500.	850.	1700.	3500.	*	*	*	*
1910-S	5.00	10.	55.	80.	120.	200.	500.	800.	1300.	2500.	—	*	*	*	*
1911	3.00	4.00	5.00	9.00	25.	65.	100.	175.	300.	700.	1200.	450.	750.	1500.	2500.
1911-D	3.00	4.00	5.00	9.00	27.	66.	100.	175.	300.	700.	1200.	*	*	*	*
1911-S	4.00	5.00	10.	20.	40.	110.	225.	350.	600.	1100.	1500.	*	*	*	*
1912	3.00	4.00	5.00	8.00	25.	65.	100.	175.	300.	700.	1200.	450.	750.	1500.	2500.
1912-D	3.00	4.00	5.00	8.00	25.	65.	100.	175.	300.	700.	1500.	*	*	*	*
1912-S	3.00	4.00	8.00	14.	35.	100.	175.	300.	550.	1100.	3000.	*	*	*	*
1913	3.00	4.00	5.00	8.00	25.	65.	100.	175.	300.	700.	1200.	450.	750.	1500.	3000.
1913-S	20.	35.	90.	140.	250.	325.	500.	800.	1100.	1600.	2500.	*	*	*	*
1914	3.00	4.00	5.00	8.00	25.	65.	100.	175.	300.	700.	1200.	450.	750.	1600.	3000.
1914-D	3.00	4.00	5.00	8.00	25.	65.	100.	175.	300.	700.	1500.	*	*	*	*
1914-S	3.00	5.00	9.00	20.	45.	85.	160.	325.	600.	1200.	3000.	*	*	*	*
1915	3.00	4.00	5.00	8.00	25.	65.	100.	175.	300.	700.	—	450.	750.	1600.	5000.
1915-S	7.00	11.	35.	50.	70.	135.	250.	500.	750.	1600.	3200.	*	*	*	*
1916	3.00	4.00	5.00	9.00	25.	65.	100.	175.	300.	700.	1200.	*	*	*	*
1916-S	3.00	4.00	6.00	9.00	25.	65.	100.	175.	300.	1000.	—	*	*	*	*

—— = Insufficient pricing data   * = None issued

Winged Liberty Head dime

"Mercury dime"

Date of authorization: April 2, 1792
Dates of issue: 1916-1945
Designer: Adolph Weinman
Engraver: Charles Barber
Diameter: 17.91 mm/0.71 inch
Weight: 2.50 grams/0.08 ounce
Metallic content: 90% silver, 10% copper
Weight of pure silver: 2.25 grams/0.07 ounce
Edge: Reeded
Mint mark: Reverse left of base of fasces (bundle of rods)
NOTE: B refers to Full Split Bands on the fasces on the reverse.

WINGED LIBERTY HEAD DIME (CONTINUED)

	VG-8	F-12	VF-20	EF-40	AU-50	MS-60	MS-62	MS-63	MS-64	MS-64B	MS-65	MS-65B	MS-66	MS-66B	PF-63	PF-65	PF-66
1916	5.00	7.00	8.00	10.	23.	35.	40.	45.	50.	60.	100.	140.	200.	400.	*	*	*
1916-D	1500.	2500.	4000.	6000.	9000.	14000.	15000.	17000.	20000.	30000.	30000.	55000.	—	—	*	*	*
1916-S	5.00	10.	12.	20.	25.	40.	50.	60.	85.	175.	250.	700.	500.	1500.	*	*	*
1917	2.50	3.00	6.00	9.00	14.	30.	40.	60.	80.	110.	175.	500.	400.	1100.	*	*	*
1917-D	6.00	12.	23.	45.	100.	135.	250.	350.	500.	1200.	1500.	6500.	3500.	18000.	*	*	*
1917-S	2.50	4.00	7.00	12.	30.	65.	125.	200.	500.	400.	500.	1300.	650.	2500.	*	*	*
1918	3.50	6.00	12.	30.	45.	70.	80.	100.	130.	300.	425.	1300.	1200.	—	*	*	*
1918-D	3.50	5.00	12.	25.	50.	125.	175.	250.	375.	3000.	750.	42500.	1400.	—	*	*	*
1918-S	3.50	4.50	10.	20.	40.	100.	150.	250.	400.	2300.	800.	7000.	2000.	12000.	*	*	*
1919	2.50	3.50	6.00	12.	25.	40.	75.	125.	140.	275.	350.	800.	1400.	2000.	*	*	*
1919-D	6.50	12.	23.	35.	75.	200.	275.	425.	650.	5000.	1600.	—	3000.	—	*	*	*
1919-S	3.50	8.00	17.	35.	75.	200.	275.	450.	750.	6000.	1100.	14000.	1500.	—	*	*	*
1920	2.00	2.50	4.00	8.00	15.	30.	50.	80.	100.	125.	250.	600.	650.	1300.	*	*	*
1920-D	3.00	4.00	8.00	20.	45.	125.	175.	350.	400.	1200.	750.	4500.	2500.	6000.	*	*	*
1920-S	3.00	4.00	8.50	18.	45.	125.	175.	350.	550.	2500.	1400.	9500.	3000.	15000.	*	*	*
1921	75.	125.	275.	550.	900.	1100.	1300.	1600.	2000.	3000.	3500.	4500.	5000.	8000.	*	*	*
1921-D	125.	225.	425.	750.	1300.	1500.	1600.	1800.	2200.	65.	3500.	6000.	4500.	9000.	*	*	*
1923	2.00	2.50	4.00	7.00	18.	30.	35.	45.	50.	65.	125.	300.	400.	600.	*	*	*
1923-S	3.50	8.00	14.	65.	110.	175.	250.	400.	800.	2000.	1500.	7500.	3000.	18000.	*	*	*
1924	2.00	3.00	5.00	14.	30.	45.	60.	90.	125.	175.	200.	550.	400.	1000.	*	*	*
1924-D	4.00	6.50	15.	50.	110.	175.	250.	500.	600.	750.	1200.	1400.	2000.	2800.	*	*	*
1924-S	3.50	4.50	10.	45.	100.	175.	250.	500.	650.	3500.	1200.	16000.	—	—	*	*	*
1925	2.00	2.50	5.00	8.00	18.	30.	50.	80.	125.	250.	250.	1200.	500.	3000.	*	*	*
1925-D	5.00	15.	40.	110.	200.	400.	500.	800.	1100.	1500.	1800.	4000.	2500.	5000.	*	*	*
1925-S	3.00	7.50	14.	65.	110.	200.	300.	525.	900.	1300.	1700.	4500.	3000.	14000.	*	*	*
1926	2.00	2.50	3.50	5.00	13.	25.	40.	65.	125.	160.	275.	600.	500.	1200.	*	*	*
1926-D	4.00	5.00	10.	25.	45.	135.	175.	275.	325.	550.	600.	3000.	1500.	5500.	*	*	*
1926-S	12.	25.	50.	225.	450.	900.	1200.	1600.	2000.	3000.	3000.	7000.	5000.	14000.	*	*	*

—— = Insufficient pricing data   * = None issued

WINGED LIBERTY HEAD DIME (CONTINUED)

	VG-8	F-12	VF-20	EF-40	AU-50	MS-60	MS-62	MS-63	MS-64	MS-64B	MS-65	MS-65B	MS-66	MS-66B	PF-63	PF-65	PF-66
1927	2.00	2.50	4.00	6.00	12.	30.	40.	50.	85.	125.	175.	450.	350.	1000.	*	*	*
1927-D	6.00	8.50	20.	65.	100.	300.	250.	375.	500.	1600.	1400.	9000.	3000.	15000.	*	*	*
1927-S	4.00	5.00	10.	25.	50.	300.	375.	550.	800.	2500.	1800.	7500.	2500.	14000.	*	*	*
1928	2.00	2.50	4.00	5.00	18.	30.	35.	50.	65.	100.	150.	375.	400.	700.	*	*	*
1928-D	4.00	9.00	20.	45.	85.	200.	250.	325.	450.	800.	1000.	3000.	1500.	5000.	*	*	*
1928-S	3.00	3.50	7.00	17.	40.	125.	175.	275.	350.	800.	500.	2000.	600.	3500.	*	*	*
1929	2.00	2.50	3.50	4.50	11.	25.	30.	35.	40.	55.	70.	250.	125.	350.	*	*	*
1929-D	3.50	4.00	7.00	15.	23.	28.	32.	38.	45.	75.	80.	250.	125.	550.	*	*	*
1929-S	2.00	2.50	5.00	8.00	20.	38.	42.	50.	55.	175.	130.	550.	500.	900.	*	*	*
1930	2.00	2.50	4.00	8.00	15.	30.	35.	50.	55.	175.	145.	550.	250.	900.	*	*	*
1930-S	4.00	5.00	6.00	14.	45.	75.	100.	125.	140.	250.	200.	600.	450.	2000.	*	*	*
1931	3.50	4.00	5.00	10.	23.	35.	45.	65.	85.	225.	140.	800.	250.	1200.	*	*	*
1931-D	8.00	10.	17.	35.	55.	90.	100.	110.	125.	160.	250.	375.	400.	750.	*	*	*
1931-S	3.50	5.00	8.00	14.	40.	90.	100.	110.	140.	750.	225.	2500.	600.	4000.	*	*	*
1934	1.50	1.75	3.00	6.00	10.	30.	35.	40.	45.	50.	60.	175.	75.	225.	*	*	*
1934-D	1.50	3.00	8.00	15.	30.	50.	60.	65.	70.	125.	80.	375.	250.	1000.	*	*	*
1935	1.50	1.75	2.00	4.00	7.00	11.	14.	18.	25.	35.	40.	75.	60.	125.	*	*	*
1935-D	1.50	3.00	7.00	14.	28.	40.	45.	50.	60.	225.	80.	600.	350.	1000.	*	*	*
1935-S	1.50	1.75	2.50	5.00	12.	27.	30.	35.	40.	175.	40.	550.	80.	650.	*	*	*
1936	1.50	1.75	2.00	3.00	5.00	10.	13.	18.	20.	40.	30.	100.	50.	125.	1000.	2000.	3000.
1936-D	1.50	2.00	4.00	8.00	18.	20.	32.	35.	40.	125.	50.	350.	85.	450.	*	*	*
1936-S	1.50	1.75	2.50	5.00	12.	20.	24.	30.	35.	50.	40.	100.	60.	175.	*	*	*
1937	1.50	1.75	2.50	3.50	5.00	9.00	11.	14.	18.	30.	27.	45.	35.	75.	500.	1000.	1500.
1937-D	1.50	1.75	2.50	6.00	12.	25.	27.	30.	35.	40.	50.	120.	90.	200.	*	*	*
1937-S	1.50	1.75	3.00	5.00	10.	22.	25.	30.	35.	70.	40.	225.	60.	250.	*	*	*
1938	1.50	1.75	2.00	4.00	8.00	15.	16.	18.	20.	30.	30.	100.	60.	120.	250.	500.	800.
1938-D	2.00	2.50	3.00	6.00	12.	18.	20.	22.	25.	30.	30.	60.	70.	120.	*	*	*

—— = Insufficient pricing data   * = None issued

WINGED LIBERTY HEAD DIME (CONTINUED)

	VG-8	F-12	VF-20	EF-40	AU-50	MS-60	MS-62	MS-63	MS-64	MS-64B	MS-65	MS-65B	MS-66	MS-66B	PF-63	PF-65	PF-66
1938-S	1.50	1.75	2.50	5.00	10.	20.	22.	25.	30.	40.	35.	150.	90.	250.	*	*	*
1939	1.50	1.75	2.00	2.50	4.00	10.	11.	13.	20.	45.	30.	200.	60.	200.	200.	400.	600.
1939-D	1.50	1.75	2.00	3.00	5.00	9.00	10.	13.	20.	30.	30.	50.	60.	75.	*	*	*
1939-S	1.50	2.00	2.50	6.00	12.	25.	27.	30.	40.	225.	50.	800.	100.	1200.	*	*	*
1940	1.50	1.75	2.00	2.50	4.00	8.00	10.	13.	18.	25.	35.	60.	55.	75.	200.	400.	600.
1940-D	1.50	1.75	2.00	3.00	5.00	9.00	11.	14.	20.	25.	35.	65.	50.	70.	*	*	*
1940-S	1.50	1.75	2.00	3.00	5.00	10.	12.	15.	20.	30.	35.	110.	40.	200.	*	*	*
1941	1.50	1.75	2.00	2.50	3.00	8.00	10.	13.	15.	25.	30.	45.	50.	60.	200.	400.	500.
1941-D	1.50	1.75	2.00	2.50	4.00	8.00	10.	13.	15.	25.	25.	45.	35.	60.	*	*	*
1941-S	1.50	1.75	2.00	2.50	4.00	9.00	11.	14.	16.	25.	30.	50.	40.	75.	*	*	*
1942/1	600.	650.	800.	950.	1600.	2000.	3000.	4000.	6000.	13000.	14000.	38000.	—	—	*	*	*
1942/1-D	600.	650.	850.	1000.	1700.	2500.	3000.	3800.	6000.	10000.	6500.	20000.	—	—	*	*	*
1942-S	1.50	1.75	2.00	2.50	3.00	10.	13.	17.	25.	40.	30.	160.	45.	250.	*	*	*
1942-D	1.50	1.75	2.00	2.50	3.00	8.00	10.	13.	20.	25.	30.	40.	40.	60.	*	*	*
1942	1.50	1.75	2.00	2.50	3.00	8.00	10.	13.	15.	25.	25.	55.	50.	70.	200.	400.	500.
1943	1.50	1.75	2.00	2.50	3.00	8.00	10.	13.	17.	25.	32.	55.	40.	70.	*	*	*
1943-D	1.50	1.75	2.00	2.50	3.00	8.00	10.	15.	15.	25.	30.	45.	40.	60.	*	*	*
1943-S	1.50	1.75	2.00	2.50	3.00	11.	12.	15.	18.	25.	30.	80.	50.	100.	*	*	*
1944	1.50	1.75	2.00	2.50	3.00	8.00	10.	14.	15.	25.	30.	85.	40.	200.	*	*	*
1944-D	1.50	1.75	2.00	2.50	3.00	8.00	10.	13.	20.	25.	25.	40.	40.	60.	*	*	*
1944-S	1.50	1.75	2.00	2.50	3.00	8.00	10.	18.	23.	30.	32.	55.	40.	65.	*	*	*
1945	1.50	1.75	2.00	2.50	3.00	8.00	10.	18.	20.	4000.	25.	8000.	40.	16000.	*	*	*
1945-D	1.50	1.75	2.00	2.50	4.00	8.00	10.	13.	18.	25.	25.	40.	50.	60.	*	*	*
1945-S	1.50	1.75	2.00	2.50	3.00	8.00	10.	13.	18.	30.	125.	125.	35.	175.	*	*	*
1945-S Micro S	2.00	3.00	4.00	8.00	20.	30.	32.	35.	40.	175.	90.	650.	125.	1100.	*	*	*

—— = Insufficient pricing data   * = None issued

Roosevelt dime

Date of authorization: April 2, 1792; July 23, 1965
Dates of issue: 1946-present
Designer/Engraver: John R. Sinnock
Diameter: 17.91 mm/0.71 inch
Weight: (1946-1964, 1992-present silver Proofs
only): 2.50 grams/0.08 ounce
(1965-present): 2.27 grams/0.07 ounce
Metallic content: (1946-1964, 1992-present silver Proofs
only): 90% silver, 10% copper
(1965-present): 75% copper, 25% nickel
clad to pure copper core
Weight of pure silver: (1946-1964, 1992-present silver Proofs
only): 2.25 grams/0.07 ounce
Edge: Reeded
Mint mark: (1946-1964): Reverse left of base
of torch
(1968-present): Obverse above date

Also, the letter C following a numerical grade for a Proof coin stands for "cameo," while the letters DC stand for "deep cameo." Cameo coins have contrasting surface finishes: mirror fields and frosted devices (raised areas). Deep cameo coins are the ultimate level of cameo, with deeply frosted devices. Cameo and deep cameo coins bring premiums.

ROOSEVELT DIME (CONTINUED)

SILVER	AU-50	MS-60	MS-63	MS-64	MS-65	MS-66	MS-67	MS-68	PF-63	PF-64	PF-65	PF-65C	PF-65DC	PF-66	PF-66C	PF-66DC	PF-67	PF-67C	PF-67DC	PF-68	PF-68C	PF-68DC	PF-69	PF-69DC	PF-70	PF-70DC
1946	1.50	1.75	2.00	8.00	15.	30.	—	125.	*	*	*	*	*	*	*	*	*	*	*	*	*	*	*	*	*	*
1946-D	1.50	1.75	2.00	8.00	14.	30.	—	110.	*	*	*	*	*	*	*	*	*	*	*	*	*	*	*	*	*	*
1946-S	1.50	1.75	3.00	10.	18.	35.	100.	2000.	*	*	*	*	*	*	*	*	*	*	*	*	*	*	*	*	*	*
1947	1.50	1.75	2.00	7.00	12.	21.	65.	—	*	*	*	*	*	*	*	*	*	*	*	*	*	*	*	*	*	*
1947-D	1.75	2.20	4.00	7.00	12.	20.	37.	—	*	*	*	*	*	*	*	*	*	*	*	*	*	*	*	*	*	*
1947-S	1.50	1.75	3.00	8.00	15.	35.	125.	—	*	*	*	*	*	*	*	*	*	*	*	*	*	*	*	*	*	*
1948	1.55	4.00	5.50	8.00	14.	35.	100.	—	*	*	*	*	*	*	*	*	*	*	*	*	*	*	*	*	*	*
1948-D	2.00	2.50	4.00	7.00	12.	21.	100.	—	*	*	*	*	*	*	*	*	*	*	*	*	*	*	*	*	*	*
1948-S	1.50	1.90	5.00	7.00	10.	30.	120.	2500.	*	*	*	*	*	*	*	*	*	*	*	*	*	*	*	*	*	*
1949	4.00	9.00	15.	22.	30.	100.	135.	—	*	*	*	*	*	*	*	*	*	*	*	*	*	*	*	*	*	*
1949-D	3.25	3.75	7.00	11.	15.	25.	125.	—	*	*	*	*	*	*	*	*	*	*	*	*	*	*	*	*	*	*
1949-S	6.25	15.	25.	32.	60.	200.	2500.	—	*	*	*	*	*	*	*	*	*	*	*	*	*	*	*	*	*	*
1950	1.50	1.90	6.00	9.00	12.	18.	145.	3000.	35.	40.	50.	60.	—	60.	135.	—	125.	350.	—	—	—	—	—	—	—	—
1950-D	1.50	3.00	5.00	7.00	10.	30.	105.	—	*	*	*	*	*	*	*	*	*	*	*	*	*	*	*	*	*	*
1950-S	6.00	9.50	18.	22.	30.	55.	150.	2000.	*	*	*	*	*	*	*	*	*	*	*	*	*	*	*	*	*	*
1951	1.50	1.75	2.50	7.00	10.	40.	105.	—	25.	50.	60.	70.	—	75.	175.	—	100.	200.	—	125.	3000.	—	—	—	—	—
1951-D	1.50	1.75	2.50	9.00	12.	20.	140.	—	*	*	*	*	*	*	*	*	*	*	*	*	*	*	*	*	*	*
1951-S	3.50	5.25	10.	15.	20.	50.	125.	6000.	*	*	*	*	*	*	*	*	*	*	*	*	*	*	*	*	*	*
1952	1.50	1.75	2.25	10.	24.	40.	100.	—	20.	35.	40.	50.	—	60.	—	—	80.	360.	—	75.	3500.	—	—	—	—	—
1952-D	1.50	2.00	2.00	7.00	10.	33.	40.	—	*	*	*	*	*	*	*	*	*	*	*	*	*	*	*	*	*	*
1952-S	1.50	3.75	6.00	8.00	12.	43.	80.	—	*	*	*	*	*	*	*	*	*	*	*	*	*	*	*	*	*	*
1953	1.50	1.75	2.00	8.00	13.	18.	90.	—	10.	40.	50.	60.	—	60.	75.	—	80.	250.	—	85.	4000.	—	—	—	—	—
1953-D	1.50	2.00	2.00	7.00	12.	47.	55.	—	*	*	*	*	*	*	*	*	*	*	*	*	*	*	*	*	*	*
1953-S	1.50	1.75	2.00	7.00	10.	35.	75.	—	*	*	*	*	*	*	*	*	*	*	*	*	*	*	*	*	*	*
1954	1.50	1.75	2.00	7.00	12.	25.	40.	—	4.00	15.	20.	80.	—	24.	150.	—	35.	350.	—	45.	800.	—	—	—	—	—

—— = Insufficient pricing data   * = None issued

ROOSEVELT DIME (CONTINUED)

	AU-50	MS-60	MS-63	MS-64	MS-65	MS-66	MS-67	MS-68	PF-63	PF-64	PF-65	PF-65C	PF-65DC	PF-66	PF-66C	PF-66DC	PF-67	PF-67C	PF-67DC	PF-68	PF-68C	PF-68DC	PF-69	PF-69DC	PF-70	PF-70DC
1954-D	1.50	1.75	2.00	7.00	12.	15.	40.	—	*	*	*	*	*	*	*	*	*	*	*	*	*	*	*	*	*	*
1954-S	1.50	1.75	2.00	7.00	10.	20.	58.	—	*	*	*	*	*	*	*	*	*	*	*	*	*	*	*	*	*	*
1955	1.50	1.75	2.00	7.00	12.	22.	35.	—	4.00	14.	20.	30.	—	25.	30.	—	30.	36.	235.	40.	90.	2000.	—	—	—	—
1955-D	1.50	1.75	2.00	7.00	10.	21.	38.	—	*	*	*	*	*	*	*	*	*	*	*	*	*	*	*	*	*	*
1955-S	1.50	1.75	2.00	8.00	10.	20.	75.	—	*	*	*	*	*	*	*	*	*	*	*	*	*	*	*	*	*	*
1956	1.50	1.75	2.00	8.50	8.50	18.	65.	—	2.00	3.00	5.00	20.	—	17.	20.	—	21.	24.	500.	25.	150.	—	—	—	—	—
1956-D	1.50	1.75	2.00	8.00	8.00	25.	50.	—	*	*	*	*	*	*	*	*	*	*	*	*	*	*	*	*	*	*
1957	1.50	1.75	2.00	7.00	9.00	20.	110.	—	2.00	3.00	4.00	20.	—	13.	30.	—	35.	50.	—	40.	90.	350.	—	—	—	—
1957-D	1.50	1.75	2.00	9.00	7.50	18.	25.	—	*	*	*	*	*	*	*	*	*	*	*	*	*	*	*	*	*	*
1958	1.50	1.75	2.00	7.00	12.	25.	70.	—	3.00	4.00	5.00	25.	—	10.	30.	—	12.	45.	—	15.	120.	475.	—	—	—	—
1958-D	1.50	1.75	2.00	7.00	10.	16.	70.	—	*	*	*	*	*	*	*	*	*	*	*	*	*	*	*	*	*	*
1959	1.50	1.75	2.00	8.50	8.50	27.	50.	—	2.00	3.00	4.00	35.	100.	10.	160.	75.	16.	90.	200.	20.	100.	1000.	—	200.	—	—
1959-D	1.50	1.75	2.00	9.00	9.00	17.	30.	—	*	*	*	*	*	*	*	*	*	*	*	*	*	*	*	*	*	*
1960	1.50	1.75	2.00	6.50	9.00	16.	30.	—	2.00	3.00	4.00	20.	50.	20.	50.	—	35.	50.	120.	60.	75.	150.	—	150.	—	—
1960-D	1.50	1.75	2.00	5.00	7.00	25.	130.	—	*	*	*	*	*	*	*	*	*	*	*	*	*	*	*	*	*	*
1961	1.50	1.75	2.00	6.00	8.50	28.	75.	—	2.00	3.00	4.00	15.	—	10.	35.	—	15.	20.	35.	40.	50.	60.	—	300.	—	—
1961-D	1.50	1.75	2.00	5.00	7.00	21.	55.	—	*	*	*	*	*	*	*	*	*	*	*	*	*	*	*	*	*	*
1962	1.50	1.75	2.00	5.00	6.50	22.	115.	—	2.00	3.00	4.00	15.	—	10.	15.	35.	13.	35.	60.	16.	40.	100.	—	150.	—	—
1962-D	1.50	1.75	2.00	5.00	5.00	22.	65.	—	*	*	*	*	*	*	*	*	*	*	*	*	*	*	*	*	*	*
1963	1.50	1.75	2.00	6.00	8.50	20.	100.	—	2.00	3.00	4.00	15.	—	10.	15.	25.	13.	20.	—	28.	30.	250.	—	100.	—	—
1963-D	1.50	1.75	2.00	6.00	8.50	23.	65.	—	*	*	*	*	*	*	*	*	*	*	*	*	*	*	*	*	*	*
1964	1.50	1.75	2.00	6.00	8.50	17.	85.	—	2.00	3.00	4.00	15.	—	10.	13.	—	14.	20.	—	20.	30.	50.	—	100.	—	—
1964-D	1.50	1.75	2.00	6.00	7.00	17.	150.	—	*	*	*	*	*	*	*	*	*	*	*	*	*	*	*	*	*	*
COPPER-NICKEL CLAD																										
1965	0.15	0.25	0.50	5.00	7.00	15.	50.	—	*	*	*	*	*	*	*	*	*	*	*	*	*	*	*	*	*	*
1966	0.15	0.25	0.50	7.50	7.50	12.	60.	—	*	*	*	*	*	*	*	*	*	*	*	*	*	*	*	*	*	*

—— = Insufficient pricing data   * = None issued

ROOSEVELT DIME (CONTINUED)

	AU-50	MS-60	MS-63	MS-64	MS-65	MS-66	MS-67	MS-68	PF-63	PF-64	PF-65	PF-65C	PF-65DC	PF-66	PF-66C	PF-66DC	PF-67	PF-67C	PF-67DC	PF-68	PF-68C	PF-68DC	PF-69	PF-69DC	PF-70	PF-70DC
1967	0.15	0.25	0.50	5.00	7.00	13.	50.	—	*	*	*	*	*	*	*	*	*	*	*	*	*	*	*	*	*	*
1968	0.15	0.25	0.50	5.50	7.00	13.	50.	60.	*	*	*	*	*	*	*	*	*	*	*	*	*	*	*	*	*	*
1968-D	0.15	0.25	0.50	5.00	7.00	12.	40.	—	*	*	*	*	*	*	*	*	*	*	*	*	*	*	*	*	*	*
1968-S	*	*	*	*	*	*	*	*	2.00	3.00	4.00	—	—	5.00	—	—	8.00	—	25.	10.	—	35.	50.	125.	*	*
1968-S No S	*	*	*	*	*	*	*	*	7500.	8000.	8500.	*	*	*	*	*	*	*	*	*	*	*	*	*	*	*
1969	0.15	0.25	0.50	4.00	6.00	16.	75.	—	*	*	*	*	*	*	*	*	*	*	*	*	*	*	*	*	*	*
1969-D	0.15	0.25	0.50	4.00	6.00	15.	70.	—	*	*	*	*	*	*	*	*	*	*	*	*	*	*	*	*	*	*
1969-S	*	*	*	*	*	*	*	*	2.00	3.00	4.00	—	—	5.00	—	—	8.00	—	25.	10.	—	40.	15.	200.	25.	*
1970	0.15	0.25	0.50	4.00	6.00	17.	75.	—	*	*	*	*	*	*	*	*	*	*	*	*	*	*	*	*	*	*
1970-D	0.15	0.25	0.50	4.00	6.00	12.	50.	—	*	*	*	*	*	*	*	*	*	*	*	*	*	*	*	*	*	*
1970-S	*	*	*	*	*	*	*	*	2.00	3.00	4.00	—	—	5.00	—	—	8.00	—	25.	10.	—	40.	15.	60.	*	*
1970-S No S	*	*	*	*	*	*	*	*	900.	950.	1000.	—	—	1100.	—	—	1200.	1300.	—	1400.	1500.	—	6000.	—	*	*
1971	0.15	0.25	0.50	7.00	10.	12.	65.	—	*	*	*	*	*	*	*	*	*	*	*	*	*	*	*	*	*	*
1971-D	0.15	0.25	0.50	4.00	9.00	16.	100.	—	*	*	*	*	*	*	*	*	*	*	*	*	*	*	*	*	*	*
1971-S	*	*	*	*	*	*	*	*	2.00	3.00	4.00	—	—	5.00	—	—	8.00	—	15.	10.	—	30.	18.	80.	*	*
1972	0.15	0.25	0.50	5.50	9.00	15.	200.	—	*	*	*	*	*	*	*	*	*	*	*	*	*	*	*	*	*	*
1972-D	0.15	0.25	0.50	5.50	10.	16.	85.	—	*	*	*	*	*	*	*	*	*	*	*	*	*	*	*	*	*	*
1972-S	*	*	*	*	*	*	*	*	2.00	3.00	4.00	—	—	5.00	—	—	8.00	—	12.	10.	—	15.	14.	60.	*	*
1973	0.15	0.25	0.50	4.00	7.00	11.	50.	—	*	*	*	*	*	*	*	*	*	*	*	*	*	*	*	*	*	*
1973-D	0.15	0.25	0.50	4.00	6.50	11.	170.	—	*	*	*	*	*	*	*	*	*	*	*	*	*	*	*	*	*	*
1973-S	*	*	*	*	*	*	*	*	2.00	3.00	4.00	—	—	5.00	—	—	8.00	—	12.	10.	—	17.	18.	80.	1700.	1700.
1974	0.15	0.25	0.50	4.00	6.50	11.	50.	—	*	*	*	*	*	*	*	*	*	*	*	*	*	*	*	*	*	*
1974-D	0.15	0.25	0.50	4.00	5.00	11.	50.	—	*	*	*	*	*	*	*	*	*	*	*	*	*	*	*	*	*	*
1974-S	*	*	*	*	*	*	*	*	2.00	3.00	4.00	—	—	5.00	—	—	8.00	—	12.	10.	—	16.	15.	35.	1700.	1700.
1975	0.15	0.25	0.50	4.00	5.00	10.	50.	—	*	*	*	*	*	*	*	*	*	*	*	*	*	*	*	*	*	*
1975-D	0.15	0.25	0.50	4.00	5.00	11.	75.	—	*	*	*	*	*	*	*	*	*	*	*	*	*	*	*	*	*	*

—— = Insufficient pricing data   * = None issued

ROOSEVELT DIME (CONTINUED)

	PF-70DC	PF-70	PF-69DC	PF-69	PF-68DC	PF-68C	PF-68	PF-67DC	PF-67C	PF-67	PF-66DC	PF-66C	PF-66	PF-65DC	PF-65C	PF-65	PF-64	PF-63	MS-68	MS-67	MS-66	MS-65	MS-64	MS-63	MS-60	AU-50
1975-S	—	—	30.	14.	14.	—	10.	12.	—	8.00	—	—	5.00	—	—	4.00	3.00	2.00	*	*	*	*	*	*	*	*
1975-S No S	—	—	—	—	—	—	—	—	—	—	—	—	—	—	—	45000.	40000.	35000.	*	*	*	*	*	*	*	*
1976	*	*	*	*	*	*	*	*	*	*	*	*	*	*	*	*	*	*	—	50.	11.	5.00	4.00	0.50	0.25	0.15
1976-D	*	*	*	*	*	*	*	*	*	*	*	*	*	*	*	*	*	*	—	150.	11.	5.50	4.00	0.50	0.25	0.15
1976-S	1000.	—	30.	10.	14.	—	8.00	12.	—	7.00	—	—	5.00	—	—	4.00	3.00	2.00	*	*	*	*	*	*	*	*
1977	*	*	*	*	*	*	*	*	*	*	*	*	*	*	*	*	*	*	—	50.	10.	5.50	4.00	0.50	0.25	0.15
1977-D	*	*	*	*	*	*	*	*	*	*	*	*	*	*	*	*	*	*	—	50.	11.	9.50	4.00	0.50	0.25	0.15
1977-S	800.	—	20.	18.	12.	—	10.	10.	—	8.00	—	—	5.00	—	—	4.00	3.00	2.00	*	*	*	*	*	*	*	*
1978	*	*	*	*	*	*	*	*	*	*	*	*	*	*	*	*	*	*	—	80.	10.	5.50	4.00	0.50	0.25	0.15
1978-D	*	*	*	*	*	*	*	*	*	*	*	*	*	*	*	*	*	*	—	65.	6.25	5.00	4.00	0.50	0.25	0.15
1978-S	300.	—	20.	14.	12.	—	10.	10.	—	8.00	—	—	5.00	—	—	4.00	3.00	2.00	*	*	*	*	*	*	*	*
1979	*	*	*	*	*	*	*	*	*	*	*	*	*	*	*	*	*	*	—	80.	9.50	6.00	4.00	0.50	0.25	0.15
1979-S Filled S	350.	—	20.	14.	12.	—	10.	10.	—	8.00	—	5.00	5.00	—	—	4.00	3.00	2.00	*	*	*	*	*	*	*	*
1979-S Clear S	350.	30.	30.	14.	12.	—	10.	10.	—	8.00	—	5.00	5.00	—	—	4.00	3.00	2.00	*	*	*	*	*	*	*	*
1980-P	*	*	*	*	*	*	*	*	*	*	*	*	*	*	*	*	*	*	—	50.	12.	10.	5.00	0.50	0.25	0.15
1980-D	*	*	*	*	*	*	*	*	*	*	*	*	*	*	*	*	*	*	—	50.	13.	4.75	3.00	0.50	0.25	0.15
1980-S	600.	20.	17.	14.	11.	—	10.	10.	—	8.00	—	—	5.00	—	—	4.00	3.00	2.00	*	*	*	*	*	*	*	*
1981-P	*	*	*	*	*	*	*	*	*	*	*	*	*	*	*	*	*	*	—	125.	9.00	4.50	3.00	0.50	0.25	0.15
1981-D	*	*	*	*	*	*	*	*	*	*	*	*	*	*	*	*	*	*	—	30.	10.	4.50	3.00	0.50	0.25	0.15
1981-S	350.	20.	20.	15.	11.	—	10.	10.	—	8.00	—	—	5.00	—	—	4.00	3.00	2.00	*	*	*	*	*	*	*	*
1982 No Mint Mark, Strong Strike	*	*	*	*	*	*	*	*	*	*	*	*	*	*	*	*	*	*	2500.	800.	300.	200.	165.	125.	100.	80.
1982-P	*	*	*	*	*	*	*	*	*	*	*	*	*	*	*	*	*	*	—	65.	15.	5.00	3.00	0.50	0.25	0.15
1982-D	*	*	*	*	*	*	*	*	*	*	*	*	*	*	*	*	*	*	—	45.	14.	4.00	3.00	0.50	0.25	0.15
1982-S	300.	20.	20.	12.	14.	—	7.00	10.	—	4.00	—	—	5.00	—	—	4.00	3.00	2.00	*	*	*	*	*	*	*	*
1983-P	*	*	*	*	*	*	*	*	*	*	*	*	*	*	*	*	*	*	—	45.	14.	4.00	3.00	0.50	0.25	0.15

——— = Insufficient pricing data   * = None issued

	AU-50	MS-60	MS-63	MS-64	MS-65	MS-66	MS-67	MS-68	PF-63	PF-64	PF-65	PF-65C	PF-65DC	PF-66	PF-66C	PF-66DC	PF-67	PF-67C	PF-67DC	PF-68	PF-68C	PF-68DC	PF-69	PF-69DC	PF-70	PF-70DC
1983-D	0.15	0.25	0.50	3.00	4.00	10.	45.	—	*	*	*	*	*	*	*	*	*	*	*	*	*	*	*	*	*	*
1983-S	*	*	*	*	*	*	*	*	2.00	3.00	4.00	—	—	—	—	5.00	4.00	—	10.	7.00	—	12.	12.	20.	20.	300.
1983-S No S	*	*	*	*	*	*	*	*	800.	900.	1000.	—	—	—	—	—	—	—	—	—	—	—	—	2000.	—	—
1984-P	0.15	0.25	0.50	3.00	4.00	10.	45.	—	*	*	*	*	*	*	*	*	*	*	*	*	*	*	*	*	*	*
1984-D	0.15	0.25	0.50	3.00	4.00	10.	45.	—	*	*	*	*	*	*	*	*	*	*	*	*	*	*	*	*	*	*
1984-S	*	*	*	*	*	*	*	*	2.00	3.00	4.00	—	—	—	—	5.00	4.00	—	10.	7.00	—	12.	12.	20.	20.	250.
1985-P	0.15	0.25	0.50	3.00	4.25	10.	57.	—	*	*	*	*	*	*	*	*	*	*	*	*	*	*	*	*	*	*
1985-D	0.15	0.25	0.50	3.00	4.00	10.	65.	—	*	*	*	*	*	*	*	*	*	*	*	*	*	*	*	*	*	*
1985-S	*	*	*	*	*	*	*	*	2.00	3.00	4.00	—	—	—	—	5.00	4.00	—	10.	7.00	—	12.	12.	20.	20.	300.
1986-P	0.15	0.25	0.50	3.00	4.00	9.50	45.	—	*	*	*	*	*	*	*	*	*	*	*	*	*	*	*	*	*	*
1986-D	0.15	0.25	0.50	3.00	4.00	10.	45.	—	*	*	*	*	*	*	*	*	*	*	*	*	*	*	*	*	*	*
1986-S	*	*	*	*	*	*	*	*	3.00	4.00	5.00	—	—	—	—	6.00	4.00	—	10.	7.00	—	12.	12.	20.	20.	200.
1987-P	0.15	0.25	0.50	3.00	4.00	10.	50.	180.	*	*	*	*	*	*	*	*	*	*	*	*	*	*	*	*	*	*
1987-D	0.15	0.25	0.50	3.00	4.00	10.	35.	—	*	*	*	*	*	*	*	*	*	*	*	*	*	*	*	*	*	*
1987-S	*	*	*	*	*	*	*	*	2.00	3.00	4.00	—	—	—	—	5.00	4.00	—	10.	7.00	—	12.	12.	20.	20.	300.
1988-P	0.15	0.25	0.50	3.00	4.00	10.	85.	—	*	*	*	*	*	*	*	*	*	*	*	*	*	*	*	*	*	*
1988-D	0.15	0.25	0.50	3.00	4.00	10.	100.	—	*	*	*	*	*	*	*	*	*	*	*	*	*	*	*	*	*	*
1988-S	*	*	*	*	*	*	*	*	3.00	4.00	5.00	—	—	—	—	6.00	4.00	—	10.	7.00	—	12.	12.	20.	20.	500.
1989-P	0.15	0.25	0.50	3.00	5.00	10.	35.	—	*	*	*	*	*	*	*	*	*	*	*	*	*	*	*	*	*	*
1989-D	0.15	0.25	0.50	3.00	9.00	10.	35.	135.	*	*	*	*	*	*	*	*	*	*	*	*	*	*	*	*	*	*
1989-S	*	*	*	*	*	*	*	*	4.00	5.00	6.00	—	—	—	—	—	4.00	—	10.	7.00	—	11.	12.	20.	20.	350.
1990-P	0.15	0.25	0.50	3.00	5.00	10.	40.	—	*	*	*	*	*	*	*	*	*	*	*	*	*	*	*	*	*	*
1990-D	0.15	0.25	0.50	3.00	4.25	10.	50.	—	*	*	*	*	*	*	*	*	*	*	*	*	*	*	*	*	*	*
1990-S	*	*	*	*	*	*	*	*	2.00	3.00	4.00	—	—	—	—	5.00	4.00	—	10.	7.00	—	14.	12.	20.	20.	150.
1991-P	0.15	0.25	0.50	3.00	5.00	10.	45.	—	*	*	*	*	*	*	*	*	*	*	*	*	*	*	*	*	*	*
1991-D	0.15	0.25	0.50	3.00	5.00	10.	45.	—	*	*	*	*	*	*	*	*	*	*	*	*	*	*	*	*	*	*

—— = Insufficient pricing data   * = None issued

ROOSEVELT DIME (CONTINUED)

Date	AU-50	MS-60	MS-63	MS-64	MS-65	MS-66	MS-67	MS-68	PF-63	PF-64	PF-65	PF-65C	PF-65DC	PF-66	PF-66C	PF-66DC	PF-67	PF-67C	PF-67DC	PF-68	PF-68C	PF-68DC	PF-69	PF-69DC	PF-70	PF-70DC
1991-S	*	*	*	*	*	*	*	*	3.00	4.00	5.00	—	—	6.00	—	—	4.00	—	10.	7.00	—	12.	12.	20.	20.	200.
1992-P	0.15	0.25	0.50	3.00	5.00	11.	75.	—	*	*	*	*	*	*	*	*	*	*	*	*	*	*	*	*	*	*
1992-D	0.15	0.25	0.50	3.00	5.50	10.	65.	—	*	*	*	*	*	*	*	*	*	*	*	*	*	*	*	*	*	*
1992-S Clad	*	*	*	*	*	*	*	*	3.00	4.00	5.00	—	—	6.00	—	—	4.00	—	10.	7.00	—	11.	12.	20.	20.	175.
1992-S Silver	*	*	*	*	*	*	*	*	4.00	5.00	6.00	—	—	—	—	—	7.00	—	10.	8.00	—	14.	12.	20.	20.	500.
1993-P	0.15	0.25	0.50	3.00	5.00	10.	60.	—	*	*	*	*	*	*	*	*	*	*	*	*	*	*	*	*	*	*
1993-D	0.15	0.25	0.50	3.00	4.00	10.	50.	—	*	*	*	*	*	*	*	*	*	*	*	*	*	*	*	*	*	*
1993-S Clad	*	*	*	*	*	*	*	*	4.00	5.00	6.00	—	—	—	—	—	7.00	—	10.	8.00	—	11.	12.	20.	20.	250.
1993-S Silver	*	*	*	*	*	*	*	*	6.00	7.00	8.00	—	—	—	—	—	10.	—	12.	11.	—	14.	12.	20.	20.	350.
1994-P	0.15	0.25	0.50	3.00	4.00	10.	50.	—	*	*	*	*	*	*	*	*	*	*	*	*	*	*	*	*	*	*
1994-D	0.15	0.25	0.50	3.00	4.00	10.	50.	—	*	*	*	*	*	*	*	*	*	*	*	*	*	*	*	*	*	*
1994-S Clad	*	*	*	*	*	*	*	*	5.00	6.00	7.00	—	—	—	—	—	9.00	—	12.	10.	—	14.	12.	20.	20.	250.
1994-S Silver	*	*	*	*	*	*	*	*	6.00	7.00	8.00	—	—	—	—	—	10.	—	14.	11.	—	14.	12.	21.	20.	300.
1995-P	0.15	0.25	0.50	3.00	5.00	8.00	75.	75.	*	*	*	*	*	*	*	*	*	*	*	*	*	*	*	*	*	*
1995-D	0.15	0.25	0.50	3.00	5.00	10.	100.	100.	*	*	*	*	*	*	*	*	*	*	*	*	*	*	*	*	*	*
1995-S Clad	*	*	*	*	*	*	*	*	15.	17.	20.	—	—	—	—	—	25.	—	30.	30.	—	35.	35.	40.	40.	300.
1995-S Silver	*	*	*	*	*	*	*	*	20.	25.	30.	—	—	—	—	—	40.	—	50.	45.	—	60.	50.	70.	60.	500.
1996-P	0.15	0.25	0.50	3.00	4.00	10.	55.	125.	*	*	*	*	*	*	*	*	*	*	*	*	*	*	*	*	*	*
1996-W	7.50	10.	13.	20.	35.	35.	75.	225.	*	*	*	*	*	*	*	*	*	*	*	*	*	*	*	*	*	*
1996-D	0.15	0.25	0.50	3.00	4.00	10.	20.	220.	*	*	*	*	*	*	*	*	*	*	*	*	*	*	*	*	*	*
1996-S Clad	*	*	*	*	*	*	*	*	3.00	4.00	5.00	—	—	—	—	—	7.00	—	10.	8.00	—	11.	12.	20.	20.	450.
1996-S Silver	*	*	*	*	*	*	*	*	6.00	7.00	8.00	—	—	—	—	—	10.	—	12.	11.	—	14.	12.	20.	20.	300.
1997-P	0.15	0.25	0.50	3.00	5.00	13.	110.	—	*	*	*	*	*	*	*	*	*	*	*	*	*	*	*	*	*	*
1997-D	0.15	0.25	0.50	3.00	4.00	9.00	125.	—	*	*	*	*	*	*	*	*	*	*	*	*	*	*	*	*	*	*
1997-S Clad	*	*	*	*	*	*	*	*	12.	15.	18.	—	—	—	—	—	20.	—	25.	22.	—	30.	25.	35.	30.	400.
1997-S Silver	*	*	*	*	*	*	*	*	18.	20.	25.	—	—	—	—	—	30.	—	35.	33.	—	40.	35.	40.	35.	250.

— = Insufficient pricing data   * = None issued

ROOSEVELT DIME (CONTINUED)

	PF-70DC	PF-70	PF-69DC	PF-69	PF-68DC	PF-68C	PF-68	PF-67DC	PF-67C	PF-67	PF-66DC	PF-66C	PF-66	PF-65DC	PF-65C	PF-65	PF-64	PF-63	MS-68	MS-67	MS-66	MS-65	MS-64	MS-63	MS-60	AU-50
1998-P	*	*	*	*	*	*	*	*	*	*	*	*	*	*	*	*	*	*	—	40.	9.00	4.00	3.00	0.50	0.25	0.15
1998-D	*	*	*	*	*	*	*	*	*	*	*	*	*	*	*	*	*	*	—	35.	11.	4.00	3.00	0.50	0.25	0.15
1998-S Clad	550.	20.	20.	12.	11.	—	9.00	10.	—	8.00	—	—	—	—	—	6.00	5.00	4.00	*	*	*	*	*	*	*	*
1998-S Silver	400.	20.	24.	12.	14.	—	10.	12.	—	9.00	—	—	—	—	—	7.00	6.00	5.00	*	*	*	*	*	*	*	*
1999-P	*	*	*	*	*	*	*	*	*	*	*	*	*	*	*	*	*	*	—	25.	9.00	4.00	3.00	0.50	0.25	0.15
1999-D	*	*	*	*	*	*	*	*	*	*	*	*	*	*	*	*	*	*	135.	25.	9.00	4.00	3.00	0.50	0.25	0.15
1999-S Clad	400.	20.	20.	12.	11.	—	9.00	10.	—	7.00	—	—	—	—	—	5.00	4.00	3.00	*	*	*	*	*	*	*	*
1999-S Silver	500.	20.	24.	12.	14.	—	10.	12.	—	9.00	—	—	6.00	—	—	7.00	6.00	5.00	*	*	*	*	*	*	*	*
2000-P	*	*	*	*	*	*	*	*	*	*	*	*	*	*	*	*	*	*	200.	25.	12.	5.00	3.00	0.50	0.25	0.15
2000-D	*	*	*	*	*	*	*	*	*	*	*	*	*	*	*	*	*	*	—	25.	9.00	4.00	3.00	0.50	0.25	0.15
2000-S Clad	500.	20.	20.	12.	11.	—	7.00	10.	—	6.00	—	—	—	—	—	4.00	3.00	2.00	*	*	*	*	*	*	*	*
2000-S Silver	250.	20.	23.	12.	14.	—	9.00	10.	—	8.00	—	—	5.00	—	—	6.00	5.00	4.00	*	*	*	*	*	*	*	*
2001-P	*	*	*	*	*	*	*	*	*	*	*	*	*	*	*	*	*	*	230.	25.	14.	5.00	3.00	0.50	0.25	0.15
2001-D	*	*	*	*	*	*	*	*	*	*	*	*	*	*	*	*	*	*	200.	25.	17.	4.00	3.00	0.50	0.25	0.15
2001-S Clad	400.	20.	20.	12.	11.	—	7.00	10.	—	6.00	—	—	—	—	—	4.00	3.00	2.00	*	*	*	*	*	*	*	*
2001-S Silver	450.	20.	31.	12.	14.	—	9.00	10.	—	8.00	—	—	5.00	—	—	6.00	5.00	4.00	*	*	*	*	*	*	*	*
2002-P	*	*	*	*	*	*	*	*	*	*	*	*	*	*	*	*	*	*	—	25.	9.00	4.00	3.00	0.50	0.25	0.15
2002-D	*	*	*	*	*	*	*	*	*	*	*	*	*	*	*	*	*	*	25.	25.	9.00	4.00	3.00	0.50	0.25	0.15
2002-S Clad	500.	20.	20.	12.	11.	—	7.00	10.	—	6.00	—	—	—	—	—	4.00	3.00	2.00	*	*	*	*	*	*	*	*
2002-S Silver	400.	20.	30.	12.	14.	—	9.00	12.	—	10.	—	—	5.00	—	—	8.00	7.00	5.00	*	*	*	*	*	*	*	*
2003-P	*	*	*	*	*	*	*	*	*	*	*	*	*	*	*	*	*	*	—	25.	9.00	4.00	3.00	0.50	0.25	0.15
2003-D	*	*	*	*	*	*	*	*	*	*	*	*	*	*	*	*	*	*	25.	25.	9.00	4.00	3.00	0.50	0.25	0.15
2003-S Clad	400.	20.	20.	12.	11.	—	7.00	10.	—	6.00	—	—	—	—	—	4.00	3.00	2.00	*	*	*	*	*	*	*	*
2003-S Silver	125.	20.	30.	12.	14.	—	9.00	12.	9.00	8.00	—	—	7.00	—	—	6.00	5.00	4.00	*	*	*	*	*	*	*	*
2004-P	*	*	*	*	*	*	*	*	*	*	*	*	*	*	*	*	*	*	—	25.	9.00	4.00	3.00	0.50	0.25	0.15
2004-D	*	*	*	*	*	*	*	*	*	*	*	*	*	*	*	*	*	*	—	25.	9.00	4.00	3.00	0.50	0.25	0.15

—— = Insufficient pricing data   * = None issued

	AU-50	MS-60	MS-63	MS-64	MS-65	MS-66	MS-67	MS-68	PF-63	PF-64	PF-65	PF-65C	PF-65DC	PF-66	PF-66C	PF-66DC	PF-67	PF-67C	PF-67DC	PF-68	PF-68C	PF-68DC	PF-69	PF-69DC	PF-70	PF-70DC
2004-S Clad	*	*	*	*	*	*	*	*	2.00	3.00	4.00	—	—	5.00	—	—	6.00	—	*	7.00	—	11.	12.	12.	20.	400.
2004-S Silver	*	*	*	*	*	*	*	*	4.00	5.00	6.00	—	—	7.00	—	—	8.00	—	*	9.00	—	14.	12.	30.	20.	125.
2005-P	0.15	0.25	0.50	—	—	—	—	—	*	*	*	*	*	*	*	*	*	*	*	*	*	*	*	*	*	*
2005-P Satin Finish				—	—	—	—	—																		
2005-D	0.15	0.25	0.50	—	—	—	—	—	*	*	*	*	*	*	*	*	*	*	*	*	*	*	*	*	*	*
2005-D Satin Finish				—	—	—	—	—																		
2005-S Clad	*	*	*	*	*	*	*	*	2.00	3.00	4.00	—	—	5.00	—	—	*	—	*	*	—	*	*	*	*	*
2005-S Silver	*	*	*	*	*	*	*	*	4.00	5.00	6.00	—	—	7.00	—	—	9.00	—	*	*	—	*	*	*	*	*
2006-P	0.15	0.25	0.50	—	—	—	—	—	*	*	*	*	*	*	*	*	*	*	*	*	*	*	*	*	*	*
2006-P Satin Finish				—	—	—	—	—																		
2006-D	0.15	0.25	0.50	—	—	—	—	—	*	*	*	*	*	*	*	*	*	*	*	*	*	*	*	*	*	*
2006-D Satin Finish				—	—	—	—	—																		
2006-S Clad	*	—	*	*	*	*	*	*	—	—	—	—	—	—	—	—	—	—	—	—	—	—	—	—	—	—
2006-S Silver	—	—	*	*	*	*	*	*	—	—	—	—	—	—	—	—	—	—	—	—	—	—	—	—	—	—

—— = Insufficient pricing data   * = None issued

Seated Liberty 20 cents

Date of authorization: March 3, 1875
Dates of issue: 1875-1876
Designers: Obverse: Thomas Sully-Christian Gobrecht-Robert Ball Hughes-William Barber
Reverse: William Barber
Engraver: William Barber
Diameter: 22.50 mm/0.89 inch
Weight: 5.00 grams/0.16 ounce
Metallic content: 90% silver, 10% copper
Weight of pure silver: 4.50 grams/0.14 ounce
Edge: Plain
Mint mark: Reverse below eagle

SEATED LIBERTY 20 CENTS (CONTINUED)

	G-4	VG-8	F-12	VF-20	EF-40	AU-50	MS-60	MS-62	MS-63	MS-64	MS-65	MS-66
1875	125.	140.	200.	250.	325.	500.	750.	1000.	1500.	2500.	6000.	10000.
1875-CC	175.	225.	275.	325.	450.	600.	1000.	1400.	2000.	4000.	11000.	—
1875-S	110.	120.	135.	150.	200.	350.	700.	1000.	1300.	2000.	6000.	9000.
1876	175.	200.	300.	400.	500.	600.	1000.	1200.	1600.	2500.	6000.	12500.

1876-CC Eliasberg sale - April 1997, Cataloged as MS-65 $148,500

—— = Insufficient pricing data   * = None issued

Draped Bust quarter dollar

Small Eagle

Heraldic Eagle

Date of authorization: April 2, 1792
Dates of issue: 1796, 1804-1807
Designers: Obverse: Gilbert Stuart-Robert Scot
Reverse:
(1796): Robert Scot-John Eckstein
(1804-1807): Robert Scot
Engraver: Robert Scot
Diameter: 27 mm/1.07 inches
Weight: 6.74 grams/0.22 ounce
Metallic content: 89.25% silver, 10.75% copper
Weight of pure silver: 6.02 grams/0.19 ounce
Edge: Reeded
Mint Mark: None

SMALL EAGLE

	G-4	VG-8	F-12	VF-20	EF-40	AU-50	AU-55	MS-60	MS-62	MS-63	MS-64
1796	10000.	15000.	25000.	30000.	35000.	40000.	45000.	65000.	75000.	85000.	125000.

HERALDIC EAGLE

	G-4	VG-8	F-12	VF-20	EF-40	AU-50	AU-55	MS-60	MS-62	MS-63
1804	3000.	3500.	4500.	6000.	10000.	20000.	30000.	40000.	60000.	85000.
1805	250.	350.	600.	1000.	1700.	2800.	3500.	7500.	12000.	18000.
1806/5	250.	400.	800.	1200.	2500.	3500.	5000.	9000.	18000.	25000.
1806	250.	350.	600.	1000.	1600.	2500.	3500.	7000.	10000.	12000.
1807	250.	350.	600.	1000.	1700.	3000.	4000.	7000.	10000.	12000.

Capped Bust quarter dollar

Date of authorization: April 2, 1792
Dates of issue: 1815-1838
Designer/Engraver: John Reich
Diameter: 1815-1828: 27.00 mm/1.07 inches
1831-1838: 24.26 mm/0.96 inch
Weight: 6.74 grams/0.22 ounce
Metallic content: 89.25% silver, 10.75% copper
Weight of pure silver: 6.02 grams/0.19 ounce
Edge: Reeded
Mint mark: None

	G-4	VG-8	F-12	VF-20	EF-40	AU-50	AU-55	MS-60	MS-62	MS-63
MOTTO, OPEN COLLAR STRIKE										
1815	75.	100.	140.	325.	1100.	1400.	1800.	2500.	3500.	5000.
1818/5	75.	100.	140.	350.	1100.	1400.	1800.	2500.	3500.	5000.
1818	75.	100.	140.	325.	1100.	1400.	1800.	2500.	3500.	5000.
1819	75.	100.	140.	325.	1100.	1400.	1800.	2500.	3500.	5500.
1820 Small 0	75.	100.	140.	325.	1100.	1400.	1800.	2500.	3500.	5000.
1820 Large 0	75.	100.	140.	325.	1100.	1400.	1800.	2500.	3500.	5000.
1821	75.	100.	140.	325.	1100.	1400.	1800.	2500.	3500.	5000.
1822	75.	110.	175.	350.	1100.	1800.	2500.	3500.	5000.	7000.
1822 25/50c	1650.	3250.	4000.	6000.	11000.	20000.	—	—	—	—
1823/2	13000.	18000.	25000.	35000.	50000.	70000.	85000.	—	—	—
1824/2	90.	135.	250.	550.	1700.	3000.	4000.	7000.	—	—
1825/2	145.	185.	300.	550.	1100.	1900.	2500.	3750.	5000.	6500.
1825/3	48.	60.	90.	250.	640.	950.	1325.	1950.	2300.	3775.
1825/4	75.	100.	140.	325.	1100.	1400.	1800.	2500.	3500.	5500.
1827/3 Originals and Restrikes: Original VF-20/30 $40000; PF-60 $58500; PF-64 $120000; Restrike PF-62 $46000; PF-63 $47500; PF-65 $100000.										
1828	75.	100.	140.	350.	1100.	1600.	2000.	3000.	4000.	6000.
1828 25/50c	140.	280.	450.	1000.	1800.	3600.	5000.	8500.	15000.	—
NO MOTTO, CLOSE COLLAR STRIKE										
1831	65.	80.	100.	125.	350.	700.	850.	1000.	2000.	3500.
1832	65.	80.	100.	125.	350.	700.	850.	1000.	2000.	3500.
1833	65.	80.	100.	175.	400.	900.	1000.	1400.	2500.	4000.
1834	65.	80.	100.	125.	350.	700.	850.	1000.	2000.	3500.
1835	65.	80.	100.	125.	350.	700.	850.	1000.	2000.	3500.
1836	65.	80.	100.	125.	350.	700.	850.	1200.	2300.	3500.
1837	65.	80.	100.	125.	350.	700.	850.	1000.	2000.	3500.
1838	65.	80.	100.	125.	350.	700.	850.	1000.	2000.	3500.

—— = Insufficient pricing data

Seated Liberty quarter dollar

Date of authorization: April 2, 1792
Dates of issue: 1838-1891
Designers: (1838-1840):
   Obverse: Thomas Sully-Christian
    Gobrecht
   Reverse: John Reich-William Kneass-
    Gobrecht-Sully
   (1840-1891):
   Obverse: Robert B. Hughes-Gobrecht-
    Sully
   Reverse: Hughes-Gobrecht-Sully
Engravers: Obverse: Christian Gobrecht
   Reverse:
   (1838-1853): Christian Gobrecht
   (1853-1891): James B. Longacre
Diameter: 24.26 mm/0.96 inch
Weight: (1838-1873): 6.22 grams/0.20 ounce
   (1873-1891): 6.25 grams/0.20 ounce
Metallic content: 90% silver, 10% copper
Weight of pure silver: (1838-1873): 5.60 grams/0.18 ounce
   (1873-1891): 5.63 grams/0.18 ounce
Edge: Reeded
Mint mark: Reverse below eagle

Arrows at date,
Rays on reverse

SEATED LIBERTY QUARTER DOLLAR (CONTINUED)

	G-4	VG-8	F-12	VF-20	EF-40	AU-50	AU-55	MS-60	MS-62	MS-63	MS-64	MS-65	PF-63	PF-64	PF-65	PF-66
NO DRAPERY AT ELBOW																
1838	20.	30.	50.	100.	350.	600.	800.	1500.	4000.	6000.	10000.	35000.	*	*	*	*
1839	20.	30.	50.	100.	350.	600.	800.	1200.	2500.	5000.	10000.	35000.	*	*	*	*
1840-O	25.	35.	75.	125.	450.	750.	1000.	1500.	4000.	7500.	15000.	—	*	*	*	*
DRAPERY AT ELBOW																
1840	25.	35.	75.	125.	250.	600.	600.	1000.	3500.	5000.	10000.	12000.	25000.	35000.	45000.	—
1840-O Small O	35.	50.	100.	125.	300.	550.	800.	1200.	2500.	5000.	7500.	30000.				*
1840-O Large O	300.	360.	600.	1100.	—											
1841	50.	100.	150.	200.	350.	450.	700.	1100.	2000.	3500.	4500.	7000.				*
1841-O	20.	30.	50.	100.	200.	350.	500.	800.	2000.	4500.	9000.					
1842 Large Date	100.	125.	200.	300.	400.	900.	1500.	3000.	4500.	6500.	10000.	14000.				*
1842-O Small Date	400.	600.	1200.	2000.	4750.	7500.	9000.	16500.								
1842-O Large Date	20.	30.	50.	75.	200.	600.	900.	2000.	4000.	6000.	10000.	—				*
1842 Small Date Proofs only													50000.	75000.	100000.	—
1843	20.	30.	50.	75.	100.	200.	300.	500.	700.	1200.	2500.	8500.				—
1843-O Small O	20.	30.	65.	125.	300.	900.	1500.	2500.	4000.	7500.	10000.	16000.	—	35000.	45000.	*
1843-O Large O	75.	110.	200.	400.	800.	—										
1844	20.	30.	50.	75.	100.	200.	300.	500.	700.	1500.	4000.	6000.				*
1844-O	20.	30.	50.	100.	200.	400.	600.	1600.	2500.	4000.	6000.					
1845	20.	30.	50.	75.	100.	200.	300.	500.	700.	1500.	3000.	6000.		32000.		*
1845/5	17.	22.	35.	55.	115.	265.	325.	725.								
1846	20.	30.	50.	75.	100.	200.	300.	500.	800.	1500.	3500.	10000.		15000.	27500.	*
1846/1846	16.	20.	35.	58.	155.	325.	500.									
1847	20.	30.	50.	75.	100.	200.	300.	500.	700.	2000.	3500.	9000.				*
1847/7	16.	25.	50.	62.	125.	285.	475.									
1847-O	30.	50.	75.	150.	400.	800.	1500.	3500.	5000.	7500.	18000.	22000.				*
1848 (triple date)	25.	38.	82.	140.	210.	400.	550.	1050.	1550.	2850.						
1848/1848	40.	55.	88.	170.	235.	590.	1150.								27500.	—

—— = Insufficient pricing data   * = None issued

SEATED LIBERTY QUARTER DOLLAR (CONTINUED)

	G-4	VG-8	F-12	VF-20	EF-40	AU-50	AU-55	MS-60	MS-62	MS-63	MS-64	MS-65	PF-63	PF-64	PF-65	PF-66
1849	20.	30.	50.	100.	200.	300.	500.	1000.	1600.	2000.	5000.	10000.	15000.	—	—	*
1849-O	400.	600.	1000.	1800.	3500.	6000.	7000.	8000.	12000.	17000.	25000.	—	*	*	*	*
1850	30.	60.	100.	150.	250.	350.	550.	1000.	2000.	4000.	6000.	12000.	*	*	*	*
1850-O	25.	60.	100.	150.	200.	500.	850.	1500.	3000.	4000.	12000.	15000.	*	*	*	*
1851	50.	100.	150.	200.	300.	500.	650.	1400.	2000.	3000.	6500.	—	*	*	*	*
1851-O	200.	300.	500.	1000.	2000.	3500.	5000.	10000.	18000.	35000.	—	—	*	*	*	*
1852	60.	100.	125.	200.	300.	400.	600.	900.	1100.	2000.	4000.	12000.	*	*	*	*
1852-O	200.	300.	500.	1000.	2000.	4500.	6000.	12000.	20000.	25000.	—	—	*	*	*	*
1853/53 Recut Date	300.	400.	600.	900.	1500.	2500.	3000.	3500.	5000.	7000.	11000.	15000.	*	*	*	*
ARROWS AND RAYS																
1853	20.	30.	50.	75.	175.	350.	500.	1000.	1500.	2500.	5000.	12000.	62500.	92500.	*	*
1853/4	75.	100.	200.	300.	700.	1200.	2000.	3500.	5000.	12000.	25000.	—	*	*	*	*
1853-O	20.	30.	50.	100.	400.	1200.	1800.	3000.	3500.	10000.	20000.	30000.	*	*	*	*
1853-O/Horizontal O	28.	40.	75.	150.	400.	1800.	—	—	—	—	—	—	—	—	—	—
ARROWS, NO RAYS																
1854	20.	30.	50.	85.	125.	400.	500.	700.	1200.	2500.	4000.	12000.	8500.	14000.	24000.	*
1854-O Large O	20.	30.	50.	100.	150.	600.	800.	1200.	2000.	3000.	6000.	—	*	*	*	*
1854-O Huge O	1000.	1500.	3000.	5000.	8500.	13000.	15000.	18000.	21000.	25000.	—	—	*	*	*	*
1855	20.	30.	50.	75.	100.	300.	400.	600.	1000.	2500.	5000.	7500.	12500.	18000.	28500.	*
1855-O	50.	75.	125.	350.	750.	2500.	4000.	12000.	15000.	20000.	35000.	—	*	*	*	*
1855-S	40.	65.	100.	200.	500.	1200.	2000.	2500.	5000.	11000.	15000.	20000.	*	*	*	*
DRAPERY AT ELBOW																
1856	20.	25.	35.	50.	100.	200.	250.	350.	500.	700.	2000.	4500.	3150.	7000.	11000.	*
1856-O	20.	30.	50.	75.	125.	400.	600.	1200.	2000.	3000.	7500.	10000.	*	*	*	*
1856-S	40.	75.	100.	200.	500.	1500.	4000.	6000.	9000.	15000.	20000.	—	*	*	*	*
1856-S/Small S	75.	100.	200.	400.	1000.	2000.	—	—	—	—	—	—	*	*	*	*

—— = Insufficient pricing data   * = None issued

SEATED LIBERTY QUARTER DOLLAR (CONTINUED)

	G-4	VG-8	F-12	VF-20	EF-40	AU-50	AU-55	MS-60	MS-62	MS-63	MS-64	MS-65	PF-63	PF-64	PF-65	PF-66
1857	20.	25.	35.	50.	100.	200.	250.	350.	500.	700.	1500.	4500.	3000.	5650.	9500.	*
1857-O	30.	30.	40.	50.	125.	350.	600.	1200.	2000.	3000.	6000.	—	*	*	*	*
1857-S	60.	125.	250.	400.	600.	1200.	2000.	3000.	5000.	8000.	12000.	—	*	*	*	*
1858	20.	25.	35.	50.	100.	200.	250.	350.	500.	1000.	2000.	3000.	1400.	2450.	5000.	*
1858-O	20.	30.	40.	75.	150.	500.	800.	2000.	5000.	7500.	8000.	—	*	*	*	*
1858-S	50.	100.	200.	300.	600.	1500.	3000.	6500.	55000.	—	—	—	*	*	*	*
1859	20.	25.	35.	50.	100.	300.	300.	400.	800.	2000.	3500.	8500.	1200.	1875.	5000.	*
1859-O	20.	30.	50.	100.	200.	500.	800.	1500.	3000.	6000.	7500.	9000.	*	*	*	*
1859-S	125.	200.	300.	500.	3000.	8000.	18000.	—	—	—	—	—	*	*	*	*
1860	20.	25.	35.	50.	100.	200.	300.	500.	650.	900.	1500.	—	1100.	1900.	5000.	*
1860-O	20.	30.	40.	75.	125.	350.	600.	1200.	1800.	2500.	4500.	14000.	*	*	*	*
1860-S	200.	350.	600.	1000.	4500.	2500.	35000.	50000.	—	—	—	—	*	*	*	*
1861	20.	25.	35.	50.	100.	200.	250.	350.	500.	700.	1500.	4000.	1225.	1900.	5500.	*
1861-S	60.	125.	250.	500.	1500.	10000.	20000.	—	—	—	—	—	*	*	*	*
1862	20.	25.	35.	50.	100.	200.	300.	400.	600.	900.	1800.	4500.	1175.	1925.	5000.	*
1862-S	75.	100.	200.	350.	750.	1200.	1800.	3000.	4500.	9000.	13000.	—	*	*	*	*
1863	30.	40.	60.	125.	200.	400.	500.	750.	1000.	1500.	3000.	5000.	950.	1850.	5500.	*
1864	75.	100.	125.	200.	300.	500.	650.	1000.	1500.	2000.	3000.	5000.	975.	1825.	4850.	*
1864-S	350.	500.	800.	1200.	2500.	4000.	6500.	12000.	20000.	30000.	35000.	—	*	*	*	*
1865	75.	100.	150.	200.	300.	400.	500.	800.	1100.	1500.	3500.	6000.	950.	1900.	5250.	*
1865-S	100.	125.	200.	350.	800.	1200.	1800.	2500.	3000.	4000.	8000.	13000.	*	*	*	*
1866 Fantasy piece DuPont specimen recovered, believed unique																

WITH MOTTO

	G-4	VG-8	F-12	VF-20	EF-40	AU-50	AU-55	MS-60	MS-62	MS-63	MS-64	MS-65	PF-63	PF-64	PF-65	PF-66
1866	400.	600.	800.	1000.	1200.	1500.	1700.	2000.	2500.	3000.	4000.	7500.	700.	1000.	2400.	*
1866-S	250.	350.	600.	1000.	1500.	2500.	3000.	4000.	5000.	6500.	8500.	15000.	*	*	*	*
1867	250.	350.	500.	700.	900.	1100.	1200.	1500.	2500.	4000.	6500.	—	650.	975.	2150.	*
1867-S	300.	500.	750.	1000.	1500.	2000.	3000.	5000.	7500.	—	—	—	*	*	*	*
1868	125.	200.	300.	400.	500.	600.	700.	900.	1400.	2000.	3500.	9000.	675.	1050.	2550.	*
1868-S	100.	150.	250.	500.	1000.	2000.	2500.	3000.	5500.	8000.	12000.	17000.	*	*	*	*

—— = Insufficient pricing data   * = None issued

SEATED LIBERTY QUARTER DOLLAR (CONTINUED)

	G-4	VG-8	F-12	VF-20	EF-40	AU-50	AU-55	MS-60	MS-62	MS-63	MS-64	MS-65	PF-63	PF-64	PF-65	PF-66
1869	300.	500.	600.	800.	1000.	1500.	1800.	2500.	3000.	4000.	6500.	10000.	625.	1100.	2450.	—
1869-S	100.	125.	250.	400.	800.	1500.	2000.	3000.	4000.	6600.	10000.	15000.	*	*	*	*
1870	75.	100.	125.	200.	350.	500.	700.	900.	1200.	2000.	3500.	7000.	625.	1150.	2500.	*
1870-CC	5000.	8000.	15000.	25000.	35000.	60000.	75000.	—	—	—	—	—	*	*	*	—
1871	40.	50.	75.	125.	250.	400.	500.	800.	1700.	2500.	3500.	—	675.	1125.	2200.	*
1871-CC	2000.	4000.	8000.	15000.	25000.	45000.	65000.	85000.	100000.	110000.	125000.	—	*	*	*	*
1871-S	300.	400.	600.	1200.	2000.	3000.	3500.	5000.	9000.	12000.	15000.	—	*	*	*	*
1872	35.	50.	100.	125.	200.	300.	500.	1200.	1700.	2500.	6000.	7500.	650.	925.	2150.	—
1872-CC	600.	1200.	2500.	5000.	10000.	20000.	30000.	50000.	85000.	—	—	—	*	*	*	*
1872-S	800.	1200.	1800.	3000.	6000.	10000.	15000.	20000.	25000.	35000.	—	—	675.	1075.	2300.	*
1873 Closed 3	200.	300.	400.	600.	1200.	2500.	3000.	5000.	—	—	—	—	*	*	*	—
1873 Open 3	40.	50.	75.	125.	200.	300.	400.	600.	1000.	1500.	2500.	7000.	*	*	*	*

1873-CC R. Henry Norweb Specimen MS-64 (PCGS) sold for $209,000 on 2/9/98.

ARROWS ADDED

	G-4	VG-8	F-12	VF-20	EF-40	AU-50	AU-55	MS-60	MS-62	MS-63	MS-64	MS-65	PF-63	PF-64	PF-65	PF-66
1873	20.	30.	50.	75.	250.	500.	600.	1000.	1500.	2000.	2500.	4000.	1200.	2650.	6000.	—
1873-CC	2500.	3500.	8000.	15000.	25000.	30000.	50000.	60000.	75000.	100000.	140000.	—	*	*	*	*
1873-S	25.	40.	80.	200.	250.	600.	1000.	3000.	4500.	6500.	9000.	6000.	1150.	2200.	5250.	*
1874	20.	30.	50.	75.	300.	500.	600.	900.	1200.	2000.	3500.	6000.	675.	1000.	2000.	—
1874-S	25.	40.	80.	200.	300.	500.	600.	900.	1200.	1500.	2500.	5500.	*	*	*	*

WITH MOTTO

	G-4	VG-8	F-12	VF-20	EF-40	AU-50	AU-55	MS-60	MS-62	MS-63	MS-64	MS-65	PF-63	PF-64	PF-65	PF-66
1875	20.	30.	40.	50.	100.	200.	300.	400.	700.	1200.	1500.	2000.	685.	1025.	2025.	—
1875-CC	85.	125.	200.	400.	600.	1000.	2500.	3000.	3500.	7500.	18000.	40000.	*	*	*	*
1875-S	40.	75.	100.	125.	250.	400.	500.	800.	1200.	2000.	2500.	7500.	675.	1000.	2000.	*
1876	20.	30.	40.	50.	100.	200.	300.	400.	500.	700.	1400.	2000.	*	*	*	*
1876-CC	35.	45.	60.	75.	125.	225.	300.	500.	1000.	1700.	2500.	4000.	*	*	*	*
1876-S	20.	30.	40.	50.	100.	200.	300.	400.	500.	800.	1500.	2500.	685.	1025.	2025.	*
1877	20.	30.	40.	50.	100.	200.	300.	400.	500.	700.	1200.	2000.	*	*	*	*
1877-CC	35.	45.	60.	75.	125.	225.	300.	500.	700.	1000.	1500.	2000.	685.	1025.	2025.	*
1877-S	20.	30.	40.	50.	100.	200.	300.	400.	500.	700.	1200.	2000.	*	*	*	*

—— = Insufficient pricing data   * = None issued

SEATED LIBERTY QUARTER DOLLAR (CONTINUED)

	G-4	VG-8	F-12	VF-20	EF-40	AU-50	AU-55	MS-50	MS-62	MS-63	MS-64	MS-65	PF-63	PF-64	PF-65	PF-66
1877-S/Horizontal S	35.	65.	100.	200.	350.	500.	700.	1000.	1500.	2500.	3500.	5000.	*	*	*	*
1878	20.	30.	40.	50.	100.	200.	300.	400.	500.	900.	1800.	2500.	625.	1000.	2000.	—
1878-CC	35.	50.	75.	125.	200.	300.	400.	600.	1000.	1800.	2500.	3500.	*	*	*	*
1878-S	125.	200.	300.	400.	700.	1000.	1500.	2500.	3500.	5000.	12000.	—	*	*	*	*
1879	200.	250.	300.	350.	450.	600.	700.	900.	1100.	1500.	2000.	2500.	625.	975.	2000.	—
1880	200.	250.	300.	350.	450.	600.	700.	900.	1100.	1300.	1600.	2000.	650.	950.	2000.	—
1881	250.	300.	350.	400.	500.	600.	700.	900.	1000.	1200.	1500.	3000.	625.	975.	2000.	—
1882	200.	250.	300.	400.	500.	600.	700.	1000.	1200.	1500.	2000.	2500.	650.	1035.	2000.	—
1883	200.	250.	300.	400.	500.	600.	700.	1000.	1200.	1500.	2000.	2500.	625.	1000.	2000.	—
1884	350.	450.	600.	750.	850.	1000.	1100.	1200.	1300.	1500.	2000.	2500.	650.	1000.	2000.	—
1885	200.	250.	300.	400.	500.	600.	700.	1000.	1200.	1500.	2000.	3000.	650.	1045.	2000.	—
1886	500.	600.	750.	850.	1000.	1200.	1500.	1800.	2000.	2500.	3000.	5000.	800.	1050.	2000.	—
1887	300.	400.	500.	600.	700.	1000.	1200.	1500.	1700.	1900.	2200.	3000.	660.	975.	2000.	—
1888	300.	400.	500.	600.	700.	1000.	1200.	1400.	1600.	1800.	2000.	2500.	625.	1000.	2000.	—
1888-S	20.	30.	40.	50.	100.	200.	300.	400.	700.	1200.	2000.	2500.	*	*	*	*
1889	250.	300.	350.	400.	500.	600.	700.	900.	1000.	1200.	1500.	2000.	775.	1025.	2000.	—
1890	65.	100.	125.	200.	300.	400.	500.	800.	1000.	1200.	1500.	2000.	800.	1000.	2000.	—
1891	20.	30.	40.	50.	100.	200.	300.	400.	500.	800.	1100.	2000.	750.	1025.	2000.	—
1891-O	150.	200.	400.	600.	1000.	1500.	2000.	3000.	5000.	10000.	20000.	25000.	*	*	*	*
1891-S	20.	30.	40.	50.	100.	200.	300.	400.	600.	1000.	2000.	2500.	*	*	*	*

—— = Insufficient pricing data   * = None issued

Barber quarter dollar

Date of authorization: April 2, 1792
Dates of issue: 1892-1916
Designer/Engraver: Charles Barber
Diameter: 24.26 mm/0.96 inch
Weight: 6.25 grams/0.20 ounce
Metallic content: 90% silver, 10% copper
Weight of pure silver: 5.63 grams/0.18 ounce
Edge: Reeded
Mint mark: Reverse below eagle's tail

BARBER QUARTER DOLLAR (CONTINUED)

	G-4	VG-8	F-12	VF-20	EF-40	AU-50	MS-60	MS-62	MS-63	MS-64	MS-65	PF-63	PF-64	PF-65	PF-66
1892	6.00	10.	25.	45.	75.	125.	225.	275.	350.	550.	1300.	650.	1000.	2000.	2500.
1892-O	14.	22.	42.	55.	100.	160.	325.	375.	425.	700.	1800.	*	*	*	*
1892-S	32.	50.	85.	125.	200.	325.	450.	550.	850.	2500.	4500.	*	*	*	*
1892-S/S	35.	60.	110.	125.	225.	400.	700.	850.	1500.	3500.	—	*	*	*	*
1893	7.00	9.00	30.	45.	75.	125.	250.	275.	350.	800.	1800.	650.	1000.	2000.	2500.
1893-O	8.50	14.	35.	55.	100.	175.	300.	400.	550.	850.	2000.	*	*	*	*
1893-S	18.	35.	65.	110.	175.	300.	450.	650.	1200.	2500.	7500.	*	*	*	*
1894	6.00	10.	37.	50.	100.	150.	250.	300.	400.	800.	1700.	650.	1000.	2000.	3000.
1894-O	10.	20.	45.	70.	125.	250.	350.	500.	700.	1200.	2500.	*	*	*	*
1894-S	8.50	15.	40.	60.	120.	225.	350.	500.	750.	1500.	3000.	*	*	*	*
1895	7.00	10.	35.	40.	85.	135.	250.	350.	475.	700.	2000.	650.	1000.	2000.	3000.
1895-O	12.	20.	45.	70.	135.	225.	400.	650.	1100.	1400.	2800.	*	*	*	*
1895-S	20.	30.	60.	100.	150.	275.	400.	600.	1000.	2200.	4000.	*	*	*	*
1895-S/S	20.	30.	75.	110.	175.	350.	650.	900.	1800.	4500.	—	*	*	*	*
1896	6.00	10.	25.	40.	85.	135.	250.	325.	425.	650.	1800.	650.	1000.	2000.	3000.
1896-O	27.	50.	110.	250.	400.	750.	900.	1300.	2000.	4000.	7500.	*	*	*	*
1896-S	750.	1200.	2000.	3000.	4500.	6000.	8500.	12000.	16000.	30000.	55000.	*	*	*	*
1897	6.00	10.	25.	35.	80.	125.	225.	275.	350.	600.	1400.	650.	1000.	2000.	3000.
1897-O	20.	40.	110.	250.	400.	750.	900.	1200.	1700.	2500.	3700.	*	*	*	*
1897-S	45.	80.	225.	300.	425.	775.	1100.	1300.	1800.	3200.	6500.	*	*	*	*
1898	6.00	10.	25.	35.	80.	125.	225.	275.	350.	600.	1400.	650.	1000.	2000.	3000.
1898-O	14.	30.	75.	140.	300.	425.	650.	950.	1600.	4000.	11000.	*	*	*	*
1898-S	11.	20.	50.	60.	100.	225.	400.	800.	1300.	3500.	7000.	*	*	*	*
1899	6.00	10.	25.	35.	80.	125.	250.	275.	350.	600.	1400.	650.	1000.	2000.	3000.
1899-O	11.	20.	37.	60.	135.	275.	400.	600.	850.	1400.	3500.	*	*	*	*
1899-S	18.	30.	75.	90.	145.	275.	450.	700.	1300.	1800.	3500.	*	*	*	*
1900	7.00	10.	25.	38.	80.	150.	225.	275.	350.	700.	1500.	650.	1000.	2000.	3000.
1900-O	11.	30.	65.	100.	160.	325.	650.	750.	950.	1600.	3800.	*	*	*	*
1900-S	8.50	18.	40.	60.	85.	135.	400.	650.	1000.	1800.	5000.	*	*	*	*
1901	9.00	13.	25.	40.	85.	135.	225.	275.	350.	600.	2600.	650.	1000.	2000.	3000.

—— = Insufficient pricing data   * = None issued

BARBER QUARTER DOLLAR (CONTINUED)

	G-4	VG-8	F-12	VF-20	EF-40	AU-50	MS-60	MS-62	MS-63	MS-64	MS-65	PF-63	PF-64	PF-65	PF-66
1901-O	45.	65.	135.	275.	450.	700.	900.	1300.	2000.	3800.	6000.	*	*	*	*
1901-S	6000.	13000.	16000.	20000.	25000.	28000.	40000.	42000.	45000.	50000.	60000.				*
1902	7.00	9.00	22.	35.	70.	125.	225.	250.	325.	600.	1400.	650.	1000.	2000.	5000.
1902-O	9.00	20.	50.	80.	160.	250.	500.	750.	1400.	2500.	4800.				*
1902-S	14.	25.	55.	90.	175.	275.	525.	700.	1100.	1700.	3800.				*
1903	7.00	9.00	22.	40.	70.	125.	225.	300.	500.	800.	2500.	650.	1000.	2000.	2500.
1903-O	8.50	13.	40.	70.	125.	275.	450.	800.	1300.	3000.	5500.				*
1903-S	16.	30.	50.	80.	140.	300.	450.	600.	1000.	1600.	3000.				*
1904	8.50	10.	20.	40.	80.	125.	225.	275.	350.	700.	1600.	650.	1000.	2000.	2500.
1904-O	11	25.	60.	100.	250.	450.	900.	1100.	1400.	2500.	3200.				*
1905	8.50	14.	30.	40.	80.	125.	225.	300.	400.	650.	2000.	650.	1000.	2000.	2500.
1905-O	20.	35.	85.	175.	250.	350.	500.	750.	1300.	2500.	6500.				*
1905-S	10.	18.	45.	65.	125.	225.	375.	600.	1100.	1600.	3600.				*
1906	7.00	10.	20.	35.	70.	125.	225.	275.	350.	600.	1300.	650.	1000.	2000.	2500.
1906-D	7.00	9.00	25.	45.	75.	175.	250.	325.	500.	850.	2500.				*
1906-O	7.00	10.	42.	60.	110.	225.	325.	375.	550.	950.	1400.				*
1907	6.00	9.00	20.	35.	65.	125.	225.	275.	350.	600.	1300.	650.	1000.	2200.	3000.
1907-D	6.00	9.00	30.	50.	85.	200.	275.	400.	800.	1400.	3100.				*
1907-O	6.00	10.	20.	40.	70.	140.	225.	300.	425.	850.	2800.				*
1907-S	10.	20.	50.	75.	140.	275.	500.	700.	1100.	2000.	3500.				*
1908	6.00	9.00	20.	35.	75.	125.	225.	275.	350.	600.	1300.	650.	1000.	2300.	4000.
1908-D	6.00	9.00	20.	38.	75.	125.	250.	325.	450.	700.	1800.				*
1908-O	6.00	10.	20.	40.	80.	125.	225.	275.	350.	600.	1400.				*
1908-S	20.	40.	95.	175.	325.	500.	800.	1000.	1400.	2400.	5000.				*
1909	6.00	8.00	20.	35.	70.	125.	225.	275.	350.	600.	1300.	650.	1000.	2000.	2500.
1909-D	7.00	9.00	25.	40.	90.	175.	225.	275.	350.	600.	2500.				*
1909-O	20.	40.	90.	225.	350.	550.	950.	1200.	1700.	3500.	8500.				*
1909-S	8.50	12	38.	55.	100.	210.	325.	500.	900.	1400.	2500.				*
1910	8.50	11.	30.	50.	85.	150.	225.	250.	325.	750.	1400.	650.	1000.	2000.	3000.
1910-D	8.50	12.	30.	75.	140.	275.	350.	550.	1100.	1600.	2500.				*

—— = Insufficient pricing data   * = None issued

BARBER QUARTER DOLLAR (CONTINUED)

	G-4	VG-8	F-12	VF-20	EF-40	AU-50	MS-60	MS-62	MS-63	MS-64	MS-65	PF-63	PF-64	PF-65	PF-66
1911	7.00	9.00	20.	35.	80.	130.	225.	250.	325.	600.	1300.	650.	1000.	2000.	2500.
1911-D	10.	20.	100.	225.	350.	500.	700.	900.	1300.	2800.	6000.	*	*	*	*
1911-S	8.00	15.	55.	80.	175.	325.	400.	550.	800.	1300.	1700.	*	*	*	*
1912	7.00	9.00	20.	35.	70.	125.	225.	250.	325.	600.	1300.	650.	1000.	2000.	4000.
1912-S	8.00	10.	50.	80.	135.	250.	400.	600.	1100.	1500.	2800.	*	*	*	*
1913	16.	27.	75.	175.	400.	550.	1100.	1200.	1300.	1600.	4500.	650.	1000.	2000.	3000.
1913-D	9.00	13.	40.	60.	100.	200.	275.	325.	425.	700.	1400.	*	*	*	*
1913-S	1200.	2000.	4000.	5500.	6500.	7500.	10000.	11000.	13000.	15000.	25000.	*	*	*	*
1914	6.00	8.00	20.	35.	65.	120.	225.	250.	325.	600.	1300.	650.	1000.	2300.	3000.
1914-D	6.00	8.00	20.	35.	65.	120.	225.	250.	325.	600.	1300.	*	*	*	*
1914-S	75.	100.	210.	325.	550.	700.	950.	1200.	1600.	2500.	3500.	*	*	*	*
1915	6.00	8.00	20.	35.	65.	120.	225.	250.	325.	600.	1300.	650.	1000.	2700.	8000.
1915-D	6.00	8.00	20.	35.	65.	120.	225.	250.	325.	600.	1300.	*	*	*	*
1915-S	9.00	14.	38.	55.	120.	225.	250.	350.	500.	900.	1400.	*	*	*	*
1916	6.00	8.00	20.	35.	65.	120.	225.	250.	325.	600.	1300.	*	*	*	*
1916-D	6.00	8.00	20.	35.	65.	120.	225.	250.	325.	600.	1300.	*	*	*	*
1916-D Large D/Small D	15.	25.	50.	75.	125.	200.	500.	600.	900.	—	—	*	*	*	*

—— = Insufficient pricing data   * = None issued

Standing Liberty quarter dollar

Bare Breast, No stars below eagle

Date of authorization: April 2, 1792
Dates of issue: 1916-1930
Designer: Hermon MacNeil
Engravers: Obverse: Hermon MacNeil
Reverse: MacNeil, Charles Barber
Diameter: 24.26 mm/0.96 inch
Weight: 6.25 grams/0.20 ounce
Metallic content: 90% silver, 10% copper
Weight of pure silver: 5.63 grams/0.18 ounce
Edge: Reeded
Mint mark: Obverse left of date

NOTE: The H following the numerical grade, such as MS-65H, refers to head. Liberty's head should be well struck and fully defined.

Mailed Breast, Stars below eagle

	G-4	VG-8	F-12	VF-20	EF-40	AU-50	MS-60	MS-63	MS-63H	MS-64	MS-64H	MS-65	MS-65H	MS-66	MS-66H
BARE BREAST															
1916	2700.	6000.	9000.	12000.	14000.	15000.	18000.	23000.	25000.	27000.	32000.	28000.	35000.	30000.	50000.
1917	25.	50.	65.	65.	85.	85.	150.	350.	450.	600.	800.	900.	1600.	1500.	2300.
1917-D	27.	40.	55.	75.	125.	185.	250.	375.	500.	650.	900.	1100.	2800.	2000.	3200.
1917-S	30.	40.	60.	90.	175.	225.	400.	500.	1000.	700.	1500.	1650.	3700.	2500.	5500.
MAILED BREAST, STARS BELOW EAGLE															
1917	22.	27.	32.	38.	50.	85.	150.	225.	550.	400.	700.	650.	1200.	1500.	3500.
1917-D	45.	55.	80.	90.	100.	150.	225.	300.	750.	600.	1700.	1400.	3600.	2000.	7000.
1917-S	45.	55.	75.	75.	100.	135.	200.	250.	800.	600.	2400.	1500.	4300.	2500.	9000.
1918	20.	38.	55.	37.	100.	95.	135.	250.	400.	350.	1100.	650.	2000.	1800.	4000.
1918-D	28.	25.	35.	70.	60.	175.	250.	350.	1200.	800.	3000.	1500.	5500.	3000.	12000.
1918-S	20.	25.	35.	45.	60.	125.	275.	300.	1800.	800.	8000.	1500.	15000.	2000.	50000.
1918/7-S	1700.	2300.	4000.	5500.	8500.	14000.	20000.	38000.	125000.	50000.	175000.	100000.	—	—	—
1919	40.	50.	60.	70.	80.	110.	160.	250.	450.	350.	900.	650.	1800.	1000.	3500.
1919-D	90.	140.	185.	300.	450.	600.	750.	1500.	7500.	2200.	15000.	2500.	25000.	4000.	50000.
1919-S	90.	150.	200.	325.	550.	650.	1000.	2000.	8500.	3000.	17000.	4500.	30000.	6000.	60000.
1920	16.	20.	30.	40.	140.	85.	150.	250.	350.	350.	800.	550.	2200.	1000.	5000.
1920-D	55.	60.	85.	110.	140.	200.	300.	850.	2200.	1400.	4000.	2500.	8000.	3500.	18000.
1920-S	20.	30.	35.	45.	60.	125.	250.	850.	8500.	1400.	16000.	2500.	30000.	6000.	75000.
1921	185.	225.	350.	450.	550.	750.	900.	1300.	1800.	1600.	3000.	2500.	5000.	3500.	8000.
1923	15.	20.	35.	40.	50.	90.	140.	250.	800.	400.	1800.	650.	4000.	1000.	6500.
1923-S	300.	400.	700.	850.	1000.	1400.	1800.	2500.	3000.	2800.	4000.	3700.	5000.	3500.	9000.
1924	15.	20.	25.	35.	45.	90.	150.	250.	350.	350.	700.	550.	1800.	1000.	4000.
1924-D	55.	75.	100.	135.	200.	225.	275.	350.	1600.	400.	2500.	600.	4800.	1000.	12000.
1924-S	27.	35.	45.	60.	110.	225.	350.	1100.	2300.	1200.	3500.	2000.	6500.	2500.	10000.
1925	3.00	5.00	7.00	15.	40.	75.	150.	250.	350.	350.	600.	550.	1400.	550.	2500.
1926	3.00	5.00	7.00	15.	40.	75.	150.	250.	350.	350.	700.	550.	2300.	1000.	5500.
1926-D	7.00	10.	20.	40.	70.	110.	175.	250.	8000.	350.	18000.	550.	25000.	2500.	50000.
1926-S	4.00	6.00	12.	25.	110.	250.	375.	850.	10000.	1400.	20000.	2100.	30000.	5000.	50000.

—— = Insufficient pricing data   * = None issued

STANDING LIBERTY QUARTER DOLLAR (CONTINUED)

	G-4	VG-8	F-12	VF-20	EF-40	AU-50	MS-60	MS-63	MS-63H	MS-64	MS-64H	MS-65	MS-65H	MS-66	MS-66H
1927	3.00	5.00	7.00	15.	40.	80.	150.	250.	350.	350.	600.	550.	1300.	1500.	2500.
1927-D	15.	20.	30.	65.	140.	200.	250.	300.	1000.	400.	2000.	700.	3000.	1500.	7500.
1927-S	40.	50.	100.	300.	1200.	3000.	5000.	8000.	50000.	10000.	100000.	15000.	165000.	20000.	—
1928	3.00	5.00	7.00	15.	40.	75.	150.	250.	500.	350.	700.	550.	2500.	1000.	3500.
1928-D	4.50	6.00	7.00	20.	40.	100.	150.	250.	2000.	350.	4000.	550.	600.	1000.	13000.
1928-S	4.00	5.00	7.00	15.	40.	75.	150.	250.	350.	350.	750.	550.	1100.	1000.	1800.
1929	3.00	7.00	7.00	15.	40.	75.	150.	250.	350.	350.	600.	550.	1200.	1000.	2000.
1929-D	4.50	5.00	8.00	15.	40.	75.	150.	250.	1500.	350.	3000.	550.	6500.	1100.	12000.
1929-S	3.00	5.00	7.00	15.	40.	75.	150.	250.	350.	350.	600.	550.	1100.	1100.	1800.
1930	3.00	5.00	7.00	15.	40.	75.	150.	250.	350.	350.	600.	550.	1100.	1000.	1800.
1930-S	4.00	5.00	7.00	15.	40.	75.	150.	250.	500.	350.	700.	550.	1200.	1000.	2500.

—— = Insufficient pricing data   * = None issued

Washington quarter dollar

Date of authorization: April 2, 1792; July 23, 1965;
Oct. 18, 1973; Dec. 1, 1997
Dates of issue: 1932-present
Designers: John Flanagan
(Bicentennial reverse): Jack L. Ahr
(State Reverses): various
Engravers: (Original obverse, reverse): John R. Sinnock
(Bicentennial reverse): Frank Gasparro
(State reverses): various
Diameter: 24.26 mm/0.96 inch
Weight: (1932-1964, 1992-present silver Proofs
only): 6.25 grams/0.20 ounce
(1965-present): 5.67 grams/0.18 ounce
(1976 Bicentennial Proof and
Uncirculated): 5.75 grams/0.18 ounce
Metallic content: (1932-1964, 1992-present silver Proofs
only): 90% silver, 10% copper
(1976 Bicentennial Proof and Uncirculated
sets only): 80% silver, 20% copper
bonded to a core of 21.5% silver,
78.5% copper
(1965-present): 75% copper, 25% nickel
clad to pure copper core
Weight of pure silver: (1932-1964, 1992-present silver Proofs
only): 5.63 grams/0.18 ounce
(1976 Bicentennial Proof and Uncirculated
sets only): 2.30 grams/0.07 ounce
Edge: Reeded
Mint mark: (1932-1964): Reverse below eagle
(1968-present): Obverse right of
Washington's ponytail

Also, the letter C following a numerical grade for a Proof coin stands
for "cameo," while the letters DC stand for "deep cameo." Cameo
coins have contrasting surface finishes: mirror fields and frosted
devices (raised areas). Deep cameo coins are the ultimate level of
cameo, with deeply frosted devices. Cameo and deep cameo coins
bring premiums.

WASHINGTON QUARTER DOLLAR (CONTINUED)

SILVER	VF-20	EF-40	AU-50	MS-60	MS-63	MS-64	MS-65	MS-66	MS-67	PF-63	PF-64	PF-65	PF-66	PF-66DC	PF-67	PF-67C	PF-67DC	PF-68	PF-68C	PF-68DC	PF-69	PF-69DC
1932	10.	12.	20.	30.	65.	125.	500.	2000.	——	*	*	*	*	*	*	*	*	*	*	*	*	*
1932-D	200.	300.	500.	1200.	3500.	8000.	28000.	100000.	——	*	*	*	*	*	*	*	*	*	*	*	*	*
1932-S	175.	200.	300.	500.	1500.	3000.	7000.	25000.	——	*	*	*	*	*	*	*	*	*	*	*	*	*
1934-D	20.	35.	100.	250.	350.	700.	1700.	5000.	——	*	*	*	*	*	*	*	*	*	*	*	*	*
1934	4.00	6.00	12.	30.	50.	75.	125.	300.	1000.	*	*	*	*	*	*	*	*	*	*	*	*	*
1934 Light Motto	10.	15.	20.	50.	100.	200.	500.	2000.	——	*	*	*	*	*	*	*	*	*	*	*	*	*
1934 Doubled Die	200.	300.	400.	750.	2000.	4000.	7500.	15000.	——	*	*	*	*	*	*	*	*	*	*	*	*	*
1935	4.00	8.00	13.	25.	40.	50.	150.	250.	——	*	*	*	*	*	*	*	*	*	*	*	*	*
1935-D	15.	35.	45.	150.	400.	600.	1200.	2000.	1000.	*	*	*	*	*	*	*	*	*	*	*	*	*
1935-S	8.00	18.	45.	125.	150.	200.	400.	1000.	7000.	*	*	*	*	*	*	*	*	*	*	*	*	*
1936	4.00	6.00	12.	25.	45.	65.	100.	250.	2000.	900.	1200.	1500.	4500.	——	9000.	——	——	*	——	*	——	*
1936-D	25.	80.	250.	500.	700.	1000.	1800.	4000.	17000.	*	*	*	*	*	*	*	*	*	*	*	*	*
1936-S	7.00	25.	60.	150.	200.	250.	500.	1500.	7500.	*	*	*	*	*	*	*	*	*	*	*	*	*
1937	5.00	12.	25.	30.	45.	65.	150.	400.	1800.	350.	500.	600.	900.	——	1800.	——	——	*	——	*	——	*
1937-D	7.00	15.	40.	75.	100.	125.	200.	600.	6500.	*	*	*	*	*	*	*	*	*	*	*	*	*
1937-S	20.	40.	100.	125.	175.	250.	350.	750.	2000.	*	*	*	*	*	*	*	*	*	*	*	*	*
1937 Doubled Die Obverse	500.	650.	1200.	2500.	5000.	6500.	——	——	——	*	*	*	*	*	*	*	*	*	*	*	*	*
1938	12.	18.	85.	125.	125.	225.	250.	500.	3500.	150.	250.	350.	500.	——	1200.	——	——	530.	——	*	——	*
1938-S	10.	25.	50.	100.	125.	150.	250.	500.	3000.	*	*	*	*	*	*	*	*	*	*	*	*	*
1939	3.00	4.00	10.	18.	40.	70.	100.	200.	400.	150.	250.	300.	400.	——	800.	——	——	*	——	*	——	*
1939-D	8.00	15.	40.	60.	60.	75.	125.	250.	1500.	*	*	*	*	*	*	*	*	*	*	*	*	*
1939-S	9.00	25.	60.	100.	125.	300.	300.	800.	8500.	*	*	*	*	*	*	*	*	*	*	*	*	*
1940	3.00	4.00	8.00	18.	35.	50.	125.	250.	1000.	125.	200.	300.	350.	——	600.	——	——	*	——	*	——	*
1940-D	15.	20.	65.	125.	175.	300.	300.	800.	3500.	*	*	*	*	*	*	*	*	*	*	*	*	*

—— = Insufficient pricing data   * = None issued

WASHINGTON QUARTER DOLLAR (CONTINUED)

Date	VF-20	EF-40	AU-50	MS-60	MS-63	MS-64	MS-65	MS-66	MS-67	PF-63	PF-64	PF-65	PF-66	PF-66DC	PF-67	PF-67C	PF-67DC	PF-68	PF-68C	PF-68DC	PF-69	PF-69DC
1940-S	8.00	10.	18.	25.	40.	50.	125.	300.	150.	*	*	*	*	*	*	*	*	*	*	*	*	*
1941	3.00	5.00	7.00	10.	20.	25.	75.	250.	1200.	100.	150.	250.	400.	—	500.	—	—	—	—	—	—	—
1941-D	5.00	10.	15.	30.	65.	100.	125.	400.	3000.	*	*	*	*	*	*	*	*	*	*	*	*	*
1941-S	3.00	5.00	9.00	25.	40.	65.	50.	300.		*	*	*	*	*	*	*	*	*	*	*	*	*
1942	4.00	4.00	5.00	10.	15.	25.	50.	400.	3500.	85.	125.	200.	300.	—	400.	—	—	—	—	—	—	—
1942-D	4.00	6.00	12.	17.	25.	35.	75.	250.	1300.	*	*	*	*	*	*	*	*	*	*	*	*	*
1942-S	4.00	8.00	20.	65.	100.	150.	200.	400.	2500.	*	*	*	*	*	*	*	*	*	*	*	*	*
1943	3.00	4.00	5.00	6.00	10.	25.	50.	150.	750.	*	*	*	*	*	*	*	*	*	*	*	*	*
1943-D	4.00	6.00	16.	25.	40.	60.	75.	250.	1400.	*	*	*	*	*	*	*	*	*	*	*	*	*
1943-S	5.00	8.00	15.	30.	45.	65.	75.	250.	1600.	*	*	*	*	*	*	*	*	*	*	*	*	*
1943-S Doubled Die	200.	250.	300.	500.	1800.	2000.	4000.	11000.	—	*	*	*	*	*	*	*	*	*	*	*	*	*
1944	2.75	3.00	3.50	5.00	11.	18.	45.	110.	750.	*	*	*	*	*	*	*	*	*	*	*	*	*
1944-D	2.50	5.50	8.50	14.	18.	25.	50.	110.	660.	*	*	*	*	*	*	*	*	*	*	*	*	*
1944-S	2.50	5.00	9.00	16.	22.	28.	55.	100.	750.	*	*	*	*	*	*	*	*	*	*	*	*	*
1945	2.50	2.75	3.00	4.00	10.	15.	50.	160.	2500.	*	*	*	*	*	*	*	*	*	*	*	*	*
1945-D	2.75	5.00	10.	15.	22.	35.	55.	125.	2000.	*	*	*	*	*	*	*	*	*	*	*	*	*
1945-S	3.50	5.00	8.00	12.	19.	30.	50.	125.	1700.	*	*	*	*	*	*	*	*	*	*	*	*	*
1946	2.50	2.75	3.25	5.50	9.00	15.	60.	225.	2000.	*	*	*	*	*	*	*	*	*	*	*	*	*
1946-D	2.50	2.75	5.50	9.00	10.	18.	45.	100.	1500.	*	*	*	*	*	*	*	*	*	*	*	*	*
1946-S	3.00	3.25	3.50	7.00	11.	20.	45.	100.	800.	*	*	*	*	*	*	*	*	*	*	*	*	*
1947	2.50	3.00	4.00	5.25	12.	20.	45.	75.	900.	*	*	*	*	*	*	*	*	*	*	*	*	*
1947-D	2.50	3.00	4.00	7.00	12.	20.	40.	75.	500.	*	*	*	*	*	*	*	*	*	*	*	*	*
1947-S	2.75	3.50	5.00	10.	12.	18.	40.	65.	300.	*	*	*	*	*	*	*	*	*	*	*	*	*
1948	2.50	2.75	3.00	5.00	10.	25.	50.	80.	550.	*	*	*	*	*	*	*	*	*	*	*	*	*
1948-D	2.50	2.80	5.00	7.00	10.	25.	45.	200.	2500.	*	*	*	*	*	*	*	*	*	*	*	*	*
1948-S	3.25	4.00	5.00	7.50	11.	25.	45.	80.	1000.	*	*	*	*	*	*	*	*	*	*	*	*	*

—— = Insufficient pricing data   * = None issued

Date	VF-20	EF-40	AU-50	MS-60	MS-63	MS-64	MS-65	MS-66	MS-67	PF-63	PF-64	PF-65	PF-66	PF-66DC	PF-67	PF-67C	PF-67DC	PF-68	PF-68C	PF-68DC	PF-69	PF-69DC
1949	3.25	7.00	10.	25.	32.	45.	60.	140.	1400.	*	*	*	*	*	*	*	*	*	*	*	*	*
1949-D	3.75	4.50	11.	15.	20.	30.	55.	250.	1800.	*	*	*	*	*	*	*	*	*	*	*	*	*
1950	2.50	3.75	5.00	7.00	8.50	25.	40.	75.	1000.	55.	60.	75.	85.	—	100.	—	—	350.	—	—	—	—
1950-D	2.50	4.00	4.75	6.00	8.50	15.	40.	175.	1500.	*	*	*	*	*	*	*	*	*	*	*	*	*
1950-S	4.00	8.50	8.50	12.	18.	23.	40.	100.	800.	*	*	*	*	*	*	*	*	*	*	*	*	*
1950-D/S	65.	175.	225.	300.	400.	1000.	4500.	5000.	—	—	—	—	—	—	—	—	—	—	—	—	—	—
1950-S/D	65.	200.	325.	400.	450.	600.	1200.	3500.	—	—	—	—	—	—	—	—	—	—	—	—	—	—
1951	3.00	4.00	5.00	6.00	8.00	15.	35.	50.	750.	39.	45.	55.	70.	—	100.	315.	—	—	—	—	475.	—
1951-D	2.50	3.00	4.00	6.00	7.00	10.	40.	125.	2000.	*	*	*	*	*	*	*	*	*	*	*	*	*
1951-S	3.00	5.00	8.50	15.	25.	30.	35.	100.	600.	*	*	*	*	*	*	*	*	*	*	*	*	*
1952	2.50	3.00	7.75	6.00	13.	15.	35.	100.	500.	28.	38.	50.	70.	—	100.	—	—	110.	500.	—	—	—
1952-D	2.50	2.75	4.00	6.00	10.	14.	50.	250.	5000.	*	*	*	*	*	*	*	*	*	*	*	*	*
1952-S	5.00	5.75	6.75	12.	25.	30.	45.	100.	400.	*	*	*	*	*	*	*	*	*	*	*	*	*
1953	2.50	3.25	5.00	7.00	9.50	14.	45.	100.	800.	20.	25.	30.	50.	—	90.	110.	—	—	450.	—	175.	—
1953-D	2.50	2.75	4.00	5.00	5.00	13.	45.	250.	2000.	*	*	*	*	*	*	*	*	*	*	*	*	*
1953-S	2.50	4.00	3.00	5.50	7.00	12.	40.	80.	1200.	*	*	*	*	*	*	*	*	*	*	*	*	*
1954	2.50	2.75	3.25	3.75	13.	10.	35.	100.	450.	10.	12.	20.	27.	—	35.	175.	—	130.	225.	—	175.	—
1954-D	2.50	2.75	3.25	3.75	9.50	12.	50.	350.	300.	*	*	*	*	*	*	*	*	*	*	*	*	*
1954-S	2.50	2.75	3.25	3.75	8.00	15.	40.	100.	80.	*	*	*	*	*	*	*	*	*	*	*	*	*
1955	2.50	3.00	4.00	4.75	5.50	11.	30.	50.	750.	9.00	10.	17.	25.	—	50.	200.	125.	125.	375.	—	150.	—
1955-D	3.50	4.50	5.50	7.00	8.50	20.	25.	600.	200.	*	*	*	*	*	*	*	*	*	*	*	*	*
1956	2.50	3.00	3.00	6.50	10.	17.	25.	75.	110.	7.00	8.50	10.	25.	—	40.	95.	125.	100.	125.	—	150.	—
1956-D	2.50	3.00	4.25	6.00	7.50	11.	30.	50.	175.	*	*	*	*	*	*	*	*	*	*	*	*	*
1957	3.00	3.50	4.25	6.00	8.00	10.	25.	50.	250.	2.75	7.00	10.	25.	—	40.	225.	320.	100.	—	—	150.	—
1957-D	2.50	3.00	3.00	6.00	10.	12.	25.	75.	175.	*	*	*	*	*	*	*	*	*	*	*	*	*
1958	2.50	2.75	3.00	3.50	4.00	10.	20.	40.	175.	5.00	7.00	10.	25.	—	40.	275.	—	100.	350.	—	150.	—
1958-D	2.50	2.75	3.00	4.75	6.25	9.00	30.	70.	200.	*	*	*	*	*	*	*	*	*	*	*	*	*

—— = Insufficient pricing data   * = None issued

WASHINGTON QUARTER DOLLAR (CONTINUED)

	VF-20	EF-40	AU-50	MS-60	MS-63	MS-64	MS-65	MS-66	MS-67	PF-63	PF-64	PF-65	PF-66	PF-66DC	PF-67	PF-67C	PF-67DC	PF-68	PF-68C	PF-68DC	PF-69	PF-69DC
1959	2.50	3.00	3.50	4.00	5.50	15.	30.	100.	175.	2.75	7.00	10.	25.	—	40.	55.	235.	100.	325.	—	150.	—
1959-D	2.50	2.75	3.00	3.50	4.00	14.	42.	65.	100.	*	*	*	*	*	*	*	*	*	*	*	*	*
1960	2.50	2.75	3.00	3.50	4.00	16.	32.	100.	175.	1.75	7.00	10.	25.	—	40.	115.	240.	100.	135.	425.	150.	—
1960-D	2.50	2.75	3.00	3.50	4.00	5.50	27.	95.	285.	*	*	*	*	*	*	*	*	*	*	*	*	*
1961	2.50	2.75	3.00	3.50	4.00	5.00	28.	165.	180.	1.50	5.00	8.50	20.	—	30.	40.	35.	50.	100.	600.	100.	—
1961-D	2.50	2.75	3.00	3.50	4.00	8.50	30.	90.	275.	*	*	*	*	*	*	*	*	*	*	*	*	*
1962	2.50	2.75	3.00	3.50	4.00	6.50	24.	100.	125.	1.50	5.00	8.50	20.	—	30.	40.	—	40.	50.	100.	80.	—
1962-D	2.50	2.75	3.00	3.50	4.00	11.	24.	65.	175.	*	*	*	*	*	*	*	*	*	*	*	*	*
1963	2.50	2.75	3.00	3.50	4.00	10.	24.	80.	135.	1.50	5.00	8.50	20.	—	30.	80.	—	40.	125.	600.	80.	—
1963-D	2.50	2.75	3.00	3.50	4.00	9.00	22.	70.	200.	*	*	*	*	*	*	*	*	*	*	*	*	*
1964	2.50	2.75	3.00	3.50	4.00	8.75	25.	50.	125.	*	5.00	8.50	20.	—	30.	80.	90.	50.	45.	90.	85.	375.
1964-D	2.50	2.75	3.00	3.50	4.00	4.50	20.	50.	270.	*	*	*	*	*	*	*	*	*	*	*	*	*
COPPER-NICKEL CLAD																						
1965	0.40	0.50	0.60	0.75	1.00	2.75	14.	27.	—	*	*	*	*	*	*	*	*	*	*	*	*	*
1966	0.40	0.50	0.60	0.75	1.00	2.00	8.00	40.	—	*	*	*	*	*	*	*	*	*	*	*	*	*
1967	0.40	0.50	0.60	0.75	1.00	2.75	15.	50.	210.	*	*	*	*	*	*	*	*	*	*	*	*	*
1968	0.40	0.50	0.60	0.75	1.00	3.00	15.	35.	65.	*	*	*	*	*	*	*	*	*	*	*	*	*
1968-D	0.40	0.50	0.60	0.75	1.00	4.25	7.00	20.	—	*	*	*	*	*	*	*	*	*	*	*	*	*
1968-S	*	*	*	*	*	*	*	*	*	4.00	5.00	8.00	10.	11.	12.	13.	14.	15.	—	—	20.	*
1969	0.40	0.50	0.60	0.75	1.00	10.	15.	50.	—	*	*	*	*	*	*	*	*	*	*	*	*	*
1969-D	0.40	0.50	0.60	0.75	1.00	3.50	10.	40.	300.	*	*	*	*	*	*	*	*	*	*	*	*	*
1969-S	*	*	*	*	*	*	*	*	*	4.00	5.00	8.00	10.	11.	12.	13.	14.	15.	—	—	20.	*
1970	0.40	0.50	0.60	0.75	1.00	2.00	15.	60.	—	*	*	*	*	*	*	*	*	*	*	*	*	*
1970-D	0.40	0.50	0.60	0.75	1.00	3.50	11.	15.	30.	*	*	*	*	*	*	*	*	*	*	*	*	*
1970-S	*	*	*	*	*	*	*	*	*	4.00	5.00	8.00	10.	11.	12.	13.	14.	15.	—	—	20.	*
1971	0.40	0.50	0.60	0.75	1.00	3.25	9.00	35.	—	*	*	*	*	*	*	*	*	*	*	*	*	*
1971-D	0.40	0.50	0.60	0.75	1.00	2.00	2.25	25.	167.	*	*	*	*	*	*	*	*	*	*	*	*	*

—— = Insufficient pricing data   * = None issued

WASHINGTON QUARTER DOLLAR (CONTINUED)

	VF-20	EF-40	AU-50	MS-60	MS-63	MS-64	MS-65	MS-66	MS-67	PF-63	PF-64	PF-65	PF-66	PF-66DC	PF-67	PF-67C	PF-67DC	PF-68	PF-68C	PF-68DC	PF-69	PF-69DC
1971-S	*	*	*	*	*	*	*	*	*	4.00	5.00	8.00	10.	11.	12.	13.	14.	15.	—	—	20.	—
1972	0.40	0.50	0.60	0.75	1.00	2.00	7.00	35.	—	*	*	*	*	*	*	*	*	*	*	*	*	*
1972-D	0.40	0.50	0.60	0.75	1.00	3.50	9.75	25.	30.	*	*	*	*	*	*	*	*	*	*	*	*	*
1972-S	*	*	*	*	*	*	*	*	*	4.00	5.00	8.00	10.	11.	12.	13.	14.	15.	—	—	20.	—
1973	0.40	0.50	0.60	0.75	1.00	3.50	10.	45.	—	*	*	*	*	*	*	*	*	*	*	*	*	*
1973-D	0.40	0.50	0.60	0.75	1.00	2.00	14.	20.	230.	*	*	*	*	*	*	*	*	*	*	*	*	*
1973-S	*	*	*	*	*	*	*	*	*	4.00	5.00	8.00	10.	11.	12.	13.	14.	15.	—	—	20.	—
1974	0.40	0.50	0.60	0.75	1.00	3.50	10.	25.	—	*	*	*	*	*	*	*	*	*	*	*	*	*
1974-D	0.40	0.50	0.60	0.75	1.00	7.00	18.	30.	75.	*	*	*	*	*	*	*	*	*	*	*	*	*
1974-S	*	*	*	*	*	*	*	*	*	4.00	5.00	8.00	10.	11.	12.	13.	14.	15.	—	—	20.	65.

Dual date

Bicentennial reverse

DUAL DATE, BICENTENNIAL REVERSE

	VF-20	EF-40	AU-50	MS-60	MS-63	MS-64	MS-65	MS-66	MS-67	PF-63	PF-64	PF-65	PF-66	PF-66DC	PF-67	PF-67C	PF-67DC	PF-68	PF-68C	PF-68DC	PF-69	PF-69DC
1776-1976	0.40	0.50	0.60	0.75	1.00	2.00	10.	25.	37.	*	*	*	*	*	*	*	*	*	*	*	*	*
1776-1976-D	0.40	0.50	0.60	0.75	1.00	3.50	12.	32.	168.	*	*	*	*	*	*	*	*	*	*	*	*	*
1776-1976-S	*	*	*	*	*	*	*	*	*	4.00	5.00	8.00	10.	11.	12.	13.	14.	15.	—	—	20.	80.

—— = Insufficient pricing data   * = None issued

	VF-20	EF-40	AU-50	MS-60	MS-63	MS-64	MS-65	MS-66	MS-67	PF-63	PF-64	PF-65	PF-66	PF-66DC	PF-67	PF-67C	PF-67DC	PF-68	PF-68C	PF-68DC	PF-69	PF-69DC
1776–1976-S 40% silver	—	—	—	—	2.50	—	3.75	—	—	5.00	7.00	10.	12.	—	15.	—	—	18.	—	—	25.	125.
EAGLE REVERSE RESUMED																						
1977	0.40	0.50	0.60	0.75	1.00	5.00	10.	25.	118.	*	*	*	*	*	*	*	*	*	*	*	*	*
1977-D	0.40	0.50	0.60	0.75	1.00	3.00	6.00	26.	—	*	*	*	*	*	*	*	*	*	*	*	*	*
1977-S	*	*	*	*	*	*	*	*	*	4.00	5.00	7.00	8.00	9.00	10.	11.	12.	12.	—	15.	18.	25.
1978	0.40	0.50	0.60	0.75	1.00	3.00	10.	28.	144.	*	*	*	*	*	*	*	*	*	*	*	*	*
1978-D	0.40	0.50	0.60	0.75	1.00	5.00	12.	40.	—	*	*	*	*	*	*	*	*	*	*	*	*	*
1978-S	*	*	*	*	*	*	*	*	*	4.00	5.00	7.00	8.00	9.00	10.	11.	12.	12.	—	15.	18.	25.
1979	0.40	0.50	0.60	0.75	1.00	5.00	10.	30.	—	*	*	*	*	*	*	*	*	*	*	*	*	*
1979-D	0.40	0.50	0.60	0.75	1.00	3.00	7.00	25.	—	*	*	*	*	*	*	*	*	*	*	*	*	*
1979-S Filled S	*	*	*	*	*	*	*	*	*	4.00	5.00	7.00	8.00	9.00	10.	11.	12.	12.	—	15.	18.	25.
1979-S Clear S	*	*	*	*	*	*	*	*	*	4.00	5.00	8.00	9.00	11.	12.	—	14.	15.	—	18.	25.	35.
1980-P	0.40	0.50	0.60	0.75	1.00	3.00	9.00	20.	—	*	*	*	*	*	*	*	*	*	*	*	*	*
1980-D	0.40	0.50	0.60	0.75	1.00	3.00	8.75	30.	—	*	*	*	*	*	*	*	*	*	*	*	*	*
1980-S	—	—	*	*	*	*	*	*	*	4.00	5.00	7.00	8.00	9.00	10.	11.	12.	12.	—	15.	18.	25.
1981-P	0.40	0.50	0.60	0.75	1.00	6.00	10.	35.	—	*	*	*	*	*	*	*	*	*	*	*	*	*
1981-D	0.40	0.50	0.60	0.75	1.00	7.50	6.50	18.	25.	*	*	*	*	*	*	*	*	*	*	*	*	*
1981-S	0.50	0.75	1.00	2.00	7.00	15.	30.	75.	—	4.00	5.00	7.00	8.00	9.00	10.	11.	12.	12.	*	15.	18.	25.
1982-P	0.50	0.75	1.00	2.00	7.00	15.	30.	75.	—	*	*	*	*	*	*	*	*	*	*	*	*	*
1982-D	0.40	0.50	0.75	1.00	3.00	10.	15.	70.	—	*	*	*	*	*	*	*	*	*	*	*	*	*
1982-S	*	*	*	*	*	*	*	*	*	4.00	5.00	7.00	8.00	9.00	10.	11.	12.	12.	—	15.	18.	25.
1983-P	2.00	4.00	12.	25.	30.	40.	65.	475.	—	*	*	*	*	*	*	*	*	*	*	*	*	*
1983-D	1.00	2.00	3.00	9.00	12.	25.	45.	118.	—	*	*	*	*	*	*	*	*	*	*	*	*	*
1983-S	*	*	*	*	*	*	*	*	*	3.00	4.00	5.00	7.00	10.	10.	12.	15.	15.	—	20.	18.	25.
1984-P	0.40	0.50	0.60	0.75	1.00	11.	15.	100.	—	*	*	*	*	*	*	*	*	*	*	*	*	*
1984-D	0.40	0.50	0.60	0.75	1.00	8.00	12.	57.	—	*	*	*	*	*	*	*	*	*	*	*	*	*

— = Insufficient pricing data   * = None issued

WASHINGTON QUARTER DOLLAR (CONTINUED)

	VF-20	EF-40	AU-50	MS-60	MS-63	MS-64	MS-65	MS-66	MS-67	PF-63	PF-64	PF-65	PF-66	PF-66DC	PF-67	PF-67C	PF-67DC	PF-68	PF-68C	PF-68DC	PF-69	PF-69DC
1984-S	*	*	*	*	*	*	*	*	*	3.00	4.00	5.00	7.00	10.	10.	12.	15.	15.	—	20.	18.	25.
1985-P	0.40	0.50	0.60	0.75	1.00	10.	20.	50.	—	*	*	*	*	*	*	*	*	*	*	*	*	*
1985-D	0.40	0.50	0.60	0.75	1.00	4.00	10.	22.	*	*	*	*	*	*	*	*	*	*	*	*	*	*
1985-S	*	*	*	*	*	*	*	*	*	3.00	4.00	5.00	7.00	10.	10.	12.	15.	15.	—	20.	18.	25.
1986-P	0.40	0.50	0.60	0.75	1.00	2.00	4.00	19.	—	*	*	*	*	*	*	*	*	*	*	*	*	*
1986-D	1.00	1.50	3.00	6.00	8.00	10.	15.	53.	975.	*	*	*	*	*	*	*	*	*	*	*	*	*
1986-S	*	*	*	*	*	*	*	*	*	3.00	4.00	5.00	7.00	10.	10.	12.	15.	15.	—	20.	18.	25.
1987-P	0.40	0.50	0.60	0.75	1.00	9.50	12.	—	—	*	*	*	*	*	*	*	*	*	*	*	*	*
1987-D	0.40	0.50	0.60	0.75	1.00	3.00	8.25	30.	350.	*	*	*	*	*	*	*	*	*	*	*	*	*
1987-S	*	*	*	*	*	*	*	*	*	3.00	4.00	5.00	7.00	10.	10.	12.	15.	15.	—	20.	18.	25.
1988-P	0.40	0.50	0.60	0.75	1.00	3.00	20.	50.	—	*	*	*	*	*	*	*	*	*	*	*	*	*
1988-D	0.40	0.50	0.60	0.75	1.00	5.00	15.	20.	500.	*	*	*	*	*	*	*	*	*	*	*	*	*
1988-S	*	*	*	*	*	*	*	*	*	3.00	4.00	5.00	7.00	10.	10.	12.	15.	15.	—	20.	18.	25.
1989-P	0.40	0.50	0.60	0.75	1.00	3.00	24.	100.	—	*	*	*	*	*	*	*	*	*	*	*	*	*
1989-D	0.40	0.50	0.60	0.75	1.00	2.00	4.25	50.	—	*	*	*	*	*	*	*	*	*	*	*	*	*
1989-S	*	*	*	*	*	*	*	*	*	3.00	4.00	5.00	7.00	10.	10.	12.	15.	15.	—	20.	18.	25.
1990-P	0.40	0.50	0.60	0.75	1.00	3.00	18.	50.	—	*	*	*	*	*	*	*	*	*	*	*	*	*
1990-D	0.40	0.50	0.60	0.75	1.00	2.00	4.00	38.	—	*	*	*	*	*	*	*	*	*	*	*	*	*
1990-S	*	*	*	*	*	*	*	*	*	3.00	4.00	5.00	7.00	10.	10.	12.	15.	15.	—	20.	18.	25.
1991-P	0.40	0.50	0.60	0.75	1.00	7.00	20.	150.	—	*	*	*	*	*	*	*	*	*	*	*	*	*
1991-D	0.40	0.50	0.60	0.75	1.00	5.00	15.	30.	—	*	*	*	*	*	*	*	*	*	*	*	*	*
1991-S	*	*	*	*	*	*	*	*	*	3.00	4.00	5.00	7.00	10.	10.	12.	15.	15.	—	20.	18.	25.
1992-P	0.40	0.50	0.60	0.75	1.00	13.	22.	—	*	*	*	*	*	*	*	*	*	*	*	*	*	*
1992-D	0.40	0.50	0.60	0.75	1.00	6.50	30.	375.	*	*	*	*	*	*	*	*	*	*	*	*	*	*
1992-S Clad	*	*	*	*	*	*	*	*	*	3.00	4.00	5.00	7.00	10.	10.	12.	15.	15.	—	15.	18.	25.
1992-S Silver	*	*	*	*	*	*	*	*	*	4.00	5.00	7.00	10.	15.	14.	—	20.	18.	—	18.	25.	35.

—— = Insufficient pricing data   * = None issued

WASHINGTON QUARTER DOLLAR (CONTINUED)

	VF-20	EF-40	AU-50	MS-60	MS-63	MS-64	MS-65	MS-66	MS-67	PF-63	PF-64	PF-65	PF-66	PF-66DC	PF-67	PF-67C	PF-67DC	PF-68	PF-68C	PF-68DC	PF-69	PF-69DC
1993-P	0.40	0.50	0.60	0.75	1.00	4.00	10.	—	—	*	*	*	*	*	*	*	*	*	*	*	*	*
1993-D	0.40	0.50	0.60	0.75	1.00	8.00	12.	—	—	*	*	*	*	*	*	*	*	*	*	*	*	*
1993-S Clad	*	*	*	*	*	*	*	*	*	3.00	4.00	5.00	7.00	10.	10.	12.	15.	15.	—	15.	18.	25.
1993-S Silver	*	*	*	*	*	*	*	*	*	4.00	5.00	7.00	10.	15.	14.	—	20.	18.	—	18.	25.	35.
1994-P	0.40	0.50	0.60	0.75	1.00	10.	25.	—	—	*	*	*	*	*	*	*	*	*	*	*	*	*
1994-D	0.40	0.50	0.60	0.75	1.00	5.00	12.	—	—	*	*	*	*	*	*	*	*	*	*	*	*	*
1994-S Clad	*	*	*	*	*	*	*	*	*	3.00	4.00	5.00	7.00	10.	10.	12.	15.	15.	—	15.	18.	25.
1994-S Silver	*	*	*	*	*	*	*	*	*	4.00	5.00	7.00	10.	15.	14.	—	20.	18.	—	18.	25.	35.
1995-P	0.40	0.50	0.60	0.75	1.00	8.00	25.	60.	85.	*	*	*	*	*	*	*	*	*	*	*	*	*
1995-D	0.40	0.50	0.60	0.75	1.00	8.00	20.	50.	435.	*	*	*	*	*	*	*	*	*	*	*	*	*
1995-S Clad	*	*	*	*	*	*	*	*	*	3.00	4.00	5.00	7.00	10.	10.	12.	15.	15.	—	15.	18.	30.
1995-S Silver	*	*	*	*	*	*	*	*	*	4.00	5.00	7.00	10.	15.	14.	—	20.	18.	—	18.	25.	35.
1996-P	0.40	0.50	0.60	0.75	1.00	7.00	15.	20.	85.	*	*	*	*	*	*	*	*	*	*	*	*	*
1996-D	0.40	0.50	0.60	0.75	1.00	7.00	15.	20.	85.	*	*	*	*	*	*	*	*	*	*	*	*	*
1996-S Clad	*	*	*	*	*	*	*	*	*	3.00	4.00	5.00	7.00	10.	10.	12.	15.	15.	—	15.	18.	25.
1996-S Silver	*	*	*	*	*	*	*	*	*	4.00	5.00	7.00	10.	15.	14.	—	20.	18.	—	18.	25.	35.
1997-P	0.40	0.50	0.60	0.75	1.00	7.00	10.	235.	495.	*	*	*	*	*	*	*	*	*	*	*	*	*
1997-D	0.40	0.50	0.60	0.75	1.00	10.	20.	50.	250.	*	*	*	*	*	*	*	*	*	*	*	*	*
1997-S Clad	*	*	*	*	*	*	*	*	*	3.00	4.00	5.00	7.00	10.	10.	12.	15.	15.	—	15.	18.	30.
1997-S Silver	*	*	*	*	*	*	*	*	*	4.00	5.00	7.00	10.	15.	14.	—	20.	18.	—	18.	25.	45.
1998-P	0.40	0.50	0.60	0.75	1.00	7.25	13.	30.	200.	*	*	*	*	*	*	*	*	*	*	*	*	*
1998-D	0.40	0.50	0.60	0.75	1.00	9.50	12.	15.	—	*	*	*	*	*	*	*	*	*	*	*	*	*
1998-S Clad	*	*	*	*	*	*	*	*	*	3.00	4.00	5.00	7.00	10.	10.	12.	15.	15.	—	15.	18.	25.
1998-S Silver	*	*	*	*	*	*	*	*	*	4.00	5.00	7.00	10.	15.	14.	—	20.	18.	—	18.	25.	35.

—— = Insufficient pricing data   * = None issued

WASHINGTON QUARTER DOLLAR (CONTINUED)

STATE REVERSES	VF-20	EF-40	AU-50	MS-60	MS-63	MS-64	MS-65	MS-66	MS-67	MS-68	MS-69	MS-70	PF-63	PF-64	PF-65	PF-66	PF-66DC	PF-67	PF-67DC	PF-68	PF-68DC	PF-69	PF-69DC	PF-70DC
1999-P DE	0.40	0.50	0.60	0.75	1.00	10.	15.	35.	50.	—	—	—	*	*	*	*	*	*	*	*	*	*	*	*
1999-D DE	0.40	0.50	0.60	0.75	1.00	15.	20.	75.	250.	—	—	—	*	*	*	*	*	*	*	*	*	*	*	*
1999-S Clad DE	*	*	*	*	*	*	*	*	*	—	—	—	4.00	5.00	6.00	7.00	8.00	8.00	10.	9.00	15.	10.	30.	160.
1999-S Silver DE	*	*	*	*	*	*	*	*	*	—	—	—	6.00	7.00	8.00	9.00	10.	10.	15.	12.	25.	20.	55.	400.
1999-P PA	0.40	0.50	0.60	0.75	1.00	15.	18.	20.	400.	—	—	—	*	*	*	*	*	*	*	*	*	*	*	*
1999-D PA	0.40	0.50	0.60	0.75	1.00	10.	15.	18.	470.	225.	—	—	*	*	*	*	*	*	*	*	*	*	*	*
1999-S Clad PA	*	*	*	*	*	*	*	*	*	—	—	—	4.00	5.00	6.00	7.00	8.00	8.00	10.	9.00	15.	10.	30.	135.
1999-S Silver PA	*	*	*	*	*	*	*	*	*	—	—	—	6.00	7.00	8.00	9.00	10.	10.	15.	12.	25.	20.	55.	275.
1999-P NJ	0.40	0.50	0.60	0.75	1.00	14.	22.	65.	400.	—	—	—	*	*	*	*	*	*	*	*	*	*	*	*
1999-D NJ	0.40	0.50	0.60	0.75	1.00	12.	16.	65.	1000.	175.	—	—	*	*	*	*	*	*	*	*	*	*	*	*
1999-S Clad NJ	*	*	*	*	*	*	*	*	*	—	—	—	4.00	5.00	6.00	7.00	8.00	8.00	10.	9.00	15.	10.	30.	160.
1999-S Silver NJ	*	*	*	*	*	*	*	*	*	—	—	—	6.00	7.00	8.00	9.00	10.	10.	15.	12.	25.	20.	55.	275.
1999-P GA	0.40	0.50	0.60	0.75	1.00	15.	35.	110.	1200.	—	—	—	*	*	*	*	*	*	*	*	*	*	*	*
1999-D GA	0.40	0.50	0.60	0.75	1.00	12.	35.	35.	860.	—	—	—	*	*	*	*	*	*	*	*	*	*	*	*
1999-S Clad GA	*	*	*	*	*	*	*	*	*	—	—	—	4.00	5.00	6.00	7.00	8.00	8.00	10.	9.00	15.	10.	30.	160.
1999-S Silver GA	*	*	*	*	*	*	*	*	*	—	—	—	6.00	7.00	8.00	9.00	10.	10.	15.	12.	25.	20.	55.	175.
1999-P CT	0.40	0.50	0.60	0.75	1.00	12.	15.	70.	125.	—	—	—	*	*	*	*	*	*	*	*	*	*	*	*
1999-D CT	0.40	0.50	0.60	0.75	1.00	10.	20.	35.	130.	—	—	—	*	*	*	*	*	*	*	*	*	*	*	*
1999-S Clad CT	*	*	*	*	*	*	*	*	*	—	—	—	4.00	5.00	6.00	7.00	8.00	8.00	10.	9.00	15.	10.	30.	125.
1999-S Silver CT	*	*	*	*	*	*	*	*	*	—	—	—	6.00	7.00	8.00	9.00	10.	10.	15.	12.	25.	20.	55.	175.
2000-P MA	0.40	0.50	0.60	0.75	1.00	3.00	10.	15.	55.	—	—	—	*	*	*	*	*	*	*	*	*	*	*	*
2000-D MA	0.40	0.50	0.60	0.75	1.00	6.50		25.	82.	—	—	—	*	*	*	*	*	*	*	*	*	*	*	*
2000-S Clad MA	*	*	*	*	*	*	*	*	*	—	—	—	4.00	5.00	6.00	7.00	8.00	8.00	10.	9.00	15.	10.	25.	100.
2000-S Silver MA	*	*	*	*	*	*	*	*	*	—	—	—	6.00	7.00	8.00	9.00	10.	10.	15.	12.	25.	20.	30.	110.
2000-P MD	0.40	0.50	0.60	0.75	1.00	5.00	15.	15.	100.	—	—	—	*	*	*	*	*	*	*	*	*	*	*	*
2000-D MD	0.40	0.50	0.60	0.75	1.00	7.00	10.	15.	150.	—	—	—	*	*	*	*	*	*	*	*	*	*	*	*

—— = Insufficient pricing data   * = None issued

WASHINGTON QUARTER DOLLAR (CONTINUED)

	VF-20	EF-40	AU-50	MS-60	MS-63	MS-64	MS-65	MS-66	MS-67	MS-68	MS-69	MS-70	PF-63	PF-64	PF-65	PF-66	PF-66DC	PF-67	PF-67DC	PF-68	PF-68DC	PF-69	PF-69DC	PF-70DC
2000-S Clad MD	*	*	*	*	*	*	*	*	*	*	*	*	4.00	5.00	6.00	7.00	8.00	8.00	10.	9.00	15.	10.	25.	100.
2000-S Silver MD	*	*	*	*	*	*	*	*	*	*	*	*	6.00	7.00	8.00	9.00	10.	10.	15.	12.	25.	20.	30.	110.
2000-P SC	0.40	0.50	0.60	0.75	1.00	7.00	10.	18.	50.	—	—	—	*	*	*	*	*	*	*	*	*	*	*	*
2000-D SC	0.40	0.50	0.60	0.75	1.00	10.	15.	20.	25.	75.	—	—	*	*	*	*	*	*	*	*	*	*	*	*
2000-S Clad SC	*	*	*	*	*	*	*	*	*	*	*	*	4.00	5.00	6.00	7.00	8.00	8.00	10.	9.00	15.	10.	25.	100.
2000-S Silver SC	*	*	*	*	*	*	*	*	*	*	*	*	6.00	7.00	8.00	9.00	10.	10.	15.	12.	25.	20.	30.	110.
2000-P NH	0.40	0.50	0.60	0.75	1.00	10.	16.	47.	95.	—	—	—	*	*	*	*	*	*	*	*	*	*	*	*
2000-D NH	0.40	0.50	0.60	0.75	1.00	10.	20.	50.	130.	—	—	—	*	*	*	*	*	*	*	*	*	*	*	*
2000-S Clad NH	*	*	*	*	*	*	*	*	*	*	*	*	4.00	5.00	6.00	7.00	8.00	8.00	10.	9.00	15.	10.	25.	100.
2000-S Silver NH	*	*	*	*	*	*	*	*	*	*	*	*	6.00	7.00	8.00	9.00	10.	10.	15.	12.	25.	20.	30.	110.
2000-P VA	0.40	0.50	0.60	0.75	1.00	10.	12.	15.	50.	90.	—	—	*	*	*	*	*	*	*	*	*	*	*	*
2000-D VA	0.40	0.50	0.60	0.75	1.00	10.	12.	15.	100.	—	—	—	*	*	*	*	*	*	*	*	*	*	*	*
2000-S Clad VA	*	*	*	*	*	*	*	*	*	*	*	*	4.00	5.00	6.00	7.00	8.00	8.00	10.	9.00	15.	10.	25.	100.
2000-S Silver VA	*	*	*	*	*	*	*	*	*	*	*	*	6.00	7.00	8.00	9.00	10.	10.	15.	12.	25.	20.	30.	110.
2001-P NY	0.40	0.50	0.60	0.75	1.00	10.	12.	15.	40.	50.	—	—	*	*	*	*	*	*	*	*	*	*	*	*
2001-D NY	0.40	0.50	0.60	0.75	1.00	8.00	12.	15.	500.	—	—	—	*	*	*	*	*	*	*	*	*	*	*	*
2001-S Clad NY	*	*	*	*	*	*	*	*	*	*	*	*	4.00	5.00	6.00	7.00	8.00	8.00	10.	9.00	15.	10.	25.	125.
2001-S Silver NY	*	*	*	*	*	*	*	*	*	*	*	*	6.00	7.00	8.00	9.00	10.	10.	15.	12.	25.	20.	35.	110.
2001-P NC	0.40	0.50	0.60	0.75	1.00	7.00	12.	15.	50.	—	—	—	*	*	*	*	*	*	*	*	*	*	*	*
2001-D NC	0.40	0.50	0.60	0.75	1.00	10.	15.	18.	100.	—	—	—	*	*	*	*	*	*	*	*	*	*	*	*
2001-S Clad NC	*	*	*	*	*	*	*	*	*	*	*	*	4.00	5.00	6.00	7.00	8.00	8.00	10.	9.00	15.	10.	25.	110.
2001-S Silver NC	*	*	*	*	*	*	*	*	*	*	*	*	6.00	7.00	8.00	9.00	10.	10.	15.	12.	25.	20.	35.	110.
2001-P RI	0.40	0.50	0.60	0.75	1.00	7.00	12.	15.	100.	—	—	—	*	*	*	*	*	*	*	*	*	*	*	*
2001-D RI	0.40	0.50	0.60	0.75	1.00	8.00	16.	26.	85.	—	—	—	*	*	*	*	*	*	*	*	*	*	*	*
2001-S Clad RI	*	*	*	*	*	*	*	*	*	*	*	*	4.00	5.00	6.00	7.00	8.00	8.00	10.	9.00	15.	10.	25.	135.
2001-S Silver RI	*	*	*	*	*	*	*	*	*	*	*	*	6.00	7.00	8.00	9.00	10.	10.	15.	12.	25.	20.	35.	110.

———— = Insufficient pricing data   * = None issued

	VF-20	EF-40	AU-50	MS-60	MS-63	MS-64	MS-65	MS-66	MS-67	MS-68	MS-69	MS-70	PF-63	PF-64	PF-65	PF-66	PF-66DC	PF-67	PF-67DC	PF-68	PF-68DC	PF-69	PF-69DC	PF-70DC
2001-P VT	0.40	0.50	0.60	0.75	1.00	8.00	10.	20.	100.	—	—	—	*	*	*	*	*	*	*	*	*	*	*	*
2001-D VT	0.40	0.50	0.60	0.75	1.00	9.00	12.	25.	150.	—	—	—	*	*	*	*	*	*	*	*	*	*	*	*
2001-S Clad VT	*	*	*	*	*	*	*	*	*	*	*	*	4.00	5.00	6.00	7.00	8.00	8.00	10.	9.00	15.	10.	25.	110.
2001-S Silver VT	*	*	*	*	*	*	*	*	*	*	*	*	6.00	7.00	8.00	9.00	10.	10.	15.	12.	25.	20.	35.	110.
2001-P KY	0.40	0.50	0.60	0.75	1.00	8.00	10.	20.	—	—	—	—	*	*	*	*	*	*	*	*	*	*	*	*
2001-D KY	0.40	0.50	0.60	0.75	1.00	9.00	12.	25.	—	—	—	—	*	*	*	*	*	*	*	*	*	*	*	*
2001-S Clad KY	*	*	*	*	*	*	*	*	*	*	*	*	4.00	5.00	6.00	7.00	8.00	8.00	10.	9.00	15.	10.	25.	110.
2001-S Silver KY	*	*	*	*	*	*	*	*	*	*	*	*	6.00	7.00	8.00	9.00	10.	10.	15.	12.	25.	20.	35.	110.
2002-P TN	0.40	0.50	0.60	0.75	1.00	8.00	10.	20.	—	35.	—	—	*	*	*	*	*	*	*	*	*	*	*	*
2002-D TN	0.40	0.50	0.60	0.75	1.00	9.00	12.	25.	—	—	—	—	*	*	*	*	*	*	*	*	*	*	*	*
2002-S Clad TN	*	*	*	*	*	*	*	*	*	*	*	*	4.00	5.00	6.00	7.00	8.00	8.00	10.	9.00	15.	10.	23.	110.
2002-S Silver TN	*	*	*	*	*	*	*	*	*	*	*	*	6.00	7.00	8.00	9.00	10.	10.	15.	12.	25.	20.	35.	110.
2002-P OH	0.40	0.50	0.60	0.75	1.00	8.00	10.	15.	20.	25.	—	—	*	*	*	*	*	*	*	*	*	*	*	*
2002-D OH	0.40	0.50	0.60	0.75	1.00	9.00	12.	25.	50.	—	—	—	*	*	*	*	*	*	*	*	*	*	*	*
2002-S Clad OH	*	*	*	*	*	*	*	*	*	*	*	*	4.00	5.00	6.00	7.00	8.00	8.00	10.	9.00	15.	10.	23.	110.
2002-S Silver OH	*	*	*	*	*	*	*	*	*	*	*	*	6.00	7.00	8.00	9.00	10.	10.	15.	12.	25.	20.	35.	110.
2002-P LA	0.40	0.50	0.60	0.75	1.00	8.00	10.	15.	20.	25.	—	—	*	*	*	*	*	*	*	*	*	*	*	*
2002-D LA	0.40	0.50	0.60	0.75	1.00	9.00	12.	25.	—	—	—	—	*	*	*	*	*	*	*	*	*	*	*	*
2002-S Clad LA	*	*	*	*	*	*	*	*	*	*	*	*	4.00	5.00	6.00	7.00	8.00	8.00	10.	9.00	15.	10.	23.	110.
2002-S Silver LA	*	*	*	*	*	*	*	*	*	*	*	*	6.00	7.00	8.00	9.00	10.	10.	15.	12.	25.	20.	35.	110.
2002-P IN	0.40	0.50	0.60	0.75	1.00	8.00	10.	15.	20.	25.	—	—	*	*	*	*	*	*	*	*	*	*	*	*
2002-D IN	0.40	0.50	0.60	0.75	1.00	9.00	12.	25.	—	—	—	—	*	*	*	*	*	*	*	*	*	*	*	*
2002-S Clad IN	*	*	*	*	*	*	*	*	*	*	*	*	4.00	5.00	6.00	7.00	8.00	8.00	10.	9.00	15.	10.	23.	110.
2002-S Silver IN	*	*	*	*	*	*	*	*	*	*	*	*	6.00	7.00	8.00	9.00	10.	10.	15.	12.	25.	20.	35.	110.
2002-P MS	0.40	0.50	0.60	0.75	1.00	8.00	10.	20.	30.	—	—	—	*	*	*	*	*	*	*	*	*	*	*	*
2002-D MS	0.40	0.50	0.60	0.75	1.00	9.00	12.	25.	—	—	—	—	*	*	*	*	*	*	*	*	*	*	*	*

—— = Insufficient pricing data   * = None issued

	VF-20	EF-40	AU-50	MS-60	MS-63	MS-64	MS-65	MS-66	MS-67	MS-68	MS-69	MS-70	PF-63	PF-64	PF-65	PF-66	PF-66DC	PF-67	PF-67DC	PF-68	PF-68DC	PF-69	PF-69DC	PF-70DC
2002-S Clad MS	*	*	*	*	*	*	*	*	*	*	*	*	4.00	5.00	6.00	7.00	8.00	8.00	10.	9.00	15.	10.	23.	110.
2002-S Silver MS	*	*	*	*	*	*	*	*	*	*	*	*	6.00	7.00	8.00	9.00	10.	10.	15.	12.	25.	20.	35.	110.
2003-P IL	0.40	0.50	0.60	0.75	1.00	8.00	10.	20.	—	—	—	—	*	*	*	*	*	*	*	*	*	*	*	*
2003-D IL	0.40	0.50	0.60	0.75	1.00	9.00	12.	25.	—	—	—	—	*	*	*	*	*	*	*	*	*	*	*	*
2003-S Clad IL	*	*	*	*	*	*	*	*	*	*	*	*	4.00	5.00	6.00	7.00	8.00	8.00	10.	9.00	15.	10.	20.	100.
2003-S Silver IL	*	*	*	*	*	*	*	*	*	*	*	*	6.00	7.00	8.00	9.00	10.	10.	15.	12.	20.	20.	25.	90.
2003-P AL	0.40	0.50	0.60	0.75	1.00	8.00	10.	20.	—	—	—	—	*	*	*	*	*	*	*	*	*	*	*	*
2003-D AL	0.40	0.50	0.60	0.75	1.00	9.00	12.	25.	—	—	—	—	*	*	*	*	*	*	*	*	*	*	*	*
2003-S Clad AL	*	*	*	*	*	*	*	*	*	*	*	*	4.00	5.00	6.00	7.00	8.00	8.00	10.	9.00	15.	10.	20.	85.
2003-S Silver AL	*	*	*	*	*	*	*	*	*	*	*	*	6.00	7.00	8.00	9.00	10.	10.	15.	12.	20.	20.	25.	90.
2003-P ME	0.40	0.50	0.60	0.75	1.00	8.00	10.	20.	—	—	—	—	*	*	*	*	*	*	*	*	*	*	*	*
2003-D ME	0.40	0.50	0.60	0.75	1.00	9.00	12.	25.	—	—	—	—	*	*	*	*	*	*	*	*	*	*	*	*
2003-S Clad ME	*	*	*	*	*	*	*	*	*	*	*	*	4.00	5.00	6.00	7.00	8.00	8.00	10.	9.00	15.	10.	20.	110.
2003-S Silver ME	*	*	*	*	*	*	*	*	*	*	*	*	6.00	7.00	8.00	9.00	10.	10.	15.	12.	20.	20.	25.	90.
2003-P MO	0.40	0.50	0.60	0.75	1.00	8.00	10.	20.	—	—	—	—	*	*	*	*	*	*	*	*	*	*	*	*
2003-D MO	0.40	0.50	0.60	0.75	1.00	9.00	12.	25.	—	—	—	—	*	*	*	*	*	*	*	*	*	*	*	*
2003-S Clad MO	*	*	*	*	*	*	*	*	*	*	*	*	4.00	5.00	6.00	7.00	8.00	8.00	10.	9.00	15.	10.	20.	70.
2003-S Silver MO	*	*	*	*	*	*	*	*	*	*	*	*	6.00	7.00	8.00	9.00	10.	10.	15.	12.	20.	20.	25.	90.
2003-P AR	0.40	0.50	0.60	0.75	1.00	8.00	10.	20.	—	—	—	—	*	*	*	*	*	*	*	*	*	*	*	*
2003-D AR	0.40	0.50	0.60	0.75	1.00	9.00	12.	25.	—	—	—	—	*	*	*	*	*	*	*	*	*	*	*	*
2003-S Clad AR	*	*	*	*	*	*	*	*	*	*	*	*	4.00	5.00	6.00	7.00	8.00	8.00	10.	9.00	15.	10.	20.	85.
2003-S Silver AR	*	*	*	*	*	*	*	*	*	*	*	*	6.00	7.00	8.00	9.00	10.	10.	15.	12.	20.	20.	25.	90.
2004-P MI	0.40	0.50	0.60	0.75	1.00	8.00	10.	15.	25.	—	—	—	*	*	*	*	*	*	*	*	*	*	*	*
2004-D MI	0.40	0.50	0.60	0.75	1.00	9.00	12.	15.	25.	—	—	—	*	*	*	*	*	*	*	*	*	*	*	*
2004-S Clad MI	*	*	*	*	*	*	*	*	*	*	*	*	4.00	5.00	6.00	7.00	8.00	8.00	10.	9.00	15.	10.	20.	85.
2004-S Silver MI	*	*	*	*	*	*	*	*	*	*	*	*	6.00	7.00	8.00	9.00	10.	10.	15.	12.	20.	20.	25.	90.

—— = Insufficient pricing data   * = None issued

WASHINGTON QUARTER DOLLAR (CONTINUED)

	VF-20	EF-40	AU-50	MS-60	MS-63	MS-64	MS-65	MS-66	MS-67	MS-68	MS-69	MS-70	PF-63	PF-64	PF-65	PF-66	PF-66DC	PF-67	PF-67DC	PF-68	PF-68DC	PF-69	PF-69DC	PF-70DC
2004-P FL	0.40	0.50	0.60	0.75	1.00	8.00	10.	15.	25.	—	—	—	*	*	*	*	*	*	*	*	*	*	*	*
2004-D FL	0.40	0.50	0.60	0.75	1.00	9.00	12.	15.	20.	—	—	—	*	*	*	*	*	*	*	*	*	*	*	*
2004-S Clad FL	*	*	*	*	*	*	*	*	*	*	*	*	4.00	5.00	6.00	7.00	8.00	8.00	10.	9.00	15.	10.	20.	85.
2004-S Silver FL	*	*	*	*	*	*	*	*	*	*	*	*	6.00	7.00	8.00	9.00	10.	10.	15.	12.	20.	20.	25.	90.
2004-P TX	0.40	0.50	0.60	0.75	1.00	8.00	10.	15.	25.	—	—	—	*	*	*	*	*	*	*	*	*	*	*	*
2004-D TX	0.40	0.50	0.60	0.75	1.00	9.00	12.	15.	25.	—	—	—	*	*	*	*	*	*	*	*	*	*	*	*
2004-S Clad TX	*	*	*	*	*	*	*	*	*	*	*	*	4.00	5.00	6.00	7.00	8.00	8.00	10.	9.00	15.	10.	20.	85.
2004-S Silver TX	*	*	*	*	*	*	*	*	*	*	*	*	6.00	7.00	8.00	9.00	10.	10.	15.	12.	20.	20.	25.	90.
2004-P IA	0.40	0.50	0.60	0.75	1.00	8.00	10.	20.	30.	—	—	—	*	*	*	*	*	*	*	*	*	*	*	*
2004-D IA	0.40	0.50	0.60	0.75	1.00	9.00	12.	15.	25.	—	—	—	*	*	*	*	*	*	*	*	*	*	*	*
2004-S Clad IA	*	*	*	*	*	*	*	*	*	*	*	*	4.00	5.00	6.00	7.00	8.00	8.00	10.	9.00	15.	10.	20.	85.
2004-S Silver IA	*	*	*	*	*	*	*	*	*	*	*	*	6.00	7.00	8.00	9.00	10.	10.	15.	12.	20.	20.	25.	90.
2004-P WI	0.40	0.50	0.60	0.75	1.00	8.00	10.	15.	—	—	—	—	*	*	*	*	*	*	*	*	*	*	*	*
2004-D WI	0.40	0.50	0.60	0.75	1.00	9.00	12.	15.	20.	—	—	—	*	*	*	*	*	*	*	*	*	*	*	*
2004-D WI Extra Leaf High	—	—	300.	325.	400.	550.	900.	1500.	4000.	—	—	—	*	*	*	*	*	*	*	*	*	*	*	*
2004-D WI Extra Leaf Low	—	—	200.	225.	275.	400.	600.	900.	2500.	—	—	—	*	*	*	*	*	*	*	*	*	*	*	*
2004-S Clad WI	*	*	*	*	*	*	*	*	*	*	*	*	4.00	5.00	6.00	7.00	8.00	8.00	10.	9.00	15.	10.	20.	85.
2004-S Silver WI	*	*	*	*	*	*	*	*	*	*	*	*	6.00	7.00	8.00	9.00	10.	10.	15.	12.	20.	20.	25.	90.
2005-P CA	0.40	0.50	0.60	0.75	1.00	—	—	15.	20.	—	—	—	*	*	*	*	*	*	*	*	*	*	*	*
2005-P CA Satin Finish	—	—	—	—	1.00	—	—	—	—	30.	—	—	*	*	*	*	*	*	*	*	*	*	*	*
2005-D CA	0.40	0.50	0.60	0.75	1.00	—	—	15.	20.	—	—	—	*	*	*	*	*	*	*	*	*	*	*	*
2005-D CA Satin Finish	—	—	—	—	1.00	—	—	—	—	25.	—	—	*	*	*	*	*	*	*	*	*	*	*	*
2005-S Clad CA	*	*	*	*	*	*	*	*	*	*	*	*	4.00	5.00	6.00	7.00	8.00	8.00	10.	9.00	15.	10.	18.	60.
2005-S Silver CA	*	*	*	*	*	*	*	*	*	*	*	*	6.00	7.00	8.00	9.00	10.	10.	15.	12.	20.	20.	25.	90.
2005-P MN	0.40	0.50	0.60	0.75	1.00	—	—	—	35.	35.	—	—	*	*	*	*	*	*	*	*	*	*	*	*

—— = Insufficient pricing data   * = None issued

WASHINGTON QUARTER DOLLAR (CONTINUED)

Coin	VF-20	EF-40	AU-50	MS-60	MS-63	MS-64	MS-65	MS-66	MS-67	MS-68	MS-69	MS-70	PF-63	PF-64	PF-65	PF-66	PF-66DC	PF-67	PF-67DC	PF-68	PF-68DC	PF-69	PF-69DC	PF-70DC
2005-P MN Satin Finish	*	*	—	—	—	—	—	15.	20.	25.	30.	—	*	*	*	*	*	*	*	*	*	*	*	*
2005-D MN	0.40	0.50	0.60	0.75	1.00	—	—	—	—	—	—	—	*	*	*	*	*	*	*	*	*	*	*	*
2005-D MN Satin Finish	*	*	—	—	—	—	—	15.	20.	25.	—	—	*	*	*	*	*	*	*	*	*	*	*	*
2005-S Clad MN	*	*	*	*	*	*	*	*	*	*	*	*	4.00	5.00	6.00	7.00	8.00	8.00	10.	9.00	15.	10.	18.	60.
2005-S Silver MN	*	*	*	*	*	*	*	*	*	*	*	*	6.00	7.00	8.00	9.00	10.	10.	15.	12.	20.	20.	25.	90.
2005-P OR	0.40	0.50	0.60	0.75	1.00	—	—	—	—	—	—	—	*	*	*	*	*	*	*	*	*	*	*	*
2005-P OR Satin Finish	*	*	—	—	—	—	—	15.	20.	35.	40.	—	*	*	*	*	*	*	*	*	*	*	*	*
2005-D OR	0.40	0.50	0.60	0.75	1.00	—	—	—	—	—	—	—	*	*	*	*	*	*	*	*	*	*	*	*
2005-D OR Satin Finish	*	*	—	—	—	—	—	15.	20.	25.	30.	—	*	*	*	*	*	*	*	*	*	*	*	*
2005-S Clad OR	*	*	*	*	*	*	*	*	*	*	*	*	4.00	5.00	6.00	7.00	8.00	8.00	10.	9.00	15.	10.	18.	60.
2005-S Silver OR	*	*	*	*	*	*	*	*	*	*	*	*	6.00	7.00	8.00	9.00	10.	10.	15.	12.	20.	20.	25.	90.
2005-P KS	0.40	0.50	0.60	0.75	1.00	—	—	—	—	—	—	—	*	*	*	*	*	*	*	*	*	*	*	*
2005-P KS Satin Finish	*	*	—	—	—	—	—	15.	20.	25.	—	—	*	*	*	*	*	*	*	*	*	*	*	*
2005-D KS	0.40	0.50	0.60	0.75	1.00	—	—	—	—	—	—	—	*	*	*	*	*	*	*	*	*	*	*	*
2005-D KS Satin Finish	*	*	—	—	—	—	—	15.	20.	30.	—	—	*	*	*	*	*	*	*	*	*	*	*	*
2005-S Clad KS	*	*	*	*	*	*	*	*	*	*	*	*	4.00	5.00	6.00	7.00	8.00	8.00	10.	9.00	15.	10.	18.	60.
2005-S Silver KS	*	*	*	*	*	*	*	*	*	*	*	*	6.00	7.00	8.00	9.00	10.	10.	15.	12.	20.	20.	25.	90.
2005-P WV	0.40	0.50	0.60	0.75	1.00	—	—	—	—	—	—	—	*	*	*	*	*	*	*	*	*	*	*	*
2005-P WV Satin Finish	*	*	—	—	—	—	—	15.	20.	25.	35.	—	*	*	*	*	*	*	*	*	*	*	*	*
2005-D WV	0.40	0.50	0.60	0.75	1.00	—	—	—	—	—	—	—	*	*	*	*	*	*	*	*	*	*	*	*
2005-D WV Satin Finish	*	*	—	—	—	—	—	15.	20.	30.	30.	—	*	*	*	*	*	*	*	*	*	*	*	*
2005-S Clad WV	*	*	*	*	*	*	*	*	*	*	*	*	4.00	5.00	6.00	7.00	8.00	8.00	10.	9.00	15.	10.	18.	60.
2005-S Silver WV	*	*	*	*	*	*	*	*	*	*	*	*	6.00	7.00	8.00	9.00	10.	10.	15.	12.	20.	20.	25.	90.
2006-P NV	0.40	0.50	0.60	0.75	1.00	—	—	—	—	—	—	—	*	*	*	*	*	*	*	*	*	*	*	*
2006-P NV Satin Finish	*	*	—	—	—	—	—	—	—	—	—	—	*	*	*	*	*	*	*	*	*	*	*	*
2006-D NV	0.40	0.50	0.60	0.75	1.00	—	—	—	—	—	—	—	*	*	*	*	*	*	*	*	*	*	*	*
2006-D NV Satin Finish	*	*	—	—	—	—	—	—	—	—	—	—	*	*	*	*	*	*	*	*	*	*	*	*

—— = Insufficient pricing data   * = None issued

WASHINGTON QUARTER DOLLAR (CONTINUED)

	VF-20	EF-40	AU-50	MS-60	MS-63	MS-64	MS-65	MS-66	MS-67	MS-68	MS-69	MS-70	PF-63	PF-64	PF-65	PF-66	PF-66DC	PF-67	PF-67DC	PF-68	PF-68DC	PF-69	PF-69DC	PF-70DC
2006-S NV Clad	*	*	*	*	*	*	*	*	*	*	*	*	—	—	—	—	—	—	—	—	—	—	—	—
2006-S NV Silver	*	*	*	*	*	*	*	*	*	*	*	*	—	—	—	—	—	—	—	—	—	—	—	—
2006-P NE	0.40	0.50	0.60	0.75	1.00	—	—	—	—	—	—	—	*	*	*	*	*	*	*	*	*	*	*	*
2006-P NE Satin Finish	—	—	—	—	—	—	—	—	—	—	—	—	*	*	*	*	*	*	*	*	*	*	*	*
2006-D NE	0.40	0.50	0.60	0.75	1.00	—	—	—	—	—	—	—	*	*	*	*	*	*	*	*	*	*	*	*
2006-D NE Satin Finish	—	—	—	—	—	—	—	—	—	—	—	—	*	*	*	*	*	*	*	*	*	*	*	*
2006-S NE Clad	*	*	*	*	*	*	*	*	*	*	*	*	—	—	—	—	—	—	—	—	—	—	—	—
2006-S NE Silver	*	*	*	*	*	*	*	*	*	*	*	*	—	—	—	—	—	—	—	—	—	—	—	—
2006-P CO	0.40	0.50	0.60	0.75	1.00	—	—	—	—	—	—	—	*	*	*	*	*	*	*	*	*	*	*	*
2006-P CO Satin Finish	—	—	—	—	—	—	—	—	—	—	—	—	*	*	*	*	*	*	*	*	*	*	*	*
2006-D CO	0.40	0.50	0.60	0.75	1.00	—	—	—	—	—	—	—	*	*	*	*	*	*	*	*	*	*	*	*
2006-D CO Satin Finish	—	—	—	—	—	—	—	—	—	—	—	—	*	*	*	*	*	*	*	*	*	*	*	*
2006-S CO Clad	*	*	*	*	*	*	*	*	*	*	*	*	—	—	—	—	—	—	—	—	—	—	—	—
2006-S CO Silver	*	*	*	*	*	*	*	*	*	*	*	*	—	—	—	—	—	—	—	—	—	—	—	—
2006-P ND	0.40	0.50	0.60	0.75	1.00	—	—	—	—	—	—	—	*	*	*	*	*	*	*	*	*	*	*	*
2006-P ND Satin Finish	—	—	—	—	—	—	—	—	—	—	—	—	*	*	*	*	*	*	*	*	*	*	*	*
2006-D ND	0.40	0.50	0.60	0.75	1.00	—	—	—	—	—	—	—	*	*	*	*	*	*	*	*	*	*	*	*
2006-D ND Satin Finish	—	—	—	—	—	—	—	—	—	—	—	—	*	*	*	*	*	*	*	*	*	*	*	*
2006-S ND Clad	*	*	*	*	*	*	*	*	*	*	*	*	—	—	—	—	—	—	—	—	—	—	—	—
2006-S ND Silver	*	*	*	*	*	*	*	*	*	*	*	*	—	—	—	—	—	—	—	—	—	—	—	—
2006-P SD	0.40	0.50	0.60	0.75	1.00	—	—	—	—	—	—	—	*	*	*	*	*	*	*	*	*	*	*	*
2006-P SD Satin Finish	—	—	—	—	—	—	—	—	—	—	—	—	*	*	*	*	*	*	*	*	*	*	*	*
2006-D SD	0.40	0.50	0.60	0.75	1.00	—	—	—	—	—	—	—	*	*	*	*	*	*	*	*	*	*	*	*
2006-D SD Satin Finish	—	—	—	—	—	—	—	—	—	—	—	—	*	*	*	*	*	*	*	*	*	*	*	*
2006-S SD Clad	*	*	*	*	*	*	*	*	*	*	*	*	—	—	—	—	—	—	—	—	—	—	—	—
2006-S SD Silver	*	*	*	*	*	*	*	*	*	*	*	*	—	—	—	—	—	—	—	—	—	—	—	—

——— = Insufficient pricing data   * = None issued

1999

Common Obverse

Delaware

Pennsylvania   New Jersey   Georgia   Connecticut

2000

Massachusetts   Maryland

South Carolina   New Hampshire   Virginia

2001

New York   North Carolina

Rhode Island   Vermont   Kentucky

168 — Values of U.S. coins

2002

Tennessee

Ohio

Louisiana

Indiana

Mississippi

2003

Illinois

Alabama

Maine

Missouri

Arkansas

2004

Michigan

Florida

Texas

Iowa

Wisconsin

Values of U.S. coins — 169

2005

California

Minnesota

Oregon

Kansas

West Virginia

2006

Nevada

Nebraska

Colorado

North Dakota

South Dakota

Flowing Hair half dollar

Date of authorization: April 2, 1792
Dates of issue: 1794-1795
Designer: Robert Scot
Engravers: Robert Scot-John S. Gardner
Diameter: 32.50 mm/1.28 inches
Weight: 13.48 grams/0.43 ounce
Metallic content: 90% silver, 10% copper
Weight of pure silver: 12.13 grams/0.39 ounce
Edge: Lettered (FIFTY CENTS OR HALF A DOLLAR)
Mint mark: None

	AG-3	G-4	VG-8	F-12	VF-20	EF-40	EF-45	AU-50	MS-60
1794	3000.	5000.	7000.	15000.	20000.	30000.	50000.	60000.	150000.
1795 2 Leaves	1000.	1500.	2000.	3000.	5000.	10000.	13000.	17000.	35000.
1795 3 Leaves	1500.	2000.	3000.	6000.	11000.	20000.	25000.	35000.	—

—— = Insufficient pricing data

Draped Bust half dollar

Small Eagle reverse

Heraldic Eagle reverse

Date of authorization: April 2, 1792
Dates of issue: 1796-1797, 1801-1807
Designers: Obverse: Gilbert Stuart-Robert Scot
Reverse:
(1796-1797): Scot-John Eckstein
(1801-1807): Robert Scot
Engraver: Robert Scot
Diameter: 32.50 mm/1.28 inches
Weight: 13.48 grams/0.43 ounce
Metallic content: 89.25% silver, 10.75% copper
Weight of pure silver: 12.03 grams/0.39 ounce
Edge: Lettered (FIFTY CENTS OR HALF A DOLLAR)
Mint mark: None

	AG-3	G-4	VG-8	F-12	VF-20	EF-40	EF-45	AU-50	MS-60
SMALL EAGLE									
1796 15 Stars	20000.	30000.	35000.	45000.	60000.	90000.	110000.	125000.	185000.
1796 16 Stars	20000.	35000.	50000.	60000.	75000.	110000.	120000.	160000.	200000.
1797 15 Stars	20000.	30000.	35000.	45000.	60000.	100000.	115000.	150000.	190000.
HERALDIC EAGLE									
1801	125.	250.	350.	600.	1300.	4000.	6000.	11000.	35000.
1801	250.	500.	1000.	1800.	3500.	8500.	10000.	15000.	35000.
1802	250.	500.	1000.	1800.	3500.	7500.	10000.	18000.	35000.
1803 Small 3	125.	200.	300.	600.	1300.	3000.	4000.	5000.	20000.
1803 Large 3	125.	200.	200.	300.	1000.	1800.	2500.	3500.	10000.
1805/4	125.	200.	350.	800.	1500.	2500.	4000.	7500.	30000.
1805	125.	200.	250.	300.	500.	1200.	2000.	3500.	9000.
1806/5	125.	200.	250.	300.	500.	1200.	2000.	3500.	9000.
1806/Inverted 6	150.	250.	400.	800.	1500.	3500.	6500.	8000.	15000.
1806 Knobbed 6, No Stem, VF-35 $57,500.									
	—	—	—	—	70000.	100000.	—	—	—
1806 Knobbed 6, Stems	125.	200.	250.	300.	500.	1200.	2000.	3500.	9000.
1806 Pointed 6, Stems	125.	200.	250.	300.	500.	1200.	2000.	3500.	9000.
1806 Pointed 6, No Stem									
	125.	200.	250.	300.	500.	1200.	2000.	3500.	9000.
1807	125.	200.	250.	300.	500.	1200.	2000.	3500.	9000.

—— = Insufficient pricing data   * = None issued

Capped Bust half dollar

Date of authorization: April 2, 1792
Dates of issue: 1807-1839
Designers: Obverse: John Reich
Reverse:
(1807-1836): John Reich
(1836-1839): Reich-Christian
Gobrecht
Engraver: John Reich
Diameter: (1807-1836): 32.50 mm/1.28 inches
(1836-1839): 30.61 mm/1.21 inches
Weight: (1807-1836): 13.48 grams/0.43 ounce
(1836-1839): 13.37 grams/0.43 ounce
Metallic Content: (1807-1836): 89.25% silver, 10.75%
copper
(1836-1839): 90% silver, 10% copper
Weight of pure silver: (1807-1836): 12.03 grams/0.39 ounce
(1836-1839): 12.03 grams/0.39 ounce
Edge: (1807-1836): Lettered (FIFTY CENTS OR
HALF A DOLLAR)
(1836-1839): Reeded
Mint mark: 1838-1839 only, obverse above date

	G-4	VG-8	F-12	VF-20	EF-40	AU-50	AU-58	MS-60	MS-62	MS-63	MS-64
1807 Small Stars	125.	200.	350.	500.	1200.	3000.	4000.	5500.	7500.	15000.	—
1807 Large Stars	110.	185.	300.	450.	1000.	2000.	3500.	5000.	7000.	13000.	25000.
1807 50/20C	100.	150.	250.	400.	700.	2500.	4000.	5000.	9000.	14000.	20000.
1807 Bearded Goddess	350.	600.	1000.	2000.	4000.	7500.	—	—	—	—	—
1808/7	75.	100.	150.	300.	600.	1500.	2500.	3500.	6000.	12000.	20000.
1808	70.	85.	110.	150.	300.	1200.	1700.	2000.	3000.	4000.	8000.
1809 Plain Edge	65.	80.	90.	150.	300.	700.	1500.	2000.	2500.	4000.	9000.
1809 X Edge	80.	100.	125.	200.	350.	800.	2000.	3000.	4500.	5500.	—
1809 IIII Edge	80.	110.	125.	225.	350.	800.	2000.	3000.	5000.	8000.	12000.
1810	65.	80.	100.	175.	300.	700.	2000.	2500.	3500.	5000.	10000.
1811 Small 8	65.	75.	100.	150.	250.	500.	1500.	1800.	2000.	2500.	4500.

—— = Insufficient pricing data   * = None issued

	G-4	VG-8	F-12	VF-20	EF-40	AU-50	AU-58	MS-60	MS-62	MS-63	MS-64
1811 Large 8	65.	75.	100.	175.	300.	700.	1000.	1500.	2000.	3000.	4500.
1811/0	80.	100.	125.	250.	500.	1000.	2500.	4000.	6000.	12000.	20000.
1812/1 Small 8	80.	100.	125.	250.	400.	800.	2000.	3000.	5000.	6500.	11000.
1812/1 Large 8	2000.	3000.	5000.	11000.	15000.	25000.	—	—	—	—	—
1812	65.	75.	100.	150.	250.	500.	1500.	1800.	2000.	2500.	5000.
1813	65.	75.	100.	150.	250.	700.	1800.	2000.	2500.	3500.	6000.
1813 50C/UNI	90.	100.	150.	250.	500.	1000.	2000.	2500.	4500.	7000.	10000.
1814	65.	75.	100.	150.	250.	700.	1800.	2000.	2500.	4000.	7000.
1814 Single Leaf	80.	100.	150.	250.	600.	1200.	2000.	2500.	3000.	—	—
1814/3	100.	125.	200.	300.	700.	1500.	2200.	2700.	3500.	6000.	10000.
1815/2	1300.	1700.	2500.	3500.	4500.	7000.	12000.	15000.	20000.	35000.	60000.
1817/3	125.	200.	300.	500.	1000.	2500.	4000.	6000.	9000.	20000.	25000.
1817/4	—	—	125000.	200000.	250000.	350000.	—	—	—	—	—
1817	65.	85.	100.	125.	250.	600.	1500.	2000.	2500.	3500.	7500.
1817 Single Leaf	75.	100.	125.	200.	500.	1000.	1800.	3000.	—	—	—
1818/7	65.	80.	100.	150.	300.	1000.	1500.	2000.	3500.	6500.	8000.
1818	60.	70.	80.	100.	200.	425.	550.	850.	1100.	2100.	4000.
1819/8 Small 9	60.	70.	80.	100.	200.	450.	700.	1500.	1800.	2500.	4500.
1819/8 Large 9	75.	85.	100.	150.	300.	600.	1000.	1500.	2000.	3000.	6000.
1819	60.	70.	85.	125.	250.	600.	1000.	1500.	1800.	2500.	4500.
1820/19 Curl 2	75.	100.	125.	200.	500.	1200.	2000.	3000.	5000.	7000.	10000.
1820/19 Square 2	60.	70.	80.	250.	500.	1500.	2000.	2500.	6000.	10000.	18000.
1820 Large Date	70.	85.	100.	150.	350.	700.	900.	1300.	2000.	5000.	7500.
1820 Small Date	60.	70.	80.	125.	300.	600.	800.	1300.	2250.	5000.	7500.
1821	65.	75.	90.	125.	200.	550.	700.	1000.	1300.	2500.	4000.
1822	60.	70.	80.	100.	135.	325.	450.	700.	1200.	2000.	4000.
1822/1	90.	110.	150.	250.	350.	700.	1200.	1500.	2500.	5000.	7500.
1823	60.	70.	80.	100.	125.	325.	450.	700.	1100.	2000.	4000.
1823 Broken 3	75.	100.	125.	250.	700.	1200.	1800.	2500.	4500.	6000.	—
1823 Patched 3	70.	90.	125.	175.	350.	600.	1200.	1500.	2000.	3000.	7000.
1823 Ugly 3	70.	90.	110.	150.	300.	800.	1200.	1500.	2000.	4000.	5000.
1824/1	70.	85.	100.	125.	250.	450.	900.	1200.	2000.	3000.	7500.
1824/2/0	70.	85.	100.	125.	250.	700.	1500.	2000.	3000.	5000.	7500.
1824/4	60.	70.	80.	85.	150.	400.	700.	1000.	1500.	2500.	5000.
1824	60.	70.	80.	90.	125.	325.	450.	600.	1100.	2000.	4000.
1825	60.	70.	80.	90.	125.	325.	450.	600.	1100.	2000.	4000.
1826	60.	70.	80.	90.	125.	325.	450.	600.	1100.	2000.	4000.
1827/6	90.	110.	125.	140.	250.	500.	800.	1500.	2000.	2500.	6500.
1827 Square 2	60.	70.	80.	90.	125.	325.	450.	600.	1100.	2000.	4000.
1827 Curl 2	60.	70.	80.	90.	125.	325.	450.	600.	1100.	2000.	4000.
1828	60.	70.	80.	90.	125.	325.	450.	600.	1100.	2000.	4000.
1828 Small Letters	75.	90.	110.	150.	350.	800.	1200.	1500.	2000.	3500.	6000.
1828 Large 8s	60.	70.	80.	90.	125.	325.	450.	600.	1100.	2000.	4000.
1828 Small 8s	60.	70.	80.	90.	125.	325.	450.	600.	1100.	2000.	4000.
1829/7	75.	90.	110.	125.	200.	400.	1000.	1500.	2500.	3500.	7500.
1829	60.	70.	80.	90.	125.	325.	450.	600.	1100.	2000.	4000.
1830 Large 0	60.	70.	80.	90.	125.	325.	450.	600.	1100.	2000.	4000.
1830 Small 0	60.	70.	80.	90.	125.	325.	450.	600.	1100.	2000.	4000.
1830 Large Letters	1800.	2500.	3500.	4000.	5000.	9000.	12000.	15000.	18000.	22000.	—
1831	60.	70.	80.	90.	125.	325.	450.	600.	1100.	2000.	4000.
1832 Normal	60.	70.	80.	90.	125.	325.	450.	600.	1100.	2000.	4000.
1832 Large Letters	60.	70.	80.	90.	125.	325.	450.	600.	1100.	2000.	4000.
1833	60.	70.	80.	90.	125.	325.	450.	600.	1100.	2000.	4000.
1834 All varieties	60.	70.	80.	90.	125.	325.	450.	600.	1100.	2000.	4000.

—— = Insufficient pricing data   * = None issued

CAPPED BUST HALF DOLLAR (CONTINUED)

	G-4	VG-8	F-12	VF-20	EF-40	AU-50	AU-58	MS-60	MS-62	MS-63	MS-64
1835	60.	70.	80.	90.	125.	325.	450.	600.	1100.	2000.	4000.
1836	60.	70.	80.	90.	125.	325.	450.	600.	1100.	2000.	4000.
1836/1336	75.	85.	110.	125.	200.	375.	500.	750.	1500.	2500.	5000.
1836 50/00	85.	110.	150.	200.	400.	1000.	2000.	2500.	3500.	4500.	8000.

CAPPED BUST, REEDED EDGE HALF DOLLAR

50 CENTS reverse   HALF DOL. reverse

	G-4	VG-8	F-12	VF-20	EF-40	AU-50	AU-58	MS-60	MS-62	MS-63	MS-64
REEDED EDGE, 50 CENTS REVERSE											
1836	1200.	1500.	2000.	2300.	3000.	4000.	7000.	12000.	15000.	20000.	35000.
1837	60.	75.	90.	125.	200.	400.	1200.	1500.	1800.	3000.	6000.
HALF DOLLAR REVERSE											
1838	60.	75.	90.	125.	200.	400.	1200.	1500.	1800.	3000.	6000.
1838-O Proofs only	—	—	—	—	200000.	225000.	250000.	300000.	375000.	500000.	650000.
1839	65.	80.	100.	150.	300.	600.	1500.	2000.	2500.	3500.	7000.
1839-O	225.	300.	400.	700.	1200.	1500.	2000.	3000.	4500.	7000.	14000.

—— = Insufficient pricing data   * = None issued

Seated Liberty half dollar

Date of authorization: April 2, 1792
Dates of issue: 1839-1891
Designers: Obverse: Christian Gobrecht
Reverse: John Reich-Gobrecht
Engraver: Christian Gobrecht
Diameter: 30.61 mm/1.21 inches
Weight: (1839-1853): 13.37 grams/0.43 ounce
(1853-1873): 12.4 grams/0.40 ounce
(1873-1891): 12.50 grams/0.40 ounce
Metallic Content: 90% silver, 10% copper
Weight of pure silver: (1839-1853): 12.03 grams/0.39 ounce
(1853-1873): 11.20 grams/0.36 ounce
(1873-1891): 11.25 grams/0.36 ounce
Edge: Reeded
Mint mark: Reverse below eagle

Arrows at date, Rays on reverse

SEATED LIBERTY HALF DOLLAR (CONTINUED)

	G-4	VG-8	F-12	VF-20	EF-40	AU-50	AU-58	MS-60	MS-62	MS-63	MS-64	MS-65	PF-63	PF-64	PF-65	PF-66
NO DRAPERY																
1839	50.	100.	150.	350.	800.	1800.	3000.	5000.	10000.	18000.	50000.	—	32000.	*	*	*
DRAPERY AT ELBOW																
1839	25.	35.	60.	100.	150.	300.	400.	600.	1100.	2500.	4000.	—	*	*	*	*
1840 Small Letters	30.	35.	55.	80.	125.	250.	400.	600.	1000.	1500.	3000.	—	*	*	*	*
1840 Medium Letters	125.	175.	250.	350.	700.	1200.	1500.	3500.	5000.	8000.	14000.	—	*	*	*	*
1840-O	30.	35.	60.	90.	125.	250.	400.	600.	1200.	2500.	—	—	*	*	—	*
1841	50.	65.	100.	150.	250.	450.	800.	1500.	2000.	3000.	5000.	—	*	25000.	*	*
1841-O	25.	35.	55.	100.	150.	250.	400.	800.	1500.	3000.	6000.	—	*	—	—	*
1842 Small Date	30.	45.	85.	100.	200.	400.	600.	1000.	1500.	3000.	—	—	*	22500.	*	*
1842 Medium Date	25.	35.	55.	75.	125.	250.	350.	700.	1000.	1500.	4000.	—	*	—	*	*
1842-O Medium Date	25.	35.	55.	75.	125.	300.	450.	1000.	2000.	4500.	11000.	—	*	*	*	*
1842-O Small Date	600.	900.	1400.	2000.	4500.	8500.	13000.	20000.	42500.	—	—	—	*	—	*	*
1843	25.	35.	50.	65.	100.	250.	350.	500.	800.	1200.	2800.	—	*	*	*	*
1843-O	25.	35.	50.	65.	100.	250.	400.	700.	1100.	2000.	5000.	—	*	—	*	*
1844	25.	35.	50.	65.	125.	250.	350.	500.	800.	1200.	4000.	—	*	*	*	*
1844-O	25.	35.	50.	65.	100.	250.	400.	750.	1200.	2500.	5000.	—	*	—	*	*
1844-O Doubled Date	500.	800.	1200.	1600.	2500.	6000.	8500.	12000.	—	—	—	—	*	*	*	*
1845	30.	50.	75.	125.	200.	350.	600.	900.	1500.	4000.	9000.	—	*	23000.	*	*
1845-O	25.	35.	60.	75.	125.	250.	400.	750.	1100.	2000.	6500.	—	—	—	*	*
1845-O No Drapery	30.	50.	85.	125.	200.	350.	600.	1400.	2500.	5000.	10000.	—	*	*	*	*
1846 Medium Date	25.	35.	50.	65.	125.	250.	400.	600.	1000.	1600.	3500.	—	14000.	—	*	*
1846 Tall Date	25.	35.	50.	75.	150.	300.	500.	900.	2000.	3500.	5000.	—	*	*	*	*
1846/Horizontal 6	150.	250.	300.	400.	600.	1200.	2000.	3500.	9000.	—	—	—	*	—	*	*
1846-O Medium Date	25.	35.	50.	65.	125.	250.	500.	1000.	1500.	2500.	4500.	—	*	*	*	*

—— = Insufficient pricing data   * = None issued

SEATED LIBERTY HALF DOLLAR (CONTINUED)

	G-4	VG-8	F-12	VF-20	EF-40	AU-50	AU-58	MS-60	MS-62	MS-63	MS-64	MS-65	PF-63	PF-64	PF-65	PF-66
1846-O Tall Date	150.	300.	400.	600.	1100.	2000.	3000.	6500.	8500.	12000.	*	*	*	*	*	*
1847	25.	35.	50.	65.	125.	250.	400.	500.	800.	1200.	2500.	8000.	15000.	*	*	*
1847-O	25.	35.	50.	65.	125.	300.	450.	800.	1500.	2500.	—	—	*	*	*	*
1847/6	1800.	2500.	3500.	5000.	7500.	12000.	17500.	20000.	25000.	35000.	—	—	*	*	*	*
1848	40.	65.	100.	200.	300.	500.	700.	1000.	1400.	2000.	2800.	8000.	*	*	37500.	*
1848-O	25.	35.	50.	65.	130.	350.	500.	1000.	1500.	2500.	4000.	10000.	*	*	*	*
1849	35.	40.	60.	85.	150.	400.	600.	1000.	1500.	2500.	4000.	—	*	26500.	*	—
1849 Doubled Date, bold	1800.	2500.	3500.	4500.	6500.	8500.	9500.	—	—	—	—	—	*	*	*	*
1849-O	25.	35.	50.	65.	125.	300.	500.	900.	1500.	2500.	6000.	—	*	*	*	*
1850	250.	300.	450.	600.	800.	1000.	1300.	1800.	3000.	5500.	—	—	*	*	*	*
1850-O	25.	35.	50.	65.	125.	300.	400.	600.	900.	1600.	3000.	8000.	*	*	*	*
1851	300.	400.	500.	600.	800.	1100.	1400.	1800.	2500.	3000.	3500.	—	*	*	*	*
1851-O	25.	50.	60.	100.	200.	400.	500.	700.	1000.	1500.	3000.	10000.	*	*	*	*
1852	400.	500.	650.	900.	1000.	1400.	1600.	2000.	2300.	2800.	4000.	10000.	12500.	*	*	*
1852-O	60.	125.	200.	350.	600.	1200.	2000.	4000.	5500.	9000.	14000.	25000.	40000.	*	*	*
1853-O (Beware Alterations)	125000.	160000.	—	175000.	—	—	—	—	—	—	—	—	—	—	—	—
ARROWS AND RAYS																
1853	30.	40.	60.	125.	300.	600.	900.	1500.	3000.	4000.	9000.	20000.	—	82500.	100000.	*
1853-O	30.	40.	60.	150.	300.	850.	1500.	3000.	4000.	6000.	12500.	—	*	*	*	*
RAYS REMOVED																
1854	30.	40.	50.	80.	125.	350.	400.	750.	1250.	2000.	3500.	8500.	—	15000.	37500.	*
1854-O	30.	40.	50.	80.	125.	350.	400.	750.	1250.	2000.	4000.	8000.	*	*	*	*
1855/1854	75.	100.	200.	300.	400.	800.	1200.	2000.	2750.	4000.	7500.	18000.	—	26500.	*	*
1855	30.	40.	50.	80.	125.	350.	400.	750.	1250.	2000.	3500.	7500.	*	*	29000.	*
1855-O	30.	40.	50.	80.	125.	350.	400.	750.	1250.	2000.	3500.	7500.	*	*	*	*
1855-S	350.	600.	1000.	1500.	3500.	7500.	10000.	15000.	—	—	—	—	*	*	*	*

—— = Insufficient pricing data   * = None issued

SEATED LIBERTY HALF DOLLAR (CONTINUED)

DRAPERY AT ELBOW

	G-4	VG-8	F-12	VF-20	EF-40	AU-50	AU-58	MS-60	MS-62	MS-63	MS-64	MS-65	PF-63	PF-64	PF-65	PF-66
1856	25.	35.	50.	65.	125.	300.	400.	600.	750.	1000.	2500.	6500.	8000.	12000.	20000.	*
1856-O	25.	35.	50.	65.	125.	300.	400.	600.	750.	1000.	3000.	7500.	*	*	*	*
1856-S	50.	75.	125.	300.	600.	1300.	2000.	4000.	—	—	—	—	*	*	*	*
1857	25.	35.	50.	65.	125.	300.	400.	600.	750.	1000.	2500.	6500.	5000.	8500.	*	*
1857-O	25.	35.	50.	65.	125.	300.	600.	1000.	2000.	3500.	12000.	—	*	*	*	*
1857-S	60.	100.	200.	300.	600.	1200.	1750.	4000.	5500.	8000.	—	—	*	*	*	*
1858	25.	35.	50.	65.	125.	300.	400.	600.	750.	1000.	2500.	6000.	3000.	6000.	15000.	*
1858-O	25.	35.	50.	65.	125.	300.	400.	600.	750.	1000.	2500.	8000.	*	*	*	*
1858-S	30.	50.	60.	125.	250.	400.	700.	1100.	2500.	4000.	7500.	—	*	*	*	*
1859	25.	35.	60.	100.	150.	300.	400.	600.	900.	1200.	2800.	6000.	1500.	4000.	6500.	*
1859-O	25.	35.	50.	65.	125.	300.	400.	600.	750.	1000.	3000.	—	*	*	*	*
1859-S	25.	35.	60.	125.	250.	400.	800.	1200.	2000.	3500.	5000.	—	*	*	*	*
1860	25.	35.	50.	65.	125.	350.	500.	750.	1000.	1400.	2500.	6000.	1000.	4000.	7000.	10000.
1860-O	25.	35.	50.	65.	125.	300.	400.	600.	750.	1000.	2500.	5500.	*	*	*	*
1860-S	25.	35.	50.	65.	125.	300.	500.	800.	1500.	3000.	—	—	*	*	*	*
1861	25.	35.	50.	65.	125.	300.	400.	600.	750.	1000.	2500.	5500.	1000.	4500.	7500.	*
1861-O	25.	35.	50.	65.	125.	300.	400.	600.	750.	1500.	2500.	6500.	*	*	*	*
1861-O struck by CSA, obverse die crack																
1861-O	75.	100.	200.	300.	400.	600.	800.	1200.	2000.	3500.	9000.	—	*	*	*	*
1861-S	25.	35.	50.	65.	125.	300.	500.	750.	900.	1100.	2500.	6500.	*	*	*	*
1862	30.	50.	75.	150.	250.	400.	700.	1200.	2000.	2500.	5500.	9000.	1000.	3000.	6000.	*
1862-S	25.	35.	50.	65.	125.	300.	500.	750.	900.	1100.	2500.	6500.	1000.	3000.	6000.	*
1863	25.	35.	50.	66.	135.	300.	400.	600.	750.	1000.	2500.	6000.	1000.	3000.	6000.	*
1863-S	25.	40.	60.	100.	175.	350.	450.	600.	1200.	2500.	5000.	—	*	*	*	*
1864	30.	40.	60.	65.	125.	300.	400.	600.	750.	1000.	2500.	6000.	1000.	3000.	6000.	*
1864-S	25.	35.	50.	65.	125.	350.	450.	750.	1500.	3000.	6500.	15000.	*	*	*	*
1865 Doubled Date	60.	75.	125.	200.	300.	400.	550.	850.	1800.	3000.	6000.	—	*	*	*	*
1865-S	25.	35.	50.	65.	125.	300.	550.	850.	1800.	3000.	6000.	—	*	*	*	*

—— = Insufficient pricing data   * = None issued

	G-4	VG-8	F-12	VF-20	EF-40	AU-50	AU-58	MS-60	MS-62	MS-63	MS-64	MS-65	PF-63	PF-64	PF-65	PF-66
1865	25.	40.	60.	85.	175.	350.	400.	600.	900.	1300.	2800.	5500.	1000.	3000.	6000.	*
1866-S	100.	125.	250.	400.	900.	2000.	3000.	5000.	7000.	12000.	—	—	*	*	*	15000.
1866 Fantasy Piece Du Pont specimen recovered																
MOTTO ABOVE EAGLE																
1866	25.	35.	50.	65.	125.	300.	400.	500.	800.	1500.	2500.	6000.	1000.	1500.	4000.	8000.
1866-S	25.	35.	50.	65.	125.	275.	400.	600.	1200.	2500.	5000.	9000.	*	*	*	*
1867	30.	50.	75.	125.	200.	300.	400.	500.	800.	1400.	2500.	6500.	1000.	1500.	4000.	8000.
1867-S	25.	35.	50.	65.	150.	300.	400.	750.	1500.	3000.	7500.	—	*	*	*	*
1868	50.	65.	100.	200.	300.	400.	500.	650.	1000.	1500.	3000.	—	1000.	1500.	4000.	8000.
1868-S	25.	35.	50.	65.	125.	275.	450.	700.	1500.	2750.	—	5000.	*	*	*	*
1869	25.	35.	50.	65.	125.	250.	350.	500.	750.	1200.	2300.	—	1000.	1500.	4000.	8000.
1869-S	25.	35.	50.	65.	175.	400.	600.	1200.	2000.	3500.	—	5000.	*	*	*	*
1870	25.	35.	50.	65.	150.	275.	400.	600.	850.	1200.	3000.	—	1000.	1500.	4000.	8000.
1870-CC	1000.	2000.	3000.	7000.	15000.	28000.	—	—	—	160000.	—	—	*	*	*	*
1870-S	25.	35.	50.	65.	150.	300.	500.	1000.	2000.	3500.	—	—	*	*	*	*
1871	25.	35.	50.	65.	125.	250.	300.	400.	650.	1000.	2300.	5000.	1000.	1500.	4000.	10000.
1871-CC	200.	300.	500.	1000.	2500.	6000.	8500.	15000.	25000.	45000.	—	—	*	*	*	*
1871-S	25.	35.	50.	65.	125.	250.	400.	600.	1000.	1750.	—	—	*	*	*	*
1872	25.	35.	50.	65.	125.	250.	400.	600.	1000.	1750.	2500.	5000.	1000.	1500.	4000.	9000.
1872-CC	75.	125.	250.	500.	1000.	2000.	4000.	7000.	—	—	—	—	*	*	*	*
1872-S	30.	50.	75.	125.	250.	400.	750.	1300.	2000.	3500.	7000.	—	*	*	*	*
1873 Closed 3	30.	50.	75.	125.	200.	300.	400.	600.	850.	1200.	2000.	—	1000.	1750.	4000.	8000.
1873 Open 3	3000.	4000.	5000.	6500.	8500.	12000.	16000.	25000.	35000.	60000.	60000.	—	*	*	*	*
1873-CC	200.	300.	400.	750.	1500.	5000.	7000.	10000.	25000.	50000.	60000.	75000.	*	*	*	*
ARROWS AT DATE																
1873	30.	50.	65.	125.	300.	500.	700.	1000.	1500.	2500.	5000.	17500.	2500.	3500.	15000.	25000.

—— = Insufficient pricing data   * = None issued

SEATED LIBERTY HALF DOLLAR (CONTINUED)

	G-4	VG-8	F-12	VF-20	EF-40	AU-50	AU-58	MS-60	MS-62	MS-63	MS-64	MS-65	PF-63	PF-64	PF-65	PF-66
1873-CC	150.	300.	400.	1000.	2000.	3500.	5000.	7000.	10000.	18000.	25000.	—	*	*	*	*
1873-S	75.	100.	150.	300.	500.	900.	1500.	2500.	4000.	6500.	15000.	—	*	*	*	*
1874	30.	50.	65.	125.	300.	500.	700.	1000.	1500.	2500.	4000.	14000.	2000.	3500.	12000.	25000.
1874-CC	400.	600.	1100.	2000.	3500.	6500.	12000.	20000.	25000.	35000.	60000.	—	*	*	*	*
1874-S	35.	50.	100.	250.	400.	800.	1200.	2000.	3000.	5000.	9000.	—	*	*	*	*

MOTTO ABOVE EAGLE

	G-4	VG-8	F-12	VF-20	EF-40	AU-50	AU-58	MS-60	MS-62	MS-63	MS-64	MS-65	PF-63	PF-64	PF-65	PF-66
1875	25.	40.	60.	75.	110.	200.	300.	500.	600.	750.	1500.	3500.	800.	1800.	4000.	—
1875-CC	30.	60.	75.	100.	200.	300.	400.	700.	1000.	1700.	4000.	—	*	*	*	*
1875-S	25.	40.	60.	75.	125.	250.	400.	500.	600.	750.	1400.	3500.	*	*	*	*
1876	25.	35.	50.	65.	110.	200.	300.	400.	500.	750.	1600.	3500.	800.	1800.	4500.	—
1876-CC	30.	40.	65.	85.	175.	300.	400.	700.	1000.	1800.	3000.	6500.	*	*	*	*
1876-S	25.	35.	50.	65.	110.	200.	300.	400.	600.	1000.	1500.	4000.	*	*	*	*
1877	25.	35.	50.	65.	110.	200.	300.	400.	600.	1000.	1500.	3500.	1000.	2500.	6500.	—
1877-CC	30.	40.	60.	75.	175.	300.	400.	750.	1000.	1400.	2500.	4000.	*	*	*	*
1877-S	25.	35.	50.	65.	110.	200.	300.	400.	500.	750.	2000.	3500.	*	*	*	*
1878	25.	40.	60.	100.	150.	250.	350.	500.	800.	1200.	2500.	4600.	800.	1500.	4000.	—
1878-CC	400.	600.	1000.	1800.	3500.	5000.	6500.	7500.	10000.	25000.	40000.	—	*	*	*	*
1878-S	17000.	27000.	35000.	38000.	42000.	50000.	55000.	60000.	75000.	100000.	175000.	—	*	*	*	*
1879	300.	350.	450.	500.	550.	600.	600.	800.	900.	1000.	1500.	3000.	700.	1500.	3500.	4500.
1880	300.	350.	400.	450.	500.	550.	600.	800.	900.	1000.	1500.	3500.	700.	1500.	3500.	4500.
1881	300.	350.	400.	450.	500.	550.	600.	800.	900.	1200.	1700.	4500.	700.	1500.	3500.	4500.
1882	350.	400.	450.	500.	550.	600.	650.	800.	900.	1200.	1700.	4000.	700.	1500.	3500.	4500.
1883	350.	400.	450.	500.	550.	600.	650.	800.	900.	1200.	1700.	4000.	700.	1500.	3500.	4500.
1884	400.	450.	500.	600.	650.	700.	750.	900.	1000.	1200.	1700.	3500.	700.	1500.	4000.	—
1885	400.	450.	500.	600.	650.	700.	750.	900.	1100.	1400.	2000.	3500.	700.	1500.	3500.	—
1886	450.	600.	700.	800.	900.	1000.	1100.	1200.	1300.	1400.	1800.	3500.	700.	1500.	3500.	4500.
1887	500.	700.	800.	900.	1000.	1200.	1300.	1400.	1500.	1600.	1800.	3000.	700.	1500.	3500.	—

—— = Insufficient pricing data   * = None issued

SEATED LIBERTY HALF DOLLAR (CONTINUED)

	G-4	VG-8	F-12	VF-20	EF-40	AU-50	AU-58	MS-60	MS-62	MS-63	MS-64	MS-65	PF-63	PF-64	PF-65	PF-66
1888	300.	350.	400.	450.	500.	550.	600.	700.	850.	1100.	1500.	3000.	700.	1500.	3500.	4500.
1889	300.	350.	400.	450.	500.	550.	600.	700.	850.	1100.	1400.	3000.	700.	1500.	3500.	4500.
1890	300.	350.	400.	450.	500.	550.	600.	700.	850.	1100.	1500.	3000.	700.	1500.	3500.	4500.
1891	50.	75.	125.	150.	200.	250.	300.	400.	600.	850.	1400.	3000.	700.	1500.	3500.	4500.

—— = Insufficient pricing data   * = None issued

Barber half dollar

Date of authorization: April 2, 1792
Dates of issue: 1892-1915
Designer/Engraver: Charles Barber
Diameter: 30.61 mm/1.21 inches
Weight: 12.50 grams/0.40 ounce
Metallic Content: 90% silver, 10% copper
Weight of pure silver: 11.25 grams/0.36 ounce
Edge: Reeded
Mint mark: Reverse below eagle

BARBER HALF DOLLAR (CONTINUED)

	G-4	VG-8	F-12	VF-20	EF-40	AU-50	AU-58	MS-60	MS-62	MS-63	MS-64	MS-65	PF-63	PF-64	PF-65	PF-66
1892	30.	45.	75.	125.	200.	275.	350.	450.	600.	900.	1400.	3500.	850.	1600.	3500.	4500.
1892-O	300.	375.	500.	550.	600.	700.	800.	900.	1200.	1700.	3000.	4500.	*	*	*	*
1892-O Micro O	2000.	3000.	4500.	7500.	12000.	18000.	20000.	25000.	30000.	35000.	45000.	65000.	*	*	*	*
1892-S	250.	325.	425.	550.	600.	750.	900.	1000.	1500.	2500.	3500.	5500.	*	*	*	*
1893	22.	35.	85.	135.	225.	350.	450.	550.	900.	1500.	3000.	5500.	850.	1600.	3500.	4500.
1893-O	40.	60.	125.	225.	375.	450.	500.	700.	1000.	1800.	4500.	11000.	*	*	*	*
1893-S	175.	225.	300.	450.	500.	700.	1000.	1300.	2000.	4000.	14000.	30000.	*	*	*	*
1894	35.	50.	120.	200.	300.	400.	550.	550.	800.	1100.	2000.	3500.	850.	1600.	3500.	4500.
1894-O	25.	35.	100.	175.	275.	350.	450.	550.	800.	1100.	2300.	7000.	*	*	*	*
1894-S	20.	30.	70.	125.	225.	350.	450.	550.	800.	1600.	5500.	13000.	*	*	*	*
1895	20.	30.	75.	150.	225.	350.	450.	600.	800.	1200.	2000.	3500.	850.	1600.	3500.	4500.
1895-O	25.	40.	110.	200.	275.	375.	475.	600.	900.	1600.	3600.	7000.	*	*	*	*
1895-S	30.	55.	135.	250.	300.	400.	450.	550.	850.	1600.	3300.	7000.	*	*	*	*
1896	22.	30.	90.	150.	250.	350.	425.	550.	700.	1000.	2900.	5500.	850.	1600.	4000.	6000.
1896-O	40.	55.	200.	300.	500.	800.	1100.	1600.	2000.	5000.	11000.	14000.	*	*	*	*
1896-S	100.	135.	225.	350.	500.	800.	1000.	1400.	1800.	3500.	7500.	12000.	*	*	*	*
1897	14.	16.	50.	100.	175.	350.	425.	550.	700.	1000.	1700.	4000.	850.	1600.	3600.	4500.
1897-O	175.	250.	500.	850.	1100.	1300.	1500.	1700.	2200.	3500.	7000.	9500.	*	*	*	*
1897-S	165.	200.	375.	550.	900.	1100.	1300.	1600.	2200.	3500.	7000.	8500.	*	*	*	*
1898	13.	16.	40.	90.	175.	325.	400.	500.	650.	1000.	1800.	3800.	850.	1600.	3500.	4500.
1898-O	40.	75.	250.	350.	475.	650.	900.	1300.	1700.	3200.	5500.	12000.	*	*	*	*
1898-S	30.	50.	90.	175.	300.	425.	600.	1000.	1500.	3500.	7000.	10000.	*	*	*	*
1899	15.	18.	40.	100.	175.	325.	400.	500.	600.	900.	1700.	4500.	850.	1600.	4000.	6000.
1899-O	25.	40.	85.	175.	275.	400.	500.	650.	900.	1600.	4000.	8000.	*	*	*	*
1899-S	23.	35.	75.	150.	250.	375.	475.	650.	1000.	2500.	4000.	7000.	*	*	*	*
1900	15.	17.	40.	90.	175.	325.	400.	500.	600.	900.	1700.	4000.	850.	1600.	3600.	5000.
1900-O	20.	27.	60.	175.	275.	400.	600.	1000.	1400.	3200.	6500.	16000.	*	*	*	*
1900-S	15.	20.	50.	100.	225.	325.	450.	650.	1000.	2500.	5500.	13000.	*	*	*	*
1901	14.	17.	40.	90.	175.	325.	400.	500.	600.	900.	1600.	4000.	850.	1600.	3500.	4500.

—— = Insufficient pricing data   * = None issued

BARBER HALF DOLLAR (CONTINUED)

	G-4	VG-8	F-12	VF-20	EF-40	AU-50	AU-58	MS-60	MS-62	MS-63	MS-64	MS-65	PF-63	PF-64	PF-65	PF-66
1901-O	17.	30.	80.	200.	350.	500.	850.	1500.	2500.	5000.	8500.	16000.	*	*	*	*
1901-S	35.	55.	175.	350.	600.	1100.	1400.	2000.	3000.	5000.	9000.	21000.	*	*	*	*
1902	13.	15.	35.	90.	175.	325.	400.	500.	650.	1000.	2000.	4000.	850.	1600.	3500.	4500.
1902-O	14.	17.	65.	110.	225.	375.	550.	800.	1500.	3000.	6400.	8500.	*	*	*	*
1902-S	17.	20.	65.	150.	250.	400.	550.	850.	1200.	2200.	5300.	7000.	*	*	*	*
1903	14.	17.	50.	125.	225.	350.	400.	550.	800.	1700.	5000.	12000.	850.	1600.	4000.	6000.
1903-O	14.	17.	55.	125.	225.	350.	475.	700.	1000.	1600.	4000.	10000.	*	*	*	*
1903-S	16.	18.	55.	125.	250.	400.	525.	650.	1000.	2000.	3500.	6000.	*	*	*	*
1904	13.	15.	40.	90.	175.	325.	400.	500.	750.	1400.	2500.	6500.	850.	1600.	4000.	6000.
1904-O	22.	35.	85.	225.	400.	650.	850.	1200.	1700.	3000.	6000.	13000.	*	*	*	*
1904-S	40.	75.	275.	550.	1100.	1800.	3000.	6000.	8500.	14000.	20000.	38000.	*	*	*	*
1905	25.	30.	90.	175.	275.	350.	425.	550.	850.	1600.	4000.	9000.	850.	1600.	3500.	5000.
1905-O	30.	50.	125.	250.	350.	450.	550.	850.	1200.	2000.	3500.	5500.	*	*	*	*
1905-S	14.	17.	35.	125.	175.	400.	500.	700.	1000.	2200.	4000.	9000.	*	*	*	*
1906	13.	15.	35.	90.	175.	325.	400.	500.	600.	900.	1600.	3500.	850.	1600.	3500.	5000.
1906-D	13.	15.	40.	100.	175.	325.	400.	500.	600.	900.	2000.	4500.	*	*	*	*
1906-O	13.	15.	45.	110.	200.	325.	450.	650.	900.	1600.	4000.	6500.	*	*	*	*
1906-S	13.	17.	55.	120.	225.	325.	550.	675.	850.	1300.	3500.	6000.	*	*	*	*
1907	13.	15.	35.	90.	175.	325.	400.	500.	600.	900.	1600.	3200.	850.	1600.	3500.	5000.
1907-D	13.	15.	35.	85.	175.	325.	400.	500.	600.	900.	1600.	3500.	*	*	*	*
1907-O	13.	15.	35.	100.	175.	350.	425.	550.	700.	1000.	1700.	3800.	*	*	*	*
1907-S	17.	25.	85.	175.	350.	700.	900.	1300.	2000.	4000.	7000.	14000.	*	*	*	*
1907-S/S	30.	50.	150.	300.	600.	850.	1100.	1400.	2000.	3500.	6000.	—	*	*	*	*
1908	13.	15.	35.	90.	175.	325.	400.	500.	600.	900.	1600.	4500.	850.	1600.	4000.	8000.
1908-D	13.	15.	35.	90.	175.	325.	400.	500.	650.	1100.	1500.	3000.	*	*	*	*
1908-O	13.	15.	35.	100.	175.	350.	400.	550.	750.	1100.	1500.	6500.	*	*	*	*
1908-S	20.	27.	75.	175.	300.	450.	600.	900.	1400.	2700.	4500.	6500.	*	*	*	*
1909	13.	18.	35.	100.	175.	325.	400.	500.	650.	1100.	1500.	3000.	850.	1600.	3500.	4500.
1909-O	17.	25.	55.	140.	325.	550.	600.	750.	1000.	1800.	3000.	5000.	*	*	*	*

—— = Insufficient pricing data   * = None issued

	G-4	VG-8	F-12	VF-20	EF-40	AU-50	AU-58	MS-60	MS-62	MS-63	MS-64	MS-65	PF-63	PF-64	PF-65	PF-66
1909-S	13.	15.	40.	100.	225.	350.	450.	600.	800.	1300.	3500.	4500.	*	*	*	*
1910	22.	30.	90.	175.	325.	450.	500.	600.	800.	1300.	2000.	4000.	850.	1600.	4000.	6000.
1910-S	13.	17.	40.	100.	200.	350.	450.	650.	1000.	2300.	5000.	6500.	*	*	*	*
1911	13.	15.	35.	90.	175.	325.	400.	500.	600.	900.	1500.	3000.	850.	1600.	3500.	5000.
1911-D	13.	16.	40.	100.	225.	300.	400.	600.	700.	1000.	2000.	3500.	*	*	*	*
1911-S	13.	17.	40.	100.	200.	350.	450.	650.	850.	1500.	2800.	6000.	*	*	*	*
1912	13.	15.	35.	90.	175.	325.	400.	500.	600.	900.	1500.	4000.	850.	1600.	4000.	6000.
1912-D	13.	15.	35.	90.	175.	325.	400.	500.	600.	900.	1500.	3000.	*	*	*	*
1912-S	15.	20.	45.	100.	200.	350.	425.	550.	700.	1200.	3000.	6000.	*	*	*	*
1913	55.	75.	225.	400.	550.	850.	1000.	1200.	1400.	1800.	3000.	4500.	850.	1600.	4000.	6000.
1913-D	15.	20.	45.	100.	225.	325.	375.	500.	650.	1000.	2000.	5500.	*	*	*	*
1913-S	20.	25.	55.	120.	250.	375.	500.	650.	800.	1300.	3000.	5000.	*	*	*	*
1914	140.	175.	325.	550.	850.	1100.	1200.	1400.	1600.	2000.	3500.	7500.	900.	1600.	4000.	6000.
1914-S	16.	20.	40.	100.	200.	350.	450.	600.	850.	1200.	2300.	4500.	*	*	*	*
1915	75.	100.	250.	375.	600.	1000.	1100.	1300.	1500.	2500.	4000.	6000.	900.	1600.	4000.	6000.
1915-D	13.	15.	35.	85.	175.	325.	400.	500.	600.	900.	1500.	3200.	*	*	*	*
1915-S	16.	20.	40.	100.	175.	325.	400.	500.	600.	900.	1500.	3200.	*	*	*	*

—— = Insufficient pricing data   * = None issued

Walking Liberty half dollar

Date of authorization: April 2, 1792
Dates of issue: 1916-1947
Designer: Adolph Weinman
Engraver: Charles Barber
Diameter: 30.61 mm/1.21 inches
Weight: 12.50 grams/0.40 ounce
Metallic Content: 90% silver, 10% copper
Weight of pure silver: 11.25 grams/0.36 ounce
Edge: Reeded
Mint mark: (1916): Obverse below IN GOD WE TRUST
(1917): Obverse below IN GOD WE TRUST or reverse lower left

Obverse Mint mark

Reverse Mint mark

	VG-8	F-12	VF-20	EF-40	AU-50	MS-60	MS-62	MS-63	MS-64	MS-65	MS-66	PF-63	PF-64	PF-65	PF-66
1916	60.	110.	200.	275.	300.	350.	400.	450.	800.	2000.	3500.	*	*	*	*
1916-D	60.	90.	140.	225.	275.	375.	500.	650.	1000.	2300.	4500.	*	*	*	*
1916-S	150.	300.	500.	700.	850.	1200.	1500.	2000.	3500.	7500.	17000.	*	*	*	*
1917	7.00	10.	22.	45.	75.	140.	150.	200.	400.	1200.	2500.	*	*	*	*
1917-D Obverse Mint Mark	35.	85.	175.	235.	350.	600.	800.	1200.	3000.	8000.	18000.	*	*	*	*
1917-D Reverse Mint Mark	20.	50.	165.	300.	600.	1000.	1500.	2500.	7000.	30000.	50000.	*	*	*	*
1917-S Obverse Mint Mark	45.	135.	400.	800.	1400.	2500.	4000.	7500.	11000.	35000.	60000.	*	*	*	*
1917-S Reverse Mint Mark	10.	18.	40.	65.	175.	400.	1000.	2000.	4000.	18000.	30000.	*	*	*	*
1918	9.00	18.	70.	175.	275.	700.	900.	1200.	1800.	5000.	12000.	*	*	*	*
1918-D	15.	40.	100.	235.	500.	1200.	1800.	3000.	10000.	25000.	45000.	*	*	*	*
1918-S	8.00	18.	40.	65.	200.	600.	1000.	2500.	5000.	18000.	50000.	*	*	*	*
1919	35.	85.	275.	550.	900.	1300.	2000.	3500.	5000.	9000.	14000.	*	*	*	*
1919-D	40.	100.	300.	800.	1600.	6000.	12000.	20000.	35000.	110000.	—	*	*	*	*
1919-S	35.	75.	300.	900.	2000.	3600.	8000.	7500.	14000.	30000.	30000.	*	*	*	*
1920	8.00	17.	45.	85.	175.	350.	500.	700.	2000.	6000.	15000.	*	*	*	*
1920-D	18.	70.	250.	500.	1000.	1500.	2500.	4500.	7000.	15000.	25000.	*	*	*	*
1920-S	9.00	22.	85.	275.	550.	1000.	1700.	3000.	6000.	15000.	27000.	*	*	*	*
1921	250.	350.	850.	1800.	3000.	4200.	5500.	9000.	12000.	20000.	40000.	*	*	*	*
1921-D	400.	550.	1100.	2500.	3500.	5000.	7500.	15000.	17000.	28000.	175000.	*	*	*	*
1921-S	75.	250.	1000.	5000.	10000.	15000.	20000.	30000.	60000.	110000.	40000.	*	*	*	*
1923-S	14.	30.	120.	300.	750.	1500.	2500.	4000.	7000.	18000.	40000.	*	*	*	*
1927-S	9.00	15.	50.	175.	400.	1100.	1400.	3000.	4000.	12000.	25000.	*	*	*	*
1928-S	9.00	18.	70.	200.	500.	1100.	1800.	3000.	4500.	12000.	25000.	*	*	*	*
1929-D	11.	15.	30.	100.	225.	450.	600.	800.	1500.	4000.	6000.	*	*	*	*
1929-S	9.00	14.	30.	120.	250.	450.	650.	1000.	1500.	4000.	6000.	*	*	*	*
1933-S	12.	14.	20.	60.	250.	700.	1000.	1400.	2000.	4000.	6000.	*	*	*	*
1934	7.50	8.00	8.50	12.	30.	90.	100.	125.	150.	700.	1100.	*	*	*	*
1934-D	7.50	8.00	12.	36.	100.	175.	200.	250.	400.	2500.	3500.	*	*	*	*
1934-S	7.50	8.00	8.50	35.	125.	400.	650.	1000.	2000.	5500.	6500.	*	*	*	*

—— = Insufficient pricing data   * = None issued

WALKING LIBERTY HALF DOLLAR (CONTINUED)

	VG-8	F-12	VF-20	EF-40	AU-50	MS-60	MS-62	MS-63	MS-64	MS-65	MS-66	PF-63	PF-64	PF-65	PF-66
1935	7.50	8.00	8.50	10.	25.	50.	60.	80.	125.	700.	1000.	*	*	*	*
1935-D	7.50	8.00	10.	30.	60.	150.	200.	275.	500.	4000.	8500.	*	*	*	*
1935-S	7.50	8.00	8.50	30.	100.	350.	400.	500.	800.	4000.	5500.	*	*	*	*
1936	7.50	8.00	8.50	9.00	25.	40.	55.	75.	100.	350.	650.	2500.	4500.	6500.	9000.
1936-D	7.50	8.00	8.50	20.	50.	85.	100.	125.	200.	850.	2000.	*	*	*	*
1936-S	7.50	8.00	8.50	22.	65.	150.	200.	250.	300.	2000.	2500.	*	*	*	*
1937	7.50	8.00	8.50	9.00	25.	45.	55.	70.	100.	400.	650.	800.	1000.	2500.	3500.
1937-D	7.50	8.00	13.	35.	125.	250.	300.	350.	400.	1000.	1600.	*	*	*	*
1937-S	7.50	8.00	8.50	25.	65.	175.	200.	225.	300.	700.	2000.	*	*	*	*
1938	7.50	8.00	9.00	12.	45.	75.	110.	175.	200.	700.	1200.	700.	900.	1200.	1800.
1938-D	160.	200.	225.	250.	300.	550.	600.	700.	1400.	2000.	2500.	*	*	*	*
1939	7.50	8.00	8.50	9.00	25.	45.	60.	75.	85.	275.	550.	600.	800.	1000.	1500.
1939-D	7.50	8.00	8.50	10.	25.	45.	60.	85.	125.	350.	600.	*	*	*	*
1939-S	7.50	8.00	9.00	20.	75.	150.	175.	200.	225.	400.	750.	*	*	*	*
1940	7.50	8.00	8.50	9.00	15.	40.	50.	60.	75.	225.	400.	600.	800.	1000.	1400.
1940-S	7.50	8.00	8.50	9.00	25.	55.	60.	80.	175.	500.	2000.	*	*	*	*
1941	7.50	8.00	8.50	9.00	12.	40.	50.	60.	75.	225.	275.	600.	700.	900.	1200.
1941-D	7.50	8.00	8.50	9.00	18.	40.	50.	65.	100.	275.	325.	*	*	*	*
1941-S	7.50	8.00	8.50	9.00	30.	80.	100.	125.	300.	2000.	4000.	*	*	*	*
1942	7.50	8.00	8.50	9.00	12.	40.	50.	60.	75.	175.	250.	600.	700.	900.	1200.
1942-D	7.50	8.00	8.50	9.00	18.	40.	65.	85.	125.	350.	450.	*	*	*	*
1942-S	7.50	8.00	8.50	9.00	18.	40.	50.	65.	125.	800.	2500.	*	*	*	*
1943	7.50	8.00	8.50	9.00	12.	40.	50.	60.	75.	175.	450.	*	*	*	*
1943-D	7.50	8.00	8.50	9.00	20.	50.	60.	75.	150.	325.	450.	*	*	*	*
1943-S	7.50	8.00	8.50	9.00	20.	50.	55.	65.	100.	600.	1600.	*	*	*	*
1944	7.50	8.00	8.50	9.00	12.	40.	50.	60.	75.	200.	450.	*	*	*	*
1944-D	7.50	8.00	8.50	9.00	20.	40.	50.	65.	85.	175.	275.	*	*	*	*
1944-S	7.50	8.00	8.50	9.00	20.	40.	50.	60.	85.	1700.	3000.	*	*	*	*
1945	7.50	8.00	8.50	9.00	12.	40.	50.	60.	75.	175.	300.	*	*	*	*

—— = Insufficient pricing data   * = None issued

WALKING LIBERTY HALF DOLLAR (CONTINUED)

	VG-8	F-12	VF-20	EF-40	AU-50	MS-60	MS-62	MS-63	MS-64	MS-65	MS-66	PF-63	PF-64	PF-65	PF-66
1945-D	7.50	8.00	8.50	9.00	18.	40.	50.	60.	75.	175.	275.	*	*	*	*
1945-S	7.50	8.00	8.50	9.00	18.	40.	50.	60.	75.	225.	1700.	*	*	*	*
1946	7.50	8.00	8.50	9.00	12.	40.	50.	60.	75.	275.	1000.	*	*	*	*
1946-D	7.50	8.00	10.	18.	35.	55.	60.	70.	85.	175.	250.	*	*	*	*
1946-S	7.50	8.00	8.50	9.00	18.	45.	50.	60.	75.	175.	450.	*	*	*	*
1947	7.50	8.00	8.50	10.	20.	55.	60.	65.	75.	275.	550.	*	*	*	*
1947-D	7.50	8.00	8.50	12.	30.	55.	60.	65.	75.	175.	600.	*	*	*	*

—— = Insufficient pricing data   * = None issued

Franklin half dollar

Date of authorization: April 2, 1792
Dates of issue: 1948-1963
Designer: John Sinnock
Engraver: Gilroy Roberts
Diameter: 30.61 mm/1.21 inches
Weight: 12.50 grams/0.40 ounce
Metallic Content: 90% silver, 10% copper
Weight of pure silver: 11.25 grams/0.36 ounce
Edge: Reeded
Mint mark: Reverse above bell beam

NOTE: MS-64F and MS-65F refer to Full Bell Lines.

Also, the letter C following a numerical grade for a Proof coin stands for "cameo," while the letters DC stand for "deep cameo." Cameo coins have contrasting surface finishes: mirror fields and frosted devices (raised areas). Deep cameo coins are the ultimate level of cameo, with deeply frosted devices. Cameo and deep cameo coins bring premiums.

FRANKLIN HALF DOLLAR (CONTINUED)

Date	EF-40	AU-50	MS-60	MS-63	MS-64	MS-64F	MS-65	MS-65F	MS-66	MS-66F	PF-63	PF-64	PF-64C	PF-65	PF-65C	PF-66	PF-66C	PF-66DC	PF-67	PF-67C	PF-67DC	PF-68	PF-68C	PF-68DC
1948	8.00	11.	17.	25.	35.	60.	85.	200.	500.	700.	*	*	*	*	*	*	*	*	*	*	*	*	*	*
1948-D	9.00	12.	17.	22.	35.	60.	60.	275.	1000.	1300.	*	*	*	*	*	*	*	*	*	*	*	*	*	*
1949	10.	15.	40.	70.	80.	110.	150.	260.	500.	700.	*	*	*	*	*	*	*	*	*	*	*	*	*	*
1949-D	18.	25.	45.	100.	110.	200.	1000.	1800.	3200.	4000.	*	*	*	*	*	*	*	*	*	*	*	*	*	*
1949-S	25.	35.	65.	100.	125.	350.	175.	800.	250.	1000.	*	*	*	*	*	*	*	*	*	*	*	*	*	*
1950	8.00	11.	28.	40.	50.	110.	175.	350.	500.	800.	400.	450.	720.	600.	2000.	750.	6000.	—	1800.	*	*	*	*	*
1950-D	9.00	12.	25.	40.	55.	150.	80.	400.	1700.	4500.	*	*	*	*	*	*	*	*	*	*	*	*	*	*
1951	9.00	12.	30.	40.	65.	125.	80.	600.	2100.	2500.	375.	400.	850.	425.	1500.	500.	3500.	—	1000.	*	*	*	*	*
1951-D	15.	20.	30.	40.	50.	110.	450.	600.	2100.	2500.	*	*	*	*	*	*	*	*	*	*	*	*	*	*
1951-S	12.	16.	25.	35.	50.	300.	80.	800.	250.	2000.	*	*	*	*	*	*	*	*	*	*	*	*	*	*
1952	7.00	7.50	10.	20.	40.	100.	80.	250.	200.	400.	185.	210.	310.	275.	800.	400.	1100.	—	1000.	*	*	*	*	*
1952-D	7.00	7.50	10.	20.	40.	110.	90.	500.	800.	5300.	*	*	*	*	*	*	*	*	*	*	*	*	*	*
1952-S	22.	30.	50.	60.	70.	500.	140.	1400.	350.	5300.	*	*	*	*	*	*	*	*	*	*	*	*	*	*
1953	12.	16.	25.	35.	50.	225.	140.	1100.	1300.	3500.	125.	150.	250.	250.	500.	300.	1100.	—	350.	2500.	14375.	750.	*	*
1953-D	7.00	7.50	9.00	15.	60.	170.	450.	450.	700.	1000.	*	*	*	*	*	*	*	*	*	*	*	*	*	*
1953-S	12.	16.	27.	32.	40.	10500.	75.	18000.	550.	22000.	*	*	*	*	*	*	*	*	*	*	*	*	*	*
1954	7.00	7.50	8.00	15.	35.	50.	85.	225.	400.	2500.	70.	85.	175.	125.	140.	250.	700.	—	200.	750.	4250.	360.	1800.	*
1954-D	7.00	7.50	8.00	15.	30.	40.	125.	250.	700.	2000.	*	*	*	*	*	*	*	*	*	*	*	*	*	*
1954-S	7.00	9.00	15.	22.	28.	100.	80.	500.	350.	3500.	*	*	*	*	*	*	*	*	*	*	*	*	*	*
1955	15.	22.	28.	35.	40.	45.	80.	150.	250.	500.	70.	75.	60.	85.	100.	260.	950.	—	150.	400.	1850.	360.	500.	—
1956	7.00	9.00	11.	15.	25.	40.	60.	150.	175.	—	35.	40.	45.	50.	60.	100.	—	—	75.	100.	—	300.	400.	—
1957	7.00	7.50	8.00	12.	25.	50.	60.	110.	120.	175.	25.	28.	25.	30.	35.	70.	60.	750.	50.	225.	1000.	100.	400.	2600.
1957-D	7.00	7.50	8.00	15.	35.	50.	70.	110.	110.	175.	*	*	*	*	*	*	*	*	*	*	*	*	*	*
1958	7.00	7.50	8.00	12.	20.	50.	60.	125.	70.	175.	35.	40.	30.	50.	55.	85.	1250.	—	70.	200.	1800.	125.	800.	2500.
1958-D	7.00	7.50	8.00	15.	20.	35.	60.	100.	70.	175.	*	*	*	*	*	*	*	*	*	*	*	*	*	*
1959	7.00	7.50	8.00	12.	20.	50.	125.	300.	1250.	5000.	18.	20.	25.	30.	75.	300.	—	—	150.	110.	2500.	125.	110.	—

—— = Insufficient pricing data   * = None issued

FRANKLIN HALF DOLLAR (CONTINUED)

	EF-40	AU-50	MS-60	MS-63	MS-64	MS-64F	MS-65	MS-65F	MS-66	MS-66F	PF-63	PF-64	PF-64C	PF-65	PF-65C	PF-66	PF-66C	PF-66DC	PF-67	PF-67C	PF-67DC	PF-68	PF-68C	PF-68DC
1959-D	7.00	7.50	8.00	12.	25.	40.	140.	250.	2650.	3000.	*	*	*	*	*	*	*	*	*	*	*	*	*	*
1960	7.00	7.50	8.00	13.	20.	40.	125.	350.	1000.	3500.	15.	18.	20.	28.	50.	35.	120.	175.	50.	150.	350.	75.	200.	800.
1960-D	7.00	7.50	8.00	13.	35.	60.	450.	1500.	700.	2000.	*	*	*	*	*	*	*	*	*	*	*	*	*	*
1961	7.00	7.50	8.00	13.	30.	175.	140.	1400.	800.	1700.	15.	28.	20.	35.	45.	45.	100.	150.	65.	150.	300.	90.	275.	1000.
1961-D	7.00	7.50	8.00	13.	30.	100.	175.	1000.	1500.	2200.	*	*	*	*	*	*	*	*	*	*	*	*	*	*
1962	7.00	7.50	8.00	13.	30.	200.	160.	2000.	900.	3200.	15.	18.	20.	25.	40.	30.	70.	250.	40.	100.	400.	65.	275.	800.
1962-D	7.00	7.50	8.00	12.	30.	100.	175.	1000.	1000.	1800.	*	*	*	*	*	*	*	*	*	*	*	*	*	*
1963	7.00	7.50	8.00	12.	20.	175.	60.	1400.	500.	2700.	17.	18.	25.	30.	40.	40.	100.	200.	50.	150.	210.	125.	200.	750.
1963-D	7.00	7.50	8.00	12.	20.	35.	90.	250.	400.	1000.	*	*	*	*	*	*	*	*	*	*	*	*	*	*

—— = Insufficient pricing data   * = None issued

Kennedy half dollar

Date of authorization: Dec. 30, 1963; July 23, 1965; Oct. 18, 1973
Dates of issue: 1964-present
Designer: Obverse: Gilroy Roberts
Reverse: Frank Gasparro
(Bicentennial reverse): Seth G.
Huntington
Engraver: Gilroy Roberts
(Bicentennial reverse): Frank Gasparro
Diameter: 30.61 mm/1.21 inches
Weight: (1964, 1992-present silver Proof only):
12.50 grams/0.40 ounce
(1965-1970): 11.50 grams/0.37 ounce
(1971-present): 11.34 grams/0.36 ounce
(1976 Bicentennial Proof and
Uncirculated): 11.50 grams/
0.37 ounce
Metallic Content: (1964, 1992-present silver Proofs only):
90% silver, 10% copper
(1965-1970): 80% silver, 20% copper
bonded to a core of 21.5% silver,
78.5% copper
(1971-present): 75% copper, 25% nickel
bonded to pure copper core
(1976 Bicentennial Proof and
Uncirculated sets only): 80% silver,
20% copper bonded to a core of
21.5% silver, 78.5% copper
Weight of pure silver: (1964, 1992-present silver Proofs only)
11.25 grams/0.36 ounce
(1965-1970): 4.60 grams/0.15 ounce
(1976 Bicentennial Proof and
Uncirculated sets only):
4.60 grams/0.15 ounce
Edge: Reeded

Mint mark: (1964): Reverse left near claw and laurel
(1968-present): Obverse below Kennedy

Bicentennial date, reverse

Also, the letter C following a numerical grade for a Proof coin stands for "cameo," while the letters DC stand for "deep cameo." Cameo coins have contrasting surface finishes: mirror fields and frosted devices (raised areas). Deep cameo coins are the ultimate level of cameo, with deeply frosted devices. Cameo and deep cameo coins bring premiums.

KENNEDY HALF DOLLAR (CONTINUED)

	MS-63	MS-64	MS-65	MS-66	MS-67	PF-63	PF-64	PF-65	PF-66	PF-67	PF-67C	PF-67DC	PF-68	PF-68C	PF-68DC	PF-69	PF-69C	PF-69DC	PF-70	PF-70C	PF-70DC
SILVER																					
1964	7.00	9.00	28.	75.	450.	8.00	10.	15.	35.	50.	125.	175.	40.	200.	300.	70.	235.	1500.	1000.	—	—
1964-D	7.00	12.	25.	50.	750.	*	*	*	*	*	*	*	*	*	*	*	*	*	*	*	*
1964 Heavily accented hair	*	*	*	*	*	25.	35.	50.	65.	75.	200.	1500.	125.	225.	6000.	425.	—	*	*	—	—
40 PERCENT SILVER CLAD																					
1965	2.00	9.50	20.	50.	350.	*	*	*	*	*	*	*	*	*	*	*	*	*	*	*	*
1965 Special Mint Set	*	*	*	*	*	7.00	8.00	10.	15.	35.	100.	300.	200.	275.	—	—	—	*	*	*	*
1966	2.00	11.	15.	45.	225.	*	*	*	*	*	*	*	*	*	*	*	*	*	*	*	*
1966 Special Mint Set	*	*	*	*	*	7.00	8.00	10.	15.	35.	100.	300.	200.	275.	—	—	—	*	*	*	*
1967	2.00	9.50	25.	75.	150.	*	*	*	*	*	*	*	*	*	*	*	*	*	*	*	*
1967 Special Mint Set	*	*	*	*	*	8.00	10.	12.	20.	40.	100.	300.	200.	275.	—	—	—	*	*	*	*
1968-D	2.00	9.00	25.	90.	325.	*	*	*	*	*	*	*	*	*	*	*	*	*	*	*	*
1968-S	*	*	*	*	*	7.00	8.00	9.00	10.	18.	25.	45.	25.	30.	110.	30.	55.	250.	*	*	*
1969-D	2.00	7.50	35.	170.	500.	*	*	*	*	*	*	*	*	*	*	*	*	*	*	*	*
1969-S	*	*	*	*	*	7.00	8.00	9.00	10.	15.	20.	50.	9.00	30.	100.	24.	55.	250.	*	90.	*
1970-D	10.	20.	40.	150.	750.	*	*	*	*	*	*	*	*	*	*	*	*	*	*	*	*
1970-S	*	*	*	*	*	17.	20.	25.	30.	35.	40.	100.	40.	45.	125.	50.	90.	300.	*	—	*
COPPER-NICKEL CLAD																					
1971	2.00	12.	15.	50.	95.	*	*	*	*	*	*	*	*	*	*	*	*	*	*	*	*
1971-D	1.50	5.00	16.	20.	75.	*	*	*	*	*	*	*	*	*	*	*	*	*	*	*	*
1971-S	*	*	*	*	*	5.00	7.00	9.00	12.	15.	20.	175.	35.	25.	200.	45.	60.	1800.	60.	*	*
1972	2.50	9.00	25.	35.	170.	*	*	*	*	*	*	*	*	*	*	*	*	*	*	*	*
1972-D	2.00	6.00	10.	15.	85.	*	*	*	*	*	*	*	*	*	*	*	*	*	*	*	*
1972-S	*	*	*	*	*	5.00	7.00	10.	14.	18.	22.	30.	20.	25.	40.	50.	60.	80.	*	*	*
1973	2.50	6.00	15.	75.	140.	*	*	*	*	*	*	*	*	*	*	*	*	*	*	*	*
1973-D	2.00	5.50	15.	25.	200.	*	*	*	*	*	*	*	*	*	*	*	*	*	*	*	*

—— = Insufficient pricing data   * = None issued

KENNEDY HALF DOLLAR (CONTINUED)

	MS-63	MS-64	MS-65	MS-66	MS-67	PF-63	PF-64	PF-65	PF-66	PF-67	PF-67C	PF-67DC	PF-68	PF-68C	PF-68DC	PF-69	PF-69C	PF-69DC	PF-70	PF-70C	PF-70DC
1973-S	*	*	*	*	*	5.00	7.00	10.	12.	15.	20.	25.	20.	*	30.	25.	30.	35.	—	—	3000.
1974	1.50	4.75	22.	25.	85.	*	*	*	*	*	*	*	*	*	*	*	*	*	*	*	*
1974-D	1.50	6.00	20.	60.	100.	*	*	*	*	*	*	*	*	*	*	*	*	*	*	*	*
1974-S	*	*	*	*	*	4.00	5.00	6.00	7.00	10.	12.	15.	15.	20.	25.	25.	30.	35.	—	—	5000.

DUAL DATE, BICENTENNIAL REVERSE

	MS-63	MS-64	MS-65	MS-66	MS-67	PF-63	PF-64	PF-65	PF-66	PF-67	PF-67C	PF-67DC	PF-68	PF-68C	PF-68DC	PF-69	PF-69C	PF-69DC	PF-70	PF-70C	PF-70DC
1776-1976	1.50	10.	25.	45.	140.	*	*	*	*	*	*	*	*	*	*	*	*	*	*	*	*
1776-1976-D	1.50	6.00	8.00	25.	45.	*	*	*	*	*	*	*	*	*	*	*	*	*	*	*	*
1776-1976-S 40% silver	4.00	9.00	13.	20.	50.	5.00	6.00	8.00	10.	15.	20.	30.	25.	35.	45.	75.	95.	100.	35.	40.	—
1776-1976-S	*	*	*	*	*	4.00	5.00	7.00	9.00	12.	20.	30.	25.	35.	40.	70.	90.	90.	—	—	—

PRESIDENTIAL SEAL/EAGLE REVERSE RESUMED

	MS-63	MS-64	MS-65	MS-66	MS-67	PF-63	PF-64	PF-65	PF-66	PF-67	PF-67C	PF-67DC	PF-68	PF-68C	PF-68DC	PF-69	PF-69C	PF-69DC	PF-70	PF-70C	PF-70DC
1977	2.00	6.75	20.	35.	150.	*	*	*	*	*	*	*	*	*	*	*	*	*	*	*	*
1977-D	2.00	6.00	7.00	30.	130.	*	*	*	*	*	*	*	*	*	*	*	*	*	*	*	*
1977-S	*	*	15.	*	*	5.00	6.00	7.00	8.00	10.	12.	15.	12.	15.	20.	15.	20.	25.	—	—	600.
1978	3.00	6.50	15.	20.	160.	*	*	*	*	*	*	*	*	*	*	*	*	*	*	*	*
1978-D	5.00	6.50	8.00	20.	450.	*	*	*	*	*	*	*	*	*	*	*	*	*	*	*	*
1978-S	*	*	*	*	*	5.00	6.00	8.00	10.	15.	18.	20.	18.	20.	25.	30.	35.	45.	—	—	300.
1979	2.00	5.50	13.	40.	325.	*	*	*	*	*	*	*	*	*	*	*	*	*	*	*	*
1979-D	2.00	6.00	10.	30.	350.	*	*	*	*	*	*	*	*	*	*	*	*	*	*	*	*
1979-S Filled S	*	*	*	*	*	5.00	6.00	8.00	10.	15.	18.	20.	18.	20.	25.	30.	35.	45.	—	—	300.
1979-S Clear S	*	*	*	*	*	17.	20.	25.	30.	35.	40.	50.	40.	45.	60.	45.	50.	75.	—	—	1200.
1980-P	2.00	5.00	11.	15.	52.	*	*	*	*	*	*	*	*	*	*	*	*	*	*	*	*
1980-D	2.00	4.75	7.00	50.	275.	*	*	*	*	*	*	*	*	*	*	*	*	*	*	*	*
1980-S	*	*	*	*	*	5.00	6.00	8.00	9.00	10.	12.	15.	12.	15.	17.	20.	25.	35.	—	—	400.
1981-P	2.00	5.00	10.	35.	300.	*	*	*	*	*	*	*	*	*	*	*	*	*	*	*	*
1981-D	2.00	4.50	11.	90.	150.	*	*	*	*	*	*	*	*	*	*	*	*	*	*	*	*
1981-S	—	—	—	—	—	12.	15.	18.	20.	25.	30.	35.	30.	35.	40.	35.	40.	—	—	—	—

—— = Insufficient pricing data   * = None issued

	PF-70DC	PF-70C	PF-70	PF-69DC	PF-69C	PF-69	PF-68DC	PF-68C	PF-68	PF-67DC	PF-67C	PF-67	PF-66	PF-65	PF-64	PF-63	MS-67	MS-66	MS-65	MS-64	MS-63
1981-S Filled S	245.	—	—	35.	25.	20.	17.	15.	12.	15.	12.	10.	9.00	8.00	6.00	5.00	*	*	*	*	*
1982-P	*	*	*	*	*	*	*	*	*	*	*	*	*	*	*	*	*	20.	7.00	5.00	4.00
1982-P No FG	*	*	*	*	*	*	*	*	*	*	*	*	*	*	*	*	—	60.	30.	14.	10.
1982-D	*	*	*	*	*	*	*	*	*	*	*	*	*	*	*	*	55.	45.	7.00	5.00	4.00
1982-S	250.	—	—	35.	25.	20.	17.	15.	12.	15.	12.	10.	9.00	8.00	6.00	5.00	*	*	*	*	*
1983-P	*	*	*	*	*	*	*	*	*	*	*	*	*	*	*	*	200.	40.	21.	4.00	5.00
1983-D	*	*	*	*	*	*	*	*	*	*	*	*	*	*	*	*	400.	50.	7.00	6.00	5.00
1983-S	520.	—	—	35.	25.	20.	17.	15.	12.	15.	12.	10.	9.00	8.00	6.00	5.00	*	*	*	*	*
1984-P	*	*	*	*	*	*	*	*	*	*	*	*	*	*	*	*	120.	36.	10.	5.00	2.50
1984-D	*	*	*	*	*	*	*	*	*	*	*	*	*	*	*	*	180.	40.	7.00	4.00	2.50
1984-S	200.	—	—	40.	25.	20.	17.	15.	12.	15.	12.	10.	9.00	8.00	7.00	6.00	*	*	*	*	*
1985-P	*	*	*	*	*	*	*	*	*	*	*	*	*	*	*	*	65.	50.	10.	6.00	6.00
1985-D	*	*	*	*	*	*	*	*	*	*	*	*	*	*	*	*	60.	15.	12.	5.00	4.00
1985-S	425.	—	—	35.	25.	20.	17.	15.	12.	15.	12.	10.	9.00	8.00	6.00	5.00	*	*	*	*	*
1986-P	*	*	*	*	*	*	*	*	*	*	*	*	*	*	*	*	60.	50.	15.	9.00	7.00
1986-D	*	*	*	*	*	*	*	*	*	*	*	*	*	*	*	*	45.	28.	10.	7.00	6.00
1986-S	275.	—	—	40.	25.	20.	20.	16.	14.	17.	14.	12.	10.	9.00	8.00	7.00	*	*	*	*	*
1987-P	*	*	*	*	*	*	*	*	*	*	*	*	*	*	*	*	75.	50.	15.	9.00	6.00
1987-D	*	*	*	*	*	*	*	*	*	*	*	*	*	*	*	*	75.	25.	10.	9.00	6.00
1987-S	200.	—	—	35.	25.	20.	17.	15.	12.	15.	12.	10.	9.00	8.00	6.00	5.00	*	*	*	*	*
1988-P	*	*	*	*	*	*	*	*	*	*	*	*	*	*	*	*	50.	36.	10.	9.00	5.00
1988-D	*	*	*	*	*	*	*	*	*	*	*	*	*	*	*	*	65.	25.	10.	6.00	4.00
1988-S	1000.	—	—	40.	25.	20.	17.	15.	12.	15.	12.	10.	9.00	8.00	6.00	5.00	*	*	*	*	*
1989-P	*	*	*	*	*	*	*	*	*	*	*	*	*	*	*	*	90.	45.	20.	9.00	4.00
1989-D	*	*	*	*	*	*	*	*	*	*	*	*	*	*	*	*	120.	32.	10.	9.50	3.00
1989-S	350.	—	—	35.	25.	20.	20.	16.	14.	17.	14.	12.	10.	9.00	8.00	7.00	*	*	*	*	*
1990-P	*	*	*	*	*	*	*	*	*	*	*	*	*	*	*	*	375.	20.	18.	15.	3.00

— = Insufficient pricing data   * = None issued

Date	MS-63	MS-64	MS-65	MS-66	MS-67	PF-63	PF-64	PF-65	PF-66	PF-67	PF-67C	PF-67DC	PF-68	PF-68C	PF-68DC	PF-69	PF-69C	PF-69DC	PF-70	PF-70C	PF-70DC
1990-D	4.00	4.00	15.	25.	75.	*	*	*	*	*	*	*	*	*	*	*	*	*	*	*	*
1990-S	*	*	*	*	*	5.00	6.00	8.00	9.00	10.	12.	15.	12.	15.	17.	20.	25.	35.	—	—	200.
1991-P	4.00	7.00	18.	25.	50.	*	*	*	*	*	*	*	*	*	*	*	*	*	*	*	*
1991-D	6.00	11.	14.	16.	500.	*	*	*	*	*	*	*	*	*	*	*	*	*	*	*	*
1991-S	*	*	*	*	*	15.	16.	17.	18.	20.	25.	30.	25.	30.	35.	30.	35.	50.	—	—	350.
1992-P	3.00	6.00	20.	40.	100.	*	*	*	*	*	*	*	*	*	*	*	*	*	*	*	*
1992-D	3.50	6.00	8.00	26.	75.	*	*	*	*	*	*	*	*	*	*	*	*	*	*	*	*
1992-S Clad	*	*	*	*	*	5.00	6.00	8.00	9.00	10.	12.	15.	12.	15.	17.	20.	25.	35.	—	—	200.
1992-S Silver	*	*	*	*	*	14.	15.	16.	17.	20.	25.	30.	25.	30.	35.	30.	35.	40.	—	—	550.
1993-P	3.00	10.	15.	40.	75.	*	*	*	*	*	*	*	*	*	*	*	*	*	*	*	*
1993-D	4.00	9.00	12.	28.	80.	*	*	*	*	*	*	*	*	*	*	*	*	*	*	*	*
1993-S Clad	*	*	*	*	*	13.	14.	15.	17.	20.	25.	30.	25.	30.	35.	35.	40.	50.	—	—	—
1993-S Silver	*	*	*	*	*	35.	37.	40.	45.	50.	55.	60.	55.	60.	65.	60.	65.	75.	—	—	400.
1994-P	2.00	6.00	10.	40.	75.	*	*	*	*	*	*	*	*	*	*	*	*	*	*	*	*
1994-D	2.00	6.00	10.	55.	75.	*	*	*	*	*	*	*	*	*	*	*	*	*	*	*	*
1994-S Clad	*	*	*	*	*	10.	11.	12.	14.	17.	18.	25.	20.	20.	30.	25.	30.	40.	—	—	450.
1994-S Silver	*	*	*	*	*	37.	40.	45.	50.	60.	65.	75.	65.	70.	85.	70.	75.	100.	—	—	400.
1995-P	1.50	8.00	10.	25.	75.	*	*	*	*	*	*	*	*	*	*	*	*	*	*	*	*
1995-D	1.50	6.00	9.00	35.	80.	*	*	*	*	*	*	*	*	*	*	*	*	*	*	*	*
1995-S Clad	*	*	*	*	*	35.	37.	40.	45.	50.	55.	60.	55.	60.	65.	60.	65.	90.	—	—	400.
1995-S Silver	*	*	*	*	*	90.	95.	100.	110.	125.	135.	150.	135.	145.	160.	145.	160.	175.	—	—	300.
1996-P	1.50	9.00	12.	25.	35.	*	*	*	*	*	*	*	*	*	*	*	*	*	*	*	*
1996-D	1.50	6.00	9.00	25.	36.	*	*	*	*	*	*	*	*	*	*	*	*	*	*	*	*
1996-S Clad	*	*	*	*	*	14.	15.	16.	18.	20.	22.	25.	25.	27.	30.	30.	35.	45.	—	—	850.
1996-S Silver	*	*	*	*	*	40.	45.	50.	55.	65.	70.	80.	70.	75.	85.	75.	85.	100.	—	—	400.
1997-P	1.50	9.00	15.	30.	55.	*	*	*	*	*	*	*	*	*	*	*	*	*	*	*	*

—— = Insufficient pricing data   * = None issued

KENNEDY HALF DOLLAR (CONTINUED)

	PF-70DC	PF-70C	PF-70	PF-69DC	PF-69C	PF-69	PF-68DC	PF-68C	PF-68	PF-67DC	PF-67C	PF-67	PF-66	PF-65	PF-64	PF-63	MS-67	MS-66	MS-65	MS-64	MS-63
1997-D	*	*	*	*	*	*	*	*	*	*	*	*	*	*	*	*	26.	15.	10.	6.00	1.50
1997-S Clad	400.	—	—	75.	60.	60.	65.	55.	50.	55.	50.	45.	40.	35.	32.	30.	*	*	*	*	*
1997-S Silver	300.	—	—	160.	145.	135.	150.	130.	120.	135.	120.	110.	100.	95.	90.	85.	*	*	*	*	*
1998-P	*	*	*	*	*	*	*	*	*	*	*	*	*	*	*	*	75.	30.	12.	4.00	1.50
1998-D	*	*	*	*	*	*	*	*	*	*	*	*	*	*	*	*	65.	50.	12.	4.00	1.50
1998-S Clad	550.	—	—	45.	35.	30.	35.	30.	27.	30.	27.	25.	22.	20.	19.	18.	*	*	*	*	*
1998-S Silver	400.	—	—	75.	65.	60.	65.	55.	50.	60.	50.	45.	40.	35.	32.	30.	*	*	*	*	*
1998-S Silver Matte Finish	*	*	*	*	*	*	*	*	*	*	*	*	*	*	*	*	300.	275.	250.	240.	235.
1999-P	*	*	*	*	*	*	*	*	*	*	*	*	*	*	*	*	50.	40.	10.	4.00	1.50
1999-D	*	*	*	*	*	*	*	*	*	*	*	*	*	*	*	*	52.	23.	10.	4.00	1.50
1999-S Clad	1500.	—	—	45.	35.	30.	35.	30.	27.	30.	27.	25.	22.	20.	19.	18.	*	*	*	*	*
1999-S Silver	500.	—	—	90.	65.	60.	75.	60.	55.	65.	55.	50.	45.	40.	37.	35.	*	*	*	*	*
2000-P	*	*	*	*	*	*	*	*	*	*	*	*	*	*	*	*	75.	16.	10.	4.00	1.50
2000-D	*	*	*	*	*	*	*	*	*	*	*	*	*	*	*	*	65.	30.	6.00	4.00	1.50
2000-S Clad	1500.	—	—	35.	30.	25.	20.	18.	15.	15.	12.	10.	9.00	8.00	7.00	6.00	*	*	*	*	*
2000-S Silver	850.	75.	—	60.	45.	40.	45.	40.	35.	40.	35.	30.	27.	25.	22.	20.	*	*	*	*	*
2001-P	*	*	*	*	*	*	*	*	*	*	*	*	*	*	*	*	80.	33.	10.	4.00	1.50
2001-D	*	*	*	*	*	*	*	*	*	*	*	*	*	*	*	*	200.	30.	10.	4.00	1.50
2001-S Clad	1800.	—	—	35.	25.	20.	22.	19.	17.	20.	17.	15.	13.	12.	11.	10.	*	*	*	*	*
2001-S Silver	900.	—	—	45.	35.	30.	35.	35.	27.	30.	27.	25.	23.	22.	21.	20.	*	*	*	*	*
2002-P	*	*	*	*	*	*	*	*	*	*	*	*	*	*	*	*	35.	20.	10.	4.00	2.00
2002-D	*	*	*	*	*	*	*	*	*	*	*	*	*	*	*	*	75.	30.	10.	4.00	2.00
2002-S Clad	1000.	—	—	35.	20.	18.	20.	18.	15.	15.	12.	10.	9.00	8.00	7.00	6.00	*	*	*	*	*
2002-S Silver	800.	—	—	55.	45.	40.	40.	37.	35.	35.	32.	30.	27.	25.	22.	20.	*	*	*	*	*
2003-P	*	*	*	*	*	*	*	*	*	*	*	*	*	*	*	*	—	10.	—	4.00	3.00
2003-D	*	*	*	*	*	*	*	*	*	*	*	*	*	*	*	*	—	10.	—	4.00	3.00

—— = Insufficient pricing data   * = None issued

	MS-63	MS-64	MS-65	MS-66	MS-67	PF-63	PF-64	PF-65	PF-66	PF-67	PF-67C	PF-67DC	PF-68	PF-68C	PF-68DC	PF-69	PF-69C	PF-69DC	PF-70	PF-70C	PF-70DC
2003-S Clad	*	*	*	*	*	5.00	6.00	8.00	9.00	10.	12.	15.	15.	18.	20.	18.	20.	30.	—	—	2500.
2003-S Silver	*	*	—	*	*	9.00	10.	11.	12.	14.	17.	25.	18.	20.	30.	30.	35.	40.	—	—	300.
2004-P	1.50	4.00	—	10.	—	*	*	*	*	*	*	*	*	*	*	*	*	*	*	*	*
2004-D	1.50	4.00	—	10.	—	*	*	*	*	*	*	*	*	*	*	*	*	*	*	*	*
2004-S Clad	*	*	—	*	*	14.	15.	16.	17.	20.	22.	25.	22.	25.	30.	25.	27.	35.	—	*	300.
2004-S Silver	*	*	—	*	*	6.00	7.00	10.	11.	12.	15.	25.	18.	20.	30.	30.	35.	40.	—	—	500.
2005-P	1.50	4.00	—	*	—	*	*	*	*	*	*	*	*	*	*	*	*	*	*	*	*
2005-P Satin Finish	—	—	—	—	—	*	*	*	*	*	*	*	*	*	*	*	*	*	*	*	*
2005-D	1.50	4.00	—	*	—	*	*	*	*	*	*	*	*	*	*	*	*	*	*	*	*
2005-D Satin Finish	—	—	—	—	—	*	*	*	*	*	*	*	*	*	*	*	*	*	*	*	*
2005-S Clad	*	*	—	*	*	4.00	5.00	6.00	7.00	9.00	10.	12.	10.	12.	15.	12.	15.	20.	—	—	*
2005-S Silver	*	*	—	*	*	7.00	8.00	9.00	10.	12.	13.	15.	14.	15.	18.	17.	20.	25.	—	—	*
2006-P	1.50	4.00	—	*	—	*	*	*	*	*	*	*	*	*	*	*	*	*	*	*	*
2006-P Satin Finish	—	—	—	—	—	*	*	*	*	*	*	*	*	*	*	*	*	*	*	*	*
2006-D	1.50	4.00	—	*	—	*	*	*	*	*	*	*	*	*	*	*	*	*	*	*	*
2006-D Satin Finish	—	—	—	—	—	*	*	*	*	*	*	*	*	*	*	*	*	*	*	*	*
2006-S Clad	*	*	*	*	*	—	—	—	—	—	—	—	—	—	—	—	—	—	—	—	—
2006-S Silver	*	*	*	*	*	—	—	—	—	—	—	—	—	—	—	—	—	—	—	—	—

—— = Insufficient pricing data   * = None issued

Flowing Hair dollar

Date of authorization: April 2, 1792
Dates of issue: 1794-1795
Designer/Engraver: Robert Scot
Diameter: 39.50 mm/1.56 inches
Weight: 26.96 grams/0.87 ounce
Metallic Content: 90% silver, 10% copper
Weight of pure silver: 24.26 grams/0.78 ounce
Edge: Lettered (HUNDRED CENTS ONE DOLLAR OR UNIT)
Mint mark: None

	AG-3	G-4	VG-8	F-12	VF-20	EF-40	EF-45	AU-50	AU-55	MS-60
1794	45000.	75000.	100000.	125000.	150000.	225000.	300000.	400000.	500000.	750000.
1795 2 leaves, Head of 1794										
	800.	1400.	2000.	4000.	6500.	14000.	17000.	20000.	28000.	40000.
1795 3 leaves, Head of 1795										
	750.	1300.	1800.	3500.	5500.	13000.	15000.	18000.	25000.	60000.

Draped Bust dollar

Small Eagle

Heraldic Eagle

Date of authorization: April 2, 1792
Dates of issue: 1795-1803
Designers: Obverse: Gilbert Stuart-Robert Scot
Reverse: (1795-1798): Scot-John Eckstein
(1798-1803): Robert Scot
Engraver: Robert Scot
Diameter: 39.50 mm/1.56 inches
Weight: 26.96 grams/0.87 ounce
Metallic Content: 89.25% silver, 10.75% copper
Weight of pure silver: 24.06 grams/0.77 ounce
Edge: Lettered (HUNDRED CENTS ONE DOLLAR OR UNIT)
Mint mark: None

DRAPED BUST DOLLAR (CONTINUED)

	AG-3	G-4	VG-8	F-12	VF-20	EF-40	EF-45	AU-50	AU-55	MS-60
SMALL EAGLE										
1795	600.	1100.	1500.	2500.	4500.	9000.	10000.	15000.	18000.	35000.
1796 Small Date, Small Letters										
	600.	1200.	1500.	2500.	4500.	9000.	10000.	15000.	18000.	—
1796 Large Date, Small Letters										
	600.	1200.	1500.	2500.	4500.	9000.	10000.	15000.	18000.	—
1796 Small Date, Large Letters										
	600.	1200.	1500.	2500.	4500.	9000.	10000.	15000.	18000.	16000.
1797 Stars 9x7, Small Letters										
	900.	1500.	2500.	3500.	6000.	13000.	20000.	30000.	45000.	—
1797 Stars 9x7, Large Letters										
	700.	1200.	1800.	2700.	4500.	9000.	10000.	15000.	18000.	—
1797 Stars 10x6	600.	1100.	1500.	2500.	4500.	9000.	10000.	15000.	18000.	—
1798 13 Stars	600.	1200.	1500.	2500.	4500.	9000.	10000.	15000.	20000.	—
1798 15 Stars	1000.	1700.	2200.	3000.	5000.	12000.	15000.	22000.	—	—
HERALDIC EAGLE										
1798	500.	900.	1000.	1400.	2500.	4500.	5500.	7500.	9000.	16000.
1799	500.	900.	1000.	1400.	2500.	4500.	5500.	7500.	9000.	16000.
1799/8	600.	1000.	1200.	1800.	3000.	5500.	6500.	9000.	10000.	17000.
1799 Stars 8x5	600.	1000.	1400.	1800.	3500.	4800.	7000.	9000.	12000.	—
1800	500.	900.	1000.	1400.	2500.	4500.	6000.	8500.	10000.	16000.
1800 AMERICAI	600.	1200.	1400.	1800.	3500.	4700.	6000.	8000.	10000.	—
1800 Dotted Date	600.	1200.	1400.	1800.	3500.	4700.	6500.	8500.	10000.	—
1801	500.	1100.	1200.	1800.	3000.	4500.	5500.	7500.	10000.	—
1801 Proof restrike, die crack links base of digits to first two stars										
1802/1	600.	1100.	1300.	1800.	3000.	6000.	7500.	10000.	13000.	18000.
1802	500.	1100.	1200.	1700.	3000.	5000.	6500.	9000.	11000.	17000.
1802 Proof restrike with old-style 180, 1820s style 2 in date PF-65 $175000.										
1803 Large 3	600.	900.	1200.	1500.	2700.	4500.	6000.	8500.	10000.	—
1803 Small 3	500.	800.	1100.	1400.	2500.	4300.	5500.	8000.	9000.	—
1803 Proof restrike with old-style digits PF-65 $135000.										
1804 Three varieties struck in 1834-5 and 1858 Class I Childs now PF-68 (PCGS) sold for $4.14 million; Class I Eliasberg now PF-65 (PCGS) sold for $1.815 million; Class III Flannagan now PF-58 (PCGS) sold for $874,000.										

—— = Insufficient pricing data

Seated Liberty dollar

Date of authorization: Jan. 18, 1837
Dates of issue: 1840-1873
Designers: Obverse: Robert Hughes-Christian
Gobrecht-Thomas Sully
Reverse: John Reich-Christian
Gobrecht
Engraver: Christian Gobrecht
Diameter: 38.10 mm/1.5 inches
Weight: 26.73 grams/0.86 ounce
Metallic Content: 90% silver, 10% copper
Weight of pure silver: 24.06 grams/0.77 ounce
Edge: Reeded
Mint mark: Reverse below eagle

SEATED LIBERTY DOLLAR (CONTINUED)

	G-4	VG-8	F-12	VF-20	EF-40	AU-50	AU-55	MS-60	MS-62	MS-63	MS-64	PF-63	PF-64	PF-65	PF-66
1840	250.	275.	300.	375.	500.	800.	1250.	4000.	10000.	20000.	—	30000.	50000.	—	—
1841	225.	275.	300.	350.	500.	700.	1100.	2000.	3000.	4500.	18000.	40000.	—	—	—
1842	225.	275.	300.	350.	450.	700.	1000.	2000.	3000.	5000.	7500.	50000.	—	—	—
1843	225.	275.	300.	350.	450.	700.	1000.	2000.	4000.	6000.	15000.	45000.	—	—	—
1844	225.	275.	325.	400.	550.	1000.	2000.	3500.	5000.	8000.	—	35000.	60000.	130000.	—
1845	225.	275.	325.	400.	550.	900.	3000.	12000.	26000.	35000.	—	30000.	35000.	60000.	*
1846	225.	275.	300.	350.	450.	700.	1200.	3000.	3000.	6000.	10000.	30000.	50000.	—	—
1846-O	260.	300.	325.	425.	600.	1500.	2000.	5000.	12000.	22500.	47500.	*	*	*	*
1847	225.	275.	300.	350.	450.	700.	1000.	1500.	2500.	4500.	9000.	25000.	35000.	60000.	—
1848	275.	325.	500.	600.	1000.	1500.	2500.	5000.	7000.	10500.	—	35000.	40000.	85000.	—
1849	225.	275.	300.	350.	500.	700.	1000.	2000.	3000.	5000.	11000.	35000.	60000.	100000.	—
1850	400.	500.	600.	900.	1500.	3000.	3000.	5500.	9500.	16500.	—	30000.	35000.	45000.	*
1850-O	275.	300.	400.	750.	1800.	3500.	6000.	15000.	20000.	—					
1851 Original AU-50 $25,000; MS-60 $35,000; MS-63 $45,000; MS-65 $50,000; MS-63 $45,000; MS-65 $90,000; Restrike Prf-62 $21,500; Prf-63 $25,000; Prf-64 $45,000															
1852 AU-55 $25,000; MS-60 $35,000; MS-63 $45,000; MS-65 $70,000; Restrike Prf-55 $20,500; Prf-63 $32,500															
1853	225.	275.	400.	500.	750.	1100.	1500.	2500.	4000.	7000.	10000.	—	—	—	—
1854	1000.	1300.	2000.	3000.	4000.	4500.	6000.	7500.	8500.	10000.	14000.	—	30000.	50000.	—
1855	800.	1200.	1500.	2200.	4000.	4500.	6000.	8000.	15000.	27500.	—	20000.	25000.	45000.	—
1856	325.	425.	500.	800.	1500.	2300.	3000.	4000.	5500.	8000.	—	20000.	25000.	40000.	—
1857	350.	450.	500.	850.	1500.	2300.	2300.	3000.	4000.	5500.	11000.	12000.	18000.	40000.	—
1858 Proofs only											*	10000.	15000.	35000.	50000.
1859	250.	300.	400.	500.	700.	1200.	1800.	3000.	4000.	6000.	14000.	5000.	9000.	18000.	35000.
1859-O	225.	300.	300.	350.	500.	600.	750.	1200.	1800.	3500.	—	*	*	*	*
1859-S	275.	350.	500.	800.	2000.	3500.	5000.	15000.	30000.	50000.	—	—	—	—	—
1860	225.	275.	300.	500.	550.	700.	1000.	1500.	2500.	3500.	8000.	4000.	7000.	18000.	25000.
1860-O	225.	275.	300.	350.	450.	600.	800.	1500.	2500.	3500.	8000.	—	—	—	—
1861	550.	700.	850.	1000.	1500.	2000.	2500.	3000.	4000.	5500.	9000.	4500.	9000.	20000.	25000.
1862	500.	650.	800.	1000.	1500.	2000.	2500.	3200.	4500.	6500.	14000.	4000.	8500.	20000.	—
1863	225.	425.	450.	600.	800.	1500.	2000.	3000.	4000.	5000.	14000.	4000.	8000.	18000.	35000.

—— = Insufficient pricing data   * = None issued

SEATED LIBERTY DOLLAR (CONTINUED)

	G-4	VG-8	F-12	VF-20	EF-40	AU-50	AU-55	MS-60	MS-62	MS-63	MS-64	PF-63	PF-64	PF-65	PF-66
1864	225.	275.	400.	550.	800.	1500.	2000.	3000.	4500.	6000.	14000.	4000.	7500.	15000.	25000.
1865	225.	275.	350.	550.	800.	1500.	2000.	3000.	4500.	6000.	10000.	4000.	7500.	15000.	35000.
1866	—	—	—	—	—	—	—	—	—	—	—	—	—	—	—
MOTTO ABOVE EAGLE															
1866	225.	275.	350.	550.	650.	1000.	1500.	2000.	3000.	5000.	9000.	5000.	10000.	20000.	35000.
1867	225.	275.	350.	500.	650.	1000.	1400.	2000.	3000.	5000.	12000.	4000.	7500.	15000.	35000.
1868	225.	275.	300.	450.	600.	1000.	1400.	2000.	3500.	7500.	15000.	4000.	7500.	15000.	25000.
1869	225.	275.	300.	350.	450.	900.	1200.	1600.	2500.	4500.	10000.	4000.	7000.	15000.	25000.
1870	225.	275.	300.	350.	450.	800.	1000.	1500.	2500.	4000.	9000.	4000.	7000.	15000.	25000.
1870-CC	400.	450.	690.	1000.	1800.	3500.	6000.	12000.	25000.	35000.	—	*	*	*	*
1870-S	—	—	60000.	82500.	125000.	200000.	—	300000.	—	600000.	—	*	*	*	*
1871	225.	275.	300.	350.	450.	600.	800.	1200.	2000.	3500.	7500.	4000.	7000.	15000.	25000.
1871-CC	1700.	2800.	4000.	6000.	11000.	20000.	30000.	90000.	—	125000.	—	*	*	*	*
1872	225.	275.	300.	350.	450.	650.	800.	1200.	2000.	3500.	7500.	4000.	7000.	15000.	25000.
1872-CC	900.	1300.	2200.	3500.	5000.	10000.	15000.	30000.	40000.	62500.	—	*	*	*	*
1872-S	250.	325.	425.	700.	2000.	4000.	6500.	10000.	30000.	30000.	50000.	*	*	*	*
1873	225.	275.	300.	350.	450.	750.	1000.	1500.	2000.	3500.	7500.	4000.	7000.	15000.	25000.
1873-CC	4000.	5000.	7000.	10000.	20000.	35000.	45000.	75000.	—	—	—	*	*	*	*

1873-S Unknown in any collection

— = Insufficient pricing data   * = None issued

Trade dollar

Date of authorization: Feb. 12, 1873
Dates of issue: 1873-1885
Designer/Engraver: William Barber
Diameter: 38.10 mm/1.5 inches
Weight: 27.22 grams/0.88 ounce
Metallic Content: 90% silver, 10% copper
Weight of pure silver: 24.49 grams/0.79 ounce
Edge: Reeded
Mint mark: Reverse below eagle

TRADE DOLLAR (CONTINUED)

	G-4	VG-8	F-12	VF-20	EF-40	AU-50	AU-55	MS-60	MS-62	MS-63	MS-64	MS-65	PF-63	PF-64	PF-65	PF-66
1873	100.	120.	150.	200.	275.	350.	600.	1000.	1300.	1800.	4000.	11000.	3500.	6000.	11000.	18000.
1873-CC	200.	250.	300.	400.	600.	1500.	2000.	5000.	12000.	—	8000.	14000.	*	*	*	*
1873-S	100.	125.	175.	225.	300.	350.	500.	1000.	2000.	3000.	*	*	*	*	*	*
1874	100.	120.	150.	200.	275.	350.	450.	650.	1000.	1800.	4000.	12500.	3500.	6500.	11000.	18000.
1874-CC	200.	225.	300.	350.	450.	600.	800.	1500.	3000.	6000.	9500.	19000.	*	*	*	*
1874-S	100.	125.	145.	175.	200.	350.	450.	700.	1000.	2000.	5000.	15000.	*	*	*	*
1875	125.	175.	325.	400.	600.	800.	1000.	1800.	2700.	3500.	5000.	13000.	4000.	9000.	13000.	18000.
1875-CC	175.	225.	275.	300.	400.	500.	600.	1000.	2500.	3500.	10000.	—	*	*	*	*
1875-S	90.	100.	150.	175.	200.	300.	400.	700.	1200.	1800.	3500.	9000.	*	*	*	*
1875-S/CC	175.	225.	350.	550.	900.	1400.	1800.	2700.	4000.	13000.	25000.	50000.	*	*	*	*
1876	100.	120.	150.	175.	200.	300.	350.	500.	1500.	2000.	3500.	10000.	4000.	6000.	15000.	18000.
1876-CC	200.	250.	275.	300.	450.	1000.	1800.	4500.	12000.	22000.	40000.	—	*	*	*	*
1876-S	90.	100.	130.	160.	200.	300.	400.	600.	1000.	1800.	4000.	11000.	*	*	*	*
1877	100.	120.	145.	175.	200.	300.	400.	600.	1000.	1800.	6000.	15000.	4000.	6500.	15000.	18000.
1877-CC	200.	250.	300.	400.	600.	700.	1000.	1800.	5000.	10000.	25000.	—	*	*	*	*
1877-S	90.	100.	130.	160.	200.	350.	450.	800.	900.	1800.	4000.	10000.	*	*	*	*
1878 Proof	700.	850.	1000.	1200.	1400.	1600.	1800.	*	*	*	*	*	3500.	6500.	14000.	17000.
1878-CC	350.	425.	750.	1200.	2500.	4000.	6000.	10000.	15000.	25000.	50000.	—	*	*	*	*
1878-S	90.	100.	130.	160.	200.	300.	400.	600.	1200.	2000.	3500.	10000.	*	*	*	*
1879	900.	1000.	1200.	1500.	1700.	2000.	2500.	*	*	*	*	*	3500.	5000.	11000.	15000.
1880	900.	1000.	1200.	1500.	1700.	2000.	2500.	*	*	*	*	*	3500.	5000.	11000.	15000.
1881	900.	1000.	1200.	1500.	1700.	2000.	2500.	*	*	*	*	*	3500.	5000.	12000.	15000.
1882	900.	1000.	1200.	1500.	1700.	2000.	2500.	*	*	*	*	*	3500.	5000.	11000.	14000.
1883	900.	1000.	1200.	1500.	1700.	2000.	2500.	*	*	*	*	*	3500.	6000.	11000.	15000.
1884	*	*	*	*	*	*	*	*	*	*	*	*	125000.	285000.	400000.	—
1885	*	*	*	*	*	*	*	*	*	*	*	*	325000.	450000.	900000.	1500000.

—— = Insufficient pricing data   * = None issued

Morgan dollar

Date of authorization: Feb. 28, 1878
Dates of issue: 1878-1921
Designer/Engraver: George T. Morgan
Diameter: 38.10 mm/1.5 inches
Weight: 26.73 grams/0.86 ounce
Metallic Content: 90% silver, 10% copper
Weight of pure silver: 24.06 grams/0.77 ounce
Edge: Reeded
Mint mark: Reverse below eagle

Note: MS-63D, MS-64D, MS-65D refer to Deep Mirror Prooflike

	G-4	VG-8	F-12	VF-20	EF-40	AU-50	AU-58	MS-60	MS-62	MS-63	MS-63D	MS-64	MS-64D	MS-65	MS-65D	MS-66	PF-63	PF-64	PF-65	PF-66
1878 8 Tail Feathers	22.	30.	32.	40.	50.	80.	110.	130.	160.	200.	600.	450.	4000.	1500.	8500.	14000.	2000.	3500.	5500.	20000.
1878 7 Tail Feathers, Reverse of 1878	15.	20.	22.	25.	30.	45.	50.	60.	75.	125.	200.	300.	1000.	1600.	6500.	10000.	3500.	5000.	15000.	25000.
1878 7 Tail Feathers, Reverse of 1879	15.	20.	22.	25.	30.	48.	60.	75.	125.	200.	1100.	600.	4000.	3200.	17000.	28800.	—	—	—	—
1878 Strongly Doubled Tail Feathers	17.	22.	25.	30.	40.	75.	110.	160.	250.	400.	1000.	550.	5000.	3500.	16000.	23000.	*	*	*	*
1878 7/8TF Triple Blossoms, VAM-44	—	—	400.	500.	1800.	3000.	3500.	4500.	—	—	—	—	—	—	—	—	*	*	*	*
1878-CC	85.	110.	110.	125.	135.	150.	175.	250.	325.	450.	1300.	650.	2500.	2500.	8000.	6000.	*	*	*	*
1878-CC GSA	—	—	—	—	—	—	—	650.	675.	700.	—	750.	—	3000.	—	6500.	*	*	*	*
1878-S	15.	20.	22.	25.	30.	35.	40.	50.	60.	75.	175.	125.	900.	300.	6000.	1100.	*	*	*	*
1878-S Long Nock varieties	75.	100.	125.	250.	450.	750.	1000.	1500.	—	—	—	—	—	—	—	—	*	*	*	*
1879	14.	16.	20.	18.	20.	22.	25.	35.	50.	75.	275.	150.	2200.	1300.	9000.	5500.	2000.	3000.	8000.	11000.
1879 GSA	—	—	—	—	—	—	—	200.	210.	225.	—	—	—	—	—	—	*	*	*	*
1879-CC	110.	135.	150.	250.	800.	2500.	3500.	5000.	6800.	9000.	16000.	12000.	28000.	30000.	55000.	55000.	*	*	*	*
1879-CC Large CC/Small CC, VAM-3	100.	125.	140.	225.	700.	1700.	2500.	4000.	5500.	8000.	14000.	11000.	20000.	50000.	75000.	75000.	*	*	*	*
1879-CC GSA	14.	16.	—	—	—	—	—	7000.	8500.	11000.	—	14000.	—	—	—	15000.	*	*	*	*
1879-O	14.	16.	22.	24.	26.	30.	45.	85.	125.	225.	1200.	550.	4000.	4000.	18000.	75000.	*	*	*	*
1879-S Reverse of 1878 varieties	15.	20.	25.	30.	35.	50.	85.	135.	200.	450.	4000.	2000.	9000.	10000.	25000.	75000.	*	*	*	*
1879-S Reverse of 1878 GSA	—	—	—	—	—	—	—	200.	—	—	—	—	—	—	—	—	*	*	*	*
1879-S	14.	16.	20.	20.	22.	25.	30.	45.	50.	60.	100.	80.	300.	185.	850.	500.	*	*	*	*

—— = Insufficient pricing data   * = None issued

MORGAN DOLLAR (CONTINUED)

	G-4	VG-8	F-12	VF-20	EF-40	AU-50	AU-58	MS-60	MS-62	MS-63	MS-63D	MS-64	MS-64D	MS-65	MS-65D	MS-66	PF-63	PF-64	PF-65	PF-66
1879-S GSA	—	—	—	—	—	—	—	190.	200.	210.	—	225.	—	—	—	—	*	*	*	*
1880	14.	16.	17.	20.	22.	25.	28.	35.	45.	65.	275.	140.	1300.	900.	5000.	7000.	2000.	3000.	5000.	15000.
1880 Knobbed 8, VAM-1A			90.	120.																
1880/79-CC Reverse of 1878, VAM-4	85.	125.	150.	175.	225.	300.	450.	650.	700.	800.	3500.	2000.	6500.	3200.	14000.	8500.	*	*	*	*
1880/79-CC Reverse of 1878 GSA																				
1880-CC	85.	125.	175.	200.	250.	350.	400.	550.	750.	850.	1700.	1500.	8500.	3500.	7500.	5000.	*	*	*	*
1880-CC GSA								550.	600.	650.	1000.	900.	2000.	1800.	5000.	5000.	*	*	*	*
1880-O	14.	16.	17.	20.	22.	25.	35.	75.	150.	425.	1700.	2000.	—	27000.	75000.	60000.	*	*	*	*
1880-S	14.	16.	17.	20.	22.	25.	28.	35.	40.	55.	100.	80.	300.	200.	850.	450.	*	*	*	*
1880-S GSA	—	—	—	—	—	—	—	190.	200.	210.	—	225.	—	—	—	—	*	*	*	*
1881	14.	16.	17.	20.	22.	25.	28.	35.	45.	65.	550.	175.	2000.	1000.	14000.	5000.	2000.	5500.	6500.	10000.
1881 GSA								200.									*	*	*	*
1881-CC	250.	325.	350.	375.	400.	450.	500.	550.	575.	625.	1100.	700.	1700.	1100.	3500.	2000.	*	*	*	*
1881-CC GSA								650.	675.	725.		800.		1200.		2300.	*	*	*	*
1881-O	14.	16.	17.	20.	22.	25.	28.	40.	45.	55.	200.	175.	1300.	1800.	16000.	16000.	*	*	*	*
1881-O GSA								200.									*	*	*	*
1881-S	14.	16.	17.	20.	22.	25.	28.	35.	40.	55.	100.	80.	300.	185.	850.	450.	*	*	*	*
1881-S GSA	—	—	—	—	—	—	—	190.	200.	210.	—	225.	—	—	—	—	*	*	*	*
1882	14.	16.	17.	20.	22.	25.	28.	35.	40.	55.	300.	80.	1100.	500.	5500.	2000.	2000.	3000.	5000.	9000.
1882 GSA								190.	200.	210.		225.					*	*	*	*
1882-CC	75.	110.	115.	125.	135.	145.	185.	250.	275.	300.	600.	325.	900.	600.	2000.	2100.	*	*	*	*
1882-CC GSA								250.	275.	300.		350.		650.		2400.	*	*	*	*
1882-O	14.	16.	17.	20.	22.	25.	28.	38.	45.	50.	200.	85.	1200.	900.	5000.	11000.	*	*	*	*
1882-O GSA	—	—	—	—	—	—	—	190.	200.	210.	—	225.	—	—	—	—	*	*	*	*

——— = Insufficient pricing data   * = None issued

	G-4	VG-8	F-12	VF-20	EF-40	AU-50	AU-58	MS-60	MS-62	MS-63	MS-63D	MS-64	MS-64D	MS-65	MS-65D	MS-66	PF-63	PF-64	PF-65	PF-66
1882-O/S varieties	20.	25.	35.	45.	60.	100.	175.	300.	400.	1700.	4500.	4500.	12000.	35000.	45000.	50000.	*	*	*	*
1882-S	14.	16.	17.	20.	22.	28.	30.	35.	40.	50.	200.	80.	400.	185.	2800.	450.	*	*	*	*
1882-S GSA	—	—	—	—	—	—	—	190.	200.	210.	—	225.	—	200.	—	—	*	*	*	*
1883	14.	16.	17.	20.	22.	25.	28.	35.	40.	50.	125.	80.	350.	200.	1300.	500.	2000.	3000.	5000.	8000.
1883 GSA	—	—	—	—	—	—	—	190.	200.	210.	—	225.	—	—	—	—				
1883 Sextupled Stars, VAM-10	—	—	—	75.	125.	250.	475.	550.	600.	750.	—	—	—	—	—	—	*	*	*	*
1883-CC	75.	110.	125.	135.	145.	160.	185.	225.	250.	275.	500.	300.	700.	500.	1500.	1200.	*	*	*	*
1883-CC GSA	—	—	—	—	—	—	—	250.	275.	300.	—	325.	—	600.	—	1400.	*	*	*	*
1883-O	14.	16.	17.	20.	22.	25.	28.	35.	40.	50.	100.	80.	300.	185.	1000.	550.	*	*	*	*
1883-O GSA	—	—	—	—	—	—	—	190.	200.	210.	—	225.	—	—	—	—	*	35000.	*	—
1883-S	14.	16.	20.	25.	50.	200.	400.	700.	1500.	3500.	15000.	6000.	50000.	23000.	110000.	85000.	*	*	*	*
1884	14.	16.	17.	20.	22.	25.	28.	35.	40.	50.	250.	80.	1000.	325.	3000.	1100.	2000.	3000.	5000.	9000.
1884 GSA	—	—	—	—	—	—	—	190.	200.	210.	—	225.	—	—	—	—	*	*	*	*
1884-CC	100.	125.	150.	165.	180.	200.	225.	250.	275.	300.	500.	325.	700.	500.	1500.	1200.	*	*	*	*
1884-CC GSA	—	—	—	—	—	—	—	225.	250.	300.	—	350.	—	550.	—	1400.	*	*	*	*
1884-O	14.	16.	17.	20.	22.	25.	28.	35.	40.	50.	100.	80.	300.	185.	850.	550.	*	*	*	*
1884-O GSA	—	—	—	—	—	—	—	190.	200.	210.	—	225.	—	—	—	—	*	*	*	*
1884-S	14.	16.	18.	20.	50.	400.	1700.	7000.	15000.	40000.	125000.	125000.	—	225000.	—	—	2000.	3000.	6500.	10000.
1885	14.	16.	17.	20.	22.	25.	28.	35.	40.	50.	100.	80.	300.	185.	850.	450.	*	*	*	*
1885 GSA	—	—	—	—	—	—	—	190.	200.	210.	—	225.	—	—	—	—	*	*	*	*
1885-CC	450.	550.	575.	600.	650.	675.	700.	750.	775.	800.	1300.	900.	2000.	1500.	4000.	3000.	*	*	*	*
1885-CC GSA	—	—	—	—	—	—	—	800.	900.	900.	—	1000.	—	1800.	—	3500.	*	*	*	*
1885-O	14.	16.	17.	20.	22.	25.	28.	35.	40.	50.	100.	80.	300.	185.	850.	500.	*	*	*	*
1885-O GSA	—	—	—	—	—	—	—	190.	200.	210.	—	225.	—	—	—	—	*	*	*	*
1885-S	15.	22.	30.	45.	65.	135.	175.	250.	275.	300.	2500.	700.	6000.	2200.	28000.	6500.	*	*	*	*

—— = Insufficient pricing data   * = None issued

	G-4	VG-8	F-12	VF-20	EF-40	AU-50	AU-58	MS-60	MS-62	MS-63	MS-63D	MS-64	MS-64D	MS-65	MS-65D	MS-66	PF-63	PF-64	PF-65	PF-66
1886	14.	16.	17.	20.	22.	25.	28.	35.	40.	50.	100.	80.	300.	185.	1000.	550.	2000.	3000.	5000.	12000.
1886 GSA	—	—	—	—	—	—	—	190.	200.	210.	—	225.	—	—	—	—	*	*	*	*
1886-O	14.	16.	18.	20.	25.	90.	200.	800.	1500.	4500.	12000.	11000.	6500.	240000.	—	—	*	*	*	*
1886-S	23.	45.	60.	85.	100.	175.	225.	325.	375.	500.	2300.	800.	6000.	3700.	20000.	9000.	*	*	*	*
1887/6 VAM-2	18.	25.	30.	40.	75.	200.	300.	600.	800.	1200.	4000.	3000.	6000.	6000.	22000.	20000.	—	—	—	—
1887	14.	16.	17.	20.	22.	25.	28.	35.	40.	50.	100.	80.	300.	185.	850.	500.	2400.	3000.	5000.	8500.
1887 GSA	—	—	—	—	—	—	—	190.	200.	210.	—	225.	—	—	—	—	*	*	*	*
1887 Donkey Tail, VAM-1A	—	—	100.	200.	450.	550.	750.	—	—	—	—	—	—	—	—	—	—	—	—	—
1887/6-O VAM-3	18.	25.	35.	50.	75.	200.	350.	600.	2000.	3000.	15000.	10000.	35000.	5000.	60000.	60000.	—	—	—	—
1887-O	14.	16.	18.	20.	25.	30.	40.	65.	90.	125.	400.	450.	2500.	275.	11000.	60000.	*	*	*	*
1887-S	16.	22.	24.	27.	30.	50.	75.	125.	175.	300.	1300.	800.	4000.	4500.	35000.	60000.	*	*	*	*
1888	14.	16.	17.	20.	22.	25.	28.	35.	40.	50.	225.	80.	400.	275.	2700.	800.	2000.	3000.	5000.	9000.
1888-O	14.	16.	17.	20.	22.	25.	28.	35.	40.	50.	150.	80.	400.	500.	2500.	3500.	*	*	*	*
1888-O Scarface, VAM-1B	—	—	50.	75.	450.	800.	1000.	2500.	5000.	6500.	—	—	—	—	—	—	—	—	—	—
1888-O Hot Lips, VAM-4	—	—	125.	200.	750.	2500.	9000.	—	—	—	—	—	—	—	—	—	—	—	—	—
1888-S	40.	110.	185.	225.	240.	260.	275.	300.	350.	550.	1000.	1000.	2700.	4000.	12000.	13000.	*	*	*	*
1889	14.	16.	17.	20.	22.	25.	28.	35.	40.	50.	250.	80.	800.	375.	3500.	2800.	2000.	3000.	6500.	8000.
1889 GSA	—	—	—	—	—	—	—	190.	200.	210.	—	225.	—	—	—	—	*	*	*	*
1889 IN on Obverse, VAM-23A	—	—	—	—	—	—	—	—	—	—	—	—	—	—	—	—	—	—	—	—
1889-CC	450.	700.	1200.	2000.	4000.	8500.	15000.	25000.	30000.	45000.	65000.	75000.	275000.	300000.	—	—	*	*	*	*
1889-CC GSA	—	—	—	—	—	—	—	—	—	—	—	—	—	—	—	—	*	*	*	*

—— = Insufficient pricing data   * = None issued

Morgan dollar values table (continued).

Date	G-4	VG-8	F-12	VF-20	EF-40	AU-50	AU-58	MS-60	MS-62	MS-63	MS-63D	MS-64	MS-64D	MS-65	MS-65D	MS-66	PF-63	PF-64	PF-65	PF-66
1889-O	14.	16.	17.	20.	25.	35.	60.	175.	300.	550.	1200.	1000.	5500.	6000.	15000.	20000.	*	*	*	*
1889-O E on Reverse, VAM-1A																				
1889-S	30.	40.	110.	225.	300.	600.	750.	1000.	—	600.	—	—	—	—	—	—	*	*	*	*
1890	14.	16.	17.	20.	22.	125.	150.	225.	300.	600.	1300.	650.	4500.	2500.	11000.	5500.	2000.	3000.	5000.	8000.
1890-CC	90.	110.	120.	135.	175.	225.	300.	450.	750.	1200.	2200.	3200.	5000.	7500.	18000.	13000.	*	*	*	*
1890-CC GSA	—	—	—	—	—	—	—	2500.	3500.	4500.	15000.	6000.	—	8500.	—	25000.	*	*	*	*
1890-CC Tailbar, VAM-4	125.	175.	300.	500.	800.	1500.	2000.	3000.	—	—	—	—	—	—	—	30000.	*	*	*	*
1890-O	14.	16.	17.	20.	25.	30.	40.	60.	90.	50.	250.	150.	1700.	2100.	8500.	—	*	*	*	*
1890-S	14.	16.	17.	20.	22.	25.	28.	35.	40.	135.	500.	325.	2500.	1200.	11000.	11000.	*	*	*	*
1891	14.	17.	18.	20.	25.	40.	60.	175.	100.	140.	450.	400.	7000.	1500.	28000.	4000.	2000.	3500.	5000.	9000.
1891-CC	90.	110.	120.	135.	175.	225.	300.	400.	600.	1100.	3500.	1800.	7500.	7000.	27000.	16000.	*	*	*	*
1891-CC GSA	—	—	—	—	—	—	—	2500.	3500.	4500.	15000.	6000.	—	8500.	—	12000.	*	*	*	*
1891-O	14.	17.	18.	20.	25.	40.	60.	175.	250.	400.	—	600.	7500.	900.	—	17000.	*	*	*	*
1891-O E on Reverse, VAM-1A																				
1891-S	17.	20.	40.	50.	60.	110.	275.	400.	300.	450.	—	900.	7000.	4000.	—	—	*	*	*	*
1892	15.	20.	22.	28.	40.	30.	40.	65.	100.	450.	1400.	300.	2200.	4000.	—	5000.	2000.	3000.	6500.	20000.
1892-CC	110.	145.	185.	275.	500.	850.	1100.	1400.	1800.	2700.	6000.	4000.	12000.	12000.	—	28000.	*	*	*	*
1892-O	14.	18.	22.	22.	40.	70.	100.	200.	250.	350.	7000.	800.	800.	630.	—	30000.	*	*	*	*
1892-S	17.	25.	40.	85.	300.	2500.	15000.	40000.	50000.	65000.	85000.	100000.	125000.	200000.	250000.	55000.	*	*	*	*
1893	150.	225.	250.	275.	325.	450.	600.	900.	1100.	1500.	17000.	3000.	38000.	7500.	55000.	250000.	2000.	3000.	6000.	18000.
1893-CC	225.	300.	350.	700.	1700.	2500.	3200.	4500.	6000.	6000.	23000.	17000.	40000.	70000.	100000.	55000.	*	*	*	*
1893-O	150.	225.	300.	400.	700.	1200.	1600.	2500.	6000.	8500.	12000.	25000.	55000.	100000.	—	100000.	*	*	*	*
1893-S	2500.	3500.	5000.	7000.	13000.	30000.	50000.	90000.	110000.	135000.	135000.	250000.	275000.	—	—	—	*	*	*	*
1894	1000.	1500.	1700.	2000.	2500.	3500.	4500.	5500.	6500.	8000.	16000.	14000.	27000.	50000.	60000.	60000.	2500.	3000.	5000.	10000.

——— = Insufficient pricing data   * = None issued

MORGAN DOLLAR (CONTINUED)

	G-4	VG-8	F-12	VF-20	EF-40	AU-50	AU-58	MS-60	MS-62	MS-63	MS-63D	MS-64	MS-64D	MS-65	MS-65D	MS-66	PF-63	PF-64	PF-65	PF-66
1894-O	40.	55.	60.	70.	125.	325.	500.	750.	2000.	4500.	12000.	14000.	27000.	55000.	65000.	100000.	*	*	*	*
1894-S	40.	55.	65.	110.	175.	600.	675.	800.	900.	1200.	7000.	2000.	12000.	7000.	23000.	16000.	*	*	*	*
1895 Proof only	17000.	22000.	28000.	30000.	35000.	40000.	45000.	*	*	*	*	*	*	*	*	*	50000.	55000.	65000.	70000.
1895-O	300.	400.	500.	650.	1000.	2000.	7500.	20000.	30000.	55000.	65000.	100000.	—	225000.	65000.	—	*	*	*	*
1895-S	225.	325.	425.	450.	1000.	2000.	2800.	4500.	5000.	6500.	8000.	10000.	12000.	25000.	50000.	100000.	*	*	*	*
1896	14.	16.	17.	20.	22.	25.	28.	35.	40.	50.	100.	80.	300.	225.	1400.	—	2000.	3500.	5000.	11000.
1896 GSA	—							190.	200.	210.		225.				—	*	*	*	*
1896-O	14.	16.	17.	20.	25.	200.	400.	1200.	3000.	10000.	23000.	5500.	60000.	17000.	20000.	—	*	*	*	*
1896-S	18.	25.	35.	60.	275.	1000.	1300.	1800.	2500.	4000.	25000.	5500.	17000.	17000.	70000.	70000.	*	*	*	*
1897	14.	16.	17.	20.	22.	25.	28.	35.	40.	50.	150.	80.	400.	275.	3500.	—	2000.	3000.	5000.	11000.
1897 GSA	—							190.	200.	210.		225.				—	*	*	*	*
1897-O	14.	16.	18.	20.	30.	150.	350.	900.	2500.	5500.	275.	200.	350.	800.	2500.	1500.	*	*	*	*
1897-S	14.	16.	18.	18.	23.	30.	40.	60.	90.	135.	175.	200.	200.	65000.	65000.	75000.	*	*	*	*
1898	14.	16.	20.	22.	23.	27.	30.	35.	40.	50.	100.	80.	350.	275.	1400.	1800.	2000.	3000.	5000.	10000.
1898-O	15.	20.	21.	23.	25.	28.	30.	35.	40.	50.	850.	80.	300.	185.	900.	900.	*	*	*	*
1898-S	15.	20.	25.	35.	55.	110.	175.	300.	375.	500.	450.	1000.	4000.	2700.	17000.	500.	*	*	*	*
1899	75.	140.	160.	225.	225.	275.	300.	350.	400.	450.	150.	600.	850.	1100.	2800.	7000.	2000.	3500.	5000.	10000.
1899-O	14.	16.	17.	20.	22.	25.	28.	35.	40.	50.	1000.	80.	350.	185.	1200.	2300.	*	*	*	*
1899-S	18.	23.	30.	40.	65.	125.	200.	375.	450.	600.	2500.	900.	3500.	2400.	10000.	500.	*	*	*	*
1900	14.	16.	17.	20.	22.	25.	28.	35.	45.	50.	500.	80.	600.	225.	12000.	3500.	2000.	3000.	5000.	9000.
1900-O	14.	16.	17.	20.	22.	25.	28.	40.	45.	50.	500.	80.	850.	185.	4000.	900.	*	*	*	*
1900-O GSA	—							190.	200.	210.		225.		275.		750.	*	*	*	*
1900-O Die break through date, VAM-29A	—		110.	150.	300.	500.	600.	800.								—	*	*	*	*
1900-O/CC varieties	35.	45.	60.	75.	125.	200.	275.	400.	650.	1100.	7500.	1700.	11000.	4000.	23000.	8500.	*	*	*	*

MORGAN DOLLAR (CONTINUED)

	G-4	VG-8	F-12	VF-20	EF-40	AU-50	AU-58	MS-60	MS-62	MS-63	MS-63D	MS-64	MS-64D	MS-65	MS-65D	MS-66	PF-63	PF-64	PF-65	PF-66
1900-S	14.	18.	20.	25.	45.	100.	175.	325.	375.	450.	—	600.	9500.	1800.	17000.	4500.	*	*	*	*
1901	20.	30.	45.	65.	110.	400.	1000.	2500.	7500.	20000.	35000.	60000.	—	210000.	—	—	2500.	3500.	5500.	10000.
1901 Shifted Eagle, VAM-3			300.	1000.	2000.	5000.	10000.	25000.												
1901-O	14.	16.	17.	20.	22.	25.	28.	35.	40.	50.	300.	80.	1000.	275.	8500.	1200.	*	*	*	*
1901-S	17.	17.	25.	35.	50.	225.	325.	500.	650.	850.	6000.	1200.	14000.	4500.	14000.	15000.	*	*	*	*
1902	14.	18.	20.	22.	23.	27.	30.	50.	75.	125.	3000.	175.	13000.	550.	22000.	1500.	2000.	3000.	6500.	10000.
1902 Doubled Ear, VAM-4			50.	75.	150.	200.	225.	275.	400.	500.										
1902-O	14.	18.	20.	24.	24.	26.	28.	35.	40.	50.	400.	80.	600.	200.	10000.	800.	*	*	*	*
1902-O GSA	40.	65.	100.	160.	225.	325.	375.	450.	550.	700.	4000.	1100.	10000.	3500.	16000.	10000.				
1902-S	35.	50.	55.	60.	65.	75.	80.	190.	200.	210.	1700.	1100.	3500.	350.	12000.	750.				
1903	40.	50.	55.	60.	65.	80.	90.	85.	90.	100.	—	150.	—	350.	—	1100.	2000.	3000.	5000.	9000.
1903-O	250.	350.	400.	425.	450.	500.	525.	550.	575.	600.	—	700.	1300.	850.	6000.	1100.	*	*	*	*
1903-O GSA																				
1903-S	45.	60.	90.	175.	400.	2000.	3000.	5000.	6000.	7500.	12000.	9000.	16000.	11000.	50000.	16000.	*	*	*	*
1904	17.	23.	25.	27.	30.	40.	60.	100.	175.	300.	8500.	900.	16000.	4500.	40000.	11000.	*	*	*	*
1904-O	17.	23.	25.	27.	30.	35.	37.	40.	45.	50.	100.	80.	300.	185.	900.	500.	*	*	*	*
1904-O GSA												225.								
1904-S	20.	40.	60.	100.	275.	700.	1000.	1500.	2500.	4000.	6000.	5500.	7500.	8500.	22000.	25000.	*	*	*	*
1921	14.	14.	15.	16.	16.	17.	18.	25.	30.	40.	2200.	60.	7000.	175.	13000.	1200.	3500.	5000.	10000.	30000.
1921 Pitted Reverse, VAM-41			25.	25.	40.	50.	55.	60.	75.	100.		300.								
1921-D	14.	14.	15.	16.	16.	17.	25.	50.	60.	70.	2700.	175.	6500.	400.	12000.	1400.	*	*	*	*
1921-D TRU-T, VAM-1A			30.	40.	100.	150.	200.	300.	400.	500.										
1921-S	14.	14.	15.	16.	16.	17.	22.	35.	50.	75.	4000.	200.	14000.	1700.	13000.	38000.	*	*	*	*

—— = Insufficient pricing data   * = None issued

Peace dollar

Date of authorization: Feb. 28, 1878
Dates of issue: 1921-1935
Designer: Anthony deFrancisci
Engraver: George T. Morgan
Diameter: 38.10 mm/1.5 inches
Weight: 26.73 grams/0.86 ounce
Metallic Content: 90% silver, 10% copper
Weight of pure silver: 24.06grams/0.77 ounce
Edge: Reeded
Mint mark: Reverse at lower tip of eagle's wing

PEACE DOLLAR (CONTINUED)

	VG-8	F-12	VF-20	EF-40	AU-50	AU-58	MS-60	MS-62	MS-63	MS-64	MS-65	MS-66
1921	100.	110.	120.	125.	175.	200.	275.	350.	500.	1000.	2700.	8500.
1921 Ray Over L, VAM-3	—	90.	100.	110.	150.	200.	225.	300.	450.	800.	3000.	—
1922	15.	16.	16.	16.	17.	18.	20.	25.	40.	60.	200.	700.
1922 Ear Ring, VAM-2A	—	100.	110.	125.	175.	225.	275.	400.	1000.	3500.	—	—
1922-D	15.	16.	16.	16.	17.	18.	30.	35.	55.	125.	450.	2300.
1922-S	15.	16.	16.	16.	17.	18.	30.	50.	85.	250.	2500.	14000.
1923	15.	16.	16.	16.	17.	18.	20.	25.	40.	60.	200.	700.
1923 Tail O, VAM-1c	—	200.	225.	300.	550.	650.	800.	1100.	1500.	—	—	—
1923-D	15.	16.	16.	18.	25.	35.	60.	90.	140.	300.	1100.	6000.
1923-S	15.	16.	16.	18.	20.	25.	35.	50.	75.	275.	6500.	15000.
1924	15.	16.	16.	16.	17.	18.	20.	25.	40.	60.	200.	700.
1924 Broken Wing, VAM-5A	—	75.	85.	100.	150.	175.	200.	275.	350.	700.	—	—
1924-S	20.	30.	35.	45.	60.	100.	225.	400.	700.	1400.	10000.	50000.
1925	15.	16.	16.	16.	17.	18.	20.	25.	40.	60.	200.	700.
1925-S	15.	20.	23.	30.	45.	60.	80.	110.	200.	600.	22000.	30000.
1926	16.	17.	20.	23.	25.	30.	45.	60.	85.	125.	450.	2000.
1926-D	15.	17.	20.	23.	35.	45.	70.	100.	150.	300.	700.	2200.
1926-S	15.	17.	20.	23.	25.	30.	45.	65.	100.	275.	1000.	6000.
1927	25.	30.	35.	40.	60.	70.	85.	125.	175.	350.	2700.	22000.
1927-D	25.	30.	35.	40.	90.	125.	175.	250.	350.	900.	5500.	25000.
1927-S	25.	30.	35.	40.	90.	125.	175.	300.	450.	1400.	14000.	45000.
1928	425.	450.	475.	500.	550.	600.	650.	700.	900.	1500.	5000.	15000.
1928-S	35.	40.	45.	50.	75.	100.	175.	350.	700.	1800.	23000.	35000.
1934	20.	25.	28.	30.	50.	75.	110.	160.	275.	500.	900.	4000.
1934-D	20.	25.	28.	30.	50.	75.	135.	200.	400.	700.	2000.	5000.
1934-D Doubled Die Obverse, Micro D, VAM-4												
1934-S	40.	45.	90.	225.	500.	1000.	2000.	2800.	4500.	6000.	8500.	22000.
1935	18.	20.	22.	25.	35.	50.	70.	80.	110.	225.	700.	2200.
1935-S	18.	25.	22.	30.	100.	150.	275.	325.	450.	700.	1400.	3000.

—— = Insufficient pricing data   * = None issued

Eisenhower dollar

Date of authorization: Dec. 31, 1970; Oct. 18, 1973
Dates of issue: 1971-1978
Designers: Frank Gasparro
(Bicentennial reverse): Dennis R.
Williams
Engraver: Frank Gasparro
Diameter: 38.10 mm/1.5 inches
Weight: (1971-1978): 22.68 grams/0.73 ounce
(1971-1976 Bicentennial Proof and
Uncirculated sets only): 24.59
grams/0.79 ounce
Metallic Content: (1971-1978): 75% copper, 25% nickel
bonded to a core of pure copper
(1971-1976 Bicentennial Proof and
Uncirculated sets only): 80% silver,
20% copper, bonded to a core of
21.5% silver, 78.5% copper
Weight of pure silver: (1971-1976 Bicentennial Proof and
Uncirculated sets only): 9.84
grams/0.32 ounce
Edge: Reeded
Mint mark: Obverse above date

EISENHOWER DOLLAR (CONTINUED)

	PF-69DC	PF-68DC	PF-68C	PF-68	PF-67DC	PF-67C	PF-67	PF-66DC	PF-66C	PF-66	PF-65DC	PF-65C	PF-65	PF-64	MS-67	MS-66	MS-65	MS-64	MS-63
MOON LANDING REVERSE																			
1971	*	*	*	*	*	*	*	*	*	*	*	*	*	*	—	650.	200.	60.	10.
1971-D	*	*	*	*	*	*	*	*	*	*	*	*	*	*	650.	175.	75.	20.	5.00
1971-S 40% silver	35.	30.	25.	20.	25.	20.	18.	20.	17.	15.	15.	13.	12.	10.	500.	60.	30.	20.	8.00
1972	*	*	*	*	*	*	*	*	*	*	*	*	*	*	—	—	400.	35.	5.00
1972 High Relief Earth	*	*	*	*	*	*	*	*	*	*	*	*	*	*	—	—	1000.	100.	50.
1972-D	*	*	*	*	*	*	*	*	*	*	*	*	*	*	650.	350.	50.	20.	5.00
1972-S 40% silver	35.	30.	25.	20.	25.	20.	18.	20.	17.	15.	15.	13.	12.	10.	40.	30.	30.	12.	8.00
1973	*	*	*	*	*	*	*	*	*	*	*	*	*	*	—	1200.	125.	30.	11.
1973-D	*	*	*	*	*	*	*	*	*	*	*	*	*	*	—	300.	75.	25.	11.
1973-S copper-nickel clad (Proof Only)	75.	45.	35.	30.	35.	25.	25.	25.	20.	18.	20.	16.	14.	12.	*	*	*	*	*
1973-S 40% silver	75.	45.	40.	35.	42.	35.	33.	40.	32.	30.	35.	30.	27.	25.	50.	35.	25.	15.	10.
1974	*	*	*	*	*	*	*	*	*	*	*	*	*	*	3000.	1400.	150.	30.	6.00
1974-D	*	*	*	*	*	*	*	*	*	*	*	*	*	*	1400.	300.	75.	25.	4.00
1974-S copper-nickel clad (Proof Only)	75.	35.	25.	20.	25.	20.	15.	17.	15.	12.	12.	12.	10.	8.00	*	*	*	*	*
1974-S 40% silver	75.	40.	27.	25.	30.	23.	18.	25.	20.	18.	20.	17.	16.	14.	40.	25.	20.	15.	8.00
DUAL DATE, BICENTENNIAL REVERSE																			
1776-1976 Bold Reverse Letters	*	*	*	*	*	*	*	*	*	*	*	*	*	*	—	—	200.	35.	8.00
1776-1976 Thin Reverse Letters	*	*	*	*	*	*	*	*	*	*	*	*	*	*	—	225.	65.	25.	4.00
1776-1976-D Bold Reverse Letters	*	*	*	*	*	*	*	*	*	*	*	*	*	*	—	350.	150.	25.	5.00
1776-1976-D Thin Reverse Letters	*	*	*	*	*	*	*	*	*	*	*	*	*	*	3000.	75.	40.	20.	5.00

—— = Insufficient pricing data   * = None issued

EISENHOWER DOLLAR (CONTINUED)

	MS-63	MS-64	MS-65	MS-66	MS-67	PF-64	PF-65	PF-65C	PF-65DC	PF-66	PF-66C	PF-66DC	PF-67	PF-67C	PF-67DC	PF-68	PF-68C	PF-68DC	PF-69DC
1776-1976-S Bold Reverse Letters, copper-nickel clad (Proof Only)	*	*	*	*	*	11.	13.	15.	20.	15.	20.	25.	25.	30.	35.	30.	35.	40.	75.
1776-1976-S Thin Reverse Letters, copper-nickel clad (Proof Only)	*	*	*	*	*	7.00	9.00	10.	15.	12.	14.	20.	15.	22.	25.	20.	30.	40.	60.
1776-1976-S 40% silver	14.	20.	25.	40.	75.	16.	18.	20.	30.	22.	25.	35.	25.	30.	40.	30.	35.	45.	60.
MOON LANDING REVERSE																			
1977	5.00	20.	70.	300.	—	*	*	*	*	*	*	*	*	*	*	*	*	*	*
1977-D	4.00	20.	60.	250.	—	*	*	*	*	*	*	*	*	*	*	*	*	*	*
1977-S copper-nickel clad (Proof Only)	*	*	*	*	*	8.00	10.	12.	15.	15.	17.	20.	20.	22.	25.	22.	25.	30.	45.
1978	3.50	25.	60.	300.	4500.	*	*	*	*	*	*	*	*	*	*	*	*	*	*
1978-D	4.00	20.	75.	325.	5000.	*	*	*	*	*	*	*	*	*	*	*	*	*	*
1978-S copper-nickel clad (Proof Only)	*	*	*	*	*	9.00	11.	12.	15.	15.	17.	20.	20.	22.	25.	23.	25.	30.	45.

Bicentennial date, reverse

— = Insufficient pricing data   * = None Issued

Anthony dollar

Date of authorization: Oct. 10, 1978
Dates of issue: 1979-1981, 1999
Designer/Engraver: Frank Gasparro
Diameter: 26.50 mm/1.05 inches
Weight: 8.10 grams/0.26 ounce
Metallic Content: 75% copper, 25% nickel bonded to a
core of pure copper
Edge: Reeded
Mint mark: Obverse left of bust

	MS-65	MS-66	MS-67	PF-65DC	PF-66DC	PF-67DC	PF-68DC	PF-69DC	PF-70DC
1979-P Near Date	100.	200.	1000.	*	*	*	*	*	*
1979-P	15.	30.	125.	*	*	*	*	*	*
1979-D	20.	50.	175.	*	*	*	*	*	*
1979-S	12.	25.	100.	10.	12.	15.	20.	35.	275.
1979-S Clear S	*	*	*	125.	135.	150.	175.	225.	1500.
1980-P	12.	25.	—	*	*	*	*	*	*
1980-D	12.	25.	100.	*	*	*	*	*	*
1980-S	20.	50.	275.	10.	12.	15.	20.	25.	250.
1981	50.	125.	—	*	*	*	*	*	*
1981-D	20.	40.	475.	*	*	*	*	*	*
1981-S Filled S	75.	350.	525.	10.	15.	20.	25.	35.	250.
1981-S Clear S	*	*	*	240.	250.	275.	300.	325.	1800.
1999-P	12.	25.	50.	40.	50.	60.	70.	90.	200.
1999-D	12.	20.	40.	*	*	*	*	*	*

——— = Insufficient pricing data   * = None issued

Sacagawea dollar

Date of authorization: Dec. 1, 1997
Dates of issue: 2000-present
Designer/Engraver: Obverse: Glenna Goodacre
Reverse: Thomas Rogers
Diameter: 26.50 mm/1.05 inches
Weight: 8.1 grams/0.20 ounce
Metallic Content: 77% copper, 12% zinc, 7% manganese, 4% nickel, bonded to a core of pure copper
Edge: Plain
Mint mark: Obverse below date

	MS-64	MS-65	MS-66	MS-67	MS-68	PF-66DC	PF-67DC	PF-68DC	PF-69DC
2000	3.00	5.00	10.	15.	75.	*	*	*	*
2000-D	5.00	12.	15.	30.	125.	*	*	*	*
2000-S	*	*	*	*	*	15.	20.	30.	50.
2001	2.00	4.00	6.00	20.	40.	*	*	*	*
2001-D	2.00	7.00	15.	60.	100.	*	*	*	*
2001-S	*	*	*	*	*	110.	120.	130.	150.
2002	2.00	5.00	20.	25.	50.	*	*	*	*
2002-D	2.00	5.00	9.00	60.	100.	*	*	*	*
2002-S	*	*	*	*	*	30.	40.	50.	60.
2003	3.00	5.00	8.00	25.	75.	*	*	*	*
2003-D	3.00	5.00	9.00	50.	100.	*	*	*	*
2003-S	*	*	*	*	*	20.	35.	60.	90.
2004-P	2.00	5.00	8.00	25.	85.	*	*	*	*
2004-D	2.00	5.00	9.00	40.	85.	*	*	*	*
2004-S	*	*	*	*	*	20.	30.	40.	50.
2005-P	2.00	5.00	8.00	35.	50.	*	*	*	*
2005-P Satin Finish	—	—	—	—	40.	*	*	*	*
2005-D	2.00	5.00	9.00	25.	40.	*	*	*	*
2005-D Satin Finish	—	—	—	—	—	*	*	*	*
2005-S	*	*	*	*	*	20.	25.	30.	40.
2006-P	2.00	4.00	8.00	—	—	*	*	*	*
2006-P Satin Finish	—	—	—	—	—	*	*	*	*
2006-D	2.00	4.00	8.00	—	—	*	*	*	*
2006-D Satin Finish	—	—	—	—	—	*	*	*	*
2006-S	*	*	*	*	*	15.	18.	—	25.
2002 to 2006 Circulation-quality coins, collector sales only									

—— = Insufficient pricing data   * = None issued

Coronet gold dollars

Enlarged to show detail

Date of authorization: Jan. 18, 1837
Dates of issue: 1849-1954
Designer/Engraver: James B. Longacre
Diameter: 13.00 mm/0.51 inch
Weight: 1.67 grams/0.05
Metallic Content: 90% gold, 10% copper and silver
Weight of pure gold: 1.50 grams/0.05 ounce
Edge: Reeded
Mint mark: Reverse below wreath

	VF-20	EF-40	AU-50	AU-55	AU-58	MS-60	MS-62	MS-63	MS-64	MS-65
1849 Open Wreath, L, Small Head										
	175.	225.	275.	325.	400.	1000.	2000.	2500.	3500.	7500.
1849 Open Wreath, No L, Small Head										
	300.	400.	500.	700.	1000.	2000.	2500.	3000.	4000.	8000.
1849 Open Wreath, Large Head										
	160.	210.	250.	300.	350.	900.	1800.	2200.	3300.	7000.
1849 Closed Wreath	160.	210.	250.	275.	325.	800.	1700.	2000.	3000.	6500.
1849-C Closed Wreath										
	1500.	2500.	4500.	5000.	6500.	12000.	18000.	25000.	—	—
1849-C Open Wreath	—	—	—	—	500000.	—	—	800000.	—	—
1849-D	1500.	2500.	3500.	4000.	4500.	6000.	11000.	15000.	25000.	60000.
1849-O	200.	300.	400.	600.	800.	1500.	2500.	6500.	8500.	16000.
1850	160.	210.	250.	275.	300.	500.	700.	2000.	3000.	6500.
1850-C	1200.	2000.	3000.	6000.	8000.	13000.	20000.	35000.	—	—
1850-D	1500.	2500.	5000.	6500.	9000.	15000.	25000.	35000.	40000.	—
1850-O	350.	600.	1200.	1800.	2500.	4500.	6500.	10000.	20000.	35000.
1851	160.	210.	250.	275.	300.	350.	500.	2000.	3000.	5500.
1851-C	1200.	1600.	2000.	2500.	3500.	4000.	5000.	7500.	15000.	30000.
1851-D	1500.	2000.	3000.	3500.	4500.	6000.	10000.	18000.	25000.	45.
1851-O	175.	250.	300.	400.	500.	1000.	1800.	3500.	6000.	16000.
1852	160.	210.	250.	275.	300.	350.	500.	1500.	2000.	5500.
1852-C	1200.	1500.	2200.	3000.	5000.	6000.	8000.	17000.	30000.	40000.
1852-D	1500.	2000.	3000.	4500.	6000.	10000.	25000.	30000.	—	—
1852-O	200.	300.	450.	850.	1100.	1500.	3000.	7500.	12000.	25000.
1853	160.	210.	250.	275.	300.	350.	500.	1500.	2000.	5500.
1853-C	1200.	1700.	2500.	3000.	4500.	6000.	10000.	15000.	30000.	—

—— = Insufficient pricing data   * = None issued

	VF-20	EF-40	AU-50	AU-55	AU-58	MS-60	MS-62	MS-63	MS-64	MS-6
1853-D	1500.	2000.	3000.	4500.	6500.	10000.	20000.	35000.	45000.	—
1853-O	175.	250.	300.	400.	500.	1000.	1500.	3000.	6500.	15000
1854	160.	210.	250.	275.	300.	350.	500.	1500.	2000.	6500
1854-D	1500.	2500.	6500.	8500.	10000.	15000.	20000.	—	—	—
1854-S	400.	600.	1000.	1500.	2000.	3000.	4000.	7500.	15000.	35000

—— = Insufficient pricing data   * = None issued

Indian Head gold dollar

Date of authorization: Jan. 18, 1837
Dates of issue: 1854-1889
Designer/Engraver: James B. Longacre
Diameter: 14.86 mm/0.59 inch
Weight: 1.67 grams/0.05 ounce
Metallic Content: 90% gold, 10% copper and silver
Weight of pure gold: 1.50 grams/0.95 ounce
Edge: Reeded
Mint mark: Reverse below wreath

Small Head   Large Head

	VF-20	EF-40	AU-50	AU-55	AU-58	MS-60	MS-62	MS-63	MS-64	MS-6
SMALL HEAD										
1854	350.	500.	1000.	1500.	2000.	3500.	6500.	15000.	25000.	45000.
1855	350.	500.	1000.	1500.	2000.	3500.	6500.	15000.	25000.	45000.
1855-C	1600.	5000.	12000.	18000.	25000.	35000.		—	—	—
1855-D	6000.	15000.	25000.	30000.	35000.	55000.	65000.	100000.	150000.	—
1855-O	750.	1700.	2500.	3500.	6000.	10000.	20000.	35000.	50000.	—
1856-S	1200.	2500.	3000.	5000.	6500.	12000.	25000.	45000.	55000.	—
LARGE HEAD										
1856 Upright 5	175.	225.	300.	350.	450.	650.	1000.	1500.	2000.	6000.
1856 Slant 5	160.	200.	250.	275.	300.	400.	700.	1200.	1500.	4500.
1856-D	4500.	7500.	10000.	15000.	20000.	35000.	55000.	—	—	—
1857	160.	200.	250.	275.	300.	400.	700.	1200.	1700.	4500.
1857-C	1200.	1800.	4000.	7000.	10000.	15000.	25000.		—	—
1857-D	2000.	3500.	5000.	6500.	8000.	12000.	18000.	—	—	—
1857-S	600.	1000.	1700.	2500.	3500.	6500.	10000.	30000.	—	—
1858	160.	200.	250.	275.	300.	400.	750.	1500.	2500.	6000.
1858-D	2000.	3000.	7000.	8500.	10000.	12000.	20000.	30000.	50000.	70000.
1858-S	500.	900.	1800.	2100.	2500.	6000.	13000.	20000.	—	—

—— = Insufficient pricing data   * = None issued

	VF-20	EF-40	AU-50	AU-55	AU-58	MS-60	MS-62	MS-63	MS-64	MS-65
1859	160.	200.	250.	275.	300.	400.	700.	1200.	2000.	4000.
1859-C	1200.	1800.	5000.	8500.	12000.	17000.	30000.	40000.	60000.	125000.
1859-D	1500.	1800.	3500.	5500.	8000.	13000.	20000.	30000.	40000.	—
1859-S	300.	700.	1400.	2100.	3000.	6000.	10000.	20000.	30000.	—
1860	175.	200.	250.	275.	300.	450.	900.	1800.	3500.	10000.
1860-D	3500.	5000.	9000.	12000.	18000.	25000.	35000.	50000.	65000.	—
1860-S	400.	500.	800.	1200.	1500.	3500.	4500.	7500.	15000.	30000.
1861	200.	275.	325.	350.	375.	400.	700.	1300.	1700.	3500.
1861-D	10000.	15000.	25000.	35000.	40000.	50000.	75000.	100000.	125000.	150000.
1862	150.	200.	250.	275.	300.	350.	500.	1200.	1500.	3000.
1863	500.	1000.	2200.	3000.	3500.	4000.	5000.	8000.	12000.	20000.
1864	350.	450.	800.	900.	1000.	1200.	1600.	2700.	4000.	8000.
1865	350.	600.	800.	1000.	1200.	1700.	2500.	3500.	5000.	9000.
1866	350.	500.	700.	750.	800.	1000.	1400.	2000.	3000.	5500.
1867	400.	550.	700.	750.	800.	1200.	1500.	2000.	3000.	6000.
1868	300.	400.	500.	550.	700.	1000.	1200.	2000.	3300.	6000.
1869	350.	500.	700.	800.	900.	1200.	1400.	2300.	3000.	6000.
1870	300.	400.	500.	550.	600.	800.	1200.	1800.	2500.	5000.
1870-S	600.	900.	1400.	1700.	2000.	3000.	4500.	8000.	15000.	30000.
1871	300.	400.	500.	550.	600.	800.	1200.	1800.	2500.	4500.
1872	300.	400.	500.	550.	600.	1000.	1500.	2500.	4000.	6000.
1873 Closed 3	450.	850.	1000.	1250.	1400.	1750.	2750.	5000.	10000.	22500.
1873 Open 3	150.	200.	250.	275.	300.	450.	600.	1300.	1800.	3000.
1874	150.	200.	250.	275.	300.	450.	600.	1300.	1800.	3000.
1875	2500.	4000.	5000.	5500.	6500.	8500.	10000.	12000.	16000.	28000.
1876	300.	350.	500.	550.	600.	700.	900.	1300.	2000.	4500.
1877	200.	350.	450.	500.	550.	700.	900.	1300.	2000.	4500.
1878	250.	350.	500.	550.	600.	700.	900.	1300.	2000.	4000.
1879	225.	325.	350.	375.	400.	550.	900.	1300.	1800.	3500.
1880	175.	225.	250.	275.	300.	450.	600.	1300.	1800.	3500.
1881	175.	225.	250.	275.	300.	450.	600.	1300.	1800.	3500.
1882	175.	225.	250.	275.	300.	450.	600.	1300.	1800.	3500.
1883	175.	225.	250.	275.	300.	450.	600.	1300.	1800.	3500.
1884	175.	225.	250.	275.	300.	450.	600.	1300.	1800.	3500.
1885	175.	225.	250.	275.	300.	450.	600.	1300.	1800.	3500.
1886	175.	225.	250.	275.	300.	450.	600.	1300.	1800.	3500.
1887	175.	225.	250.	275.	300.	450.	600.	1300.	1800.	3500.
1888	175.	225.	250.	275.	300.	450.	600.	1300.	1800.	3500.
1889	175.	225.	250.	275.	300.	425.	600.	1300.	1800.	3500.

—— = Insufficient pricing data   * = None issued

Capped Bust $2.50 quarter eagle

No Stars obverse

With Stars obverse

Date of authorization: April 2, 1792
Dates of issue: 1796-1807
Designer/Engraver: Robert Scot
Diameter: 20.00 mm/0.79 inch
Weight: 4.37 grams/0.14 ounce
Metallic Content: 91.67% gold, 8.33% copper and silver
Weight of pure gold: 4.01 grams/0.13 ounce
Edge: Reeded
Mint mark: None

	F-12	VF-20	EF-40	EF-45	AU-50	AU-55	AU-58	MS-60
1796 No Stars	45000.	60000.	75000.	90000.	110000.	125000.	150000.	200000.
1796 Stars	30000.	40000.	65000.	75000.	85000.	100000.	125000.	175000.
1797	18000.	25000.	40000.	50000.	60000.	75000.	110000.	125000.
1798	8000.	10000.	13000.	20000.	30000.	45000.	60000.	75000.
1802/1	8000.	10000.	12000.	14000.	17000.	20000.	25000.	35000.
1804 13 Stars	35000.	50000.	80000.	100000.	135000.	175000.	225000.	—
1804 14 Stars	8000.	10000.	12000.	14000.	17000.	20000.	25000.	40000.
1805	8000.	10000.	12000.	14000.	17000.	20000.	25000.	35000.
1806/4	8000.	10000.	12000.	14000.	17000.	20000.	25000.	35000.
1806/5	10000.	16000.	20000.	30000.	40000.	60000.	80000.	100000.
1807	8000.	10000.	12000.	14000.	17000.	20000.	25000.	35000.

—— = Insufficient pricing data

Capped Draped Bust
$2.50 quarter eagle

Date of authorization: April 2, 1792
Dates of issue: 1808
Designer/Engraver: John Reich
Diameter: 20.00 mm/0.79 inch
Weight: 4.37 grams/0.14 ounce
Metallic Content: 91.67% gold, 8.33% copper and silver
Weight of pure gold: 4.01 grams/0.13 ounce
Edge: Reeded
Mint mark: None

	F-12	VF-20	EF-40	EF-45	AU-50	AU-55	AU-58	MS-60
1808	40000.	50000.	60000.	70000.	100000.	125000.	150000.	175000.

—— = Insufficient pricing data

Capped Head $2.50 quarter eagle

Date of authorization: April 2, 1792
Dates of issue: 1821-1834
Designers: Obverse: John Reich-Robert Scot
Reverse: John Reich
Engravers: Obverse: Robert Scot
Reverse: John Reich
Diameter: (1821-1827): 18.50 mm/0.73 inch
(1829-1834): 18.20 mm/0.72 inch
Weight: 4.37 grams/0.14 ounce
Metallic Content: 91.67% gold, 8.33% copper and silver
Weight of pure gold: 4.01 grams/0.13 ounce
Edge: Reeded
Mint mark: None

	F-12	VF-20	EF-40	EF-45	AU-50	AU-55	AU-58	MS-60	MS-62	MS-63
CAPPED HEAD LEFT										
1821	6500.	8000.	10000.	12000.	14000.	17000.	25000.	35000.	45000.	60000.
1824/1	6500.	8000.	10000.	12000.	14000.	17000.	25000.	35000.	45000.	60000.
1825	6500.	8000.	10000.	12000.	14000.	17000.	25000.	35000.	45000.	60000.
1826	7500.	10000.	12000.	15000.	20000.	35000.	45000.	60000.	—	—
1827	7000.	8500.	11000.	13000.	15000.	18000.	25000.	35000.	45000.	60000.
REDUCED DIAMETER										
1829	6000.	7000.	8000.	10000.	12000.	15000.	20000.	25000.	35000.	40000.
1830	6000.	7000.	8000.	10000.	12000.	15000.	20000.	25000.	35000.	40000.
1831	6000.	7000.	8000.	10000.	12000.	15000.	20000.	25000.	35000.	40000.
1832	6000.	7000.	8000.	10000.	12000.	15000.	20000.	25000.	35000.	40000.
1833	6000.	7000.	8000.	10000.	12000.	15000.	20000.	25000.	35000.	40000.
1834 Motto	10000.	15000.	20000.	25000.	35000.	45000.	60000.	70000.	85000.	—

—— = Insufficient pricing data

Classic Head $2.50 quarter eagle

Date of authorization: June 28, 1834; Jan. 18, 1837
Dates of issue: 1834-1839
Designers: Obverse: William Kneass
Reverse: John Reich-William Kneass
Engraver: William Kneass
Diameter: 18.20 mm/0.72 inch
Weight: 4.18 grams/0.13 ounce
Metallic Content: (1834-1836): 89.92% gold,
10.08% copper and silver
(1837-1839): 90% gold,
10% copper and silver
Weight of pure gold: (1834-1836): 3.758 grams/0.12 ounce
(1837-1839): 3.762 grams/0.12 ounce
Edge: Reeded
Mint mark: 1838-1839 only, obverse above

	F-12	VF-20	EF-40	EF-45	AU-50	AU-55	AU-58	MS-60	MS-62	MS-63
1834 No Motto	350.	600.	1000.	1500.	2000.	2500.	3000.	4500.	6000.	10000.
1835	500.	1000.	1500.	2000.	2500.	3000.	3500.	5000.	7500.	15000.
1836	350.	600.	1000.	1500.	2000.	2500.	3000.	4500.	6000.	10000.
1837	500.	1000.	1500.	2000.	2500.	3500.	4000.	7500.	10000.	20000.
1838	375.	750.	1000.	1500.	2000.	2700.	3500.	5000.	7000.	12000.
1838-C	1500.	3000.	5000.	7500.	12000.	16000.	20000.	35000.	45000.	60000.
1839/8	400.	800.	1500.	2000.	3000.	4000.	6000.	10000.	20000.	25000.
1839-C	1200.	2500.	4000.	6000.	8000.	12000.	18000.	30000.	40000.	55000.
1839-D	1400.	2700.	4500.	7000.	11000.	15000.	20000.	35000.	45000.	55000.
1839-O	600.	1000.	1800.	2500.	3000.	5500.	7500.	12000.	25000.	35000.

—— = Insufficient pricing data

Coronet $2.50 quarter eagle

Date of authorization: Jan. 18, 1837
Dates of issue: 1840-1907
Designers: Obverse: Christian Gobrecht
Reverse: Christian Gobrecht-John
Reich-William Kneass
Engraver: Christian Gobrecht
Diameter: 18.20 mm/0.72 inch
Weight: 4.18 grams/0.13 ounce
Metallic Content: 90% gold, 10% copper
Weight of pure gold: 3.76 grams/0.12 ounce
Edge: Reeded
Mint mark: Reverse below eagle

	F-12	VF-20	EF-40	EF-45	AU-50	AU-55	AU-58	MS-60	MS-62	MS-63
1840	160.	290.	775.	1500.	3350.	4150.	4850.	7000.	—	—
1840-C	1300.	1600.	2200.	3500.	5000.	7500.	10000.	14000.	28000.	—
1840-D	2500.	3500.	9000.	12000.	15000.	25000.	35000.	—	—	—
1840-O	190.	330.	725.	1150.	1900.	3000.	5750.	9500.	17000.	—
1841 Proof only	—	—	50000.	—	75000.	—	—	100000.	—	175000.
1841-C	1200.	1600.	2200.	3000.	4000.	7000.	12000.	18000.	45000.	—
1841-D	1700.	2200.	5000.	7000.	11000.	15000.	20000.	30000.	60000.	—
1842	330.	800.	3100.	3800.	7000.	15000.	—	—	—	—
1842-C	1300.	1800.	4000.	5500.	8500.	12500.	16500.	28000.	—	—
1842-D	1500.	2200.	5000.	7500.	12000.	18000.	25000.	—	—	—
1842-O	250.	525.	1250.	1750.	2950.	6000.	9500.	15000.	—	—
1843	175.	250.	500.	600.	1000.	1400.	2200.	3000.	4500.	7000.
1843-C Large Date	1100.	1600.	2200.	3000.	4000.	6000.	7000.	10000.	17500.	22500.
1843-C Small Date	2000.	2700.	6000.	7500.	10000.	13000.	17000.	30000.	50000.	—
1843-D	1200.	1800.	2500.	3000.	3800.	5000.	7500.	11000.	25000.	—
1843-O Large Date	225.	325.	500.	1050.	2300.	4600.	6250.	9000.	13500.	28500.
1843-O Small Date	155.	225.	265.	325.	425.	800.	1200.	2400.	3000.	6000.
1844	275.	490.	900.	1225.	2250.	3950.	—	—	—	—
1844-C	1100.	1800.	2700.	4000.	7500.	10000.	14000.	22000.	—	—
1844-D	1200.	1900.	2700.	3300.	4000.	5000.	6500.	9000.	16000.	30000.
1845	150.	225.	300.	330.	475.	750.	825.	1500.	2600.	4150.
1845-D	1200.	1800.	2500.	3000.	3700.	5500.	9000.	16000.	—	—
1845-O	550.	1150.	2400.	3050.	5750.	9000.	12500.	18000.	—	—
1846	215.	365.	525.	600.	1150.	2100.	2950.	6250.	—	—
1846-C	1200.	1700.	3200.	5000.	10000.	12500.	15000.	20000.	30000.	45000.
1846-D	1300.	1800.	2500.	3000.	3500.	5500.	8000.	12000.	—	—
1846-O	160.	280.	480.	575.	1050.	1950.	3750.	5850.	17500.	—
1847	150.	235.	420.	525.	975.	1600.	2500.	4250.	6500.	11000.
1847-C	1200.	1600.	2200.	2700.	3500.	4200.	5000.	7500.	11000.	18500.

—— = Insufficient pricing data

	F-12	VF-20	EF-40	EF-45	AU-50	AU-55	AU-58	MS-60	MS-62	MS-63
1847-D	1300.	1800.	2500.	3000.	3500.	5000.	8000.	12000.	18000.	—
1847-O	150.	275.	445.	590.	1050.	2200.	3000.	4650.	11500.	—
1848	300.	525.	950.	1200.	1750.	2750.	3850.	6250.	9000.	17250.
1848 CAL.	18000.	25000.	35000.	40000.	50000.	60000.	80000.	90000.	100000.	115000.
1848-C	1200.	1600.	2500.	3200.	4000.	6000.	9000.	15000.	30000.	—
1848-D	1300.	1800.	2500.	3200.	4000.	6000.	9000.	12000.	20000.	—
1849	150.	255.	450.	565.	1000.	1600.	2500.	3100.	4950.	—
1849-C	1200.	1600.	2500.	3500.	5500.	10000.	15000.	25000.	60000.	—
1849-D	1300.	1800.	2500.	3500.	4500.	7500.	10000.	17500.	35000.	—
1850	150.	225.	250.	275.	305.	600.	850.	1250.	2200.	3350.
1850-C	1200.	1600.	2200.	3000.	4000.	7500.	12000.	18500.	—	—
1850-D	1300.	1800.	2500.	3200.	4000.	7000.	11000.	16000.	—	—
1850-O	160.	250.	350.	475.	1500.	2250.	3000.	4750.	7000.	14000.
1851	150.	225.	250.	275.	300.	325.	350.	450.	775.	1850.
1851-C	1200.	1600.	2500.	3500.	5000.	7500.	11000.	14000.	30000.	—
1851-D	1300.	1800.	2700.	3500.	4500.	7000.	9000.	14000.	—	—
1851-O	150.	225.	400.	675.	1000.	2500.	3500.	5500.	9750.	15500.
1852	150.	225.	250.	275.	300.	325.	350.	450.	750.	1850.
1852-C	1200.	1600.	2500.	3500.	5000.	9000.	12500.	20000.	—	—
1852-D	1300.	1800.	3500.	5000.	8500.	11000.	14000.	20000.	40000.	—
1852-O	150.	225.	300.	400.	975.	1400.	2600.	5250.	10500.	15000.
1853	150.	225.	250.	275.	300.	325.	350.	450.	775.	1800.
1853-D	1600.	2200.	4000.	5000.	6000.	9000.	12000.	20000.	—	—
1854	150.	225.	250.	275.	300.	325.	350.	450.	750.	2100.
1854-C	1100.	1600.	2700.	4000.	6000.	9000.	12000.	18000.	35000.	—
1854-D	2500.	3500.	7500.	10000.	14000.	20000.	25000.	35000.	60000.	—
1854-O	150.	225.	250.	285.	450.	750.	1100.	1700.	5500.	10000.
1854-S	75000.	100000.	200000.	253000.	—	—	—	—	—	—
1855	150.	225.	250.	275.	300.	325.	350.	450.	850.	2450.
1855-C	1500.	2000.	4000.	5000.	7500.	14000.	18000.	35000.	—	—
1855-D	2500.	4000.	8500.	13000.	20000.	30000.	—	—	—	—
1856	150.	225.	250.	275.	300.	325.	350.	450.	750.	2250.
1856-C	1200.	1600.	3000.	4000.	5000.	9000.	12000.	17000.	25000.	—
1856-D	5500.	7500.	14000.	20000.	35000.	40000.	50000.	80000.	—	—
1856-O	175.	350.	675.	875.	1350.	2950.	4250.	7500.	—	—
1856-S	150.	225.	415.	650.	1275.	2000.	3250.	5850.	8250.	12500.
1857	150.	225.	250.	275.	300.	325.	350.	450.	900.	2500.
1857-D	1300.	1800.	3500.	4000.	5000.	7500.	12000.	17500.	27500.	—
1857-O	155.	225.	350.	525.	1175.	2150.	3250.	5400.	7950.	16000.
1857-S	150.	225.	375.	500.	1000.	2500.	4750.	8250.	10500.	—
1858	150.	225.	250.	275.	350.	575.	800.	1400.	2400.	3250.
1858-C	1200.	1600.	2200.	3000.	4000.	5000.	7000.	10000.	22000.	—
1859 Reverse of 1858										
	185.	225.	400.	475.	875.	1250.	2000.	3700.	6250.	12500.
1859 Reverse of 1859-1907										
	150.	225.	270.	350.	500.	625.	800.	1250.	2300.	3400.
1859-D	1700.	2300.	3800.	5000.	7000.	10000.	12500.	23000.	—	—
1859-S	225.	500.	825.	1200.	2700.	3675.	4500.	8500.	11000.	16500.
1860 Reverse of 1858										
	1600.	1900.	2375.	2950.	3850.	4750.	6500.	10500.	—	—
1860 Small Letters & Arrowhead, Reverse of 1859-1907										
	150.	225.	255.	345.	475.	575.	775.	1100.	1850.	3050.
1860-C	1300.	1600.	2500.	3500.	5000.	8000.	14000.	25000.	35000.	55000.
1860-S	195.	300.	700.	875.	1225.	2150.	2850.	4200.	7500.	15000.

—— = Insufficient pricing data

	F-12	VF-20	EF-40	EF-45	AU-50	AU-55	AU-58	MS-60	MS-62	MS-63
1861 Reverse of 1858										
	600.	1000.	1450.	1650.	2250.	2750.	3250.	5000.	8000.	12750.
1861 Reverse of 1859-1907										
	150.	225.	250.	275.	300.	325.	350.	450.	650.	1600.
1861-S	210.	425.	950.	1750.	3500.	5250.	—	—	—	—
1862	150.	225.	255.	350.	500.	600.	900.	1500.	2750.	4200.
1862/1	600.	1000.	2200.	2750.	3500.	4500.	7250.	12000.	—	—
1862-S	485.	950.	2000.	2850.	4250.	8500.	9750.	19500.	—	—
1863-S	400.	650.	1700.	2900.	4450.	9500.	12500.	19000.	—	—
1863 Proofs Only PF-60 $17000 PF-63(PCGS) $30800 PF-64 $47500.										
1864	2750.	5500.	14000.	21000.	27500.	—	—	—	—	—
1865	2200.	4500.	9250.	15500.	22000.	—	35000.	—	—	—
1865-S	180.	285.	625.	1250.	1600.	2350.	3250.	5750.	—	—
1866	650.	1350.	3500.	4400.	7000.	9750.	11500.	16500.	27500.	—
1866-S	195.	325.	950.	1350.	1950.	3600.	4500.	9750.	—	25500.
1867	200.	385.	575.	825.	1400.	1800.	2650.	3600.	4850.	8750.
1867-S	190.	270.	600.	850.	1650.	2250.	3150.	4950.	—	14000.
1868	160.	225.	345.	425.	615.	925.	1500.	2800.	—	10000.
1868-S	160.	225.	475.	650.	1100.	1850.	3250.	5750.	7500.	13500.
1869	165.	225.	375.	515.	700.	1400.	2100.	3500.	6400.	10500.
1869-S	175.	225.	450.	575.	1350.	1850.	3000.	5500.	—	14000.
1870	155.	225.	350.	475.	650.	1150.	2250.	3250.	5250.	10250.
1870-S	160.	225.	425.	500.	1000.	1650.	2750.	5150.	9000.	—
1871	160.	225.	300.	390.	500.	1000.	1250.	2250.	2700.	4250.
1871-S	155.	225.	340.	400.	525.	925.	1200.	2350.	2850.	4650.
1872	250.	425.	650.	800.	1250.	2600.	3500.	6000.	—	—
1872-S	165.	225.	490.	550.	1225.	1750.	2850.	5000.	7250.	12000.
1873 Closed 3	150.	225.	250.	275.	300.	350.	450.	625.	1100.	2200.
1873	150.	225.	250.	275.	300.	325.	350.	450.	675.	1600.
1873-S	170.	225.	475.	525.	1100.	1400.	1750.	2500.	4250.	9000.
1874	180.	230.	365.	405.	725.	1150.	1300.	2650.	4200.	7850.
1875	2500.	3500.	4650.	5500.	7500.	9500.	14500.	19000.	—	—
1875-S	150.	225.	350.	400.	625.	1000.	1900.	4050.	5900.	10500.
1876	170.	320.	535.	650.	1100.	1950.	2750.	3550.	4250.	10500.
1876-S	150.	225.	525.	650.	1075.	1950.	2350.	3900.	5100.	11500.
1877	305.	385.	540.	625.	875.	1275.	2200.	2750.	3650.	7750.
1877-S	150.	225.	250.	275.	300.	325.	350.	750.	1850.	2600.
1878	150.	225.	250.	275.	300.	325.	350.	450.	650.	1600.
1878-S	150.	225.	250.	275.	300.	325.	350.	450.	900.	2400.
1879	150.	225.	250.	275.	300.	325.	350.	450.	650.	1600.
1879-S	150.	225.	250.	425.	850.	1200.	1600.	2200.	2700.	5800.
1880	155.	225.	290.	350.	475.	675.	1150.	1300.	1800.	3500.
1881	725.	1650.	2450.	2900.	4250.	5250.	6500.	10500.	22500.	—
1882	180.	225.	255.	280.	390.	425.	575.	725.	1500.	2750.
1883	180.	245.	475.	550.	800.	1100.	1600.	1900.	3250.	6250.
1884	180.	230.	385.	410.	525.	725.	1200.	1700.	2000.	3100.
1885	400.	750.	1500.	1750.	2250.	2650.	3250.	4200.	5750.	7250.
1886	165.	225.	275.	315.	450.	625.	850.	1275.	1650.	3000.
1887	165.	225.	250.	275.	350.	400.	600.	1050.	1500.	2850.
1888	165.	225.	250.	275.	300.	325.	350.	500.	650.	1600.
1889	165.	225.	250.	275.	300.	325.	350.	450.	650.	1600.
1890	165.	225.	250.	275.	300.	325.	350.	530.	750.	1600.
1891	165.	225.	250.	275.	300.	325.	350.	450.	650.	1600.
1892	165.	225.	275.	310.	485.	560.	700.	950.	1250.	2600.
1893	150.	225.	250.	275.	300.	325.	350.	450.	650.	1600.

—— = Insufficient pricing data

CORONET $2.50 QUARTER EAGLE (CONTINUED)

	F-12	VF-20	EF-40	EF-45	AU-50	AU-55	AU-58	MS-60	MS-62	MS-63
1894	155.	225.	270.	295.	375.	425.	500.	635.	1100.	1750.
1895	150.	225.	250.	275.	300.	325.	350.	450.	650.	1600.
1896	150.	225.	250.	275.	300.	325.	350.	450.	650.	1600.
1897	150.	225.	250.	275.	300.	325.	350.	450.	650.	1600.
1898	150.	225.	250.	275.	300.	325.	350.	450.	650.	1600.
1899	150.	225.	250.	275.	300.	325.	350.	450.	650.	1600.
1900	150.	225.	250.	275.	300.	325.	350.	450.	650.	1600.
1901	150.	225.	250.	275.	300.	325.	350.	450.	650.	1600.
1902	150.	225.	250.	275.	300.	325.	350.	450.	650.	1600.
1903	150.	225.	250.	275.	300.	325.	350.	450.	650.	1600.
1904	150.	225.	250.	275.	300.	325.	350.	450.	650.	1600.
1905	150.	225.	250.	275.	300.	325.	350.	450.	650.	1600.
1906	150.	225.	250.	275.	300.	325.	350.	450.	650.	1600.
1907	150.	225.	250.	275.	300.	325.	350.	450.	650.	1600.

—— = Insufficient pricing data

Indian Head $2.50 qu

Date of authorization: Jan. 18, 1837
Dates of issue: 1908-1929
Designer: Bela Lyon Prat
Engraver: Charles Barbe
Diameter: 17.78 mm/0.7(
Weight: 4.18 grams/0.1
Metallic Content: 90% gold, 10% copper
Weight of pure gold: 3.76 grams/0.12 ounce
Edge: Reeded
Mint mark: Reverse lower left

	EF-40	AU-50	AU-55	MS-60	MS-62	MS-63	MS-64	MS-65	MS-66
1908	250.	275.	300.	400.	750.	2000.	2800.	10000.	14000.
1909	250.	275.	300.	400.	850.	2800.	3500.	12000.	15000.
1910	250.	275.	300.	400.	800.	2800.	4000.	13000.	18000.
1911	250.	275.	300.	400.	750.	1800.	3000.	13000.	20000.
1911-D	3200.	4500.	6000.	10000.	20000.	30000.	40000.	110000.	—
1912	250.	275.	300.	400.	850.	3000.	4500.	17000.	25000.
1913	250.	275.	300.	400.	700.	1800.	3500.	15000.	22000.
1914	275.	300.	325.	500.	2700.	10000.	13000.	35000.	—
1914-D	250.	275.	300.	400.	800.	2800.	7000.	40000.	—
1915	250.	275.	300.	400.	700.	1800.	3000.	14000.	—
1925-D	250.	275.	300.	400.	650.	1500.	2300.	8500.	12000.
1926	250.	275.	300.	400.	650.	1500.	2300.	8500.	12000.
1927	250.	275.	300.	400.	650.	1500.	2300.	8500.	13000.
1928	250.	275.	300.	400.	650.	1500.	2300.	8500.	14000.
1929	275.	310.	325.	450.	650.	1500.	2300.	11000.	—

Indian Head $3 gold

Date of authorization: Feb. 21, 1853
Dates of issue: 1854-1889
Designer/Engraver: James B. Longacre
Diameter: 20.63 mm/0.81 inch
Weight: 5.02 grams/0.16 ounce
Metallic Content: (1854-1873): 90% gold, 10% copper and silver
(1873-1889): 90% gold, 10% copper
Weight of pure gold: 4.51 grams/0.15 ounce
Edge: Reeded
Mint mark: Reverse below wreath

	F-12	VF-20	EF-40	AU-50	AU-55	MS-60	MS-62	MS-63	MS-64	MS-65
1854	650.	900.	1300.	2000.	2500.	5000.	8500.	15000.	20000.	30000.
1854-D	10000.	15000.	25000.	40000.	55000.	90000.	135000.	—	—	—
1854-O	1200.	2000.	3500.	7500.	15000.	30000.	40000.	—	—	—
1855	700.	900.	1300.	2000.	2500.	5000.	8500.	15000.	25000.	45000.
1855-S	1000.	1500.	3500.	12000.	20000.	30000.	60000.	—	—	—
1856	700.	900.	1300.	2000.	2500.	5000.	8500.	15000.	20000.	40000.
1856-S	700.	1000.	2000.	3000.	5000.	15000.	25000.	40000.	60000.	—
1857	700.	900.	1300.	2000.	2500.	5000.	9000.	16000.	30000.	50000.
1857-S	1500.	2000.	4000.	7000.	15000.	25000.	50000.	—	—	—
1858	1200.	1800.	2500.	6000.	8500.	20000.	30000.	40000.	50000.	—
1859	700.	1000.	1400.	2000.	2500.	5000.	8500.	15000.	20000.	35000.
1860	800.	1100.	1600.	2500.	3000.	5000.	11000.	15000.	20000.	35000.
1860-S	900.	1500.	3000.	10000.	15000.	30000.	50000.	65000.	—	—
1861	800.	1200.	2000.	3000.	5000.	7000.	10000.	16000.	25000.	45000.
1862	800.	1200.	2000.	3000.	5000.	7000.	11000.	16000.	27000.	45000.
1863	800.	1200.	2000.	3000.	4000.	5000.	7000.	11000.	16000.	27000.	45000.
1864	800.	1200.	2000.	3000.	5000.	7000.	10000.	20000.	30000.	50000.
1865	2000.	2500.	4000.	10000.	12000.	20000.	25000.	35000.	50000.	85000.
1866	800.	1200.	2000.	3000.	4000.	6500.	12000.	18000.	25000.	45000.
1867	1000.	1500.	2000.	3500.	5000.	7500.	15000.	20000.	30000.	65000.
1868	700.	1000.	1500.	2500.	3000.	6000.	10000.	15000.	20000.	35000.
1869	750.	1100.	1500.	3000.	4000.	6500.	12000.	20000.	35000.	60000.
1870	750.	1100.	1500.	3000.	4000.	6500.	12000.	18000.	30000.	50000.
1870-S unique										
1871	800.	1200.	1500.	3000.	4000.	6500.	10000.	18000.	30000.	45000.
1872	800.	1200.	1500.	3000.	4000.	6500.	12000.	20000.	35000.	50000.

—— = Insufficient pricing data

INDIAN HEAD $3 GOLD (CONTINUED)

	F-12	VF-20	EF-40	AU-50	AU-55	MS-60	MS-62	MS-63	MS-64	MS-65
1873 Open 3 Proof Only	15000.	20000.	25000.	40000.	50000.	*	*	*	*	*
1873 Closed 3 originals	3500.	4500.	6000.	16000.	25000.	35000.	50000.	60000.	80000.	——
1874	650.	900.	1300.	2000.	2500.	4000.	8500.	15000.	20000.	30000.
1875 Proof Only	25000.	30000.	40000.	75000.	90000.	*	*	*	*	*
1876 Proof Only	10000.	12000.	15000.	25000.	30000.	*	*	*	*	*
1877	2000.	2500.	5000.	12000.	25000.	35000.	45000.	75000.	100000.	——
1878	650.	900.	1300.	2000.	2500.	4000.	8500.	15000.	20000.	30000.
1879	700.	1000.	1300.	2300.	3000.	4000.	8500.	15000.	20000.	30000.
1880	800.	1200.	2000.	3500.	4000.	6500.	10000.	15000.	20000.	30000.
1881	2000.	2500.	4000.	7500.	9000.	12000.	17000.	25000.	40000.	65000.
1882	800.	1200.	1500.	2500.	3500.	4500.	9000.	15000.	20000.	35000.
1883	850.	1300.	2000.	3500.	4000.	6500.	11000.	15000.	20000.	35000.
1884	1500.	2000.	2500.	4000.	5000.	6500.	12000.	14000.	17000.	35000.
1885	1000.	1700.	2000.	3500.	4000.	6500.	12000.	20000.	30000.	45000.
1886	1000.	1700.	2200.	3500.	4500.	6500.	11000.	18000.	25000.	50000.
1887	700.	1000.	1500.	2500.	3000.	4500.	9000.	15000.	20000.	30000.
1888	700.	900.	1300.	2500.	3000.	4000.	10000.	15000.	20000.	30000.
1889	700.	900.	1300.	2200.	3000.	4000.	8500.	15000.	20000.	30000.

—— = Insufficient pricing data

Capped Bust $5 half eagle

Small Eagle   Heraldic Eagle

Date of authorization: April 2, 1792
Dates of issue: 1795-1807
Designer/Engraver: Robert Scot
Diameter: 25.00 mm/0.99 inch
Weight: 8.75 grams/0.28 ounce
Metallic Content: 91.67% gold, 8.33% copper and silver
Weight of pure gold: 8.02 grams/0.26 ounce
Edge: Reeded
Mint mark: None

SMALL EAGLE

	F-12	VF-20	EF-40	AU-50	AU-58	MS-60	MS-62	MS-63
1795	17000.	22000.	25000.	35000.	60000.	70000.	135000.	200000.
1796/5	20000.	25000.	40000.	50000.	80000.	125000.	175000.	250000.
1797 15 Stars	35000.	40000.	65000.	100000.	150000.	—	—	—
1797 16 Stars	25000.	30000.	50000.	70000.	125000.	200000.	225000.	275000.
1798	—	—	400000.					

HERALDIC EAGLE

	F-12	VF-20	EF-40	AU-50	AU-58	MS-60	MS-62	MS-63	MS-64
1795	12000.	20000.	30000.	50000.	100000.	125000.	175000.	225000.	300000.
1797/5	18000.	30000.	40000.	75000.	150000.	200000.	—	—	—
1797 16 Stars									
1798 Small 8	6000.	10000.	16000.	20000.	30000.	40000.	60000.	85000.	—
1798 Large 8, 13 Stars	4000.	5000.	10000.	15000.	25000.	35000.	45000.	65000.	125000.
1798 Large 8, 14 Stars	4500.	7500.	15000.	30000.	60000.	—	—	—	—
1799 Small Stars	4000.	6000.	7500.	15000.	25000.	30000.	40000.	60000.	—
1799 Large Stars	4500.	7000.	10000.	18000.	30000.	40000.	60000.	75000.	—
1800	4000.	4500.	7000.	10000.	13000.	15000.	20000.	35000.	60000.
1802/1	4000.	4500.	7000.	10000.	13000.	15000.	20000.	35000.	60000.
1803/2	4000.	4500.	7000.	10000.	13000.	15000.	20000.	35000.	60000.
1804 Small 8	4000.	4500.	7000.	10000.	13000.	15000.	20000.	35000.	70000.
1804 Small 8/Large 8	4500.	5000.	7500.	11000.	15000.	20000.	30000.	50000.	85000.
1805	4000.	4500.	7000.	10000.	13000.	15000.	20000.	35000.	60000.
1806 Pointed 6, 8X5 Stars	4500.	5000.	7500.	11000.	15000.	20000.	25000.	40000.	70000.
1806 Round 6, 7X6 Stars	4000.	4500.	7000.	10000.	13000.	15000.	20000.	35000.	60000.
1807	4000.	4500.	7000.	10000.	13000.	15000.	20000.	35000.	65000.

—— = Insufficient pricing data

Capped Draped Bust $5 half eagle

Date of authorization: April 2, 1792
Dates of issue: 1807-1812
Designer/Engraver: John Reich
Diameter: 25.00 mm/0.99 inch
Weight: 8.75 grams/0.28 ounce
Metallic Content: 91.67% gold, 8.33% copper and silver
Weight of pure gold: 8.02 grams/0.26 ounce
Edge: Reeded
Mint mark: None

	F-12	VF-20	EF-40	AU-50	AU-58	MS-60	MS-62	MS-63	MS-64
1807	3000.	4000.	5000.	8000.	12000.	15000.	17000.	25000.	40000.
1808/7	3500.	5000.	6500.	10000.	15000.	20000.	27000.	35000.	65000.
1808	3000.	4500.	5500.	9000.	13000.	17000.	20000.	30000.	50000.
1809/8	3000.	4000.	5000.	8000.	12000.	15000.	17000.	30000.	45000.
1810 Small Date, Small 5	20000.	30000.	45000.	60000.	80000.	—	—	—	—
1810 Small Date, Tall 5	3000.	4500.	5500.	9000.	12000.	15000.	17000.	30000.	55000.
1810 Large Date, Small 5	25000.	40000.	60000.	85000.	—	—	—	—	—
1810 Large Date, Large 5	3000.	4000.	5000.	8000.	12000.	15000.	18000.	25000.	40000.
1811 Small 5	3000.	4000.	5000.	8000.	12000.	15000.	17000.	25000.	40000.
1811 Tall 5	3500.	4500.	6000.	9000.	14000.	18000.	22000.	30000.	50000.
1812	3000.	4000.	5000.	8000.	12000.	15000.	17000.	25000.	40000.

—— = Insufficient pricing data

Capped Head $5 half eagle

Date of authorization: April 2, 1792
Dates of issue: 1813-1834
Designer/Engraver: John Reich
Diameter: (1813-1829): 25.00 mm/0.99 inch
(1829-1834): 22.50 mm/0.89 inch
Weight: 8.75 grams/0.28 ounce
Metallic Content: 91.67% gold, 8.33% copper and silver
Weight of pure gold: 8.02 grams/0.26 ounce
Edge: Reeded
Mint mark: None

	F-12	VF-20	EF-40	AU-50	AU-58	MS-60	MS-62	MS-63	MS-64
1813	3500.	4000.	6000.	7500.	10000.	12000.	17000.	25000.	40000.
1814/3	4000.	5000.	7000.	10000.	14000.	17000.	30000.	50000.	65000.
1815	50000.	65000.	100000.	150000.	250000.	155000.	—	—	—
1818	4000.	5000.	7000.	10000.	20000.	25000.	40000.	60000.	—
1818 STATESOF	4000.	4500.	6500.	9000.	14000.	20000.	30000.	50000.	70000.
1818 5D/50	4000.	5000.	7500.	12000.	20000.	25000.	40000.	60000.	80000.
1819 Wide Date	30000.	50000.	75000.	125000.	—	—	—	—	—
1819 Close Date	25000.	40000.	50000.	100000.	—	—	—	—	—
1819 5D/50	20000.	30000.	40000.	80000.	110000.	125000.	150000.	200000.	—
1820 Curved Base 2, Small Letters									
	6500.	9000.	12000.	15000.	—	—	—	—	—
1820 Curved Base 2, Large Letters									
	5000.	7000.	9000.	12000.	20000.	30000.	40000.	50000.	—
1820 Square Base 2, Large Letters									
	4000.	5000.	6500.	10000.	15000.	20000.	30000.	40000.	50000.
1821	20000.	30000.	40000.	50000.	80000.	110000.	125000.	150000.	
1822 3 known, 2 in Smithsonian Institution, Last sale 1982, $687,500, VF-30									
1823	4000.	5000.	6500.	10000.	20000.	25000.	40000.	60000.	75000.
1824	8000.	15000.	20000.	30000.	40000.	50000.	65000.	100000.	125000.
1825/1	10000.	20000.	25000.	35000.	45000.	65000.	75000.	90000.	150000.
1825/4	—	—	265000.	500000.	—	—	—	—	—
1826	6000.	10000.	15000.	25000.	35000.	60000.	80000.	100000.	125000.
1827	7000.	15000.	20000.	30000.	45000.	70000.	90000.	110000.	135000.
1828/7	25000.	40000.	75000.	125000.	200000.	210000.	225000.	250000.	300000.
1828	10000.	20000.	30000.	40000.	80000.	100000.	125000.	150000.	—
1829 Large Planchet	—	—	—	—	—	—	—	—	400000.
SMALL PLANCHET									
1829	60000.	85000.	125000.	200000.	—	—	—	—	—
1830 Small 5D	20000.	25000.	30000.	40000.	50000.	60000.	70000.	85000.	150000.

——— = Insufficient pricing data

	F-12	VF-20	EF-40	AU-50	AU-58	MS-60	MS-62	MS-63	MS-64
1830 Large 5D	30000.	35000.	40000.	55000.	70000.	80000.	90000.	110000.	200000.
1831 Small 5D	35000.	40000.	50000.	75000.	125000.	150000.	—	—	
1831 Large 5D	25000.	30000.	35000.	50000.	90000.	100000.	110000.	125000.	175000.
1832 Curl Base 2, 12 Stars	—	150000.	250000.	—	—	—	—	400000.	
1832 Square Base 2, 13 Stars									
	25000.	30000.	35000.	45000.	60000.	70000.	80000.	110000.	135000.
1833 Large Date	20000.	25000.	30000.	40000.	50000.	65000.	75000.	90000.	110000.
1833 Small Date	30000.	35000.	40000.	50000.	70000.	85000.	100000.	125000.	150000.
1834 Plain 4	20000.	25000.	30000.	40000.	50000.	70000.	80000.	100000.	125000.
1834 Crosslet 4	30000.	35000.	40000.	50000.	65000.	80000.	90000.	125000.	150000.

Classic Head $5 half eagle

Date of authorization: April 2, 1792
Dates of issue: 1834-1838
Designer: Obverse: William Kneass
Reverse: John Reich-William Kneass
Engraver: William Kneass
Diameter: 22.50 mm/0.89 inch
Weight: 8.36 grams/0.27 ounce
Metallic Content: (1834-1836): 89.92% gold,
10.8% copper and silver
(1837-1838): 90% gold, 10% copper and
silver
Weight of pure gold: (1834-1836): 7.516 grams/0.24 ounce
(1837-1838): 7.523 grams/0.24 ounce
Edge: Reeded
Mint mark: 1838 only, obverse above date

	F-12	VF-20	EF-40	EF-45	AU-50	AU-55	AU-58	MS-60	MS-62	MS-63
1834 Plain 4	500.	700.	1100.	1500.	2000.	2500.	3000.	4500.	8000.	12000.
1834 Crosslet 4	1500.	2500.	4000.	4500.	7500.	12000.	20000.	30000.	40000.	80000.
1835	500.	700.	1100.	1500.	2000.	2500.	3000.	4500.	8000.	12000.
1836	500.	700.	1100.	1500.	2000.	2500.	3000.	4500.	8000.	12000.
1837	750.	1000.	1500.	2000.	2500.	3000.	4500.	6000.	15000.	25000.
1838	500.	700.	1100.	1500.	2000.	2500.	3000.	4500.	8000.	12000.
1838-C	2500.	3000.	7000.	10000.	15000.	25000.	35000.	65000.	100000.	150000.
1838-D	2000.	2500.	6000.	8000.	12000.	15000.	25000.	35000.	50000.	65000.

—— = Insufficient pricing data

Coronet $5 half eagle

Date of authorization: Jan. 18, 1837
Dates of issue: 1839-1908
Designer: Obverse: Christian Gobrecht
Reverse: John Reich-William Kneass-
Christian Gobrecht
Engraver: Christian Gobrecht
Diameter: (1839-1840): 22.50 mm/0.89 inch
(1840-1908): 21.54 mm/0.85 inch
Weight: 8.36 grams/0.27 ounce
Metallic Content: (1839-1849): 89.92% gold,
10.8% copper and silver
(1849-1908): 90% gold, 10% copper
Weight of pure gold: 7.52 grams/0.24 ounce
Edge: Reeded
Mint mark: Reverse below eagle

	F-12	VF-20	EF-40	EF-45	AU-50	AU-55	AU-58	MS-60	MS-62	MS-63	MS-64
NO MOTTO											
1839	210.	270.	460.	775.	1150.	1600.	2200.	3600.	9500.	20000.	—
1839-C	1500.	2500.	3000.	4500.	7000.	12000.	16000.	25000.	35000.	—	—
1839-D	1500.	2500.	3500.	5000.	7500.	11000.	15000.	23000.	35000.	—	—
1840 Broad Mill	215.	245.	850.	1200.	2300.	3750.	5450.	8250.	—	25000.	—
1840 Narrow Mill	210.	225.	375.	585.	1350.	2200.	2800.	3850.	6250.	13000.	—
1840-C	1500.	2500.	3500.	5000.	8000.	12000.	17000.	30000.	40000.	—	—
1840-D	1500.	2500.	3500.	5000.	8000.	11000.	15000.	18000.	32000.	—	—
1840-O Broad Mill	325.	600.	1300.	1750.	2900.					—	—
1840-O Narrow Mill	235.	425.	975.	1275.	1700.	3000.	4400.	6750.	—	—	—
1841	245.	415.	975.	1250.	1600.	2350.	3725.	5750.	8000.	12500.	—
1841-C	1500.	2000.	2500.	3000.	4000.	8000.	12000.	20000.	34000.	50000.	—
1841-D	1500.	2000.	2500.	3000.	5000.	8000.	12000.	16000.	20000.	34000.	—
1842 Small Letters	210.	350.	1050.	1950.	3750.	6750.				—	—
1842 Large Letters	400.	825.	2000.	2800.	4250.	7850.	8750.	10000.		—	—
1842-C Large Date	1500.	2000.	2500.	3000.	4000.	7000.	11000.	20000.	28000.	40000.	—
1842-C Small Date	7000.	11000.	25000.	40000.	55000.	80000.	100000.	140000.	230000.		—
1842-D Large Date, Large Letters											
	2000.	3000.	7000.	10000.	15000.	25000.	35000.	50000.		—	—
1842-D Small Date, Small Letters											
	1500.	2000.	2500.	3000.	3500.	5000.	8500.	16000.	22000.		—
1842-O	375.	900.	3500.	5750.	12500.	—	—	—	—	42500.	—
1843	210.	225.	250.	275.	325.	525.	900.	1500.	3750.	9500.	19000.

——— = Insufficient pricing data

	F-12	VF-20	EF-40	EF-45	AU-50	AU-55	AU-58	MS-60	MS-62	MS-63	MS-64
1843-C	1500.	2000.	2500.	3500.	5000.	7500.	10000.	15000.	25000.	40000.	65000.
1843-D	1500.	2000.	2500.	3000.	4000.	5000.	9000.	15000.	22000.	30000.	—
1843-O Small Letters	365.	725.	1800.	2100.	3000.	6000.	12000.	30000.	40000.	—	—
1843-O Large Letters	210.	260.	1200.	1550.	2350.	4550.	8000.	12000.	17500.	—	—
1844	210.	225.	250.	275.	365.	500.	875.	1800.	4250.	8750.	26000.
1844-C	1500.	2000.	3000.	5000.	7500.	12000.	15000.	25000.	30000.	45000.	—
1844-D	1500.	2000.	2500.	3000.	3500.	5500.	8000.	12000.	17000.	32000.	—
1844-O	210.	255.	375.	500.	775.	1500.	2650.	5000.	7250.	14500.	35000.
1845	210.	225.	250.	275.	325.	545.	1000.	1800.	5750.	12000.	—
1845-D	1500.	2000.	2500.	3000.	3500.	5500.	7500.	13000.	18000.	28000.	—
1845-O	255.	400.	825.	1600.	3500.	6750.	9750.	14500.	19000.	27500.	—
1846 Small Date	210.	225.	250.	315.	700.	1600.	2200.	3250.	—	—	—
1846	210.	225.	250.	300.	350.	575.	1000.	2300.	4800.	12250.	—
1846-C	1500.	2000.	3000.	5000.	7500.	11000.	14000.	25000.	40000.	80000.	—
1846-D	1500.	2000.	2500.	3000.	4000.	5500.	8500.	14000.	20000.	—	—
1846-D/D	1800.	2300.	3000.	3500.	5000.	6500.	10000.	16000.	27000.	30000.	50000.
1846-O	235.	375.	1000.	1500.	4000.	6750.	8625.	12000.	17500.	25000.	—
1847	210.	225.	250.	275.	325.	450.	775.	1500.	3900.	8500.	24000.
1847/7	210.	225.	265.	350.	1200.	1650.	2400.	4750.	10000.	—	—
1847-C	1500.	2000.	2500.	3000.	3500.	6000.	9000.	15000.	20000.	35000.	—
1847-D	1500.	2000.	2500.	3000.	3500.	5000.	7500.	11000.	15000.	20000.	—
1847-O	600.	2500.	7000.	8750.	12500.	—	—	—	—	—	—
1848	210.	225.	270.	300.	425.	675.	900.	1500.	3500.	11000.	—
1848-C	1500.	2000.	2500.	3000.	4000.	7500.	11000.	20000.	35000.	55000.	—
1848-D	1500.	2000.	2500.	3000.	4000.	6500.	9000.	15000.	25000.	—	—
1849	210.	225.	250.	365.	745.	1275.	1900.	2900.	6250.	16000.	—
1849-C	1500.	2000.	2500.	3000.	3500.	6000.	9000.	15000.	20000.	35000.	—
1849-D	1500.	2000.	2500.	3000.	3500.	7000.	10000.	16000.	25000.	—	—
1850	210.	275.	675.	800.	1050.	1700.	2450.	3750.	7500.	17000.	—
1850-C	1500.	2000.	2500.	3000.	3500.	5000.	6500.	15000.	20000.	28000.	55000.
1850-D	1500.	2000.	2500.	3000.	5000.	9000.	14000.	35000.	60000.	—	—
1851	210.	225.	250.	275.	360.	500.	1000.	2600.	4500.	10500.	—
1851-C	1500.	2000.	2500.	3000.	4000.	7000.	10000.	18000.	30000.	50000.	85000.
1851-D	1500.	2000.	2500.	3000.	4000.	7000.	10000.	15000.	20000.	35000.	—
1851-O	290.	575.	1250.	2500.	3800.	6750.	9500.	14000.	—	—	—
1852	210.	225.	250.	275.	325.	450.	750.	1500.	3500.	10000.	25000.
1852-C	1500.	2000.	2500.	3000.	3500.	5000.	6500.	8000.	14000.	25000.	40000.
1852-D	1500.	1700.	2500.	3000.	3500.	6000.	9000.	14000.	20000.	35000.	—
1853	210.	225.	250.	275.	360.	450.	750.	1500.	3500.	9000.	18500.
1853-C	1500.	2000.	2500.	3000.	3500.	4500.	6000.	9000.	15000.	30000.	—
1853-D	1500.	2000.	2500.	3000.	3500.	4500.	7500.	11000.	18000.	25000.	—
1854	210.	225.	255.	355.	600.	1125.	1400.	2100.	4000.	11000.	25000.
1854-C	1500.	2000.	2500.	3200.	4000.	7000.	9000.	15000.	30000.	45000.	60000.
1854-D	1500.	2000.	2500.	3000.	3500.	6000.	8500.	12000.	17000.	35000.	—
1854-O	240.	300.	525.	825.	1450.	2200.	4000.	8000.	16000.	25000.	—
1854-S AU-55 $210000.											
1855	210.	225.	250.	275.	365.	625.	950.	1650.	4200.	8250.	—
1855-C	1500.	2000.	2500.	3000.	4000.	6000.	9000.	17000.	25000.	40000.	—
1855-D	1500.	2000.	2500.	3000.	4000.	6000.	9000.	18000.	27000.	45000.	—
1855-O	380.	700.	2000.	3000.	4750.	6000.	11625.	21000.	—	—	—
1855-S	215.	385.	1200.	1800.	3050.	5500.	7250.	14500.	—	—	—
1856	210.	225.	250.	275.	325.	575.	950.	2200.	5250.	13500.	22500.
1856-C	1500.	2000.	2500.	3000.	3500.	7000.	10000.	22000.	—	—	—
1856-D	1500.	2000.	2500.	3200.	4000.	6000.	9000.	15000.	20000.	45000.	—
1856-O	400.	650.	1650.	2250.	5250.	7350.	11750.	15000.	—	—	—

——— = Insufficient pricing data

CORONET $5 HALF EAGLE (CONTINUED)

	F-12	VF-20	EF-40	EF-45	AU-50	AU-55	AU-58	MS-60	MS-62	MS-63	MS-64
1856-S	210.	300.	725.	875.	1200.	2250.	3250.	6250.	—	36500.	—
1857	210.	225.	250.	275.	400.	450.	800.	1500.	4600.	9000.	—
1857-C	1500.	2000.	2500.	3000.	3500.	5000.	9000.	10000.	20000.	35000.	79000.
1857-D	1500.	2000.	2500.	3000.	3500.	6500.	10000.	14000.	25000.		
1857-O	355.	675.	1400.	1850.	4250.	7500.	10500.	15000.	—	50000.	—
1857-S	210.	300.	700.	850.	1350.	2600.	4000.	12000.	—		
1858	210.	245.	550.	600.	700.	1650.	2450.	3750.	6000.	13400.	24000.
1858-C	1500.	2000.	2500.	3000.	3500.	5000.	8000.	12000.	25000.	50000.	—
1858-D	1500.	2000.	2500.	3000.	3500.	6000.	10000.	15000.	25000.	—	—
1858-S	475.	875.	2500.	3300.	7250.	—	—	—	—	—	—
1859	210.	320.	600.	675.	800.	1700.	2850.	6500.	8000.	—	—
1859-C	1500.	2000.	2500.	3200.	4500.	7000.	10000.	17000.	30000.	55000.	—
1859-D	1500.	2000.	2500.	3000.	3500.	6000.	9000.	17000.	30000.	50000.	—
1859-S	600.	1650.	4000.	4750.	6000.	11500.	15000.	—	—	—	—
1860	210.	250.	575.	700.	1100.	1750.	2500.	3750.	7000.	15000.	—
1860-C	1500.	2000.	2800.	3300.	4000.	7500.	10000.	14000.	20000.	35000.	—
1860-D	1500.	2000.	2800.	3500.	4200.	8000.	11000.	18000.	28000.	50000.	—
1860-S	550.	1100.	2500.	2900.	6500.	10000.	16500.	—	—	—	—
1861	210.	225.	250.	275.	360.	450.	750.	1500.	3600.	7500.	13000.
1861-C	1500.	2500.	5000.	6500.	9000.	12000.	17000.	30000.	60000.	110000.	—
1861-D	3500.	5500.	8000.	12000.	20000.	27500.	35000.	55000.	—	—	—
1861-S	525.	1200.	4100.	5000.	8000.	—	17500.	—	—	—	—
1862	455.	850.	1600.	1850.	3500.	—	—	—	—	—	—
1862-S	1300.	3000.	5600.	10000.	15000.	—	—	—	—	—	—
1863	450.	1175.	3500.	4750.	7750.	—	—	—	—	—	—
1863-S	625.	1450.	4250.	6500.	13500.	—	—	—	—	—	—
1864	360.	675.	1750.	2000.	3750.	7000.	10250.	15500.	—	—	—
1864-S	2900.	8000.	14250.		—45000.	—	—	—	—	—	—
1865	500.	1400.	3750.	6000.	12500.	—	—	—	—	—	—
1865-S	525.	1475.	2500.	3500.	5850.	9000.	12500.	21000.	—	—	—
1866-S	775.	1600.	3750.	6500.	13750.	—	—	—	—	—	—

MOTTO ON REVERSE

	F-12	VF-20	EF-40	EF-45	AU-50	AU-55	AU-58	MS-60	MS-62	MS-63	MS-64
1866	375.	850.	1450.	1950.	3400.	5500.	—	—	—	—	—
1866-S	600.	900.	2850.	5250.	9250.	—	—	—	—	—	—
1867	275.	400.	1375.	1850.	3150.	4900.	—	—	—	—	—
1867-S	750.	1425.	2950.	5750.	14250.	—	—	—	—	—	—
1868	265.	500.	925.	2100.	3250.	5750.	8000.	12000.	—	—	—
1868-S	280.	375.	1475.	1600.	3600.	6250.	11000.	18000.	—	—	—
1869	425.	900.	1650.	2000.	4150.	—	—	—	—	—	36000.
1869-S	365.	525.	1800.	2900.	—	8250.	—	—	—	—	—
1870	350.	700.	1750.	2000.	3350.	5650.	—	—	—	—	—
1870-CC	2500.	5500.	16000.	22000.	32000.	40000.	50000.	100000.	—	—	—
1870-S	500.	1050.	2500.	4750.	9000.	14000.	—	—	—	—	—
1871	385.	725.	1500.	2000.	3375.	6250.	8500.	12000.	—	—	—
1871-CC	800.	1300.	4000.	9000.	15000.	—	—	—	—	—	—
1871-S	270.	355.	1150.	1800.	4150.	8500.	11500.	17000.	—	—	—
1872	400.	675.	1150.	1800.	2850.	4500.	7500.	12250.	15000.	21500.	—
1872-CC	800.	1500.	5500.	15000.	25000.	—	—	—	—	—	—
1872-S	275.	500.	775.	1000.	3250.	7000.	12250.	21000.	—	—	—
1873 Closed 3	210.	225.	235.	260.	500.	600.	875.	1275.	4500.	9250.	—
1873 Open 3	210.	225.	235.	250.	300.	350.	450.	665.	1800.	6250.	—
1873-CC	1800.	3000.	13000.	20000.	33000.	—	—	75000.	—	—	—
1873-S	340.	675.	975.	1600.	4000.	6500.	12000.	21000.	—	—	—
1874	315.	500.	1125.	1300.	2500.	4200.	5500.	—	—	—	—
1874-CC	600.	1000.	2500.	5000.	12000.	17000.	25000.	40000.	—	—	—

—— = Insufficient pricing data

CORONET $5 HALF EAGLE (CONTINUED)

	F-12	VF-20	EF-40	EF-45	AU-50	AU-55	AU-58	MS-60	MS-62	MS-63	MS-64
1874-S	425.	800.	1725.	3600.	5000.	—	—	—	—	—	—
1875-CC	800.	1600.	4500.	7500.	12000.	24000.	—	—	—	—	—
1875-S	500.	775.	2400.	3900.	6800.	9500.	16250.	27500.	—	—	—
1875 EF-40 $47500 EF-45 $57500 AU-50 $75000 PF 63 $50000 PF 64 $100000.											
1876	445.	825.	1950.	2350.	3550.	6250.	8750.	12500.	16000.	22500.	30000.
1876-CC	800.	1700.	5000.	8000.	14000.	20000.	—	—	—	—	—
1876-S	800.	1350.	3850.	7500.	—	—	—	—	—	—	—
1877	420.	825.	1750.	2250.	3500.	5000.	—	—	—	—	—
1877-CC	650.	1200.	3600.	6500.	11000.	15000.	—	—	—	—	—
1877-S	210.	275.	575.	975.	1850.	5100.	—	—	—	—	—
1878	210.	225.	235.	250.	275.	300.	325.	450.	750.	2250.	5000.
1878-CC	2000.	4000.	12000.	14000.	22000.						
1878-S	210.	225.	235.	250.	275.	535.	750.	1075.	2000.	5000.	8500.
1879	210.	225.	235.	250.	275.	300.	325.	400.	600.	1700.	3600.
1879-CC	400.	600.	1600.	2400.	3500.	6500.	—	—	—	—	—
1879-S	210.	225.	235.	250.	275.	300.	550.	1050.	1850.	4250.	7500.
1880	210.	225.	235.	250.	275.	300.	325.	350.	450.	1300.	2300.
1880-CC	300.	450.	850.	1100.	1500.	4500.	7000.	12000.	—	—	—
1880-S	210.	225.	235.	250.	275.	300.	325.	350.	450.	1250.	2300.
1881	210.	225.	235.	250.	275.	300.	325.	350.	450.	1250.	2300.
1881/0	250.	315.	600.	675.	800.	1000.	1150.	1350.	3100.	7000.	13000.
1881-CC	400.	600.	1700.	4000.	7500.	10000.	14000.	22000.	—	—	—
1881-S	210.	225.	235.	250.	275.	300.	325.	350.	450.	1250.	2400.
1882	210.	225.	235.	250.	275.	300.	325.	350.	450.	1250.	2300.
1882-CC	300.	450.	700.	800.	1000.	2500.	5000.	8000.	—	—	—
1882-S	210.	225.	235.	250.	275.	300.	325.	350.	450.	1250.	2300.
1883	210.	225.	235.	250.	275.	300.	325.	350.	575.	1700.	4850.
1883-CC	350.	500.	1200.	2000.	3500.	7000.	11000.	20000.	—	—	—
1883-S	210.	225.	235.	250.	275.	330.	550.	925.	1550.	3750.	—
1884	210.	225.	235.	250.	275.	325.	575.	950.	1600.	3900.	—
1884-CC	400.	650.	1200.	2000.	3500.	6000.	10000.	20000.	—	—	—
1884-S	210.	225.	235.	250.	275.	300.	325.	350.	650.	1950.	6000.
1885	210.	225.	235.	250.	275.	300.	325.	350.	500.	1250.	2300.
1885-S	210.	225.	235.	250.	275.	300.	325.	350.	450.	1250.	2000.
1886	210.	225.	235.	250.	275.	300.	325.	350.	575.	1250.	3750.
1886-S	210.	225.	235.	250.	275.	300.	325.	350.	450.	1250.	2300.
1887-S	210.	225.	235.	250.	275.	300.	325.	350.	450.	1250.	—
1887 Proof Only - PF-50 $17000;PF-58 $18000; PF-60 $25000; PF-62 $32500; PF-63(PCGS) $58000; PF-64 $72500; PF-65 $150000.											
1888	210.	225.	235.	250.	280.	350.	425.	550.	1400.	2750.	—
1888-S	210.	225.	250.	275.	330.	750.	875.	1100.	2500.	—	—
1889	210.	250.	330.	415.	525.	675.	775.	950.	2400.	5000.	—
1890	215.	325.	485.	565.	675.	900.	1150.	1600.	4200.	11500.	—
1890-CC	250.	375.	500.	600.	700.	800.	1000.	1300.	2500.	7500.	12000.
1891	210.	225.	235.	250.	275.	300.	350.	500.	900.	1900.	5250.
1891-CC	250.	375.	500.	600.	700.	800.	900.	1100.	2000.	4000.	9000.
1892	210.	225.	235.	250.	275.	300.	325.	450.	1275.	3500.	—
1892-CC	250.	375.	500.	600.	700.	900.	1100.	1700.	3500.	8000.	—
1892-O	360.	460.	750.	825.	1200.	1700.	2100.	2800.	6300.	12500.	—
1892-S	210.	225.	235.	250.	275.	430.	525.	675.	1200.	3750.	—
1893	210.	225.	235.	250.	275.	300.	325.	350.	450.	1250.	2300.
1893-CC	250.	375.	500.	650.	900.	1000.	1100.	1700.	4000.	8000.	17000.
1893-O	210.	225.	235.	250.	275.	450.	675.	1075.	2300.	6100.	—
1893-S	210.	225.	235.	250.	275.	300.	325.	350.	525.	1250.	4650.
1894	210.	225.	235.	250.	275.	300.	325.	350.	450.	1250.	3500.

—— = Insufficient pricing data

CORONET $5 HALF EAGLE (CONTINUED)

	F-12	VF-20	EF-40	EF-45	AU-50	AU-55	AU-58	MS-60	MS-62	MS-63	MS-64
1894-O	210.	225.	260.	280.	350.	750.	1000.	1450.	2650.	7000.	—
1894-S	210.	225.	325.	360.	600.	1000.	1525.	2400.	3250.	9750.	—
1895	210.	225.	235.	250.	275.	300.	325.	350.	450.	1250.	2300.
1895-S	210.	225.	280.	290.	500.	1000.	1750.	3000.	4000.	—	—
1896	210.	225.	235.	250.	275.	300.	325.	350.	515.	1650.	3750.
1896-S	210.	225.	285.	315.	400.	700.	975.	1450.	2950.	—	—
1897	210.	225.	235.	250.	275.	300.	325.	350.	450.	1250.	2300.
1897-S	210.	225.	250.	250.	275.	360.	550.	875.	1500.	6900.	11500.
1898	210.	225.	235.	250.	275.	300.	325.	350.	450.	1250.	2300.
1898-S	210.	225.	235.	250.	275.	300.	325.	350.	450.	1250.	5750.
1899	210.	225.	235.	250.	275.	300.	325.	350.	450.	1250.	2300.
1899-S	210.	225.	235.	250.	275.	300.	325.	350.	450.	1250.	2800.
1900	210.	225.	235.	250.	275.	300.	325.	350.	450.	1250.	2300.
1900-S	210.	225.	235.	250.	275.	300.	325.	375.	500.	1250.	2300.
1901	210.	225.	235.	250.	275.	300.	325.	350.	450.	1250.	2300.
1901-S	210.	225.	235.	250.	275.	300.	325.	350.	450.	1250.	2300.
1901/0-S	210.	225.	235.	250.	275.	310.	330.	360.	450.	1250.	2550.
1902	210.	225.	235.	250.	275.	300.	325.	350.	450.	1250.	2300.
1902-S	210.	225.	235.	250.	275.	300.	325.	350.	450.	1250.	2300.
1903	210.	225.	235.	250.	275.	300.	325.	350.	450.	1250.	2300.
1903-S	210.	225.	235.	250.	275.	300.	325.	350.	450.	1250.	2300.
1904	210.	225.	235.	250.	275.	300.	325.	350.	450.	1250.	2300.
1904-S	210.	225.	235.	250.	275.	475.	700.	1050.	1850.	3500.	15000.
1905	210.	225.	235.	250.	275.	300.	325.	350.	450.	1250.	2300.
1905-S	210.	225.	235.	250.	275.	325.	425.	600.	1150.	2600.	5500.
1906	210.	225.	235.	250.	275.	300.	325.	350.	450.	1250.	2300.
1906-D	210.	225.	235.	250.	275.	300.	325.	350.	450.	1250.	2300.
1906-S	210.	225.	235.	250.	275.	300.	325.	350.	490.	1250.	2600.
1907	210.	225.	235.	250.	275.	300.	325.	350.	450.	1250.	2300.
1907-D	210.	225.	235.	250.	275.	300.	325.	350.	450.	1250.	2300.
1908	210.	225.	235.	250.	275.	300.	325.	350.	450.	1250.	2300.

—— = Insufficient pricing data

Indian Head $5 half eagle

Date of authorization: Jan. 18, 1837
Dates of issue: 1908-1929
Designer: Bela Lyon Pratt
Engraver: Charles Barber
Diameter: 21.54 mm/0.85 inch
Weight: 8.36 grams/0.27 ounce
Metallic Content: 90% gold, 10% copper
Weight of pure gold: 7.52 grams/0.24 ounce
Edge: Reeded
Mint mark: Reverse lower left

	EF-40	AU-50	AU-55	MS-60	MS-62	MS-63	MS-64	MS-65
1908	375.	400.	425.	500.	1500.	4500.	6000.	27000.
1908-D	375.	400.	425.	500.	1500.	4500.	6000.	30000.
1908-S	450.	500.	700.	1300.	2400.	4500.	7500.	27000.
1909	375.	400.	425.	500.	1500.	4500.	7500.	27000.
1909-D	375.	400.	425.	500.	1500.	4500.	7500.	27000.
1909-O	4000.	6000.	9000.	25000.	45000.	65000.	150000.	
1909-S	375.	400.	450.	1500.	4500.	12000.	30000.	41500.
1910	375.	400.	425.	500.	1500.	4500.	6000.	27000.
1910-D	375.	400.	425.	500.	1500.	4500.	9000.	—
1910-S	375.	400.	600.	1200.	4000.	6500.	28000.	—
1911	375.	400.	425.	500.	1500.	4500.	6000.	27000.
1911-D	550.	700.	1500.	5000.	14000.	40000.	60000.	—
1911-S	375.	400.	425.	700.	1500.	4500.	27000.	—
1912	375.	400.	425.	500.	1500.	4500.	6000.	27000.
1912-S	375.	450.	550.	2000.	5000.	15000.	32000.	—
1913	375.	400.	425.	500.	1500.	4500.	6000.	27000.
1913-S	375.	400.	600.	1500.	4500.	14000.	38000.	—
1914	375.	400.	425.	500.	1500.	4500.	6000.	27000.
1914-D	375.	400.	425.	500.	1500.	4500.	6000.	30000.
1914-S	375.	400.	550.	1500.	4500.	15000.	40000.	—
1915	375.	400.	425.	500.	1500.	4500.	6000.	27000.
1915-S	400.	500.	700.	2200.	5500.	20000.	40000.	—
1916-S	375.	400.	425.	700.	1500.	4500.	8000.	30000.
1929	10000.	11000.	12000.	15000.	17000.	20000.	30000.	50000.

—— = Insufficient pricing data

Capped Bust $10 eagle

Small Eagle reverse

Heraldic Eagle reverse

Date of authorization: April 2, 1792
Dates of issue: 1795-1804
Designer/Engraver: Robert Scot
Diameter: 33.00 mm/1.30 inches
Weight: 17.50 grams/0.56 ounce
Metallic Content: 91.67% gold, 8.33% copper and silver
Weight of pure gold: 16.04 grams/0.52 ounce
Edge: Reeded
Mint mark: None

	F-12	VF-20	EF-40	EF-45	AU-50	AU-55	MS-60	MS-62	MS-63	MS-64
SMALL EAGLE										
1795 13 Leaves	30000.	40000.	55000.	60000.	70000.	80000.	110000.	175000.	325000.	500000.
1795 9 Leaves	50000.	75000.	100000.	125000.	175000.	200000.	275000.	325000.	400000.	—
1796	40000.	50000.	60000.	65000.	75000.	85000.	125000.	200000.	350000.	—
1797	45000.	60000.	75000.	85000.	100000.	125000.	185000.	225000.	—	—
HERALDIC EAGLE										
1797	15000.	20000.	25000.	35000.	40000.	45000.	60000.	80000.	125000.	
1798/7 9 X 4 Stars	30000.	35000.	45000.	60000.	75000.	85000.	140000.	175000.	250000.	—

—— = Insufficient pricing data

	F-12	VF-20	EF-40	EF-45	AU-50	AU-55	MS-60	MS-62	MS-63	MS-64
1798/7 7 X 6 Stars										
	45000.	65000.	100000.	150000.	200000.	225000.	300000.	350000.	—	—
1799	10000.	12000.	15000.	17000.	20000.	25000.	40000.	50000.	60000.	150000.
1800	12000.	14000.	18000.	20000.	25000.	30000.	50000.	60000.	85000.	175000.
1801	10000.	12000.	15000.	17000.	20000.	25000.	40000.	50000.	60000.	150000.
1803 Small Stars	12000.	14000.	18000.	20000.	25000.	30000.	50000.	60000.	85000.	175000.
1803 Large Stars	35000.	40000.	45000.	50000.	60000.	65000.	110000.	125000.	175000.	225000.
1803 14 Reverse Stars										
	30000.	35000.	40000.	45000.	50000.	60000.	100000.	110000.	150000.	200000.
1804	20000.	25000.	35000.	40000.	45000.	50000.	75000.	100000.	140000.	—

Coronet $10 eagle

Date of authorization: Jan. 18, 1837
Dates of issue: 1838-1907
Designers: Obverse: Christian Gobrecht
Reverse: John Reich-William Kneass-Christian Gobrecht
Engraver: Christian Gobrecht
Diameter: 27.00 mm/1.07 inches
Weight: 16.72 grams/.54 ounce
Metallic Content: (1838-1873)90% gold,10% copper and silver
(1873-1907): 90% gold, 10% copper
Weight of pure gold: 15.05 grams/0.48 ounce
Edge: Reeded
Mint mark: Reverse below eagle

	F-12	VF-20	EF-40	EF-45	AU-50	AU-55	AU-58	MS-60	MS-62	MS-63
NO MOTTO										
1838	800.	1200.	2900.	4025.	6250.	11000.	16000.	35000.	55000.	—
1839 Old Portrait	800.	1200.	2000.	3000.	5500.	9500.	13000.	34000.	40000.	55000.
1839 New Portrait	850.	1750.	3200.	4500.	7000.	12000.	20000.	—	—	—
1840	400.	425.	575.	850.	1600.	3000.	5250.	11000.	—	—
1841	400.	425.	550.	700.	1400.	3000.	7000.	10000.	20000.	—
1841-O	1500.	2500.	5000.	7000.	13000.	20000.	—	—	—	—

—— = Insufficient pricing data

CORONET $10 EAGLE (CONTINUED)

	F-12	VF-20	EF-40	EF-45	AU-50	AU-55	AU-58	MS-60	MS-62	MS-63
1842 Small Date	400.	425.	450.	700.	2000.	3500.	6000.	16000.	—	—
1842 Large Date	400.	425.	450.	700.	1250.	3000.	4500.	15000.	20000.	25000.
1842-O	400.	425.	625.	1000.	2500.	6500.	11500.	26500.	—	—
1843 Doubled Date	400.	425.	575.	750.	3050.	—	—	—	—	—
1843	400.	425.	450.	625.	1700.	5000.	6500.	—	—	—
1843-O	400.	425.	450.	600.	1400.	3500.	7000.	12500.	18000.	—
1844	575.	1500.	3000.	4000.	6000.	8500.	12000.	18000.	—	—
1844-O	400.	425.	450.	800.	1800.	4000.	10000.	17000.	38500.	—
1845	400.	550.	750.	1300.	2000.	3500.	6000.	17000.	25000.	—
1845-O	400.	425.	700.	1250.	2500.	7500.	10500.	19000.	40000.	70000.
1846	450.	575.	1025.	2500.	5500.	12000.	—	—	—	—
1846-O	400.	425.	700.	2400.	4800.	6000.	8500.	16000.	30000.	—
1846/5-O	400.	625.	1050.	2500.	5000.	7000.	12500.	—	—	50000.
1847	400.	425.	450.	475.	600.	1100.	1500.	3500.	7500.	25000.
1847-O	400.	425.	450.	475.	600.	1100.	2000.	5500.	10000.	20000.
1848	400.	425.	450.	500.	800.	1500.	2500.	5500.	12000.	28000.
1848-O	400.	500.	1100.	1750.	3500.	8000.	11000.	18000.	25000.	35000.
1849	400.	425.	450.	475.	600.	1100.	1600.	3800.	7000.	14000.
1849/1848	450.	700.	975.	1300.	1800.	3500.	—	—	—	—
1849-O	400.	750.	2000.	3000.	5500.	7500.	11000.	27000.	—	—
1850 Large Date	400.	425.	450.	475.	650.	1200.	2000.	4000.	8000.	18000.
1850 Small Date	400.	550.	1000.	1500.	2400.	4000.	5500.	9500.	—	—
1850-O	400.	425.	1000.	1600.	3500.	6000.	8500.	—	—	—
1851	400.	425.	450.	525.	800.	1500.	2500.	5000.	10000.	30000.
1851-O	400.	425.	500.	700.	1100.	3500.	6000.	7000.	12000.	30000.
1852	400.	425.	450.	475.	600.	1200.	2000.	4500.	7000.	—
1852-O	400.	700.	1100.	2500.	4000.	8500.	12000.	25000.	40000.	—
1853	400.	425.	450.	475.	600.	1100.	1500.	3800.	7000.	—
1853/2	450.	600.	800.	1000.	2000.	4000.	6000.	—	—	—
1853-O	400.	425.	450.	600.	1000.	2500.	5000.	—	—	—
1854	400.	425.	450.	550.	800.	1500.	2500.	6000.	14000.	—
1854-O Small Date	400.	425.	700.	900.	1400.	3000.	—	—	—	—
1854-O Large Date	400.	500.	800.	1100.	1800.	3700.	5000.	10000.	22000.	40000.
1854-S	400.	425.	450.	600.	1000.	2500.	5500.	11000.	—	—
1855	400.	425.	450.	475.	600.	1100.	2500.	5000.	8500.	20000.
1855-O	400.	600.	1300.	2500.	6000.	8500.	13000.	—	—	—
1855-S	1000.	1500.	2500.	4000.	8000.	11000.	—	—	—	—
1856	400.	425.	450.	475.	600.	1100.	2500.	5000.	7000.	14000.
1856-O	450.	750.	1500.	2500.	4000.	7000.	10000.	—	—	—
1856-S	400.	425.	550.	700.	1200.	3000.	6000.	10000.	—	—
1857	400.	550.	1000.	1500.	2200.	3500.	5500.	—	—	—
1857 overdate	700.	1500.	3000.	4000.	7500.	—	—	—	—	—
1857-O	600.	1100.	2000.	3000.	4500.	7000.	16000.	27000.	—	—
1857-S	400.	450.	1100.	1500.	2200.	4500.	8000.	—	—	—
1858	3000.	5000.	8000.	11000.	14000.	—	—	—	—	—
1858-O	400.	425.	850.	1200.	2000.	3500.	5000.	10000.	19000.	—
1858-S	900.	1600.	3500.	4500.	6000.	15000.	30000.	—	—	—
1859	400.	425.	700.	900.	1300.	3000.	4500.	10000.	—	—
1859-O	2500.	5000.	10000.	15000.	25000.	—	—	—	—	—
1859-S	1500.	2500.	6000.	9000.	15000.	—	—	—	—	—
1860	400.	450.	750.	1100.	1500.	2800.	3500.	9000.	12000.	25000.
1860-O	400.	550.	1200.	1700.	2500.	4000.	7500.	15000.	33000.	—
1860-S	2500.	3500.	6000.	10000.	17000.	28000.	—	—	—	—
1861	400.	425.	450.	475.	600.	900.	1500.	4500.	7500.	15000.

—— = Insufficient pricing data

CORONET $10 EAGLE (CONTINUED)

	F-12	VF-20	EF-40	EF-45	AU-50	AU-55	AU-58	MS-60	MS-62	MS-63
1861-S	800.	1700.	3500.	5000.	7000.	11000.	18000.	—	—	—
1862	400.	600.	1100.	1500.	2500.	3500.	5000.	10000.	20000.	—
1862-S	1000.	1800.	3500.	4500.	6500.	10000.	—	—	—	—
1863	3000.	4500.	9000.	12000.	17000.	25000.	30000.	40000.	55000.	75000.
1863-S	1000.	2000.	4000.	6500.	10000.	15000.	20000.	30000.	—	—
1864	1100.	2000.	4500.	6000.	8000.	10000.	12000.	19000.	—	—
1864-S	3000.	5500.	13000.	20000.	30000.	—	—	—	—	—
1865	1100.	2000.	4500.	5500.	6500.	10000.	—	—	—	—
1865-S	3000.	7000.	12000.	—	—	—	—	—	—	—
1865-S Inverted 865/186										
	1800.	3500.	7000.	10000.	14000.	—	—	—	—	75000.
1866-S	1500.	3000.	4000.	6000.	12000.	18000.	28000.	—	—	—

MOTTO ON REVERSE

	F-12	VF-20	EF-40	EF-45	AU-50	AU-55	AU-58	MS-60	MS-62	MS-63
1866	600.	850.	1700.	3000.	5000.	10000.	18000.	—	—	—
1866-S	800.	1600.	4000.	6000.	8500.	12000.	20000.	—	—	—
1867	700.	1600.	2700.	3500.	5000.	9000.	16000.	—	—	—
1867-S	1200.	2500.	6000.	8500.	11000.	17000.	30000.	—	—	—
1868	450.	550.	800.	1200.	2000.	3500.	7500.	18000.	—	—
1868-S	600.	1300.	2500.	3000.	4250.	6000.	8500.	—	—	—
1869	800.	1500.	2600.	4000.	6000.	12500.	15000.	35000.	—	—
1869-S	900.	1700.	2700.	4000.	7000.	14000.	17000.	28000.	—	—
1870	600.	1000.	1300.	1800.	2700.	6500.	12000.	—	—	—
1870-CC	6500.	12000.	35000.	45000.	60000.	—	—	—	—	—
1870-S	700.	1300.	2700.	4000.	7500.	15000.	25000.	—	—	—
1871	800.	1500.	2800.	3500.	4500.	10000.	15000.	23000.	—	—
1871-CC	1500.	2500.	5500.	10000.	20000.	—	—	—	—	—
1871-S	900.	1400.	2000.	3500.	7000.	13000.	20000.	—	—	—
1872	1500.	2500.	3500.	6000.	11000.	13000.	15000.	18000.	23000.	40000.
1872-CC	1800.	3000.	11000.	18000.	25000.	—	—	—	—	—
1872-S	450.	600.	1000.	1200.	1800.	5000.	10000.	—	—	—
1873	3000.	5000.	10000.	13000.	17000.	21000.	28000.	—	—	—
1873-CC	3000.	6500.	13000.	20000.	30000.	—	—	—	—	—
1873-S	600.	1000.	2500.	3500.	5000.	8000.	14000.	—	—	—
1874	400.	425.	450.	475.	500.	550.	850.	2000.	4500.	9000.
1874-CC	650.	1000.	3000.	5000.	10000.	—	—	—	—	—
1874-S	700.	1200.	3500.	4500.	7500.	12000.	18000.	—	—	—
1875	30000.	42000.	60000.	80000.	90000.	—	—	—	—	—
1875-CC	2500.	4500.	10000.	15000.	25000.	—	—	—	—	—
1876	2000.	3500.	7000.	12000.	18000.	—	—	—	—	—
1876-CC	2000.	3500.	8000.	12000.	25000.	35000.	50000.	—	—	—
1876-S	750.	1300.	1700.	3000.	6000.	—	—	—	—	—
1877	1500.	2500.	5500.	7000.	9000.	11000.	15000.	—	—	—
1877-CC	1500.	2500.	7000.	11000.	17000.	—	—	—	—	—
1877-S	400.	550.	850.	1500.	2200.	6000.	15000.	—	—	—
1878	400.	425.	450.	475.	500.	525.	700.	1100.	2400.	5500.
1878-CC	2500.	4000.	10000.	15000.	20000.	—	—	—	—	—
1878-S	400.	450.	600.	1200.	2000.	3500.	5500.	16000.	—	—
1879	400.	425.	450.	475.	500.	525.	550.	850.	2200.	5500.
1879/8	400.	425.	450.	500.	750.	850.	1000.	1200.	2000.	—
1879-CC	5000.	10000.	450.	20000.	25000.	30000.	40000.	—	—	—
1879-O	2000.	2500.	4000.	6000.	10000.	15000.	25000.	—	—	—
1879-S	400.	425.	450.	475.	500.	650.	800.	1200.	3500.	—
1880	400.	425.	450.	475.	500.	525.	550.	575.	700.	4000.

—— = Insufficient pricing data

CORONET $10 EAGLE (CONTINUED)

	F-12	VF-20	EF-40	EF-45	AU-50	AU-55	AU-58	MS-60	MS-62	MS-63
1880-CC	400.	600.	900.	1200.	1800.	4000.	6000.	14000.	—	—
1880-O	400.	450.	750.	900.	1400.	2500.	5000.	9000.	—	—
1880-S	400.	425.	450.	475.	500.	525.	550.	600.	1300.	5000.
1881	400.	425.	450.	475.	500.	525.	550.	575.	650.	1500.
1881-CC	400.	500.	800.	900.	1000.	1500.	2500.	7000.	12000.	—
1881-O	400.	450.	700.	1000.	1300.	2000.	3500.	8000.	—	—
1881-S	400.	425.	450.	475.	500.	525.	550.	575.	900.	6000.
1882	400.	425.	450.	475.	500.	525.	550.	575.	650.	1500.
1882-CC	500.	700.	1300.	2000.	3500.	7000.	13000.	—	—	—
1882-O	400.	425.	550.	800.	1200.	2000.	3000.	7500.	—	—
1882-S	400.	425.	450.	475.	500.	525.	550.	650.	1200.	4000.
1883	400.	425.	450.	475.	500.	525.	550.	575.	800.	2700.
1883-CC	400.	600.	900.	1500.	2500.	4500.	6000.	15000.	—	—
1883-O	1500.	3500.	7500.	9000.	11000.	14000.	20000.	—	—	—
1883-S	400.	425.	450.	475.	500.	550.	700.	1300.	4500.	15000.
1884	400.	425.	450.	475.	500.	525.	550.	800.	1700.	4500.
1884-CC	400.	600.	1200.	1700.	2500.	4000.	6500.	13000.	—	—
1884-S	400.	425.	450.	475.	500.	525.	550.	600.	1500.	5500.
1885	400.	425.	450.	475.	500.	525.	550.	575.	700.	4500.
1885-S	400.	425.	450.	475.	500.	525.	550.	600.	1200.	5000.
1886	400.	425.	450.	475.	500.	525.	550.	575.	800.	4500.
1886-S	400.	425.	450.	475.	500.	525.	550.	575.	650.	1700.
1887	400.	425.	450.	475.	500.	525.	550.	800.	3000.	5000.
1887-S	400.	425.	450.	475.	500.	525.	550.	575.	800.	3500.
1888	400.	425.	450.	475.	500.	525.	650.	1000.	3500.	5500.
1888-O	400.	425.	450.	475.	500.	525.	550.	650.	1850.	6000.
1888-S	400.	425.	450.	475.	500.	525.	550.	575.	1100.	3000.
1889	400.	425.	450.	580.	900.	1750.	2100.	3000.	4000.	7500.
1889-S	400.	425.	450.	475.	500.	525.	550.	575.	700.	1800.
1890	400.	425.	450.	475.	500.	525.	600.	1000.	2000.	6000.
1890-CC	400.	500.	550.	650.	800.	1000.	1300.	2500.	7000.	15000.
1891	400.	425.	450.	475.	500.	525.	550.	575.	700.	4500.
1891-CC	400.	500.	650.	700.	800.	850.	900.	1000.	2000.	6000.
1892	400.	425.	450.	475.	500.	525.	550.	575.	650.	1600.
1892-CC	400.	500.	650.	700.	800.	1200.	2000.	4000.	6500.	10000.
1892-O	400.	425.	450.	475.	500.	525.	550.	575.	2500.	5500.
1892-S	400.	425.	450.	475.	500.	525.	550.	575.	1100.	4200.
1893	400.	425.	450.	475.	500.	525.	550.	575.	650.	1500.
1893-CC	400.	500.	800.	1100.	1600.	2800.	4000.	8000.	15000.	—
1893-O	400.	425.	450.	475.	500.	525.	550.	800.	2200.	5500.
1893-S	400.	425.	450.	475.	500.	525.	550.	650.	1400.	5000.
1894	400.	425.	450.	475.	500.	525.	550.	575.	650.	1500.
1894-O	400.	425.	450.	475.	500.	550.	700.	1000.	1800.	5200.
1894-S	400.	425.	450.	500.	875.	1200.	1500.	4000.	7000.	11000.
1895	400.	425.	450.	475.	500.	525.	550.	575.	650.	1500.
1895-O	400.	425.	450.	475.	500.	525.	550.	650.	1300.	4700.
1895-S	400.	425.	450.	500.	775.	1250.	1500.	2500.	4000.	10000.
1896	400.	425.	450.	475.	500.	525.	550.	575.	650.	2200.
1896-S	400.	425.	450.	475.	500.	600.	1000.	2750.	4500.	12000.
1897	400.	425.	450.	475.	500.	525.	550.	575.	650.	1500.
1897-O	400.	425.	450.	475.	500.	525.	550.	800.	1300.	4800.
1897-S	400.	425.	450.	475.	500.	525.	550.	850.	1800.	5000.
1898	400.	425.	450.	475.	500.	525.	550.	575.	650.	1500.
1898-S	400.	425.	450.	475.	500.	525.	550.	575.	650.	4500.

—— = Insufficient pricing data

	F-12	VF-20	EF-40	EF-45	AU-50	AU-55	AU-58	MS-60	MS-62	MS-63
1899	400.	425.	450.	475.	500.	525.	550.	575.	650.	1500.
1899-O	400.	425.	450.	475.	500.	525.	550.	650.	1600.	5000.
1899-S	400.	425.	450.	475.	500.	525.	550.	575.	650.	3500.
1900	400.	425.	450.	475.	500.	525.	550.	575.	650.	1500.
1900-S	400.	425.	450.	475.	500.	525.	550.	900.	1500.	5500.
1901	400.	425.	450.	475.	500.	525.	550.	575.	650.	1500.
1901-O	400.	425.	450.	475.	500.	525.	550.	575.	1000.	3500.
1901-S	400.	425.	450.	475.	500.	525.	550.	575.	650.	1500.
1902	400.	425.	450.	475.	500.	525.	550.	575.	650.	2500.
1902-S	400.	425.	450.	475.	500.	525.	550.	575.	650.	1500.
1903	400.	425.	450.	475.	500.	525.	550.	575.	650.	2500.
1903-O	400.	425.	450.	475.	500.	525.	550.	575.	700.	3200.
1903-S	400.	425.	450.	475.	500.	525.	550.	575.	650.	1500.
1904	400.	425.	450.	475.	500.	525.	550.	575.	650.	2200.
1904-O	400.	425.	450.	475.	500.	525.	550.	575.	1000.	3500.
1905	400.	425.	450.	475.	500.	525.	550.	575.	650.	1500.
1905-S	400.	425.	450.	475.	500.	525.	550.	1200.	2400.	4800.
1906	400.	425.	450.	475.	500.	525.	550.	575.	650.	2500.
1906-D	400.	425.	450.	475.	500.	525.	550.	575.	650.	1500.
1906-O	400.	425.	450.	475.	500.	525.	550.	575.	1000.	3500.
1906-S	400.	425.	450.	475.	500.	525.	550.	600.	1100.	4500.
1907	400.	425.	450.	475.	500.	525.	550.	575.	650.	1500.
1907-D	400.	425.	450.	475.	500.	525.	550.	575.	650.	2000.
1907-S	400.	425.	450.	475.	500.	525.	550.	650.	1200.	4800.

—— = Insufficient pricing data

Indian Head $10 eagle

Date of authorization: Jan. 18, 1837
Dates of issue: 1907-1933
Designer: Augustus Saint-Gaudens
Engraver: Charles Barber
Diameter: 27.00 mm/1.07 inches
Weight: 16.72 grams/0.54 ounce
Metallic Content: 90% gold, 10% copper
Weight of pure gold: 15.05 grams/0.48 ounce
Edge: Starred
Mint mark: Reverse left of TEN DOLLARS

	EF-40	AU-50	AU-55	MS-60	MS-62	MS-63	MS-64	MS-65
NO MOTTO ON REVERSE								
1907 Wire Rim, Periods	13000.	15000.	17000.	20000.	25000.	35000.	45000.	65000.
1907 Rolled Rim, Periods	40000.	45000.	50000.	65000.	75000.	90000.	135000.	110000.
1907 No Periods	600.	650.	675.	725.	1200.	2700.	4000.	10000.
1908	600.	650.	675.	1000.	2000.	4500.	7000.	15000.
1908-D	600.	650.	675.	850.	2500.	7000.	23000.	45000.
MOTTO ON REVERSE								
1908	600.	650.	675.	725.	1200.	2500.	3500.	8500.
1908-D	600.	650.	675.	850.	2000.	8000.	16000.	35000.
1908-S	600.	650.	1000.	3000.	4500.	10000.	14000.	27000.
1909	600.	650.	675.	725.	1200.	2500.	3800.	10000.
1909-D	600.	650.	675.	725.	1600.	4500.	14000.	45000.
1909-S	600.	650.	675.	750.	2000.	4500.	8500.	15000.
1910	600.	650.	675.	725.	1200.	2500.	3500.	8500.
1910-D	600.	650.	675.	725.	1200.	2500.	3500.	8500.
1910-S	600.	650.	675.	725.	2000.	7500.	17000.	65000.
1911	600.	650.	675.	725.	1200.	2500.	3500.	8500.
1911-D	850.	1000.	1500.	4000.	9000.	25000.	65000.	135000.
1911-S	600.	750.	900.	1200.	2700.	8500.	11000.	14000.
1912	600.	650.	675.	725.	1200.	2500.	3500.	9000.
1912-S	600.	650.	675.	900.	1800.	6000.	10000.	50000.
1913	600.	650.	675.	725.	1200.	2500.	3500.	8500.
1913-S	750.	1000.	1800.	4000.	10000.	30000.	60000.	110000.
1914	600.	650.	675.	725.	1200.	2500.	3500.	9000.
1914-D	600.	650.	675.	725.	1200.	2500.	4500.	15000.
1914-S	600.	650.	675.	800.	2500.	7500.	14000.	40000.

——— = Insufficient pricing data

	EF-40	AU-50	AU-55	MS-60	MS-62	MS-63	MS-64	MS-65
1915	600.	650.	675.	725.	1200.	2500.	3500.	8500.
1915-S	850.	1000.	1500.	3500.	6000.	14000.	40000.	70000.
1916-S	600.	650.	675.	900.	1700.	5000.	11000.	25000.
1920-S	8500.	10000.	12000.	25000.	55000.	70000.	85000.	135000.
1926	600.	650.	675.	725.	1200.	2500.	3500.	8500.
1930-S	7000.	9000.	10000.	12000.	16000.	30000.	50000.	65000.
1932	600.	650.	675.	725.	1200.	2500.	3500.	8500.
1933	—	—	—	175000.	200000.	225000.	325000.	600000.

Coronet $20 double eagle

Date of authorization:	March 3, 1849
Dates of issue:	1850-1907
Designer/Engraver:	James B. Longacre
Diameter:	34.29 mm/1.35 inches
Weight:	33.44 grams/1.07 ounce
Metallic Content:	(1850-1873): 90% gold, 10% copper and silver
	(1873-1907): 90% gold, 10% copper
Weight of pure gold:	30.09 grams/0.97 ounce
Edge:	Reeded
Mint mark:	Reverse below eagle

	VF-20	EF-40	EF-45	AU-50	AU-55	AU-58	MS-60	MS-62	MS-63
NO MOTTO ON REVERSE									
1849 One Specimen, Smithsonian collection									
1850	800.	1200.	1700.	2700.	4000.	7000.	10000.	25000.	50000.
1850-O	1000.	2500.	3000.	9000.	18000.	25000.	45000.	—	—
1851	800.	825.	850.	1000.	1500.	2300.	4000.	10000.	20000.
1851-O	1000.	1200.	2000.	3000.	10000.	17000.	25000.	40000.	60000.
1852	800.	825.	850.	1000.	1500.	2500.	4000.	10000.	15000.
1852-O	1000.	1300.	1800.	4000.	7500.	12000.	23000.	35000.	50000.
1853	800.	825.	900.	1000.	1500.	2500.	5000.	15000.	28000.

—— = Insufficient pricing data

CORONET $20 DOUBLE EAGLE (CONTINUED)

	VF-20	EF-40	EF-45	AU-50	AU-55	AU-58	MS-60	MS-62	MS-63
1853/2	1000.	1500.	2400.	4000.	6000.	18000.	35000.	—	—
1853-O	1000.	2000.	2500.	4500.	10000.	20000.	35000.	—	—
1854	800.	825.	850.	1000.	1500.	2500.	6000.	15000.	28000.
1854-O	90000.	150000.	185000.	250000.	350000.	—	—	—	—
1854-S	800.	900.	1200.	1800.	3500.	4000.	6000.	9000.	15000.
1855	800.	825.	1000.	1500.	2500.	4000.	10000.	20000.	45000.
1855-O	3500.	10000.	15000.	25000.	35000.	60000.	90000.	—	—
1855-S	800.	900.	1200.	1500.	2500.	4000.	7000.	10000.	20000.
1856	800.	900.	1100.	1500.	3000.	5000.	10000.	15000.	32000.
1856-O	100000.	140000.	200000.	300000.	350000.	400000.	—	—	—
1856-S	800.	825.	1100.	1400.	2600.	3500.	5500.	8500.	13000.
1857	800.	825.	900.	1100.	1600.	2500.	4000.	12000.	30000.
1857-O	1200.	2500.	4000.	5500.	12000.	22000.	35000.	—	—
1857-S	800.	825.	950.	1200.	2000.	2500.	4500.	6000.	8000.
1858	800.	1000.	1200.	1500.	3000.	4000.	6000.	20000.	40000.
1858-O	1800.	2500.	4500.	8000.	17000.	27000.	—	—	—
1858-S	800.	1100.	1400.	1800.	3000.	5500.	10000.	16000.	—
1859	1000.	2500.	3500.	4500.	8000.	14000.	—	—	—
1859-O	5000.	10000.	18000.	30000.	45000.	70000.	100000.	—	—
1859-S	800.	825.	1200.	1700.	3000.	4500.	6000.	15000.	—
1860	800.	825.	900.	1000.	1500.	2500.	4000.	12000.	20000.
1860-O	5000.	10000.	18000.	30000.	45000.	70000.	110000.	—	—
1860-S	1000.	1600.	1800.	2000.	4000.	7500.	9000.	14000.	—
1861	800.	825.	850.	1000.	1500.	2500.	3000.	7500.	12000.
1861-O	3500.	7000.	14000.	25000.	35000.	50000.	90000.	—	—
1861-S	800.	1000.	1600.	2500.	4000.	6000.	11000.	20000.	35000.
1861-S Paquet Reverse	17000.	35000.	45000.	70000.	100000.	140000.	—	—	—
1861 Paquet Reverse MS-67 (NGC - Norweb specimen) sold for $660,000									
1862	1000.	1500.	3000.	5000.	7500.	12000.	17000.	25000.	40000.
1862-S	800.	1400.	1800.	2200.	4000.	7500.	13000.	25000.	—
1863	800.	1200.	1800.	2800.	7000.	15000.	22000.	32000.	45000.
1863-S	800.	1200.	1500.	2000.	3000.	5000.	9000.	20000.	35000.
1864	800.	1200.	1700.	2500.	5000.	7000.	15000.	25000.	—
1864-S	800.	1000.	1500.	2000.	3500.	5000.	9000.	18000.	35000.
1865	800.	825.	850.	1200.	2000.	3000.	7000.	18000.	30000.
1865-S	800.	825.	850.	1200.	2000.	3000.	4000.	6500.	9000.
1866-S	5000.	12000.	16000.	40000.	80000.	—	—	—	—

MOTTO ON REVERSE

	VF-20	EF-40	EF-45	AU-50	AU-55	AU-58	MS-60	MS-62	MS-63
1866	800.	1200.	1500.	2000.	3500.	5000.	11000.	22000.	35000.
1866-S	800.	1000.	1400.	2500.	12000.	15000.	25000.	45000.	—
1867	800.	825.	900.	1200.	2000.	3500.	4000.	11000.	25000.
1867-S	800.	825.	1000.	2000.	4500.	9000.	20000.	35000.	—
1868	1200.	1500.	2000.	2500.	6000.	9000.	18000.	35000.	50000.
1868-S	800.	825.	900.	1800.	4000.	6000.	15000.	30000.	—
1869	800.	1200.	1500.	2000.	3000.	5000.	7500.	20000.	35000.
1869-S	800.	825.	900.	1500.	2500.	4000.	12000.	25000.	45000.
1870	1000.	1500.	2000.	3000.	4000.	7000.	15000.	—	—
1870-CC	200000.	225000.	275000.	325000.	—	—	—	—	—
1870-S	800.	850.	1200.	1500.	2500.	4000.	6500.	30000.	45000.
1871	900.	1200.	2000.	2500.	3500.	4500.	9000.	18000.	35000.
1871-CC	10000.	20000.	30000.	40000.	60000.	35000.	50000.	—	275000.
1871-S	800.	825.	850.	1000.	1500.	2500.	6000.	15000.	25000.
1872	800.	825.	850.	1200.	2000.	3000.	6000.	20000.	35000.

———— = Insufficient pricing data

	VF-20	EF-40	EF-45	AU-50	AU-55	AU-58	MS-60	MS-62	MS-63
1872-CC	2500.	5000.	5500.	7500.	15000.	25000.	40000.	—	—
1872-S	800.	825.	850.	1000.	2000.	2500.	4500.	13000.	25000.
1873 Closed 3	800.	825.	1000.	1200.	2000.	2500.	3500.	12000.	
1873 Open 3	800.	825.	850.	875.	900.	925.	2000.	5000.	15000.
1873-CC	3000.	4500.	6000.	12000.	15000.	30000.	50000.	110000.	135000.
1873-S Closed 3	800.	825.	850.	875.	900.	1500.	2500.	7000.	30000.
1873-S Open 3	800.	825.	850.	1500.	2500.	4500.	10000.	—	—
1874	800.	825.	850.	875.	900.	1200.	3500.	14000.	25000.
1874-CC	1200.	1700.	2000.	3000.	5000.	7000.	15000.	—	—
1874-S	800.	825.	850.	875.	900.	925.	2500.	12000.	35000.
1875	800.	825.	850.	875.	900.	925.	1500.	5000.	17000.
1875-CC	1200.	1500.	1800.	2000.	2200.	2500.	4000.	10000.	25000.
1875-S	800.	825.	850.	875.	900.	925.	1500.	6000.	25000.
1876	800.	825.	850.	875.	900.	925.	2000.	5000.	15000.
1876-CC	1400.	1600.	1800.	2000.	2500.	4000.	6500.	15000.	40000.
1876-S	800.	825.	850.	875.	900.	925.	1800.	5000.	15000.

TWENTY DOLLARS REVERSE

	VF-20	EF-40	EF-45	AU-50	AU-55	AU-58	MS-60	MS-62	MS-63
1877	800.	825.	850.	875.	900.	925.	1200.	3500.	12000.
1877-CC	1500.	2000.	3000.	4000.	6500.	12000.	20000.	35000.	50000.
1877-S	800.	825.	850.	875.	900.	925.	1500.	3500.	16000.
1878	800.	825.	850.	875.	900.	925.	1100.	2500.	12000.
1878-CC	2500.	3500.	5500.	6500.	13000.	20000.	35000.	50000.	—
1878-S	800.	825.	850.	875.	900.	925.	1500.	5500.	25000.
1879	800.	825.	850.	875.	900.	925.	1500.	5000.	20000.
1879-CC	3000.	5000.	7000.	10000.	18000.	25000.	40000.	75000.	—
1879-O	15000.	25000.	30000.	45000.	50000.	65000.	90000.	110000.	150000.
1879-S	800.	825.	850.	875.	900.	925.	3000.	15000.	50000.
1880	800.	825.	850.	875.	1500.	2000.	3500.	15000.	35000.
1880-S	800.	825.	850.	875.	900.	925.	2000.	8000.	20000.
1881	7500.	12000.	18000.	25000.	30000.	40000.	65000.	—	—
1881-S	800.	825.	850.	875.	900.	925.	1500.	5000.	22000.
1882	15000.	35000.	45000.	55000.	65000.	75000.	125000.	—	—
1882-CC	1400.	1700.	2000.	2500.	3500.	5000.	9000.	18000.	75000.
1882-S	800.	825.	850.	875.	900.	925.	950.	4000.	20000.
1883-CC	1200.	1500.	1800.	2500.	3000.	3500.	6000.	13000.	30000.
1883-S	800.	825.	850.	875.	900.	925.	950.	2500.	15000.
1883 Proofs Only - Prf 60 $40000 Prf 63 $85000 Prf 64 $150000 Prf 65 $275000.									
1884-CC	1200.	1500.	1800.	2000.	2500.	3500.	4000.	13000.	25000.
1884-S	800.	825.	850.	875.	900.	925.	950.	1500.	7500.
1884 Proofs Only - Prf 60 $40000 Prf 63 $85000 Prf 64 $150000 Prf 65 $275,000.									
1885	9000.	12000.	15000.	20000.	30000.	45000.	60000.	75000.	—
1885-CC	2500.	4000.	5000.	7000.	8500.	13000.	20000.	30000.	50000.
1885-S	800.	825.	850.	875.	900.	925.	950.	1255.	7000.
1886	18000.	25000.	30000.	35000.	40000.	50000.	60000.	75000.	100000.
1887-S	800.	825.	850.	875.	900.	925.	1500.	3500.	20000.
1887 Proofs Only - Prf 60 $40000 Prf 63 $75000 Prf 64 $125000 Prf 65 $200000.									
1888	800.	825.	850.	875.	900.	925.	950.	3000.	10000.
1888-S	800.	825.	850.	875.	900.	925.	950.	1800.	6000.
1889	800.	825.	850.	875.	900.	925.	1800.	2500.	15000.
1889-CC	1300.	1500.	1800.	2500.	3000.	3500.	7000.	14000.	25000.
1889-S	800.	825.	850.	875.	900.	925.	950.	2500.	7500.

—— = Insufficient pricing data

CORONET $20 DOUBLE EAGLE (CONTINUED)

	VF-20	EF-40	EF-45	AU-50	AU-55	AU-58	MS-60	MS-62	MS-63
1890	800.	825.	850.	875.	900.	925.	950.	2500.	12000.
1890-CC	1100.	1200.	1500.	2000.	2500.	3000.	4000.	12000.	40000.
1890-S	800.	825.	850.	875.	900.	925.	950.	1800.	11000.
1891	5000.	10000.	15000.	20000.	30000.	50000.	—	—	—
1891-CC	5000.	8000.	10000.	12000.	15000.	18000.	25000.	40000.	—
1891-S	800.	825.	850.	875.	900.	925.	950.	2000.	4500.
1892	1500.	2400.	2700.	3000.	3500.	5500.	7500.	18000.	25000.
1892-CC	1200.	1500.	1800.	2500.	3500.	4000.	6000.	18000.	30000.
1892-S	800.	825.	850.	875.	900.	925.	950.	1000.	4500.
1893	800.	825.	850.	875.	900.	925.	950.	2000.	3000.
1893-CC	1500.	2000.	2500.	3000.	3500.	5000.	7000.	15000.	30000.
1893-S	800.	825.	850.	875.	900.	925.	950.	1000.	4000.
1894	800.	825.	850.	875.	900.	925.	950.	1000.	2000.
1894-S	800.	825.	850.	875.	900.	925.	950.	1000.	3500.
1895	800.	825.	850.	875.	900.	925.	950.	1000.	1500.
1895-S	800.	825.	850.	875.	900.	925.	950.	1000.	3500.
1896	800.	825.	850.	875.	900.	925.	950.	1000.	2000.
1896-S	800.	825.	850.	875.	900.	925.	950.	1000.	3500.
1897	800.	825.	850.	875.	900.	925.	950.	1000.	1500.
1897-S	800.	825.	850.	875.	900.	925.	950.	1000.	1500.
1898	800.	825.	850.	875.	900.	925.	950.	1600.	6000.
1898-S	800.	825.	850.	875.	900.	925.	950.	1000.	1500.
1899	800.	825.	850.	875.	900.	925.	950.	1000.	1500.
1899-S	800.	825.	850.	875.	900.	925.	950.	1000.	2100.
1900	800.	825.	850.	875.	900.	925.	950.	1000.	1500.
1900-S	800.	825.	850.	875.	900.	925.	950.	1000.	2500.
1901	800.	825.	850.	875.	900.	925.	950.	1000.	1500.
1901-S	800.	825.	850.	875.	900.	925.	950.	1000.	5000.
1902	800.	825.	850.	875.	900.	925.	1500.	2500.	12000.
1902-S	800.	825.	850.	875.	900.	925.	950.	1000.	4500.
1903	800.	825.	850.	875.	900.	925.	950.	1000.	1500.
1903-S	800.	825.	850.	875.	900.	925.	950.	1000.	2000.
1904	800.	825.	850.	875.	900.	925.	950.	1000.	1500.
1904-S	800.	825.	850.	875.	900.	925.	950.	1000.	1500.
1905	800.	825.	850.	875.	900.	1200.	1500.	5000.	18000.
1905-S	800.	825.	850.	875.	900.	925.	950.	1000.	4000.
1906	800.	825.	850.	875.	900.	925.	950.	2500.	8000.
1906-D	800.	825.	850.	875.	900.	925.	950.	1000.	3500.
1906-S	800.	825.	850.	875.	900.	925.	950.	1000.	2700.
1907	800.	825.	850.	875.	900.	925.	950.	1000.	1500.
1907-D	800.	825.	850.	875.	900.	925.	950.	1000.	2500.
1907-S	800.	825.	850.	875.	900.	925.	950.	1000.	3000.

—— = Insufficient pricing data

Saint-Gaudens $20 double eagle

Date of authorization: March 3, 1849
Dates of issue: 1907-1933
Designer: Augustus Saint-Gaudens
Engraver: Charles Barber
Diameter: 34.29 mm/1.35 inches
Weight: 33.47 grams/1.07 ounce
Metallic Content: 90% gold, 10% copper
Weight of pure gold: 30.09 grams/0.97 ounce
Edge: Lettered (E PLURIBUS UNUM, with stars dividing words)
Mint mark: Obverse above date

	EF-40	AU-50	AU-55	AU-58	MS-60	MS-61	MS-62	MS-63	MS-64	MS-65	MS-66
NO MOTTO ON REVERSE											
1907 High Relief, Roman Numerals, Wire Rim											
		11000.	12000.	13000.	15000.	17000.	18000.	20000.	30000.	40000.	60000.	75000.
1907 High Relief, Roman Numerals, Flat Rim											
		12000.	13000.	14000.	17000.	20000.	22000.	25000.	35000.	45000.	65000.	80000.
1907	850.	875.	900.	925.	950.	975.	1200.	1400.	2000.	4000.	8000.
1907 Extremely High Relief, Proofs Only, Norweb Specimen sold for $1.21 million											
1908	850.	875.	900.	925.	950.	975.	1000.	1100.	1250.	2000.	3500.
1908-D	850.	875.	900.	925.	950.	975.	1000.	1200.	2800.	12000.	35000.
MOTTO ON REVERSE											
1908	850.	875.	900.	925.	950.	975.	1200.	2000.	6000.	27000.	35000.
1908-D	850.	875.	900.	925.	950.	975.	1000.	1500.	2500.	7000.	15000.
1908-S	2000.	3000.	4000.	6000.	7500.	9000.	12000.	20000.	30000.	50000.	75000.
1909/8	900.	1000.	1050.	1200.	1500.	2500.	4500.	8000.	18000.	50000.	100000.
1909	850.	875.	900.	925.	950.	975.	1800.	4000.	12000.	45000.	130000.
1909-D	900.	1000.	1100.	1400.	2000.	2500.	5000.	9000.	18000.	50000.	100000.
1909-S	850.	875.	900.	925.	950.	975.	1000.	1100.	2000.	7500.	20000.
1910	850.	875.	900.	925.	950.	975.	1000.	1100.	2000.	10000.	32000.
1910-D	850.	875.	900.	925.	950.	975.	1000.	1100.	1250.	4000.	9000.
1910-S	850.	875.	900.	925.	950.	975.	1000.	1200.	2700.	11000.	30000.
1911	850.	875.	900.	925.	950.	975.	1200.	2500.	5000.	18000.	35000.
1911-D	850.	875.	900.	925.	950.	975.	1000.	1100.	1250.	2200.	3500.
1911-S	850.	875.	900.	925.	950.	975.	1000.	1100.	1800.	6500.	18000.

——— = Insufficient pricing data   * = None issued

	EF-40	AU-50	AU-55	AU-58	MS-60	MS-61	MS-62	MS-63	MS-64	MS-65	MS-66
1912	850.	875.	900.	925.	950.	975.	1000.	2000.	5000.	25000.	65000.
1913	850.	875.	900.	925.	950.	975.	1500.	3500.	10000.	55000.	—
1913-D	850.	875.	900.	925.	950.	975.	1000.	1200.	2200.	7500.	40000.
1913-S	950.	1000.	1100.	1200.	1700.	2200.	3000.	5000.	8500.	45000.	150000.
1914	850.	950.	1000.	1100.	1300.	1400.	1600.	3500.	8000.	25000.	50000.
1914-D	850.	875.	900.	925.	950.	975.	1000.	1100.	1500.	3500.	7500.
1914-S	850.	875.	900.	925.	950.	975.	1000.	1100.	1250.	2700.	7500.
1915	850.	875.	900.	925.	950.	975.	1200.	2500.	6500.	30000.	—
1915-S	850.	875.	900.	925.	950.	975.	1000.	1100.	1250.	2500.	6500.
1916-S	850.	875.	900.	925.	950.	975.	1000.	1200.	1800.	3500.	5500.
1920	850.	875.	900.	925.	950.	975.	1000.	1200.	5000.	65000.	—
1920-S	16000.	25000.	30000.	35000.	40000.	45000.	60000.	100000.	200000.	350000.	525000.
1921	27000.	35000.	45000.	65000.	90000.	110000.	140000.	225000.	400000.	850000.	1100000.
1922	850.	875.	900.	925.	950.	975.	1000.	1100.	1250.	5000.	20000.
1922-S	1000.	1300.	1500.	1800.	2500.	3000.	3500.	5000.	9000.	45000.	—
1923	850.	875.	900.	925.	950.	975.	1000.	1100.	1250.	7500.	50000.
1923-D	850.	875.	900.	925.	950.	975.	1000.	1100.	1250.	2000.	3500.
1924	850.	875.	900.	925.	950.	975.	1000.	1100.	1250.	2000.	3500.
1924-D	1700.	2000.	2200.	2500.	3200.	4000.	5000.	9500.	16000.	75000.	185000.
1924-S	1700.	2000.	2300.	2800.	3500.	4000.	5000.	9500.	18000.	100000.	—
1925	850.	875.	900.	925.	950.	975.	1000.	1100.	1250.	2000.	3500.
1925-D	2500.	2700.	3000.	3500.	4000.	4500.	6500.	12000.	30000.	100000.	200000.
1925-S	2500.	3000.	4000.	6000.	9500.	12000.	16000.	30000.	60000.	100000.	200000.
1926	850.	875.	900.	925.	950.	975.	1000.	1100.	1250.	2000.	3500.
1926-D	6500.	7500.	9500.	12000.	17000.	20000.	25000.	40000.	85000.	150000.	350000.
1926-S	1700.	2000.	2100.	2300.	2500.	3000.	3700.	5500.	8500.	40000.	90000.
1927	850.	875.	900.	925.	950.	975.	1000.	1100.	1250.	2000.	3500.
1927-D	—	—	—	—	—	—	—	1100000.	1250000.	1500000.	2000000.
1927-S	7500.	8500.	9500.	11000.	16000.	25000.	40000.	55000.	80000.	125000.	135000.
1928	850.	875.	900.	925.	950.	975.	1000.	1100.	1250.	2000.	3500.
1929	9500.	11000.	12000.	13000.	15000.	17000.	20000.	30000.	45000.	100000.	—
1930-S	22000.	25000.	27000.	30000.	35000.	37000.	45000.	125000.	140000.	160000.	210000.
1931	13000.	16000.	20000.	25000.	30000.	35000.	50000.	60000.	75000.	90000.	125000.
1931-D	13000.	22000.	24000.	28000.	35000.	37000.	40000.	50000.	65000.	90000.	185000.
1932	16000.	18000.	20000.	22000.	25000.	27000.	32000.	40000.	60000.	80000.	140000.

1933 Only legal example sold for $7.59 million on July 30, 2002.

—— = Insufficient pricing data

Commemorative coins 1892-1954

	EF-40	AU-50	MS-60	MS-63	MS-64	MS-65	MS-66
WORLD'S COLUMBIAN EXPOSITION							
1893 Isabella quarter dollar	600.	750.	900.	1100.	1500.	3200.	5000.
1892 silver half dollar	18.	20.	30.	85.	225.	900.	2100.
1893 silver half dollar	18.	20.	30.	85.	250.	1000.	2300.
LAFAYETTE MONUMENT							
1900 silver dollar	550.	750.	1200.	2500.	5000.	12000.	20000.
LOUISIANA PURCHASE							
1903 Jefferson gold dollar	800.	850.	900.	1200.	2800.	4000.	5500.
1903 McKinley gold dollar	800.	850.	900.	1200.	2800.	4000.	5500.
LEWIS & CLARK EXPEDITION							
1904 gold dollar	1100.	1200.	1500.	3000.	6500.	13000.	20000.
1905 gold dollar	1300.	1500.	1700.	3500.	9000.	20000.	40000.
PANAMA-PACIFIC INTERNATIONAL EXPOSITION							
1915-S silver half dollar	250.	500.	600.	900.	1700.	3000.	4500.
1915-S gold dollar	700.	800.	900.	1100.	1700.	3200.	5500.
1915-S gold $2.50	1700.	1900.	2200.	4300.	7000.	9000.	11000.
1915-S gold $50 Round	35000.	40000.	50000.	80000.	90000.	140000.	200000.
1915-S gold $50 Octagonal	32000.	37000.	48000.	70000.	85000.	130000.	250000.
MCKINLEY MEMORIAL							
1916 gold dollar	700.	750.	850.	1000.	1600.	3200.	5500.
1917 gold dollar	850.	950.	1100.	1500.	3000.	4500.	6500.
ILLINOIS CENTENNIAL							
1918 silver half dollar	135.	150.	175.	200.	275.	500.	1000.
MAINE CENTENNIAL							
1920 silver half dollar	125.	135.	175.	250.	350.	700.	1200.
PILGRIM TERCENTENARY							
1920 silver half dollar	80.	100.	110.	125.	200.	600.	1600.
1921 silver half dollar	140.	200.	250.	275.	325.	700.	2000.
MISSOURI CENTENNIAL							
1921 silver half dollar, No 2*4	350.	450.	800.	1100.	1800.	6500.	11000.
1921 silver half dollar, 2*4	450.	750.	850.	1200.	2100.	6500.	15000.
ALABAMA CENTENNIAL							
1921 silver half dollar, 2x2	200.	325.	400.	650.	1200.	2800.	6000.
1921 silver half dollar, No 2x2	150.	225.	275.	550.	900.	2500.	7500.
GRANT MEMORIAL							
1922 silver half dollar, No Star	100.	125.	150.	200.	350.	1000.	2000.
1922 silver half dollar, Star	750.	1100.	1500.	2000.	3000.	8500.	20000.
1922 gold dollar, Star	1800.	2000.	2200.	2500.	4000.	5000.	6000.
1922 gold dollar, No Star	1800.	2000.	2200.	2500.	4000.	5000.	6000.
MONROE DOCTRINE CENTENNIAL							
1923-S silver half dollar	50.	60.	80.	200.	600.	4000.	8000.
HUGUENOT-WALLOON TERCENTENARY							
1924 silver half dollar	125.	140.	175.	200.	275.	600.	1500.
LEXINGTON-CONCORD SESQUICENTENNIAL							
1925 silver half dollar	80.	100.	125.	150.	225.	700.	2000.
STONE MOUNTAIN MEMORIAL							
1925 silver half dollar	60.	75.	85.	100.	125.	300.	700.
CALIFORNIA DIAMOND JUBILEE							
1925-S silver half dollar	175.	200.	250.	300.	500.	1400.	2000.

	EF-40	AU-50	MS-60	MS-63	MS-64	MS-65	MS-66
FORT VANCOUVER CENTENNIAL							
1925 silver half dollar	325.	350.	450.	550.	650.	1700.	2500.
AMERICAN INDEPENDENCE SESQUICENTENNIAL							
1926 silver half dollar	65.	100.	125.	200.	700.	6000.	23000.
1926 gold $2.50	550.	600.	650.	1000.	2000.	6000.	22000.
OREGON TRAIL MEMORIAL							
1926 silver half dollar	125.	140.	185.	210.	225.	350.	600.
1926-S silver half dollar	125.	140.	185.	210.	225.	350.	600.
1928 silver half dollar	200.	215.	235.	275.	300.	400.	600.
1933-D silver half dollar	350.	375.	400.	425.	450.	600.	1000.
1934-D silver half dollar	175.	200.	225.	250.	275.	350.	900.
1936 silver half dollar	150.	175.	200.	225.	250.	325.	400.
1936-S silver half dollar	175.	200.	225.	250.	275.	375.	550.
1937-D silver half dollar	175.	210.	235.	250.	275.	325.	400.
1938 silver half dollar PDS set	500.	550.	600.	700.	750.	1000.	1400.
1939 silver half dollar PDS set	1300.	1600.	1800.	2000.	2200.	2500.	3500.
VERMONT-BENNINGTON SESQUICENTENNIAL							
1927 silver half dollar	250.	275.	300.	325.	400.	1100.	2300.
HAWAII DISCOVERY SESQUICENTENNIAL							
1928 silver half dollar	1600.	1800.	2700.	3000.	4000.	7000.	12000.
MARYLAND TERCENTENARY							
1934 silver half dollar	140.	175.	200.	225.	250.	400.	1000.
TEXAS INDEPENDENCE CENTENNIAL							
1934 silver half dollar	125.	140.	160.	175.	200.	250.	350.
1935 silver half dollar PDS set	400.	425.	450.	475.	550.	800.	1200.
1936 silver half dollar PDS set	400.	425.	450.	475.	550.	800.	1200.
1937 silver half dollar PDS set	400.	425.	450.	475.	550.	800.	1200.
1938 silver half dollar PDS set	500.	800.	900.	1000.	1200.	1800.	2200.
DANIEL BOONE BICENTENNIAL							
1934 silver half dollar	125.	135.	145.	155.	165.	250.	500.
1935 silver half dollar PDS set, Small 1934	800.	1000.	1100.	1200.	1300.	2200.	4000.
1935 silver half dollar PDS set	375.	400.	425.	450.	500.	750.	1600.
1936 silver half dollar PDS set	375.	400.	425.	450.	500.	750.	1400.
1937 silver half dollar PDS set	500.	900.	1000.	1100.	1200.	1400.	2200.
1938 silver half dollar PDS set	1000.	1200.	1300.	1400.	1500.	2000.	3500.
CONNECTICUT TERCENTENARY							
1935 silver half dollar	250.	275.	300.	325.	400.	650.	1400.
ARKANSAS CENTENNIAL							
1935 silver half dollar PDS set	250.	325.	350.	400.	450.	850.	4000.
1936 silver half dollar PDS set	250.	325.	350.	400.	450.	1000.	4000.
1936 silver half dollar single	90.	110.	120.	130.	150.	300.	1000.
1937 silver half dollar PDS set	250.	325.	350.	400.	450.	1200.	7000.
1938 silver half dollar PDS set	350.	550.	600.	650.	700.	2000.	8500.
1939 silver half dollar PDS set	650.	1000.	1200.	1300.	1400.	3700.	11000.
ARKANSAS-ROBINSON							
1936 silver half dollar	150.	160.	175.	200.	225.	450.	1200.
HUDSON, NY, SESQUICENTENNIAL							
1935 silver half dollar	750.	800.	1000.	1200.	1400.	2200.	4000.
CALIFORNIA-PACIFIC EXPOSITION (SAN DIEGO)							
1935-S silver half dollar	100.	110.	135.	145.	160.	200.	300.
1936-D silver half dollar	100.	110.	150.	175.	190.	225.	350.
OLD SPANISH TRAIL							
1935 silver half dollar	1300.	1400.	1500.	1600.	1700.	1800.	2200.

	EF-40	AU-50	MS-60	MS-63	MS-64	MS-65	MS-66
PROVIDENCE, RI, TERCENTENARY							
1936 silver half dollar single	100.	110.	120.	130.	150.	275.	700.
1936 silver half dollar PDS set	275.	300.	325.	350.	400.	1000.	3000.
CLEVELAND CENTENNIAL AND GREAT LAKES EXPOSITION							
1936 silver half dollar	135.	145.	160.	175.	200.	250.	750.
WISCONSIN TERRITORIAL CENTENNIAL							
1936 silver half dollar	225.	250.	260.	275.	325.	400.	500.
CINCINNATI MUSIC CENTER							
1936 silver half dollar PDS set	1000.	1100.	1200.	1300.	1500.	3000.	7500.
1936 silver half dollar single	300.	325.	350.	400.	500.	750.	2000.
LONG ISLAND TERCENTENARY							
1936 silver half dollar	90.	100.	110.	120.	135.	450.	1300.
YORK COUNTY, MAINE, TERCENTENARY							
1936 silver half dollar	200.	210.	250.	275.	300.	325.	375.
BRIDGEPORT, CT, CENTENNIAL							
1936 silver half dollar	150.	175.	200.	225.	250.	300.	700.
LYNCHBURG, VA, SESQUICENTENNIAL							
1936 silver half dollar	235.	250.	275.	300.	325.	350.	900.
ALBANY, NY, CHARTER 250TH ANNIVERSARY							
1936 silver half dollar	300.	325.	350.	375.	400.	450.	800.
ELGIN, IL, PIONEER MEMORIAL							
1936 silver half dollar	225.	250.	275.	300.	325.	350.	600.
SAN FRANCISCO - OAKLAND BAY BRIDGE							
1936-S silver half dollar	160.	175.	200.	225.	250.	350.	750.
COLUMBIA, SC, SESQUICENTENNIAL							
1936 silver half dollar 150th PDS set	800.	825.	850.	1000.	1100.	1200.	1400.
1936 silver half dollar 150th single	250.	275.	300.	325.	350.	375.	400.
DELAWARE TERCENTENARY							
1936 silver half dollar	300.	325.	350.	375.	400.	500.	850.
BATTLE OF GETTYSBURG 75TH ANNIVERSARY							
1936 silver half dollar	400.	425.	450.	500.	550.	800.	1200.
NORFOLK, VA, BICENTENNIAL & TERCENTENARY							
1936 silver half dollar	500.	550.	600.	650.	700.	750.	800.
ROANOKE COLONIZATION 350TH ANNIVERSARY							
1937 silver half dollar	225.	250.	300.	325.	350.	400.	500.
BATTLE OF ANTIETAM 75TH ANNIVERSARY							
1937 silver half dollar	650.	750.	800.	850.	900.	1000.	1200.
NEW ROCHELLE, NY, 250TH ANNIVERSARY							
1938 silver half dollar	375.	425.	450.	475.	500.	550.	900.
IOWA STATEHOOD CENTENNIAL							
1946 silver half dollar	100.	110.	125.	140.	160.	225.	275.
BOOKER T. WASHINGTON MEMORIAL							
1946 silver half dollar PDS set	40.	50.	60.	75.	100.	175.	650.
1946 silver half dollar single	14.	18.	20.	25.	30.	75.	250.
1947 silver half dollar PDS set	40.	60.	85.	100.	125.	325.	2200.
1948 silver half dollar PDS set	50.	90.	165.	185.	200.	225.	1400.
1949 silver half dollar PDS set	125.	175.	250.	275.	300.	375.	900.
1950 silver half dollar PDS set	50.	85.	135.	160.	175.	225.	1600.
1951 silver half dollar PDS set	55.	90.	120.	150.	175.	225.	1100.

	EF-40	AU-50	MS-60	MS-63	MS-64	MS-65	MS-66
BOOKER T. WASHINGTON - GEORGE WASHINGTON CARVER							
1951 silver half dollar PDS set	40.	75.	95.	125.	150.	700.	4000.
1951 silver half dollar single	15.	20.	25.	30.	35.	70.	800.
1952 silver half dollar PDS set	40.	75.	90.	125.	150.	425.	2200.
1953 silver half dollar PDS set	40.	60.	90.	125.	150.	600.	2400.
1954 silver half dollar PDS set	40.	60.	90.	110.	125.	500.	2400.

Commemorative coins 1982-2006

	MS-65	MS-69	MS-70	PF-65	PF-69DC
WASHINGTON'S BIRTH 250TH ANNIVERSARY					
1982-D silver half dollar	7.00	—	—	*	*
1982-S silver half dollar	*	*	*	7.00	20.
GAMES OF THE XXIII OLYMPIAD, LOS ANGELES					
1983-P silver dollar	13.	30.	—	*	*
1983-D silver dollar	14.	35.	—	*	*
1983-S silver dollar	13.	40.	—	13.	30.
1984-P silver dollar	15.	30.	—	*	*
1984-D silver dollar	18.	35.	—	*	*
1984-S silver dollar	18.	35.	—	13.	30.
1984-P gold $10 eagle	*	*	*	375.	425.
1984-D gold $10 eagle	*	*	*	375.	425.
1984-S gold $10 eagle	*	*	*	375.	425.
1984-W gold $10 eagle	360.	425.	—	375.	425.
STATUE OF LIBERTY - ELLIS ISLAND CENTENNIAL					
1986-D clad half dollar	7.00	20.	—	*	*
1986-S clad half dollar	*	*	*	7.00	20.
1986-P silver dollar	13.	25.	—	*	*
1986-S silver dollar	*	*	*	14.	30.
1986-W gold half eagle	175.	200.	600.	175.	200.
CONSTITUTION BICENTENNIAL					
1987-P silver dollar	14.	25.	215.	*	*
1987-S silver dollar	*	*	*	14.	25.
1987-W gold half eagle	175.	200.	350.	175.	200.
GAMES OF THE XXIV OLYMPIAD, CALGARY, SEOUL					
1988-D silver dollar	14.	25.	—	*	*
1988-S silver dollar	*	*	*	14.	25.
1988-W gold half eagle	175.	200.	—	175.	200.
BICENTENNIAL OF CONGRESS					
1989-D clad half dollar	9.00	20.	—	*	*
1989-S clad half dollar	*	*	*	9.00	20.
1989-D silver dollar	18.	30.	—	*	*
1989-S silver dollar	*	*	*	22.	30.
1989-W gold half eagle	175.	200.	250.	175.	200.
EISENHOWER BIRTH CENTENNIAL					
1990-W silver dollar	20.	30.	900.	*	*
1990-P silver dollar	*	*	*	24.	35.
MOUNT RUSHMORE 50TH ANNIVERSARY					
1991-D clad half dollar	23.	35.	—	*	*
1991-S clad half dollar	*	*	*	22.	35.
1991-P silver dollar	35.	50.	300.	*	*
1991-S silver dollar	*	*	*	40.	45.
1991-W gold half eagle	250.	300.	650.	250.	300.

—— = Insufficient pricing data   * = None issued

	MS-65	MS-69	MS-70	PF-65	PF-69DC
KOREAN WAR 38TH ANNIVERSARY					
1991-D silver dollar	17.	30.	300.	*	*
1991-P silver dollar	*	*	*	21.	35.
UNITED SERVICE ORGANIZATIONS 50TH ANNIVERSARY					
1991-D silver dollar	16.	30.	300.	*	*
1991-S silver dollar	*	*	*	22.	35.
GAMES OF THE XXV OLYMPIAD, ALBERTVILLE, BARCELONA					
1992-P clad half dollar	9.00	25.	500.	*	*
1992-S clad half dollar	*	*	*	9.00	25.
1992-D silver dollar	28.	40.	—	*	*
1992-S silver dollar	*	*	*	28.	40.
1992-W gold half eagle	235.	285.	300.	210.	250.
WHITE HOUSE BICENTENNIAL					
1992-D silver dollar	37.	50.	350.	*	*
1992-W silver dollar	*	*	*	40.	50.
COLUMBUS DISCOVERY QUINCENTENNIAL					
1992-D clad half dollar	13.	25.	1500.	*	*
1992-S clad half dollar	*	*	*	13.	25.
1992-P silver dollar	*	*	*	42.	60.
1992-D silver dollar	35.	45.	300.	*	*
1992-W gold half eagle	300.	375.	600.	260.	300.
BILL OF RIGHTS - JAMES MADISON					
1993-W silver half dollar	21.	30.	—	*	*
1993-S silver half dollar	*	*	*	18.	30.
1993-D silver dollar	21.	35.	650.	*	*
1993-S silver dollar	*	*	*	22.	35.
1993-W gold half eagle	275.	325.	—	260.	300.
WORLD WAR II 50TH ANNIVERSARY, DUAL DATES 1991-1995					
(1993)-P WWII clad half dollar	40.	50.	—	35.	50.
(1993)-D silver dollar	35.	45.	—	*	*
(1993)-W silver dollar	*	*	*	40.	55.
(1993)-W WWII gold half eagle	300.	350.	—	290.	350.
SOCCER WORLD CUP					
1994-D clad half dollar	11.	25.	300.	*	*
1994-P clad half dollar	*	*	*	10.	25.
1994-D silver dollar	28.	40.	—	*	*
1994-S silver dollar	*	*	*	32.	45.
1994-W gold half eagle	275.	325.	—	235.	275.
THOMAS JEFFERSON 250TH ANNIVERSARY 1743-1993					
(1994)-P silver dollar	28.	40.	300.	*	*
(1994)-S silver dollar	*	*	*	33.	45.
WOMEN IN MILITARY SERVICE MEMORIAL					
1994-W silver dollar	55.	65.	300.	*	*
1994-P silver dollar	*	*	*	48.	60.
VIETNAM VETERANS' MEMORIAL					
1994-W silver dollar	90.	100.	—	*	*
1994-P silver dollar	*	*	*	85.	100.
PRISONER OF WAR MUSEUM					
1994-W silver dollar	100.	110.	650.	*	*
1994-P silver dollar	*	*	*	65.	80.

—— = Insufficient pricing data   * = None issued

	MS-65	MS-69	MS-70	PF-65	PF-69DC
UNITED STATES CAPITOL BICENTENNIAL					
1994-D silver dollar	25.	35.	325.	*	*
1994-S silver dollar	*	*	*	30.	40.
CIVIL WAR BATTLEFIELDS					
1995-S clad half dollar	50.	60.	200.	45.	60.
1995-P silver dollar	85.	95.	—	*	*
1995-S silver dollar	*	*	*	100.	110.
1995-W gold half eagle	700.	800.	2400.	485.	550.
SPECIAL OLYMPICS WORLD GAMES					
1995-W silver dollar	30.	40.	1500.	*	*
1995-P silver dollar	*	*	*	28.	40.
GAMES OF THE XXVI OLYMPIAD, ATLANTA					
1995-S Basketball clad half dollar	23.	35.	200.	20.	30.
1995-S Baseball clad half dollar	25.	35.	200.	20.	30.
1996-S Swimming clad half dollar	175.	185.	—	40.	50.
1996-S Soccer clad half dollar	120.	130.	—	115.	110.
1995-D Gymnastics silver dollar	80.	90.	400.	*	*
1995-P Gymnastics silver dollar	*	*	*	60.	70.
1995-D Cycling silver dollar	160.	170.	—	*	*
1995-P Cycling silver dollar	*	*	*	50.	60.
1995-D Track & Field silver dollar	110.	120.	—	*	*
1995-P Track & Field silver dollar	*	*	*	57.	70.
1995-D Paralympic, blind runner silver dollar	105.	115.	—	*	*
1995-P Paralympic, blind runner silver dollar	*	*	*	70.	75.
1996-D Tennis silver dollar	350.	365.	—	*	*
1996-P Tennis silver dollar	*	*	*	100.	110.
1996-D Rowing silver dollar	375.	385.	1500.	*	*
1996-P Rowing silver dollar	*	*	*	80.	90.
1996-D High Jump silver dollar	410.	425.	—	*	*
1996-P High Jump silver dollar	*	*	*	65.	85.
1996-D Paralympic, wheelchair athlete silver dollar	410.	425.	1650.	*	*
1996-P Paralympic, wheelchair athlete silver dollar	*	*	*	95.	110.
1995-W Torch Runner gold half eagle	475.	525.	2000.	335.	400.
1995-W Atlanta Stadium gold half eagle	525.	600.	—	385.	450.
1996-W Olympic Flame brazier gold half eagle	550.	625.	—	500.	550.
1996-W Flagbearer gold half eagle	600.	675.	—	500.	550.
NATIONAL COMMUNITY SERVICE					
1996-S silver dollar	285.	300.	2000.	100.	110.
SMITHSONIAN INSTITUTION 150TH ANNIVERSARY					
1996-D silver dollar	165.	175.	—	*	*
1996-P silver dollar	*	*	*	70.	90.
1996-W gold half eagle	1100.	1250.	—	500.	575.
U.S. BOTANIC GARDEN					
1997-P silver dollar	50.	60.	—	50.	60.
FRANKLIN DELANO ROOSEVELT					
1997-W gold half eagle	475.	550.	—	450.	500.
U.S. BOTANIC GARDEN COINAGE AND CURRENCY SET					
1997-P Unc. dollar, 1997-P Matte Finish Jefferson 5-cent coin & Series 1995 $1 FRN	260.	—	—	*	*

—— = Insufficient pricing data   * = None issued

	MS-65	MS-69	MS-70	PF-65	PF-69DC
NATIONAL LAW ENFORCEMENT OFFICERS MEMORIAL					
1997-P silver dollar	225.	235.	750.	175.	185.
JACKIE ROBINSON					
1997-S silver dollar	105.	115.	—	95.	105.
1997-W gold half eagle	3600.	4200.	—	750.	850.
BLACK REVOLUTIONARY WAR PATRIOTS					
1998-S silver dollar	185.	200.	—	130.	140.
ROBERT F. KENNEDY					
1998-S silver dollar	35.	50.	—	55.	65.
GEORGE WASHINGTON					
1999-W gold half eagle	425.	500.	3500.	400.	450.
YELLOWSTONE NATIONAL PARK					
1999-P silver dollar	60.	75.	350.	60.	70.
DOLLEY MADISON					
1999-P silver dollar	60.	70.	350.	60.	70.
LIBRARY OF CONGRESS BICENTENNIAL					
2000-P silver dollar	50.	60.	675.	50.	60.
2000-W bimetallic $10 eagle	2000.	2300.	4000.	850.	1000.
LEIF ERICSON MILLENNIUM SILVER DOLLAR					
2000-P silver dollar	100.	110.	350.	75.	85.
AMERICAN BUFFALO					
2001-D silver dollar	165.	175.	335.	*	*
2001-P silver dollar	*	*	*	170.	185.
CAPITOL VISITOR CENTER					
2001-P half dollar	15.	30.	1000.	20.	30.
2001-P silver dollar	40.	50.	—	50.	60.
2001-P $5 half eagle	825.	900.	1400.	410.	450.
U.S. MILITARY ACADEMY BICENTENNIAL					
2002-W silver dollar	35.	45.	175.	35.	45.
SALT LAKE CITY OLYMPIC GAMES					
2002-P silver dollar	40.	50.	325.	48.	55.
2002-W $5 half eagle	450.	525.	—	400.	450.
FIRST FLIGHT CENTENNIAL					
2003-P clad half dollar	18.	30.	275.	19.	30.
2003-P silver dollar	40.	50.	650.	37.	50.
2003-W gold $10 eagle	500.	550.	—	500.	550.
LEWIS & CLARK BICENTENNIAL					
2004-P silver dollar	40.	55.	—	40.	55.
THOMAS ALVA EDISON					
2004-P silver dollar	45.	55.	—	45.	55.
CHIEF JUSTICE JOHN MARSHALL					
2005-P silver dollar	40.	55.	500.	45.	55.
MARINE CORPS 230TH ANNIVERSARY					
2005-P silver dollar	80.	90.	1050.	85.	95.
BENJAMIN FRANKLIN TERCENTENARY					
2006-P Scientist silver dollar	65.	—	—	65.	—
2006-P Founding Father silver dollar	65.	—	—	65.	—

—— = Insufficient pricing data   * = None issued

Proof sets

	Low	High
1936	6500.	8000.
1937	3500.	4500.
1938	1800.	2500.
1939	1700.	2400.
1940	1400.	1800.
1941	1400.	1800.
1942 5-piece	1200.	1500.
1942 6-piece	1300.	1800.
1950	650.	900.
1951	600.	800.
1952	325.	450.
1953	300.	400.
1954	175.	250.
1955 Flat	175.	250.
1956	65.	90.
1957	30.	45.
1958	70.	90.
1959	25.	35.
1960	20.	30.
1960 Small Date cent	50.	70.
1961	10.	15.
1962	10.	15.
1963	15.	20.
1964	11.	16.
1968-S	7.00	10.
1969-S	7.00	10.
1970-S	14.	18.
1970-S Level 7 (Small Date)	100.	125.
1971-S	6.00	9.00
1972-S	6.00	9.00
1973-S	12.	15.
1974-S	8.00	11.
1975-S	14.	18.
1976-S	8.00	12.
1976-S Bicentennial 3-piece	15.	20.
1977-S	7.00	10.
1978-S	8.00	11.
1979-S Filled S	7.00	10.
1979-S Clear S	115.	150.
1980-S	6.00	9.00
1981-S Filled S	8.00	11.
1981-S Clear S	300.	375.
1982-S	5.00	8.00
1983-S	6.00	9.00
1983-S Prestige	110.	140.
1984-S	8.00	11.
1984-S Prestige	23.	30.
1985-S	4.00	6.00
1986-S	20.	25.
1986-S Prestige	35.	45.
1987-S	4.00	6.00
1987-S Prestige	25.	35.
1988-S	8.00	11.

	Low	High
1988-S Prestige	30.	40.
1989-S	7.00	10.
1989-S Prestige	35.	45.
1990-S	8.00	11.
1990-S No S Lincoln cent	6500.	7500.
1990-S Prestige	25.	35.
1991-S	12.	16.
1991-S Prestige	65.	80.
1992-S	6.00	9.00
1992-S Prestige	120.	150.
1992-S Silver	16.	20.
1992-S Silver Premier	16.	20.
1993-S	13.	18.
1993-S Prestige	40.	50.
1993-S Silver	35.	50.
1993-S Silver Premier	35.	50.
1994-S	18.	23.
1994-S Prestige	55.	70.
1994-S Silver	45.	55.
1994-S Silver Premier	45.	55.
1995-S	75.	100.
1995-S Prestige	250.	300.
1995-S Silver	110.	125.
1995-S Silver Premier	110.	125.
1996-S	14.	18.
1996-S Prestige	500.	575.
1996-S Silver	50.	65.
1996-S Silver Premier	50.	65.
1997-S	50.	65.
1997-S Prestige	225.	275.
1997-S Silver	100.	125.
1997-S Silver Premier	100.	125.
1998-S	30.	40.
1998-S Silver	50.	60.
1998-S Silver Premier	50.	60.
1999-S (9-coin set)	70.	90.
1999-S Quarters (5-coin set)	65.	80.
1999-S Silver	275.	350.
2000-S (10-coin set)	20.	25.
2000-S Silver	30.	40.
2000-S Quarters	13.	18.
2001-S	125.	150.
2001-S Silver	140.	175.
2001-S Quarters	50.	65.
2002-S	40.	55.
2002-S Silver	65.	85.
2002-S Quarters	25.	35.
2003-S	35.	45.
2003-S Silver	40.	50.
2003-S Quarters	23.	30.
2004-S	70.	80.
2004-S Silver	35.	45.
2004-S Quarters	30.	40.

—— = Insufficient pricing data   * = None issued

PROOF SETS (CONTINUED)

	Low	High
2004-S Silver Quarters	40.	50.
2005-S	25.	35.
2005-S Silver	50.	60.
2005-S Quarters	17.	25.
2005-S Silver Quarters	27.	35.

	Low	High
2006-S	25.	35.
2006-S Silver	—	—
2006-S Quarters	18.	25.
2006-S Silver Quarters	25.	35.

Uncirculated Mint sets

	Low	High
1947 Double set	1000.	1250.
1948 Double set	450.	600.
1949 Double set	700.	900.
1950 No Sets Issued	*	*
1951 Double set	750.	950.
1952 Double set	700.	900.
1953 Double set	450.	600.
1954 Double set	250.	300.
1955 Double set	150.	200.
1956 Double set	150.	200.
1957 Double set	225.	275.
1958 Double set	150.	200.
1959 Single set	50.	65.
1960	25.	35.
1961	45.	65.
1962	18.	25.
1963	13.	18.
1964	12.	17.
1965 Special Mint Sets	12.	17.
1966 Special Mint Sets	12.	17.
1967 Special Mint Sets	20.	25.
1968 (PD&S)	5.00	7.00
1969 (PD&S)	7.00	9.00
1970 (PD&S)	22.	30.
1971 (PD&S)	5.00	7.00
1972 (PD&S)	5.00	7.00
1973 (PD&S)	25.	30.
1974 (PD&S)	8.00	12.
1975	11.	15.
1976-S 3-piece 40% silver	17.	20.
1976	12.	17.

	Low	High
1977	9.00	11.
1978	10.	12.
1979	7.00	10.
1980	7.00	10.
1981	17.	23.
1984	7.00	10.
1985	8.00	11.
1986	20.	30.
1987	8.00	12.
1988	9.00	14.
1989	9.00	14.
1990	8.00	12.
1991	13.	18.
1992	7.00	11.
1993	11.	14.
1994	10.	14.
1995	25.	30.
1996	27.	35.
1997	35.	45.
1998	13.	18.
1999	35.	45.
2000	14.	18.
2001	18.	25.
2002	15.	20.
2003	25.	30.
2004	60.	75.
2005	25.	30.
2006	—	—

—— = Insufficient pricing data   * = None issued

American Eagle silver bullion

Date of authorization: Dec. 17, 1985
Dates of issue: 1986-present
Designers: Obverse: Adolph A. Weinman
Reverse: John Mercanti
Engravers: Obverse: Edgar Steever
Reverse: John Mercanti
Diameter: 40.10 mm/1.58 inches
Weight: 31.10 grams/1.00 ounce
Metallic Content: 100% silver (.999 fine)
Weight of pure silver: 31.10 grams/1.00 ounce
Edge: Reeded
Mint mark: Proofs only, reverse left of eagle's tail

	MS-65	PF-65		MS-65	PF-65
1986	25.	35.	1996	70.	75.
1987	18.	35.	1997	18.	100.
1988	20.	60.	1998	19.	70.
1989	18.	40.	1999	18.	70.
1990	20.	35.	2000	18.	35.
1991	18.	60.	2001	18.	35.
1992	18.	50.	2002	18.	40.
1993	18.	200.	2003	18.	35.
1994	20.	250.	2004	18.	40.
1995	18.	210.	2005	18.	35.
1995-W	*	6000.	2006	18.	35.

* = None issued

American Eagle platinum bullion

Date of authorization: Sept. 30, 1996
Dates of issue: 1997-present
Designers/Engravers: Obverse: John Mercanti
Reverse: Thomas D. Rogers Sr.
(Unc. and 1997 Proof only)
Proof reverses from 1998 onward
are changed each year.
Diameter: $100: 32.70 mm/1.29 inches
$50: 27.00 mm/1.07 inches
$25: 22.00 mm/0.87 inch
$10: 16.50 mm/0.65 inch
Weight: $100: 31.10 grams/1.00 ounce
$50: 15.55 grams/0.50 ounce
$25: 7.78 grams/0.25 ounce
$10: 3.11 grams/0.10 ounce
Metallic Content: 100% platinum (.9995 fine)
Weight of pure platinum: $100: 1.00 ounce; $50: 0.50 ounce
$25: 0.25 ounce; $10: 0.10 ounce
Edge: Reeded
Mint mark: Proofs only, left, between rays

NOTE: Prices are for MS-65 and Proof 65

PLATINUM $10	MS-65 TENTH OUNCE	PF-65		PLATINUM $25	MS-65 QUARTER OUNCE	PF-65
1997	140.	150.		1997	335.	375.
1998	140.	150.		1998	335.	350.
1999	140.	150.		1999	335.	350.
2000	140.	150.		2000	335.	350.
2001	140.	175.		2001	335.	350.
2002	140.	150.		2002	335.	350.
2003	140.	175.		2003	335.	350.
2004	140.	400.		2004	335.	1200.
2005	140.	200.		2005	335.	450.
2006	140.	200.		2006	335.	450.

* = None issued

PLATINUM $50	MS-65 HALF OUNCE	PF-65	PLATINUM $100	MS-65 ONE OUNCE	PF-65
1997	650.	675.	1997	1275.	1350.
1998	650.	650.	1998	1275.	1350.
1999	650.	650.	1999	1275.	1350.
2000	650.	650.	2000	1275.	1350.
2001	650.	650.	2001	1275.	1350.
2002	650.	650.	2002	1275.	1350.
2003	650.	665.	2003	1275.	1350.
2004	650.	3500.	2004	1275.	5000.
2005	775.	900.	2005	1275.	1700.
2006	650.	900.	2006	1275.	1700.

American Eagle gold bullion

Date of authorization: Dec. 17, 1985
Dates of issue: 1986-present
Designers: Obverse: Augustus Saint-Gaudens
Reverse: Miley Busiek
Engravers: Obverse: Matthew Peloso
Reverse: Sherl Joseph Winter
Diameter: $50: 32.70 mm/1.29 inches
$25: 27.00 mm/1.07 inches
$10: 22.00 mm/0.87 inch
$5: 16.50 mm/0.65 inch
Weight: $50: 33.93 grams/1.09 ounce
$25: 16.97 grams/0.55 ounce
$10: 8.48 grams/0.27 ounce
$5: 3.39 grams/0.11 ounce
Metallic Content: 91.67% gold, 5.33% copper, 3% silver
Weight of pure gold: $50: 1.00 ounce
$25: 0.50 ounce
$10: 0.25 ounce
$5: 0.10 ounce
Edge: Reeded
Mint mark: Proofs only, obverse below date

NOTE: Prices are for MS-65 and Proof 65.

* = None issued

	MS-65	PF-65		MS-65	PF-65
GOLD $5	**TENTH OUNCE**		**GOLD $25**	**HALF OUNCE**	
1986	90.	*	1986	450.	*
1987	85.	*	1987	400.	425.
1988	210.	110.	1988	550.	425.
1989	85.	100.	1989	650.	425.
1990	85.	100.	1990	750.	425.
1991	120.	110.	1991	1400.	425.
1992	85.	100.	1992	500.	425.
1993	85.	100.	1993	400.	425.
1994	85.	100.	1994	400.	425.
1995	85.	100.	1995	400.	425.
1996	85.	100.	1996	500.	425.
1997	85.	125.	1997	400.	425.
1998	85.	100.	1998	400.	425.
1999	85.	135.	1999	400.	425.
2000	85.	110.	2000	400.	425.
2001	85.	110.	2001	450.	425.
2002	85.	110.	2002	400.	425.
2003	85.	125.	2003	400.	425.
2004	85.	125.	2004	400.	425.
2005	85.	125.	2005	400.	425.
2006	85.	125.	2006	400.	425.
GOLD $10	**QUARTER OUNCE**		**GOLD $50**	**ONE OUNCE**	
1986	200.	*	1986	725.	900.
1987	200.	*	1987	725.	900.
1988	200.	225.	1988	725.	900.
1989	200.	225.	1989	725.	900.
1990	200.	225.	1990	725.	900.
1991	400.	225.	1991	725.	900.
1992	225.	225.	1992	725.	900.
1993	200.	225.	1993	725.	900.
1994	200.	225.	1994	725.	900.
1995	200.	225.	1995	725.	900.
1996	200.	225.	1996	725.	900.
1997	200.	225.	1997	725.	900.
1998	200.	225.	1998	725.	900.
1999	200.	225.	1999	725.	900.
2000	200.	225.	2000	725.	900.
2001	200.	225.	2001	725.	900.
2002	200.	225.	2002	725.	900.
2003	200.	225.	2003	725.	900.
2004	200.	225.	2004	725.	900.
2005	200.	225.	2005	725.	900.
2006	200.	225.	2006	725.	900.

* = None issued

American Buffalo Gold Bullion

 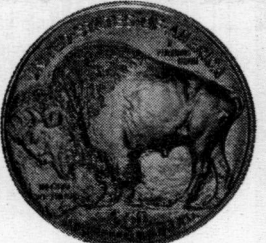

Date of authorization: December 22, 2005
Dates of issue: 2006-present
Designers: Obverse: James Earle Fraser
Reverse: James Earle Fraser
Diameter: 32.7 mm/1.29 inches
Weight: 1 ounce
Metallic Content: .999 fine gold
Weight of pure gold: 1 ounce
Edge: Reeded
Mint mark: Obverse, behind Indian's neck,
below feathers, W (Proof only)

		MS-65	MS-69	MS-70	PF-65	PF-69DC	PF-70DC
GOLD $50	ONE OUNCE						
2006 (W)		700.	750.	1500.	*	*	*
2006-W Proof		*	*	*	950.	1000.	2500.

* = None issued

	AG-3	G-4	VG-8	F-12	VF-20	EF-40	AU-50	MS-60	MS-63	MS-64	MS-65	Proof 60	Proof 63	Proof 64	Proof 65
HALF CENTS															
Flowing Hair 1793	1000.	2200.	3500.	6500.	10000.	19000.	30000.	40000.	55000.	115000.	—	—	—	—	—
Liberty Cap 1794-1797	100.	400.	650.	1000.	1700.	4000.	7000.	14000.	16500.	37500.	82500.	—	—	—	—
Draped Bust 1800-1808	18.	50.	60.	80.	125.	250.	400.	1000.	2650.	4500.	20000.	—	—	—	—
Classic Head 1809-1835	15.	35.	40.	55.	70.	80.	160.	300.	450.	725.	7500.	2500.	4750.	10000.	—
Coronet 1849-1857	15.	35.	45.	60.	75.	100.	150.	300.	400.	1000.	4000.	2000.	4000.	7500.	—
CENTS - (LARGE)															
Flowing Hair, Chain 1793	4000.	9000.	12000.	20000.	30000.	50000.	70000.	150000.	110000.	160000.	—	—	—	—	—
Flowing Hair, Wreath 1793	1500.	2700.	4000.	5500.	7500.	12200.	20000.	30000.	45000.	77500.	185000.	—	—	—	—
Liberty Cap 1793-1796	250.	400.	500.	800.	1500.	3500.	4500.	6000.	9000.	12500.	62500.	—	—	—	—
Draped Bust 1796-1807	40.	65.	100.	200.	400.	1000.	2500.	2500.	6500.	14000.	60000.	—	—	—	—
Classic Head 1808-1814	45.	65.	125.	250.	600.	1700.	3000.	5000.	10000.	15000.	55000.	—	—	—	—
Coronet 1816-1839	6.	25.	35.	50.	75.	110.	350.	800.	1200.	1600.	7500.	5000.	12000.	—	—
Coronet 1839-1857	6.	20.	27.	32.	40.	60.	150.	300.	800.	1000.	3500.	2500.	6500.	—	—
CENTS - (SMALL)															
Flying Eagle 1856-1858	7.	25.	30.	35.	50.	135.	200.	300.	1000.	1650.	4000.	1650.	7000.	14000.	25000.
Indian copper-nickel 1859	5.	14.	16.	20.	50.	125.	200.	250.	500.	1500.	3500.	500.	1600.	3000.	5000.
Indian copper-nickel, Shield 1860-64	2.	9.	10.	12.	18.	30.	60.	100.	175.	350.	1000.	350.	750.	1300.	2500.
Indian Bronze 1864-1909	1.	2.	3.	3.	4.	8.	17.	25.	40.	85.	500.	100.	400.	500.	2500.
TWO CENTS															
1864-1873	8.	16.	18.	25.	35.	40.	75.	100.	165.	275.	1500.	275.	450.	600.	2100.
THREE CENT COPPER-NICKEL															
1865-1889	8.	16.	17.	18.	23.	30.	50.	100.	175.	300.	700.	150.	300.	700.	1000.
THREE CENT SILVER															
1851-1853 One Outline of Star	10.	27.	35.	40.	45.	70.	160.	200.	300.	500.	1000.	—	—	—	—
1854-1858 Three Outlines of Star	12.	28.	35.	40.	50.	110.	225.	350.	800.	1800.	3500.	1350.	3000.	5000.	8000.
1859-1873 Two Outlines of Star	15.	35.	40.	45.	60.	85.	175.	200.	300.	500.	1000.	325.	500.	750.	1500.

U.S. Type Coin Trend Values (cont.)

	AG-3	G-4	VG-8	F-12	VF-20	EF-40	AU-50	MS-60	MS-63	MS-64	MS-65	Proof 60	Proof 63	Proof 64	Proof 65
COPPER-NICKEL FIVE CENT															
Shield, With Rays 1866-1867	10.	30.	40.	55.	85.	175.	250.	275.	400.	800.	2500.	1000.	2500.	3500.	5000.
Shield, No Rays 1867-1883	5.	18.	20.	25.	35.	55.	90.	125.	200.	300.	750.	200.	400.	500.	700.
Liberty Head, No CENTS 1883	3.	6.	7.	8.	8.	10.	14.	30.	50.	75.	250.	175.	350.	600.	1200.
Liberty Head, With CENTS 1883-1912	1.	2.	3.	5.	12.	30.	50.	65.	125.	250.	700.	125.	200.	400.	700.
Indian Head, Bison on Mound 1913	2.	8.	12.	13.	15.	20.	25.	35.	50.	80.	175.	800.	1200.	2500.	4000.
Indian Head, Bison on Plain 1913-38	1.	1.	2.	2.	3.	3.	9.	18.	30.	40.	60.	500.	1200.	1700.	2500.
HALF DIMES															
Flowing Hair 1794-1795	600.	1000.	1200.	1700.	2500.	4000.	6500.	10000.	15000.	25000.	40000.	—	—	—	—
Draped Bust, Small Eagle 1796-1797	600.	1000.	1400.	2000.	3500.	6000.	9000.	15000.	25000.	40000.	90000.	—	—	—	—
Draped Bust, Heraldic Eagle 1800-05	400.	700.	1000.	1800.	2500.	4000.	7500.	12000.	18000.	25000.	40000.	—	—	—	—
Capped Bust 1829-1837	12.	25.	35.	40.	75.	125.	200.	275.	800.	1600.	2500.	3500.	7250.	15000.	30000.
Seated Liberty, No Stars 1837-1838	16.	40.	50.	85.	150.	300.	500.	900.	1200.	1800.	3500.	4350.	11500.	15000.	40000.
Seated Liberty, No Drapery 1838-1840	5.	20.	25.	30.	40.	80.	150.	400.	600.	1000.	2500.	—	—	15000.	25000.
Seated Liberty, Drapery 1840-1859	5.	20.	25.	30.	40.	65.	150.	250.	400.	800.	1500.	500.	1100.	1900.	4250.
Seated Liberty, Arrows 1853-1855	5.	20.	25.	30.	40.	65.	150.	250.	400.	700.	2000.	2650.	7500.	12000.	18000.
Seated Liberty, Legend 1860-1873	5.	20.	25.	30.	35.	65.	100.	200.	300.	500.	1200.	240.	400.	550.	1400.
DIMES															
Draped Bust, Small Eagle 1796-1797	475.	1500.	2000.	2500.	3500.	5500.	8000.	15000.	25000.	40000.	70000.	—	—	—	—
Draped Bust, Heraldic Eagle 1798-1807	190.	500.	750.	1000.	1400.	2000.	3000.	5000.	10000.	20000.	35000.	—	—	—	—
Capped Bust, Large Planchet 1809-27	9.	25.	30.	45.	110.	375.	550.	900.	2000.	4000.	8500.	4000.	9000.	18000.	37500.
Capped Bust, Small Planchet 1828-37	8.	25.	30.	35.	60.	250.	325.	650.	1500.	2500.	6000.	2900.	8750.	13500.	23500.
Seated Liberty, No Stars 1837-1838	14.	40.	50.	100.	300.	500.	700.	1000.	2000.	4000.	7500.	5000.	17500.	25000.	37500.
Seated Liberty, No Drapery 1838-1840	5.	20.	25.	30.	50.	125.	300.	500.	1000.	1200.	3500.	—	—	—	—
Seated Liberty, Drapery 1840-1860	4.	10.	13.	20.	35.	50.	150.	300.	800.	1200.	3500.	700.	1500.	2500.	4000.
Seated Liberty, Arrows 1853-1855	4.	20.	25.	30.	35.	65.	200.	400.	900.	1200.	3500.	2750.	3500.	12000.	40500.

	AG-3	G-4	VG-8	F-12	VF-20	EF-40	AU-50	MS-60	MS-63	MS-64	MS-65	Proof 60	Proof 63	Proof 64	Proof 65
Seated Liberty, Legend 1860-1891	3.	20.	25.	30.	35.	40.	100.	200.	350.	600.	1100.	350.	600.	800.	1500.
Seated Liberty, Arrows 1873-1874	4.	20.	25.	30.	50.	150.	300.	600.	1000.	2000.	5000.	800.	1200.	2500.	6000.
Barber 1892-1916	1.	3.	3.	4.	8.	22.	65.	85.	140.	275.	700.	250.	330.	500.	1100.
Winged Liberty Head 1916-1945	1.	1.	2.	2.	2.	3.	3.	8.	13.	15.	25.	100.	125.	200.	400.
TWENTY-CENT PIECE															
Seated Liberty 1875-1878	90.	125.	140.	200.	250.	325.	500.	750.	1500.	2500.	6000.	925.	1800.	3300.	8000.
QUARTERS															
Draped Bust, Small Eagle 1796	2250.	10000.	15000.	25000.	30000.	35000.	40000.	65000.	85000.	125000.	225000.	——	——	——	——
Draped Bust, Heraldic Eagle 1804-07	95.	250.	350.	600.	1000.	1600.	2500.	7000.	12000.	25000.	50000.	——	——	——	——
Capped Bust, Open Collar Strike 1815-28	23.	75.	100.	140.	325.	1100.	1400.	2500.	5000.	7000.	17000.	6500.	18500.	30000.	52500.
Capped Bust, Closed Collar Strike 1831-38	19.	65.	80.	100.	125.	350.	700.	1000.	3500.	7000.	14000.	5000.	15000.	22500.	45000.
Seated Liberty, No Motto 1840-65	5.	16.	20.	35.	50.	100.	200.	350.	700.	1500.	4500.	5000.	8500.	14000.	24000.
Seated Liberty, Arrows & Rays 1853	7.	20.	30.	50.	75.	175.	350.	1000.	2500.	5000.	20000.	26500.	62500.	——	——
Seated Liberty, Arrows 1854-55	5.	20.	30.	50.	50.	100.	300.	600.	2500.	4000.	9000.	6250.	14000.	24000.	——
Seated Liberty, Motto 1866-91	5.	20.	30.	40.	50.	100.	200.	400.	700.	700.	2200.	360.	625.	950.	2000.
Seated Liberty, Arrows 1873-74	7.	20.	30.	50.	75.	250.	500.	900.	2000.	2500.	5000.	675.	1150.	2200.	5250.
Barber 1892-1916	2.	6.	8.	20.	35.	65.	120.	225.	325.	550.	1300.	375.	575.	825.	1900.
Standing Liberty, Bared Breast 1916-17	6.	25.	40.	50.	65.	85.	175.	250.	350.	600.	900.	——	——	——	——
Standing Liberty, Mailed Breast 1917-30	2.	3.	5.	7.	15.	40.	75.	135.	225.	350.	550.	——	——	——	——
HALF DOLLARS															
Flowing Hair 1794-1795	290.	1500.	2000.	3000.	5000.	10000.	17000.	35000.	70000.	100000.	——	——	——	——	——
Draped Bust, Small Eagle 1796-1797	7500.	30000.	35000.	45000.	60000.	90000.	125000.	185000.	225000.	325000.	——	——	——	——	——

—— = Insufficient pricing data

U.S. Type Coin Trend Values

	AG-3	G-4	VG-8	F-12	VF-20	EF-40	AU-50	MS-60	MS-63	MS-64	MS-65	Proof 60	Proof 63	Proof 64	Proof 65
Draped Bust, Heraldic Eagle 1801–07	60.	200.	200.	300.	500.	1200.	3500.	9000.	20000.	40000.	60000.	—	—	—	—
Capped Bust, Lettered Edge 1807–36	16.	60.	70.	90.	125.	200.	325.	600.	2000.	4000.	8500.	4000.	16000.	30000.	85000.
Capped Bust, Reeded Edge 1836–39	18.	60.	75.	90.	125.	200.	400.	1500.	3000.	6000.	16000.	15000.	35000.	85000.	—
Seated Liberty, No Motto 1839–66	8.	25.	35.	50.	65.	100.	250.	500.	1000.	2500.	6000.	525.	825.	1800.	5100.
Seated Liberty, Arrows & Rays 1853	8.	30.	40.	60.	125.	300.	600.	1500.	4000.	9000.	25000.	25000.	60000.	—	—
Seated Liberty, Arrows 1854–55	8.	30.	40.	50.	80.	125.	350.	750.	2000.	3500.	9000.	10500.	13000.	15000.	29000.
Seated Liberty, Motto 1866–91	8.	25.	35.	50.	65.	110.	200.	400.	750.	1400.	4000.	400.	625.	1025.	2750.
Seated Liberty, Arrows 1873–74	10.	30.	50.	65.	125.	300.	500.	1000.	2500.	4000.	16000.	825.	1400.	2500.	8750.
Barber 1892–1915	5.	13.	15.	35.	85.	175.	275.	450.	900.	1400.	3000.	450.	725.	1350.	3500.
Walking Liberty 1916–1947	2.	5.	7.	8.	9.	9.	12.	40.	60.	75.	175.	190.	225.	250.	330.
DOLLARS															
Flowing Hair 1794–1795	750.	1300.	1800.	3500.	5500.	13000.	18000.	40000.	100000.	165000.	350000.	—	—	—	—
Draped Bust, Small Eagle 1795–1798	600.	1100.	1500.	2500.	4500.	9000.	15000.	35000.	75000.	135000.	275000.	—	—	—	—
Draped Bust, Heraldic Eagle 1798–1803	500.	800.	1000.	1400.	2500.	4300.	7500.	16000.	40000.	80000.	160000.	—	—	—	—
Gobrecht 1836	2500.	4500.	5500.	6500.	7500.	9000.	12000.	*	*	*	*	37500.	72500.	100000.	200000.
Seated Liberty, No Motto 1840–66	60.	225.	275.	300.	350.	450.	600.	1200.	3500.	7500.	20000.	*	2800.	4850.	11000.
Seated Liberty, Motto 1866–73	60.	225.	275.	300.	350.	450.	600.	1200.	3500.	7500.	30000.	1350.	2600.	4850.	9000.
Morgan 1878–1921	8.	14.00	14.50	15.00	15.50	16.00	17.00	25.00	40.00	60.00	175.00	1150.	1500.	2600.	5000.
Peace 1921–1935	7.	8.	9.	16.	16.	17.	17.	20.	40.	60.	200.	775.	—	—	—
Trade 1873–1885	28.	40.	55.	130.	160.	200.	300.	500.	1800.	3500.	9000.	1125.	2000.	2950.	7250.

———— = Insufficient pricing data

U.S. Gold Type Coin Trend Values

	F-12	VF-20	EF-40	AU-50	MS-60	MS-63	MS-64	MS-65	Proof 60	Proof 63	Proof 64	Proof 65
GOLD DOLLARS												
Coronet 1849-1854	125.	160.	210.	250.	350.	1500.	2000.	45.00	—	—	—	—
Indian Head Small Head 1854-1856	250.	350.	500.	1000.	3500.	15000.	25000.	45000.	—	—	85000.	175000.
Indian Head Large Head 1856-1889	140.	150.	200.	250.	350.	1200.	1500.	3000.	2350.	4000.	5350.	9500.
QUARTER EAGLES												
Capped Bust, No Stars 1796	45000.	60000.	75000.	110000.	200000.	325000.	—	—	—	—	—	—
Capped Bust 1796-1807	8000.	10000.	12000.	17000.	35000.	100000.	—	—	—	—	—	—
Capped Draped Bust 1808	40000.	50000.	60000.	100000.	175000.	—	—	—	—	—	—	—
Capped Head 1821-1834	6000.	7000.	8000.	12000.	25000.	40000.	50000.	60000.	—	—	—	—
Classic Head 1834-1839	350.	600.	1000.	2000.	4500.	10000.	14000.	35000.	35000.	75000.	150000.	235000.
Coronet 1840-1907	150.	225.	250.	300.	450.	1600.	2200.	2880.	2500.	4800.	7500.	14000.
Indian Head 1908-1929	175.	200.	250.	275.	400.	1500.	2300.	8500.	3150.	7000.	12000.	18000.
THREE DOLLARS												
Indian Head 1854-1889	650.	900.	1300.	2000.	4000.	14000.	17000.	30000.	5750.	9100.	11250.	26000.
FOUR DOLLAR (STELLA)												
Flowing Hair - 1879-1880 (Proof Only)	35000.	50000.	60000.	65000.	*	*	*	*	75000.	110000.	125000.	160000.
Coiled Hair - 1879-1880 (Proof Only)	60000.	80000.	100000.	125000.	*	*	*	*	125000.	175000.	—	—
HALF EAGLES												
Capped Bust, Small Eagle 1795-1798	17000.	22000.	25000.	35000.	70000.	200000.	—	—	—	—	—	—
Capped Bust, Heraldic Eagle 1795-1807	4000.	4500.	7000.	7000.	15000.	35000.	60000.	120000.	—	—	—	—
Capped Draped Bust 1807-1812	3000.	4000.	5000.	8000.	15000.	25000.	40000.	85000.	—	—	—	—
Capped Head 1813-1834	3500.	4000.	6000.	7500.	12000.	25000.	40000.	85000.	—	130000.	—	—
Classic Head 1834-1838	500.	700.	1100.	2000.	4500.	12000.	25000.	62500.	36000.	85000.	—	—
Coronet, No Motto 1839-1866	210.	225.	250.	325.	1500.	7500.	13000.	35000.	8250.	18500.	30000.	72500.
Coronet, Motto 1866-1908	210.	225.	235.	275.	350.	1250.	2000.	4000.	3150.	8500.	14000.	24500.
Indian Head 1908-1929	235.	285.	375.	400.	500.	4500.	6000.	27000.	3800.	12000.	18000.	27000.

—— = Insufficient pricing data

U.S. Gold Type Coin Trend Values (cont.)

	F-12	VF-20	EF-40	AU-50	MS-60	MS-63	MS-64	MS-65	Proof 60	Proof 63	Proof 64	Proof 65
EAGLES												
Capped Bust, Small Eagle 1795-1797	30000.	40000.	55000.	70000.	110000.	325000.	500000.	—	—	—	—	—
Capped Bust, Heraldic Eagle 1797-1804	10000.	12000.	15000.	20000.	40000.	60000.	150000.	225000.	—	—	—	—
Coronet, No Motto 1838-1866	400.	425.	450.	600.	3500.	14000.	30000.	75000.	14500.	28000.	37500.	67500.
Coronet, Motto 1866-1907	400.	425.	450.	500.	575.	1500.	3000.	6000.	3850.	10000.	17000.	35000.
Indian Head, No Motto 1907-1908	350.	370.	600.	650.	725.	2700.	4000.	10000.	—	—	—	—
Indian Head, 1908-1933	325.	350.	600.	650.	725.	2500.	3500.	8500.	4000.	15000.	20000.	40000.
DOUBLE EAGLES												
Coronet, No Motto 1849-1866	575.	800.	825.	1000.	3000.	8000.	10000.	20000.	22500.	37500.	70000.	175000.
Coronet, TWENTY D. 1866-1876	550.	800.	825.	875.	1500.	15000.	35000.	85000.	14000.	30000.	52500.	130000.
Coronet, TWENTY DOLLARS 1877-1907	550.	800.	825.	875.	950.	1500.	2500.	6500.	6800.	15000.	25000.	50000.
Saint-Gaudens, Roman Numerals, High Relief 1907	7000.	9000.	11000.	12000.	17000.	30000.	40000.	6000.	9000.	22500.	35000.	60000.
Saint-Gaudens, Arabic Numerals, No Motto 1907-08	550.	575.	850.	875.	950.	1100.	1250.	2000.	—	—	—	—
Saint-Gaudens, Motto 1908-1933	600.	625.	850.	875.	950.	1100.	1250.	2000.	6750.	23000.	35000.	50000.

——— = Insufficient pricing data

Mintage figures

The mintage figures that follow are based on years of study by various numismatists, including *Coin World* staff members. The figures were compiled from official Mint Reports, data from the National Archives, conversations with other experts and in some cases, an educated guess. Figures given are based on the best information available to researchers today, information less than ideal for some years. Before 1950, the generally accepted source of mintage figures was the *Annual Report of the Director of the Mint.*

However, since the Mint Report for many years was simply a bookkeeper's record of how many coins were issued in a given year, it is not a perfect source for mintage information. The figures given often were not related to the actual number of coins struck with each date (dies were sometimes prepared after the start of a new calendar year in the 18th and early 19th centuries). Particularly for many of those earlier coins, mintage figures here reflect the number of coins struck during the year, no matter the date on the coin.

Mintage figures should not be mistaken for survival figures. For example, 12,000 1895 Morgan dollars were recorded as having been struck, but none are known today. It is likely that all were melted before any entered circulation, if any were struck at all (some researchers believe the coins were dated 1894; however, Mint assay records seem to imply the dollars were dated 1895). Similarly, some coins' survival rates may suggest higher mintages than are recorded.

The mintage figures in this book differ from those in other works, particularly for coins struck since 1965. A coinage shortage in the mid-1960s led Mint officials to suspend the use of Mint marks from 1965 to 1967. Three facilities—the Philadelphia and Denver Mints and the San Francisco Assay Office—struck coins but their separate products are indistinguishable from each other. For that reason, price guides traditionally have combined mintages. The *Coin World Price Guide* publishes separate mintage information for each facility, to accurately report what coins were struck where.

This book also clarifies mintage figures, particularly, for coins struck at the former San Francisco Assay Office and West Point Bullion

Depository (both received Mint status in 1988) since the mid-1970s. Like most Philadelphia coins struck until 1979 to 1980, none have Mint marks. For various reasons, in most price guides and other numismatic works, mintages for coins struck at the West Point and San Francisco facilities have been added to the Philadelphia mintages, since no Mint marks were used on any of the coins.

This book differs. Separate mintage figures are given for all coins by striking facility; we have not combined mintage figures just because the coins have no Mint marks. To indicate those coins that do not have Mint marks, the Mint mark letter is enclosed in parentheses. To illustrate: A coin indicated by a -P has a P Mint mark, as in 2001-P; one indicated by (P) does not have a Mint mark but was struck at the Philadelphia Mint, as in 2001(P).

Since the Mint has changed its bookkeeping practices several times, some mintage figures for circulation coins include the pieces struck for assay purposes and those circulation-quality business strikes struck for Uncirculated Mint sets, while other figures may not include those pieces. Similarly, recent circulation mintage figures include circulation-quality State quarter dollars, Kennedy half dollars and Sacagawea dollars struck for sale in roll and bag quantities and sold to United States Mint customers at premiums.

In years before 1860, when Proof mintages were small and were not recorded, a delta (Δ) marks those issues that are known or are thought to exist. In many instances from 1860 to 1922, the figures shown are approximate, the result of incomplete records, restrikes and the melting of unsold Proofs. Where a delta is followed by an R in parentheses [Δ(R)], the original Proof mintage is unknown, but original examples are believed to exist, and restrikes are known.

Since 1950, most Proof coins have been available from the Mint in sets only (designated by ‹§› in the Notes column). Therefore, Proof mintages since 1950 listed here represent the official tally of Proof sets sold, distributed across the coins included in the set. Proof coins sold as part of a special set, such as a Prestige Proof set, are also included.

Where |——| appears under a mintage column, no coins of that date/Mint were issued.

Some final comments about "mintages" for commemorative coins struck since 1982, recent Proof coins (2005, for example), various sets issued by the U.S. Mint and Proof American Eagles: The figures presented here and in other chapters are sales figures, not mintages. More importantly, these figures are subject to change even years after a program has officially closed. "Final" sales figures can change when buyers return coins or sets to the Mint after a program has closed. When sales figures for programs reported as "sold out" are tabulated, the total figure may be less than the maximum mintage (for example, sales for the sold-out 2001 American Buffalo silver dollar total 499,865, out of a maximum of 500,000 coins). Collectors should understand that these figures, as reported here, represent figures at a specific point in time, and may change in the future. Figures presented here may differ slightly from figures presented in other sources, due to these factors.

DATE	NOTE	BUSINESS	PROOF
Liberty Cap, Left half cent			
1793		35,334	——
Liberty Cap, Right half cent			
1794		81,600	——
1795		139,690	——
1796		1,390	——
1797		127,840	——
Draped Bust half cent			
1800		202,908	——
1802		20,266	——
1803		92,000	——
1804		1,055,312	——
1805		814,464	——
1806		356,000	——
1807		476,000	——
1808		400,000	——
Classic Head half cent			
1809		1,154,572	——
1810		215,000	——
1811	‹1›	63,140	——
1825		63,000	Δ
1826		234,000	Δ
1828		606,000	Δ
1829		487,000	Δ
1831		2,200	Δ (R)
1832	‹2›	154,000	Δ
1833	‹2›	120,000	Δ
1834	‹2›	141,000	Δ
1835	‹2›	398,000	Δ
1836		——	Δ (R)
Coronet half cent			
1840 (P)		——	Δ (R)
1841 (P)		——	Δ (R)
1842 (P)		——	Δ (R)
1843 (P)		——	Δ (R)
1844 (P)		——	Δ (R)
1845 (P)		——	Δ (R)
1846 (P)		——	Δ (R)
1847 (P)		——	Δ (R)
1848 (P)		——	Δ (R)
1849 (P)		43,364	Δ (R)
1850 (P)		39,812	Δ

DATE	NOTE	BUSINESS	PROOF
1851 (P)		147,672	Δ
1852 (P)		——	Δ (R)
1853 (P)		129,694	——
1854 (P)		55,358	Δ
1855 (P)		56,500	Δ
1856 (P)		40,430	Δ (R)
1857 (P)		35,180	Δ (R)
Flowing Hair, Chain cent			
1793		36,103	——
Flowing Hair, Wreath cent			
1793		63,353	——
Liberty Cap cent			
1793		11,056	——
1794		918,521	——
1795		538,500	——
1796		109,825	——
Draped Bust cent			
1796		363,375	——
1797		897,510	——
1798		1,841,745	——
1799		42,540	——
1800		2,822,175	——
1801		1,362,837	——
1802		3,435,100	——
1803		3,131,691	——
1804	‹1›	96,500	——
1805		941,116	——
1806		348,000	——
1807		829,221	——
Classic Head cent			
1808		1,007,000	——
1809		222,867	——
1810		1,458,500	——
1811		218,025	——
1812		1,075,500	——
1813		418,000	——
1814		357,830	——
Coronet cent			
1816		2,820,982	——
1817		3,948,400	Δ
1818		3,167,000	Δ

DATE	NOTE	BUSINESS	PROOF
1819		2,671,000	Δ
1820		4,407,550	Δ
1821		389,000	Δ
1822		2,072,339	Δ
1823	‹1, 3›	68,061	Δ
1824		1,193,939	——
1825		1,461,100	Δ
1826		1,517,425	Δ
1827		2,357,732	Δ
1828		2,260,624	Δ
1829		1,414,500	Δ
1830		1,711,500	Δ
1831		3,539,260	Δ
1832		2,362,000	Δ
1833		2,739,000	Δ
1834		1,855,100	Δ
1835		3,878,400	Δ
1836		2,111,000	Δ
1837		5,558,300	Δ
1838 (P)		6,370,200	Δ
1839 (P)		3,128,661	Δ
1840 (P)		2,462,700	Δ
1841 (P)		1,597,367	Δ
1842 (P)		2,383,390	Δ
1843 (P)		2,425,342	Δ
1844 (P)		2,398,752	Δ
1845 (P)		3,894,804	Δ
1846 (P)		4,120,800	Δ
1847 (P)		6,183,669	Δ
1848 (P)		6,415,799	Δ
1849 (P)		4,178,500	Δ
1850 (P)		4,426,844	Δ
1851 (P)		9,889,707	——
1852 (P)		5,063,094	Δ
1853 (P)		6,641,131	——
1854 (P)		4,236,156	Δ
1855 (P)		1,574,829	Δ
1856 (P)	‹4›	2,690,463	Δ
1857 (P)		333,456	Δ

Flying Eagle cent

DATE	NOTE	BUSINESS	PROOF
1857 (P)		17,450,000	Δ
1858 (P)		24,600,000	Δ

Indian Head cent

DATE	NOTE	BUSINESS	PROOF
1859 (P)		36,400,000	Δ
1860 (P)		20,566,000	1,000
1861 (P)		10,100,000	1,000
1862 (P)		28,075,000	550
1863 (P)		49,840,000	460
1864 (P)			
C-N	‹5›	13,740,000	300
bronze	‹5›	39,233,714	170
1865 (P)		35,429,286	500
1866 (P)		9,826,500	725
1867 (P)		9,821,000	625
1868 (P)		10,266,500	600
1869 (P)		6,420,000	600
1870 (P)		5,275,000	1,000
1871 (P)		3,929,500	960
1872 (P)		4,042,000	950

DATE	NOTE	BUSINESS	PROOF
1873 (P)	‹6›	11,676,500	1,100
1874 (P)		14,187,500	700
1875 (P)		13,528,000	700
1876 (P)		7,944,000	1,150
1877 (P)	‹7›	852,500	510
1878 (P)		5,797,500	2,350
1879 (P)		16,228,000	3,200
1880 (P)		38,961,000	3,955
1881 (P)		39,208,000	3,575
1882 (P)		38,578,000	3,100
1883 (P)		45,591,500	6,609
1884 (P)		23,257,800	3,942
1885 (P)		11,761,594	3,790
1886 (P)		17,650,000	4,290
1887 (P)		45,223,523	2,960
1888 (P)		37,489,832	4,582
1889 (P)		48,866,025	3,336
1890 (P)		——	2,740
1891 (P)		——	2,350
1892 (P)		37,647,087	2,745
1893 (P)		46,640,000	2,195
1894 (P)		16,749,500	2,632
1895 (P)		38,341,574	2,062
1896 (P)		39,055,431	1,862
1897 (P)		50,464,392	1,938
1898 (P)		49,821,284	1,795
1899 (P)		53,598,000	2,031
1900 (P)		66,821,284	2,262
1901 (P)		79,609,158	1,985
1902 (P)		87,374,704	2,018
1903 (P)		85,092,703	1,790
1904 (P)		61,326,198	1,817
1905 (P)		80,717,011	2,152
1906 (P)		96,020,530	1,725
1907 (P)		108,137,143	1,475
1908 (P)		32,326,367	1,620
1908-S		1,115,000	——
1909 (P)		14,368,470	2,175
1909-S		309,000	——

Lincoln cent

DATE	NOTE	BUSINESS	PROOF
1909 (P)			
VDB		27,994,580	420
No VDB		72,700,420	2,198
1909-S			
VDB		484,000	——
No VDB		1,825,000	——
1910 (P)		146,798,813	2,405
1910-S		6,045,000	——
1911 (P)		101,176,054	1,733
1911-D		12,672,000	——
1911-S		4,026,000	——
1912 (P)		68,150,915	2,145
1912-D		10,411,000	——
1912-S		4,431,000	——
1913 (P)		76,529,504	2,848
1913-D		15,804,000	——
1913-S		6,101,000	——
1914 (P)		75,237,067	1,365
1914-D		1,193,000	——

DATE	NOTE	BUSINESS	PROOF	DATE	NOTE	BUSINESS	PROOF
1914-S		4,137,000	——	1937 (P)		309,170,000	9,320
1915 (P)		29,090,970	1,150	1937-D		50,430,000	——
1915-D		22,050,000	——	1937-S		34,500,000	——
1915-S		4,833,000	——	1938 (P)		156,682,000	14,734
1916 (P)		131,832,627	1,050	1938-D		20,010,000	——
1916-D		35,956,000	——	1938-S		15,180,000	——
1916-S		22,510,000	——	1939 (P)		316,466,000	13,520
1917 (P)		196,429,785	Δ	1939-D		15,160,000	——
1917-D		55,120,000	——	1939-S		52,070,000	——
1917-S		32,620,000	——	1940 (P)		586,810,000	15,872
1918 (P)		288,104,634	——	1940-D		81,390,000	——
1918-D		47,830,000	——	1940-S		112,940,000	——
1918-S		34,680,000	——	1941 (P)		887,018,000	21,100
1919 (P)		392,021,000	——	1941-D		128,700,000	——
1919-D		57,154,000	——	1941-S		92,360,000	——
1919-S		139,760,000	——	1942 (P)		657,796,000	32,600
1920 (P)		310,165,000	——	1942-D		206,698,000	——
1920-D		49,280,000	——	1942-S		85,590,000	——
1920-S		46,220,000	——	1943 (P)	‹9›	684,628,670	——
1921 (P)		39,157,000	——	1943-D	‹9›	217,660,000	——
1921-S		15,274,000	——	1943-S	‹9›	191,550,000	——
1922-D	‹8›	7,160,000	——	1944 (P)		1,435,400,000	——
1923 (P)		74,723,000	——	1944-D		430,578,000	——
1923-S		8,700,000	——	1944-S		282,760,000	——
1924 (P)		75,178,000	——	1945 (P)		1,040,515,000	——
1924-D		2,520,000	——	1945-D		226,268,000	——
1924-S		11,696,000	——	1945-S		181,770,000	——
1925 (P)		139,949,000	——	1946 (P)		991,655,000	——
1925-D		22,580,000	——	1946-D		315,690,000	——
1925-S		26,380,000	——	1946-S		198,100,000	——
1926 (P)		157,088,000	——	1947 (P)		190,555,000	——
1926-D		28,020,000	——	1947-D		194,750,000	——
1926-S		4,550,000	——	1947-S		99,000,000	——
1927 (P)		144,440,000	——	1948 (P)		317,570,000	——
1927-D		27,170,000	——	1948-D		172,637,500	——
1927-S		14,276,000	——	1948-S		81,735,000	——
1928 (P)		134,116,000	——	1949 (P)		217,775,000	——
1928-D		31,170,000	——	1949-D		153,132,500	——
1928-S		17,266,000	——	1949-S		64,290,000	——
1929 (P)		185,262,000	——	1950 (P)	‹§›	272,635,000	51,386
1929-D		41,730,000	——	1950-D		334,950,000	——
1929-S		50,148,000	——	1950-S		118,505,000	——
1930 (P)		157,415,000	——	1951 (P)	‹§›	294,576,000	57,500
1930-D		40,100,000	——	1951-D		625,355,000	——
1930-S		24,286,000	——	1951-S		136,010,000	——
1931 (P)		19,396,000	——	1952 (P)	‹§›	186,765,000	81,980
1931-D		4,480,000	——	1952-D		746,130,000	——
1931-S		866,000	——	1952-S		137,800,004	——
1932 (P)		9,062,000	——	1953 (P)	‹§›	256,755,000	128,800
1932-D		10,500,000	——	1953-D		700,515,000	——
1933 (P)		14,360,000	—— '	1953-S		181,835,000	——
1933-D		6,200,000	——	1954 (P)	‹§›	71,640,050	233,300
1934 (P)		219,080,000	——	1954-D		251,552,500	——
1934-D		28,446,000	——	1954-S		96,190,000	——
1935 (P)		245,388,000	——	1955 (P)	‹§›	330,580,000	378,200
1935-D		47,000,000	——	1955-D		563,257,500	——
1935-S		38,702,000	——	1955-S		44,610,000	——
1936 (P)		309,632,000	5,569	1956 (P)	‹§›	420,745,000	669,384
1936-D		40,620,000	——	1956-D		1,098,210,100	——
1936-S		29,130,000	——	1957 (P)	‹§›	282,540,000	1,247,952

DATE	NOTE	BUSINESS	PROOF
1957-D		1,051,342,000	——
1958 (P)	‹§›	252,525,000	875,652
1958-D		800,953,300	——
1959 (P)	‹§›	609,715,000	1,149,291
1959-D		1,279,760,000	——
1960 (P)	‹§, 10›	586,405,000	1,691,602
1960-D		1,580,884,000	——
1961 (P)	‹§›	753,345,000	3,028,244
1961-D		1,753,266,700	——
1962 (P)	‹§›	606,045,000	3,218,019
1962-D		1,793,148,400	——
1963 (P)	‹§›	754,110,000	3,075,645
1963-D		1,774,020,400	——
1964 (P)	‹§, 11›	2,648,575,000	3,950,762
1964-D	‹11›	3,799,071,500	——
1965 (P)	‹11›	301,470,000	——
1965 (D)	‹11›	973,364,900	——
1965 (S)	‹11›	220,030,000	——
1966 (P)	‹11›	811,100,000	——
1966 (D)	‹11›	991,431,200	——
1966 (S)	‹11›	383,355,000	——
1967 (P)	‹11›	907,575,000	——
1967 (D)	‹11›	1,327,377,100	——
1967 (S)	‹11›	813,715,000	——
1968 (P)		1,707,880,970	——
1968-D		2,886,269,600	——
1968-S	‹§›	258,270,001	3,041,506
1969 (P)		1,136,910,000	——
1969-D		4,002,832,200	——
1969-S	‹§›	544,375,000	2,934,631
1970 (P)		1,898,315,000	——
1970-D		2,891,438,900	——
1970-S	‹§›	690,560,004	2,632,810
1971 (P)		1,919,490,000	——
1971-D		2,911,045,600	——
1971-S	‹§›	525,130,054	3,220,733
1972 (P)		2,933,255,000	——
1972-D		2,655,071,400	——
1972-S	‹§›	380,200,104	3,260,996
1973 (P)		3,728,245,000	——
1973-D		3,549,576,588	——
1973-S	‹§›	319,937,634	2,760,339
1974 (P)		4,232,140,523	——
1974-D		4,235,098,000	——
1974-S	‹§›	409,421,878	2,612,568
1975 (P)		3,874,182,000	——
1975-D		4,505,275,300	——
1975-S	‹§›	——	2,845,450
1975 (W)		1,577,294,142	——
1976 (P)		3,133,580,000	——
1976 (P)		4,221,592,455	——
1976-S		——	4,123,056
1976 (W)		1,540,695,000	——
1977 (P)		3,074,575,000	——
1977-D		4,194,062,300	——
1977-S	‹§›	——	3,236,798
1977 (W)		1,395,355,000	——
1978 (P)		3,735,655,000	——
1978-D		4,280,233,400	——
1978 (S)		291,700,000	——

DATE	NOTE	BUSINESS	PROOF
1978-S	‹§›	——	3,120,285
1978 (W)		1,531,250,000	——
1979 (P)		3,560,940,000	——
1979 (P)		4,139,357,254	——
1979 (S)		751,725,000	——
1979-S	‹§›	——	3,677,175
1979 (W)		1,705,850,000	——
1980 (P)		6,230,115,000	——
1980-D		5,140,098,660	——
1980 (S)		1,184,590,000	——
1980-S	‹§›	——	3,554,806
1980 (W)		1,576,200,000	——
1981 (P)		6,611,305,000	——
1981-D		5,373,235,677	——
1981 (S)		880,440,000	——
1981-S	‹§›	——	4,063,083
1981 (W)		1,882,400,000	——
1982 (P)	‹12›	7,135,275,000	——
1982-D	‹12›	6,012,979,368	——
1982 (S)	‹12›	1,587,245,000	——
1982-S	‹§›	——	3,857,479
1982 (W)	‹12›	1,990,005,000	——
1983 (P)		5,567,190,000	——
1983-D		6,467,199,428	——
1983 (S)		180,765,000	——
1983-S	‹§›	——	3,279,126
1983 (W)		2,004,400,000	——
1984 (P)		6,114,864,000	——
1984-D		5,569,238,906	——
1984-S	‹§›	——	3,065,110
1984 (W)		2,036,215,000	——
1985 (P)		4,951,904,887	——
1985-D		5,287,399,926	——
1985-S	‹§›	——	3,362,821
1985 (W)		696,585,000	——
1986 (P)		4,490,995,493	——
1986-D		4,442,866,698	——
1986-S	‹§›	——	3,010,497
1986 (W)		400,000	——
1987 (P)		4,682,466,931	——
1987-D		4,879,389,514	——
1987-S	‹§›	——	3,792,233
1988 (P)		6,092,810,000	——
1988-D		5,253,740,443	——
1988-S	‹§›	——	3,262,948
1989 (P)		7,261,535,000	——
1989-D		5,345,467,711	——
1989-S	‹§›	——	3,220,914
1990 (P)		6,851,765,000	——
1990-D		4,922,894,553	——
1990-S	‹§›	——	3,299,559
1991 (P)		5,165,940,000	——
1991-D		4,158,442,076	——
1991-S	‹§›	——	2,867,787
1992 (P)		4,648,905,000	——
1992-D		4,448,673,300	——
1992-S	‹§›	——	4,176,544
1993 (P)		5,684,705,000	——
1993-D		6,426,650,571	——
1993-S	‹§›	——	3,360,876

DATE	NOTE	BUSINESS	PROOF
1994 (P)		6,500,850,000	——
1994-D		7,131,765,000	——
1994-S	‹§›	——	3,222,140
1995 (P)		6,411,440,000	——
1995-D		7,128,560,000	——
1995-S	‹§›	——	2,791,067
1996 (P)		6,612,465,000	——
1996-D		6,510,795,000	——
1996-S	‹§›	——	2,920,158
1997 (P)		4,622,800,000	——
1997-D		4,576,555,000	——
1997-S	‹§›	——	2,796,194
1998 (P)		5,032,200,000	——
1998-D		5,225,200,000	——
1998-S	‹§›	——	2,965,503
1999 (P)		5,237,600,000	——
1999-D		6,360,065,000	——
1999-S	‹§, 121›	——	3,362,464
2000 (P)		5,503,200,000	——
2000-D		8,774,220,000	——
2000-S	‹§, 121›	——	4,062,402
2001 (P)		4,959,600,000	——
2001-D		5,374,990,000	——
2001-S	‹§, 121›	——	2,618,086
2002 (P)		3,260,800,000	——
2002-D		4,028,055,000	——
2002-S	‹§›	——	3,210,674
2003 (P)		3,300,000,000	——
2003-D		3,548,000,000	——
2003-S	‹§›	——	3,315,542
2004 (P)		3,379,600,000	——
2004-D		3,456,400,000	——
2004-S	‹§›	——	2,965,422
2005 (P)		3,935,600,000	——
2005 (P) Satin Finish		1,141,908	——
2005-D		3,764,450,500	——
2005-D Satin Finish		1,141,908	——
2005-S	‹§›	——	3,302,852
2006 (P)		Pending	——
2006 (P) Satin Finish		Pending	——
2006-D		Pending	——
2006-D Satin Finish		Pending	——
2006-S	‹§›	——	Pending

Two cents

DATE	NOTE	BUSINESS	PROOF
1864 (P)	‹13›	19,847,500	100
1865 (P)		13,640,000	500
1866 (P)		3,177,000	725
1867 (P)		2,938,750	625
1868 (P)		2,803,750	600
1869 (P)		1,546,500	600
1870 (P)		861,250	1,000
1871 (P)		721,250	960
1872 (P)		65,000	950
1873 (P)	‹6, 14›	——	1,100

Copper-nickel 3 cents

DATE	NOTE	BUSINESS	PROOF
1865 (P)		11,382,000	400
1866 (P)		4,801,000	725
1867 (P)		3,915,000	625
1868 (P)		3,252,000	600

DATE	NOTE	BUSINESS	PROOF
1869 (P)		1,604,000	600
1870 (P)		1,335,000	1,000
1871 (P)		604,000	960
1872 (P)		862,000	950
1873 (P)	‹6›	1,173,000	1,100
1874 (P)		790,000	700
1875 (P)		228,000	700
1876 (P)		162,000	1,150
1877 (P)	‹7›	——	510
1878 (P)		——	2,350
1879 (P)		38,000	3,200
1880 (P)		21,000	3,955
1881 (P)		1,077,000	3,575
1882 (P)		22,200	3,100
1883 (P)		4,000	6,609
1884 (P)		1,700	3,942
1885 (P)		1,000	3,790
1886 (P)		——	4,290
1887 (P)	‹15›	5,001	2,960
1888 (P)		36,501	4,582
1889 (P)		18,125	3,336

Silver 3 cents

DATE	NOTE	BUSINESS	PROOF
1851 (P)		5,447,400	Δ
1851-O		720,000	Δ
1852 (P)		18,663,500	——
1853 (P)	‹16›	11,400,000	——
1854 (P)		671,000	Δ
1855 (P)		139,000	Δ
1856 (P)		1,458,000	Δ
1857 (P)		1,042,000	Δ
1858 (P)		1,604,000	Δ
1859 (P)		365,000	Δ
1860 (P)		286,000	1,000
1861 (P)		497,000	1,000
1862 (P)		343,000	550
1863 (P)	‹17›	21,000	460
1864 (P)	‹18›	12,000	470
1865 (P)		8,000	500
1866 (P)		22,000	725
1867 (P)		4,000	625
1868 (P)		3,500	600
1869 (P)		4,500	600
1870 (P)		3,000	1,000
1871 (P)		3,400	960
1872 (P)		1,000	950
1873 (P)	‹6›	——	600

Shield 5 cents

DATE	NOTE	BUSINESS	PROOF
1866 (P)		14,742,500	125
1867 (P)	‹19›	30,909,500	625
1868 (P)		28,817,000	600
1869 (P)		16,395,000	600
1870 (P)		4,806,000	1,000
1871 (P)		561,000	960
1872 (P)		6,036,000	950
1873 (P)	‹6›	4,550,000	1,100
1874 (P)		3,538,000	700
1875 (P)		2,097,000	700
1876 (P)		2,530,000	1,150
1877 (P)	‹7›	——	510

DATE	NOTE	BUSINESS	PROOF
1878 (P)		—	2,350
1879 (P)		25,900	3,200
1880 (P)		16,000	3,955
1881 (P)		68,800	3,575
1882 (P)		11,473,500	3,100
1883 (P)		1,451,500	5,419

Liberty Head 5 cents

DATE	NOTE	BUSINESS	PROOF
1883 (P)			
No CENTS		5,474,300	5,219
CENTS		16,026,200	6,783
1884 (P)		11,270,000	3,942
1885 (P)		1,472,700	3,790
1886 (P)		3,326,000	4,290
1887 (P)		15,260,692	2,960
1888 (P)		10,715,901	4,582
1889 (P)		15,878,025	3,336
1890 (P)		16,256,532	2,740
1891 (P)		16,832,000	2,350
1892 (P)		11,696,897	2,745
1893 (P)		13,368,000	2,195
1894 (P)		5,410,500	2,632
1895 (P)		9,977,822	2,062
1896 (P)		8,841,058	1,862
1897 (P)		20,426,797	1,938
1898 (P)		12,530,292	1,795
1899 (P)		26,027,000	2,031
1900 (P)		27,253,733	2,262
1901 (P)		26,478,228	1,985
1902 (P)		31,487,561	2,018
1903 (P)		28,004,935	1,790
1904 (P)		21,401,350	1,817
1905 (P)		29,825,124	2,152
1906 (P)		38,612,000	1,725
1907 (P)		39,213,325	1,475
1908 (P)		22,684,557	1,620
1909 (P)		11,585,763	4,763
1910 (P)		30,166,948	2,405
1911 (P)		39,557,639	1,733
1912 (P)		26,234,569	2,145
1912-D		8,474,000	—
1912-S		238,000	—
1913 (P)	‹20›	—	—

Indian Head 5 cents

DATE	NOTE	BUSINESS	PROOF
1913 (P)			
Mound		30,992,000	1,520
Plain		29,857,186	1,514
1913-D			
Mound		5,337,000	—
Plain		4,156,000	—
1913-S			
Mound		2,105,000	—
Plain		1,209,000	—
1914 (P)		20,664,463	1,275
1914-D		3,912,000	—
1914-S		3,470,000	—
1915 (P)		20,986,220	1,050
1915-D		7,569,500	—
1915-S		1,505,000	—
1916 (P)		63,497,466	600

DATE	NOTE	BUSINESS	PROOF
1916-D		13,333,000	—
1916-S		11,860,000	—
1917 (P)		51,424,029	Δ
1917-D		9,910,800	—
1917-S		4,193,000	—
1918 (P)		32,086,314	—
1918-D		8,362,000	—
1918-S		4,882,000	—
1919 (P)		60,868,000	—
1919-D		8,006,000	—
1919-S		7,521,000	—
1920 (P)		63,093,000	—
1920-D		9,418,000	—
1920-S		9,689,000	—
1921 (P)		10,663,000	—
1921-S		1,557,000	—
1923 (P)		35,715,000	—
1923-S		6,142,000	—
1924 (P)		21,620,000	—
1924-D		5,258,000	—
1924-S		1,437,000	—
1925 (P)		35,565,100	—
1925-D		4,450,000	—
1925-S		6,256,000	—
1926 (P)		44,693,000	—
1926-D		5,638,000	—
1926-S		970,000	—
1927 (P)		37,981,000	—
1927-D		5,730,000	—
1927-S		3,430,000	—
1928 (P)		23,411,000	—
1928-D		6,436,000	—
1928-S		6,936,000	—
1929 (P)		36,446,000	—
1929-D		8,370,000	—
1929-S		7,754,000	—
1930 (P)		22,849,000	—
1930-S		5,435,000	—
1931-S		1,200,000	—
1934 (P)		20,213,003	—
1934-D		7,480,000	—
1935 (P)		58,264,000	—
1935-D		12,092,000	—
1935-S		10,300,000	—
1936 (P)		118,997,000	4,420
1936-D		24,814,000	—
1936-S		14,930,000	—
1937 (P)		79,480,000	5,769
1937-D		17,826,000	—
1937-S		5,635,000	—
1938-D		7,020,000	—

Jefferson 5 cents

DATE	NOTE	BUSINESS	PROOF
1938 (P)		19,496,000	19,365
1938-D		5,376,000	—
1938-S		4,105,000	—
1939 (P)		120,615,000	12,535
1939-D		3,514,000	—
1939-S		6,630,000	—
1940 (P)		176,485,000	14,158

DATE	NOTE	BUSINESS	PROOF
1940-D		43,540,000	——
1940-S		39,690,000	——
1941 (P)		203,265,000	18,720
1941-D		53,432,000	——
1941-S		43,445,000	——
1942 (P)	‹21›	49,789,000	29,600
1942-P	‹21›	57,873,000	27,600
1942-D	‹21›	13,938,000	——
1942-S	‹21›	32,900,000	——
1943-P	‹21›	271,165,000	——
1943-D	‹21›	15,294,000	——
1943-S	‹21›	104,060,000	——
1944-P	‹21, 22›	119,150,000	——
1944-D	‹21›	32,309,000	——
1944-S	‹21›	21,640,000	——
1945-P	‹21›	119,408,100	——
1945-D	‹21›	37,158,000	——
1945-S	‹21›	58,939,000	——
1946 (P)		161,116,000	——
1946-D		45,292,200	——
1946-S		13,560,000	——
1947 (P)		95,000,000	——
1947-D		37,822,000	——
1947-S		24,720,000	——
1948 (P)		89,348,000	——
1948-D		44,734,000	——
1948-S		11,300,000	——
1949 (P)		60,652,000	——
1949-D		36,498,000	——
1949-S		9,716,000	——
1950 (P)	‹§›	9,796,000	51,386
1950-D		2,630,030	——
1951 (P)	‹§›	28,552,000	57,500
1951-D		20,460,000	——
1951-S		7,776,000	——
1952 (P)	‹§›	63,988,000	81,980
1952-D		30,638,000	——
1952-S		20,572,000	——
1953 (P)	‹§›	46,644,000	128,800
1953-D		59,878,600	——
1953-S		19,210,900	——
1954 (P)	‹§›	47,684,050	233,300
1954-D		117,136,560	——
1954-S		29,384,000	——
1955 (P)	‹§›	7,888,000	378,200
1955-D		74,464,100	——
1956 (P)	‹§›	35,216,000	669,384
1956-D		67,222,640	——
1957 (P)	‹§›	38,408,000	1,247,952
1957-D		136,828,900	——
1958 (P)	‹§›	17,088,000	875,652
1958-D		168,249,120	——
1959 (P)	‹§›	27,248,000	1,149,291
1959-D		160,738,240	——
1960 (P)	‹§›	55,416,000	1,691,602
1960-D		192,582,180	——
1961 (P)	‹§›	73,640,000	3,028,244
1961-D		229,342,760	——
1962 (P)	‹§›	97,384,000	3,218,019
1962-D		280,195,720	

DATE	NOTE	BUSINESS	PROOF
1963 (P)	‹§›	175,776,000	3,075,645
1963-D		276,829,460	——
1964 (P)	‹§, 11›	1,024,672,000	3,950,762
1964-D	‹11›	1,787,297,160	——
1965 (P)	‹11›	12,440,000	——
1965 (D)	‹11›	82,291,380	——
1965 (S)	‹11›	39,040,000	——
1966 (P)	‹11, 23›		Δ
1966 (D)	‹11›	103,546,700	——
1966 (S)	‹11›	50,400,000	——
1967 (P)	‹11›		——
1967 (D)	‹11›	75,993,800	——
1967 (S)	‹11›	31,332,000	——
1968 (P)			——
1968-D		91,227,880	——
1968-S	‹§›	100,396,004	3,041,506
1969 (P)			——
1969-D		202,807,500	——
1969-S	‹§›	120,165,000	2,934,631
1970-D		515,485,380	——
1970-S	‹§›	238,832,004	2,632,810
1971 (P)		106,884,000	——
1971-D		316,144,800	——
1971-S	‹24›		3,220,733
1972 (P)		202,036,000	——
1972-D		351,694,600	——
1972-S	‹§›		3,260,996
1973 (P)		384,396,000	——
1973-D		261,405,400	——
1973-S	‹§›		2,760,339
1974 (P)		601,752,000	——
1974-D		277,373,000	——
1974-S	‹§›		2,612,568
1975 (P)		181,772,000	——
1975-D		401,875,300	——
1975-S	‹§›		2,845,450
1976 (P)		367,124,000	——
1976-D		563,964,147	——
1976-S			——
1977 (P)		585,376,000	——
1977-D		297,313,422	——
1977-S	‹§›		3,236,798
1978 (P)		391,308,000	——
1978-D		313,092,780	——
1978-S	‹§›		3,120,285
1979 (P)		463,188,000	——
1979-D		325,867,672	——
1979-S	‹§›		3,677,175
1980-P	‹25›	593,004,000	——
1980-D		502,323,448	——
1980-S	‹§›		3,554,806
1981-P		657,504,000	——
1981-D		364,801,843	——
1981-S	‹§›		4,063,083
1982-P		292,355,000	——
1982-D		373,726,544	——
1982-S	‹§›		3,857,479
1983-P		561,615,000	——
1983-D		536,726,276	——
1983-S	‹§›		3,279,126

DATE	NOTE	BUSINESS	PROOF
1984-P		746,769,000	——
1984-D		517,675,146	——
1984-S	‹§›	——	3,065,110
1985-P		647,114,962	——
1985-D		459,747,446	——
1985-S	‹§›	——	3,362,821
1986-P		536,883,493	——
1986-D		361,819,144	——
1986-S	‹§›	——	3,010,497
1987-P		371,499,481	——
1987-D		410,590,604	——
1987-S	‹§›	——	3,792,233
1988-P		771,360,000	——
1988-D		663,771,652	——
1988-S	‹§›	——	3,262,948
1989-P		898,812,000	——
1989-D		570,842,474	——
1989-S	‹§›	——	3,220,914
1990-P		661,636,000	——
1990-D		663,938,503	——
1990-S	‹§›	——	3,299,559
1991-P		614,104,000	——
1991-D		436,496,678	——
1991-S	‹§›	——	2,867,787
1992-P		399,552,000	——
1992-D		450,565,113	——
1992-S	‹§›	——	4,176,544
1993-P		412,076,000	——
1993-D		406,084,135	——
1993-S	‹§›	——	3,360,876
1994-P	‹116›	722,160,000	——
1994-D		715,762,110	——
1994-S	‹§›	——	3,222,140
1995-P		774,156,000	——
1995-D		888,112,000	——
1995-S	‹§›	——	2,791,067
1996-P		829,332,000	——
1996-D		817,736,000	——
1996-S	‹§›	——	2,920,158
1997-P		470,972,000	——
1997-D		466,640,000	——
1997-S	‹§›	——	2,796,194
1998-P		688,292,000	——
1998-D		635,380,000	——
1998-S	‹§›	——	2,965,503
1999-P		1,212,000,000	——
1999-D		1,066,720,000	——
1999-S	‹§, 121›	——	3,362,464
2000-P		846,240,000	——
2000-D		1,509,520,000	——
2000-S	‹§, 121›	——	4,062,402
2001-P		675,704,000	——
2001-D		627,680,000	——
2001-S	‹§, 121›	——	2,618,086
2002-P		539,280,000	——
2002-D		691,200,000	——
2002-S	‹§›	——	3,210,674
2003-P		441,840,000	——
2003-D		383,040,000	——
2003-S	‹§›	——	3,315,542

DATE	NOTE	BUSINESS	PROOF
2004-P Peace Medal		361,440,000	——
2004-D Peace Medal		372,000,000	——
2004-S Peace Medal	‹§›	——	2,965,422
2004-P Keelboat		366,720,000	——
2004-D Keelboat		344,880,000	——
2004-S Keelboat	‹§›	——	2,965,422
2005-P American Bison		448,320,000	——
Satin Finish ‹122›		1,466,908	——
2005-D American Bison		487,680,000	——
Satin Finish ‹122›		1,466,908	——
2005-S American Bison	‹§›	——	3,627,852
2005-P Ocean in View		411,120,000	——
Satin Finish ‹122›		1,466,908	——
2005-D Ocean in View		394,080,000	——
Satin Finish ‹122›		1,466,908	——
2005-S Ocean in View	‹§›	——	3,627,852
2006-P		Pending	——
Satin Finish ‹122›		Pending	——
2006-D		Pending	——
Satin Finish ‹122›		Pending	——
2006-S		——	Pending

Flowing Hair half dime

DATE	NOTE	BUSINESS	PROOF
1794		7,756	——
1795		78,660	——

Draped Bust half dime

DATE	NOTE	BUSINESS	PROOF
1796		10,230	——
1797		44,527	——
1800		40,000	——
1801		33,910	——
1802		13,010	——
1803		37,850	——
1805		15,600	——

Capped Bust half dime

DATE	NOTE	BUSINESS	PROOF
1829		1,230,000	Δ
1830		1,240,000	Δ
1831		1,242,700	Δ
1832		965,000	Δ
1833		1,370,000	Δ
1834		1,480,000	Δ
1835		2,760,000	Δ
1836		1,900,000	Δ
1837		871,000	Δ

Seated Liberty half dime

DATE	NOTE	BUSINESS	PROOF
1837		1,405,000	——
1838 (P)		2,255,000	Δ
1838-O	‹26›	115,000	——
1839 (P)		1,069,150	Δ
1839-O		981,550	——
1840 (P)		1,344,085	Δ
1840-O		935,000	——
1841 (P)		1,150,000	Δ
1841-O		815,000	——
1842 (P)		815,000	Δ
1842-O		350,000	——
1843 (P)		1,165,000	Δ
1844 (P)		430,000	Δ
1844-O		220,000	——
1845 (P)		1,564,000	Δ

DATE	NOTE	BUSINESS	PROOF
1846 (P)		27,000	Δ
1847 (P)		1,274,000	Δ
1848 (P)		668,000	Δ
1848-O		600,000	——
1849 (P)		1,309,000	Δ
1849-O		140,000	——
1850 (P)		955,000	Δ
1850-O		690,000	——
1851 (P)		781,000	Δ
1851-O		860,000	——
1852 (P)		1,000,500	Δ
1852-O		260,000	——
1853 (P)			
No Arrows ‹16›		135,000	——
Arrows ‹16›		13,210,020	Δ
1853-O			
No Arrows ‹16›		160,000	——
Arrows ‹16›		2,200,000	——
1854 (P)		5,740,000	Δ
1854-O		1,560,000	——
1855 (P)		1,750,000	Δ
1855-O		600,000	——
1856 (P)		4,880,000	Δ
1856-O		1,100,000	——
1857 (P)		7,280,000	Δ
1857-O		1,380,000	——
1858 (P)		3,500,000	Δ
1858-O		1,660,000	——
1859 (P)		340,000	Δ
1859-O		560,000	——
1860 (P)	‹28›	798,000	1,000
1860-O	‹28, 29›	1,060,000	Δ
1861 (P)		3,360,000	1,000
1862 (P)		1,492,000	550
1863 (P)		18,000	460
1863-S		100,000	——
1864 (P)	‹18›	48,000	470
1864-S		90,000	——
1865 (P)		13,000	500
1865-S		120,000	——
1866 (P)		10,000	725
1866-S		120,000	——
1867 (P)		8,000	625
1867-S		120,000	——
1868 (P)		88,600	600
1868-S		280,000	——
1869 (P)		208,000	600
1869-S		230,000	——
1870 (P)		535,600	1,000
1871 (P)		1,873,000	960
1871-S		161,000	——
1872 (P)		2,947,000	950
1872-S		837,000	——
1873 (P)	‹6›	712,000	600
1873-S	‹6›	324,000	——

Draped Bust dime

DATE	NOTE	BUSINESS	PROOF
1796		22,135	——
1797		25,261	——
1798		27,550	——

DATE	NOTE	BUSINESS	PROOF
1800		21,760	——
1801		34,640	——
1802		10,975	——
1803		33,040	——
1804		8,265	——
1805		120,780	——
1807		165,000	——

Capped Bust dime

DATE	NOTE	BUSINESS	PROOF
1809		51,065	——
1811		65,180	——
1814		421,500	——
1820		942,587	Δ
1821		1,186,512	Δ
1822		100,000	Δ
1823	‹3›	440,000	Δ
1824		100,000	Δ
1825		410,000	Δ
1827		1,215,000	Δ
1828		125,000	Δ
1829		770,000	Δ
1830		510,000	Δ
1831		771,350	Δ
1832		522,500	Δ
1833		485,000	Δ
1834		635,000	Δ
1835		1,410,000	Δ
1836		1,190,000	Δ
1837		359,500	Δ

Seated Liberty dime

DATE	NOTE	BUSINESS	PROOF
1837		682,500	——
1838 (P)		1,992,500	Δ
1838-O	‹26›	406,034	——
1839 (P)		1,053,115	Δ
1839-O		1,323,000	——
1840 (P)		1,358,580	Δ
1840-O		1,175,000	——
1841 (P)		1,622,500	Δ
1841-O		2,007,500	——
1842 (P)		1,887,500	Δ
1842-O		2,020,000	——
1843 (P)		1,370,000	Δ
1843-O		50,000	——
1844 (P)		72,500	Δ
1845 (P)		1,755,000	Δ
1845-O		230,000	——
1846 (P)		31,300	Δ
1847 (P)		245,000	Δ
1848 (P)		451,500	Δ
1849 (P)		839,000	Δ
1849-O		300,000	——
1850 (P)		1,931,500	Δ
1850-O		510,000	——
1851 (P)		1,026,500	Δ
1851-O		400,000	——
1852 (P)		1,535,500	Δ
1852-O		430,000	——
1853 (P)			
No Arrows ‹16›		95,000	——
With Arrows ‹16›		12,078,010	Δ

DATE	NOTE	BUSINESS	PROOF
1853-O		1,100,000	—
1854 (P)		4,470,000	Δ
1854-O		1,770,000	—
1855 (P)		2,075,000	Δ
1856 (P)		5,780,000	Δ
1856-O		1,180,000	—
1856-S		70,000	—
1857 (P)		5,580,000	Δ
1857-O		1,540,000	—
1858 (P)		1,540,000	—
1858-O		290,000	Δ
1858-S		60,000	—
1859 (P)		430,000	Δ
1859-O		480,000	—
1859-S		60,000	—
1860 (P)	‹28›	606,000	1,000
1860-O	‹28›	40,000	—
1860-S	‹28›	140,000	—
1861 (P)		1,883,000	1,000
1861-S		172,500	—
1862 (P)		847,000	550
1862-S		180,750	—
1863 (P)		14,000	460
1863-S		157,500	—
1864 (P)	‹18›	11,000	470
1864-S		230,000	—
1865 (P)		10,000	500
1865-S		175,000	—
1866 (P)		8,000	725
1866-S		135,000	—
1867 (P)		6,000	625
1867-S		140,000	—
1868 (P)		464,000	600
1868-S		260,000	—
1869 (P)		256,000	600
1869-S		450,000	—
1870 (P)		470,500	1,000
1870-S		50,000	—
1871 (P)		906,750	960
1871-CC		20,100	—
1871-S		320,000	—
1872 (P)		2,395,500	950
1872-CC		35,480	—
1872-S		190,000	—
1873 (P)			
No Arrows	‹6›	1,568,000	600
With Arrows	‹6›	2,377,700	800
1873-CC			
No Arrows	‹6, 30›	12,400	—
With Arrows	‹6›	18,791	—
1873-S			
With Arrows	‹6›	455,000	—
1874 (P)		2,940,000	700
1874-CC		10,817	—
1874-S		240,000	—
1875 (P)		10,350,000	700
1875-CC		4,645,000	—
1875-S		9,070,000	—
1876 (P)		11,460,000	1,150
1876-CC		8,270,000	—

DATE	NOTE	BUSINESS	PROOF
1876-S		10,420,000	—
1877 (P)		7,310,000	510
1877-CC		7,700,000	—
1877-S		2,340,000	—
1878 (P)		1,678,000	800
1878-CC		200,000	—
1879 (P)		14,000	1,100
1880 (P)		36,000	1,355
1881 (P)		24,000	975
1882 (P)		3,910,000	1,100
1883 (P)		7,674,673	1,039
1884 (P)		3,365,505	875
1884-S		564,969	—
1885 (P)		2,532,497	930
1885-S		43,690	—
1886 (P)		6,376,684	886
1886-S		206,524	—
1887 (P)		11,283,229	710
1887-S		4,454,450	—
1888 (P)		5,495,655	832
1888-S		1,720,000	—
1889 (P)		7,380,000	711
1889-S		972,678	—
1890 (P)		9,910,951	590
1890-S		1,423,076	—
1891 (P)		15,310,000	600
1891-O		4,540,000	—
1891-S		3,196,116	—
Barber dime			
1892 (P)		12,120,000	1,245
1892-O		3,841,700	—
1892-S		990,710	—
1893 (P)		3,340,000	792
1893-O		1,760,000	—
1893-S		2,491,401	—
1894 (P)		1,330,000	972
1894-O		720,000	—
1894-S	‹31›	—	—
1895 (P)		690,000	880
1895-O		440,000	—
1895-S		1,120,000	—
1896 (P)		2,000,000	762
1896-O		610,000	—
1896-S		575,056	—
1897 (P)		10,868,533	731
1897-O		666,000	—
1897-S		1,342,844	—
1898 (P)		16,320,000	735
1898-O		2,130,000	—
1898-S		1,702,507	—
1899 (P)		19,580,000	846
1899-O		2,650,000	—
1899-S		1,867,493	—
1900 (P)		17,600,000	912
1900-O		2,010,000	—
1900-S		5,168,270	—
1901 (P)		18,859,665	813
1901-O		5,620,000	—
1901-S		593,022	—

DATE	NOTE	BUSINESS	PROOF
1902 (P)		21,380,000	777
1902-O		4,500,000	——
1902-S		2,070,000	——
1903 (P)		19,500,000	755
1903-O		8,180,000	——
1903-S		613,300	——
1904 (P)		14,600,357	670
1904-S		800,000	——
1905 (P)		14,551,623	727
1905-O		3,400,000	——
1905-S		6,855,199	——
1906 (P)		19,957,731	675
1906-D	‹32›	4,060,000	Δ
1906-O		2,610,000	——
1906-S		3,136,640	——
1907 (P)		22,220,000	575
1907-D		4,080,000	——
1907-O		5,058,000	——
1907-S		3,178,470	——
1908 (P)		10,600,000	545
1908-D		7,490,000	——
1908-O		1,789,000	——
1908-S		3,220,000	——
1909 (P)		10,240,000	650
1909-D		954,000	——
1909-O		2,287,000	——
1909-S		1,000,000	——
1910 (P)		11,520,000	551
1910-D		3,490,000	——
1910-S		1,240,000	——
1911 (P)		18,870,000	543
1911-D		11,209,000	——
1911-S		3,520,000	——
1912 (P)		19,350,000	700
1912-D		11,760,000	——
1912-S		3,420,000	——
1913 (P)		19,760,000	622
1913-S		510,000	——
1914 (P)		17,360,230	——
1914-D		11,908,000	425
1914-S		2,100,000	——
1915 (P)		5,620,000	450
1915-S		960,000	——
1916 (P)		18,490,000	Δ
1916-S		5,820,000	——

Winged Liberty Head dime

DATE	NOTE	BUSINESS	PROOF
1916 (P)		22,180,080	——
1916-D		264,000	——
1916-S		10,450,000	——
1917 (P)		55,230,000	——
1917-D		9,402,000	——
1917-S		27,330,000	——
1918 (P)		26,680,000	——
1918-D		22,674,800	——
1918-S		19,300,000	——
1919 (P)		35,740,000	——
1919-D		9,939,000	——
1919-S		8,850,000	——
1920 (P)		59,030,000	——

DATE	NOTE	BUSINESS	PROOF
1920-D		19,171,000	——
1920-S		13,820,000	——
1921 (P)		1,230,000	——
1921-D		1,080,000	——
1923 (P)	‹22›	50,130,000	——
1923-S		6,440,000	——
1924 (P)		24,010,000	——
1924-D		6,810,000	——
1924-S		7,120,000	——
1925 (P)		25,610,000	——
1925-D		5,117,000	——
1925-S		5,850,000	——
1926 (P)		32,160,000	——
1926-D		6,828,000	——
1926-S		1,520,000	——
1927 (P)		28,080,000	——
1927-D		4,812,000	——
1927-S		4,770,000	——
1928 (P)		19,480,000	——
1928-D		4,161,000	——
1928-S		7,400,000	——
1929 (P)		25,970,000	——
1929-D		5,034,000	——
1929-S		4,730,000	——
1930 (P)	‹22›	6,770,000	——
1930-S		1,843,000	——
1931 (P)		3,150,000	——
1931-D		1,260,000	——
1931-S		1,800,000	——
1934 (P)		24,080,000	——
1934-D		6,772,000	——
1935 (P)		58,830,000	——
1935-D		10,477,000	——
1935-S		15,840,000	——
1936 (P)		87,500,000	4,130
1936-D		16,132,000	——
1936-S		9,210,000	——
1937 (P)		56,860,000	5,756
1937-D		14,146,000	——
1937-S		9,740,000	——
1938 (P)		22,190,000	8,728
1938-D		5,537,000	——
1938-S		8,090,000	——
1939 (P)		67,740,000	9,321
1939-D		24,394,000	——
1939-S		10,540,000	——
1940 (P)		65,350,000	11,827
1940-D		21,198,000	——
1940-S		21,560,000	——
1941 (P)		175,090,000	16,557
1941-D		45,634,000	——
1941-S		43,090,000	——
1942 (P)		205,410,000	22,329
1942-D		60,740,000	——
1942-S		49,300,000	——
1943 (P)		191,710,000	——
1943-D		71,949,000	——
1943-S		60,400,000	——
1944 (P)		231,410,000	——
1944-D		62,224,000	——

DATE	NOTE	BUSINESS	PROOF
1944-S		49,490,000	——
1945 (P)		159,130,000	——
1945-D		40,245,000	——
1945-S		41,920,000	——

Roosevelt dime

DATE	NOTE	BUSINESS	PROOF
1946 (P)		255,250,000	——
1946-D		61,043,500	——
1946-S		27,900,000	——
1947 (P)		121,520,000	——
1947-D		46,835,000	——
1947-S		34,840,000	——
1948 (P)		74,950,000	——
1948-D		52,841,000	——
1948-S		35,520,000	——
1949 (P)		30,940,000	——
1949-D		26,034,000	——
1949-S		13,510,000	——
1950 (P)	‹§›	50,130,114	51,386
1950-D		46,803,000	——
1950-S		20,440,000	——
1951 (P)	‹§›	102,880,102	57,500
1951-D		56,529,000	——
1951-S		31,630,000	——
1952 (P)	‹§›	99,040,093	81,980
1952-D		122,100,000	——
1952-S		44,419,500	——
1953 (P)	‹§›	53,490,120	128,800
1953-D		136,433,000	——
1953-S		39,180,000	——
1954 (P)	‹§›	114,010,203	233,300
1954-D		106,397,000	——
1954-S		22,860,000	——
1955 (P)	‹§›	12,450,181	378,200
1955-D		13,959,000	——
1955-S		18,510,000	——
1956 (P)	‹§›	108,640,000	669,384
1956-D		108,015,100	——
1957 (P)	‹§›	160,160,000	1,247,952
1957-D		113,354,330	——
1958 (P)	‹§›	31,910,000	875,652
1958-D		136,564,600	——
1959 (P)	‹§›	85,780,000	1,149,291
1959-D		164,919,790	——
1960 (P)	‹§›	70,390,000	1,691,602
1960-D		200,160,400	——
1961 (P)	‹§›	93,730,000	3,028,244
1961-D		209,146,550	——
1962 (P)	‹§›	72,450,000	3,218,019
1962-D		334,948,380	——
1963 (P)	‹§›	123,650,000	3,075,645
1963-D		421,476,530	——
1964 (P)	‹§, 11›	929,360,000	3,950,762
1964-D	‹11›	1,357,517,180	——
1965 (P)	‹11›	845,130,000	——
1965 (D)	‹11›	757,472,820	——
1965 (S)	‹11›	47,177,750	——
1966 (P)	‹11›	622,550,000	——
1966 (D)	‹11›	683,771,010	——
1966 (S)	‹11›	74,151,947	——

DATE	NOTE	BUSINESS	PROOF
1967 (P)	‹11›	1,030,110,000	——
1967 (D)	‹11›	1,156,277,320	——
1967 (S)	‹11›	57,620,000	——
1968 (P)		424,470,400	——
1968-D		480,748,280	——
1968-S	‹§, 33›		3,041,506
1969 (P)		145,790,000	——
1969-D		563,323,870	——
1969-S	‹§›		2,934,631
1970 (P)		345,570,000	——
1970-D		754,942,100	——
1970-S	‹§, 34›		2,632,810
1971 (P)		162,690,000	——
1971-D		377,914,240	——
1971-S	‹§›		3,220,733
1972 (P)		431,540,000	——
1972-D		330,290,000	——
1972-S	‹§›		3,260,996
1973 (P)		315,670,000	——
1973-D		455,032,426	——
1973-S	‹§›		2,760,339
1974 (P)		470,248,000	——
1974-D		571,083,000	——
1974-S	‹§›		2,612,568
1975 (P)		513,682,000	——
1975-D		313,705,300	——
1975 (S)		71,991,900	——
1976 (P)		568,760,000	——
1976-D		695,222,774	——
1976-S			——
1977 (P)		796,930,000	——
1977-D		376,607,228	——
1977-S	‹§›		3,236,798
1978 (P)		663,980,000	——
1978-D		282,847,540	——
1978-S	‹§›		3,120,285
1979 (P)		315,440,000	——
1979-D		390,921,184	——
1979-S	‹§›		3,677,175
1980-P	‹25›	735,170,000	——
1980-D		719,354,321	——
1980-S	‹§›		3,554,806
1981-P		676,650,000	——
1981-D		712,284,143	——
1981-S	‹§›		4,063,083
1982-P	‹35›	519,475,000	——
1982-D		542,713,584	——
1982-S	‹§›		3,857,479
1983-P		647,025,000	——
1983-D		730,129,224	——
1983-S	‹§›		3,279,126
1984-P		856,669,000	——
1984-D		704,803,976	——
1984-S	‹§›		3,065,110
1985-P		705,200,962	——
1985-D		587,979,970	——
1985-S	‹§›		3,362,821
1986-P		682,649,693	——
1986-D		473,326,974	——
1986-S	‹§›		3,010,497

DATE	NOTE	BUSINESS	PROOF
1987-P		762,709,481	——
1987-D		653,203,402	——
1987-S	‹§›	——	3,792,233
1988-P		1,030,550,000	——
1988-D		962,385,488	——
1988-S	‹§›	——	3,262,948
1989-P		1,298,400,000	——
1989-D		896,535,597	——
1989-S	‹§›	——	3,220,914
1990-P		1,034,340,000	——
1990-D		839,995,824	——
1990-S	‹§›	——	3,299,559
1991-P		927,220,000	——
1991-D		601,241,114	——
1991-S	‹§›	——	2,867,787
1992-P		593,500,000	——
1992-D		616,273,932	——
1992-S	‹§›		
Clad		——	2,858,903
90% silver		——	1,317,641
1993-P		766,180,000	——
1993-D		750,110,166	——
1993-S	‹§›		
Clad		——	2,569,882
90% silver		——	790,994
1994-P		1,189,000,000	——
1994-D		1,303,268,110	——
1994-S	‹§›		
Clad		——	2,443,590
90% silver		——	778,550
1995-P		1,125,500,000	——
1995-D		1,274,890,000	——
1995-S	‹§›		
Clad		——	2,124,790
90% silver		——	666,277
1996-P		1,421,630,000	——
1996-D		1,400,300,000	——
1996-S	‹§›		
Clad		——	2,145,077
90% silver		——	775,081
1996-W	‹118›	U	——
1996-W	‹118›	1,450,440	——
1997-P		991,640,000	——
1997-D		979,810,000	——
1997-S	‹§›		
Clad		——	2,055,000
90% silver		——	741,194
1998-P		1,163,000,000	——
1998-D		1,172,300,000	——
1998-S	‹§›		
Clad		——	2,086,507
90% silver		——	878,996
1999-P		2,164,000,000	——
1999-D		1,397,750,000	——
1999-S	‹§›		
Clad	‹121›	——	2,557,899
90% silver		——	804,565
2000-P		1,842,500,000	——
2000-D		1,818,700,000	——
2000-S	‹§›		
Clad	‹121›	——	3,096,981
90% silver		——	965,421
2001-P		1,369,590,000	——
2001-D		1,412,800,000	——
2001-S	‹§›		
Clad	‹121›	——	2,300,944
90% silver		——	889,697
2002-P		1,187,500,000	——
2002-D		1,379,500,000	——
2002-S	‹§›		
Clad		——	2,321,848
90% silver		——	888,826
2003-P		1,085,500,000	——
2003-D		986,500,000	——
2003-S	‹§›		
Clad		——	2,172,684
90% silver		——	1,142,858
2004-P		1,328,000,000	——
2004-D		1,159,500,000	——
2004-S	‹§›		
Clad		——	1,789,488
90% silver		——	1,175,934
2005-P		1,412,000,000	——
2005-P Satin Finish		1,141,908	——
2005-D		1,423,500,000	——
2005-D Satin Finish		1,141,908	——
2005-S	‹§›		
Clad		——	2,310,075
90% silver		——	992,777
2006-P		Pending	——
2006-P Satin Finish		Pending	——
2006-D		Pending	——
2006-D Satin Finish		Pending	——
2006-S	‹§›		
Clad		——	Pending
90% silver		——	Pending

Twenty cents

DATE	NOTE	BUSINESS	PROOF
1875 (P)		38,500	1,200
1875-CC		133,290	——
1875-S	‹36›	1,155,000	Δ
1876 (P)		14,750	1,150
1876-CC	‹37›	10,000	——
1877 (P)		——	510
1878 (P)		——	600

Draped Bust quarter dollar

DATE	NOTE	BUSINESS	PROOF
1796		6,146	——
1804		6,738	——
1805		121,394	——
1806		286,424	——
1807		140,343	——

Capped Bust quarter dollar

DATE	NOTE	BUSINESS	PROOF
1815		89,235	——
1818		361,174	Δ
1819		144,000	——
1820		127,444	Δ
1821		216,851	Δ
1822		64,080	Δ

DATE	NOTE	BUSINESS	PROOF
1823	‹3›	17,800	Δ
1824		24,000	Δ
1825		148,000	Δ
1827	‹38›	——	Δ (R)
1828		102,000	Δ
1831		398,000	Δ
1832		320,000	Δ
1833		156,000	Δ
1834		286,000	Δ
1835		1,952,000	Δ
1836		472,000	Δ
1837		252,400	Δ
1838 (P)		366,000	Δ

Seated Liberty quarter dollar

DATE	NOTE	BUSINESS	PROOF
1838 (P)		466,000	——
1839 (P)		491,146	Δ
1840 (P)		188,127	Δ
1840-O		425,200	
1841 (P)		120,000	Δ
1841-O		452,000	
1842 (P)		88,000	Δ
1842-O		769,000	——
1843 (P)		645,600	Δ
1843-O		968,000	——
1844 (P)		421,200	Δ
1844-O		740,000	——
1845 (P)		922,000	Δ
1846 (P)		510,000	Δ
1847 (P)		734,000	Δ
1847-O		368,000	——
1848 (P)		146,000	Δ
1849 (P)		340,000	Δ
1849-O		16,000	——
1850 (P)		190,800	Δ
1850-O		396,000	——
1851 (P)		160,000	Δ
1851-O		88,000	——
1852 (P)		177,060	Δ
1852-O		96,000	——
1853 (P)			
No Arr. & Rays ‹16›		44,200	——
Arrows & Rays ‹16›		15,210,020	Δ
1853-O		1,332,000	
1854 (P)		12,380,000	Δ
1854-O		1,484,000	——
1855 (P)		2,857,000	Δ
1855-O		176,000	——
1855-S	‹39›	396,400	Δ
1856 (P)		7,264,000	Δ
1856-O		968,000	——
1856-S		286,000	——
1857 (P)		9,644,000	Δ
1857-O		1,180,000	——
1857-S		82,000	——
1858 (P)		7,368,000	Δ
1858-O		520,000	——
1858-S		121,000	——
1859 (P)		1,344,000	Δ
1859-O		260,000	——

DATE	NOTE	BUSINESS	PROOF
1859-S		80,000	——
1860 (P)		804,400	1,000
1860-O		388,000	——
1860-S		56,000	——
1861 (P)		4,853,600	1,000
1861-S		96,000	——
1862 (P)		932,000	550
1862-S		67,000	——
1863 (P)		191,600	460
1864 (P)		93,600	470
1864-S		20,000	——
1865 (P)		58,800	500
1865-S		41,000	——
1866 (P)	‹40›	16,800	725
1866-S	‹40›	28,000	——
1867 (P)		20,000	625
1867-S		48,000	——
1868 (P)		29,400	600
1868-S		96,000	——
1869 (P)		16,000	600
1869-S		76,000	——
1870 (P)		86,400	1,000
1870-CC		8,340	
1871 (P)		118,200	960
1871-CC		10,890	——
1871-S		30,900	——
1872 (P)		182,000	950
1872-CC		22,850	——
1872-S		83,000	——
1873 (P)			
No Arrows ‹6›		212,000	600
With Arrows ‹6›		1,271,160	540
1873-CC			
No Arrows ‹6›		4,000	——
With Arrows ‹6›		12,462	——
1873-S			
With Arrows ‹6›		156,000	——
1874 (P)		471,200	700
1874-S		392,000	——
1875 (P)		4,292,800	700
1875-CC		140,000	——
1875-S		680,000	——
1876 (P)		17,816,000	1,150
1876-CC		4,944,000	——
1876-S		8,596,000	——
1877 (P)		10,911,200	510
1877-CC		4,192,000	——
1877-S		8,996,000	——
1878 (P)		2,260,000	800
1878-CC		996,000	——
1878-S		140,000	——
1879 (P)	‹41›	14,450	250
1880 (P)		13,600	1,355
1881 (P)		12,000	975
1882 (P)		15,200	1,100
1883 (P)		14,400	1,039
1884 (P)		8,000	875
1885 (P)		13,600	930
1886 (P)		5,000	886
1887 (P)		10,000	710

DATE	NOTE	BUSINESS	PROOF
1888 (P)		10,001	832
1888-S		1,216,000	—
1889 (P)		12,000	711
1890 (P)		80,000	590
1891 (P)		3,920,000	600
1891-O	‹42›	68,000	Δ
1891-S		2,216,000	—

Barber quarter dollar

DATE	NOTE	BUSINESS	PROOF
1892 (P)		8,236,000	1,245
1892-O		2,640,000	—
1892-S		964,079	—
1893 (P)		5,444,023	792
1893-O		3,396,000	—
1893-S		1,454,535	—
1894 (P)		3,432,000	972
1894-O		2,852,000	—
1894-S		2,648,821	—
1895 (P)		4,440,000	880
1895-O		2,816,000	—
1895-S		1,764,681	—
1896 (P)		3,874,000	762
1896-O		1,484,000	—
1896-S		188,039	—
1897 (P)		8,140,000	731
1897-O		1,414,800	—
1897-S		542,229	—
1898 (P)		11,100,000	735
1898-O		1,868,000	—
1898-S		1,020,592	—
1899 (P)		12,624,000	846
1899-O		2,644,000	—
1899-S		708,000	—
1900 (P)		10,016,000	912
1900-O		3,416,000	—
1900-S		1,858,585	—
1901 (P)		8,892,000	813
1901-O		1,612,000	—
1901-S		72,664	—
1902 (P)		12,196,967	777
1902-O		4,748,000	—
1902-S		1,524,612	—
1903 (P)		9,669,309	755
1903-O		3,500,000	—
1903-S		1,036,000	—
1904 (P)		9,588,143	670
1904-O		2,456,000	—
1905 (P)		4,967,523	727
1905-O		1,230,000	—
1905-S		1,884,000	—
1906 (P)		3,655,760	675
1906-D		3,280,000	—
1906-O		2,056,000	—
1907 (P)		7,192,000	575
1907-D		2,484,000	—
1907-O		4,560,000	—
1907-S		1,360,000	—
1908 (P)		4,232,000	545
1908-D		5,788,000	—
1908-O		6,244,000	—

DATE	NOTE	BUSINESS	PROOF
1908-S		784,000	—
1909 (P)		9,268,000	650
1909-D		5,114,000	—
1909-O		712,000	—
1909-S		1,348,000	—
1910 (P)		2,244,000	551
1910-D		1,500,000	—
1911 (P)		3,720,000	543
1911-D		933,600	—
1911-S		988,000	—
1912 (P)		4,400,000	700
1912-S		708,000	—
1913 (P)		484,000	613
1913-D		1,450,800	—
1913-S		40,000	—
1914 (P)		6,244,230	380
1914-D		3,046,000	—
1914-S		264,000	—
1915 (P)		3,480,000	450
1915-D		3,694,000	—
1915-S		704,000	—
1916 (P)		1,788,000	—
1916-D		6,540,800	—

Standing Liberty quarter dollar

DATE	NOTE	BUSINESS	PROOF
1916 (P)		52,000	—
1917 (P)			
Bare Breast		8,740,000	Δ
Mailed Breast		13,880,000	—
1917-D			
Bare Breast		1,509,200	—
Mailed Breast		6,224,400	—
1917-S			
Bare Breast		1,952,000	—
Mailed Breast		5,552,000	—
1918 (P)		14,240,000	—
1918-D		7,380,000	—
1918-S		11,072,000	—
1919 (P)		11,324,000	—
1919-D		1,944,000	—
1919-S		1,836,000	—
1920 (P)		27,860,000	—
1920-D		3,586,400	—
1920-S		6,380,000	—
1921 (P)		1,916,000	—
1923 (P)		9,716,000	—
1923-S		1,360,000	—
1924 (P)		10,920,000	—
1924-D		3,112,000	—
1924-S		2,860,000	—
1925 (P)		12,280,000	—
1926 (P)		11,316,000	—
1926-D		1,716,000	—
1926-S		2,700,000	—
1927 (P)		11,912,000	—
1927-D		976,400	—
1927-S		396,000	—
1928 (P)		6,336,000	—
1928-D		1,627,600	—
1928-S		2,644,000	—

DATE	NOTE	BUSINESS	PROOF
1929 (P)		11,140,000	——
1929-D		1,358,000	——
1929-S		1,764,000	——
1930 (P)		5,632,000	——
1930-S		1,556,000	——

Washington quarter dollar

DATE	NOTE	BUSINESS	PROOF
1932 (P)		5,404,000	——
1932-D		436,800	——
1932-S		408,000	——
1934 (P)		31,912,052	——
1934-D		3,527,200	——
1935 (P)		32,484,000	——
1935-D		5,780,000	——
1935-S		5,660,000	——
1936 (P)		41,300,000	3,837
1936-D		5,374,000	——
1936-S		3,828,000	——
1937 (P)		19,696,000	5,542
1937-D		7,189,600	——
1937-S		1,652,000	——
1938 (P)		9,472,000	8,045
1938-S		2,832,000	——
1939 (P)		33,540,000	8,795
1939-D		7,092,000	——
1939-S		2,628,000	——
1940 (P)		35,704,000	11,246
1940-D		2,797,600	——
1940-S		8,244,000	——
1941 (P)		79,032,000	15,287
1941-D		16,714,800	——
1941-S		16,080,000	——
1942 (P)		102,096,000	21,123
1942-D		17,487,200	——
1942-S		19,384,000	——
1943 (P)		99,700,000	——
1943-D		16,095,600	——
1943-S		21,700,000	——
1944 (P)		104,956,000	——
1944-D		14,600,800	——
1944-S		12,560,000	——
1945 (P)		74,372,000	——
1945-D		12,341,600	——
1945-S		17,004,001	——
1946 (P)		53,436,000	——
1946-D		9,072,800	——
1946-S		4,204,000	——
1947 (P)		22,556,000	——
1947-D		15,338,400	——
1947-S		5,532,000	——
1948 (P)		35,196,000	——
1948-D		16,766,800	——
1948-S		15,960,000	——
1949 (P)		9,312,000	——
1949-D		10,068,400	——
1950 (P)	‹§›	24,920,126	51,386
1950-D		21,075,600	——
1950-S		10,284,004	——
1951 (P)	‹§›	43,448,102	57,500
1951-D		35,354,800	——

DATE	NOTE	BUSINESS	PROOF
1951-S		9,048,000	——
1952 (P)	‹§›	38,780,093	81,980
1952-D		49,795,200	——
1952-S		13,707,800	——
1953 (P)	‹§›	18,536,120	128,800
1953-D		56,112,400	——
1953-S		14,016,000	——
1954 (P)	‹§›	54,412,203	233,300
1954-D		42,305,500	——
1954-S		11,834,722	——
1955 (P)	‹§›	18,180,181	378,200
1955-D		3,182,400	——
1956 (P)	‹§›	44,144,000	669,384
1956-D		32,334,500	——
1957 (P)	‹§›	46,532,000	1,247,952
1957-D		77,924,160	——
1958 (P)	‹§›	6,360,000	875,652
1958-D		78,124,900	——
1959 (P)	‹§›	24,384,000	1,149,291
1959-D		62,054,232	——
1960 (P)	‹§›	29,164,000	1,691,602
1960-D		63,000,324	——
1961 (P)	‹§›	37,036,000	3,028,244
1961-D		83,656,928	——
1962 (P)	‹§›	36,156,000	3,218,019
1962-D		127,554,756	——
1963 (P)	‹§›	74,316,000	3,075,645
1963-D		135,288,184	——
1964 (P)	‹§, 11›	560,390,585	3,950,762
1964-D	‹11›	704,135,528	——
1965 (P)	‹11›	1,082,216,000	——
1965 (D)	‹11›	673,305,540	——
1965 (S)	‹11›	61,836,000	——
1966 (P)	‹11›	404,416,000	——
1966 (D)	‹11›	367,490,400	——
1966 (S)	‹11›	46,933,517	——
1967 (P)	‹11›	873,524,000	——
1967 (D)	‹11›	632,767,848	——
1967 (S)	‹11›	17,740,000	——
1968 (P)		220,731,500	——
1968-D		101,534,000	——
1968-S	‹§›	——	3,041,506
1969 (P)		176,212,000	——
1969-D		114,372,000	——
1969-S	‹§›	——	2,934,631
1970 (P)		136,420,000	——
1970-D		417,341,364	——
1970-S	‹§›	——	2,632,810
1971 (P)		109,284,000	——
1971-D		258,634,428	——
1971-S	‹§›	——	3,220,733
1972 (P)		215,048,000	——
1972-D		311,067,732	——
1972-S	‹§›	——	3,260,996
1973 (P)		346,924,000	——
1973-D		232,977,400	——
1973-S	‹§›	——	2,760,339
1974 (P)	‹43›	801,456,000	——
1974-D	‹43›	353,160,300	——
1974-S	‹§, 43›	——	2,612,568

DATE	NOTE	BUSINESS	PROOF
1976 (P)	‹43›	809,408,016	——
1976-D	‹43›	860,118,839	——
1976-S	‹43›	——	——
1976 (W)	‹43›	376,000	——
1977 (P)		461,204,000	——
1977-D		256,524,978	——
1977-S	‹§›	——	3,236,798
1977 (W)		7,352,000	——
1978 (P)		500,652,000	——
1978-D		287,373,152	——
1978-S	‹§›	——	3,120,285
1978 (W)		20,800,000	——
1979 (P)		493,036,000	——
1979-D		489,789,780	——
1979-S	‹§›	——	3,677,175
1979 (W)		22,672,000	——
1980-P	‹25›	635,832,000	——
1980-D		518,327,487	——
1980-S	‹§›	——	3,554,806
1981-P		601,716,000	——
1981-D		575,722,833	——
1981-S	‹§›	——	4,063,083
1982-P		500,931,000	——
1982-D		480,042,788	——
1982-S	‹§›	——	3,857,479
1983-P		673,535,000	——
1983-D		617,806,446	——
1983-S	‹§›	——	3,279,126
1984-P		676,545,000	——
1984-D		546,483,064	——
1984-S	‹§›	——	3,065,110
1985-P		775,818,962	——
1985-D		519,962,888	——
1985-S	‹§›	——	3,362,821
1986-P		551,199,333	——
1986-D		504,298,660	——
1986-S	‹§›	——	3,010,497
1987-P		582,499,481	——
1987-D		655,595,696	——
1987-S	‹§›	——	3,792,233
1988-P		562,052,000	——
1988-D		596,810,688	——
1988-S	‹§›	——	3,262,948
1989-P		512,868,000	——
1989-D		896,733,858	——
1989-S	‹§›	——	3,220,914
1990-P		613,792,000	——
1990-D		927,638,181	——
1990-S	‹§›	——	3,299,559
1991-P		570,960,000	——
1991-D		630,966,693	——
1991-S	‹§›	——	2,867,787
1992-P		384,764,000	——
1992-D		389,777,107	——
1992-S	‹§›		
Clad		——	2,858,903
90% silver		——	1,317,641
1993-P		639,276,000	——
1993-D		645,476,128	——

DATE	NOTE	BUSINESS	PROOF
1993-S	‹§›		
Clad		——	2,569,882
90% silver		——	790,994
1994-P		825,600,000	——
1994-D		880,034,110	——
1994-S	‹§›		
Clad		——	2,443,590
90% silver		——	778,550
1995-P		1,004,336,000	——
1995-D		1,103,216,000	——
1995-S	‹§›		
Clad		——	2,124,790
90% silver		——	666,277
1996-P		925,040,000	——
1996-D		906,868,000	——
1996-S	‹§›		
Clad		——	2,145,077
90% silver		——	775,081
1997-P		595,740,000	——
1997-D		599,680,000	——
1997-S	‹§›		
Clad		——	2,055,000
90% silver		——	741,194
1998-P		960,400,000	——
1998-D		907,000,000	——
1998-S	‹§›		
Clad		——	2,086,507
90% silver		——	878,996
1999-P DE		373,400,000	——
1999-D DE		401,424,000	——
1999-S DE	‹§›		
Clad	‹121›	——	3,727,857
90% silver		——	804,565
1999-P PA		349,000,000	——
1999-D PA		358,332,000	——
1999-S PA	‹§›		
Clad	‹121›	——	3,727,857
90% silver		——	804,565
1999-P NJ		363,200,000	——
1999-D NJ		299,028,000	——
1999-S NJ	‹§›		
Clad	‹121›	——	3,727,857
90% silver		——	804,565
1999-P GA		451,188,000	——
1999-D GA		488,744,000	——
1999-S GA	‹§›		
Clad	‹121›	——	3,727,857
90% silver		——	804,565
1999-P CT		688,744,000	——
1999-D CT		657,880,000	——
1999-S CT	‹§›		
Clad	‹121›	——	3,727,857
90% silver		——	804,565
2000-P MA		628,600,000	——
2000-D MA		535,184,000	——
2000-S MA	‹§›		
Clad	‹121›	——	4,092,784
90% silver		——	965,421
2000-P MD		678,200,000	——
2000-D MD		556,532,000	——

DATE	NOTE	BUSINESS	PROOF
2000-S MD ‹§›			
Clad	‹121›	——	4,092,784
90% silver		——	965,421
2000-P SC		742,576,000	——
2000-D SC		566,208,000	——
2000-S SC ‹§›			
Clad	‹121›	——	4,092,784
90% silver		——	965,421
2000-P NH		673,040,000	——
2000-D NH		495,976,000	——
2000-S NH ‹§›			
Clad	‹121›	——	4,092,784
90% silver		——	965,421
2000-P VA		943,000,000	——
2000-D VA		651,616,000	——
2000-S VA ‹§›			
Clad	‹121›	——	4,092,784
90% silver		——	965,421
2001-P NY		655,400,000	——
2001-D NY		619,640,000	——
2001-S NY ‹§›			
Clad	‹121›	——	3,100,680
90% silver		——	889,697
2001-P NC		627,600,000	——
2001-D NC		427,876,000	——
2001-S NC ‹§›			
Clad	‹121›	——	3,100,680
90% silver		——	889,697
2001-P RI		423,000,000	——
2001-D RI		447,100,000	——
2001-S RI ‹§›			
Clad	‹121›	——	3,100,680
90% silver		——	889,697
2001-P VT		423,400,000	——
2001-D VT		459,404,000	——
2001-S VT ‹§›			
Clad	‹121›	——	3,100,680
90% silver		——	889,697
2001-P KY		353,000,000	——
2001-D KY		370,564,000	——
2001-S KY ‹§›			
Clad	‹121›	——	3,100,680
90% silver		——	889,697
2002-P TN		361,600,000	——
2002-D TN		286,468,000	——
2002-S TN ‹§›			
Clad		——	3,085,940
90% silver		——	888,826
2002-P OH		217,200,000	——
2002-D OH		414,832,000	——
2002-S OH ‹§›			
Clad		——	3,085,940
90% silver		——	888,826
2002-P LA		362,000,000	——
2002-D LA		402,204,000	——
2002-S LA ‹§›			
Clad		——	3,085,940
90% silver		——	888,826
2002-P IN		362,600,000	——
2002-D IN		327,200,000	——

DATE	NOTE	BUSINESS	PROOF
2002-S IN ‹§›			
Clad		——	3,085,940
90% silver		——	888,826
2002-P MS		290,000,000	——
2002-D MS		289,600,000	——
2002-S MS ‹§›			
Clad		——	3,085,940
90% silver		——	888,826
2003-P IL		225,800,000	——
2003-D IL		237,400,000	——
2003-S IL ‹§›			
Clad		——	3,398,191
90% silver		——	1,142,858
2003-P AL		225,000,000	——
2003-D AL		232,400,000	——
2003-S AL ‹§›			
Clad		——	3,398,191
90% silver		——	1,142,858
2003-P ME		217,400,000	——
2003-D ME		231,400,000	——
2003-S ME ‹§›			
Clad		——	3,398,191
90% silver		——	1,142,858
2003-P MO		225,000,000	——
2003-D MO		228,200,000	——
2003-S MO ‹§›			
Clad		——	3,398,191
90% silver		——	1,142,858
2003-P AR		228,000,000	——
2003-D AR		229,800,000	——
2003-S AR ‹§›			
Clad		——	3,398,191
90% silver		——	1,142,858
2004-P MI		233,800,000	——
2004-D MI		225,800,000	——
2004-S MI ‹§›			
Clad		——	2,740,684
90% silver		——	1,769,786
2004-P FL		240,200,000	——
2004-D FL		241,600,000	——
2004-S FL ‹§›			
Clad		——	2,740,684
90% silver		——	1,769,786
2004-P TX		278,800,000	——
2004-D TX		263,000,000	——
2004-S TX ‹§›			
Clad		——	2,740,684
90% silver		——	1,769,786
2004-P IA		213,800,000	——
2004-D IA		251,400,000	——
2004-S IA ‹§›			
Clad		——	2,740,684
90% silver		——	1,769,786
2004-P WI		226,400,000	——
2004-D WI ‹124›		226,800,000	——
2004-S WI ‹§›			
Clad		——	2,740,684
90% silver		——	1,769,786
2005-P CA		257,200,000	——
Satin Finish ‹122›		1,141,908	——

DATE	NOTE	BUSINESS	PROOF
2005-D CA		263,200,000	——
Satin Finish ‹122›		1,141,908	——
2005-S CA ‹§›			
Clad		——	3,291,346
90% silver		——	1,599,586
2005-P MN		239,600,000	——
Satin Finish ‹122›		1,141,908	——
2005-D MN		248,400,000	——
Satin Finish ‹122›		1,141,908	——
2005-S MN ‹§›			
Clad		——	3,291,346
90% silver		——	1,599,586
2005-P OR		316,200,000	——
Satin Finish ‹122›		1,141,908	——
2005-D OR		404,000,000	——
Satin Finish ‹122›		1,141,908	——
2005-S OR ‹§›			
Clad		——	3,291,346
90% silver		——	1,599,586
2005-P KS		263,400,000	——
Satin Finish ‹122›		1,141,908	——
2005-D KS		300,000,000	——
Satin Finish ‹122›		1,141,908	——
2005-S KS ‹§›			
Clad		——	3,291,346
90% silver		——	1,599,586
2005-P WV		365,400,000	——
Satin Finish ‹122›		1,141,908	——
2005-D WV		356,200,000	——
Satin Finish ‹122›		1,141,908	——
2005-S WV ‹§›			
Clad		——	3,291,346
90% silver		——	1,599,586
2006-P NV		277,000,000	——
Satin Finish ‹122›		Pending	——
2006-D NV		312,800,000	——
Satin Finish ‹122›		Pending	——
2006-S NV ‹§›			
Clad		——	Pending
90% silver		——	Pending
2006-P NE		318,000,000	——
Satin Finish ‹122›		Pending	——
2006-D NE		273,000,000	——
Satin Finish ‹122›		Pending	——
2006-S NE ‹§›			
Clad		——	Pending
90% silver		——	Pending
Flowing Hair half dollar			
1794		23,464	——
1795		299,680	——
Draped Bust, Small Eagle half dollar			
1796		934	——
1797		2,984	——
Draped Bust, Heraldic Eagle half dollar			
1801		30,289	——
1802		29,890	——
1803		188,234	——
1805		211,722	——

DATE	NOTE	BUSINESS	PROOF
1806		839,576	——
1807		301,076	——
Capped Bust half dollar			
1807		750,500	——
1808		1,368,600	——
1809		1,405,810	——
1810		1,276,276	——
1811		1,203,644	——
1812		1,628,059	——
1813		1,241,903	——
1814		1,039,075	——
1815		47,150	——
1817	‹44›	1,215,567	Δ
1818		1,960,322	Δ
1819		2,208,000	Δ
1820		751,122	Δ
1821		1,305,797	Δ
1822		1,559,573	Δ
1823		1,694,200	Δ
1824		3,504,954	Δ
1825		2,943,166	Δ
1826		4,004,180	Δ
1827		5,493,400	Δ
1828		3,075,200	Δ
1829		3,712,156	Δ
1830		4,764,800	Δ
1831		5,873,660	Δ
1832		4,797,000	Δ
1833		5,206,000	Δ (R)
1834		6,412,004	Δ (R)
1835		5,352,006	Δ (R)
1836			
Lettered Edge		6,545,000	Δ
Reeded Edge ‹45›		1,200	Δ
1837		3,629,820	Δ
1838 (P)		3,546,000	Δ
1838-O	‹46›	——	Δ
1839 (P)		1,362,160	Δ
1839-O	‹47›	178,976	Δ
Seated Liberty half dollar			
1839 (P)	‹48›	1,972,400	Δ
1840 (P)		1,435,008	Δ
1840-O		855,100	——
1841 (P)		310,000	Δ
1841-O		401,000	——
1842 (P)		2,012,764	Δ
1842-O		957,000	——
1843 (P)		3,844,000	Δ
1843-O		2,268,000	——
1844 (P)		1,766,000	Δ
1844-O		2,005,000	——
1845 (P)		589,000	Δ
1845-O		2,094,000	——
1846 (P)		2,210,000	Δ
1846-O		2,304,000	——
1847 (P)		1,156,000	Δ
1847-O		2,584,000	——
1848 (P)		580,000	Δ
1848-O		3,180,000	——

DATE	NOTE	BUSINESS	PROOF
1849 (P)		1,252,000	Δ
1849-O		2,310,000	——
1850 (P)		227,000	Δ
1850-O		2,456,000	——
1851 (P)		200,750	——
1851-O		402,000	——
1852 (P)		77,130	Δ
1852-O		144,000	——
1853 (P)	‹16, 49›	3,532,708	Δ
1853-O	‹49›	1,328,000	——
1854 (P)		2,982,000	Δ
1854-O		5,240,000	——
1855 (P)		759,500	Δ
1855-O		3,688,000	——
1855-S	‹50›	129,950	Δ
1856 (P)		938,000	Δ
1856-O		2,658,000	——
1856-S		211,000	——
1857 (P)		1,988,000	Δ
1857-O		818,000	——
1857-S		158,000	——
1858 (P)		4,226,000	Δ
1858-O		7,294,000	——
1858-S		476,000	——
1859 (P)		748,000	Δ
1859-O		2,834,000	——
1859-S		566,000	——
1860 (P)		302,700	1,000
1860-O		1,290,000	——
1860-S		472,000	——
1861 (P)		2,887,400	1,000
1861-O	‹51›	2,532,633	Δ
1861-S		939,500	——
1862 (P)		253,000	550
1862-S		1,352,000	——
1863 (P)		503,200	460
1863-S		916,000	——
1864 (P)		379,100	470
1864-S		658,000	——
1865 (P)		511,400	500
1865-S		675,000	——
1866 (P)	‹40›	744,900	725
1866-S			
No Motto	‹40›	60,000	——
Motto	‹40›	994,000	——
1867 (P)		449,300	625
1867-S		1,196,000	——
1868 (P)		417,600	600
1868-S		1,160,000	——
1869 (P)		795,300	600
1869-S		656,000	——
1870 (P)		633,900	1,000
1870-CC		54,617	——
1870-S		1,004,000	——
1871 (P)		1,203,600	960
1871-CC		153,950	——
1871-S		2,178,000	——
1872 (P)		880,600	950
1872-CC		257,000	——
1872-S		580,000	——

DATE	NOTE	BUSINESS	PROOF
1873 (P)			
No Arrows ‹6›		801,200	600
With Arrows ‹6›		1,815,150	550
1873-CC			
No Arrows ‹6, 52›		122,500	——
With Arrows ‹6›		214,560	——
1873-S			
No Arrows ‹6›		5,000	——
With Arrows ‹6›		228,000	——
1874 (P)		2,359,600	700
1874-CC		59,000	——
1874-S		394,000	——
1875 (P)		6,026,800	700
1875-CC		1,008,000	——
1875-S		3,200,000	——
1876 (P)		8,418,000	1,150
1876-CC		1,956,000	——
1876-S		4,528,000	——
1877 (P)		8,304,000	510
1877-CC		1,420,000	——
1877-S		5,356,000	——
1878 (P)		1,377,600	800
1878-CC		62,000	——
1878-S		12,000	——
1879 (P)		4,800	1,100
1880 (P)		8,400	1,355
1881 (P)		10,000	975
1882 (P)		4,400	1,100
1883 (P)		8,000	1,039
1884 (P)		4,400	875
1885 (P)		5,200	930
1886 (P)		5,000	886
1887 (P)		5,000	710
1888 (P)		12,001	832
1889 (P)		12,000	711
1890 (P)		12,000	590
1891 (P)		200,000	600

Barber half dollar

DATE	NOTE	BUSINESS	PROOF
1892 (P)		934,245	1,245
1892-O		390,000	——
1892-S		1,029,028	——
1893 (P)		1,826,000	792
1893-O		1,389,000	——
1893-S		740,000	——
1894 (P)		1,148,000	972
1894-O		2,138,000	——
1894-S		4,048,690	——
1895 (P)		1,834,338	880
1895-O	‹53›	1,766,000	Δ
1895-S		1,108,086	——
1896 (P)		950,000	762
1896-O		924,000	——
1896-S		1,140,948	——
1897 (P)		2,480,000	731
1897-O		632,000	——
1897-S		933,900	——
1898 (P)		2,956,000	735
1898-O		874,000	——
1898-S		2,358,550	——

DATE	NOTE	BUSINESS	PROOF
1899 (P)		5,538,000	846
1899-O		1,724,000	——
1899-S		1,686,411	——
1900 (P)		4,762,000	912
1900-O		2,744,000	——
1900-S		2,560,322	——
1901 (P)		4,268,000	813
1901-O		1,124,000	——
1901-S		847,044	——
1902 (P)		4,922,000	777
1902-O		2,526,000	——
1902-S		1,460,670	——
1903 (P)		2,278,000	755
1903-O		2,100,000	——
1903-S		1,920,772	——
1904 (P)		2,992,000	670
1904-O		1,117,600	——
1904-S		553,038	——
1905 (P)		662,000	727
1905-O		505,000	——
1905-S		2,494,000	——
1906 (P)		2,638,000	675
1906-D		4,028,000	——
1906-O		2,446,000	——
1906-S		1,740,154	——
1907 (P)		2,598,000	575
1907-D		3,856,000	——
1907-O		3,946,600	——
1907-S		1,250,000	——
1908 (P)		1,354,000	545
1908-D		3,280,000	——
1908-O		5,360,000	——
1908-S		1,644,828	——
1909 (P)		2,368,000	650
1909-O		925,400	——
1909-S		1,764,000	——
1910 (P)		418,000	551
1910-S		1,948,000	——
1911 (P)		1,406,000	543
1911-D		695,080	——
1911-S		1,272,000	——
1912 (P)		1,550,000	700
1912-D		2,300,800	——
1912-S		1,370,000	——
1913 (P)		188,000	627
1913-D		534,000	——
1913-S		604,000	——
1914 (P)		124,230	380
1914-S		992,000	——
1915 (P)		138,000	450
1915-D		1,170,400	——
1915-S		1,604,000	——

Walking Liberty half dollar

DATE	NOTE	BUSINESS	PROOF
1916 (P)		608,000	Δ
1916-D		1,014,400	——
1916-S		508,000	——
1917 (P)		12,292,000	——

DATE	NOTE	BUSINESS	PROOF
1917-D			
Obv. Mint Mark		765,400	——
Rev. Mint Mark		1,940,000	——
1917-S			
Obv. Mint Mark		952,000	——
Rev. Mint Mark		5,554,000	——
1918 (P)		6,634,000	——
1918-D		3,853,040	——
1918-S		10,282,000	——
1919 (P)		962,000	——
1919-D		1,165,000	——
1919-S		1,552,000	——
1920 (P)		6,372,000	——
1920-D		1,551,000	——
1920-S		4,624,000	——
1921 (P)		246,000	——
1921-D		208,000	——
1921-S		548,000	——
1923-S		2,178,000	——
1927-S		2,392,000	——
1928-S		1,940,000	——
1929-D		1,001,200	——
1929-S		1,902,000	——
1933-S		1,786,000	——
1934 (P)		6,964,000	——
1934-D		2,361,400	——
1934-S		3,652,000	——
1935 (P)		9,162,000	——
1935-D		3,003,800	——
1935-S		3,854,000	——
1936 (P)		12,614,000	3,901
1936-D		4,252,400	——
1936-S		3,884,000	——
1937 (P)		9,522,000	5,728
1937-D		1,676,000	——
1937-S		2,090,000	——
1938 (P)		4,110,000	8,152
1938-D		491,600	——
1939 (P)		6,812,000	8,808
1939-D		4,267,800	——
1939-S		2,552,000	——
1940 (P)		9,156,000	11,279
1940-S		4,550,000	——
1941 (P)		24,192,000	15,412
1941-D		11,248,400	——
1941-S		8,098,000	——
1942 (P)		47,818,000	21,120
1942-D		10,973,800	——
1942-S		12,708,000	——
1943 (P)		53,190,000	——
1943-D		11,346,000	——
1943-S		13,450,000	——
1944 (P)		28,206,000	——
1944-D		9,769,000	——
1944-S		8,904,000	——
1945 (P)		31,502,000	——
1945-D		9,996,800	——
1945-S		10,156,000	——
1946 (P)		12,118,000	——
1946-D		2,151,000	——

DATE	NOTE	BUSINESS	PROOF
1946-S		3,724,000	——
1947 (P)		4,094,000	——
1947-D		3,900,600	——

Franklin half dollar

DATE	NOTE	BUSINESS	PROOF
1948 (P)		3,006,814	——
1948-D		4,028,600	——
1949 (P)		5,614,000	——
1949-D		4,120,600	——
1949-S		3,744,000	——
1950 (P)	‹§›	7,742,123	51,386
1950-D		8,031,600	——
1951 (P)	‹§›	16,802,102	57,500
1951-D		9,475,200	——
1951-S		13,696,000	——
1952 (P)	‹§›	21,192,093	81,980
1952-D		25,395,600	——
1952-S		5,526,000	——
1953 (P)	‹§›	2,668,120	128,800
1953-D		20,900,400	——
1953-S		4,148,000	——
1954 (P)	‹§›	13,188,203	233,300
1954-D		25,445,580	——
1954-S		4,993,400	——
1955 (P)	‹§›	2,498,181	378,200
1956 (P)	‹§›	4,032,000	669,384
1957 (P)	‹§›	5,114,000	1,247,952
1957-D		19,966,850	——
1958 (P)	‹§›	4,042,000	875,652
1958-D		23,962,412	——
1959 (P)	‹§›	6,200,000	1,149,291
1959-D		13,053,750	——
1960 (P)	‹§›	6,024,000	1,691,602
1960-D		18,215,812	——
1961 (P)	‹§›	8,290,000	3,028,244
1961-D		20,276,442	——
1962 (P)	‹§›	9,714,000	3,218,019
1962-D		35,473,281	——
1963 (P)	‹§›	22,164,000	3,075,645
1963-D		67,069,292	——

Kennedy half dollar

DATE	NOTE	BUSINESS	PROOF
1964 (P)	‹§, 11›	273,304,004	3,950,762
1964-D	‹11›	156,205,446	——
1965 (P)	‹11›	——	——
1965 (D)	‹11›	63,049,366	——
1965 (S)	‹11, 54›	470,000	——
1966 (P)	‹11›	——	——
1966 (D)	‹11›	106,439,312	——
1966 (S)	‹11, 54›	284,037	——
1967 (P)	‹11›	——	——
1967 (D)	‹11›	293,183,634	——
1967 (S)	‹11, 54›	——	——
1968-D		246,951,930	——
1968-S	‹§›	——	3,041,506
1969-D		129,881,800	——
1969-S	‹§›	——	2,934,631
1970-D	‹55›	2,150,000	——
1970-S	‹§›	——	2,632,810
1971 (P)		155,164,000	——
1971-D		302,097,424	——
1971-S	‹§›	——	3,220,733
1972 (P)		153,180,000	——
1972-D		141,890,000	——
1972-S	‹§›	——	3,260,996
1973 (P)		64,964,000	——
1973-D		83,171,400	——
1973-S	‹§›	——	2,760,339
1974 (P)	‹43›	201,596,000	——
1974-D	‹43›	79,066,300	——
1974-S	‹§, 43›	——	2,612,568
1976 (P)	‹43›	234,308,000	——
1976-D	‹43›	287,565,248	——
1976-S	‹43›	——	——
1977 (P)		43,598,000	——
1977-D		31,449,106	——
1977-S	‹§›	——	3,236,798
1978 (P)		14,350,000	——
1978-D		13,765,799	——
1978-S	‹§›	——	3,120,285
1979 (P)		68,312,000	——
1979-D		15,815,422	——
1979-S	‹§›	——	3,677,175
1980-P	‹25›	44,134,000	——
1980-D		33,456,449	——
1980-S	‹§›	——	3,554,806
1981-P		29,544,000	——
1981-D		27,839,533	——
1981-S	‹§›	——	4,063,083
1982-P		10,819,000	——
1982-D		13,140,102	——
1982-S	‹§›	——	3,857,479
1983-P		34,139,000	——
1983-D		32,472,244	——
1983-S	‹§›	——	3,279,126
1984-P		26,029,000	——
1984-D		26,262,158	——
1984-S	‹§›	——	3,065,110
1985-P		18,706,962	——
1985-D		19,814,034	——
1985-S	‹§›	——	3,362,821
1986-P		13,107,633	——
1986-D		15,366,145	——
1986-S	‹§›	——	3,010,497
1987-P	‹55›	——	——
1987-D	‹55›	——	——
1987-S	‹§›	——	3,792,233
1988-P		13,626,000	——
1988-D		12,000,096	——
1988-S	‹§›	——	3,262,948
1989-P		24,542,000	——
1989-D		23,000,216	——
1989-S	‹§›	——	3,220,914
1990-P		22,278,000	——
1990-D		20,096,242	——
1990-S	‹§›	——	3,299,559
1991-P		14,874,000	——
1991-D		15,054,678	——
1991-S	‹§›	——	2,867,787
1992-P		17,628,000	——
1992-D		17,000,106	——

DATE	NOTE	BUSINESS	PROOF
1992-S	‹§›		
Clad		—	2,858,903
90% Silver		—	1,317,641
1993-P		15,510,000	—
1993-D		15,000,006	—
1993-S	‹§›		
Clad		—	2,569,882
90% Silver		—	790,994
1994-P		23,718,000	—
1994-D		23,828,110	—
1994-S	‹§›		
Clad		—	2,443,590
90% Silver		—	778,550
1995-P		26,496,000	—
1995-D		26,288,000	—
1995-S	‹§›		
Clad		—	2,124,790
90% Silver		—	666,277
1996-P		24,442,000	—
1996-D		24,744,000	—
1996-S	‹§›		
Clad		—	2,145,077
90% silver		—	775,081
1997-P		20,882,000	—
1997-D		19,876,000	—
1997-S	‹§›		
Clad		—	2,055,000
90% silver		—	741,194
1998-P		15,646,000	—
1998-D		15,064,000	—
1998-S	‹§›		
Clad		—	2,086,507
90% silver		—	878,996
1999-P		8,900,000	—
1999-D		10,682,000	—
1999-S	‹§›		
Clad	‹121›	—	2,557,899
90% silver		—	804,077
2000-P		22,600,000	—
2000-D		19,466,000	—
2000-S	‹§›		
Clad	‹121›	—	3,096,981
90% silver		—	965,421
2001-P		21,200,000	—
2001-D		19,504,000	—
2001-S	‹§›		
Clad	‹121›	—	2,300,944
90% silver		—	889,697
2002-P	‹120›	3,100,000	—
2002-D	‹120›	2,500,000	—
2002-S	‹§›		
Clad		—	2,321,848
90% silver		—	888,826
2003-P	‹120›	2,500,000	—
2003-D	‹120›	2,500,000	—
2003-S	‹§›		
Clad		—	2,172,684
90% silver		—	1,142,858
2004-P	‹120›	2,900,000	—
2004-D	‹120›	2,900,000	—

DATE	NOTE	BUSINESS	PROOF
2004-S	‹§›		
Clad		—	1,789,488
90% silver		—	1,175,934
2005-P	‹120›	3,800,000	—
Satin Finish ‹122›		1,141,908	—
2005-D	‹120›	3,500,000	—
Satin Finish ‹122›		1,141,908	—
2005-S	‹§›		
Clad		—	2,310,075
90% silver		—	992,777

Flowing Hair silver dollar

DATE	NOTE	BUSINESS	PROOF
1794		1,758	—
1795		160,295	—

Draped Bust silver dollar

DATE	NOTE	BUSINESS	PROOF
1795		42,738	—
1796		72,920	—
1797		7,776	—
1798	‹56›	327,536	—
1799		423,515	—
1800		220,920	—
1801	‹57›	54,454	—
1802	‹57›	41,650	—
1803	‹57›	85,634	—
1804	‹58›	—	—
1805	‹59›	—	—

Gobrecht silver dollar

DATE	NOTE	BUSINESS	PROOF
1836	‹60›	1,600	Δ
1838	‹60›	—	Δ
1839 (P)	‹60›	300	Δ

Seated Liberty silver dollar

DATE	NOTE	BUSINESS	PROOF
1840 (P)		61,005	Δ (R)
1841 (P)		173,000	Δ (R)
1842 (P)		184,618	Δ (R)
1843 (P)		165,100	Δ (R)
1844 (P)		20,000	Δ (R)
1845 (P)		24,500	Δ (R)
1846 (P)		110,600	Δ (R)
1846-O		59,000	— (R)
1847 (P)		140,750	Δ (R)
1848 (P)		15,000	Δ (R)
1849 (P)		62,600	Δ (R)
1850 (P)		7,500	Δ (R)
1850-O		40,000	— (R)
1851 (P)		1,300	Δ (R)
1852 (P)		1,100	Δ (R)
1853 (P)	‹16, 61›	46,110	— (R)
1854 (P)		33,140	Δ
1855 (P)		26,000	Δ
1856 (P)		63,500	Δ
1857 (P)		94,000	Δ
1858 (P)	‹62›	—	Δ
1859 (P)		256,500	Δ
1859-O		360,000	—
1859-S		20,000	—
1860 (P)		217,600	1,330
1860-O		515,000	—
1861 (P)		77,500	1,000
1862 (P)		11,540	550

DATE	NOTE	BUSINESS	PROOF	DATE	NOTE	BUSINESS	PROOF
1863 (P)		27,200	460	1889 (P)		21,726,000	811
1864 (P)		30,700	470	1889-CC		350,000	——
1865 (P)		46,500	500	1889-O		11,875,000	——
1866 (P)	‹40›	48,900	725	1889-S		700,000	——
1867 (P)		46,900	625	1890 (P)		16,802,000	590
1868 (P)		162,100	600	1890-CC		2,309,041	——
1869 (P)		423,700	600	1890-O		10,701,000	——
1870 (P)		415,000	1,000	1890-S		8,230,373	——
1870-CC	‹63›	12,462	Δ	1891 (P)		8,693,556	650
1870-S	‹64›	——		1891-CC		1,618,000	——
1871 (P)		1,073,800	960	1891-O		7,954,529	——
1871-CC		1,376	——	1891-S		5,296,000	——
1872 (P)		1,105,500	950	1892 (P)		1,036,000	1,245
1872-CC		3,150	——	1892-CC		1,352,000	——
1872-S		9,000	——	1892-O		2,744,000	——
1873 (P)	‹6›	293,000	600	1892-S		1,200,000	——
1873-CC	‹6›	2,300	——	1893 (P)		389,000	792
1873-S	‹6, 65›	700	——	1893-CC	‹72›	677,000	Δ
Morgan silver dollar				1893-O		300,000	——
				1893-S		100,000	——
1878 (P)	‹66›	10,508,550	1,000	1894 (P)		110,000	972
1878-CC		2,212,000	——	1894-O		1,723,000	——
1878-S		9,774,000	——	1894-S		1,260,000	——
1879 (P)		14,806,000	1,100	1895 (P)	‹73›	12,000	880
1879-CC		756,000	——	1895-O		450,000	——
1879-O	‹67›	2,887,000	Δ	1895-S		400,000	——
1879-S		9,110,000	——	1896 (P)		9,976,000	762
1880 (P)		12,600,000	1,355	1896-O		4,900,000	——
1880-CC		591,000	——	1896-S		5,000,000	——
1880-O		5,305,000	——	1897 (P)		2,822,000	731
1880-S		8,900,000	——	1897-O		4,004,000	——
1881 (P)		9,163,000	975	1897-S		5,825,000	——
1881-CC		296,000	——	1898 (P)		5,884,000	735
1881-O		5,708,000	——	1898-O		4,440,000	——
1881-S		12,760,000	——	1898-S		4,102,000	——
1882 (P)		11,100,000	1,100	1899 (P)		330,000	846
1882-CC	‹68›	1,133,000	Δ	1899-O		12,290,000	——
1882-O		6,090,000	——	1899-S		2,562,000	——
1882-S		9,250,000	——	1900 (P)		8,830,000	912
1883 (P)		12,290,000	1,039	1900-O		12,590,000	——
1883-CC	‹69›	1,204,000	Δ	1900-S		3,540,000	——
1883-O	‹70›	8,725,000	Δ	1901 (P)		6,962,000	813
1883-S		6,250,000	——	1901-O		13,320,000	——
1884 (P)		14,070,000	875	1901-S		2,284,000	——
1884-CC	‹71›	1,136,000	Δ	1902 (P)		7,994,000	777
1884-O		9,730,000	——	1902-O		8,636,000	——
1884-S		3,200,000	——	1902-S		1,530,000	——
1885 (P)		17,786,837	930	1903 (P)		4,652,000	755
1885-CC		228,000	——	1903-O		4,450,000	——
1885-O		9,185,000	——	1903-S		1,241,000	——
1885-S		1,497,000	——	1904 (P)		2,788,000	650
1886 (P)		19,963,000	886	1904-O		3,720,000	——
1886-O		10,710,000	——	1904-S		2,304,000	——
1886-S		750,000	——	1921 (P)		44,690,000	Δ
1887 (P)		20,290,000	710	1921-D		20,345,000	——
1887-O		11,550,000	——	1921-S		21,695,000	——
1887-S		1,771,000	——	**Peace silver dollar**			
1888 (P)		19,183,000	832	1921 (P)	‹74›	1,006,473	——
1888-O		12,150,000	——	1922 (P)	‹74›	51,737,000	Δ
1888-S		657,000	——				

DATE	NOTE	BUSINESS	PROOF
1922-D		15,063,000	——
1922-S		17,475,000	——
1923 (P)		30,800,000	——
1923-D		6,811,000	——
1923-S		19,020,000	——
1924 (P)		11,811,000	——
1924-S		1,728,000	——
1925 (P)		10,198,000	——
1925-S		1,610,000	——
1926 (P)		1,939,000	——
1926-D		2,348,700	——
1926-S		6,980,000	——
1927 (P)		848,000	——
1927-D		1,268,900	——
1927-S		866,000	——
1928 (P)		360,649	——
1928-S		1,632,000	——
1934 (P)		954,057	——
1934-D		1,569,500	——
1934-S		1,011,000	——
1935 (P)		1,576,000	——
1935-S		1,964,000	——

Trade dollar

DATE	NOTE	BUSINESS	PROOF
1873 (P)	‹6, 75›	396,635	865
1873-CC	‹6›	124,500	——
1873-S	‹6›	703,000	——
1874 (P)		987,100	700
1874-CC		1,373,200	——
1874-S		2,549,000	——
1875 (P)		218,200	700
1875-CC		1,573,700	——
1875-S		4,487,000	——
1876 (P)		455,000	1,150
1876-CC		509,000	——
1876-S		5,227,000	——
1877 (P)		3,039,200	510
1877-CC		534,000	——
1877-S		9,519,000	——
1878 (P)		——	900
1878-CC		97,000	——
1878-S		4,162,000	——
1879 (P)		——	1,541
1880 (P)		——	1,987
1881 (P)		——	960
1882 (P)		——	1,097
1883 (P)		——	979
1884 (P)	‹76›	——	10
1885 (P)		——	5

Eisenhower dollar

DATE	NOTE	BUSINESS	PROOF
1971 (P)		47,799,000	——
1971-D		68,587,424	——
1971-S			
40% silver	‹§, 77›	6,868,530	4,265,234
1972 (P)		75,890,000	——
1972-D		92,548,511	——
1972-S			
40% silver	‹77›	2,193,056	1,811,631
1973 (P)	‹78›	2,000,056	——
1973-D	‹78›	2,000,000	——

DATE	NOTE	BUSINESS	PROOF
1973-S			
copper-nickel	‹§›	——	2,760,339
40% silver	‹77›	1,883,140	1,013,646
1974 (P)	‹43›	27,366,000	——
1974-D	‹43›	45,517,000	——
1974-S			
copper-nickel	‹§, 43›	——	2,612,568
40% silver	‹43, 77›	1,900,156	1,306,579
1976 (P)	‹43›	117,337,000	——
1976-D	‹43›	103,228,274	——
1976-S	‹43, 77›	——	——
1977 (P)		12,596,000	——
1977-D		32,983,006	——
1977-S	‹§›	——	3,236,798
1978 (P)		25,702,000	——
1978-D		33,012,890	——
1978-S	‹§›	——	3,120,285

Anthony dollar

DATE	NOTE	BUSINESS	PROOF
1979-P	‹25›	360,222,000	——
1979-D		288,015,744	——
1979-S	‹§›	109,576,000	3,677,175
1980-P		27,610,000	——
1980-D		41,628,708	——
1980-S	‹§›	20,422,000	3,554,806
1981-P	‹79›	3,000,000	——
1981-D	‹79›	3,250,000	——
1981-S	‹§, 79›	3,492,000	4,063,083
1999-P		29,592,000	——
1999-D		11,776,000	——
1999-P		——	749,090

Sacagawea golden dollar

DATE	NOTE	BUSINESS	PROOF
2000-P	‹123›	767,140,000	——
2000-D		518,916,000	——
2000-S	‹§›		4,062,402
2001-P		62,468,000	——
2001-D		70,939,500	——
2001-S	‹§›		2,618,086
2002-P	‹120›	3,865,610	——
2002-D	‹120›	3,732,000	——
2002-S	‹§›		3,210,674
2003-P	‹120›	3,080,000	——
2003-D	‹120›	3,080,000	——
2003-S	‹§›		3,315,542
2004-P	‹120›	2,660,000	——
2004-D	‹120›	2,660,000	——
2004-S	‹§›		2,965,422
2005-P	‹120›	2,520,000	——
Satin Finish	‹122›	1,141,908	——
2005-D	‹120›	2,520,000	——
Satin Finish	‹122›	1,141,908	——
2005-S	‹§›		3,302,852
2006-P		Pending	——
Satin Finish	‹122›	Pending	——
2006-D		Pending	——
Satin Finish	‹122›	Pending	——
2006-S		——	Pending

Coronet gold dollar

DATE	NOTE	BUSINESS	PROOF
1849 (P)		688,567	Δ
1849-C		11,634	——

DATE	NOTE	BUSINESS	PROOF
1849-D		21,588	——
1849-O		215,000	——
1850 (P)		481,953	——
1850-C		6,966	——
1850-D		8,382	——
1850-O		14,000	——
1851 (P)		3,317,671	——
1851-C		41,267	——
1851-D		9,882	——
1851-O		290,000	——
1852 (P)		2,045,351	——
1852-C		9,434	——
1852-D		6,360	——
1852-O		140,000	——
1853 (P)		4,076,051	——
1853-C		11,515	——
1853-D		6,583	——
1853-O		290,000	——
1854 (P)		736,709	Δ
1854-D		2,935	——
1854-S		14,632	——

Indian Head gold dollar

DATE	NOTE	BUSINESS	PROOF
1854 (P)		902,736	Δ
1855 (P)		758,269	Δ
1855-C		9,803	——
1855-D		1,811	——
1855-O		55,000	——
1856 (P) Large Head		1,762,936	Δ
1856-D Large Head		1,460	——
1856-S Small Head		24,600	——
1857 (P)		774,789	Δ
1857-C		13,280	——
1857-D		3,533	——
1857-S		10,000	——
1858 (P)		117,995	Δ
1858-D		3,477	——
1858-S		10,000	——
1859 (P)		168,244	Δ
1859-C		5,235	——
1859-D		4,952	——
1859-S		15,000	——
1860 (P)		36,514	154
1860-D		1,566	——
1860-S		13,000	——
1861 (P)		527,150	349
1861-D	‹80›	——	——
1862 (P)		1,361,365	35
1863 (P)		6,200	50
1864 (P)		5,900	50
1865 (P)		3,700	25
1866 (P)		7,100	30
1867 (P)		5,200	50
1868 (P)		10,500	25
1869 (P)		5,900	25
1870 (P)		6,300	35
1870-S	‹81›	3,000	——

DATE	NOTE	BUSINESS	PROOF
1871 (P)		3,900	30
1872 (P)		3,500	30
1873 (P)	‹6›	125,100	25
1874 (P)		198,800	20
1875 (P)		400	20
1876 (P)		3,200	45
1877 (P)		3,900	20
1878 (P)		3,000	20
1879 (P)		3,000	30
1880 (P)		1,600	36
1881 (P)		7,620	87
1882 (P)		5,000	125
1883 (P)		10,800	207
1884 (P)		5,230	1,006
1885 (P)		11,156	1,105
1886 (P)		5,000	1,016
1887 (P)		7,500	1,043
1888 (P)		15,501	1,079
1889 (P)		28,950	1,779

Capped Bust $2.50 quarter eagle

DATE	NOTE	BUSINESS	PROOF
1796		1,395	——
1797		427	——
1798		1,094	——
1802		3,035	——
1804		3,327	——
1805		1,781	——
1806		1,616	——
1807		6,812	——

Capped Draped Bust quarter eagle

DATE	NOTE	BUSINESS	PROOF
1808		2,710	——

Capped Head $2.50 quarter eagle

DATE	NOTE	BUSINESS	PROOF
1821		6,448	Δ
1824		2,600	Δ
1825		4,434	Δ
1826		760	Δ
1827		2,800	Δ
1829		3,403	Δ
1830		4,540	Δ
1831		4,520	Δ
1832		4,400	Δ
1833		4,160	Δ
1834	‹82›	4,000	Δ

Classic Head $2.50 quarter eagle

DATE	NOTE	BUSINESS	PROOF
1834		113,370	Δ
1835		131,402	Δ
1836		547,986	Δ
1837		45,080	Δ
1838 (P)		47,030	——
1838-C		7,908	——
1839 (P)		27,021	——
1839-C		18,173	——
1839-D		13,674	——
1839-O		17,781	——

Coronet $2.50 quarter eagle

DATE	NOTE	BUSINESS	PROOF
1840 (P)		18,859	Δ
1840-C		12,838	——
1840-D		3,532	——

DATE	NOTE	BUSINESS	PROOF
1840-O		33,580	——
1841 (P)	‹83›	——	Δ
1841-C		10,297	——
1841-D		4,164	——
1842 (P)		2,823	Δ
1842-C		6,737	——
1842-D		4,643	——
1842-O		19,800	——
1843 (P)		100,546	Δ
1843-C		26,096	——
1843-D		36,209	——
1843-O		368,002	——
1844 (P)		6,784	Δ
1844-C		11,622	——
1844-D		17,332	——
1845 (P)		91,051	Δ
1845-D		19,460	——
1845-O		4,000	——
1846 (P)		21,598	Δ
1846-C		4,808	——
1846-D		19,303	——
1846-O		62,000	——
1847 (P)		29,814	Δ
1847-C		23,226	——
1847-D		15,784	——
1847-O		124,000	——
1848 (P)		7,497	Δ
CAL.	‹84›	1,389	——
1848-C		16,788	——
1848-D		13,771	——
1849 (P)		23,294	Δ
1849-C		10,220	——
1849-D		10,945	——
1850 (P)		252,923	——
1850-C		9,148	——
1850-D		12,148	——
1850-O		84,000	——
1851 (P)		1,372,748	——
1851-C		14,923	——
1851-D		11,264	——
1851-O		148,000	——
1852 (P)		1,159,681	——
1852-C		9,772	——
1852-D		4,078	——
1852-O		140,000	——
1853 (P)		1,404,668	——
1853-D		3,178	——
1854 (P)		596,258	Δ
1854-C		7,295	——
1854-D		1,760	——
1854-O		153,000	——
1854-S		246	——
1855 (P)		235,480	Δ
1855-C		3,677	——
1855-D		1,123	——
1856 (P)		384,240	Δ
1856-C		7,913	——
1856-D		874	——
1856-O		21,100	——
1856-S		71,120	——

DATE	NOTE	BUSINESS	PROOF
1857 (P)		214,130	Δ
1857-D		2,364	——
1857-O		34,000	——
1857-S		69,200	——
1858 (P)		47,377	Δ
1858-C		9,056	——
1859 (P)		39,444	Δ
1859-D		2,244	——
1859-S		15,200	——
1860 (P)		22,563	112
1860-C		7,469	——
1860-S		35,600	——
1861 (P)		1,272,428	90
1861-S		24,000	——
1862 (P)		98,508	35
1862-S		8,000	——
1863 (P)		——	30
1863-S		10,800	——
1864 (P)		2,824	50
1865 (P)		1,520	25
1865-S		23,376	——
1866 (P)		3,080	30
1866-S		38,960	——
1867 (P)		3,200	50
1867-S		28,000	——
1868 (P)		3,600	25
1868-S		34,000	——
1869 (P)		4,320	25
1869-S		29,500	——
1870 (P)		4,520	35
1870-S		16,000	——
1871 (P)		5,320	30
1871-S		22,000	——
1872 (P)		3,000	30
1872-S		18,000	——
1873 (P)	‹6›	178,000	25
1873-S	‹6›	27,000	——
1874 (P)		3,920	20
1875 (P)		400	20
1875-S		11,600	——
1876 (P)		4,176	45
1876-S		5,000	——
1877 (P)		1,632	20
1877-S		35,400	——
1878 (P)		286,240	20
1878-S		178,000	——
1879 (P)		88,960	30
1879-S		43,500	——
1880 (P)		2,960	36
1881 (P)		640	51
1882 (P)		4,000	67
1883 (P)		1,920	82
1884 (P)		1,950	73
1885 (P)		800	87
1886 (P)		4,000	88
1887 (P)		6,160	122
1888 (P)		16,006	92
1889 (P)		17,600	48
1890 (P)		8,720	93
1891 (P)		10,960	80

DATE	NOTE	BUSINESS	PROOF
1892 (P)		2,440	105
1893 (P)		30,000	106
1894 (P)		4,000	122
1895 (P)		6,000	119
1896 (P)		19,070	132
1897 (P)		29,768	136
1898 (P)		24,000	165
1899 (P)		27,200	150
1900 (P)		67,000	205
1901 (P)		91,100	223
1902 (P)		133,540	193
1903 (P)		201,060	197
1904 (P)		160,790	170
1905 (P)		217,800	144
1906 (P)		176,330	160
1907 (P)		336,294	154

Indian Head $2.50 quarter eagle

DATE	NOTE	BUSINESS	PROOF
1908 (P)		564,821	236
1909 (P)		441,760	139
1910 (P)		492,000	682
1911 (P)		704,000	191
1911-D		55,680	——
1912 (P)		616,000	197
1913 (P)		722,000	165
1914 (P)		240,000	117
1914-D		448,000	——
1915 (P)		606,000	100
1925-D		578,000	——
1926 (P)		446,000	——
1927 (P)		388,000	——
1928 (P)		416,000	——
1929 (P)		532,000	——

Three dollar gold

DATE	NOTE	BUSINESS	PROOF
1854 (P)		138,618	Δ
1854-D		1,120	——
1854-O		24,000	——
1855 (P)		50,555	Δ
1855-S		6,600	——
1856 (P)		26,010	Δ
1856-S		34,500	——
1857 (P)		20,891	Δ
1857-S		14,000	——
1858 (P)		2,133	Δ
1859 (P)		15,638	Δ
1860 (P)		7,036	119
1860-S	‹85›	4,408	——
1861 (P)		5,959	113
1862 (P)		5,750	35
1863 (P)		5,000	39
1864 (P)		2,630	50
1865 (P)		1,140	25
1866 (P)		4,000	30
1867 (P)		2,600	50
1868 (P)		4,850	25
1869 (P)		2,500	25
1870 (P)		3,500	35
1870-S	‹86›	——	——
1871 (P)		1,300	30
1872 (P)		2,000	30

DATE	NOTE	BUSINESS	PROOF
1873 (P)	‹6, 87›	——	25 (R)
1874 (P)		41,800	20
1875 (P)		——	20 (R)
1876 (P)		——	45
1877 (P)		1,468	20
1878 (P)		82,304	20
1879 (P)		3,000	30
1880 (P)		1,000	36
1881 (P)		500	54
1882 (P)		1,500	76
1883 (P)		900	89
1884 (P)		1,000	106
1885 (P)		800	110
1886 (P)		1,000	142
1887 (P)		6,000	160
1888 (P)		5,000	291
1889 (P)		2,300	129

Capped Bust $5 half eagle

DATE	NOTE	BUSINESS	PROOF
1795		8,707	——
1796		6,196	——
1797		3,609	——
1798	‹88›	24,867	——
1799		7,451	——
1800		37,628	——
1802		53,176	——
1803		33,506	——
1804		30,475	——
1805		33,183	——
1806		64,093	——
1807		32,488	——

Capped Draped Bust $5 half eagle

DATE	NOTE	BUSINESS	PROOF
1807		51,605	——
1808		55,578	——
1809		33,875	——
1810		100,287	——
1811		99,581	——
1812		58,087	——

Capped Head $5 half eagle

DATE	NOTE	BUSINESS	PROOF
1813		95,428	——
1814		15,454	——
1815		635	——
1818		48,588	——
1819		51,723	——
1820		263,806	Δ
1821		34,641	Δ
1822	‹89›	17,796	——
1823		14,485	Δ
1824		17,340	Δ
1825	‹90›	29,060	Δ
1826		18,069	Δ
1827		24,913	Δ
1828	‹91›	28,029	Δ
1829		57,442	Δ
1830		126,351	Δ
1831		140,594	Δ
1832		157,487	Δ
1833		193,630	Δ
1834		50,141	Δ

DATE	NOTE	BUSINESS	PROOF
Classic Head $5 half eagle			
1834		657,460	Δ
1835		371,534	Δ
1836		553,147	Δ
1837		207,121	Δ
1838 (P)		286,588	Δ
1838-C		19,145	——
1838-D		20,583	——
Coronet $5 half eagle			
1839 (P)		118,143	Δ
1839-C		17,235	——
1839-D		18,939	——
1840 (P)		137,382	Δ
1840-C		19,028	——
1840-D		22,896	——
1840-O		38,700	——
1841 (P)		15,833	Δ
1841-C		21,511	——
1841-D		30,495	——
1841-O		50	——
1842 (P)		27,578	Δ
1842-C		27,480	——
1842-D		59,608	——
1842-O		16,400	——
1843 (P)		611,205	Δ
1843-C		44,353	——
1843-D		98,452	——
1843-O		101,075	——
1844 (P)		340,330	Δ
1844-C		23,631	——
1844-D		88,982	——
1844-O	‹92›	364,600	Δ
1845 (P)		417,099	Δ
1845-D		90,629	——
1845-O		41,000	——
1846 (P)		395,942	Δ
1846-C		12,995	——
1846-D		80,294	——
1846-O		58,000	——
1847 (P)		915,981	Δ
1847-C		84,151	——
1847-D		64,405	——
1847-O		12,000	——
1848 (P)		260,775	Δ
1848-C		64,472	——
1848-D		47,465	——
1849 (P)		133,070	——
1849-C		64,823	——
1849-D		39,036	——
1850 (P)		64,491	——
1850-C		63,591	——
1850-D		43,984	——
1851 (P)		377,505	——
1851-C		49,176	——
1851-D		62,710	——
1851-O		41,000	——
1852 (P)		573,901	——
1852-C		72,574	——
1852-D		91,584	——

DATE	NOTE	BUSINESS	PROOF
1853 (P)		305,770	——
1853-C		65,571	——
1853-D		89,678	——
1854 (P)		160,675	——
1854-C		39,283	——
1854-D		56,413	——
1854-O		46,000	——
1854-S		268	——
1855 (P)		117,098	Δ
1855-C		39,788	——
1855-D		22,432	——
1855-O		11,100	——
1855-S		61,000	——
1856 (P)		197,990	Δ
1856-C		28,457	——
1856-D		19,786	——
1856-O		10,000	——
1856-S		105,100	——
1857 (P)		98,188	Δ
1857-C		31,360	——
1857-D		17,046	——
1857-O		13,000	——
1857-S		87,000	——
1858 (P)		15,136	Δ
1858-C		38,856	——
1858-D		15,362	——
1858-S		18,600	——
1859 (P)		16,814	Δ
1859-C		31,847	——
1859-D		10,366	——
1859-S		13,220	——
1860 (P)		19,763	62
1860-C		14,813	——
1860-D		14,635	——
1860-S		21,200	——
1861 (P)		688,084	66
1861-C	‹93›	6,879	——
1861-D		1,597	——
1861-S		18,000	——
1862 (P)		4,430	35
1862-S		9,500	——
1863 (P)		2,442	30
1863-S		17,000	——
1864 (P)		4,220	50
1864-S		3,888	——
1865 (P)		1,270	25
1865-S		27,612	——
1866 (P)	‹40›	6,700	30
1866-S			
No Motto	‹40›	9,000	——
Motto	‹40›	34,920	——
1867 (P)		6,870	50
1867-S		29,000	——
1868 (P)		5,700	25
1868-S		52,000	——
1869 (P)		1,760	25
1869-S		31,000	——
1870 (P)		4,000	35
1870-CC		7,675	——
1870-S		17,000	——

DATE	NOTE	BUSINESS	PROOF
1871 (P)		3,200	30
1871-CC		20,770	—
1871-S		25,000	—
1872 (P)		1,660	30
1872-CC		16,980	—
1872-S		36,400	—
1873 (P)	‹6›	112,480	25
1873-CC	‹6›	7,416	—
1873-S	‹6›	31,000	—
1874 (P)		3,488	20
1874-CC		21,198	—
1874-S		16,000	—
1875 (P)		200	20
1875-CC		11,828	—
1875-S		9,000	—
1876 (P)		1,432	45
1876-CC		6,887	—
1876-S		4,000	—
1877 (P)		1,132	20
1877-CC		8,680	—
1877-S		26,700	—
1878 (P)		131,720	20
1878-CC		9,054	—
1878-S		144,700	—
1879 (P)		301,920	30
1879-CC		17,281	—
1879-S		426,200	—
1880 (P)		3,166,400	36
1880-CC		51,017	—
1880-S		1,348,900	—
1881 (P)		5,708,760	42
1881-CC		13,886	—
1881-S		969,000	—
1882 (P)		2,514,520	48
1882-CC		82,817	—
1882-S		969,000	—
1883 (P)		233,400	61
1883-CC		12,958	—
1883-S		83,200	—
1884 (P)		191,030	48
1884-CC		16,402	—
1884-S		177,000	—
1885 (P)		601,440	66
1885-S		1,211,500	—
1886 (P)		388,360	72
1886-S		3,268,000	—
1887 (P)		—	87
1887-S		1,912,000	—
1888 (P)		18,202	94
1888-S		293,900	—
1889 (P)		7,520	45
1890 (P)		4,240	88
1890-CC		53,800	—
1891 (P)		61,360	53
1891-CC		208,000	—
1892 (P)		753,480	92
1892-CC		82,968	—
1892-O		10,000	—
1892-S		298,400	—
1893 (P)		1,528,120	77

DATE	NOTE	BUSINESS	PROOF
1893-CC		60,000	—
1893-O		110,000	—
1893-S		224,000	—
1894 (P)		957,880	75
1894-O		16,600	—
1894-S		55,900	—
1895 (P)		1,345,855	81
1895-S		112,000	—
1896 (P)		58,960	103
1896-S		155,400	—
1897 (P)		867,800	83
1897-S		354,000	—
1898 (P)		633,420	75
1898-S		1,397,400	—
1899 (P)		1,710,630	99
1899-S	‹94›	1,545,000	Δ
1900 (P)		1,405,500	230
1900-S		329,000	—
1901 (P)		615,900	140
1901-S		3,648,000	—
1902 (P)		172,400	162
1902-S		939,000	—
1903 (P)		226,870	154
1903-S		1,855,000	—
1904 (P)		392,000	136
1904-S		97,000	—
1905 (P)		302,200	108
1905-S		880,700	—
1906 (P)		348,735	85
1906-D	‹95›	320,000	—
1906-S		598,000	—
1907 (P)		626,100	92
1907-D	‹95›	888,000	—
1908 (P)		421,874	—

Indian Head $5 half eagle

DATE	NOTE	BUSINESS	PROOF
1908 (P)		577,845	167
1908-D		148,000	—
1908-S		82,000	—
1909 (P)		627,060	78
1909-D		3,423,560	—
1909-O		34,200	—
1909-S		297,200	—
1910 (P)		604,000	250
1910-D		193,600	—
1910-S		770,200	—
1911 (P)		915,000	139
1911-D		72,500	—
1911-S		1,416,000	—
1912 (P)		790,000	144
1912-S		392,000	—
1913 (P)		916,000	99
1913-S		408,000	—
1914 (P)		247,000	125
1914-D		247,000	—
1914-S		263,000	—
1915 (P)		588,000	75
1915-S		164,000	—
1916-S		240,000	—
1929 (P)		662,000	—

DATE	NOTE	BUSINESS	PROOF
Capped Bust $10 eagle			
1795		5,583	——
1796		4,146	——
1797	‹96›	14,555	——
1798		1,742	——
1799		37,449	——
1800		5,999	——
1801		44,344	——
1803		15,017	——
1804		3,757	——
Coronet $10 eagle			
1838 (P)		7,200	Δ
1839 (P)	‹97›	38,248	Δ
1840 (P)		47,338	Δ
1841 (P)		63,131	Δ
1841-O		2,500	——
1842 (P)		81,507	Δ
1842-O		27,400	——
1843 (P)		75,462	Δ
1843-O		175,162	——
1844 (P)		6,361	Δ
1844-O	‹98›	118,700	Δ
1845 (P)		26,153	Δ
1845-O		47,500	——
1846 (P)		20,095	Δ
1846-O		81,780	——
1847 (P)		862,258	Δ
1847-O		571,500	——
1848 (P)		145,484	Δ
1848-O		35,850	——
1849 (P)		653,618	——
1849-O		23,900	——
1850 (P)		291,451	——
1850-O		57,500	——
1851 (P)		176,328	——
1851-O		263,000	——
1852 (P)		263,106	——
1852-O	‹99›	18,000	Δ
1853 (P)		201,253	——
1853-O	‹100›	51,000	Δ
1854 (P)		54,250	——
1854-O		52,500	——
1854-S		123,826	——
1855 (P)		121,701	Δ
1855-O		18,000	——
1855-S		9,000	——
1856 (P)		60,490	Δ
1856-O		14,500	——
1856-S		68,000	——
1857 (P)		16,606	Δ
1857-O		5,500	——
1857-S		26,000	——
1858 (P)		2,521	Δ
1858-O		20,000	——
1858-S		11,800	——
1859 (P)		16,093	Δ
1859-O		2,300	——
1859-S		7,000	——
1860 (P)		15,055	50

DATE	NOTE	BUSINESS	PROOF
1860-O		11,100	——
1860-S		5,000	——
1861 (P)		113,164	69
1861-S		15,500	——
1862 (P)		10,960	35
1862-S		12,500	——
1863 (P)		1,218	30
1863-S		10,000	——
1864 (P)		3,530	50
1864-S		2,500	——
1865 (P)		3,980	25
1865-S		16,700	——
1866 (P)	‹40›	3,750	30
1866-S			
No Motto	‹40›	8,500	——
Motto	‹40›	11,500	——
1867 (P)		3,090	50
1867-S		9,000	——
1868 (P)		10,630	25
1868-S		13,500	——
1869 (P)		1,830	25
1869-S		6,430	——
1870 (P)		3,990	35
1870-CC		5,908	——
1870-S		8,000	——
1871 (P)		1,790	30
1871-CC		8,085	——
1871-S		16,500	——
1872 (P)		1,620	30
1872-CC		4,600	——
1872-S		17,300	——
1873 (P)	‹6›	800	25
1873-CC	‹6›	4,543	——
1873-S	‹6›	12,000	——
1874 (P)		53,140	20
1874-CC		16,767	——
1874-S		10,000	——
1875 (P)		100	20
1875-CC		7,715	——
1876 (P)		687	45
1876-CC		4,696	——
1876-S		5,000	——
1877 (P)		797	20
1877-CC		3,332	——
1877-S		17,000	——
1878 (P)		73,780	20
1878-CC		3,244	——
1878-S		26,100	——
1879 (P)		384,740	30
1879-CC		1,762	——
1879-O		1,500	——
1879-S		224,000	——
1880 (P)		1,644,840	36
1880-CC		11,190	——
1880-O		9,200	——
1880-S		506,250	——
1881 (P)		3,877,220	42
1881-CC		24,015	——
1881-O		8,350	——
1881-S		970,000	——

DATE	NOTE	BUSINESS	PROOF
1882 (P)		2,324,440	44
1882-CC		6,764	——
1882-O		10,820	——
1882-S		132,000	——
1883 (P)		208,700	49
1883-CC		12,000	——
1883-O		800	——
1883-S		38,000	——
1884 (P)		76,890	45
1884-CC		9,925	——
1884-S		124,250	——
1885 (P)		253,462	67
1885-S		228,000	——
1886 (P)		236,100	60
1886-S		826,000	——
1887 (P)		53,600	80
1887-S		817,000	——
1888 (P)		132,924	72
1888-O		21,335	——
1888-S		648,700	——
1889 (P)		4,440	45
1889-S		425,400	——
1890 (P)		57,980	63
1890-CC		17,500	——
1891 (P)		91,820	48
1891-CC		103,732	——
1892 (P)		797,480	72
1892-CC		40,000	——
1892-O		28,688	——
1892-S		115,500	——
1893 (P)		1,840,840	55
1893-CC		14,000	——
1893-O		17,000	——
1893-S		141,350	——
1894 (P)		2,470,735	43
1894-O		107,500	——
1894-S		25,000	——
1895 (P)		567,770	56
1895-O		98,000	——
1895-S		49,000	——
1896 (P)		76,270	78
1896-S		123,750	——
1897 (P)		1,000,090	69
1897-O		42,500	——
1897-S		234,750	——
1898 (P)		812,130	67
1898-S		473,600	——
1899 (P)		1,262,219	86
1899-O		37,047	——
1899-S		841,000	——
1900 (P)		293,840	120
1900-S		81,000	——
1901 (P)		1,718,740	85
1901-O		72,041	——
1901-S		2,812,750	——
1902 (P)		82,400	113
1902-S		469,500	——
1903 (P)		125,830	96
1903-O		112,771	——
1903-S		538,000	——

DATE	NOTE	BUSINESS	PROOF
1904 (P)		161,930	108
1904-O		108,950	——
1905 (P)		200,992	86
1905-S		369,250	——
1906 (P)		165,420	77
1906-D	‹101›	981,000	Δ
1906-O		86,895	——
1906-S		457,000	——
1907 (P)		1,203,899	74
1907-D		1,030,000	——
1907-S		210,500	——

Indian Head $10 eagle

DATE	NOTE	BUSINESS	PROOF
1907 (P)	‹102›	239,406	——
1908 (P)			
Without Motto		33,500	——
With Motto		341,370	116
1908-D			
Without Motto		210,000	——
With Motto		836,500	——
1908-S			
With Motto		59,850	——
1909 (P)		184,789	74
1909-D		121,540	——
1909-S		292,350	——
1910 (P)		318,500	204
1910-D		2,356,640	——
1910-S		811,000	——
1911 (P)		505,500	95
1911-D		30,100	——
1911-S		51,000	——
1912 (P)		405,000	83
1912-S		300,000	——
1913 (P)		442,000	71
1913-S		66,000	——
1914 (P)		151,000	50
1914-D		343,500	——
1914-S		208,000	——
1915 (P)		351,000	75
1915-S		59,000	——
1916-S		138,500	——
1920-S		126,500	——
1926 (P)		1,014,000	——
1930-S		96,000	——
1932 (P)		4,463,000	——
1933 (P)	‹103›	312,500	——

Coronet $20 double eagle

DATE	NOTE	BUSINESS	PROOF
1849 (P)	‹104›	——	Δ
1850 (P)	‹105›	1,170,261	Δ
1850-O		141,000	——
1851 (P)		2,087,155	——
1851-O		315,000	——
1852 (P)		2,053,026	——
1852-O		190,000	——
1853 (P)		1,261,326	——
1853-O		71,000	——
1854 (P)		757,899	——
1854-O		3,250	——
1854-S	‹106›	141,468	Δ
1855 (P)		364,666	——

DATE	NOTE	BUSINESS	PROOF
1855-O		8,000	—
1855-S		879,675	—
1856 (P)		329,878	Δ
1856-O		2,250	—
1856-S		1,189,780	—
1857 (P)		439,375	—
1857-O		30,000	—
1857-S		970,500	—
1858 (P)		211,714	Δ
1858-O		35,250	—
1858-S		846,710	—
1859 (P)		43,597	Δ
1859-O		9,100	—
1859-S		636,445	—
1860 (P)		577,611	59
1860-O		6,600	—
1860-S		544,950	—
1861 (P)	‹107›	2,976,387	66
1861-O	‹108›	17,741	—
1861-S	‹109›	768,000	—
1862 (P)		92,098	35
1862-S		854,173	—
1863 (P)		142,760	30
1863-S		966,570	—
1864 (P)		204,235	50
1864-S		793,660	—
1865 (P)		351,175	25
1865-S		1,042,500	—
1866 (P)	‹40, 110›	698,745	30
1866-S			
No Motto	‹40, 110›	120,000	—
With Motto	‹40, 110›	722,250	—
1867 (P)		251,015	50
1867-S		920,750	—
1868 (P)		98,575	25
1868-S		837,500	—
1869 (P)		175,130	25
1869-S		686,750	—
1870 (P)		155,150	35
1870-CC		3,789	—
1870-S		982,000	—
1871 (P)		80,120	30
1871-CC		17,387	—
1871-S		928,000	—
1872 (P)		251,850	30
1872-CC		26,900	—
1872-S		780,000	—
1873 (P)	‹6›	1,709,800	25
1873-CC	‹6›	22,410	—
1873-S	‹6›	1,040,600	—
1874 (P)		366,780	20
1874-CC		115,000	—
1874-S		1,214,000	—
1875 (P)		295,720	20
1875-CC		111,151	—
1875-S		1,230,000	—
1876 (P)		583,860	45
1876-CC		138,441	—
1876-S		1,597,000	—
1877 (P)	‹111›	397,650	20

DATE	NOTE	BUSINESS	PROOF
1877-CC		42,565	—
1877-S		1,735,000	—
1878 (P)		543,625	20
1878-CC		13,180	—
1878-S		1,739,000	—
1879 (P)		207,600	30
1879-CC		10,708	—
1879-O		2,325	—
1879-S		1,223,800	—
1880 (P)		51,420	36
1880-S		836,000	—
1881 (P)		2,220	61
1881-S		727,000	—
1882 (P)		590	59
1882-CC		39,140	—
1882-S		1,125,000	—
1883 (P)		—	92
1883-CC		59,962	—
1883-S		1,189,000	—
1884 (P)		—	71
1884-CC		81,139	—
1884-S		916,000	—
1885 (P)		751	77
1885-CC		9,450	—
1885-S		683,500	—
1886 (P)		1,000	106
1887 (P)		—	121
1887-S		283,000	—
1888 (P)		226,164	102
1888-S		859,600	—
1889 (P)		44,070	41
1889-CC		30,945	—
1889-S		774,700	—
1890 (P)		75,940	55
1890-CC		91,209	—
1890-S		802,750	—
1891 (P)		1,390	52
1891-CC		5,000	—
1891-S		1,288,125	—
1892 (P)		4,430	93
1892-CC		27,265	—
1892-S		930,150	—
1893 (P)		344,280	59
1893-CC		18,402	—
1893-S		996,175	—
1894 (P)		1,368,940	50
1894-S		1,048,550	—
1895 (P)		1,114,605	51
1895-S		1,143,500	—
1896 (P)		792,535	128
1896-S		1,403,925	—
1897 (P)		1,383,175	86
1897-S		1,470,250	—
1898 (P)		170,395	75
1898-S		2,575,175	—
1899 (P)		1,669,300	84
1899-S		2,010,300	—
1900 (P)		1,874,460	124
1900-S		2,459,500	—
1901 (P)		111,430	96

DATE	NOTE	BUSINESS	PROOF
1901-S		1,596,000	——
1902 (P)		31,140	114
1902-S		1,753,625	——
1903 (P)		287,270	158
1903-S		954,000	——
1904 (P)		6,256,699	98
1904-S		5,134,175	——
1905 (P)		58,919	90
1905-S		1,813,000	——
1906 (P)		69,596	94
1906-D	‹112›	620,250	Δ
1906-S		2,065,750	——
1907 (P)		1,451,786	78
1907-D	‹113›	842,250	Δ
1907-S		2,165,800	——

Saint-Gaudens $20 double eagle

DATE	NOTE	BUSINESS	PROOF
1907 (P)			
Roman Numerals	‹114›	12,367	——
Arabic Numerals		361,667	——
1908 (P)			
No Motto		4,271,551	——
With Motto		156,258	101
1908-D			
No Motto		663,750	——
With Motto		349,500	——
1908-S			
With Motto		22,000	——
1909 (P)		161,215	67
1909-D		52,500	——
1909-S		2,774,925	——
1910 (P)		482,000	167
1910-D		429,000	——
1910-S		2,128,250	——
1911 (P)		197,250	100
1911-D		846,500	——
1911-S		775,750	——
1912 (P)		149,750	74
1913 (P)		168,780	58
1913-D		393,500	——
1913-S		34,000	——
1914 (P)		95,250	70
1914-D		453,000	——
1914-S		1,498,000	——
1915 (P)		152,000	50
1915-S		567,500	——
1916-S		796,000	——
1920 (P)		228,250	——
1920-S		558,000	——
1921 (P)		528,500	——
1922 (P)		1,375,500	——
1922-S		2,658,000	——
1923 (P)		566,000	——
1923-D		1,702,250	——
1924 (P)		4,323,500	——
1924-D		3,049,500	——
1924-S		2,927,500	——
1925 (P)		2,831,750	——
1925-D		2,938,500	——
1925-S		3,776,500	——
1926 (P)		816,750	——

DATE	NOTE	BUSINESS	PROOF
1926-D		481,000	——
1926-S		2,041,500	——
1927 (P)		2,946,750	——
1927-D		180,000	——
1927-S		3,107,000	——
1928 (P)		8,816,000	——
1929 (P)		1,779,750	——
1930-S		74,000	——
1931 (P)		2,938,250	——
1931-D		106,500	——
1932 (P)		1,101,750	——
1933 (P)	‹115›	445,000	——

American Eagle 1-oz silver $1

DATE	NOTE	BUSINESS	PROOF
1986 (S)		5,393,005	——
1986-S		——	1,446,778
1987 (S)		11,442,335	——
1987-S		——	904,732
1988 (S)		5,004,646	——
1988-S		——	557,370
1989 (S or W)		5,203,327	——
1989-S		——	617,694
1990 (S or W)		5,840,110	——
1990-S		——	695,510
1991 (S or W)		7,191,066	——
1991-S		——	511,924
1992 (S or W)		5,540,068	——
1992-S		——	498,543
1993 (S or W)		6,763,762	——
1993-P		——	405,913
1994 (S or W)		4,227,319	——
1994-P		——	372,168
1995 (S or W)		4,672,051	——
1995-P		——	438,511
1995-W	‹119›	——	30,125
1996 (S or W)		3,603,386	——
1996-P		——	500,000
1997 (S or W)		4,295,004	——
1997-P		——	435,368
1998 (S or W)		4,847,549	——
1998-P		——	450,000
1999 (S or W)		7,408,640	——
1999-P		——	549,769
2000 (S or W)		9,239,132	——
2000-P		——	600,000
2001 (W)		9,001,711	——
2001-W		——	746,154
2002 (W)		10,539,026	——
2002-W		——	647,342
2003 (W)		8,495,008	——
2003-W		——	747,831
2004 (W)		8,882,754	——
2004-W		——	813,477
2005 (W)		8,891,025	——
2005-W		——	816,664
2006 (W)		Pending	——
2006-W		——	614,040

American Eagle 1/10-oz gold $5

DATE	NOTE	BUSINESS	PROOF
1986 (W)	‹117›	912,609	——
1987 (W)	‹117›	580,266	——

DATE	NOTE	BUSINESS	PROOF
1988 (W)	‹117›	159,500	——
1988-P	‹117›	——	143,881
1989 (W)	‹117›	264,790	——
1989-P	‹117›	——	84,647
1990 (W)	‹117›	210,210	——
1990-P	‹117›	——	99,349
1991 (W)	‹117›	165,200	——
1991-P	‹117›	——	70,334
1992 (W)		209,300	——
1992-P		——	64,874
1993 (W)		210,709	——
1993-P		——	58,649
1994 (W)		206,380	——
1994-P		——	62,849
1995 (W)		223,025	——
1995-W		——	62,673
1996 (W)		401,964	——
1996-W		——	56,700
1997 (S or W)		528,515	——
1997-W		——	34,984
1998 (S or W)		1,344,520	——
1998-W		——	39,706
1999 (S or W)		2,750,338	——
1999-W		——	48,426
2000 (S or W)		569,153	——
2000-W		——	49,970
2001 (W)		269,147	——
2001-W		——	37,547
2002 (W)		230,027	——
2002-W		——	40,864
2003 (W)		245,029	——
2003-W		——	36,668
2004 (W)		250,016	——
2004-W		——	35,487
2005 (W)		300,043	——
2005-W		——	49,804
2006 (W)		Pending	——
2006-W		——	30,646

American Eagle 1/4-oz gold $10

DATE	NOTE	BUSINESS	PROOF
1986 (W)	‹117›	726,031	——
1987 (W)	‹117›	269,255	——
1988 (W)	‹117›	49,000	——
1988-P	‹117›	——	98,028
1989 (W)	‹117›	81,789	——
1989-P	‹117›	——	54,170
1990 (W)	‹117›	41,000	——
1990-P	‹117›	——	62,674
1991 (W)	‹117›	36,100	——
1991-P	‹117›	——	50,839
1992 (W)		59,546	——
1992-P		——	46,269
1993 (W)		71,864	——
1993-P		——	46,464
1994 (W)		72,650	——
1994-P		——	48,172
1995 (W)		83,752	——
1995-W		——	47,484
1996 (W)		60,318	——
1996-W		——	37,900
1997 (S or W)		108,805	——

DATE	NOTE	BUSINESS	PROOF
1997-W		——	29,808
1998 (S or W)		309,829	——
1998-W		——	29,733
1999 (S or W)		564,232	——
1999-W		——	34,416
2000 (S or W)		128,964	——
2000-W		——	36,033
2001 (W)		71,280	——
2001-W		——	25,630
2002 (W)		62,027	——
2002-W		——	29,242
2003 (W)		74,029	——
2003-W		——	33,409
2004 (W)		72,014	——
2004-W		——	29,127
2005 (W)		72,015	——
2005-W		——	38,000
2006 (W)		Pending	——
2006-W		——	25,376

American Eagle 1/2-oz gold $25

DATE	NOTE	BUSINESS	PROOF
1986 (W)	‹117›	599,566	——
1987 (W)	‹117›	131,255	——
1987-P	‹117›	——	143,398
1988 (W)	‹117›	45,000	——
1988-P	‹117›	——	76,528
1989 (W)	‹117›	44,829	——
1989-P	‹117›	——	44,798
1990 (W)	‹117›	31,000	——
1990-P	‹117›	——	51,636
1991 (W)	‹117›	24,100	——
1991-P	‹117›	——	53,125
1992 (W)		54,404	——
1992-P		——	40,976
1993 (W)		73,324	——
1993-P		——	43,319
1994 (W)		62,400	——
1994-P		——	44,584
1995 (W)		53,474	——
1995-W		——	45,442
1996 (W)		39,287	——
1996-W		——	34,700
1997 (S or W)		79,605	——
1997-W		——	26,340
1998 (S or W)		169,029	——
1998-W		——	25,549
1999 (S or W)		263,013	——
1999-W		——	30,452
2000 (S or W)		79,287	——
2000-W		——	32,027
2001 (S or W)		48,047	——
2001-W		——	23,261
2002 (S or W)		70,027	——
2002-W		——	26,646
2003 (S or W)		79,029	——
2003-W		——	28,512
2004 (S or W)		98,040	——
2004-W		——	27,731
2005 (W)		80,023	——
2005-W		——	35,000
2006 (W)		Pending	——

DATE	NOTE	BUSINESS	PROOF
2006-W		—	24,226

American Eagle 1-oz gold $50

DATE	NOTE	BUSINESS	PROOF
1986 (W)	‹117›	1,362,650	—
1986-W	‹117›	—	446,290
1987 (W)	‹117›	1,045,500	—
1987-W	‹117›	—	147,498
1988 (W)	‹117›	465,500	—
1988-W	‹117›	—	87,133
1989 (W)	‹117›	415,790	—
1989-W	‹117›	—	54,570
1990 (W)	‹117›	373,210	—
1990-W	‹117›	—	62,401
1991 (W)	‹117›	243,100	—
1991-W	‹117›	—	50,411
1992 (W)		275,000	—
1992-W		—	44,826
1993 (W)		480,192	—
1993-W		—	34,389
1994 (W)		221,663	—
1994-W		—	46,674
1995 (W)		200,636	—
1995-W		—	46,484
1996 (W)		189,148	—
1996-W		—	36,000
1997 (S or W)		664,508	—
1997-W		—	27,554
1998 (S or W)		1,468,530	—
1998-W		—	26,060
1999 (S or W)		1,505,026	—
1999-W		—	31,446
2000 (S or W)		433,319	—
2000-W		—	33,006
2001 (S or W)		143,605	—
2001-W		—	24,580
2002 (S or W)		222,029	—
2002-W		—	27,499
2003 (S or W)		416,032	—
2003-W		—	28,344
2004 (S or W)		417,019	—
2004-W		—	28,731
2005 (W)		356,555	—
2005-W		—	36,000
2006 (W)		Pending	—
2006-W		—	30,256

American Eagle 1/10-oz platinum $10

DATE	NOTE	BUSINESS	PROOF
1997 (W)		70,250	—
1997-W		—	37,025
1998 (W)		39,525	—
1998-W		—	19,832
1999 (W)		55,955	—
1999-W		—	19,123
2000 (W)		34,027	—
2000-W		—	15,651
2001 (W)		52,017	—
2001-W		—	12,193
2002 (W)		23,005	—
2002-W		—	12,365
2003 (W)		22,007	—
2003-W		—	9,534

DATE	NOTE	BUSINESS	PROOF
2004 (W)		15,010	—
2004-W		—	7,202
2005 (W)		14,013	—
2005-W		—	8,096
2006 (W)		Pending	—
2006-W		—	4,738

American Eagle 1/4-oz platinum $25

DATE	NOTE	BUSINESS	PROOF
1997 (W)		27,100	—
1997-W		—	18,661
1998 (W)		38,887	—
1998-W		—	14,860
1999 (W)		39,734	—
1999-W		—	13,514
2000 (W)		20,054	—
2000-W		—	11,995
2001 (W)		21,815	—
2001-W		—	8,858
2002 (W)		27,405	—
2002-W		—	9,282
2003 (W)		25,207	—
2003-W		—	7,044
2004 (W)		18,010	—
2004-W		—	5,226
2005 (W)		12,013	—
2005-W		—	6,580
2006 (W)		Pending	—
2006-W		—	3,603

American Eagle 1/2-oz platinum $50

DATE	NOTE	BUSINESS	PROOF
1997 (W)		20,500	—
1997-W		—	15,463
1998 (W)		32,419	—
1998-W		—	13,821
1999 (W)		32,309	—
1999-W		—	11,098
2000 (W)		18,892	—
2000-W		—	11,049
2001 (W)		12,815	—
2001-W		—	8,268
2002 (W)		24,005	—
2002-W		—	8,772
2003 (W)		17,409	—
2003-W		—	7,131
2004 (W)		13,236	—
2004-W		—	5,095
2005 (W)		9,013	—
2005-W		—	5,918
2006 (W)		Pending	—
2006-W		—	3,808

American Eagle 1-oz platinum $100

DATE	NOTE	BUSINESS	PROOF
1997 (W)		56,000	—
1997-W		—	18,000
1998 (W)		133,002	—
1998-W		—	14,203
1999 (W)		56,707	—
1999-W		—	12,351
2000 (W)		10,003	—
2000-W		—	12,453
2001 (W)		14,070	—

DATE	NOTE	BUSINESS	PROOF
2001-W	——		8,990
2002 (W)		11,502	
2002-W	——		9,834
2003 (W)		8,007	
2003-W	——		8,246
2004 (W)		7,009	
2004-W	——		6,074
2005 (W)		6,310	
2005-W	——		6,543
2006 (W)		Pending	
2006-W	——		4,673
American Buffalo 1-oz gold $50			
2006 (W)	‹125›	Pending	
2006-W	‹125›	——	Pending

MINTAGE NOTES

Many different Proof issues before 1880 were restruck in Proof one or more times. In some instances, as with the 1873 $3 gold piece, more coins of this date are known than were "officially" struck.

KEY

(R): Known to have been restruck at least once.

(§): Proofs originally sold in sets only.

——: None issued.

Δ: Specimens known or believed to exist; no official mintage reported.

U: Final, official mintages unreported by the U.S. Mint.

NOTES

1. 1804, 1823 cent, and 1811 half cent: Counterfeits, called restrikes, exist, which were made outside the Mint, using old, genuine but mismatched Mint dies.

2. 1832-35 half cent: The figures shown are listed in the Mint Report for 1833-36 instead, but are assumed to be misplaced.

3. 1823 cent, dime, quarter dollar: Proofs exist with overdate, 1823/2.

4. 1856 cent: More than 1,000 1856 Flying Eagle cents were struck in Proof and Uncirculated, in this and later years as restrikes. As they were patterns, they are not included in the Mint Report or this figure.

5. 1864 cent: Proof breakdown by varieties thought to be about 300 to 350 copper-nickel and about 100 to 150 bronze coins without the designer's initial L. Perhaps 20 or fewer Proofs with initial L were struck. Circulation strike bronze coins with designer's initial L are also rarer.

6. 1873 coinage: Early in the year a relatively closed style of 3 was used in the date on all denominations. In response to complaints that the 3 looked like an 8, a new, more open 3 was introduced. Most types were struck with both styles, except for those that were created or discontinued by the Coinage Act of Feb. 12, 1873. This law created the Trade dollar and eliminated the standard silver dollar, the silver 5-cent piece, the 3-cent piece and the 2-cent piece. The weight of the dime, quarter dollar and half dollar were slightly increased, and the heavier coins were marked by arrows for the remainder of 1873 and all of 1874. All Proofs are of the relatively Closed 3 variety.

MINTAGE NOTES

7. 1877 minor coinages: Proof estimates for this year vary considerably, usually upwards. For lack of any records, the number shown is that of the silver Proofs of this year, conforming with the method used in the preceding years. These figures may be considerably low.

8. 1922-D Missing D or "Plain" cent: No cents were struck in Philadelphia in 1922. Some 1922-D cents are found with the Mint mark missing due to obstructed dies. Only the second die pair, with strong reverse, brings the Missing D premium. Beware of altered coins.

9. 1943-(P), D, S cent: All 1943 cents were made of zinc-coated steel, except for a few 1943 copper alloy and 1944 steel cents, either made by accident or deliberately. Many fakes of these have been produced. Test any suspected off-metal 1943 or 1944 cent with a magnet to see if it has been plated, and check the date for alterations. Cents struck on steel planchets produced in 1942 weigh 41.5 grains, while those struck on planchets produced later in 1943 weigh 42.5 grains.

10. 1960 cent: Includes Large Date and Small Date varieties. The Small Date is the scarcer for both Proof and circulation strikes.

11. 1964-67 coinage: All coins dated 1965-67 were made without Mint marks. Many coins dated 1964-66 were struck in later years.

12. 1982 cent: The composition of the cent changed from 95 percent copper, 5 percent zinc to 97.5 percent zinc, 2.5 percent copper (composed of a planchet of 99.2 percent zinc, 0.8 percent copper, plated with pure copper). Some 1982 cents were struck in late 1981.

13. 1864 2 cents: Struck with Large and Small Motto IN GOD WE TRUST; individual mintages for both subtypes unknown, although the Large Motto is more common. The Small Motto in Proof is rare.

14. 1873 2 cents: Originally struck in Proof only early in 1873 with a Closed 3. An estimated 500 restrikes in Proof with an Open 3.

15. 1887 copper-nickel 3 cents: Many Proofs struck from an overdated die, 1887/6.

16. 1853 silver coinage: In early 1853 the weight of all fractional silver coins was reduced by about 7 percent, to prevent hoarding and melting. To distinguish between the old and new weights, arrows were placed on either side of the date on the half dime through half dollar, and rays were put around the eagle on the quarter and half dollar. The rays were removed after 1853, and the arrows after 1855. Much of the old silver was withdrawn from circulation and melted. The exception to all this was the silver 3-cent coin, which was decreased in weight but increased in fineness, making it intrinsically worth more than before and proportionate with the other fractional silver coins. No coins of the new weight were struck until 1854, at which time an olive branch and a cluster of arrows was added to the reverse.

17. 1863 silver 3 cents: It is possible that all of these non-Proofs were dated 1862. Proof coins dated 1863/2 were struck in 1864.

18. 1864-(P) silver 3 cents, half dime, and dime:

MINTAGE NOTES

These figures, like many others in the years 1861–1871, are highly controversial due to extraordinary bookkeeping methods used in the Mint in this era.

19. 1867 copper-nickel 5 cents: Struck with rays on reverse (type of 1866) and without rays (type of 1868-83). Approximately 25 Proofs struck With Rays on reverse (type of 1866), and 600 Without Rays (type of 1868-83).

20. 1913 Liberty Head copper-nickel 5 cents: Five unauthorized pieces were struck by person or persons unknown, using Mint machinery and dies. All five are accounted for, though one had been "lost" from 1962 to July 29, 2003. That coin, owned by the family of coin dealer George O. Walton, had been labeled a forgery after George Walton was killed in a 1962 auto accident in which a number of coins, including his 1913 Liberty Head 5-cent coin, had been scattered at the scene. The coin, incorrectly called an altered coin shortly after the accident, remained with family members for 41 years until it was authenticated and reunited with the other four examples at the 2003 ANA convention in Baltimore. Beware of forgeries.

21. 1942-1945-(P), P, D, S 5 cents: To conserve nickel during the war, the composition of the 5-cent coin was changed to a 56 percent copper, 35 percent silver, and 9 percent manganese alloy. Coins of this alloy were marked with a large Mint mark over the dome of Monticello, including those from the Philadelphia Mint. They consist of some 1942 Philadelphia Mint coins, all 1942-S and all 1943-45 coins. The 1942 Philadelphia Mint coins were made in both compositions. Many wartime alloy 5-cent coins have been melted for their silver content.

22. 1944 copper-nickel 5 cents, 1923-D and 1930-D dimes: All are counterfeits made for circulation. Not all counterfeits are of rare dates, meant to sell at high prices. Some were meant to circulate.

23. 1966 5-cent coin: Two Proof Jefferson 5-cent pieces supposedly were struck to mark the addition of designer Felix Schlag's initials, F.S., to the obverse design. At least one coin was presented to Schlag; the other may have been retained by the Mint.

24. 1971 5 cents: Some Proof sets contain 5-cent coins that were struck from a Proof die without a Mint mark. This was an engraver's oversight and is not a filled die. Official estimate of 1,655 sets released.

25. P Mint mark: The P Mint mark, placed on the 1979 Anthony dollar, was added to all 1980 denominations from the Philadelphia Mint except for the cent.

26. 1838-O half dime and dime: Both are of Seated Liberty, Without Stars design (type of 1837). 1838 Philadelphia coins have stars, as do all others through 1859.

27. 1856-O half dime: One Proof known, reason for issue unknown.

28. 1860-(P), O, S half dime and dime: Beginning in 1860 (with the exception of the 1860-S dime), the half dime and dime were redesigned by eliminating the stars, moving the legend UNITED STATES OF AMERICA to the obverse, and using a larger, more elaborate wreath on the reverse. A number of fabrications with the obverse of 1859 and the reverse of 1860 (thereby omitting the legend UNITED STATES OF AMERICA), were struck by order of the director of the Mint. These consist of half dimes dated 1859 or 1860, and dimes dated 1859. Although they are considered by some to be patterns, that designation is doubtful as the intentions of the director were highly questionable.

29. 1860-O half dime: Three Proofs known, reason for issue unknown.

30. 1873-CC dime: One known, all others presumably were melted.

31. 1894-S dime: Twenty-four pieces were struck at the San Francisco Mint on June 9, 1894, from dies sent to the facility by the Philadelphia Mint. The production was noted in records at the San Francisco Mint and at Mint headquarters in Washington, D.C., and three of the 24 pieces were sent to Mint headquarters in Washington for normal assay and special testing. The circumstances of their production remains under debate, although 1895 newspaper clippings discovered in 2006 quote a San Francisco Mint official as stating production was initiated to use up an odd amount of silver on hand. The same article indicates that the public was aware of the coin as early as 1895, which is years earlier than previously thought. Of the 21 pieces left after assaying, nine can be traced in 2006, including two circulated pieces.

32. 1906-D dime: Proofs struck in honor of the opening of the Denver Mint.

33. 1968 dime: Some Proof sets contain dimes that were struck from a Proof die without a Mint mark. This was an engraver's oversight and is not a filled die. It has been unofficially estimated that only 20 examples from this die are known. Beware of sets opened and reclosed with "processed" P-Mint coins inserted. Check the edge of the case for signs of tampering.

34. 1970 dime: Some Proof sets contain dimes that were struck from a Proof die without a Mint mark. This was an engraver's oversight and is not a filled die. Official estimate is that 2,200 sets were released with this error.

35. 1982 No-P dimes: Some 1982 dimes were released without a Mint mark, although dimes have been Mint marked since 1980. Distribution of the coins, many found in the Sandusky, Ohio, area, indicates they were from the Philadelphia Mint.

36. 1875-S 20 cents: Six to seven Proofs known, probably struck to celebrate the first (or last) year of this denomination at this Mint.

37. 1876-CC 20 cents: Virtually all were remelted at the Mint. A few escaped, possibly as souvenirs given to visitors. Fewer than 20 are known today.

38. 1827 quarter dollar: Although the Mint Report lists a mintage of 4,000 pieces for this year, it is likely that all of these coins were dated 1825 except for a few Proofs. Later this date was unofficially (but intentionally) restruck at the Mint using an obverse die dated 1827 and a reverse die that had been used in 1819, and which had a Square Base 2 in quarter dollar, rather than the Curled Base 2 of the original 1827.

39. 1855-S quarter dollar: One Proof known, presumably struck to celebrate the beginning of silver coinage at the San Francisco Mint.

MINTAGE NOTES

40. 1866 coinage: It was decided to add the motto IN GOD WE TRUST to the reverse of all double eagles, eagles, half eagles, silver dollars, half dollars and quarter dollars beginning in 1866. Early in the year, before the new reverse dies had arrived, the San Francisco Mint produced $20, $10, $5, and half dollar coins without the motto. These are regular issue coins and are not patterns or errors. They are not to be confused with a peculiar set of Philadelphia Mint silver coins without motto, consisting of two dollars, one half dollar and one quarter dollar, that was clandestinely struck inside (but not by) the Mint for sale to a collector. A three-piece set containing the unique quarter dollar and half dollar and one of the two known silver dollars was stolen from the Willis H. DuPont collection in 1967; all three coins were recovered, separately, in 1999 and 2004. Beware of regular coins with motto and Mint mark removed.

41. 1879 quarter dollar: The Proof figure is official, but may be wrong. The true number might be near or equal to 1,100.

42. 1891-O quarter dollar: Two Proofs known, probably struck to celebrate the resumption of fractional silver coinage at this Mint.

43. 1974-1976 quarter dollars, half dollars and dollars: The circulating commemorative coinage dated 1776-1976 in celebration of the nation's Bicentennial wreaked havoc on mintage bookkeeping. In anticipation of the program, 1974-dated coins of these denominations were struck in calendar years 1974 and 1975. No 1975-dated quarter dollars, half dollars or dollars were struck; 1975 Proof and Mint sets contain Bicentennial dates. 1776-1976-dated dollars, half dollars and quarter dollars were struck in calendar years 1975 and 1976. The 1976-S mintages for these denominations includes copper-nickel clad Proofs sold in 1975 and 1976 in six-piece Proof sets, and 40 percent silver clad Proofs and Uncirculateds, of which 15 million pieces of each denomination were struck.

44. 1817 half dollar: Only one Proof known, with overdate 1817/3.

45. 1836 Reeded Edge half dollar: Actually a pattern of the design adopted the following year, but much of the mintage was placed into circulation.

46. 1838-O half dollar: It is thought that 20 Proof examples were struck as souvenirs in honor of the opening of the New Orleans Mint. No regular issue coins of this date and Mint were struck, and it is possible that these were struck in 1839.

47. 1839-O half dollar: Three or four Proofs known.

48. 1839-(P) half dollar: Although Christian Gobrecht's half dollar design was slightly modified during 1839 by the addition of a small drapery fold beneath the elbow, the design was never as fully modified as the other Seated Liberty denominations were in 1840. In subsequent years, individual dies would occasionally be over-polished, thus removing this small drapery fold. Coins struck from these inferior dies are sometimes referred to as having a "No Drapery design," when in fact no design change was intended or made.

49. 1853-(P), O half dollar: All 1853 and virtually

all 1853-O half dollars are of the new weight. Two or three 1853-O half dollars are known without the arrows and rays. Beware of alterations from 1858-O.

50. 1855-S half dollar: Three Proofs known, presumably struck to celebrate the beginning of silver coinage at the San Francisco Mint.

51. 1861-O half dollar: Mintage includes 330,000 struck by the USA, 1,240,000 by the State of Louisiana, and 962,633 by the Confederate States of America. One obverse die is identifiable as having been used with the CSA reverse to strike four pattern coins. Three to six Proofs known, probably struck under the authority of either the state of Louisiana or the CSA.

52. 1873-S half dollar: The 1873-S Seated Liberty, Without Arrows half dollar is unknown in any condition in any collection. Presumably they were all melted with the 1873-S silver dollars. Beware of any regular 1873-S with the arrows removed. The difference in weight between the two issues is insignificant, and useless in checking a suspected altered coin.

53. 1895-O half dollar: Proofs issued to mark reopening of New Orleans Mint.

54. Proof set sales suspended 1965-67.

55. 1970-D and 1987 half dollars: Struck only for inclusion in Mint sets. No regular issue coin. 1987 coins were struck for Uncirculated sets, Proof sets and Souvenir Mint sets only, forcing a change in the Mint's accounting procedures. Previously, circulation strikes intended for Uncirculated Mint sets and Souvenir sets had been reported with coins intended for circulation. However, upon seeing "circulation" mintages where none should be, the Mint began separating the mintages of coins intended for sale to collectors from those intended for commerce.

56. 1798 silver dollar: Mintage includes both Small Eagle and Heraldic Eagle reverse designs.

57. 1801, 1802, and 1803 silver dollar: All three dates were restruck in Proof in 1858 with a plain edge, using obverse dies made in 1834-5 and the reverse die from the Class I 1804 dollar, which was also made in 1834. Due to the scandal caused by the private issue of 1804 dollars in 1858, these coins were not offered for sale to collectors until 1875, by which time their edges had been lettered.

58. 1804 silver dollar: Although the Mint Report lists 19,570 dollars for this year, it is assumed that they were all dated 1803. The 1804 dollars were first struck in 1834-35 for inclusion in diplomatic presentation sets. A few pieces, possibly flawed Proofs or production overruns, reached collectors via trades with the Mint or in circulation, and the coin was popularized as a rarity. In 1858 the son of a Mint employee used the obverse die prepared in 1834 and a newly prepared reverse die plus a plain collar to secretly strike 1804 dollars, a few of which were sold to collectors. While the Mint had intended to do exactly the same thing with dollars dated 1801-04, Mint officials were forced to cancel the project due to the public scandal over the privately issued 1804 dollars. The privately struck coins were recalled, and all but one (which went to the Mint Cabinet collection) were said to have been melted. Instead, they and the plain edged 1801-03 dollars were put in storage and offered for sale in 1875, by which time their edges had been mechanically lettered.

59. 1805 silver dollar: The 321 dollars listed in the Mint Report for 1805 were older dollars that were found in deposits of Spanish-American silver and that were reissued through the Treasury. On the basis of this misinformation a few coins have been altered to this date in the past.

60. 1836, 1838, and 1839 silver dollar: Gobrecht dollars, some patterns and some intended for circulation, were struck in these years. Also, some varieties were restruck in later years, making mintage figures questionable. Varieties exist with or without stars and/or the designer's name, some of them exceedingly scarce. The 1,600 mintage figure for 1836 represents 1,000 struck for circulation on the 1836 standard of 416 grains, and 600 pieces struck in 1837 (dated 1836) on the new standard of 412.5 grains.

61. 1853 silver dollar: All Proofs are restrikes, made 1864 to 1865.

62. 1858 silver dollar: It is estimated that 80 Proofs were struck, some of them possibly at a later date.

63. 1870-CC silver dollar: Proofs mintage unknown, possibly struck to mark the first Carson City Mint dollar coinage.

64. 1870-S silver dollar: Approximately a dozen are known in collections. Not listed in the annual Mint Report. The first official evidence of their production was found in March 2004 in the form of a San Francisco Mint warrant from the second quarter of 1870, found in archives. That warrant recorded the coins that had been struck for placement in the cornerstone of the second San Francisco Mint, which was under construction. Among the coins made for the cornerstone was an 1870-S Seated Liberty dollar. The newly produced warrant was the first record discovered confirming production of the 1870-S Seated Liberty half dime and 1870-S Indian Head gold $3 coin, each of which is known by a single example in collections. The warrant also records production of an 1870-S Seated Liberty quarter dollar, which is unknown in any collection but that is presumably in the lost cornerstone of the San Francisco Mint.

65. 1873-S silver dollar: Presumably all or most were melted at the Mint after production of standard silver dollars was suspended.

66. 1878-(P) silver dollar: Three slightly different designs were used for both the obverse and reverse of this date, including some dies with the second designs impressed over the first. All 1878-CC and 1878-S are from the second designs. Most 1879-1904 dollars are of the third design, except for some second design reverses on 1879-S and 1880-CC coins. New, slightly different master hubs were prepared for 1921. Proof mintage includes 700 of the 8 Tail Feathers variety and 300 of the 7 Tail Feathers, flat eagle breast variety. Beware of any early strike, prooflike surface Morgan dollar being sold as a Proof.

67. 1879-O silver dollar: Two Proofs now known of 12 struck to celebrate the reopening of the New Orleans Mint.

68. 1882-CC silver dollar: Proof mintage unknown, reason for issue unknown.

69. 1883-CC silver dollar: Proof mintage unknown, reason for issue unknown.

70. 1883-O silver dollar: One Proof now known of 12 struck for presentation to various local dignitaries. Occasion uncertain.

71. 1884-CC silver dollar: One Proof reported, reason for issue unknown.

72. 1893-CC silver dollar: 12 Proofs struck for presentation to Mint officials to mark the closing of the Carson City Mint.

73. 1895 silver dollar: Researchers differ on whether any of the 12,000 circulation strike silver dollars produced in 1895 were dated 1895. None are known in any collection. However, information from assay records implies the 12,000 coins were dated 1895 and not 1894 as some researchers suggest. Beware of altered dates and removed Mint marks.

74. 1921-22-(P) Peace silver dollar: The 1921 Peace dollars (and a very few Proof 1922s) are of a higher relief than the 1922 to 1935 coins. An experimental medium relief 1922 Peace dollar was produced in January 1922 in three finishes: Sandblast Proof, Brilliant or Satin Proof, and a circulation strike, after which the dies failed. An example of the medium relief 1922 Peace dollar was recently identified. Low relief circulation trial strikes were also made of the 1922 Peace dollar.

75. 1873 Trade silver dollar: All Proofs are of the Open 3 variety.

76. 1884-85 Trade dollar: Struck in Proof in the Mint for private distribution by person or persons unknown. Not listed in the Mint Report.

77. S-Mint clad dollars: Struck only for sale to collectors. In 1971-72 struck in 40 percent clad silver in Proof and Uncirculated for individual sale. Beginning in 1973 a copper-nickel clad dollar was added to the Proof sets.

78. 1973-(P), D copper-nickel dollar: Struck only for inclusion in Mint sets. Not a regular issue coin. 1,769,258 Mint sets were sold. 439,899 excess dollars melted, presumably of near-equal distribution. 21,641 coins were kept for possible replacement of defective sets and probably have been melted.

79. Anthony dollars: Anthony dollars were sold in three-coin sets only in 1981. None were released into circulation.

80. 1861-D gold dollar: A small number were struck by the CSA.

81. 1870-S gold dollar: 2,000 coins were struck without a Mint mark. It is unknown if they were melted and recoined or released as is and included in the Mint Report figure of 3,000 coins. See Note 64.

82. 1834 $2.50: Most or all were melted. It may be that all survivors are Proofs and circulated Proofs.

83. 1841-(P) $2.50: Struck in Proof only, possibly at a later date. Unlisted in Mint Report. Nine known, several of them circulated or otherwise impaired.

84. 1848-P $2.50: Approximately 1,389 coins were counterstamped CAL. above the eagle to show that they were made from California gold. This was done

MINTAGE NOTES

while the coins were resting on an inverted obverse die on a worktable. This virtually eliminated distortion of the obverse, which will probably show on a genuine coin with a fake counterstamp.

85. 1860-S $3: Out of 7,000 coins struck, 2,592 pieces were not released because of short weight. They were melted in 1869 for use in other denominations.

86. 1870-S $3: Not included in the annual Mint Report. See Note 64 for additional information about a San Francisco Mint warrant from 1870 discovered in 2004 that is the first official evidence of the coin's production. One piece is known in a private collection, and the present whereabouts of the cornerstone piece mentioned in Note 64 is unknown. It is possible there is only one piece.

87. 1873 $3: All original Proofs are of the more Open 3 variety. Two restrikes of the Closed 3 version and one with the Open 3 are known.

88. 1798 $5: Mint Report of 24,867 coins includes Small Eagle reverse coins dated 1798, as well as Heraldic Eagle coins dated 1795, 1797 and 1798. This mixture of mulings is the result of an emergency coinage late in 1798 after the Mint had been closed for a while due to yellow fever. Quantities struck of each are unknown and can only be a guess.

89. 1822 $5: Although the Mint Report says 17,796 coins were struck, only three pieces are known, and it is likely that most of this mintage was from dies dated 1821.

90. 1825 $5: Struck from the regular overdated dies. 1825/4, one known, and 1825/1, two known.

91. 1828 $5: Includes at least one overdate, 1828/7.

92. 1844-O half eagle: One Proof known, reason for issue unknown.

93. 1861-C $5: Mintage includes 5,992 pieces coined by USA and 887 by CSA. It is impossible to prove the issuer.

94. 1899-S half eagle: One or two Proofs known, reason for issue unknown.

95. 1906-D and 1907-D $5: These were, of course, struck at the Denver Mint. This is the only design that was struck at both Dahlonega and Denver.

96. 1797 $10: Mintage includes both reverse types.

97. 1839 $10: Includes first design head (type of 1838) and modified head (type of 1840-1907). Proofs are of the type of 1838, with large letters and different hair style.

98. 1844-O eagle: One Proof known, reason for issue unknown.

99. 1852-O eagle: Three Proofs known, reason for issue unknown.

100. 1853-O eagle: Proof mintage unknown, reason for issue unknown.

101. 1906-D eagle: Proofs struck in honor of the opening of the Denver Mint.

102. 1907 $10: An unknown number of Indian Head patterns were also struck in Proof.

103. 1933 $10: Very few of these were issued, perhaps several dozens known. Beware of counterfeits.

104. 1849 $20: One example in gold survives of a small number of trial strikes produced in December 1849. The dies were rejected, allegedly because of improper high relief, but in actuality to discredit Longacre in an attempt to force his removal. The attempt failed and Longacre eventually produced a second set of dies, but they were not completed until the following month and so they were dated 1850. The one known Proof gold example is in the National Numismatic Collection at the Smithsonian Institution, and all others were melted.

105. 1850 $20: One Proof was once owned by the engraver, James B. Longacre. Whereabouts presently unknown.

106. 1854-S double eagle: One Proof known, in the Smithsonian Institution. Struck in honor of the opening of the San Francisco Mint.

107. 1861-(P) $20: A few trial pieces are known with a reverse as engraved by Anthony Paquet, with taller, thinner letters and a narrow rim. The design was judged unacceptable because the narrow reverse rim would not stack easily.

108. 1861-O $20: Mintage includes 5,000 coins struck by the USA; 9,750 by the State of Louisiana; and 2,991 by the Confederate States of America. It is impossible to prove the issuer of any given coin.

109. 1861-S $20: Mintage includes 19,250 pieces struck with the Paquet reverse and released into circulation. Most of these were recalled and melted during the next few years, but specie hoarding during the Civil War probably preserved a number of them until later years when the problem was forgotten.

110. 1866-(P), S $20: When the reverse of the double eagle was altered to include the motto, a few minor changes were made in the scrollwork, the most prominent being the change in the shield from flat-sided to curved. Check any alleged 1866-S No Motto $20 for this feature.

111. 1877 $20: In this year the master hubs were redesigned slightly, raising the head of Liberty and changing TWENTY D. to TWENTY DOLLARS.

112. 1906-D double eagle: Two Proofs now known of 12 struck in honor of the opening of the Denver Mint.

113. 1907-D double eagle: One Proof known, possibly struck as an example of the last year of this design.

114. 1907 $20: Extremely High Relief double eagles are patterns.

115. 1933 $20: This issue was officially never released, and with one exception, is considered illegal to own; however, from 25 to 30 pieces are known to have escaped the 1930s melting of the coins. Two are held in the National Numismatic Collection at the Smithsonian Institution, having been given to the Smithsonian by the Mint. A third was granted an export license in 1944 for the collection of Egypt's King Farouk. When another piece surfaced in a New York City auction a few weeks after the export license was granted, Treasury officials reexamined Mint records and determined none had been officially released. Officials decided that the pieces were illegal to own privately, and confiscated the piece to be auctioned. Secret Service agents investigating the case found a Philadelphia jewelry and coin dealer who admitted to selling nine pieces to other dealers and collectors, including the confiscated piece. The Secret Service recovered the other eight pieces from collectors and dealers in the 1940s. Treasury officials later melted all nine pieces. A piece of uncertain origin was confiscated in a sting operation by federal authorities in the 1990s when it was brought into the United States from Great Britain by a British dealer. The dealer claimed several origins for the piece, including the former collection of King Farouk (it was last seen publicly in 1954). After a lengthy legal battle, the government declared the coin legal for private ownership in 2000. It sold for $7.59 million in 2003, billed as the Farouk example (although no solid evidence confirms that pedigree). The Mint recovered 10 more pieces in 2004 from the family of the Philadelphia dealer who handled the pieces that entered the collector market in the late 1930s and early 1940s. These 10 pieces are being held at the Mint's Fort Knox Gold Bullion Depository.

117. American Eagle gold bullion: Roman numerals used in date from 1986 to 1991.

118. 1996-W Roosevelt dime: Produced with a West Point Mint mark for inclusion in 1996 Uncirculated Mint sets on the occasion of the 50th anniversary of the Roosevelt dime.

119. 1995-W American Eagle silver dollar: Uncirculated piece produced for sale only in special "10th Anniversary" sets. Generally considered the most valuable American Eagle silver dollar.

120. Circulation-quality, but not released into circulation. Sold to collectors in bags and rolls.

121. Mint officials reopened sales of 1999, 2000 and 2001 Proof sets on May 29, 2002, in an unprecedented and controversial offering. The 1999 and 2000 Proof set programs long had been closed, and sales of the 2001 sets had ended as 2002 sets went on sale. Officials halted sales June 25, 2002, citing damage to some of the coins in some of the 1999 sets. Sales figures for the three sets quoted here are preliminary (as of July 23, 2003) and subject to change.

122. Beginning in 2005, coins in the annual Uncirculated Mint set were given a special Satin Finish. Some Satin Finish coins also have been used in other Mint sets and products.

123. Two different reverse hubs were used for 2000-P Sacagawea dollars, but this was not confirmed until the summer of 2005. The earlier reverse, used in 1999 to strike 2000-P dollars, features an eagle whose tail feathers are much more detailed than the feathers on the later reverse. The reverse with detailed tail feathers was used in 1999 to strike 39 gold test versions (27 were melted; 12 were sent into low-Earth orbit aboard the space shuttle *Columbia* in 1999 and are now stored at the Fort Knox Gold Bullion Depository) and 5,500 pieces of standard composition (all dated 2000) were distributed in boxes of Cheerios during a 2000 promotion. The later reverse, with less-detailed tail feathers, was used

to strike all coins produced for general circulation. Hobbyists have not settled on nomenclature for the two subtypes, although the terms Reverse of 1999 (for the version with the more detailed tail feathers) and Reverse of 2000 (for the regular reverse) follows traditional hobby usage. A minority of numismatists consider the "Cheerios" subtype to be patterns.

124. Small numbers of two different 2004-D Wisconsin quarter dollars were discovered in late 2004 and first publicized in *Coin World* in early 2005 that bear unusual markings dealers and collectors have labeled an "extra leaf." Each "extra leaf" appears as a curved raised area in the area below and to the left of the far left cornhusk on the ear of corn on the reverse. The "Extra Leaf High" variant has a simple, narrow curved line extending from the wheel of cheese to the underside of the far left cornhusk, touching both. The "Extra Leaf Low" variant has a more elaborate, more leaf-like element, the widest end extending from the lower portion of the far left cornhusk and narrowing to a point as it arcs downward until it touches the upper surface of the cheese. A Treasury Office of Inspector General report of an investigation into the variants, issued Jan. 12, 2005, stated that the "Extra Leaf High" version was created in November 2004 during the second shift at night at the Denver Mint, with some pieces caught and destroyed by Mint personnel and other pieces mixed with regular coins and released. The report did not address the "Extra Leaf Low" variant specifically. The Treasury OIG report stated the investigation yielded no evidence of criminal wrongdoing. However, many in the collector community believe that both variants were deliberately if unofficially created. Both variants were bringing significant premiums in 2005 and 2006.

125. 2006-(W), W American Buffalo .9999 fine gold bullion coin: Sales of the first U.S. 24-karat gold coin began June 19 (Uncirculated bullion version, no Mint mark) and June 24 (Proof, W Mint mark). All struck at the West Point Mint. Mintage of Proof version limited to 300,000. Mintage unlimited for Uncirculated versions.

Grading coins

Probably no other subject has been more hotly debated in American numismatics by collectors, dealers and investors than grading. There has been controversy since a dealer first charged a higher price for one example of a coin than for another of the same type, date and Mint mark simply because one had less wear than the other.

The grade of a coin (or note, medal or token) represents what professional numismatist and researcher Dr. Richard Bagg aptly called its "level of preservation." The grading controversy arises both from disagreements over the grade of a coin and often the enormous differences in price between two examples of the same type and date of a U.S. coin, even when the only difference lies in the placement of one or two marks or surface abrasions from contact with other coins, commonly referred to as "contact marks" or "bag marks." Prices can also differ for coins bearing the "same" grade, but assigned by different private grading services that use different grading standards (more will appear on this topic later in this chapter).

The grade measures both the amount of wear, natural mishaps and other surface degradation a coin has received after leaving the coining press and its "eye appeal," a subjective determination that may differ from observer to observer. The more wear and surface marks a coin has received, the less it is worth compared to other examples of the same coin with less surface degradation.

However, not all coins have received circulation wear since they were struck. These coins are called Uncirculated or Mint State. Rather than being easier to grade because there are no points of wear to determine, Uncirculated coins are much harder to grade.

A noncollector unexposed to the intricacies of grading might be expected to show surprise at this last statement. After all, he might think, it seems logical that a coin that has received less wear is worth more than one that has received more wear. However, if a coin hasn't received any wear, how can it be different from other unworn examples of the same coin? In fact, hobbyists identify graduated levels of Mint State, at least 11 (from Mint State 60 to Mint State 70), determined by such factors as contact marks, luster, the strength of the strike and eye appeal of toning. Therein lies the heart of the controversy.

This chapter contains two basic sections: First, a practical guide to grading, with a discussion of what factors go into determining a coin's grade, tips on how to grade a coin, and basic grading descriptions; and second, a history of third-party grading services.

Grading: What's involved?

Dr. Richard Bagg, in *Grading Coins: A Collection of Readings* (co-edited in 1977 with James J. Jelinski), described the grade of a coin as its "level of preservation." It is not entirely accurate to call grading the charting of wear on a coin. The very definition of an Uncirculated coin (also called Mint State) is "a coin that has never seen general circulation" (in *Official American Numismatic Association Grading Standards for United States Coins,* sixth edition) and a coin with "no wear" (in *New Photograde: A Photographic Grading Guide for United States Coins*). However, Uncirculated coins are subject to forms of surface degradation other than circulation wear.

A coin struck for circulation becomes subject to external factors affecting its surface from the second it leaves the press. The moment a coin is struck, it is pushed from the surface of the anvil die. The coin then falls into a bin of other coins. When the coin hits the previously struck coins lying in the bin, the portion of its surface coming into contact with the other coins will probably be marred. Then, as the coins are bundled into bags or other bins for shipment to commercial counting rooms and banks, the coins will scrape, scratch and bump each other, causing additional damage.

James L. Halperin, author of the Numismatic Certification Institute's (a former grading service) *Grading U.S. Coins,* identifies four key components of grading: surface preservation, strike, luster and eye appeal.

Surface preservation refers to the condition of the surfaces of the obverse and reverse of the coin. The major elements of surface preservation include wear, contact marks, hairlines and imperfections that were created on the coin during the various stages of its manufacturing.

Wear represents how much of the surface and design remain on a coin. The constant handling a coin receives as it circulates in commerce results in abrasion. As they wear, raised design elements lose detail; if the coin circulates long enough, the height of the design elements are reduced. Determining the grade of a circulated coin involves charting how much of the original design remains on a coin and comparing that remaining detail to a set of standards.

Wear interrupts the luster on a coin, manifesting itself as a change in reflectivity that can be seen under the proper circumstances.

The amount of wear a coin receives determines its grade among the circulated grade levels. The high points of a design are usually the first to show wear, since they are the most exposed. Then the raised inscriptions and date exhibit wear, and finally, the flat fields.

Coins with only the slightest hint of wear are called About Uncirculated. Then, in descending order, are Extremely Fine, Very Fine, Fine, Very Good, Good, About Good, Fair (and many years ago, Poor). Graders use several levels for some of the higher circulated grades to denote, for example, an Extremely Fine coin of higher quality than another legitimate Extremely Fine coin (EF-45 vs. EF-40).

Many hobbyists differentiate between circulation wear and another form of wear labeled "friction." Halperin defines friction: "A disturbance which appears either on the high points of a coin or in the fields, as a result of that coin rubbing against other projections."

Friction should not disturb the luster of the coin or disturb the metal underneath. If it does, the disturbance falls into the category of wear.

"Contact marks" occur from the collisions between coins. A contact mark may range in severity from a light, minor disruption of the coin's surface to a large, heavy scrape. Generally, the bigger and heavier the coin, the larger and more unsightly the contact marks, due both to its own weight and that of other coins of the same dimensions jostling against it.

The location of contact marks plays a major role in determining at what level of Mint State a coin may be categorized. For example, marks that are clearly visible in the field of a coin, or on the cheeks, chin or forehead of a Liberty Head device are more distracting than marks of equal severity hidden in curls of Liberty's hair or the wing feathers of the eagle found on the reverse of many U.S. coins.

The size of contact marks also plays a role in determining the particular Mint State level. Larger marks, of course, are more distracting than smaller marks. Remember, however, that a contact mark 1 millimeter long is less distracting on a large coin such as a silver dollar (diameter of 38.1 millimeters) than it is on a smaller coin such as a silver half dime (diameter of 15.5 mm), general placement of the mark being similar.

The number of contact marks also plays a significant role in determining the particular level of a Mint State coin. A coin with numerous contact marks is less appealing to the eye than a coin with one or two distracting marks. The diameter of the coin plays a role, too. A silver dollar with five contact marks scattered across its surfaces may be judged appealing; a much smaller half dime with five contact marks may be judged less appealing, since the half dime has a smaller surface area in which the marks appear.

Hairlines are thin, incused scratches in a coin's surface occurring after striking. A Mint State coin lightly though improperly rubbed with something like a rough cloth may incur hairlines.

Die scratches should not to be confused with hairlines. Die scratches are thin raised lines on a coin, resulting from minute scratches in the surface of the die. A close examination of a coin's surface through a magnifying glass should indicate whether a line on a coin is raised, and thus a die scratch, or incused, making it a hairline scratch.

Hairlines tend to affect the value more than die scratches. Most grading services, however, will lower the grade of a coin for more extensive, distracting die scratches.

Strike refers to the sharpness and completeness of detail imparted by the dies when they strike a planchet and turn it into a coin. Independent Coin Grading grader Michael Fahey defines it as "the evenness and fullness of metal-flow into all the crevices of a die."

A fully struck coin from unworn dies exhibits all design elements to the smallest detail. For example, the curls of hair on Liberty's head are strong and distinct. The feathers on the eagle's wings and breast are clearly visible. All of the other design details, legends and other elements are sharp and well defined.

A coin with a weak strike has soft and ill-defined design details. Lower striking pressures may not force the metal into the deepest crevices on the die (the highest point on the coin); thus, the weaker design details. A weakly struck coin may look worn, since design details are missing from the high points of a coin. However, luster is unimpaired.

Strike affects the value of a coin. A coin with a sharp strike will generally have a higher value than a coin with a weak strike, all other factors being equal.

Luster "is simply the way light reflects from the microscopic flow lines of a coin," according to Fahey in *Basic Grading,* a reprint from his series of articles in the American Numismatic Association's *The Numismatist.* Halperin defines luster as "The brightness of a coin which results from the way in which it reflects light."

Luster is imparted to the surfaces of a coin at the moment of striking. The immense pressures used in the coining process create flow lines, the microscopic lines that trace the paths the metal took to fill the crevices of the die that compose the design.

A coin with full luster is generally one that has a bright, shiny surface (although toning, to be discussed later, may obscure full luster), caused by the light reflecting off the surface of the coin. If the luster has been disturbed, the light reflects from the surface of the coin differently; the coin may appear dull.

Circulation wear erases the microscopic flow lines that cause the luster. Heavy cleaning or cleaning with a substance that removes a microscopic layer of the surface metal will also damage the flow lines and disrupt or eliminate the luster of a coin.

A Mint State coin cannot be lackluster. High-level circulated coins may show patches of luster in protected areas.

Eye appeal is the aesthetic appeal of a coin's appearance. Eye appeal relates to the overall attractiveness of a coin when all of the other factors (surface preservation, luster, strike) are considered. A potential buyer decides just how attractive he believes the coin to be.

Judging eye appeal is a purely subjective action. For example, a coin could have a strong strike and full details, possess full luster and have few large, distracting contact marks, but still not have eye appeal if it has toned to an unattractive color.

When examining a coin, a buyer must decide for himself just how attractive and appealing the coin is and whether its attractiveness warrants the price being asked. Only the buyer can decide the eye appeal. Aesthetic judgments differ from person to person.

Toning and color

As a coin ages, the original color changes as the coinage metal reacts chemically to its environment. The original red of copper coins tones to brown, with intermediate "red and brown" stages. Silver coins may tone into any color of the rainbow, often beautifully (unattractive toning is sometimes called "tarnish," although only aesthetics distinguish between toning—good color—and tarnish—bad color). Gold is a more stable metal and generally shows little change in tone and color (except when exposed to high heat), although silver or copper that many gold coin coins contain in their alloys will tone.

The *Official Guide to Coin Grading and Counterfeit Detection* notes that, technically, "Any color on any metal is some form of corrosion or oxidation." To some collectors and dealers, toning represents damage to a coin, while for other hobbyists, calling toning "damage" triggers an emotional, even angry response.

So, is a toned coin or a coin with untoned surfaces better? Whether toning is good or bad often depends on personal opinion, although shared opinions have translated into a marketplace reaction to toning.

Copper collectors tend to pay a premium for a coin with original "red" surfaces, while the same coin with "red and brown" surfaces will trade at a lower value. Turn to the Indian Head cent pages in the values section of this book for evidence of this. Coins grading Mint State red and brown (MS-64RB) bring consistently lower prices than Mint State 64 red (MS-64R) coins. Mint State coins with fully brown surfaces generally will grade at the lower range of Mint State. (However, some copper coins, like pure copper large cents, tone to a dark chocolate color that many collectors find very attractive and desirable.)

Toned versus untoned is more a matter of personal preference when silver coins are involved. Fully lustrous, bright white silver coins will carry a premium over coins with duller or impaired luster. Attractively toned coins can bring prices that are multiples of those for bright white examples, while unattractively toned coins may trade at discounts.

The colors on a silver coin are a film of silver sulfides, formed by a reaction to sulfur. The thickness of this film differs from a few microns (generally appearing as light toning) to much "deeper" (resulting in darker toning). Toning that is too dark or too deep, or is streaky or hazy, may be viewed negatively.

Unattractively toned coins are sometimes "dipped" into special chemical solutions to remove the film of silver sulfides or otherwise cleaned. Proper dipping can be beneficial; improper dipping or abrasive cleaning can ruin a coin.

Because attractively toned coins often bring higher prices, some unscrupulous individuals (called "coin doctors") have devised ways of artificially toning coins. The techniques these alterers use vary.

Novices will find it difficult to distinguish between natural toning and artificial toning. Experience is important here. An individual who has looked at a large number of coins often will find that he can determine at a glance whether the toning is natural or whether it is artificial. Sometimes, however, it can be difficult even for experts to determine whether toning on a particular coin is natural or artificial.

Coin doctoring is universally condemned, although not everyone agrees on what classifies as "doctoring." For example, some consider dipping a coin to remove tarnish a form of doctoring; others consider it an acceptable practice that need not be noted in a coin's description. Others will deliberately place a coin into an environment that will cause it to tone over time; collectors differ over the appropriateness of this practice. However, the practice of treating a coin to cause it to change in color in a short period of time and then selling it as naturally toned is universally condemned (except by the coin doctors).

Collectors should not pay a premium for an artificially toned coin.

Tips for grading

United States coins are graded on a scale of 1 to 70, with 1 representing a coin so worn it can barely be identified and 70 representing perfection. The 59 grades from 1 to 59 are used for circulated coins—those pieces that have experienced wear in circulation or through collector mishandling. The 11 grades from 60 to 70 are reserved for Uncirculated or Mint State coins.

Experienced graders suggest using incandescent light when grading a coin. Without magnification, tilt the coin back and forth and rotate it, looking for any contrast of luster between the high points and the rest of the design. The high points are those parts of the design that rise the highest from the fields and are the first to wear.

If you detect no difference in luster between the high points and the rest of the coin (be sure to view both sides in this manner), use a loupe or hand-held magnifier to inspect for rubbing. Any abrasion on the high points drops the coin to About Uncirculated at best.

Grading guidelines

The following guidelines are not presented as grading standards, but as introductions to the terminology of grading and its usage.

A few words regarding grading usage: When two grades are linked together by a virgule—as in Mint State 64/65—it may mean that the coin has two grades (the first grade represents the obverse and the second, the reverse) or that the coin falls into a range between the two grades. When two grades are linked by a hyphen—as in Mint State 64-65—it means that the grade for both sides lies somewhere between the two grades given. Collectors might want to exercise caution about buying a coin graded AU-BU. A coin is either circulated or Uncirculated.

Plus signs are used by many to indicate a coin slightly better than the numerical grade indicated, but not as good as the next numerical grade. A coin graded MS-60+ is better than a typical MS-60 coin, but not as good as an MS-61 coin. The term "Premium Quality" means pretty much the same thing as a plus sign: that a coin is in the upper range for that grade and is very close to the next grade level.

Some coins graded by Numismatic Guaranty Corporation of America, one of several third-party grading services, are given a star (★), which identifies a coin with high eye appeal.

Many dealers and collectors use adjectives instead of numerals, or combine adjectives and numerals when speaking about Mint State coins. A superb or superb gem coin is generally MS-67. A gem coin is usually MS-65. Some dealers use choice to describe an MS-63 coin, and others use choice for an MS-65 coin. Mint State 60 coins are generally referred to as Uncirculated or Brilliant Uncirculated; sometimes an MS-60 coin is called typical Uncirculated. Because of the disagreement over what the adjectives represent numerically, collectors should determine what adjectival "system" the dealer uses when no numerals are present.

Buyers should remember that different dealers, different collectors and investors use different grading systems. Although various grading services use an 11-point Mint State system, this does not necessarily mean they use the same criteria for assigning grades. In fact, there is no universally accepted standard for determining grades for U.S. coins.

Collectors should also know that grading standards can change over time. Standards sometimes tighten up, with a coin once considered Mint State 65 considered instead MS-64. Standards can also loosen, with a once MS-64 coin grading MS-65 under the looser standards. This can be troublesome, especially if a novice collector buys a slabbed coin graded during a period of loose standards; even if a slab is marked as MS-65, current standards might consider the coin no higher than MS-64. That's why it is vital that collectors learn how to grade coins.

Collectors have also observed that great rarities sometimes seem held to a lower standard than "regular" coins. Certain coins have been graded multiple times by different services, as competing firms vie for the prestige they gain from having in one of their slabs a coin every collector dreams of owning (such as an 1804 Draped Bust dollar). Some of these pieces are given a higher grade each time they have been broken out of one firm's slab, regraded and placed into a new slab.

Many grading services practice "market grading"; coins are assigned a numerical grade that generally matches the grade at which they would be traded on the rare coin market. As market standards change, so do the standards used by grading services that "market grade."

Proof: Traditionally, Proof describes a method of manufacture, not a grade. However, since numerals are often assigned to Proof coins, there are different qualities of Proof coins; in effect, different grades. A circulated Proof is often called an "impaired Proof." If abbreviated for reasons of space, Proof appears as PF or PRF.

Proof coins are struck on highly polished planchets, using slower, high-pressure presses. Proof coins are struck two or more times to bring up greater detail in the design.

Mint State and Uncirculated: The two terms are interchangeable and describe a coin that has no wear. To qualify as Mint State, a coin must not have any level of wear. Even the slightest amount of wear will drop the coin into the About Uncirculated level (or should). (Coins described by some dealers as "Borderline Uncirculated" have wear and are actually About Uncirculated at best.)

Mint State is most often used with numerals. The numerical Mint State system so widely used in the current rare coin market is based on a system created by Dr. William H. Sheldon for the U.S. large cents of 1793 to 1814. When the numerical system began to spread to other series, three levels of Mint State were used: Mint State 60, for an Uncirculated coin of average luster, strike and marks; MS-65, an Uncirculated coin of above average quality; and MS-70, a perfect coin as regards luster, strike and marks. Today, all 11 numbers are used from MS-60 to MS-70.

Uncirculated is usually abbreviated as Unc. It often appears as Brilliant Uncirculated, abbreviated as BU. Sometimes the term is used with numerals, generally as Unc. 60, Unc. 61 and so on. Some dealers use a plus sign to indicate a coin better than one level of Mint State, but not as good as the next level.

About Uncirculated: This is a coin with only the barest traces of wear on the highest points of the design. It is abbreviated AU and often appears with numerals as AU-50, AU-55 and AU-58. The term has gained acceptance despite seeming inconsistency. The AU-58 grade has been described as an MS-63 coin with just the slightest hint of wear. It should have fewer contact marks than lower level Mint State coins: MS-60, MS-61 and MS-62. It may be more attractive and more valuable than these lower Mint State coins.

Extremely Fine: Light overall wear on highest points, but with all design elements sharp and clear, distinguishes this grade. Most hobbyists abbreviate it as EF, although a few use XF. It most often appears as EF-40 and EF-45.

Very Fine: The coin has light to moderate even wear on surface and high points of design. Abbreviated VF, it appears with numerals as VF-20 and VF-30. The abbreviations VF-25 and VF-35 are rarely used.

Fine: The wear is considerable although the entire design is still strong and visible. It is abbreviated as F-12 and F-15.

Very Good: The design and fields are well worn, and main features are clear but flat. Abbreviated as VG, it is used with numerals as VG-8 and VG-10.

Good: Design and surface are heavily worn, with some details weak and many details flat. It is often abbreviated when used with numerals, G-4; G-6 is infrequently used. Ironically, a coin in Good condition is not a "good" coin to collect except for the rarer and scarcer pieces; a Good coin is generally the lowest collectible grade.

About Good: The design is heavily worn with fields fading into rim, and many details are weak or missing. Abbreviated as AG, it is used with a numeral as AG-3. Few coins are collectible in About Good condition. Dealers also use the terms Fair and Fair 3 to describe a coin in this state of preservation.

Grading services

For decades, the controversy in determining a coin's grade lay mainly in the differences between the dealer's and the collector's opinion about the grade for a specific coin, and thus their disagreement over a coin's value. When grading guides became widely available beginning in the 1950s, dealers and collectors often referred to one of these books for help in determining a coin's grade, using some version of the grading scale just described.

As grading became more complex and values increased in greater increments between coins of different grades, third-party grading services began operation. Third-party grading has become a lucrative business, with many dealers and collectors willing to pay fees for someone else's opinion about the grade of their coins.

The first third-party grading service, the International Numismatic Society Authentication Bureau, began grading coins in December 1976, several months after it began authenticating coins. It laid the groundwork for third-party grading services, all of which provide an opinion about a coin's grade for a fee. INSAB was followed March 1, 1979, when the American Numismatic Association Certification Service began grading coins for a fee (previously, it had only authenticated coins); it provided a photographic certificate with each graded coin, bearing images of the obverse and reverse and a statement of the grading opinion.

Another major step in third-party grading services was taken by the Professional Coin Grading Service, a private business founded in February 1986. Unlike INSAB and ANACS, PCGS encapsulated the coins it graded into hard plastic holders, nicknamed "slabs," bearing an internal tag with the assigned grade. The slabs, while not tamper-proof, are tamper-resistant; they make it difficult to switch tags (slabs are discussed in greater detail later). PCGS was the first grading service to use 11 levels of Mint State, from MS-60 to MS-70. It rapidly overtook ANACS, until then the most active of grading services in terms of numbers of coins graded. PCGS also published a grading guide, in 1998.

Numismatic Guaranty Corporation of America opened for business in 1987 and immediately challenged PCGS for market share. As encapsulated coins became more popular with dealers and collectors, existing grading firms expanded their services. INSAB offered a "slab" service beginning in 1989, as did the ANA with its ANACS Cache.

In 1990, the American Numismatic Association sold ANACS—its grading and certification service—to Amos Press Inc., publisher of *Coin World* and other hobby publications, including this book. ANA retained the right to authenticate—but not grade—coins, and operated under the acronym ANAAB, the American Numismatic Association Authentication Bureau, until early 2002. Amos Press Inc. retained the ANACS name. Amos Press moved ANACS from ANA headquarters in Colorado Springs, Colo., to Dublin, Ohio. Amos Press in 2005 sold ANACS to Anderson Press Inc.; Anderson Press owns Whitman Publishing, a numismatic book publisher whose properties include *A Guide Book of United States Coins,* aka the "Red Book."

(Whitman is also the publisher of the sixth edition of *The Official American Numismatic Association Grading Standards for United States Coins,* released in July 2005. The sixth edition was edited by Kenneth Bressett and bears narrative by Q. David Bowers. Bowers wrote a new introduction for the sixth edition, in which he discusses grading's importance, grading standards evolution, changing interpretations, grading reality today and more. Included is Bowers' commentary on "full details," the term he has promoted to describe a fully struck coin.)

Over the years, other grading services have entered the market, some specializing in paper money and world coins. Not all of the companies have succeeded; several have closed over the years.

The firms that grade coins charge fees for their services. Fees differ from company to company; a company may have different fees based on the level of service expected (the speed with which the company returns your coins to you, for example).

Services differ

Fees are not the only things that differ between companies. Coins graded by some companies often bring higher prices than do coins assigned the same grades by other companies. Those higher prices generally indicate greater market confidence in the firm grading the coin. Lower prices for coins graded by other companies often indicate a lower level of market confidence in the ability of the firm's graders to grade accurately to market standards, or even a distrust of the firm's adherence to market standards or ability to detect altered or counterfeit coins.

The differing levels of dealer and collector confidence in various grading services have long been the subject of heated debate at coin club meetings, at coin shows and at online coin collector forums and bulletin boards. In recent years, the debate seems to have intensified as more and more coins are sold through online auction sites and dealer sites.

The growth in online sales has made it possible for collectors who never go to coin shows or auctions to compete with other collectors in online auctions. Many of the coins sold online are graded and encapsulated ("slabbed") by the various grading services, but because *new* collectors may be unaware that the market distinguishes between the services, some pay prices that would not be sustained in the more established market because of lower confidence in the grading service that graded the coins.

The debate over grading services got even hotter in October 2002 with the publication of the results of a grading service survey conducted by Professional Numismatists Guild (a coin dealer's organization) and the Industry Council for Tangible Assets (a trade/lobbying organization), and in May 2003 with the publication of the results of a grading test conducted by *Coin World*.

PNG and ICTA surveyed "more than 300" dealer members (no collectors were surveyed) in August 2002 and asked them to rate seven private grading services in specific categories. The survey results were based on the 151 surveys that were returned and tabulated in September. The PNG-ICTA survey was not a scientific survey.

Proponents of high-rated services and critics of the low-rated firms championed the survey as an important milestone in informing the public about the differences between the grading services. Representatives of the services that were rated as "poor" or "unacceptable" protested the methodology of the survey and called its results biased and inaccurate.

The PNG-ICTA survey results are posted online at **www.pngdeal ers.com/public/SurveyResults2002_detail.cfm**.

Coin World conducted a different kind of grading test; it arranged for the president and chief executive officer of the Chicago Better Business Bureau, who is also a coin collector, to send the same 15 coins in turn to eight grading services. *Coin World* embarked upon the test in May 2002. To test all eight services took 11 months: time for the coins to be graded and returned to the submitter, who in turn sent the coins to *Coin World* where the grades were recorded, the coins were photographed in the various services' "slabs," removed from their slabs and finally sent to the next service. None of the services was told of the testing (including ANACS, the grading firm then owned by the same parent company as *Coin World*).

Coin World published the results of its test in its May 26 and June 2, 2003, issues.

Of the 15 coins used in the test, not one was graded the same by all eight services. Some firms refused to grade certain coins, citing that they had been cleaned or otherwise altered; other firms graded the cleaned and altered coins, but noted the cleaning or alteration on the holders; and some firms graded, without notation, coins other services would not grade.

Coin World also published details about the cost per firm and amount of time each firm took to evaluate and/or grade the 15 coins and return them.

Coin World also published details about each firm: who owned the service, how many years it has been in business, how many graders it employs, how many graders grade each coin, the grading system/ standard used, whether it offers authenticity and grading guarantees, whether it grades problem coins and notes the problems on the holders, and whether the firm accepts direct submissions from collectors.

Coin World's test generated some debate and controversy as well. Some questioned the mix of coins sent to the firms, since some of them are of low value and grade, and some exhibit harsh cleaning and other forms of alteration. The coins had been selected from those purchased through the *Coin World* advertising department's checking service. Coins are purchased anonymously from *Coin World* advertisers, some when a complaint is received about the coins the advertiser sells, others randomly to verify that an item is as advertised.

Another danger threatens new collectors: coins promoted in online sales as third-party graded but in actuality graded by the seller and housed within a generic holder mimicking those used by the grading services. Third-party grading is supposed to offer an independent opinion of a coin's grade; the grader has no financial interests in the coin other than the fee charged for grading it. However, some online sellers promote coins as having been graded by a so-called independent service that is really nothing more than a made-up name designed to lend a degree of legitimacy to the auction.

These self-graded "slabbed" coins may be housed in holders similar to those used by grading services. The sales division of Amos Press Inc. markets, under the *Coin World* label, two different sizes of holders compatible with the slabs used by PCGS and ANACS (collectors can buy these holders to house their coins that do not warrant the expense of third-party grading, and can store them in the same boxes as their slabbed coins). These Amos Press holders bear the *Coin World* name and globe, but bear black or dark green inserts (the similarly sized holders ANACS and PCGS use for slabbing bear white inserts) and, unlike coins certified and slabbed by grading services, are not sonically sealed. Although *Coin World* does not grade or authenticate coins, some online sellers have identified coins (through ignorance or malice) placed into these commercially available holders as being "certified" by *Coin World.* Collectors seeing such auction descriptions should understand that *Coin World* has not certified or graded such pieces. Beware of bidding on the coins.

Which grading service should you choose? Ask other collectors and dealers for their recommendations, at a coin club meeting, at a coin show or convention or at any of the several coin-related newsgroups or message forums. View the results of the PNG-ICTA survey online. *Coin World's* articles on its own grading test are archived at **www. coinworldonline.com**.

'Raw' coins vs. 'slabbed' coins

When the Professional Coin Grading Service began grading coins in early 1986, it introduced a new product onto the market: the "slabbed" coin. A "slab" is the hard plastic holder in which a coin graded by a third-party grading service is encapsulated. The grading information is contained in the slab as well. The slab permits both obverse and reverse of the coin to be viewed.

Proponents of the "slab" cite several benefits:

1. A coin encased within a slab is protected somewhat from environmental factors that could cause a deterioration in the coin's surfaces, and a lowering of its grade. However, in recent years, testing has shown that coins encapsulated in grading services' slabs can continue to tone. That's because the plastic is permeable; the chemicals that cause a coin to tone can permeate the plastic. Slabbed coins should be inspected routinely to ensure that the environment in which they are stored is not causing the coins to tone unattractively. (Unslabbed coins should also be examined regularly for the same reason.)

An encapsulated, or slabbed, coin

2. By encapsulating a coin in the same holder that contains the grading information, a buyer is "assured" that a coin meets the grading requirements of a specific grading service, if graded accurately.

3. It permits the "sight unseen" trading of a coin (in other words, various dealers have agreed to purchase coins graded by a particular grading service at the grade indicated on the slab, even without seeing the coin first).

Individuals who do not like slabbed coins cite detracting factors:

1. A collector cannot handle the coin directly.

2. Most slabs do not permit the edge of the coin to be viewed.

3. It may be difficult to form one's own opinion about a coin's grade if it has already been encapsulated, since many like to grade a coin without having to examine it through a holder.

4. Grading standards change over time. Grading services may loosen or tighten their standards in reaction to market conditions.

Another term is the "raw" coin. A "raw" coin is the nickname some use for a coin that has not been graded and encapsulated by a third-party grading service. Until the founding of PCGS in 1986, all coins were "raw."

Differences in value

Several times in this chapter, we have stressed that coins of different grades will sell for different prices. Sometimes, those differences in grade can be minute yet represent thousands of dollars. Take, as an example, the 1881 Morgan dollar. In Mint State 64, it is worth about $175. In Mint State 64 deep mirror prooflike (the same grade, but with a particularly reflective surface), the coin is worth about $2,000. In MS-65, one level up from an MS-64 coin, the 1881 Morgan dollar is worth $1,000, and in MS-65 deep mirror prooflike, the coin is worth $14,000! The same coin jumps in value from $175 to $14,000 for a one-point increase in grade and an increase in reflectivity! In such cases, accurate grading is essential. No one wants to pay $14,000 for a coin graded at one level that most collectors or dealers would grade one level lower and would say does not meet the higher reflectivity standards, thus being worth $175.

Ultimately, collectors should learn how to grade coins. It is not an easy task, nor one that can be learned in a few days. Individuals the market considers expert graders have taken years to hone their craft. They have looked at hundreds of thousands of coins, maybe more. Collectors should not feel intimidated at this, however. Most collectors can learn to grade coins fairly accurately, if they are willing to devote time to this educational process. There are even classes they can take (some conducted for free, some for a fee) that teach the fundamentals of grading. The time and effort are well worth the expense if one plans to collect coins as a hobby.

Coins for collectors

In recent years, the U.S. Mint has been producing quantities of high-quality coins for collectors. Coins struck for inclusion in Proof sets, Silver Proof sets and State Quarters Proof sets often are of extremely high quality, as are Uncirculated and Proof commemorative coins and American Eagle bullion coins. Grading services often grade these coins Proof 68, Proof 69 or Proof 70, or MS-68, MS-69 or MS-70, depending on whether a coin is a Proof or Uncirculated strike.

Coin collector publications such as *Coin World* are filled with ads from dealers seeking to sell examples of these super high grades.

As more Proof sets have been broken up for their individual coins, the numbers of third-party graded Proof 69 and Proof 70 coins have increased. In a classic example of supply and demand, the increased number of high-grade coins available has caused prices to fall.

Mint marks and Mints

Coin collectors, whether novice or advanced, need to know how to identify which Mint facility struck a particular coin. This information is vital because value can vary between coins of the same denomination, type and date, but different Mints.

For example, consider an 1893 Morgan dollar. Four Mints struck 1893 Morgan dollars: Philadelphia, Carson City, New Orleans and San Francisco. In the lowest level of Mint State (MS-60), a Philadelphia-struck 1893 Morgan dollar is worth $900, one struck at the Carson City Mint is worth $4,500, one struck at the New Orleans Mint is worth $2,500 and one struck at San Francisco—an 1893-S Morgan dollar—is worth $90,000. In the higher grade of MS-65, values of the Philadelphia and San Francisco Mint specimens differ even more: $7,500 for the Philadelphia Mint dollar and $400,000 for the San Francisco coin!

While the difference in value between similar coins from different Mints is not often as extreme as the example given, knowing the issuing Mint is essential information for any collector. Fortunately, the U.S. Mint has made it easy to identify which Mints struck which coins (most of the time): Many coins bear a small letter that collectors call a "Mint mark."

Mint marks have been used almost as long as coins have been produced. The ancient Greeks and Romans identified the Mints that issued their coins. When the United States began striking its own coinage in 1792, Mint marks were unnecessary because just one striking facility was in use, in Philadelphia. However, the introduction in 1838 of secondary Mint facilities—Branch Mints—made Mint marks a necessity in the United States.

Why is it important to identify which Mint struck a particular coin? When coins still had intrinsic value, when many were composed of silver and gold, any coin containing less than the intended amount of metal was underweight and thus undervalued. A Mint mark allowed officials to identify which Mint was issuing the undervalued coins and made it easier to take corrective actions to restore full value to the coins, or in cases where the undervaluation was deliberate, identify who was responsible. In some cases, the mintmaster (the man in charge of the mint) and the assayer (the person ensuring the purity of the gold or silver used in the coin) also "signed" the coins by placing special symbols or letters on the dies that identified them as responsible for the production of those coins.

Mint marks appear in different locations on coins. Sometimes they appear on the obverse, and other times, on the reverse (the Mint mark on the new Presidential dollar coins will be positioned on the coin's edge). This price guide includes information about the placement of the Mint mark on every major design type. That information can be found at the beginning of each coinage type section.

D Mint mark on Walking Liberty half reverse.

When looking at a list of coins—for example, a price list of coins available for purchase—one can easily determine the issuing Mint for a particular coin because most hobbyists have adopted a similar style for identifying them: The Mint mark appears after the date, generally linked to the date by a hyphen, as in 1893-S, 1998-D and 2006-W.

Some hobbyists, however, dispense with the hyphen and type a date and Mint mark as follows: 1983S or 1983 S. Beware, though, when someone uses a reference such as 1983s; they may be using the "s" to make the date plural (*Coin World* publications avoid this confusing plural usage).

The following Mint marks have been used on U.S. coins:

C for Charlotte, N.C., (gold coins only), 1838 to 1861

CC for Carson City, Nev., 1870 to 1893

D for Dahlonega, Ga. (gold coins only), 1838 to 1861

D for Denver, Colo., 1906 to present

O for New Orleans, La., 1838 to 1861; 1879 to 1909

P for Philadelphia, Pa., 1793 to present

S for San Francisco, Calif., 1854 to 1955; 1968 to present

W for West Point, N.Y., 1984 to present

Confusion sometimes reigns

Collectors sometimes get confused over Mint marks (or the lack thereof). Sometimes they cannot find a Mint mark and wonder whether they have found a valuable error coin. Other times, they identify what they believe to be a Mint mark that was not used on that date and denomination and wonder whether they have bought a counterfeit coin.

While sometimes they are right—the coin proves to be an error (though not always a valuable one) or a worthless counterfeit—more often than not they are just confused through lack of knowledge.

First, what about a coin lacking a Mint mark? The coin in all likelihood is normal even without a Mint mark, since not all U.S. coins bear Mint marks.

From 1792, when the Philadelphia Mint was founded, until 1979, the only coins struck there to bear the P Mint mark were the silver alloy, Jefferson, Wartime 5-cent coins of 1942 to 1945 (the P Mint mark was used to make it easy to distinguish the silver-alloy coins from the traditional copper-nickel alloy pieces). In 1979, the Mint added the P Mint mark to the new Anthony dollar, and in 1980, to all other

P Mint mark on Kennedy half dollar obverse.

denominations except for the Lincoln cent. To this day, Lincoln cents struck at the Philadelphia Mint bear no Mint marks (and *Coin World* frequently gets letters, telephone calls and e-mails from collectors who find a cent without a Mint mark and think it is an error coin).

Even coins struck at other Mints, normally bearing Mint marks, sometimes lack any identification of the issuing Mint. From 1965 to 1967, a period of a significant coinage shortage in the United States, the U.S. Mint stopped using Mint marks so coin collectors would not be tempted to save coins from each Mint. Mint officials blamed the coin shortage in part on coin collectors, who often want an example of each Mint's coins. (In reality, other causes were chiefly responsible for the shortage.) And from the mid-1970s to the mid-1980s, some coins struck at the San Francisco and West Point facilities do not bear Mint marks and thus are indistinguishable from their Philadelphia Mint counterparts.

The mintage chapter in this book is a good guide to which Mints struck coins lacking Mint marks. Be sure to pay close attention to how the coins are listed.

Second, what should a collector do if a coin appears to have a Mint mark it should not have?

Often collectors contact *Coin World*. In one case, a collector contacted *Coin World* to complain that a recent news story in the weekly *Coin World* had been in error. Within a couple of days of the first collector, another collector stopped by our offices to report he had been sold a 1923-S Saint-Gaudens $20 double eagle (he knew none had been struck, but the holder was marked "1923-S" and the collector thought he detected an S Mint mark beneath the date).

In both of these examples, the collectors had mistaken a designer's initial or monogram for a Mint mark. In the first example, the collector interpreted the designer's initial D on the coin as a D Mint mark. In the second example, the "S Mint mark" on the double eagle was actually designer Augustus Saint-Gaudens' monogram; in reality, the coin had been struck at the Philadelphia Mint and thus had no Mint mark.

U.S. Mint history

The first U.S. Mint was established in Philadelphia because that city was then the national capital. Later, when the capital was moved to the muddy patch of land and swamp eventually named for the nation's first president, the Mint stayed in place in Philadelphia.

The first Philadelphia Mint was primitive by modern standards. The presses were hand-operated, with the other equipment powered by human or horse. The typical coining press in use at the Mint was the screw press, powered by human muscle. A planchet was placed on the bottom die by an early feed system, and two men grasped ropes tied to the two arms of the press and pulled quickly, causing the upper die to descend and strike the coin. The first steam-powered equipment was installed June 24, 1816. Steam powered the machines that rolled the coinage metal to the proper thickness and the punch press used to produce planchets. Further mechanization came in 1833, when the second Philadelphia Mint was opened. The man-powered screw presses were replaced with steam-powered coining presses within a few years. Other equipment was also mechanized.

O Mint mark on
Morgan dollar
reverse.

The growth of the United States Mint was linked to the westward expansion of the nation. Despite the improved output of the second Philadelphia Mint, by the mid-1830s additional coining facilities were needed. Gold discoveries in the Appalachian Mountains triggered America's first gold rush.

To meet the growing coinage needs of an ever-expanding country and population, Congress authorized the first Branch Mints in 1835, in Dahlonega, Ga.; Charlotte, N.C.; and New Orleans. All of the Southern Branch Mints opened for coining in 1838. The Dahlonega and Charlotte Mints were never prolific; they struck gold coins only, generally in smaller numbers than struck at Philadelphia. The New Orleans Mint was a better match for the Philadelphia Mint, striking both silver and gold coins.

S Mint mark on Washington quarter obverse.

When William Marshall discovered gold in California on the American River in 1848, the find triggered the biggest gold rush in U.S. history. Ever larger numbers of men with visions of unlimited wealth undertook the hazardous journey from the East to the gold fields. California became a state in 1850; the population grew, as did the need for coinage. However, the closest Mint was in New Orleans. A number of private mints sprang up in California, striking pioneer gold coins out of native gold and fulfilling a need for coinage the U.S. Mint was unable to fill until Congress authorized the San Francisco Mint in 1852. The government Mint began operations in 1854, striking both silver and gold coins.

Even as thousands moved west to seek their fortune, the nation moved ever closer to war. California had entered the Union a free state, without slavery, the result of the Compromise of 1850. However, the compromise only postponed the inevitable. The sectional troubles that had been tearing the country apart for decades burst into full, horrible bloom following the election of Abraham Lincoln as president in 1860. One by one, the Southern states seceded from the Union. As Louisiana, Georgia and North Carolina left the Union, the federal Mints in those states changed hands. There was no need for Southern troops to use force to capture the facilities; the majority of Mint officials and employees at the three facilities were sympathetic to the Confederate cause. All three facilities struck small quantities of coins in early 1861, the New Orleans facility even striking four half dollars with a special Confederate design on one side. However, coinage at all three Mints ended in 1861 due to dwindling Confederate resources. The Dahlonega and Charlotte Mints never reopened following the war; New Orleans resumed coining activities from 1879 to 1909.

Other gold and silver discoveries in the West, particularly in Nevada and Colorado, triggered the need for additional Mints.

CC Mint mark on Coronet $10 eagle reverse.

The federal government in 1863 purchased the private Clark, Gruber & Co. mint in Denver and extensively remodeled the building. Although officially designated a Branch

Mint, it served instead as an Assay Office (a place where precious metals ores are refined and tested). A new Mint was built in Denver at the turn of the century, opening for coining in 1906. The Denver Mint has struck coins of copper, copper-nickel, silver and gold.

The Carson City Mint in Nevada opened in 1870 and closed in 1893. The Carson City Mint struck silver and gold coins only.

The San Francisco Mint closed after striking 1955 coinage, its presses no longer needed to keep up with the national demand for coinage. Congress revised its status in 1962, naming it the San Francisco Assay Office. However, as noted, a coin shortage struck the country in the 1960s, and in 1965, the San Francisco Assay Office resumed striking coins. The facility regained Mint status in 1988.

The U.S. Mint facility at West Point has been striking coins since 1974, although none of the coins struck for circulation there have borne the W Mint mark. The West Point Mint is the newest Mint facility, having gained Mint status in early 1988; previously, it had been the West Point Bullion Depository (opening in 1938).

Currently, four federal Mints operate in the United States. The Philadelphia Mint strikes all denominations of coins for circulation and some collectors' coins; the engraving staff works there; and the Philadelphia Mint produces coining dies. The Denver Mint is in its original 1906 building, although there have been additions to the facility since its construction; it, too, strikes a combination of circulation issues and collectors' coins, and has had a die production shop since 1996. The San Francisco Mint is in its third building, opened in 1937; today, it strikes coins for collectors only, although it struck coins for circulation as recently as 1980. The West Point Mint is currently used only for collectors' programs and bullion coins although it has struck coins for circulation in the recent past. All platinum and most gold bullion and gold commemorative coins are struck at the West Point Mint. A special 1996-W Roosevelt dime was struck at West Point to commemorate the 50th anniversary of the coin's introduction. It was included at no extra charge in 1996 Uncirculated Mint sets.

W Mint mark on Roosevelt dime obverse.

How to buy and sell coins

New collectors often ask two questions: "How do I buy coins?" and "How do I sell coins?"

Traditional sources for buying and selling coins include local coin dealers, mail-order dealers, public auctions and government Mints. Now, even more buying and selling venues exist with the advent of the Internet and easy access to online auctions at such Web sites as eBay.

All collectors, but especially new ones, need to be aware of the benefits and pitfalls of each method of buying and selling coins. This chapter will offer some advice based on years of experience by *Coin World* staff members, both as collectors and as journalists observing the coin collecting market.

How to buy coins

"How do you buy coins?"

"What's the best way to buy coins?"

"Where do I find coins for my collection?"

Such questions are frequently asked by beginning collectors. They're being asked more and more by those who once collected and are now re-entering the hobby, encountering a marketplace somewhat different from what they remember or experienced years ago.

One fundamental hasn't changed: Know what coin or coins you want to buy. "Knowing" necessarily today includes understanding how to grade coins and being cognizant of how the grade relates to the coin's value (see **Chapter 7**, on grading).

Additionally, the firmer grasp one has of the history of the coin or the series, its characteristics, mintage, survivability rates (rarity) and current values, the more one's chances improve for making good purchases. Therein rests the wisdom of the often-quoted adage: "Buy the book before the coin."

For our discussion, we'll assume Joe Collector has at least covered the basics of acquiring knowledge, whether from books, educational seminars, videos, coin shows or coin club attendance. He has a reliable and up-to-date price guide. And he's now ready to venture into buying.

Where does one start?

One of the easiest and most nonthreatening ways to ease into the hobby is to "buy" coins at the bank: That is, exchange paper dollars for rolls of coins—any of the circulating denominations—to search for dates and Mint marks at one's leisure. The out-of-pocket costs can be limited, and the fun builds. Many millions of Americans collect State quarter dollars in this way or from other sources where coins trade in commerce.

To find coins not readily available in circulation, other nearby sources can be tapped.

Although local retail coin shops and hobby stores with a good selection of collectible coins are not as prevalent as they once were, they do exist in most large metropolitan areas and some are still to be found in small towns and cities. A check in the Yellow Pages of the local telephone directory or the classified ad section of the local newspaper often will reveal whether a local dealer or retail shop exists.

Absent dealer referral, finding a local or regional coin club may be a matter of checking the community calendar or meeting announcements in the local newspaper, contacting the local library or the local Chamber of Commerce, or contacting the American Numismatic Association (**www.money.org**), which maintains an online roster of coin clubs.

Coin clubs generally provide members opportunities for buying, selling and trading coins and other numismatic collectibles during or after meetings. Many sponsor periodic coin shows, affording local collectors the opportunity to purchase from dealers and collectors on a regional or state basis. Large clubs sometimes attract dealers from across the country to their shows. In addition, commercial entities sponsor both small and large coin shows.

The big advantage of finding coins at a local coin shop, a local club meeting or during a coin show is the ability to inspect coins firsthand, without major travel expense. Because some of the large regional and national coin shows alternate show sites, many collectors have an opportunity to attend a show offering several hundred dealers under one roof on a fairly frequent basis. A good source of upcoming coin shows and locations is the Event and Show Calendar in the weekly news publication *Coin World* (**www.coinworld.com**).

Many collectors like the convenience of buying coins by mail order. It is especially handy for collectors unable or too busy to travel frequently to shows or attend coin club meetings. The mail-order marketplace offers extensive purchasing opportunities. *Coin World,* as the largest weekly numismatic publication, through its advertising pages is the largest mail-order market by virtue of the number of advertisers and the wide variety of items available for purchase.

As with any buying experience, it pays to comparison shop. Another time-proven adage is especially important to bear in mind: "There is no Santa Claus in numismatics." A variation on this theme is: "If it looks too good to be true, it probably is." As in any community or marketplace, most coin dealers conduct business honestly and some conduct business dishonestly. Collectors need to learn the differences between an honest dealer and a dishonest one.

Collectors who expect to purchase coins from advertisements in *Coin World* or any other periodical should seek out and acquaint themselves with the publication's basic mail-order policy. This policy is an attempt to ensure equity for both buyers and sellers. A key component of the basic mail-order policy is inspection and return privileges.

A cardinal rule of successful buying by mail order is upon receipt to immediately inspect the ordered coin or other numismatic material to verify that it is what was ordered. Do not remove the coin from the holder in which it was shipped; to do so voids any return privileges. If the coin does not meet expectations, it is incumbent upon the collector to return the coin to the seller within the time allowed by the seller's return policy.

Another popular way of acquiring coins is from auctions. Collectors can bid in person at the auction, through a paid representative attending the auction, over the telephone, by mail and, increasingly, online.

Auction lot previewing is generally accorded potential buyers a day or two in advance of public auctions, generally at the site at which the sale is to be conducted.

Veteran collectors and dealers who buy coins at auction caution to "never bid blind." That is, they suggest any coin being considered for purchase at auction should be examined, preferably in person, although the expansion of auction houses online is making remote bidding more widely practiced.

Experienced dealers and collectors also suggest if you don't know how to grade coins that you seek the assistance of a professional coin dealer. Don't rely solely on the auction house's opinion of the grade or the grade on the third-party grading service slab wherein a coin rests.

Another important tip veteran collectors offer is to establish a bidding limit before the sale begins, whether you are personally bidding or you have contracted an agent to bid for you. Do price research on the desired coin before the sale begins. Set a maximum price you are willing to pay and stick with it. One should also factor in the buyer's fee, which is added onto the hammer bid to arrive at the total price.

Most of the large numismatic auction companies produce descriptive catalogs featuring high-quality photographs of most of the coins that will be in the auction. Many collectors unable to travel to the auction site and who do not like to use agents to buy for them prefer to place bids by mail. The sale catalog generally includes a form for placing mail bids and specifies deadlines and terms of the sale. Be sure to review the auction house's return policy *before* bidding.

The advent of the Internet has resulted in a new source for coins.

Auction houses are beginning to place their catalogs online and most even offer online bidding to registered bidders. Participants can enter their bids online. As with the print editions, these online catalogs generally offer images of the coins being offered. While the online images afford collectors who cannot physically attend the show opportunities to examine the coins, the images depicted are only as good as the photographer who took them, and colors of the coin visible on one's computer screen may not accurately represent the actual colors present. One also cannot tilt an image back and forth in the light as they can with a coin viewed in person, which knowledgeable hobbyists do.

In addition to the established auction houses, a number of new businesses have formed auction sites that permit collectors, dealers and others to offer just about any form of collectible, including coins, to a worldwide audience. The impact of such online companies as eBay is already immense, and no one knows how big Internet trading will become. However, the introduction of these new online auction sites—which are largely unregulated—has brought with it new concerns.

Some of these new online-only auction sites simply serve as a conduit between sellers and bidders. Unlike established auction houses, which guarantee the authenticity of every coin offered, some of the new online auction firms offer no such guarantees. These sites operate on the concept of "buyer beware."

In recent years, vast numbers of counterfeit coins, most likely made in China, have been offered on eBay. Counterfeit Trade dollars sold on eBay are a special concern (some collectors have noted that at some times, most of the unslabbed Trade dollars being sold at that site are counterfeits). Many other U.S. and foreign silver coins are also counterfeited and sold by sellers through eBay. While most of these fakes are of low quality and obviously counterfeit to knowledgeable collectors, less-knowledgeable buyers have fallen victim to these scams.

Individual dealers are moving online. As with the online auction sites, collectors should exercise due caution until they become comfortable trading with a particular dealer.

The largest and most direct sources of new coin issues are the government Mints and sometimes private mints that produce the coins. The U.S. Mint advertises its products in coin periodicals, but it also sells directly to the public via mail order and online (**www.usmint.gov**).

To obtain information from the U.S. Mint, log on to the Mint Web site or telephone (800) 872-6468.

Many foreign mints also sell by mail order or through business agents established within the United States.

For the truly adventurous, occasional sources to find coins are estate auctions and flea markets. Since the auctioneers selling this material often have no specialized coin knowledge, bidders should carefully inspect each lot before bidding, in order to confirm description, grade and authenticity.

Whatever the source, the key to successful coin buying is to know what you are looking for and what you are willing to pay for it.

How to sell coins

"Where can I sell my coins?"

Such a seemingly simple question is not so simply answered, although it is a question frequently asked by beginning collectors, those who have been away from the hobby for a number of years, and by family members who have recently inherited a coin collection.

Let's begin at the beginning.

The first rule of thumb is know what you have to sell. Knowing entails identifying the coin or coins in the collection by type, date, Mint mark and variety, if appropriate. Equally important is knowing the state of preservation or grade. Also important to value is the coin's rarity.

Even rarity does not automatically mean that a coin is of great value. Some rare coins can be purchased for modest sums simply because few people are interested in collecting them or purchasing them.

Ultimately a coin's market value is determined by demand. Demand is determined by the number of buyers desirous of acquiring the coin. Collectors are the ultimate buyers for most coins. Collectors primarily buy a coin because it is "needed" or "fits" in their collections.

Virtually all of the basic information needed to identify and grade coins is available in print, online or video form. Current retail values can be found in price guides and regular updates such as the monthly *Coin*

Values, available by subscription and sold on newsstands and the weekly edition at Coin World Online (**www.coinvaluesonline.com**).

Additional ways of acquiring information include talking with coin collectors and coin dealers and attending coin shows, coin club meetings and educational presentations. However, if one is unable or unwilling to spend the time necessary to acquire basic knowledge about coins and their values, he or she may wish to engage the services of a professional numismatist or professional coin appraiser. Professionals, whether dealers or appraisers, usually charge an hourly rate and will provide a preliminary estimate of cost of the appraisal based on the number of coins to be evaluated and the time needed to perform the service. If a dealer is providing an estimate with intent to purchase, he or she may waive the appraisal fee.

If the seller is the person who acquired the coins, he or she likely will have some ideas about prospective buyers. The most logical candidates are other collectors or dealers specializing in the coins one has for sale. Often collectors make acquaintances with others in their collecting fields through local coin clubs or regional or national organizations. Many local coin clubs hold "club auctions" in which members buy and sell coins. Some clubs hold member auctions as often as they meet.

Clubs and organizations also sponsor shows, inviting members, local coin dealers and dealers from out of state or from various collecting specialties to buy and sell on the coin show's bourse.

"Bourse" is the French word for "exchange." Thus, a coin bourse is literally a place to buy and sell coins and other numismatic collectibles. Dealers pay a fee to the show promoter to have a presence on the bourse. Usually this means the show promoter provides a display case, lights, and a table and chairs at an assigned space on the floor where the dealer may transact business.

If selling coins is your prime objective at a coin show, the best use of time would be to first identify those dealers who are selling the various types and grades of coins that you may have for sale. The best way to determine this is to spend time going from table to table and looking at what is on display in each dealer's case. After identifying the most likely candidates, the next step is to inquire as to whether the dealer is interested in buying. You will be expected to be able to generally describe your coins by type and grade and have them available for inspection in a reasonably organized and efficient manner. The dealer may not be interested at all. He may already be overstocked and have a large inventory of coins just like yours. If he expresses no interest, thank him politely and move on to the next dealer that you have reason to believe may be interested.

If the dealer looks at your coin or coins and offers a price, you will be expected to respond as to whether the price quoted is agreeable. Sometimes rather than quoting a price, the dealer may ask: "What do you want for this?" or "What's your price?" When asked, be prepared to give a serious and reasonable answer. It is your responsibility as the seller to know the value of what you are selling and to be able to make a decision as to what price is acceptable.

In general, dealers expect to buy at wholesale. The wholesale market has a rather wide range, from 30 to 40 percent of the retail price up to 80 percent and sometimes higher. The price a dealer quotes depends on his individual needs. It is not unusual to obtain different bids on the same coin from different dealers. It is up to the seller to determine when his price has been met and whether he desires to sell the coin.

In a strong market like that of the last few years, the concept of buying at wholesale has weakened. *Coin World* staff members and consultants have watched as dealers have been forced to buy certain coins from collectors at retail levels in order to get needed coins. The market to acquire "fresh" new coins—pieces that have been off the market for a long time—in series that are in high demand, often pits dealers bidding against each other, driving prices well above published retail levels. (Common, low-value coins do not attract the same kind of attention from dealers, so you might only get offers at wholesale prices when you are selling them.)

For routine material, although some dealers will bargain, others are not so inclined, especially if they are only marginally interested in purchasing. You may have a price in mind for the initial response and a "fall-back" or bottom line in case bargaining is a possibility. However, have those numbers in mind before approaching any prospective buyer.

Sometimes buyers will be interested only in certain dates or certain grades. If you are attempting to sell a collection, determine whether your strategy is to sell it intact or to sell some or all of the coins individually. Often other collectors or dealers may be interested in key dates or semi-key dates and have little or no interest in purchasing the entire collection.

Also, some dealers today only buy and sell coins that have been graded by a third-party grading service and sonically sealed in plastic holders known as "slabs." Upon your initial inquiry, the dealer may ask whether your coin is "raw" or "slabbed." The term "raw" as used in the coin marketplace refers to a coin that is not encapsulated and graded by a third-party grading service. It may benefit you to have the rarer and more valuable coins in your collection graded by a major grading service; having them slabbed may make them easier to sell. However, low-value coins generally should not be slabbed; the cost of the slabbing may exceed the value of the coin.

Many collectors who are ready to sell coins do not have the time or the inclination to travel to coin shows or club meetings. Thus, mail order becomes an option. Seasoned collectors sometimes sell their coins via "fixed-price" lists that they advertise in the classified sections of publications such as *Coin World* or to individuals whom they have identified as having an interest in purchasing coins they may have. Classified ads also are a vehicle for selling specific coins.

Many dealers who advertise in publications such as *Coin World* buy as well as sell coins. Often they will list coins that they are interested in obtaining. In most cases, the transaction is contingent upon the dealer being able to inspect the coin, to confirm grade. Whenever sending coins via mail, a cover letter stating terms of sale and an inventory list of what is being offered should be included in the package. In addition, coins should be sent by registered mail and insured.

Transactions can be conducted entirely by mail. Before sending any coins, the seller should inquire as to whether the dealer or potential collector-buyer is interested. Again, terms of sale should be stated in a forthright manner and an inventory list presented, listing coin type, date, Mint mark, variety, grade and any other important information about the coin. The seller should list a price at which he desires to sell. If he does not list a price, he may ask the dealer to quote a price.

Coins should never be sent on a "blind" inquiry. They should be forwarded only after a prospective buyer has expressed interest in purchasing. If possible, the seller should maintain a photographic record of any coins sent to a prospective buyer. Absent good photographs, detailed inventory records, including grade, should be kept by the seller in order to be certain that any coins returned are the same ones he sent for possible purchase (coin switching should not be a problem as long as you deal with an established dealer with a good reputation).

Sometimes dealers or other collectors will take groups of coins or collections on consignment. Consignment agreements should be made in writing and should detail the coins, terms of consignment (percentage the consignment agent will receive for selling the coins) and the length of time covered by the agreement.

Public auction is a popular method of selling collectible coins, especially extensive collections and highly collectible coins. Fresh coins, as described earlier, can do extremely well when they are of the right series and grades. Most auction firms that advertise in *Coin World* specialize in numismatic collectibles. They have extensive lists of identified customers who have purchased coins in the past, thus providing greater exposure to potential buyers.

Most of the numismatic auction firms have full-time staff that research and prepare descriptions of the coins that they publish in an auction catalog provided to prospective buyers. Most auction houses also extensively advertise forthcoming auctions to the widest possible audiences. Often auction preview days are designated just prior to the sale so that prospective buyers or their agents can inspect the coins. Auction firms charge the seller a fee, usually based on a percentage of the price the coin achieves at auction. Reputable auction firms require consignors to sign contracts, which state the terms and conditions of the sale. In selecting an auction firm to sell your coins, it would be important to read and compare consignment contracts.

You should contact more than one auction house and seek to gain the best deal possible. Auction houses compete with each other to obtain desirable consignments.

Depending on the number of coins to be sold in an auction and whether specialized material is being offered, the number of days between consignment and the actual sale date can vary. There could also be a delay of from 30 to 60 days from the date of sale until the consignor receives payment in traditional auctions.

The impact of the Internet on buyers mentioned earlier also holds true for sellers. Sellers may wish to register with an online auction site and offer their coins directly to collectors worldwide. As with buying coins over the Internet, sellers should also take precautions. A seller may not want to ship coins to a successful bidder until payment has been received. Sellers also should be sure they describe their coins accurately in order to avoid deceiving potential bidders.

Some collectors buy coins with the avowed intent never to sell any. Other collectors buy and sell on a regular basis. Whether the collector sells his coins or they will be passed on to future generations, good records and inventory lists will assist when it does come time to sell.

As we have shown, there are many ways to sell coins. Each seller must determine the best method, depending on the time and energy that can be devoted to the activity.

Internet transactions

Although the majority of transactions that take place on the Internet benefit both the seller and buyer, it's important not to gaze on your computer screen through rose-colored glasses. Some online transactions turn out badly for the buyer—the item sold is either inaccurately (whether intentionally or not) described or the seller never intends to provide the item once the fee is collected.

The buyer must always be wary, but particularly wary online. It is best to shop with a trusted dealer or company that is known for its exemplary service either online or in the "real" world. It is also best to shop with a company that is more than just *familiar* with numismatic items. Remember that part of the price of every coin in a dealer's inventory is the value of his or her expertise.

Some dealers use the Internet as another way to sell their coins—they already advertise in *Coin World* or attend coin shows. Some dealers operate only on the Internet—they either sell coins at fixed prices or auction the coins at a Web site designed for auctions.

Before you buy, be aware of the return policy and the amount of time you have to examine an item to see if it is satisfactory to you (if no return privileges are offered, consider passing on the item.

Never give your credit card number unless using a "secured site," one that encrypts your personal and credit card information for its trip through the information highway. It is not advisable to e-mail that information, since e-mail is not encrypted.

While most sites that accept credit card numbers have taken adequate measures to ensure security, it is best to refer to the padlock icon that appears within the browser (on Netscape, find it in the toolbar; on Internet Explorer, find it in the icons at the bottom of the window) before submitting that type of information. Although there are no 100 percent guarantees, as long as the padlock appears closed, it is at least as secure as, say, handing your credit card to a waiter at a restaurant.

Regardless of how you submit your order, if possible know a company's physical address and telephone number before you order.

Online auctions

Before you bid on any online auction site, you have to register. Always read the user's agreement carefully to know what kind of obligations and recourse you will have. Before you bid on an item, pay close attention to the return policies of the seller. Be sure to contact that person if you have any questions.

Often online auctions will provide rating information about buyers and sellers. People who have done business with these sellers in the past will rate their attitude, promptness, honesty and so on. Keep this information in mind when buying or selling. Keep also in mind that rating systems are not foolproof; some sellers may solicit positive feedback from friends rather than from actual buyers.

Don't be too quick to trust a photograph of the lot. Photo quality may be poor, misleading and inconsistent. Digital images can be enhanced. The item offered may not be the item delivered. Of course, a photo might also be very telling; you may be able to determine the authenticity of a questionable item by looking at the photo, or you might find that a valuable die variety is being offered with the seller unaware of the coin's true rarity.

This brings up another important point: There is a certain amount of risk in not purchasing or selling through a dealer or numismatic auctioneer. You don't get the benefit of their expertise and staff or return policies.

Because the Internet affords all users a certain amount of anonymity, criminals find they can use this to their advantage and disappear.

Three broad categories of auctioneers exist on the Internet: auction venues (middlemen), live auctioneers on the Internet (a company that incorporates online bidding into its live auctions) and Internet auction companies (companies that catalog and auction consigned coins).

Companies such as eBay (**www.ebay.com**), Amazon (**www. amazon.com**) and Yahoo (**www.yahoo.com**) act as middlemen for auctions. On such sites, the owners of the coins (who may or may not be coin dealers) post their offerings and pay the site a fee for the service, which is often a percentage of the sale price. If a collector buys a coin on one of these middleman sites, he and the seller must contact each other to complete the transaction. The seller may be a single individual or a company.

Many of these sites indemnify themselves against many potential problems. They are not involved in the actual transaction between buyers and sellers and have limited control over the quality, safety or legality of the items advertised, the truth or accuracy of the listings, the ability of sellers to deliver items or the ability of buyers to buy items. In fact, such a site cannot and does not confirm that each seller (or buyer) is who he claims to be. Basically, you are on your own at such sites.

Another kind of auction site is one that accepts consignments for auctions and employs a staff of numismatists to catalog the coins before they are posted on the Internet. The buyer does business directly with this company, and the company is responsible for the customer's satisfaction. Many advertise in the pages of *Coin World*.

As a buyer, if you fear that your item may not be all that you hoped, you might want to consider registering your purchase with an online escrow service. Many buyers use this service (there is a fee), especially if the item purchased is very expensive. In this way, the buyer and seller protect each other (or one from the other) jointly by agreeing to place the money for the item with the escrow service using a credit card. Once the funds are there, the seller ships the item.

When the item arrives at the buyer's door, he or she will have an agreed upon period of time to examine the piece. If it is satisfactory, the money is released to the seller. If not, the item is returned and the buyer gets a refund.

If something should go wrong with the sale of the item and the two parties cannot come to an agreement, they should seek arbitration through the venue company (if one was used) or from the Better Business Bureau (**www.bbb.org**), which also provides arbitration services for customers. Incidentally, the Better Business Bureau is a good place to start to see if any companies with which you will deal are members of BBBOnLine Inc., which promotes ethics in commerce on the Internet.

As with any coin transaction, whether it is in a shop or in your pajamas at home, knowledge will do a great deal to protect you. However, in case you have acted to the best of your knowledge, and things go wrong, know how to protect yourself.

Storage and preservation

10

Coins and paper money change over time, and not necessarily for the better.

Collectors, dealers and investors too often neglect this simple maxim. Deterioration is at odds with the long-accepted belief that the better the condition of a numismatic collectible, the more it is worth.

The greater awareness of coin and paper money storage and preservation in recent decades has resulted in safer storage materials being offered. Still, however, some coins and paper money sold, bought and stored probably are being housed in holders that do not offer much protection or may even cause harm.

Everyday hazards

Metals vary in their resistance to corrosion and oxidation; however, all coinage metals can be affected by everyday hazards. Gold is probably the most resistant coinage metal, being unaffected by most corrosive agents. A problem arises with some gold coins because they contain copper or silver, and a poor mix can result in areas of high concentration of copper or silver that can corrode, causing streaks, spotting and other surface blemishes. Fortunately, this does not often occur. Gold coins are remarkably resistant to damage from storage in dangerous coin holders, in polluted atmospheres and under other adverse conditions.

Silver is also quite resistant, but subject to toning, especially in the presence of sulfur compounds and nitrates, both of which are frequent components of air pollution. Toning is not necessarily bad. Some collectors consider attractive, iridescent toning desirable on silver coins. This toning results from complex chemical processes over a long period, thus the rainbow hues seen on some 19th and 20th century silver coins.

Collectors should remember that toning and tarnishing represent the same thing: a chemical change to the metal on the surface of the coin. The "difference" between toning and tarnish is the degree of chemical change and how collectors and dealers perceive the change. Essentially, "toning" is used to describe attractive, desirable color; "tarnish" is used to describe unattractive, undesirable color. Over time, if the chemical change is unchecked, desirable toning can become undesirable tarnish.

There have been modern-day attempts to duplicate natural toning when it was discovered that toned coins sometimes bring premium prices. By experimenting with various chemicals and techniques, some found that they could produce artificial toning. "Coin doctors" in various parts of the country turn out these coins. The "doctors" have developed many different techniques to enhance a coin's appearance. Most forms of rapid artificial toning are considered unacceptable, although disagreement exists over the appropriateness of certain procedures.

Beware when toning is used to cover up signs of light wear or "rub" on an Uncirculated coin or hairlines on a Proof coin.

The copper-nickel alloy used in U.S. coins is even more susceptible to chemical attack because of the 75 percent copper present. Not only is it affected by atmospheric contaminants, but it is also more subject to electrochemical action (battery action) than silver and gold. Small black spots, called "carbon spots," are sometimes seen. These may be the result of a contaminant imbedded in the coin's surface, which later corrodes or oxidizes, or causes the surrounding metal to corrode or oxidize, or the presence of an impurity in the metal that corrodes faster than the alloy of the coin.

Copper is one of the most fragile commonly used U.S. coinage materials. Upon oxidation, it forms green to blue copper oxide. Copper alloy coins are very susceptible to carbon spots. The zinc cents, first produced for 1982, are plated with a thin layer of copper and are especially fragile. If the copper plating is broken, the coin can corrode and deteriorate rapidly.

The atmosphere

It should be obvious that airborne gases can adversely affect a coin. Normal pollutants found in the air can cause long-term problems. They can combine with oxygen at the coin's surface. Gases produced while a coin is in a plastic holder, coming from the plastic itself, can also have an adverse effect.

The atmosphere also contains moisture and dust, both dangerous to a coin's surface. Both are carriers of oxygen and other compounds, bringing them into intimate contact with the coin's surface. Since we don't have much direct control over the air around us, the only way to protect a coin from the atmospheric pollutants is to isolate it in a container that is inert, so the container itself won't contaminate the coin, and affords some protection from the atmosphere.

Contaminants

Coins are dirty, even when coming off the coinage press! Since the metal is rolled, punched, annealed, struck by dies and handled by various mechanical devices, even a Mint State coin may be contaminated with metallic particles, oil and grease, rag dust, bag dust and other foreign material. Once the coins leave the Mint, they are further contaminated by counting machines, rolling machines and handling by the collector himself.

Coin holders themselves can contaminate the coin. They may contain dust particles picked from the air or surfaces. Some also contain paper or cardboard dust, highly dangerous to pristine coins. Some plastic holders give off dangerous gases due to their volatility, including acetic, hydrochloric and other acids. Some "sweat," and the liquid coming out of the plastic is deposited on the coin, causing corrosion.

Dust particles on the coins are dangerous because they themselves may be corrosive. When a particle rests on a coin, it can cause a localized chemical reaction with the coinage metal. A spot may form as a result, and the surface of the coin pits directly under the dust particle. Experience indicates that paper and cardboard dust particles are especially prone to forming this kind of corrosion.

Handling

Improper handling causes abrasion, decreasing the value of the coin itself, and exposes fresh metal that can oxidize and corrode. Although every collector should be aware of these facts, some can be seen carelessly handling coins. Don't allow coins to contact each other or other surfaces if you value their long-term life.

When you lay a coin down, be aware of the surface. Is it clean? If not, the coin may pick up contaminants. Coins stored in slide-type albums may develop "slide mark" abrasion on the high points from sliding the windows past the coins.

Don't eat or speak over a coin, for you may inadvertently spray spittle on the coin. Human saliva can be quite corrosive to a coin.

Don't handle a coin with your bare fingers. Wear special gloves made for collectors to help keep the natural oils of your skin off the coin's surfaces. Fingerprints are especially dangerous; they can cause localized corrosion (anyone who has looked at enough coins has seen pieces bearing fingerprints etched into their surfaces).

Storage materials

The factors described will have an adverse effect on coins over time, but can be reduced and perhaps eliminated by careful selection of materials for storage or display. It is foolish not to take the steps necessary to protect one's coins.

The following first discusses some general subjects involving coin storage and then the most common coin holders and their suitability.

Basic criteria

Susan L. Maltby is a Toronto-based conservation expert and author of a monthly column in *Coin World*, "Preserving Collectibles." Over the years that she has written her column, she frequently has addressed safe and unsafe storage materials.

She recommends coin holders that are see-through (allowing the owner to view the coin within the holder), made of a safe material, easy to use (a holder or album that permits one to remove the coin without risking damage to it) and that hold the coin securely (a coin that slides or rolls in its holder may be subject to wear).

Maltby identifies the following plastics as safe and therefore suitable to coin holders and albums: polyethylene, polypropylene, Mylar D (polyethylene terephthalate), Kodar (similar to Mylar D), and polymethyl methacrylate (Plexiglas is a brand name for this plastic).

She cautions against using holders or albums made of cellulose acetate.

Maltby warns that collectors should never use holders made of the following: glassine, polyvinyl chloride (PVC), polyvinylidene chloride (Saran) and paper (the commonly used paper envelopes are not see-through and the purity of the paper can be a concern, she says).

Coin albums

Traditional cardboard albums with plastic slides are potentially bad because of the cardboard and paper, the abrasion possible with the plastic slides, and the fact that a large number of coins are exposed at the same time when the slides are pulled.

These albums also don't protect against the atmosphere or moisture since the cardboard is porous. Some newer albums are made of plastic, and though they eliminate the slides, they are unsuitable because the plastic itself may not be inert. Some of them "sweat" over time, causing tarnish or green corrosion. Coin boards without any covering should obviously never be used for high-grade, valuable coins.

Two-by-twos

Probably the most common coin holder is the cardboard 2-by-2-inch or 1.5-by-1.5-inch square container. They come as one piece usually, with a Mylar window, and are stapled or glued together with the coin placed in between. They are inexpensive, one can view both obverse and reverse, and the cardboard provides space for identifying the coin.

Maltby notes that while the cardboard is potentially dangerous, the Mylar separates the coin from the cardboard, affording the coin protection. She said she has examined coins that have been housed in these holders for decades and most of the coins have held up well.

One potential problem involves the rusting of the staples in high-humidity climates. Regular monitoring should keep this problem to a minimum. Use silica gel to help with the humidity and replace holders with rusting staples with new holders. Another potential problem: The Mylar plastic is thin and can tear somewhat easily, so a collector should use care in placing the coins into the holders.

Flips

This is the name given to the 2-by-2-inch plastic holders. They usually have two sections hinged at the top, and one section contains a paper insert for labeling.

Some are made of polyvinyl chloride, a dangerous plastic because it can combine with oxygen to form compounds that will attack the coin. Do not use these holders.

Some are made of Mylar, a polyethylene derivative, and these are basically inert, but are moisture permeable. The Mylar holders are reasonably safe for short-term storage though. There is a possibility of contaminating the interiors of the flips with paper dust from the inserts. In addition, the flips do not seal at the top, thus the coins are exposed to the atmosphere.

Plexiglas

The plastic used in Plexiglas is inert and thus safe for storing coins. Three-layer Plexiglas holders are available for single coins or sets; the layers are generally held together with plastic two-piece screws. However, if the hole for the coin in the center layer of holder is not properly sized, problems can occur. If the hole is too large, the coin can be loose in the holes and can rattle around, causing the potential for abrasion of the coin. If the hole is too small, the coin will not fit without alteration to the holder. Since the holders are made of three layers and are not sealed along the edges, they are open to the environment.

Polystyrene holders

Single coin or Proof and Mint holders, as well as roll tubes, are available. Made of clear brittle plastic, the holders usually snap together. Polystyrene is one of the few inert plastics and therefore can be considered safe. The edges of these holders, however, do not seal airtight.

Slabs

The sonically sealed plastic encapsulations used by third-party grading services and euphemistically known as "slabs" offer some protection but are not a panacea for all storage problems. Contaminants trapped on a coin when it is being slabbed can continue to cause damage after slabbing. Over time, corrosive chemicals can permeate the plastic and attack the coin housed within the slab. Coins can tone inside a slab that is kept in a corrosive atmosphere.

Intercept Shield

A new product was introduced in a variety of coin storage systems during the summer of 1999 that holds the potential for protecting coins for decades, according to the developers. The technology was developed and patented by Lucent Technologies Bell Labs to protect sensitive electrical components from atmospheric contamination and corrosion. The technology, which is incorporated into the lining of coin albums and folders, 2-by-2-inch and slab-sized storage boxes, individual slab storage boxes and inserts placed inside slabs and envelopes, absorbs harmful chemicals and keeps them away from coins stored within the devices.

Collectors should base their holder choices on the quality and value of the coins in their collections. Not many experienced collectors would choose to house a $5,000 coin in a 5-cent holder, nor would many send a coin worth $1 to a grading service that charges $15 to grade and encapsulate the coin in a slab. Choose the safe holder that best suits your needs and budget.

Following these suggestions will not guarantee that a coin will not deteriorate, but the methods are the best known to ensure that coins that are the pride and joy of a collector will survive for the lifetime of this and future generations of collectors.

U.S. coinage history

United States coinage history is a fascinating subject involving economics, politics, artistic expression, personal rivalry, technological breakthroughs, gold and silver discoveries and more. In short, the history of the country's coinage is the history of the United States.

Denominations

Since coinage began at the Philadelphia Mint in 1793, more than 20 denominations have been used as circulating, commemorative and bullion coins of the United States. In platinum, the denominations have been $100, $50, $25 and $10. In gold, the denominations have been $50 (commemorative and bullion coins only), $25 (the American Eagle bullion coin), $20, $10, $5, $3, $2.50 and $1. The U.S. Mint has issued one platinum-gold ringed bimetallic coin, with a denomination of $10. Among silver coins (many later changed to copper-nickel clad by the Coinage Act of 1965), the Mint has issued the silver dollar, the Trade dollar, the half dollar (50 cents), the quarter dollar (25 cents), 20-cent coin, dime (10 cents), half dime (5 cents) and 3-cent coin. The Mint has also struck copper-nickel 5-cent, 3-cent and 1-cent coins; a bronze 2-cent coin; cents in copper, copper-nickel, bronze, brass, zinc-coated steel and copper-plated zinc; and a copper half cent.

Production of U.S. coinage authorized under the U.S. Constitution began in 1793 with the production of copper half cents and cents. The Mint began striking silver half dimes, half dollars and dollars in 1794, and silver dimes and quarter dollars in 1796. Gold coinage began in 1795 with the $5 half eagle and the $10 eagle, followed by the $2.50 quarter eagle in 1796.

During the earlier years of the U.S. Mint, not all denominations were struck in all years. In 1804, coinage of the silver dollar ceased with the striking of 1803-dated coins; dollar coinage was not resumed until 1836. A few gold eagles were struck in 1804, but coinage of the $10 coin then ceased until 1838. No quarter eagles were struck from 1809 through 1820.

Production of the other denominations was sporadic except for the cent. Planchet shortages prevented any 1815-dated cents from being produced; otherwise, the cent series has been issued without interruption since 1793.

Meanwhile, as the country's borders and population grew, the monetary system grew with them. The denominations authorized in 1792 were no longer sufficient to meet the country's monetary needs at the midpoint of the 19th century, and new denominations were authorized. Congress authorized a gold dollar and a gold $20 double eagle, both under the Act of March 3, 1849. Two years later, a silver 3-cent coin was authorized. A gold $3 coin was introduced in 1854. A smaller, copper-nickel cent was approved in 1857, replacing the pure copper large cent. The half cent was eliminated, also in 1857.

The American Civil War erupted in 1861, eventually causing massive hoarding of coinage and the necessity of coinage substitutes like encased postage stamps, privately produced copper-alloy cent-like tokens and, finally, the first federal paper money (including denominations of less than a dollar). More changes to U.S. coins began in 1864, when the composition of the cent was changed to 95 percent copper and 5 percent tin and zinc (bronze), and when a bronze 2-cent coin was introduced.

A copper-nickel 3-cent coin was issued beginning in 1865 to circulate alongside the silver 3-cent coin (the latter was eliminated after 1873). A copper-nickel 5-cent coin was introduced in 1866; the silver half dime was eliminated after 1873.

In a bit of numismatic trivia that might be surprising to most noncollectors, the first coin to be called a "nickel" was the copper-nickel cent, issued from 1857 to 1864 in two design types (Flying Eagle and Indian Head). The copper-nickel 3-cent coin was also called a "nickel" by 19th century users of the coin, with the copper-nickel 5-cent coin, introduced in 1866, finally appropriating the nickname. The nickname persists to this day although the term "nickel" as a denomination appears in none of the legislation authorizing the 5-cent coin. The nickname is based on the copper-nickel alloy that composes the coin, although ironically, the alloy used in the 5-cent coin since its inception has been 75 percent copper and just 25 percent nickel.

The year 1873 brought significant, unprecedented changes to the U.S. coinage system, under the Act of Feb. 12, 1873. Four denominations were abolished by the act: the 2-cent coin, the silver 3-cent coin, the half dime and the standard silver dollar. It authorized a Trade silver dollar for use by merchants in Asia (Congress revoked the Trade dollar's legal tender status in the United States in 1876; it has since been restored). The weights of the silver dime, quarter dollar and half dollar were increased. In addition, the act, in effect, demonetized silver and placed the United States on a gold standard, triggering a national debate that would last for the next quarter century.

Another new denomination was authorized in 1875—the silver 20-cent coin. The coin was struck for circulation in 1875 and 1876, setting the record for the shortest-lived silver denomination in U.S. coinage history. Coinage of Proof 20-cent coins continued for collectors only in 1877 and 1878.

Congress reauthorized the standard silver dollar in 1878 after lobbying efforts on behalf of the silver mine owners. The denomination would be struck through 1904, when production was halted (millions of the coins rested in vaults unneeded and unused in circulation).

Other coinage denominations in use continued unchanged through 1889, when the gold dollar and gold $3 denominations were struck for the last time.

The circulating silver dollar was resurrected twice for circulation: in 1921, to continue through 1935; and in 1964. Although 1964-D Peace silver dollars were struck in May 1965, the government withdrew support for them and ordered the coins destroyed, in part to ensure that none inadvertently entered circulation or collector circles. There is no credible evidence (though plenty of rumors) that any of the coins survive.

The copper-nickel clad dollar was introduced in 1971 (bearing Dwight D. Eisenhower's portrait), and a smaller copper-nickel clad dollar (the Anthony dollar) was issued briefly from 1979 to 1981 and in 1999. A new golden-colored, Anthony-dollar-sized dollar coin depicting Sacagawea entered circulation in 2000, but has not circulated widely. None of the 2002 to 2006 circulation-quality coins were struck for circulation; all that have come into collectors' hands were sold to them in bag and roll quantities. Beginning in 2007, new Presidential dollars are to be issued for circulation every year, four per year, until all past presidents have been honored (see Chapter 2 for more details), made of the same composition as the Sacagawea dollars; most collectors doubt that the Presidential dollars will circulate any more widely than the Anthony dollars or Sacagawea dollars.

The standard silver dollar lives on in commemorative coinage, with about 50 different commemorative dollars struck from 1983 through 2006. In addition, there is a 1-ounce silver bullion coin that bears a $1 denomination, introduced in 1986 as part of the American Eagle bullion program.

Since the Mint Act of 1875, only three new denominations have been authorized, none for circulation. A gold $50 coin was approved to commemorate the 1915 Panama-Pacific International Exposition, held in San Francisco. More than 70 years later, in 1986, the $50 denomination was revived and a new denomination ($25) was authorized, both for the American Eagle gold bullion coin program. A $100 denomination was given to the 1-ounce platinum American Eagle bullion coin, introduced in 1997.

The last gold denominations struck for circulation occurred in 1933, when coinage of the eagle and double eagle ceased under President Franklin Roosevelt's anti-gold executive orders. The gold quarter eagles and half eagles were last struck in 1929. All gold coins struck since 1984 have been commemorative or bullion coins.

Designs

The story behind the designs of United States coinage is one of artistic experimentation and drone-like uniformity; of political necessity and political favoritism; of beauty tempered by the realities of the coining process.

The members of Congress who approved the original U.S. monetary system created design parameters that affect new U.S. coin designs even today. The Mint Act of April 2, 1792, specified that certain design features and legends appear on the coins that were authorized. On one side of all coins was to be an impression symbolic of Liberty, plus the word LIBERTY and the year of coinage. For the silver and gold coins, an eagle and UNITED STATES OF AMERICA were to appear on the reverse. The denomination was to appear on the reverses of the half cents and cents.

For more than 115 years in the history of U.S. coinage, Liberty was portrayed by allegorical female figures, appearing as a head, bust or a full-length portrait (sitting, standing or walking).

The 1793 half cents and cents introduced the allegorical themes used on U.S. coins: The half cent depicts a bust of Liberty with her hair flowing free, facing to the left. A Liberty Cap on a pole, a familiar symbol of Liberty in the American and French revolutions of the latter 18th century, rests on her right shoulder, giving the design its name: the Liberty Cap.

Since the Mint Act of 1792 required only the denomination to appear on the reverses of the copper coins, the Mint engravers had a free rein. The first half cents have a wreath on the reverse, a device used as late as 1958 on the reverse of the Lincoln cent in the form of two heads of wheat.

On the first cents of 1793, another Flowing Hair Liberty appears, though with no cap; the design was not popularly received: Liberty was said to look frightened. The public also panned the reverse design: a 15-link chain meant to represent the unity of the 15 states. The public believed the chain was a symbol of enslavement perceived to represent "a bad omen for Liberty." Changes in the design of both sides of the cent came rapidly; production lasted just a few weeks. A Wreath reverse replaced the Chain reverse, and a slightly different Flowing Hair Liberty was used on the obverse. Shortly after those designs were introduced, the unpopular obverse design was replaced with a Liberty Cap design, with Liberty facing right; a similar version was placed on the half cent in 1794. Concurrent with the new portrait on the 1794 cent, a revised version of the Wreath reverse replaced the original Wreath reverse. Thus, three distinct cents were struck with the 1793 date (Flowing Hair, Chain; Flowing Hair, Wreath; Liberty Cap, Wreath).

Additional design changes were instituted for the cent in 1796, when a Draped Bust design was introduced and used through 1807. Liberty appears without a cap, her hair falling over bare shoulders. Loose drapery covers Liberty's bust.

Another Liberty Head design called the Classic Head design was used on the cent from 1808 to 1814. It differs considerably from the earlier allegorical motifs, with Liberty wearing a ribbon inscribed with LIBERTY around her hair.

Throughout the period from 1796 to 1814, different Wreath reverse designs were used. The wreath used with the Draped Bust designs consists of two branches tied together at the bottom by a ribbon with a bow. The wreath on the Classic Head cent consists of a single branch bent into a circle and secured at the bottom by a ribbon.

The design type introduced in 1816 on the large cent and used through 1857 is known broadly as the Coronet; it was paired with the one-branch Wreath reverse design. The Coronet Liberty design underwent many changes on the cent, with the distinctive versions known by various names, depending on the reference book. The cents of 1816 to 1835 (or to 1839) are called the Matron Head by some. The design went through a series of transitions from 1836 to 1839, with several distinctive types: Head of 1836, Head of 1838, Silly Head and Booby Head; the 1839 cents are found with all four types. The final version, the Braided Hair Coronet, was introduced in 1839 (making five versions of the design with that date) and used for the remainder of the series.

The Coronet Liberty design concept would prove one of the most versatile of the 19th century. A variation of the Coronet design would appear both on copper coins until 1857 and on most of the gold denominations from the 1830s to the first decade of the 20th century. The design is similar on all of the coins, depicting Liberty wearing a coronet inscribed with liberty.

Designs for the half cent were generally similar to the cent's designs, although the timetable for introduction was often different. The half cent used a Liberty Cap design until 1797, and from 1800 to 1808 a Draped Bust design was used. The Classic Head design was used on the half cent from 1809 to 1836, and the Coronet design was introduced in 1840.

The silver coins of the 18th century feature designs similar to those on the copper coins. The silver coins used a Flowing Hair design in 1794 and 1795, and in 1795 and 1796, a Draped Bust design was introduced on all silver coins. The Capped Bust design was used first for the half dollar in 1807, with the dime following in 1809, the quarter dollar in 1815 and the half dime in 1829. The eagles appearing on the reverse of the silver coins appeared in several forms, first in a Small Eagle design that some critics likened to a pigeon. A Heraldic Eagle was used on the dollar beginning in 1798, the half dollar in 1801 and the quarter dollar in 1804.

Allegorical Liberty figures with similar themes but somewhat different details were used on the early gold coins. A Capped Bust, Heraldic Eagle design was used from 1796 to 1807 for the quarter eagle, then replaced in 1808 with the one-year-only Capped Draped Bust type. The Capped Head quarter eagle was struck between 1821 and 1834. On the half eagle, the Capped Bust design was used from 1796 to 1807; the Small Eagle reverse was used from 1796 to 1798, and a Heraldic Eagle design was used from 1795 to 1807, concurrently with the Small Eagle at first. The Capped Draped Bust was used on the half eagle from 1807 to 1812, and the Capped Head, from 1813 to 1829. The Classic Head design was used briefly, from 1834 to 1838. For the $10 eagle, the Capped Bust design was used from 1795 to 1804, when production of the denomination ceased. On the reverse of the $10 coin, the Small Eagle design was used from 1795 to 1797, and the Heraldic Eagle design was used from 1797 to 1804.

Production of the silver dollar resumed in 1836 with the Gobrecht dollar, named after the engraver credited with the design (sketches by several artists were used during the design process, but Gobrecht gets credit for modeling and engraving the coin). The obverse depicts a Seated Liberty figure on a rock, her body draped in robes. The reverse design depicts a Flying Eagle. This dollar was the first of several coins that would use a similar Flying Eagle theme.

With the creation of the Seated Liberty design, a new age of uniformity ensued on U.S. coins. A modification of the Seated Liberty obverse design from the dollar was introduced on the half dime and dime in 1837, the quarter dollar in 1838 and the half dollar in 1839. An 1837 act dropped the requirement that an eagle appear on the reverses of the half dime and dime, so a wreath was introduced on the half dime and dime that year. A shield-bearing eagle was used on the new quarter dollar and half dollar; and the dollar received a new Eagle design in 1840, with the Flying Eagle replaced by an eagle similar to those on the quarter dollar and half dollar.

Gold coins, too, entered the uniform age of coin designs when the Coronet (sometimes called Liberty Head) design was introduced in 1838 for the eagle, in 1839 for the half eagle and in 1840 for the quarter eagle. When the gold dollar and $20 double eagle were introduced in 1849 and 1850, respectively, the Coronet design was used for both. Like the silver coins, with the exception of the dollar, the gold coins would not break out of uniformity until the early 20th century.

A new theme was introduced in 1854 on the gold $3 coin, which depicts Liberty as an Indian Head portrait. The portrait, by James B. Longacre, was the first in a series of coinage tributes to the first native Americans. However, the portrait does not depict a true Indian; Longacre simply placed an Indian headdress on a variation of the same Liberty figure he would use in many different versions of the design. The reverse depicts a wreath. Later in 1854, Longacre created an imperfect copy of his Indian Head portrait for the gold dollar, replacing the Coronet figure. However, this design did not strike well, and Longacre copied his $3 portrait more faithfully in creating an Indian Head portrait for the gold dollar beginning in 1856.

When the large cent was abandoned in 1857 for a smaller cent, a Flying Eagle design based on Gobrecht's design for the dollar was placed on the obverse (the 1856 Flying Eagle cents are patterns). The obverse design was changed to an Indian Head design in 1859. Wreaths of various types appear on the reverses of both (two distinctly different on the Indian cent, one used only in 1859, the second, including a shield, from 1860 to 1909).

Several nonallegorical designs began to appear on U.S. coins in the 1850s. On the silver 3-cent coin, a six-point star appears as the central obverse design; the reverse depicts the Roman numeral III inside what resembles a large letter "C." Shields appear on the obverses of the 2-cent coin and the first copper-nickel 5-cent coin. A Liberty Head design replaced the Shield design on the 5-cent coin in 1883.

Liberty continued to dominate obverse designs during this period. The standard silver dollar, abandoned in 1873 and reinstated in 1878, depicts a Liberty Head and an eagle (the coin today is called the Morgan dollar in reference to the engraver who designed it). A version of the Seated Liberty coinage design was placed on the obverse of the short-lived 20-cent coin of 1875 to 1878.

Coinage designs came under stricter congressional control with passage of a new law in 1890. Previously, design changes could occur at whatever frequency Mint officials determined to be appropriate. Designs sometimes changed after being used only a few weeks or months.

The 1890 law prohibits design changes unless the design has been used for at least 25 years. Congress has to authorize changes to designs in use for less than the required period. The 1890 law brought an end to frequent design changes and, later in the 20th century, would lead to design stagnation as Mint officials began viewing design changes as undesirable.

The Seated Liberty design, used on most of the silver coins since 1836, was abandoned at the end of 1891. By that time, it was in use only on the dime, quarter dollar and half dollar, the other denominations having been repealed or redesigned. Chief Mint Sculptor-Engraver Charles Barber's Liberty Head design replaced it in 1892. Barber also created a Heraldic Eagle for use on the reverse of the quarter dollar and half dollar; the reverse wreath appearing on the Seated Liberty dime was maintained on the reverse of the "Barber" dime. The Barber designs were used through 1915 for the half dollar, and through mid-1916 for the dime and quarter dollar.

The first two decades of the 20th century resulted in two major design trends for U.S. coins. One, beginning in 1907, resulted in what many cite as the "Golden Age of U.S. Coin Designs." The other, beginning in 1909, was the first step away from allegorical depictions in favor of medallic tributes to prominent political figures from American history. The second trend, starting concurrently with the first trend, would come to replace it and usher in an age of stagnant designs that would last for decades.

The "Golden Age" began with the elevation of Theodore Roosevelt to president of the United States. Roosevelt did more to improve the aesthetics of U.S. coins than any other politician since Washington. He invited Augustus Saint-Gaudens, the premier U.S. sculptor of the day, to create high relief coin designs Roosevelt hoped would equal the artistic beauty found on ancient Greek coins. Saint-Gaudens submitted designs for the cent, eagle and double eagle, but, seriously ill, died before the designs could be finalized for regular production. Roosevelt chose from the submissions the designs for the two gold coins. The $10 coin depicts an allegorical Liberty Head wearing an Indian headdress on the obverse, and a standing eagle on the reverse. The double eagle depicts a Standing Liberty facing the viewer on the obverse, and a Flying Eagle design for the reverse.

Saint-Gaudens' double eagle designs are considered by many collectors to be the finest ever portrayed on a U.S. coin. The first $20 coins struck in 1907 contain extremely high relief features, a wonderfully artistic feature that was impractical for production. The coins required too many strikings for efficient production, so the relief was lowered later in 1907.

The "Golden Age" continued in 1908, with new designs for the $2.50 and $5 coins by Bela Lyon Pratt: an American Indian on the obverse, and a Standing Eagle on the reverse. These were the first true Indians to appear on U.S. coins. What made the designs so unusual, however, was their placement on the coin. The designs were created in the oxymoronic "incused relief." Often incorrectly referred to as incused, the designs are raised, but sunken into the fields so the highest points are just below the flat fields.

In 1913, the designs for the 5-cent coin were changed. An American Indian was placed on the obverse, and an American bison was placed on the reverse. The coin, known variously as the Indian Head, Bison or Buffalo 5-cent coin (also nicknamed the Buffalo nickel), is considered the most American of U.S. coin designs because of the two themes portrayed on the coin. The Indian design appearing on the obverse is probably the finest to be placed on a U.S. coin. Three Indians—often identified as Iron Tail, Two Moons and Chief John Tree—reportedly posed for designer James Earle Fraser, who created a composite portrait. The model for the bison was Black Diamond, a resident of the New York Zoological Gardens. Variations of Fraser's designs were used in 2001 to strike the American Buffalo commemorative silver dollar.

More design changes were made in 1916, when the Barber designs for the dime, quarter dollar and half dollar were replaced.

The dime features a Winged Liberty Head on the obverse. The design is often called the "Mercury" dime, although the artist never intended the female figure to represent the male god Mercury. The reverse depicts a fasces.

The quarter dollar design introduced in 1916 proved short-lived. The Standing Liberty figure had an exposed right breast. Liberty's bare breast was covered with a coat of mail in 1917 (both subtypes of the 1917 coin exist). Although many numismatic books claim there was a hue and cry over Liberty's bare breast, no contemporary evidence exists that backs that theory (in fact, the coat of chain mail actually indicates the nation's preparation to enter the war in Europe, a common allegorical theme). The reverse depicts a Flying Eagle; its position was modified slightly in 1917 at the same time that changes were made to the obverse. The obverse change may have been illegal, since Congress did not authorize it as required by the 1890 law; Congress did approve the reverse changes.

The Walking Liberty half dollar, designed by Adolph A. Weinman, depicts a Walking Liberty figure on the obverse. The reverse depicts one of the most attractive eagles ever placed on a regular issue of U.S. coins.

The Peace dollar replaced the Morgan dollar in 1921. The Morgan dollar, which had last been struck in 1904, was briefly resurrected in 1921 before it was replaced by the Peace dollar. The Peace dollar commemorates the peace that followed the end of World War I. Coinage of the dollar ceased at the end of 1935 when the denomination was temporarily abandoned.

The second coinage trend to begin in the early 20th century occurred in 1909 when a portrait of Abraham Lincoln replaced the Indian Head on the cent, to celebrate Lincoln's 100th birthday. Lincoln's portrait was the first of an actual person to appear on a circulating U.S. coin, although portraits of actual persons had appeared on noncirculating commemorative coins since 1892. Presidential portraits had been considered off limits for the first 100 years or so of U.S. coinage history, due to George Washington's opposition to the concept when proposed during his presidency.

Lincoln's 150th birthday in 1959 resulted in the Lincoln Memorial replacing the wheat heads found on the Lincoln cents of 1909 to 1958.

The portrait trend continued in 1932, when the Standing Liberty quarter dollar was replaced with the George Washington portrait on the bicentennial of Washington's birth; congressional approval was necessary for the change since the designs being replaced had not been in use for the required 25 years. A portrait of Thomas Jefferson replaced the American Indian in 1938 on the 5-cent coin. Franklin Roosevelt's portrait was placed on the dime in 1946, a year after his death (the first time an American president was portrayed on a coin so soon after his death). A portrait of Benjamin Franklin and an image of the Liberty Bell were placed on the half dollar in 1948. Franklin was replaced in turn in 1964 by a portrait of John F. Kennedy in a numismatic tribute to the assassinated president. In 1971, a copper-nickel dollar coin was introduced bearing President Dwight D. Eisenhower's portrait on the obverse (two years after his death) and, on its reverse, an allegorical figure of an eagle landing on Earth's moon, commemorating the Apollo 11 moon landing.

The Bicentennial of the Declaration of Independence in 1976 brought changes to the reverses of the quarter dollar, half dollar and dollar. The reverse of the 1976 quarter dollar depicts a Revolutionary War drummer; the half dollar depicts Independence Hall in Philadelphia; and the dollar depicts the Liberty Bell superimposed over the moon. The designs reverted to their original versions in 1977.

In 1979, a new copper-nickel dollar, sized between the quarter dollar and half dollar, was introduced, replacing the Eisenhower dollar, as suggested by a study of the U.S. coinage system. The new design depicts feminist Susan B. Anthony and a reduced version of the moon-landing design, an odd pairing since the themes have nothing in common. The Anthony portrait and moon-landing eagle designs were not popular with collectors, since many had hoped the coin would depict the Flowing Hair Liberty and Flying Eagle designs created by Chief Sculptor-Engraver Frank Gasparro for the smaller dollar when the denomination was first proposed, and some objected to Anthony's political, feminist and non-religious views. The coin did not circulate well, mainly because of its similarity in size to the quarter dollar (many found the two coins too close to each other in diameter) and because the dollar bill remained in production. The 1979 and 1980 coins were struck for circulation, and the 1981 coins were struck for collectors only. Millions of the coins clogged Treasury and Federal Reserve vaults for two decades before being depleted in 1999. With new dollar coins needed, the Anthony dollar was struck in 1999 for a few months only, both for circulation and in collector versions.

In the 1980s, older designs were reused on the American Eagle bullion coins.

The obverse of the American Eagle silver dollar depicts Weinman's Walking Liberty half dollar obverse, enlarged for placement on the larger coin. A new Heraldic Eagle appears on the reverse.

For the gold bullion coins, Saint-Gaudens' obverse Liberty for the double eagle was chosen, but not until Treasury Secretary James A. Baker III ordered Liberty on a diet in 1986. The Mint engraver assigned to the project was ordered to reduce Liberty's apparent weight by giving her slimmer arms and legs. Members of the Commission of Fine Arts decried the changes to what many consider the most beautiful U.S. coinage design. The Commission of Fine Arts was also critical of Miley Busiek's reverse, a Family of Eagles design. The legislation authorizing the gold coins mandated the design, which shows two adult eagles and two younger birds.

American Eagle platinum bullion coins were introduced in 1997; designs stayed near the tried-and-true designs of the past. On the obverse, John Mercanti rendered a medium close-up view of the Statue of Liberty, but deliberately thinned Liberty's lips and made other cosmetic changes. The reverse depicts a fairly realistic rendering of an eagle in flight with the sun in the background.

While the original reverse design remains in use on the Uncirculated versions of the coins, Mint officials decided that beginning in 1998, the Proof versions of the platinum coin would depict a new reverse design every year for five years in a Vistas of Liberty series. Each coin depicts an eagle flying over a scene representative of a region of the United States. Since that series ended with the Proof 2002 coins, the Mint has used a unique reverse design different every year on the Proof pieces. The 2006 to 2008 coins will feature designs honoring the "Foundations of American Democracy"; they will commemorate the three branches of the U.S. government, with the 2006 coin honoring the Legislative Branch.

As the 1990s ended, the most exciting news for collectors was a decision to introduce new designs into circulation. For decades, hobbyists and others had called for new designs on circulating coins while Mint officials had publicly opposed changes, stating that new designs would cause hoarding and coin shortages.

Administration and congressional officials debated coinage redesign for years in the 1980s and 1990s, but took little action. At one point in early 1992, it appeared as though the Senate and House had reached agreement on coinage redesign. A redesign measure was added to an omnibus coin bill seeking a variety of commemorative coins for 1992 and beyond. However, on the day the vote was scheduled, someone began spreading the false rumor that the legislation would eliminate "In God We Trust" from U.S. coinage. The House defeated the bill because of the rumor and remained hostile to coinage redesign for several years.

Finally, Congress changed its mind, authorizing limited coinage redesign through the 50 States circulating commemorative quarter dollar program. Over a 10-year period from its beginning in 1999, 50 new reverse designs are being introduced at a rate of five per year, one approximately every 10 weeks.

New designs were used on the new dollar coin introduced in January 2000. An unusual mixture of allegorical and historical themes was considered, with the coin depicting an allegorical image of the teen-aged interpreter for the Lewis and Clark Expedition, Sacagawea, and her baby. This design concept was selected after unprecedented public discourse on the subject on June 8 to 9, 1998, in Philadelphia. Members of the public were invited to speak before a panel empowered to recommend coinage designs for the dollar coin. Artists, coin collectors and others recommended such subjects as Eleanor Roosevelt, allegorical portraits of Liberty and other themes, with the Sacagawea-inspired theme selected by the panel. The obverse depicts Sacagawea carrying her infant son, Jean-Baptiste, in a cradle on her back—the first mother and child depicted on a circulating U.S. coin. The reverse depicts an eagle.

Mint officials, having embraced coinage redesign with the State quarter dollars program and the Sacagawea dollar, began considering changes to other circulating coins, ending decades of official opposition to design changes. In 2002, U.S. Mint Director Henrietta Holsman Fore began publicly discussing possible, temporary design changes to the Jefferson 5-cent coin in 2003 in commemoration of the bicentennial of the Lewis and Clark expedition, which Jefferson ordered. The first hints came during meetings Fore conducted with collectors at coin shows and State quarter dollar launch ceremonies.

In June 2002, details of the planned design began to emerge. A new portrait of a younger Jefferson (based on the portrait used in 1994 on a silver dollar commemorating the 1993 bicentennial celebration of Jefferson's birth) was planned, with Monticello to be replaced by a scene of an American Indian and an eagle. However, Virginia legislators reacted angrily to the proposal that Monticello (located in Virginia) be removed. One legislator from Virginia introduced legislation that became law in 2003 approving commemorative designs from 2003 to 2005, but mandating Monticello's return to the reverse in 2006, and requiring Jefferson to always appear on the coin.

Mint officials were unable to introduce new designs for the 5-cent coin in 2003 because of time constraints, but in 2004, two new reverses were introduced (the coin retained its 1938 obverse). The first design introduced, called the Peace Medal design, is based on the reverse design of the medal depicting Thomas Jefferson that Lewis and Clark distributed to Indian leaders on their expedition. The second 2004 coin, the Keelboat design, illustrates a keelboat used early in the expedition, before the waters grew too shallow for the vessel.

An all-new obverse portrait of Jefferson was introduced to the denomination in 2005. The portrait shows a close-up rendition of the president's face, which is offset to the left. The first reverse, called the American Bison, depicts the animal first depicted on the Indian Head 5-cent coin; while some criticize the bison as not being depicted as robust as it could be, the design seems to resonate with a populace that fondly remembers the earlier Bison design. The second 2005 5-cent coin, bearing the Ocean in View reverse, illustrates what the Lewis and Clark Expedition saw when it reached the Pacific Ocean.

Another new Jefferson portrait was introduced on the 5-cent coin in 2006 (making the 2005 portrait a one-year type). Jefferson's portrait is front-facing (the first on a U.S. coin), offset to the left. After considering more than a dozen different images of Monticello for the reverse, Mint officials decided to bring back the same Monticello design found on the coin from 1938 to 2003; the design was enhanced by restoring many small details that had been removed, weakened or otherwise modified over the years.

Sweeping legislation became law in December 2005, authorizing a series of annual Presidential dollars, four a year; a series of First Spouse .9999 fine gold bullion coins to be issued concurrently with the Presidential dollars; four different reverses on the Lincoln cent in 2009 to celebrate the bicentennial of Lincoln's birth, to depict different stages of Lincoln's life; and a 2006 American Buffalo .9999 fine gold bullion coin bearing the same designs as on the first 1913 Indian Head 5-cent coins. The .9999 fine gold bullion coins mark the first time the United States has issued pure gold coins (all previous gold coins contain silver, copper or both to make the coins harder and more resistant to damage than the soft pure gold coins).

The Presidential dollars will depict an image of the Statue of Liberty on the reverse. Each First Spouse gold coin will depict the appropriate first lady on the obverse and a design reflecting her accomplishments on the reverse. For a president without a spouse while serving in the office, a portrait of Liberty reflecting one of those used on coinage during his term will be used instead, with the reverse reflecting the president's accomplishments.

Specifications

The introduction of .9999 fine gold coins to the roster of U.S. coin compositions is just the latest specification change made to U.S. coinage since 1792. The physical specifications of U.S. coins—metallic content, weights, diameters—have been ever changing. Changes were in response to increases and decreases in metal prices, public rejection of large-diameter or small-diameter coins, and other factors.

Even before the first copper coins were struck in 1793, their weights were reduced from what Congress had originally authorized in 1792. Weights for both copper coins were again reduced in 1795.

The 1794 and 1795 silver coinage was struck in a composition of 90 percent silver and 10 percent copper, according to some sources. When additional silver denominations were added in 1796, the composition for all five coins was changed to 89.2427 percent silver and 10.7572 percent copper, as required in the 1792 law (meaning the composition violated the law for several years).

The composition of the first gold coins is 91.6667 percent gold and 8.3333 percent copper and silver.

In 1834, the weight of gold coins was reduced and the alloy changed for two years to 89.9225 percent gold and 10.0775 percent copper and silver. In 1836, the gold alloy was changed again, to 90 percent gold and 10 percent copper and silver, an alloy unchanged until 1873. Changes were made to silver coins in 1836 as well, when the silver content was changed to 90 percent silver and 10 percent copper, an alloy used until the mid-1960s.

The rising price of silver resulted in a reduction in weights for the silver coins during 1853 (except for the silver dollar). Arrows were added to both sides of the dates on the reduced weight half dimes, dimes, quarter dollars and half dollars to distinguish them from the older, heavier coins; the arrows were used for the 1853 and 1854 coins. The arrows were removed in 1855 although the weights of the silver coins remained the same.

The first gold dollars, introduced in 1849, are about 13 millimeters in diameter, or about half an inch. This was by far the smallest size coin issued by the United States government to that time. Citizens complained of easily losing the coins. The Mint increased the diameter to 14.86 millimeters in 1854 while retaining the legally mandated weight (the coin was made thinner to compensate for the larger diameter).

Dissatisfaction with the size of the large cent helped drive its replacement by a smaller version. A smaller cent composed of 88 percent copper and 12 percent nickel replaced the pure copper cent in 1857. Diameter of the large cent is approximately 29 millimeters; the new cent has a diameter of about 19 millimeters.

The weights of the Seated Liberty silver coinage increased in 1873, and again arrows were placed at either side of the date, this time to signify increased weight. Silver was dropped from the gold-coin alloy, which changed to 90 percent gold and 10 percent copper.

The next major compositional changes in U.S. coins were made during World War II. Several metals used in coinage became strategically important to the war effort. The first to be affected was the 5-cent coin, which had nickel removed in mid-1942 after some copper-nickel specimens were struck, creating a nickel-less "nickel." The wartime composition is 56 percent copper, 35 percent silver and 9 percent manganese. The standard copper-nickel alloy was resumed in 1946.

In addition, during the war, the composition of the cent changed. First, tin was removed late in 1942. Then, in 1943, a zinc-coated steel cent was introduced to conserve copper (the decision to use steel and zinc was a mistake; the cents quickly corroded and rusted). The brass alloy of 95 percent copper and 5 percent zinc used late in 1942 was resumed from 1944 through 1946. The 95 percent copper, 5 percent tin and zinc composition resumed in 1947 and continued until late 1962. Once again, tin was removed from the bronze alloy, turning the alloy into the same composition used in 1944 through 1946.

The 175-year-old history of United States coinage was changed with the stroke of a pen on July 23, 1965. On that day, President Lyndon Johnson signed into law the Coinage Act of 1965, the most sweeping changes to the U.S. coinage system since the Mint Act of 1873. The 1965 act eliminated silver in dimes and quarter dollars and reduced the silver content of the half dollars to 40 percent.

Special congressional hearings relative to the nationwide coin shortage were first held in 1964. Coin shortages had continually worsened in the decade prior to 1965 as a result of the population growth, expanding vending machine businesses, the popularity of Kennedy half dollars and the worldwide silver shortage.

In the face of the escalating silver price, it was essential that dependence on silver for coinage be reduced. Otherwise, the country would be faced with a chronic coin shortage.

A clad metal composed of three bonded layers of metal was selected for the new composition. The dimes and quarter dollars were composed of two layers of 75 percent copper and 25 percent nickel bonded to a core of pure copper. The half dollars were composed of two layers of 80 percent silver and 20 percent copper bonded to a core of approximately 20 percent silver and 80 percent copper; the entire coin is composed of 40 percent silver.

The combination of copper-nickel and copper gave the new dimes and quarter dollars the required electrical conductivity, a necessary property for vending machines. The copper-nickel surfaces also continued the traditional silvery color of the coins and made counterfeiting more difficult.

The legal weights of the coins were affected by the change in alloy. The clad dime weight is 2.27 grams, the quarter dollar weighs 5.67 grams and the silver clad half dollar weighs 11.5 grams. With the elimination of silver from half dollars in 1971 and the introduction of a copper-nickel clad version, the weight was changed to 11.34 grams.

In an effort to maximize coin production, 1964-dated silver coins were struck into 1965. The Coinage Act of 1965 also made it mandatory that clad coins be dated not earlier than 1965. All clad coins actually made in 1965 bear that date. The first clad dimes were struck in late December 1965 and were released March 8, 1966. The first clad quarter dollars were struck Aug. 23, 1965, and released Nov. 1, 1965. The first silver-clad half dollars were released March 8, 1966, but were struck starting Dec. 30, 1965. The 1965 date was retained until July 31, 1966, when the date was changed to 1966. Normal dating resumed Jan. 1, 1967.

Another great compositional change to U.S. circulating coinage came in mid-1982, when the brass cent was replaced with a cent of nearly pure zinc, plated with a thin layer of pure copper to retain its copper appearance, in reaction to rising copper prices. The switch to the copper-plated zinc cent was made with few noting the difference.

The introduction of the 2000 "golden" dollar depicting Sacagawea resulted in another new alloy. U.S. Mint officials selected a composition that has two outer layers composed of manganese-bronze (77 percent copper, 12 percent zinc, 7 percent manganese and 4 percent nickel) bonded to an inner core of pure copper. Overall, the total composition is 88.5 percent copper, 6 percent zinc, 3.5 percent manganese and 2 percent nickel.

When the gold American Eagle bullion coins were introduced in 1986, some collectors critically deemed the .9167 gold content "non-traditional"; some preferred a .900 gold content. However, the chosen composition is virtually identical to the alloy first used for U.S. gold coins, from 1795 to 1834. A new silver composition was introduced with the production of the .999 fine silver American Eagle dollar.

The platinum American Eagle bullion coins, introduced in 1997, are .9995 fine.

Mint officials struck the United States' first ringed bimetallic coins in 2000 (the Library of Congress gold-platinum $10 commemorative coin), after experimenting with test pieces in early 1993. The Library of Congress coins consist of an outer ring of gold bonded to an inner ring of platinum.

As noted earlier, two .9999 fine gold bullion coins have been added to the roster of U.S. coinage. The American Buffalo type was introduced in June 2006 bearing the same designs as on the 1913 Indian Head, Bison on Mound 5-cent coin. A few minor changes were made to the design (the addition of the motto IN GOD WE TRUST, not appearing on the 5-cent coin, and information about the coin's denomination and gold content). The First Spouse coins will be issued beginning in 2007.

Commemorative coins

A merica's commemorative coins are graphic reminders of the United States' past, honoring its history, its heroes and its accomplishments.

They are special coinage issues, authorized by acts of Congress to recognize the people and events that have shaped the United States. They occasionally honor an individual, like Ulysses S. Grant. They may honor a historical event such as the Battle of Gettysburg or a current event such as the 1996 Olympic Games in Atlanta (commemorated with coins in 1995 and 1996).

Until 1999, commemorative coins were rarely issued for circulation. The United States Mint in 1999 began a 10-year program that, when completed in 2008, will have resulted in 50 different circulating quarter dollars, each commemorating one of the 50 states in the Union. The Mint also issued circulating Jefferson 5-cent coins commemorating the Bicentennials of the Louisiana Purchase and Lewis and Clark Expedition (two each in 2004 and 2005). Beginning in 2007, the Mint will issue four different circulating Presidential dollars until all of the past presidents are honored. In 2009, the Lincoln cent will be issued with four different reverses recognizing the stages of Lincoln's life in commemoration of his 200th birthday.

The first series of U.S. commemorative coins dates from 1892 until 1954, when Department of Treasury support for commemorative coins ended after decades of abuse. The abuses were many, with numerous coins issued for events of purely local interest or even to commemorate nonevents. Administrations from the Eisenhower presidency to the Carter presidency opposed all commemorative coinage. There was so much opposition that, when the 1976 Bicentennial of the Declaration of Independence quarter dollars, half dollars and dollars were issued in 1975 and 1976, Treasury officials carefully avoided any use of the word "commemorative," although clearly the coins are commemorative in nature.

It came as a surprise, then, when in 1981 United States Treasurer Angela M. Buchanan announced Treasury Department support for a commemorative half dollar honoring George Washington's 250th birthday in 1982. Buchanan said that the Treasury Department "has not objected to special coinage authorized by Congress for the government's own account," referring specifically to the 40 percent silver versions of the Bicentennial coinage. Buchanan said that the Treasury Department had always objected to "the issuance of commemorative coins for the benefit of private sponsors and organizations." With the Treasury Department supportive of the measure, Congress passed the Washington half dollar bill and President Reagan signed it into law. Thus, the commemorative coin program in the United States was reborn.

Since 1982, commemorative coins have been issued in every year except 1985, often with more than one program in each year. In fact, many of the abuses of the past have resurfaced. Many years have witnessed multiple programs, making acquiring one of every coin an expensive proposition. Congress has also authorized programs of extremely limited interest (as shown by shrinking sales figures), many to raise funds for various congressional projects, such as the 2001 Capitol Visitor Center program. Special-interest groups have come to consider coin collectors a "cash cow," since surcharges added to the cost of modern commemorative coins are given to various special-interest groups to fund a variety of memorials and projects. In one case, $1 million in surcharges originally intended for funding scholarships for disadvantaged youth (from the sales of the Jackie Robinson commemoratives) was diverted to the Botanic Garden, even though the Botanic Garden had already received money from the sales of its own commemorative coin program. The diversion of funds occurred because the wife of the member of Congress sponsoring the diversion of funds was closely connected to the Botanic Garden.

In this section, commemorative issues are presented by year of their first issuance. For early commemoratives, those produced from 1892 to 1954, original mintage, number melted and final mintage are listed. For commemorative coins produced since 1982, the final net mintage only (reflecting sales figures) is listed. The U.S. Mint no longer makes public the original mintage and number of coins melted, nor whether coins have been held in inventory or stored in Treasury vaults. Each coin is listed with the designers, and original issue prices are given, so that the collector may determine the coin's performance against its original cost.

Commemoratives 1892-1954

Date	Original Mintage	Melted	Final Mintage	Original Price
Columbian Exposition half dollar				**Charles E. Barber/George Morgan**
1892	950,000	None	950,000	$1.00
1893	4,052,105	2,501,700	1,550,405	$1.00
Isabella quarter dollar				**Charles E. Barber**
1893	40,023	15,809	24,124	$1.00
Lafayette-Washington silver dollar				**Charles E. Barber**
1900	50,026	14,000	36,026	$2.00
Louisiana Purchase Exposition gold dollar				**Charles E. Barber**
1903	250,258	215,250	each type 17,375	$3.00
Lewis and Clark Exposition gold dollar				**Charles E. Barber**
1904	25,028	15,003	10,025	$2.00
1905	35,041	25,000	10,041	$2.00
Panama-Pacific Exposition half dollar				**Charles E. Barber**
1915-S	60,030	32,896	27,134	$1.00
Panama-Pacific Exposition gold dollar				**Charles Keck**
1915-S	25,034	10,034	15,000	$2.00
Panama-Pacific Exposition quarter eagle				**Charles E. Barber**
1915-S	10,017	3,278	6,749	$4.00
Panama-Pacific Exposition $50				**Robert Aitken**
1915-S Round	1,510	1,027	483	$100
1915-S Octagonal	1,509	864	645	$100
McKinley Memorial gold dollar				**Charles E. Barber/George T. Morgan**
1916	20,026	10,049	9,977	$3.00
1917	10,014	14	10,000	$3.00
Illinois Centennial half dollar				**George T. Morgan/John R. Sinnock**
1918	100,058	None	100,058	$1.00
Maine Centennial half dollar				**Harry Hayman Cochrane**
1920	50,028	None	50,028	$1.00
Pilgrim Tercentenary half dollar				**Cyrus E. Dallin**
1920	200,112	48,000	152,112	$1.00
1921	100,053	80,000	20,053	$1.00
Missouri Centennial half dollar				**Robert Aitken**
1921 2*4	5,000	None	5,000	$1.00
1921 No 2*4	45,028	29,600	15,428	$1.00
Alabama Centennial half dollar				**Laura Gardin Fraser**
1921 2X2	6,006	None	6,006	$1.00
1921 No 2X2	64,038	5,000	59,038	$1.00
Grant Memorial half dollar				**Laura Gardin Fraser**
1922 Star	5,006	750	4,256	$1.00
1922 No Star	95,055	27,650	67,405	$1.00
Grant Memorial gold dollar				**Laura Gardin Fraser**
1922 Star	5,016	None	5,016	$3.50
1922 No Star	5,000	None	5,000	$3.00
Monroe Doctrine Centennial half dollar				**Chester Beach**
1923-S	274,077	None	274,077	$1.00
Huguenot-Walloon Tercentenary half dollar				**George T. Morgan**
1924	142,080	None	142,080	$1.00
Lexington-Concord Sesquicentennial half dollar				**Chester Beach**
1925	162,099	86	162,013	$1.00

Commemorative				Designer
Date	Original Mintage	Melted	Final Mintage	Original Price
Stone Mountain half dollar				**Gutzon Borglum**
1925	2,314,709	1,000,000	1,314,709	$1.00
California Diamond Jubilee half dollar				**Jo Mora**
1925-S	150,200	63,606	86,594	$1.00
Fort Vancouver Centennial half dollar				**Laura Gardin Fraser**
1925	50,028	35,034	14,994	$1.00
American Independence Sesquicentennial half dollar				**John R. Sinnock**
1926	1,000,528	859,408	141,120	$1.00
American Independence Sesquicentennial quarter eagle				**John R. Sinnock**
1926	200,226	154,207	46,019	$4.00
Oregon Trail Memorial half dollar				**James E. and Laura G. Fraser**
1926	48,030	75	47,955	$1.00
1926-S	100,055	17,000	83,055	$1.00
1928	50,028	44,000	6,028	$2.00
1933-D	5,250	242	5,008	$2.00
1934-D	7,006	None	7,006	$2.00
1936	10,006	None	10,006	$1.60
1936-S	5,006	None	5,006	$1.60
1937-D	12,008	None	12,008	$1.60
1938	6,006	None	6,006	$6.25
1938-D	6,005	None	6,005	for
1938-S	6,006	None	6,006	three
1939	3,004	None	3,004	$7.50
1939-D	3,004	None	3,004	for
1939-S	3,005	None	3,005	three
Vermont Sesquicentennial half dollar				**Charles Keck**
1927	40,034	11,872	28,162	$1.00
Hawaiian Sesquicentennial half dollar				**Juliette Mae Fraser/Chester Beach**
1928	10,000	None	10,000	$2.00
Maryland Tercentenary half dollar				**Hans Schuler**
1934	25,015	None	25,015	$1.00
Texas Independence Centennial				**Pompeo Coppini**
1934	205,113	143,650	61,463	$1.00
1935	10,008	12	9,996	$1.50
1935-D	10,007	None	10,007	$1.50
1935-S	10,008	None	10,008	$1.50
1936	10,008	1,097	8,911	$1.50
1936-D	10,007	968	9,039	$1.50
1936-S	10,008	943	9,055	$1.50
1937	8,005	1,434	6,571	$1.50
1937-D	8,006	1,401	6,605	$1.50
1937-S	8,007	1,370	6,637	$1.50
1938	5,005	1,225	3,780	$2.00
1938-D	5,005	1,230	3,775	$2.00
1938-S	5,006	1,192	3,814	$2.00
Daniel Boone Bicentennial half dollar				**Augustus Lukeman**
1934	10,007	None	10,007	$1.60
1935	10,010	None	10,010	$1.10
1935-D	5,005	None	5,005	$1.60
1935-S	5,005	None	5,005	$1.60
1935 W/1934	10,008	None	10,008	$1.10
1935-D W/1934	2,003	None	2,003	$3.70
1935-S W/1934	2,004	None	2,004	for two
1936	12,012	None	12,012	$1.10

Date	Original Mintage	Melted	Final Mintage	Original Price
1936-D	5,005	None	5,005	$1.60
1936-S	5,006	None	5,006	$1.60
1937	15,010	5,200	9,810	$1.60, $7.25 set
1937-D	7,506	5,000	2,506	$7.25 in set
1937-S	5,006	2,500	2,506	$5.15
1938	5,005	2,905	2,100	$6.50
1938-D	5,005	2,905	2,100	for
1938-S	5,006	2,906	2,100	three

Connecticut Tercentenary half dollar — Henry G. Kreiss

Date	Original Mintage	Melted	Final Mintage	Original Price
1935	25,018	None	25,018	$1.00

Arkansas Centennial half dollar — Edward E. Burr

Date	Original Mintage	Melted	Final Mintage	Original Price
1935	13,012	None	13,012	$1.00
1935-D	5,005	None	5,005	$1.00
1935-S	5,506	None	5,006	$1.00
1936	10,010	350	9,660	$1.50
1936-D	10,010	350	9,660	$1.50
1936-S	10,012	350	9,662	$1.50
1937	5,505	None	5,505	$8.75
1937-D	5,505	None	5,505	for
1937-S	5,506	None	5,506	three
1938	6,006	2,850	3,156	$8.75
1938-D	6,005	2,850	3,155	for
1938-S	6,006	2,850	3,156	three
1939	2,104	None	2,104	$10
1939-D	2,104	None	2,104	for
1939-S	2,105	None	2,105	three

Arkansas-Robinson half dollar — Edward E. Burr/Henry G. Kreiss

Date	Original Mintage	Melted	Final Mintage	Original Price
1936	25,265	None	25,265	$1.85

Hudson, N.Y., Sesquicentennial half dollar — Chester Beach

Date	Original Mintage	Melted	Final Mintage	Original Price
1935	10,008	None	10,008	$1.00

California-Pacific International Expo — Robert Aitken

Date	Original Mintage	Melted	Final Mintage	Original Price
1935-S	250,132	180,000	70,132	$1.00
1936-D	180,092	150,000	30,092	$1.50

Old Spanish Trail half dollar — L.W. Hoffecker

Date	Original Mintage	Melted	Final Mintage	Original Price
1935	10,008	None	10,008	$2.00

Providence, R.I., Tercentenary — John H. Benson/Abraham G. Carey

Date	Original Mintage	Melted	Final Mintage	Original Price
1936	20,013	None	20,013	$1.00
1936-D	15,010	None	15,010	$1.00
1936-S	15,011	None	15,011	$1.00

Cleveland, Great Lakes Exposition half dollar — Brenda Putnam

Date	Original Mintage	Melted	Final Mintage	Original Price
1936	50,030	None	50,030	$1.50

Wisconsin Territorial Centennial half dollar — David Parsons/Benjamin Hawkins

Date	Original Mintage	Melted	Final Mintage	Original Price
1936	25,015	None	25,015	$1.50

Cincinnati Music Center half dollar — Constance Ortmayer

Date	Original Mintage	Melted	Final Mintage	Original Price
1936	5,005	None	5,005	$7.75
1936-D	5,005	None	5,005	for
1936-S	5,006	None	5,006	three

Long Island Tercentenary half dollar — Howard K. Weinmann

Date	Original Mintage	Melted	Final Mintage	Original Price
1936	100,053	18,227	81,826	$1.00

York County, Maine, Tercentenary half dollar — Walter H. Rich

Date	Original Mintage	Melted	Final Mintage	Original Price
1936	25,015	None	25,015	$1.50

Bridgeport, Conn., Centennial half dollar — Henry G. Kreiss

Date	Original Mintage	Melted	Final Mintage	Original Price
1936	25,015	None	25,015	$2.00

| Commemorative | | | | Designer |
Date	Original Mintage	Melted	Final Mintage	Original Price
Lynchburg, Va., Sesquicentennial half dollar				**Charles Keck**
1936	20,013	None	20,013	$1.00
Elgin, Ill., Centennial half dollar				**Trygve Rovelstad**
1936	25,015	5,000	20,015	$1.50
Albany, N.Y., half dollar				**Gertrude K. Lathrop**
1936	25,013	7,342	17,671	$2.00
San Francisco-Oakland Bay Bridge half dollar				**Jacques Schnier**
1936-S	100,055	28,631	71,424	$1.50
Columbia, S.C., Sesquicentennial half dollar				**A. Wolfe Davidson**
1936	9,007	None	9,007	$6.45
1936-D	8,009	None	8,009	for
1936-S	8,007	None	8,007	three
Delaware Tercentenary half dollar				**Carl L. Schmitz**
1936	25,015	4,022	20,993	$1.75
Battle of Gettysburg half dollar				**Frank Vittor**
1936	50,028	23,100	26,928	$1.65
Norfolk, Va., Bicentennial half dollar			**William M. Simpson/Marjorie E. Simpson**	
1936	25,013	8,077	16,936	$1.50
Roanoke Island, N.C., half dollar				**William M. Simpson**
1937	50,030	21,000	29,030	$1.65
Battle of Antietam half dollar				**William M. Simpson**
1937	50,028	32,000	18,028	$1.65
New Rochelle, N.Y., half dollar				**Gertrude K. Lathrop**
1938	25,015	9,749	15,266	$2.00
Iowa Statehood Centennial half dollar				**Adam Pietz**
1946	100,057	None	100,057	$2.50/$3.00
Booker T. Washington half dollar				**Isaac S. Hathaway**
1946	1,000,546	?	?	$1.00
1946-D	200,113	?	?	$1.50
1946-S	500,279	?	?	$1.00
1947	100,017	?	?	$6.00
1947-D	100,017	?	?	for
1947-S	100,017	?	?	three
1948	20,005	12,000	8,005	$7.50
1948-D	20,005	12,000	8,005	for
1948-S	20,005	12,000	8,005	three
1949	12,004	6,000	6,004	$8.50
1949-D	12,004	6,000	6,004	for
1949-S	12,004	6,000	6,004	three
1950	12,004	6,000	6,004	$8.50
1950-D	12,004	6,000	6,004	for
1950-S	512,091	?	?	three
1951	510,082	?	?	$3 or $10
1951-D	12,004	5,000	7,004	for
1951-S	12,004	5,000	7,004	three
Booker T. Washington/George Washington Carver half dollar				**Isaac S. Hathaway**
1951	?	?	110,018	$10
1951-D	?	?	10,004	for
1951-S	?	?	10,004	three
1952	?	?	2,006,292	$10
1952-D	?	?	8,006	for
1952-S	?	?	8,006	three
1953	?	?	8,003	$10
1953-D	?	?	8,003	for

Commemorative Date	Original Mintage	Melted	Final Mintage	Designer Original Price
1953-S	?	?	108,020	three
1954	?	?	12,006	$10
1954-D	?	?	12,006	for
1954-S	?	?	122,024	three

Commemorative coins 1982-2006

Commemorative Date	Footnotes	Final Mintage	Designer Pre-Issue/ Regular Price
George Washington silver half dollar			**Elizabeth Jones**
1982-D	⟨1⟩	2,210,458	$8.50/$10
1982-S	⟨1⟩	4,894,044	$10/$12
Los Angeles Olympic Games silver dollar			**Elizabeth Jones**
1983-P Unc.	⟨2⟩	294,543	$28 or $89
1983-D Unc.		174,014	for
1983-S Unc.		174,014	three
1983-S Proof	⟨2⟩	1,577,025	$24.95
Los Angeles Olympic Games silver dollar			**Robert Graham**
1984-P Unc.		217,954	$28 or $89
1984-D Unc.		116,675	for
1984-S Unc.		116,675	three
1984-S Proof	⟨2⟩	1,801,210	$32
Los Angeles Olympic Games gold $10 eagle			**James Peed/John Mercanti**
1984-P Proof	⟨2⟩	33,309	$352
1984-D Proof	⟨2⟩	34,533	$352
1984-S Proof	⟨2⟩	48,551	$352
1984-W Proof	⟨2⟩	381,085	$352
1984-W Unc.	⟨2⟩	75,886	$339
Statue of Liberty, Immigrant silver half dollar			**Edgar Z. Steever IV/Sherl J. Winter**
1986-D Unc.	⟨3⟩	928,008	$5/$6
1986-S Proof	⟨3⟩	6,925,627	$6.50/$7.50
Statue of Liberty, Ellis Island silver dollar			**John Mercanti/Matthew Peloso**
1986-P Unc.	⟨3⟩	723,635	$20.50/$22
1986-S Proof	⟨3⟩	6,414,638	$22.50/$24
Statue of Liberty gold $5 half eagle			**Elizabeth Jones**
1986-W Unc.	⟨3⟩	95,248	$160/$165
1986-W Proof	⟨3⟩	404,013	$170/$175
Constitution Bicentennial silver dollar			**Patricia L. Verani**
1987-P Unc.	⟨3⟩	451,629	$22.50/$26
1987-S Proof	⟨3⟩	2,747,116	$24/$28
Constitution Bicentennial gold $5 half eagle			**Marcel Jovine**
1987-W Unc.	⟨3⟩	214,225	$195/$215
1987-W Proof	⟨3⟩	651,659	$200/$225
1988 Olympic Games silver dollar			**Patricia L. Verani/Sherl J. Winter**
1988-D Unc.	⟨3⟩	191,368	$22/$27
1988-S Proof	⟨3⟩	1,359,366	$23/$29
1988 Olympic Games gold $5 half eagle			**Elizabeth Jones/Marcel Jovine**
1988-W Unc.	⟨3⟩	62,913	$200/$225
1988-W Proof	⟨3⟩	281,465	$205/$235

Commemorative			Designer
Date	Footnotes	Final Mintage	Pre-Issue/ Regular Price
Congress Bicentennial silver half dollar			Patricia L. Verani/William Woodward
1989-D Unc.	⟨3⟩	163,753	$5/$6
1989-S Proof	⟨3⟩	767,897	$7/$8
Congress Bicentennial silver dollar			William Woodward
1989-D Unc.	⟨3⟩	135,203	$23/$26
1989-S Proof	⟨3⟩	762,198	$25/$29
Congress Bicentennial gold $5 half eagle			John Mercanti
1989-W Unc.	⟨3⟩	46,899	$185/$200
1989-W Proof	⟨3⟩	164,690	$195/$215
Eisenhower Birth Centennial silver dollar			John Mercanti/Marcel Jovine
1990-W Unc.	⟨3⟩	241,669	$23/$26
1990-P Proof	⟨3⟩	1,144,461	$25/$29
Mount Rushmore 50th Anniversary silver half dollar			Marcel Jovine/T. James Ferrell
1991-D Unc.	⟨3⟩	172,754	$6/$7
1991-S Proof	⟨3⟩	753,257	$8.50/$9.50
Mount Rushmore 50th Anniversary silver dollar			Marika Somogyi/Frank Gasparro
1991-P Unc.	⟨3⟩	133,139	$23/$26
1991-S Proof	⟨3⟩	738,419	$28/$31
Mount Rushmore 50th Anniversary gold $5 half eagle			John Mercanti/Robert Lamb
1991-W Unc.	⟨3⟩	31,959	$185/$210
1991-W Proof	⟨3⟩	111,991	$195/$225
Korean War Memorial silver dollar			John Mercanti/T. James Ferrell
1991-D Unc.	⟨3⟩	213,049	$23/$26
1991-P Proof	⟨3⟩	618,488	$28/$31
USO 50th Anniversary silver dollar			Robert Lamb/John Mercanti
1991-D Unc.	⟨3⟩	124,958	$23/$26
1991-S Proof	⟨3⟩	321,275	$28/$31
1992 Olympics copper-nickel clad half dollar			William Cousins/Steven Bieda
1992-P Unc.	⟨3⟩	161,607	$6/$7.50
1992-S Proof	⟨3⟩	519,645	$8.50/$9.50
1992 Olympics silver dollar			John R. Deecken/Marcel Jovine
1992-D Unc.	⟨3⟩	187,552	$24/$29
1992-S Proof	⟨3⟩	504,505	$28/$32
1992 Olympic gold $5 half eagle			Jim Sharpe/Jim Peed
1992-W Unc.	⟨3⟩	27,732	$185/$215
1992-W Proof	⟨3⟩	77,313	$195/$230
White House Bicentennial silver dollar			Edgar Z. Steever IV/Chester Y. Martin
1992-D Unc.	⟨3⟩	123,803	$23/$28
1992-W Proof	⟨3⟩	375,851	$28/$32
Columbus Quincentenary copper-nickel clad half dollar			T. James Ferrell
1992-D Unc.	⟨3⟩	135,702	$6.50/$7.50
1992-S Proof	⟨3⟩	390,154	$8.50/$9.50
Columbus Quincentenary silver dollar			John M. Mercanti/Thomas D. Rogers Sr.
1992-D Unc.	⟨3⟩	106,949	$23/$28
1992-P Proof	⟨3⟩	385,241	$27/$31
Columbus Quincentenary gold $5 half eagle			T. James Ferrell/Thomas D. Rogers Sr.
1992-W Unc.	⟨3⟩	24,329	$180/$210
1992-W Proof	⟨3⟩	79,730	$190/$225
Bill of Rights/Madison silver half dollar			T. James Ferrell/Dean E. McMullen
1993-W Unc.	⟨3⟩	193,346	$9.75/$11.50
1993-S Proof	⟨3⟩	586,315	$12.50/$13.50

Commemorative		Final	Designer Pre-Issue/
Date	Footnotes	Mintage	Regular Price
Bill of Rights/Madison silver dollar		William J. Krawczewicz/Dean E. McMullen	
1993-D Unc.	⟨3⟩	98,383	$22/$27
1993-S Proof	⟨3⟩	534,001	$25/$29
Bill of Rights/Madison gold $5 half eagle		Scott R. Blazek/Joseph D. Pena	
1993-W Unc.	⟨3⟩	23,266	$175/$205
1993-W Proof	⟨3⟩	78,651	$185/$220
World War II 50th Anniversary copper-nickel clad half dollar		George Klauba/ Bill J. Leftwich	
1991-1995-P Unc. (1993) ⟨4⟩ ⟨3⟩		197,072	$8/$9
1991-1995-S Proof (1993) ⟨4⟩ ⟨3⟩		317,396	$9/$10
World War II 50th Anniversary silver dollar		Thomas D. Rogers Sr.	
1991-1995-D Unc. (1993) ⟨4⟩ ⟨3⟩		107,240	$23/$28
1991-1995-W Proof (1993) ⟨4⟩ ⟨3⟩		342,041	$27/$31
World War II 50th Anniversary gold $5 half eagle		Charles J. Madsen/ Edward Southworth Fisher	
1991-1995-W Unc. (1993) ⟨4⟩ ⟨3⟩		23,672	$170/$200
1991-1995-W Proof (1993) ⟨4⟩ ⟨3⟩		67,026	$185/$220
Thomas Jefferson 250th Anniversary silver dollar		James Ferrell	
1743-1993-P Unc. (1994) ⟨5⟩ ⟨3⟩		266,927	$27/$32
1743-1993-S Proof (1994) ⟨5⟩ ⟨3⟩		332,891	$31/$35
World Cup Soccer copper-nickel clad half dollar		Richard T. LaRoche/Dean E. McMullen	
1994-D Unc.	⟨3⟩	168,208	$8.75/$9.50
1994-P Proof	⟨3⟩	609,354	$9.75/$10.50
World Cup Soccer silver dollar		Dean E. McMullen	
1994-D Unc.	⟨3⟩	81,524	$23/$28
1994-S Proof	⟨3⟩	577,090	$27/$31
World Cup Soccer gold $5 half eagle		William J. Krawczewicz/Dean E. McMullen	
1994-W Unc.	⟨3⟩	22,447	$170/$200
1994-W Proof	⟨3⟩	89,614	$185/$220
Prisoner of War silver dollar		Tom Nielsen and Alfred Maletsky/Edgar Z. Steever IV	
1994-W Unc.	⟨3⟩	54,790	$27/$32
1994-P Proof	⟨3⟩	220,100	$31/$35
Vietnam Veterans Memorial silver dollar		John Mercanti/Thomas D. Rogers Sr.	
1994-W Unc.	⟨3⟩	57,317	$27/$32
1994-P Proof	⟨3⟩	226,262	$31/$35
Women in Military Service silver dollar		T. James Ferrell/Thomas D. Rogers Sr.	
1994-W Unc.	⟨3⟩	53,054	$27/$32
1994-P Proof	⟨3⟩	213,201	$31/$35
U.S. Capitol Bicentennial silver dollar		William C. Cousins/John Mercanti	
1994-D Unc.	⟨3⟩	68,332	$32/$37
1994-S Proof	⟨3⟩	279,579	$36/$40
Civil War Battlefields copper-nickel clad half dollar		Don Troiani/T. James Ferrell	
1995-S Unc	⟨3⟩	113,045	$9.50/$10.25
1995-S Proof	⟨3⟩	326,801	$10.75/$11.75
Civil War Battlefields silver dollar		Don Troiani/John Mercanti	
1995-P Unc	⟨3⟩	51,612	$27/$29
1995-S Proof	⟨3⟩	327,686	$30/$34
Civil War Battlefields gold $5 half eagle		Don Troiani/Alfred Maletsky	
1995-W Unc.	⟨3⟩	12,623	$180/$190
1995-W Proof	⟨3⟩	54,915	$195/$225
Special Olympics World Games silver dollar		Jamie Wyeth & T. James Ferrell/ Thomas D. Rogers Sr.	
1995-W Unc.	⟨3⟩, ⟨6⟩	89,298	$29/$31
1995-P Proof	⟨3⟩, ⟨6⟩	352,449	$31/$35

Commemorative Date	Footnotes	Final Mintage	Designer Pre-Issue/ Regular Price
Games of the XXVI Olympiad, Atlanta copper-nickel clad half dollar			**Clint Hansen/ T. James Ferrell**
1995-S Basketball Unc.	⟨7⟩	169,527	$10.50/$11.50
1995-S Basketball Proof		170,733	$11.50/$12.50
Games of the XXVI Olympiad, Atlanta copper-nickel clad half dollar			**Edgar Z. Steever IV/ T. James Ferrell**
1995-S Baseball Unc.	⟨7⟩	164,759	$10.50/$11.50
1995-S Baseball Proof	⟨7⟩	119,396	$11.50/$12.50
Games of the XXVI Olympiad, Atlanta silver dollar		**Jim Sharpe/William Krawczewicz**	
1995-D Gymnastics Unc.	⟨7⟩	43,003	$27.95/$31.95
1995-S Gymnastics Proof	⟨7⟩	185,158	$30.95/$34.95
Games of the XXVI Olympiad, Atlanta silver dollar		**John Mercanti/William Krawczewicz**	
1995-D Cycling Unc.	⟨7⟩	20,122	$27.95/$31.95
1995-S Cycling Proof	⟨7⟩	127,465	$30.95/$34.95
Games of the XXVI Olympiad, Atlanta silver dollar		**John Mercanti/William Krawczewicz**	
1995-D Track & Field Unc.	⟨7⟩	25,425	$27.95/$31.95
1995-S Track & Field Proof	⟨7⟩	143,304	$30.95/$34.95
Games of the XXVI Olympiad, Atlanta silver dollar		**Jim Sharpe/William Krawczewicz**	
1995-D Paralympic, blind runner Unc.	⟨7⟩	29,015	$27.95/$31.95
1995-S Paralympic, blind runner Proof	⟨7⟩	139,831	$30.95/$34.95
Games of the XXVI Olympiad, Atlanta gold $5 half eagle			**Frank Gasparro**
1995-W Torch Runner gold Unc.	⟨7⟩	14,817	$229/$249
1995-W Torch Runner gold Proof	⟨7⟩	57,870	$239/$259
Games of the XXVI Olympiad, Atlanta gold $5 half eagle		**Marcel Jovine/Frank Gasparro**	
1995-W Atlanta Stadium gold Unc.	⟨7⟩	10,710	$229/$249
1995-W Atlanta Stadium gold Proof	⟨7⟩	43,399	$239/$259
Games of the XXVI Olympiad, Atlanta copper-nickel clad half dollar			**William Krawczewicz/ Malcolm Farley**
1996-S Swimming clad Unc.	⟨7⟩	50,077	$10.50/$11.50
1996-S Swimming clad Proof	⟨7⟩	114,890	$11.50/$12.50
Games of the XXVI Olympiad, Atlanta copper-nickel clad half dollar			**Clint Hansen/ Malcolm Farley**
1996-S Soccer clad Unc.	⟨7⟩	53,176	$10.50/$11.50
1996-S Soccer clad Proof	⟨7⟩	123,860	$11.50/$12.50
Games of the XXVI Olympiad, Atlanta silver dollar		**Jim Sharpe/Thomas D. Rogers Sr.**	
1996-D Tennis Unc.	⟨7⟩	16,693	$27.95/$31.95
1996-S Tennis Proof	⟨7⟩	93,880	$30.95/$34.95
Games of the XXVI Olympiad, Atlanta silver dollar		**Bart Forbes/Thomas D. Rogers Sr.**	
1996-D Rowing Unc.	⟨7⟩	16,921	$27.95/$31.95
1996-S Rowing Proof	⟨7⟩	155,543	$30.95/$34.95
Games of the XXVI Olympiad, Atlanta silver dollar		**Calvin Massey/Thomas D. Rogers Sr.**	
1996-D High Jump Unc.	⟨7⟩	16,485	$27.95/$31.95
1996-S High Jump Proof	⟨7⟩	127,173	$30.95/$34.95
Games of the XXVI Olympiad, Atlanta silver dollar		**Jim Sharpe/Thomas D. Rogers Sr.**	
1996-D Paralympic, wheelchair athlete Unc.	⟨7⟩	15,325	$27.95/$31.95
1996-S Paralympic, wheelchair athlete Proof	⟨7⟩	86,352	$30.95/$34.95
Games of the XXVI Olympiad, Atlanta gold $5 half eagle			**Frank Gasparro/ William Krawczewicz**
1996-W Olympic Flame brazier Unc.	⟨7⟩	9,453	$229/$249
1996-W Olympic Flame brazier Proof	⟨7⟩	38,871	$239/$259
Games of the XXVI Olympiad, Atlanta gold $5 half eagle			**Patricia L. Verani/ William Krawczewicz**
1996-W Flag Bearer Unc.	⟨7⟩	9,397	$229/$249
1996-W Flag Bearer Proof	⟨7⟩	33,214	$239/$259

| Commemorative | | | Designer |
Date	Footnotes	Final Mintage	Pre-Issue/ Regular Price
National Community Service silver dollar		Thomas D. Rogers Sr./William C. Cousins	
1996-P Unc.	⟨3⟩	23,463	$30/$32
1996-S Proof		100,749	$33/$37
Smithsonian 150th Anniversary silver dollar		Thomas D. Rogers/John Mercanti	
1996-P Unc.	⟨3⟩	31,320	$30/$32
1996-S Proof	⟨3⟩	129,152	$33/$37
Smithsonian 150th Anniversary gold $5 half eagle		Alfred Maletsky/T. James Ferrell	
1996-W Unc.	⟨3⟩	9,068	$180/$205
1996-W Proof		21,772	$195/$225
Botanic Garden silver dollar		Edgar Z. Steever IV/William C. Cousins	
1997-P Uncirculated	⟨3⟩	83,505	$30/32
1997-P Proof	⟨3⟩	269,843	$33/37
Franklin Delano Roosevelt gold $5 half eagle		T. James Ferrell/Jim Peed	
1997-W Unc.	⟨3⟩	11,887	$180/$205
1997-W Proof	⟨3⟩	29,417	$195/$225
National Law Enforcement Officers Memorial silver dollar		Alfred Maletsky	
1997-P Uncirculated		28,575	$30/32
1997-P Proof		110,428	$32/37
Jackie Robinson silver dollar		Al Maletsky/T. James Ferrell	
1997-S Uncirculated		30,180	$30/32
1997-S Proof		110,002	$33/37
Jackie Robinson gold $5 half eagle		William C. Cousins/Jim Peed	
1997-W Uncirculated	⟨3⟩	5,174	$180/205⟩
1997-W Proof	⟨3⟩	24,072	$195/225
Robert F. Kennedy silver dollar		Thomas D. Rogers/Jim Peed	
1998-S Uncirculated	⟨3⟩	106,422	$30/32
1998-S Proof	⟨3⟩	99,020	$33/37
Black Revolutionary War Patriots silver dollar		John Mercanti/Ed Dwight	
1998-S Uncirculated	⟨3⟩	37,210	$30/32
1998-S Proof	⟨3⟩	75,070	$33/37
Dolley Madison silver dollar		Tiffany & Co.	
1999-W Uncirculated	⟨3⟩	89,104	$30/32
1999-W Proof	⟨3⟩	224,403	$33/37
George Washington Death Bicentennial gold $5 half eagle		Laura Gardin Fraser*	
1999-W Uncirculated	⟨3⟩	22,511	$180/205
1999-W Proof	⟨3⟩	41,693	$195/225
Yellowstone National Park 125th Anniversary silver dollar		Edgar Z. Steever IV/ William C. Cousins	
1999-P Uncirculated	⟨3⟩	23,614	$30/32
1999-P Proof	⟨3⟩	128,646	$32/37
Library of Congress Bicentennial silver dollar		Thomas D. Rogers Sr./John Mercanti	
2000-P Uncirculated	⟨3⟩	52,771	$25/27
2000-P Proof	⟨3⟩	196,900	$28/32
Library of Congress Bicentennial bimetallic (platinum/gold) $10 eagle		John Mercanti/ Thomas D. Rogers Sr.	
2000-W Uncirculated	⟨3⟩	6,683	$380/405
2000-W Proof	⟨3⟩	27,167	$395/425
Leif Ericson Millennium silver dollar		John Mercanti/T. James Ferrell	
2000-P Uncirculated	⟨3⟩	28,150	$30/32
2000-P Proof	⟨3⟩	144,748	$32/37
Capitol Visitor Center copper-nickel clad half dollar		Elizabeth Jones	
2001-P Uncirculated	⟨3⟩, ⟨9⟩	79,670	$8.75/9.75, $7.75/8.50
2001-P Proof	⟨3⟩, ⟨9⟩	77,240	$11.25/12, $10.75/11.50

Capitol Visitor Center silver dollar			Marika Somogyi/John Mercanti
2001-P Uncirculated	‹3› ‹9›	35,500	$30/32, $27/29
2001-P Proof	‹3› ‹9›	141,425	$33/37, $29/33
Capitol Visitor Center gold $5 half eagle		Dean McMullen/Alex Shagin and Marcel Jovine	
2001-W Uncirculated	‹3› ‹9›	6,750	$180/205, $175/200
2001-W Proof	‹3› ‹9›	26,815	$195/225, $177/207
American Buffalo silver dollar			James Earle Fraser
2001-D Uncirculated	‹3›	227,080	$30/32
2001-P Proof	‹3›	272,785	$33/37
U.S. Military Academy Bicentennial silver dollar			T. James Ferrell/John Mercanti
2002-W Uncirculated	‹3›	103,201	$30/32
2002-W Proof	‹3›	288,293	$33/37
Salt Lake City Olympic Games silver dollar			John Mercanti/Donna Weaver
2002-P Uncirculated	‹3›	40,257	$30/32
2002-P Proof	‹3›	166,864	$33/37
Salt Lake City Olympic Games gold $5 half eagle			Donna Weaver/Norman E. Nemeth
2002-W Uncirculated	‹3›	10,585	$180/205
2002-W Proof	‹3›	32,877	$195/225
First Flight Centennial copper-nickel half dollar			John Mercanti/Donna Weaver
2003-P Uncirculated	‹3›	57,122	$9.75/10.75
2003-P Proof	‹3›	109,710	$12.50/13.50
First Flight Centennial silver dollar			T. James Ferrell/ Norman E. Nemeth
2003-P Uncirculated	‹3›	53,533	$31/33
2003-P Proof	‹3›	190,240	$33/37
First Flight Centennial gold $10 eagle			Donna Weaver
2003-W Uncirculated	‹3›	10,009	$340/365
2003-W Proof	‹3›	21,676	$350/375
Thomas Alva Edison silver dollar			Donna Weaver/John Mercanti
2004-P Uncirculated	‹3›	92,150	$31/33
2004-P Proof	‹3›	211,055	$33/37
Lewis and Clark Expedition Bicentennial silver dollar			Donna Weaver
2004-P Uncirculated	‹3›	142,015	$33/35⁹
2004-P Proof	‹3›	351,989	$35/39⁹
Chief Justice John Marshall silver dollar			John Mercanti/Donna Weaver
2005-P Uncirculated		67,096	$33/35
2005-P Proof		196,753	$35/39
Marine Corps 230th Anniversary silver dollar		Norman E. Nemeth/Charles L. Vickers	
2005-P Uncirculated		49,671	$33/35
2005-P Proof		548,810	$35/39
Benjamin Franklin Tercentenary, Scientist silver dollar			Norman E. Nemeth/ Charles L. Vickers
2006-P Unc.		108,000¹⁰	$33/35
2006-P Proof		142,000¹⁰	$35/39
Benjamin Franklin Tercentenary, Founding Father silver dollar			Donald Everhart II/ Donna Weaver
2006-P Unc.		58,000¹⁰	$33/35
2006-P Proof		142,000¹⁰	$35/39
San Francisco Old Mint silver dollar			Sheri Joseph Winter/George T. Morgan
2006-S Unc.			
2006-S Proof			
San Francisco Old Mint gold $5 half eagle			Charles L. Vickers/Various
2006-S Unc.			
2006-S Proof			

Notes

1. Prices for 1982 George Washington half dollar are for 1982 and 1983 to 1985.
2. Prices for 1983-84 Olympic coins in some cases are first prices charged and do not reflect higher prices charged later.
3. Prices since 1986 are pre-issue/regular issue of single coins only. Most modern commem programs have offered various packaging options and combinations.
4. Although produced and sold in 1993, none of these coins actually carries the year of issue in its legends, in apparent violation of law. The anniversary dates 1991-1995 refer to the 50th anniversaries of the beginning and ending of United States involvement in World War II. More clearly, it would have been stated "1941-1991/1945-1995."
5. Although produced and sold in 1994, the coin does not carry the year of issue in its legends, in apparent violation of law. 1743 is the year of Jefferson's birth; 1993 is the 250th anniversary of that date.
6. The Special Olympics World Games silver dollar was offered "encapsulated only" without the usual presentation case. The case option was also available, at a slightly higher price.
7. Price options for individual coins. The coins were offered on a subscription basis from Dec. 2, 1994, through Feb. 3, 1995. The coins were then to be released four at a time — one gold, two silver, one clad — in February 1995, July 1995, January 1996 and sometime in the spring of 1996. Pre-issue prices and options were to be offered during the first few weeks of each release.
8. The designs are based on Fraser's submissions in the design contest for the 1932 Washington quarter dollar. The Commission of Fine Art recommended Fraser's designs but was overruled by the secretary of the Treasury, who selected the designs used from 1932 to 1998. A popular movement supporting Fraser's 1932 quarter dollar designs led to them being used on the 1999 gold $5 half eagle.
9. The Mint offered each coin in two packaging offerings (standard packaging with tray and sleeve for the gold and silver coins and Mylar and envelope for the half dollar, and encapsulated with mailer for all), each at pre-issue and regular prices. The different packaging options were designed to afford buyers a choice: the more elaborate and expensive package or the coin in less packaging at lower prices. Prices given are in this order: standard packaging pre-issue and regular, and mailer-only packaging at pre-issue and regular.
10. Not final figures; subject to change.

Error and variety coins

Most collectors and noncollectors who check the coins in their change eventually will encounter pieces that look *different*, for the lack of a better term. The coins may be missing details like a Mint mark or part of an inscription. On other coins, some design elements may be blurry or even appear doubled. Other coins may be in a different color than normal, thinner than usual or otherwise deviate from the norm in appearance or physical standards.

Individuals finding such pieces may have found error coins or die varieties, or coins from a later die state or coins representing a die stage. Alternatively, they might have encountered coins that have been damaged or have otherwise changed while in circulation, or that were deliberately altered.

Some error coins and die varieties carry premiums, from a few dollars to thousands of dollars. Many pieces are collectible but carry no premium. Damaged and altered coins are worth face value only, and if too badly damaged, may not even work in vending machines.

Entire books are devoted to errors, varieties, die states and die stages, so this chapter is best viewed as an introduction to the subject. Collectors wanting more information may want to read the weekly "Collectors' Clearinghouse" column, the bimonthly column "Varieties Notebook" in *Coin World,* or acquire any of the specialty books on these topics. In this chapter, we will define the broad terms already used and examine most of the categories of errors, varieties, states and stages.

An *error* coin is one that deviates from the norm because of an accident, mistake or mishap at any stage of the minting processes.

A *die variety* represents a coin produced by a die that differs—from the moment of the die's production—from all other dies for the same denomination, design type or subtype, date and Mint mark. The definitions for specific kinds of die varieties that follow should make this concept easier to understand. Among the 20th century coins considered varieties are such coins as the 1955, 1972 and 1995 Lincoln, Doubled Die Obverse cents. Die varieties are encountered less frequently in the 21st century because of modernization of die production processes.

While some classify die varieties as errors, not all die varieties were produced by mistake. The scarcity of die steel in the late 18th century and early 19th century led Mint officials to practices their 21st century counterparts would reject. For example, a die with one date (1798, for example) might be repunched with another date (1800) and used (1800/798 Draped Bust cents actually exist!). Such coins are a form of die variety called "overdates," and while it is possible that some overdates occurred by mistake, most of the early overdated dies likely were created deliberately. Deliberate die varieties were produced as recently as a half century ago, because of the temporary closing of the San Francisco Mint beginning in 1955; reverse dies stamped with the San Francisco Mint's S Mint mark purposely were restamped with the D Mint mark of the Denver Mint after the California facility was closed. The dies with the over Mint marks were placed into use at the Denver Mint and used to strike a series of 1955-D/S Jefferson 5-cent coins.

A *die state* simply represents a specific period within a die's use, marked by the presence or absence of wear or abrasion on the die. Dies wear as they strike coins, and the wear will manifest itself on the coins they strike.

A *die stage* represents a period within a die's life marked by something other than wear or abrasion. Many examples will be detailed later.

Fewer and fewer

Errors are in very short supply when compared to total mintages, especially in the 21st century. Mint officials have introduced equipment that has reduced the number of errors produced and caught more of those pieces that were made. Because of the reduced numbers of errors being made and released, prices for some 21st century errors can be much higher than for older specimens of the same type of error. For example, older off-center cents were available for a few dollars each, often in quantities of hundreds of pieces; in contrast, a 2002 Lincoln cent struck off centered was bid to $500 in an auction before being withdrawn from sale, and while that price level has not been maintained, off-center cents from 1998 bring higher prices than earlier cents, in general. Other errors once considered common are encountered less frequently with 21st century dates.

As with error coinage, the Mint has introduced technological changes that have made most of the significant forms of varieties impossible (or highly unlikely). Repunched Mint marks and over Mint marks (both defined later in this chapter) became impossible at the beginning of the 1990s.

A major doubled die (one with the degree of doubling found on the classic varieties listed in the valuing section of this book) has not been produced for more than a decade. Changes in the die-production process introduced in 1996 and 1997 eliminated the major doubled dies but still permitted production of minor examples, a Denver Mint technician told a *Coin World* staff member in 1996. That technician's statement since has been backed up by the discovery of various Lincoln cents dated since 2001, several Jefferson 5-cent coins and Proof 1999-P Anthony dollars identified by specialists as minor doubled dies. The degree of doubling present on these coins is minor compared to that on classic varieties such as the 1955 and 1972 Lincoln, Doubled Die Obverse cents.

Values

Values for error coins, die varieties, coins of particular die states and die stages depend on the same factors affecting normal numismatic merchandise: supply, demand, condition and the knowledge levels of the buyer and seller in a particular transaction.

Some die variety coins, such as the 1955 Lincoln, Doubled Die Obverse cent, because of publicity and dealer promotion, "cross over" and become popular with general collectors; thus, demand is higher for a fixed supply, and values are correspondingly higher.

Rare does not necessarily mean great value. Many older error coins struck in small quantities are available for a few dollars. Even errors that are considered unique are often available for several dollars.

The knowledge levels of buyers and sellers can play a role in determining the *price* (in contrast to *market value*) of a coin, variety, die stage or die state. Knowledgeable collectors and specialist dealers generally have a full understanding of the cause of a particular error, variety, state and stage, and know the market for such pieces. They thus can agree on a fair price that likely will be upheld in the market. Conversely, online auction sites like eBay have opened up new venues for buying and selling coins, where buyers and sellers may lack the same levels of knowledge as the experts, and sometimes buy and sell at prices the established market would not bear. New collectors of these kinds of coins should exercise caution when buying online; consult with knowledgeable specialists before paying for something a seller promotes as the "hot new error!"

Finding oddities

Error, variety, die state and die stage coins can be found in circulation, unlike many other collector coins. Some collectors go to banks and obtain large quantities of coins to search through (one of the more popular columns in *Coin World*, "Found in Rolls," deals with searching through coins found in rolls purchased from banks and retailers); coins not bearing errors are returned to the bank. Many error, variety, die state and die stage coins, particularly of the minor classification, can be discovered simply by going through pocket change. All it takes are sharp eyes and knowledge of what to look for. Major errors, particularly those that leave the coin misshapen, are generally acquired from individuals who work at private companies that receive large quantities of unsearched coins directly from the Mint. The employees find the coins while rolling them for banks and other customers; they purchase the coins at face value and sell them to dealers with whom they have regular contact.

Many collectors are adept at what is called "cherrypicking." They use their superior knowledge of errors and varieties when going through a dealer's stock to obtain scarcer pieces at prices less than what a specialist might charge.

Some of that knowledge comes from a clear understanding of the minting process. The minting of a coin is a manufacturing process and should be fully understood by anyone interested in collecting and studying error coins (see **Chapter 14, "How coins are made"**). Many forms of alteration and damage inflicted outside the Mint resemble certain types of errors, but none precisely duplicates a genuine Mint error. Collectors who understand the minting process should be better able to distinguish between errors, damage and alteration.

The following section classifies the pieces under review in three categories: those involving the die (varieties, states and stages), planchet errors and striking errors.

For those pieces involving the dies, we will list whether they represent a variety, state, stage or something else.

Planchet errors are the result of defective or improperly selected planchets.

Striking errors are coins whose errors result from a mishap occurring during the actual striking process.

Die varieties, states and stages

Abraded dies: Mint employees use an abrasive on dies to extend their working life and to remove such things as clash marks, die scratches, dirt and grease. If the die is abraded too much, details may be erased or small raised lines may appear on the coins. Most over-abraded errors have little value, but there are exceptions, most prominently the 1937-D Indian Head, Three-Legged Bison 5-cent coin. Generally regarded as a die state.

BIE: The term commonly used for minor die stage errors affecting the letters of the word LIBERTY on Lincoln cents. A small break in the die between the letters, especially BE, often resembles the letter I, hence the BIE designation. Such die stages are much more common on the coins of the 1950s and early 1960s than on more recent issues. Experienced collectors tend to be less interested in such errors in the early 21st century than they were 30 or 40 years ago. They generally carry little to no premium.

Clashed dies: When during the striking process two dies come together without a planchet between them, the dies clash (come into direct contact). Depending on the force with which the dies come together and the nature of the designs, a portion of the obverse design is transferred to the reverse, and a portion of the reverse is transferred to the obverse. Coins struck

Clashed dies

from the clashed dies will show signs of the transferred designs; the transferred design elements are called clash marks. Although the cause of this type of error occurs during the striking process, the die is affected; thus, it is considered a die stage error. Minor clash marks rate only a slight premium, while stronger clash marks might bring slightly higher premiums. The ultimate clashed dies bear clash marks from different denominations, as with several different 19th century coins; these coins can sell for thousands of dollars.

Design mule: The result of dies for two different design types of the same denomination being used to strike a coin. The only known example on a U.S. coin is a 1959-D Lincoln cent struck with the 1958-style Wheat Heads reverse rather than the 1959-style Lincoln Memorial reverse. The Secret Service has not determined this coin to be counterfeit, although grading services have been reluctant to authenticate the coin and some die variety specialists are skeptical. A convicted and imprisoned counterfeiter-murderer claims to have made this piece, although he has offered no proof of his claims. Design mules exist for the coins of other countries, including Canada.

Die breaks, chips, cracks, gouges, scratches: Dies, like any other piece of steel, are subject to all sorts of damage (resulting in different kinds of related die stages). Any incused mark on the die leaves raised areas on coins. Breaks and cracks are similar, appearing on coins as raised lines. A die break affects a larger area than the die crack, and breaks often result in pieces

Die crack

of the die falling out. A die chip occurs when a small portion of the die breaks away, while gouges and scratches generally occur when a foreign object scores the surface of the die. Minor examples of these carry little to no premiums, although the coins are collectible.

A major die break is often though misleadingly referred to as a "cud." It occurs when the die breaks at the rim and a piece of the die falls out of the press. The metal of coins struck from that die flows up into the missing area, resulting in a raised blob of metal bearing no image. The side of the coin opposite the raised blob is often weak and indistinct; this is because metal flows along the path of least resistance, flowing into the broken area of the damaged die and not the recesses

Major die break

of the opposite, normal die. A retained major die break occurs when the die breaks at the rim, but the piece does not fall out. Coins struck from these dies show the break, but also depict the image inside the break. The design element inside the broken area may be mispositioned slightly because the chunk of broken die shifted. Coins with major die breaks can carry premiums, with

the value dependent on coin, date and size of the break.

Double-denomination mule: The result of dies for two different denominations being used to strike a coin. The only known double-denomination U.S. mules were struck from a Washington quarter dollar obverse die and Sacagawea dollar reverse die, on a Sacagawea dollar planchet; from a 1995-D Lincoln cent obverse die and Roosevelt dime reverse die, on a cent planchet; from a 1995 Lincoln cent obverse die and Roosevelt dime reverse die, on a dime planchet; and from a 1999 cent obverse die and dime reverse die, on a cent planchet. They are similar in concept to the design mules (dissimilar dies being used to strike a coin). Authentic U.S. double-denomination mules are extremely expensive coins, bringing five-figure prices.

Doubled dies: If, during the hubbing and die making process, a misalignment between hub and partially completed die occurs, overlapping, multiple images may appear on the die, creating a die variety. Coins struck from the die will show the overlapping images, like the doubled date, IN GOD

Doubled die

WE TRUST and LIBERTY on the 1955 Lincoln, Doubled Die Obverse cent. Die doubling on coins with raised designs feature a rounded second image; on incused designs, the second image is flat and shelf-like. At the corners of the overlapping images are distinct "notches" on coins with raised designs. A tripled or quadrupled die is caused by the same misalignment, but bears a tripled or quadrupled image. Major U.S. doubled dies are considered impossible since 1996 to 1997 due to technological improvements at the Mint (see the chapter on the minting process), but minor examples that aren't fully understood continue to appear. Doubled dies generally can only occur when more than one impression of hub into die is required, and the alignment between hub and die shifts or distorts between hubbing operations, although a Denver Mint technician in 1996 acknowledged minor examples were still being seen with the new technology. Doubled die varieties can sell for a few dollars or many thousands of dollars each, based on rarity, degree of doubling and overall popularity of the specific variety.

Engraving varieties: While more common on the dies of the 18th and 19th centuries, engraving varieties have been made on modern dies. On the earlier dies, numerals and letters were often repunched to strengthen the design, punched in upside down or otherwise out of alignment, and sometimes, wrong letters or numbers were punched into the die. On more

Repunched date

modern dies, engraving errors include the use of the wrong size Mint mark by mistake and Mint marks placed too close to design elements or otherwise too far from their intended locations. Other "engraving" errors, discussed in separate sections, include doubled dies, overdates and repunched Mint marks. All are die varieties. Premiums range from low to extremely high depending on rarity and popularity of the variety.

Misaligned dies: Although one side of the coin appears to have been struck off-center, the planchet was not off-centered during striking, as in an off-center coin. A misaligned die occurs when one die is horizontally displaced to the side, causing only a partial image to appear on that side of the coin. However, unlike the off-center coin that it resembles, only one side is affected. The other side is normal. Some specialists classify misaligned dies as striking errors. Premiums differ, though most are relatively low.

Misplaced dates: A misplaced date is a relatively recently studied die variety. Researchers have discovered numerous coins with numbers from the date punched well away from the region of the die where the date was punched. For example, coins have been found with a number or numbers punched into the dentils along the rim or into a major design element. While theories abound, no one is sure whether this punching was accidental or deliberate. Premiums vary; refer to specialist books before buying.

Missing Mint marks: Some coins that should have Mint marks don't. While in most cases the cause of the missing Mint mark is a filled die (thus temporary, and worth very little), sometimes the Mint mark is not punched into the die, creating a die variety. A series of missing Mint mark errors occurred on coins placed into Proof sets, from 1968 to 1990; all carry substantial premiums. Another valuable example is the 1982 Roosevelt dime without Mint mark. They, too, carry a strong premium. New collectors should remember that many normal, older coins lack Mint marks, as do all Lincoln cents struck at the Philadelphia Mint.

Overdates: When one or more numerals in the date are engraved, punched or hubbed over a different numeral or numerals, both the original date and the second date can be seen. Twentieth century hubbed

Overdate

examples include the 1943/2-P Jefferson 5-cent coin and the 1942/1 Winged Liberty Head dime (both are also doubled dies). The traditional, pre-20th century overdate occurred when one date was punched over another date, as on the 1818/5 Capped Bust quarter dollar. All overdates are die varieties. Premiums vary, with some pieces bringing tens of thousands of dollars, especially in high grade.

Over Mint marks: A form of repunched Mint mark, but when punches of two different Mints are used. Examples include the 1944-D/S Lincoln cent and the 1938-D/S Indian Head 5-cent coin. These can occur accidentally or deliberately, as noted earlier.

Over Mint mark

All are die varieties. Some are inexpensive, while others carry higher premiums.

Repunched Mint marks: Mint marks were punched into each individual working die (for coins issued for circulation) by hand with mallet and punch until changes were made to the process in 1990 and 1991 (see **Chapter 14, "How Coins Are Made,"** and **Chapter 8, "Mints and Mint marks,"** for details). Under the old system, several blows to the punch were needed to properly sink the Mint mark into the working die. If the punch was not properly placed after the first blow, a multiple image could result. A coin identified as a 1960-D/D Lincoln cent has a repunched D Mint mark, for example. Coins with RPMs are die varieties. Most RPMs carry low premiums.

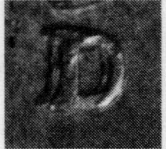

Repunched

Rotated dies: Most U.S. coins have the obverse and reverse sides oriented so each side is upright when rotated on a horizontal axis. The alignment difference between the two is 180 degrees. However, if the dies are aligned at anything other than 180 degrees, the dies are considered rotated. The Mint considers coins rotated by 5 degrees or less within tolerance. Some specialists consider rotated dies to be striking errors since the die's face is unchanged. Prices vary from little or no premium to premiums of several hundred dollars.

Worn dies: Dies have a limited life, based on the hardness of the coinage metal being struck and the striking pressures involved. When a die wears beyond a certain point, details around the rim tend to flow into the rim, while other details weaken. The surface of the die becomes scarred, as if heavily polished. Some design elements appear blurry or doubled. Coins struck from worn dies rarely have collector value as die errors. Coins from worn dies represent die states.

Planchet errors

Alloy errors: All U.S. coins are produced from alloyed metals that are mixed when molten to strict specifications. If mixed incorrectly, the metals may cool in nonhomogeneous form, with streaks of different metals appearing on the surface of the coin. Premiums vary, but tend not to be high.

Brass-plated cent: A post-1982 error is the brass-plated cent. Zinc planchets are plated with copper to form a copper-plated zinc planchet. Zinc planchets sometimes remain within the plating tanks and dissolve, contaminating the plating solution (electrolyte), adding their zinc content to the copper, thus forming brass. Subsequent planchets are plated with brass instead of pure copper. Brass-plated cents have a different color than copper-plated cents, although both can tone and may be difficult to distinguish.

Damaged planchets: Planchets are subject to various sorts of damage, including cracks (not to be confused with die cracks), holes and major breaks. Premiums are based on the severity and "coolness" of the planchet damage.

Damaged planchet

Fragments, scrap struck: Small pieces of coinage metal—fragments and scrap left over from the blanking process—sometimes fall between the dies and are struck. Fragments must be struck on both sides and weigh less than 25 percent of a normal coin's weight to qualify as struck fragments. Planchet scrap is generally larger than a fragment, and usually has straight or curved edges because of the blanking process. All carry nice premiums.

Incomplete planchets: Often, though erroneously, called a "clip," an incomplete planchet results from a mishap in the blanking process. If the planchet strip does not advance far enough after a bank of punches rams through the metal, producing planchets, the punches come down and overlap the holes where the planchets were already punched out. Where the overlapping takes place, a curved area appears to be "missing" from the planchet. The word "clip," commonly used, suggests a piece of an already formed planchet was cut off, which is not the cause of the incomplete planchet. "Clip," when properly used, refers to the ancient process of cutting small pieces of metal from the edges of precious metal coins for the bullion; that is why U.S. gold and silver coins have lettered or reeded edges, to make it more difficult to clip a coin. Other incomplete planchets occur when the strip shifts to the side, causing the punches to overlap the strip's edge, or when the punches overlap the end of the strip. The missing area is represented by a straight edge, not curved. An "incomplete incomplete planchet" occurs when

Incomplete planchet

the punch does not completely punch out a planchet, but leaves a circular groove. If the strip advances improperly, planchets overlapping the incomplete punch will bear a curved groove; the groove remains visible after the coin is struck. It is often called an incomplete clip. Most but not all incomplete planchet errors have a "signature" known as the Blakesley effect. The area of the rim 180 degrees opposite the "clip" is weak or nonexistent since the "clip" impairs the rim-making process in the upset mill. The lack of pressure in the upset mill at the missing spot results in improper formation of the rim on the opposite side. All carry premiums, although coins with small areas of missing metal may carry only slight extra value.

Laminations: During the preparation of the planchet strip, foreign materials—grease, dirt, oil, slag or gas—may become trapped just below the surface of the metal. Coins struck from this strip later may begin to flake and peel since adhesion is poor in the location of the trapped material. The Jefferson, Wartime Alloy 5-cent coins are particularly susceptible to laminations, due to the poor mixing qualities of the metals used during the war metal emergency. Premiums depend on the severity of the lamination and the coin affected; many are inexpensive.

Split planchets: Planchets can split due to deep internal laminations or in the case of clad coinage, because of poor adhesion of the copper-nickel outer layers to the copper core (these are also known as missing clad layer errors). Planchets may split before or after striking. On nonclad coins, the inner portion of the split shows parallel striations typical of the interior structure of coinage metal. The best finds are of both halves of a split planchet. All carry premiums and are nice errors.

Split planchet

Thick and thin planchets: Planchets of the wrong thickness are produced from strip not properly rolled. Too little pressure can result in planchet stock that is too thick; too much pressure can result in thin planchets. Rollers out of alignment on one side create potential for tapered planchets—thicker in one area than another.

Unplated planchets: New in U.S. coinage, unplated planchets became possible in 1982 with the introduction of the copper-plated zinc cent (and similarly in 1943 with the zinc-coated steel cents). The zinc-copper alloy planchets are plated after they are punched from the strip but some planchets miss the plating process. Coins struck on the unplated planchets are grayish-white in color. Beware of cents that have had their plating removed or have been replated after leaving the Mint. Although beyond the ability of a neophyte to detect, any authentication service should be able to distinguish between a genuine piece and an altered version (authentication is essential before purchasing).

Wrong metal, planchet, stock: A wrong metal error is struck on a planchet intended for a denomination of a different composition. This includes 5-cent coins struck on cent planchets, cents on dime planchets, and higher denominations struck on cent and 5-cent planchets. A second type is the wrong planchet error, defined as a coin struck on a planchet of the correct composition, but the wrong denomination. These include quarter dollars struck on dime planchets, half dollars struck on quarter

Wrong planchet

dollar and dime planchets, and dollars struck on other clad planchets. Some specialists claim that wrong metal and wrong planchet errors are striking errors, not planchet errors. Their argument? The planchet is OK. It was just fed into the wrong coining press. A third type is the wrong planchet stock error. It occurs when clad coinage strip rolled to the thickness of one denomination is fed into the blanking press of another denomination; the diameter is correct, but the thickness is greater or less than normal. The most common is a 1970-D Washington quarter dollar struck on planchet stock intended for dimes. A fourth, rarer, form is the double denomination. It occurs when a coin is struck on a previously struck coin, such as a cent struck over a dime. Since the U.S. Mint has struck coins for foreign governments in the past, it has been possible to find in circulation U.S. coins struck on planchets intended for foreign coins, as well as U.S. coins struck on previously struck foreign coins. Another rare type of wrong metal error is called the transitional error. It occurs as a coin's composition changes. Some 1965 coins are known struck on silver planchets of 1964 composition, while some 1964 coins were struck on clad planchets (1964 coins were struck through 1965, with planchets for both types of coins available side by side). Until 2000, it was thought impossible for a coin to be struck on a planchet larger than normal (the larger planchet, it was thought, would jam the feed mechanism of the press). However, several exceptions to this rule surfaced in 2000, including State quarter dollars struck on the slightly larger Sacagawea dollar planchets. All carry significant premiums, with the most valuable being double-denomination, transitional errors and, at the top, such coins as the 1943 Lincoln cents struck on copper alloy planchets instead of zinc-coated steel planchets.

Striking errors

Broadstrikes: If the surrounding collar is pushed below the surface of the lower die during the moment of striking, the metal of the coin being struck is free to expand beyond the confines of the dies. The design of the coin is normal at center, but as it nears the periphery, becomes distorted due to the uncontrolled spread of metal. All broadstrike errors carry premiums.

Broadstrike

Brockage and capped die strikes: If a newly struck coin sticks to the surface of one of the dies, it acts as a die itself—called a die cap— and produces images on succeeding coins. The image produced by any die is the direct opposite on a coin, and brockages are no different. Since the image is raised on the coin adhering to the die, the image on the brockage is incused and reversed—a true mirror image. The first brockage strikes, perfect mirror images and undistorted, are most prized and carry the highest premiums. As additional coins are struck from the capped die, the die cap begins to spread and is made thinner under the pressures of striking, distorting its image. Although the image is recognizable, the design expands, producing an image that can be several times the normal size. At some point, as the die cap becomes thinner and the brockage image disappears, the coins struck cease to be brockages and are known as capped die strikes. Capped die strikes are simply a form of struck-through coin. At first, few of the original design elements from the obscured die are visible, though as the cap becomes thinner, more and more of the original design elements are transferred from the obscured die through the die cap. Finally, the die cap breaks off or is pounded so thin it ceases to affect succeeding strikes. Sometimes, the die caps fall off early and in a relatively undistorted state. Die caps resemble bottle caps, with the metal wrapping around the shaft of the die. Die caps are very rare and collectible, much more so than capped die strikes. All carry premiums.

Brockage

Double and multiple strikes: Double strikes are coins struck more than once. If the coin rotates slightly between strikes, but remains centered within the coining chamber, two images will appear on both sides of the coin. The first strike will be almost totally obliterated by the second strike, and the first strike will be flattened and have almost no relief. Sometimes, a struck coin will flip and fall upside down onto the surface of the die; thus, the second strike has an obverse image obliterating the original reverse, and a reverse image flattening the first obverse image. If the coin falls partially outside the dies after the first strike, the second image is only partial. The partial second strike obliterates the original image beneath it, but the rest of the first strike is undistorted, except in the immediate vicinity of the second strike. A saddle strike is generally not a true double strike, but usually the result of having a planchet fall partially between two pairs of dies on a multi-die press. Saddle strikes have two partial images and an expanse of unstruck planchet between the struck areas. Examples of coins struck three, four or more times are known, but are typically more rare than simple double-struck coins. All multiple-struck errors carry premiums.

Filled dies: The Mint factory has its share of dirt, grease and other lubricants, and metal filings. The recessed areas of the dies sometimes fill with a combination of this foreign material, preventing the metal of the coins from flowing into the incused areas. This results in weak designs or missing design details, and is among the most common types of errors. Filled-die coins are a form of struck-through error. Filled-die coins rarely carry significant premiums.

Filled die

Indented errors: An indented error is a coin struck with another coin or planchet lying partially on its surface. The area covered by the planchet does not hit the die and thus is blank if indented by a planchet, or shows a partial brockage if indented by a struck coin. The most desirable of the indented errors are larger coins with the indentation of a smaller planchet centered on one side. Indented error coins are a form of struck-through error. All carry a premium above that for a normal coin of the same type.

Indented error

Machine, mechanical or strike doubling: A form of doubling, this is really a form of Mint-caused damage and not a true Mint error. The cause is a looseness of the die or other parts in the press that allows the die to twist or bounce across the surface of the newly struck coin. In twisting or bouncing, the die shoves the metal of the raised designs to one side, creating the doubled image. The doubling is flat, like a shelf. Machine-doubled coins are often mistaken for doubled die coins. However, the two forms of doubling have different causes and are distinct in appearance. Machine-doubled

Strike doubling

coins rarely carry significant premiums. New collectors should beware of mistaking machine-doubled coins for more collectible doubled die varieties, and buy only authenticated doubled dies.

Off-center coins: If a planchet lies partially outside of the dies during the striking, it receives an off-center strike. Each coin struck off center is unique. Off-center coins with dates are more valuable than coins without dates. Generally but not always, on dated coins, the greater the off-center strike, the more it is worth. Some collectors collect off-center coins by their "clock" positions. Hold the coin with portrait upright and look for the direction the strike lies. If it is at 90 degrees, the strike is at 3 o'clock; if it lies at 270 degrees, the strike is at 9 o'clock. Premiums have been rising for late-date examples of this error, since fewer are being produced and released.

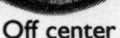

Off center

Partial collar: Often known as "railroad rim" errors, the edge, not the rim, is the portion of the coin affected. It occurs when the collar, around the lower die, is not fully extended, so that the upper portion of the coin is free to expand beyond the confines of the collar, while the lower portion is restrained. On coins struck from a reeded collar, partial reeding exists on the area restrained by the collar. The error gets the nickname "railroad rim" from its appearance—the coin, viewed edge-on, resembles the wheel from a railroad car. All such pieces are worth a premium.

Struck-through errors: Struck-through errors occur when foreign objects fall between die and planchet during striking. Pieces of cloth, metal fragments, wire, slivers of reeding, grease, oil, dirt, wire bristles

Struck through

(from wire brushes used to clean dies, resembling staples), die covers, a thin die cap, other coins, planchets and other objects may fall between the dies and the coin. The most collectible struck-through errors are those with the foreign object still embedded in the surface of the coin. Value can be minimal to hundreds of dollars depending on the object or substance a coin was struck through.

Weak strikes: Weak strikes often resemble coins struck from grease-filled dies, but can be identified. They occur either when the press has been turned off—it tends to cycle through several strikings, each with less pressure than the previous—or when the press is being set up by the operators who test the placement of the dies at lower coining pressures. On reeded coins, weak strikes generally have poorly formed reeding (it is strong on filled dies). Depending on the pressure used, the image may be only slightly weak, practically nonexistent or any stage in between. These coins are worth premiums.

How coins are made   14

The various coining facilities of the United States Mint are factories, whose products happen to be coinage of the realm. Like any other metalworking factory, the U.S. Mint has a variety of presses, engraving and reducing machines, and metalworking equipment.

Like any metal product, coins don't "just happen." A number of intricate steps must be taken, from the preparation of the raw metal used in the coins to the striking of the coins. And before the coins can be struck, dies must be produced.

For a new coin, the dies used for striking coins start out as an approved design in the Engraving Department at the Philadelphia Mint.

In 2006, the United States Mint employed several techniques in die making: the traditional approach, with its origins in the 19th century and earlier, and practiced by a skilled engraver and sculptor; and a modern approach harnessing the power of scanners, computers and laser in which computer design skills are prized.

Mint officials have been reluctant to publicly unveil technical details of the changes they have introduced to their die-making techniques, choosing to discuss the changes only in the most general terms. A June 2006 request from *Coin World* staff to Mint officials to view the newer processes and discuss them first-hand with the Mint design-engraving staff was rejected with the claim that the artists who create the designs and dies were too busy to demonstrate the changes.

In May 2006 Mint officials revealed that computers are increasingly being used in die production.

A few more details were released in testimony given before a House subcommittee July 19, 2006, by the deputy director of the Mint. He said: "We have introduced new technologies to improve our design capabilities. The old coin design method – a drawing by hand turned into a clay model followed by a plaster model to be traced and cut into steel – is being replaced with a digital design process – a computer drawing scanned into an engraving machine."

According to the deputy director, this scanning technique was used in making the hubs for the 2006 American Buffalo gold bullion coins,

Janvier reducing machine transfers image from large epoxy
model at right to coin-sized steel hub at left

whose designs are based on the designs found on the 1913 to 1938
Indian Head 5-cent coins. The original plasters for the earlier coin by
master sculptor James Earle Fraser were taken from Mint storage and
digitally reproduced; new equipment, controlled by computer, cut a hub
by laser. This permitted the Mint to accurately reproduce the textured
fields Fraser had used in the original 1913 version of the Indian Head
5-cent coin (the Bison on Mound subtype).

In recognition of the changes in the 21st century design techniques
introduced, Mint officials have indicated the traditional terms for its staff
coin and medal designers – engraver and sculptor-engraver – are becom-
ing as obsolete as silver coins in circulation. The new name for coin and
medal designers is "medallic artist." Mint medallic artists hired in 2005
and 2006 reportedly have backgrounds in computer design rather than
traditional sculpturing and engraving.

Still, most of the coins discussed and priced in this book were
struck from dies produced in the traditional manner, as least as practiced
since the late 19th century and early 20th century. Therefore, collectors
should understand this traditional approach to making hubs and dies.

Under this traditional process, a sculptor-engraver following a
sketch makes a model in plastilene, a modeling clay substance.

The model is three to 12 times the size of the actual coin, depending on the denomination.

Plaster is poured over the finished clay model, then further perfected. Another plaster model is created from the first plaster model. The second-generation plaster model is sent to the U.S. Mint's Washington headquarters for final approval. A rubber mold is created from the approved plaster, and epoxy poured into the mold to form a hard epoxy positive model.

The completed epoxy model is then mounted on a Janvier transfer-engraving machine. This machine uses a stylus to trace the exact details of the epoxy model, then reduces them though a ratio bar. At the other end of the machine, a needle-like carbide cutting tool cuts the design into soft tool steel, producing a positive replica that Mint officials call a "reduction hub" and collectors call a "master hub." It takes about 24 hours to cut a single master hub.

Both the epoxy model and die steel are coated in petroleum jelly and oil to lubricate the stylus and cool the cutter. The petroleum jelly and oil also aid in the removal of steel shavings made during the cutting of the master hub.

Making dies and hubs

The master hub, which has the exact dimensions of the coin, is then tempered and the steel hardened. The steel bar on which the master hub was engraved is trimmed and the shaft is turned to a specific shape. The master hub then is placed in a hydraulic press and slowly pressed into a blank piece of soft die steel called a "die blank," creating a negative replica called a master die.

Die blanks start as a cylindrical piece of steel with a cone-shaped face. The face of the die blank is polished to a mirror-like finish in a polishing machine that uses a robotic arm to load the blank into the polishing machine.

The cone shape of the face of the die blank facilitates the process of creating the design details. Design details are first formed in the center, where the metal of the die blank is the highest and thus comes into contact with the hub first.

The master hub is used to form a master die. (Using a single or master hub and die ensures that subsequent work hubs and dies are identical. Dies were made virtually by hand in the early years of the U.S. Mint, with inscriptions, dates and Mint marks punched into the work dies individually, resulting in dies that can be identified individually by the placement of the individual design elements.)

Multiple work hubs (the Mint's term) or working hubs (the hobby's term) are made from the master die in the hydraulic press in the same way as the original, master die was impressed. Work dies (those used to strike coins) are made from the work hubs in the same way. (A single master die can make multiple work hubs, each of which can be used to make multiple work dies.)

For much of the U.S. Mint's existence, it used a multiple hubbing process to make master dies, work hubs and work dies. The Mint's equipment could not produce fully formed hubs and dies with a single impression (the metal of the hub or die hardened before it could be fully formed; the uncompleted die or hub had be heated to soften the metal, cooled and reinstalled in the hubbing press). Beginning in fiscal year 1986, the Philadelphia Mint began making master dies and work hubs using a single-squeeze hubbing process. The Denver Mint began making work dies using a single-squeeze press in 1996, upon the opening of a new die shop there. The Philadelphia Mint began using a single-squeeze operation for most dies in 1997. Half dollar and other larger denomination dies continued to be produced throughout 1998 on older equipment requiring multiple impressions of hub into die to fully form the image. The two Mints began producing half dollar dies in a single hubbing operation in 1999. The dies for the 1999 Anthony dollars were made on the old multiple-hubbing press and required multiple hubbings.

No matter which equipment is used to make work dies, the final product needs to be tempered and hardened, and the shafts must be shaped on a lathe to permit their installation in the presses. Much of the equipment used in shaping the shaft of the die is new and computer controlled and monitored.

The introduction of one design element to the die production process requires additional explanation. Mint marks—found on many U.S. coins since 1838 and all U.S. coins since 1980 except for the Lincoln cent struck at the Philadelphia Mint—have been added at various stages of the die-production process, depending on the era. Traditionally, beginning in the 1830s, Mint engravers placed the Mint mark by hand on each of the thousands of working dies.

That is no longer the case. Mint marks on commemorative coins and Proof coins are placed at the initial modeling stage and have been since the mid- to late 1980s. For the circulating coins, beginning in 1990, the Mint began placing the Mint mark on the master die for the cent and 5-cent coin. The other denominations—dime, quarter dollar and half dollar—followed in 1991.

Most recently, the S Mint mark appears at the earliest modeling stage, but not the other Mint marks. The master die from this master hub is used to produce two work hubs from which the S Mint mark is removed; a P Mint mark is added to one of these hubs and a D Mint to the other (creating, essentially, two new reduction hubs that can then be used to produce master dies for the Philadelphia and Denver Mints).

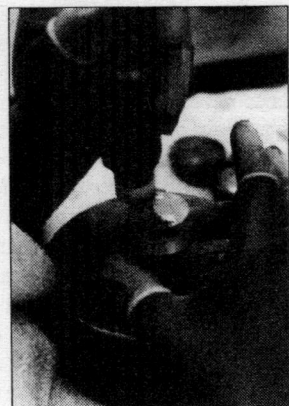

Die being polished for a Proof coin

All of these changes lessen the possibility of producing Mint mark errors and varieties (see the chapter on error and variety coins for details on the types of errors once possible).

Blanks and planchets

Modern United States coins have their beginnings in the private sector, where a number of companies process the raw metals from which coins are made, and produce some coinage blanks and planchets and all coils of strip metal the Mint purchases.

In preparing the raw metals used in coining, the coinage metals are assayed, mixed to the proper proportions, melted and formed into slabs that are heated and rolled to the correct thickness. For clad coinage, bonding operations are required to bond the two outer layers to the inner layer. The strip is then coiled and shipped to the Mint for blanking. The Mint once did all of its own metal processing, including melting, assaying and mixing different metals together to create alloys. However, the Mint closed its refining operations several decades ago because of environmental concerns and now relies on private companies to do all of this initial work. The Mint produced its own strip metal as late as Fiscal Year 1982 at the Philadelphia Mint, but the operations were closed officially in Fiscal 1983.

Once coinage strip is rolled to the proper thickness, blanks are punched from it (both at the Mint and at the private suppliers, depending on the denomination). Blanks and planchets are the unstruck, circular pieces of metal that become coins when struck between the dies. Blanks and planchets represent the same product at different stages of production, although sometimes the terms "blank" and "planchet" are used interchangeably. Blanks are unfinished planchets that haven't been through all of the processing steps necessary before they can be struck into coins. Once a blank has been through all of the processing steps, it becomes a planchet and is ready to be struck.

Blanks are produced on blanking presses, which are simply punch presses similar to those found in any machine shop. They have a bank of punches (or rams) that travel downward, just barely penetrating the strip of coinage metal. The blanks are partially sheared, partially torn from the strip each time the punches make their downward cycle and pass through the strip. At this stage, the blanks have rough edges where they were torn from the strip. Most of the rough edges (or burrs) are removed during succeeding operations. The blanks at this point are slightly larger than the finished coins.

Once punched from the strip, the blanks must next be softened by being heated to controlled temperatures in a process called annealing. The blanks are heated in a rotating tubular furnace to about 1,500 degrees Fahrenheit, changing their crystal structure to a softer state. The annealing process prolongs the life of the coining dies by ensuring well-struck coins with lower striking pressures.

The annealing creates a grayish coloration on the planchets through oxidation, which must be removed. Following the annealing, the blanks are cooled in a "quench tank." From the tank, they are moved into a huge cylindrical tube called the whirlaway. The whirlaway is tilted at a 45-degree angle; blanks travel upward along the whirlaway toward the washer, while the excess liquid picked up in the quench tank is removed. The blanks are placed into washing machines similar to home washers, where they go through a series of cycles that soak and clean the blanks, according to the Mint. The agitation in the washing machines remove the gray oxides, tarnish, discoloration or contamination imparted during annealing. (Blanks for Sacagawea and Presidential dollars are burnished in an extra step.)

After the blanks are removed from the washing machines, they are placed in a tube for drying, then moved to the final step that turns them into planchets. This next step is to give most blanks a slightly raised rim. This is done in an upsetting mill.

The upsetting mill consists of a rotating wheel with V-shaped grooves on its edge. The grooved edge of the wheel fits into a curved section (or shoe) that has corresponding grooves. The distance between the wheel and the shoe gets progressively narrower so that, as the blank is rolled along the groove, it is compressed and a raised rim is formed on both sides of the blank. This raised rim serves several purposes. It sizes and shapes the blank to lower the stress on the dies in the coining press and facilitates the formation of the rim on the coin. (Their status changes from blank to planchet with the addition of the rim.)

The planchets are next passed over sorting screens, called "riddlers," that are supposed to eliminate all of the defective pieces. The screens separate too-large, too-small and incomplete planchets from the normal planchets. Rejected blanks are remelted.

The planchets are ready to be struck into coins on the Mint's coining presses.

Striking the coins

Coining presses are designed for any denomination of coin. Dies and collars can be removed and new ones for a different denomination installed. Striking pressures are adjustable for the various denominations and metals. A circular piece of hardened steel forms the collar, which acts as the wall of the coining chamber. The dies impress the various designs and devices on the obverse and reverse for the coin while the collar forms the edge of the coin, flat and smooth on cents, 5-cent coins and Sacagawea dollars and reeded on the dime, quarter dollar, half dollar and other dollar coins. The collar, which is five-thousandths of an inch larger in diameter than the dies, is mounted on springs that allow slight vertical movement. (The Presidential dollars will require an additional step because they have lettered edges. Details of that operation had not been fully released before the publication of this edition of the book.)

The principal coining press used by the U.S. Mint for striking circulating coinage is made by Schuler AG, a German firm. Each Schuler press uses a single pair of dies, mounted so that the face of each die is perpendicular to the floor. Planchets are fed between the dies by a gravity-fed mechanism and stand on edge during striking. Each press can strike about 750 coins per minute.

While dies are traditionally designated as obverse or reverse, they are also assigned the technical designations of hammer die or anvil die. The anvil die is the fixed die while the hammer die is the one that moves and thus generates the force that raises the design elements on the coins during striking. Either obverse or reverse can be the anvil die or hammer die, with obverse traditionally (at least historically) representing the hammer die.

Newly struck coins fall into a trap. Frequently, while a press is in operation, the press attendant may pick up a finished coin for inspection from the trap to catch some of the remaining varieties and errors that are still produced. The inspector examines the coin under a magnifier to search for any defects made in the die during operation. If the coin passes inspection, the press operator pulls the trap's lever, which dumps the coins onto a conveyor belt for transportation to the counting and bagging operations. (In the past, coins were dumped into bins that were physically moved to the counting-bagging operations.)

Throughout the minting process, computers track such statistics as the productivity of each press operator, any repairs to a coining press, quantities of coins struck per press, plus installation, movement and destruction of the dies.

After the coins have been struck, they are counted automatically by machines, and are bagged or placed into shipping bins. The Mint has stopped using the canvas "Mint-sewn bags" except for special collector coin products; instead, it uses much larger "ballistic" bags, which can hold hundreds or thousands of coins. Counters atop the mechanism that dumps coins into the ballistic bags remove most out-of-specification coins (errors), performing the functions that riddlers once did at the post-striking stage.

The ballistic bags are sealed and loaded onto pallets for shipment to the Federal Reserve Banks or the banks' contracted private money-handling firms for distribution into commerce.

Proof and Uncirculated coins

The biggest news about the United States Mint's Uncirculated Mint set since 1982 and 1983—when the Mint decided not to issue the annual sets—came during the spring of 2005 as a complete surprise to collectors. Beginning with the 2005 sets, the coins in the sets bear a Satin Finish rather than the standard finish found on circulation strike coinage (as was struck both for circulation and various collector products like the "Mint sets," as collectors know them).

The finish, while new to the coins in the Uncirculated Mint set, was used previously—on the Uncirculated 2004 and 2005 American Eagle silver dollar bullion coins—and it also appears on the Uncirculated versions of the two 2005 commemorative silver dollars, honoring Chief Justice of the United States John Marshall and the 230th anniversary of the creation of the U.S. Marine Corps.

The coins in the 2004 and earlier Uncirculated Mint sets (the first are dated 1947) all have the same finish as the coins encountered in circulation. Obtain any new, Uncirculated coin that is from a bank or received in change after a purchase, and you will be able to see what those earlier set coins look like.

The Satin Finish on the coins in the 2005 Uncirculated Mint sets is imparted by the dies, which are sandblasted with a mixture of sand and glass beads to give them, and the coins the dies strike, the special finish. The same sandblasting media are used on the dies for the Uncirculated Mint set coins, the recent American Eagle silver dollars and two 2005 commemorative silver dollars, although the media used for the Mint set coins are finer than those used for the other coins. After being sandblasted, the dies are then chrome plated for additional strength, according to Mint officials.

Collector reaction was mixed to the new Satin Finish coins in the Uncirculated Mint sets. While some welcomed the change, some expressed consternation that they would have to add yet another version of every coin to their collections to keep them complete. Many collectors collect one example of every denomination, date and Mint of circulation denominations, including the different finishes. Until 2005, two finishes were available: circulation strikes (whether from circulation or the Mint sets), and the Proof versions. With the new Satin Finish Uncirculated Mint set coins, collectors seeking completion now need a third version of every coin (and their albums, at least at first, have no designated holes for the Satin Finish coins).

The Satin Finish Uncirculated Mint sets are the latest Mint product created especially for the collector market. The United States Mint has had a longstanding relationship with American coin collectors, though not always a problem-free one. Although the primary business of the Mint is to produce sufficient coinage for use in commerce, it has produced special collectors' products for much of its existence. The Mint's most popular collectors' products, no doubt, have been Proof coins and sets and Uncirculated Mint sets, including since 1994 some low-mintage coins with a special Matte Finish (similar to the new Satin Finish, and discussed in detail later in this chapter). Limited edition sets of commemorative coins and rolls and mini-bags of State quarter dollars are other popular programs.

Proof coins are produced using special minting and processing techniques, resulting in coins with special finishes. They have been sold separately in the past, but since 1950, have been offered only in sets, although Proof versions of recent commemorative coins, the American Eagle bullion coins and the 1999 Anthony dollars have been offered individually.

Until 2005, Uncirculated Mint sets contained coins produced under more or less standard conditions, packaged as a set and sold for a fee over the coins' face value. Recent sets contain coins of higher quality than those struck for circulation; older sets contain coins of the same quality as intended to circulate.

The pre-2005 sets provide collectors with Uncirculated examples of each coin struck for circulation that year, and in some cases, examples of coins struck for the Uncirculated Mint sets only (the three 1981 Anthony dollars, for example, and the 1970-D Kennedy half dollar).

The first Uncirculated Mint sets, with coins dated 1947, were offered in 1948. After the 1947 sets sold out, 1948-dated sets were offered to the public. Sets were again offered in 1949, but none were offered in 1950 due to a Treasury decision to conserve appropriations and manpower during the Korean War, and because Uncirculated coins were available from banks. From 1951 through 1964, sets were offered every year. The numbers of coins offered fluctuated from year to year, depending upon what denominations were being struck for circulation.

Before 1959, Uncirculated Mint sets were individually packaged in cardboard folders; each set contained two examples of each coin struck that year. Beginning in 1959, sets were packaged in polyethylene packets and contained just one example of each coin struck that year.

No Uncirculated Mint sets or Proof sets were offered from 1965 to 1967 because the Mint focused almost all of its resources to meet a major coin shortage sweeping the country, which was blamed in part (and mistakenly) on coin collectors and speculators. However, Mint officials did offer Special Mint sets, featuring coins not the quality of Proofs but better than those found in the pre-1964 Uncirculated Mint sets.

Production and sales of Uncirculated Mint sets resumed in 1968. From 1973 to 1978, Philadelphia and Denver Mint examples of the Eisenhower dollar were contained in the set. In 1979, the Eisenhower dollar was replaced by the Anthony dollar, and a San Francisco Assay Office example was added; the Anthony dollars appeared in the sets through 1981. No Uncirculated Mint sets were offered in 1982 and 1983, with Mint officials blaming budgetary cutbacks for the decision to stop their production. Because of collector pressure, Congress passed a law in 1983 requiring annual sales of both Uncirculated Mint sets and Proof sets.

As noted earlier, some Uncirculated Mint sets contain coins not struck for circulation. This generally increases the value of the sets because collectors saving an example of each coin struck each year will be unable to find the needed coins in circulation. In 1970, no half dollars were struck for circulation; thus, the 1970-D Kennedy half dollar could only be found in the set. In 1973, no Eisenhower dollars were struck for circulation, but the dollars were included in the set. The only way to obtain the three 1981 Anthony dollars was to buy the Uncirculated Mint set of that year, and in 1987, no Kennedy half dollars were struck for circulation but they were included in the set. The 1996 Uncirculated sets include a 1996-W Roosevelt dime—available nowhere else—added at no charge to commemorate the 50th anniversary of the coin's introduction. The 2002 to 2005 Uncirculated Mint sets contain Kennedy half dollars and Sacagawea dollars, none of which were struck for circulation (although circulation-quality half dollars and dollars were struck each of those years for collector sales).

About the "mintages" given here: Figures for 2005 sets are unaudited as of mid-June 2006 and thus not final. It takes Mint officials months after the close of sales of a particular set to audit the numbers and determine a final "mintage" or sales figure. Expect the figures for many of the 2005 sets to change in the 2008 edition of this book.

Proof coins and sets

While coins in pre-2005 Uncirculated Mint sets are little or no different from those struck for circulation, Proof coins have always been special. A Proof coin is struck on specially prepared planchets, using special minting techniques, generally on a specialized coining press.

The term "Proof" means different things to many collectors, dealers and other hobbyists. Some believe Proof is the top level of preservation, or grade—it is not. Others believe Proof coins are particularly shiny coins destined for collectors rather than circulation—they are only partly correct.

"Proof" in numismatics refers to a special manufacturing process designed to result in coins of the highest quality produced especially for collectors. "Proof" is not a grade, as many beginning collectors think, although grading services, dealers and collectors generally assign Proof coins numerical grades such as Proof 65 or Proof 69.

Proof coins result from the same basic processes also required to make coins for circulation. However, Mint employees use special techniques in preparing the surfaces of the dies and planchets intended for Proof coins. Special presses and striking techniques are also used in the production of Proof coins.

Most of the Proof coins sold by the United States Mint today are Cameo Proofs. The flat fields are mirrorlike, reflective and shiny. The raised devices, lettering and other points in relief are frosted, bearing a white, textured, nonreflective finish. The contrast between the frosted relief and mirrored fields gives the coins their cameo appearance. Both the frosted and mirror finishes are the results of the special techniques used in preparing the dies.

All dies are produced at the Philadelphia Mint and Denver Mint die shops; the San Francisco Mint and West Point Mint have no die shops of their own. Remember that a die features a mirror-image, incused version of the finished coin's design. Points that are raised on the coin are incused on the die. Points incused on the coin are in relief on the die.

To prepare a Cameo Proof die, the entire die is sandblasted with an aluminum oxide and glass bead compound to create the frosted surfaces. The fields are then polished to a high sheen to achieve the mirrored effect.

Once the polishing is completed, the die receives a light plating of chrome, two- to three-thousandths of an inch thick. The chrome is then buffed. The finished die now has mirrorlike fields and textured relief, and will impart the same finishes to the coins it strikes.

The planchets used to strike the Proof coins also receive special treatment. The planchets are burnished in a process that tumbles them in a medium of carbon steel balls, water and an alkaline soap. The process cleans and polishes the planchets. The burnished planchets are rinsed in clear water and towel-dried by hand, then go through another cleaning and hand-drying process. Compressed air is used to blow lint and dust from the planchets.

Proof coins are struck on special presses that operate at slower speeds than the high-speed presses used for striking circulating coinage. While the Proof coining presses, like all presses, impress the design from the dies onto the planchet, the production of a circulation strike is a much more rapid, violent event. Each Proof coin is struck two or more times, depending on the size of the coin, the design and the composition of the metal. The multiple striking ensures that the detail is brought up fully on each coin. Circulation strikes are struck only once (although some U.S. circulation strikes in the past have been struck more than once, most notably the 1907 Saint-Gaudens, High Relief double eagle).

Proof coins are then sealed into plastic capsules or plastic holders to give their surfaces some protection (though not total) from potentially damaging environmental factors.

Although most collectors of modern U.S. Proof coins are familiar with the Cameo Proofs in vogue today, the U.S. Mint has used many other types of Proof finishes. Some used by the U.S. Mint include the Matte Proof, first used in the early 20th century; a similar Matte Finish was used on several special coins issued in the 1990s. The entire surface of the coin is uniformly dull or granular; the surface of the original Matte Proof coins results from the struck coin being pickled in acid. A Satin Finish Proof coin has a matte, satiny surface; the finishing process, used in the early 20th century, is currently unknown. A Sandblast Proof is a type of Matte Proof in which the surface of the coin is sandblasted, not pickled in acid. A Roman Finish Proof was used on gold Proofs of 1909 and 1910 and is similar to the Satin Finish Proof. A Brilliant Proof is one in which the entire surface is mirrorlike; any frosted devices are accidental, found generally only on the first few strikes of the die. Brilliant Proofs were produced by the U.S. Mint until the late 1970s and early 1980s, when Mint officials began taking care to produce the Cameo Proofs.

The Philadelphia Mint struck its first true Proof coins in 1817 (called Master coins, not Proof coins), not for collectors but as presentation pieces. From 1817 to 1859, Proof coins were made in small batches whenever a number of orders had accumulated.

Proof coins were first offered to the public at large in 1858, the result of a decision by Mint Director John Ross Snowden. Not until 1860, however, did mintages jump, as collector interest caught hold and the Mint began anticipating demand rather than striking the Proof coins to order.

Coins were sold individually and in complete sets, the latter in limited quantities. Sets were sometimes sold as separate sets of minor coins and gold coins in addition to the complete sets.

From 1907 to 1916, the Mint began experimenting with various Proof finishes, including the aforementioned Matte Proof, Sandblast Proof and Roman Finish Proof finishes.

The Mint stopped offering Proof coins in 1916. Walter Breen in his *Encyclopedia of United States and Colonial Proof Coins: 1722-1977* notes: "At first ostensibly because of the war, later more likely because of administration changes (there being no coin collectors in high office until William H. Woodin became secretary of the Treasury), no Proofs were publicly sold. The few made went to VIPs and most are controversial."

Proof coinage resumed in 1936 with the production of Brilliant Proofs. Coins were sold by the piece with five denominations making a complete set. Mintages of the Proof "sets" from 1936 through 1942 are based on the coin with the smallest mintage. Abandoned were the experiments with Matte Proofs and other Proof finishes. Proof production halted again at the end of 1942 because of World War II, and did not resume until 1950.

Beginning in 1950, customers could no longer purchase single coins. The five-coin sets were housed in individual cellophane envelopes, stapled together and placed into a cardboard box. The box and envelope combination was not meant to be a permanent holder for the coins, something collectors learned after the staple began to rust and threatened to damage the coins within the set. The Mint changed to new packaging in mid-1955 (the 1955 set is available each way): a plastic soft-pack inserted into an envelope. This packaging remained in use through 1964.

No Proof sets were struck in 1965 to 1967 because of the massive coin shortage haunting the nation. As noted earlier, Special Mint sets were sold in place of the Proof and Uncirculated Mint sets normally offered.

Proof set production resumed in 1968, but at a new location. Prior to 1968, most Proof coins were struck at the Philadelphia Mint. All earlier non-Philadelphia Mint Proof coins are rare. Production was moved to the San Francisco Assay Office (the San Francisco Mint became an Assay Office in 1962, and a Mint again in 1988), and the S Mint mark was added to the coins. The coins were housed in a hard-plastic holder.

Proof sets have been struck every year since 1968. From that year through 1972, the sets contain five coins, from the Lincoln cent to the Kennedy half dollar.

A Proof version of the Eisenhower copper-nickel clad dollar was first placed in the set from 1973, increasing the number of coins to six. The Eisenhower dollar is found in all Proof sets from 1973 through 1978, with 1975 and 1976 sets containing the Bicentennial version of the coin (bearing a dual 1776-1976 date and special commemorative reverse).

The Proof sets of 1979 to 1981 contain the Anthony dollar, maintaining a count of six coins. Beginning in 1982, with the cessation of production of the Anthony dollar, the count dropped back to five coins in the standard set, where it would remain for nearly two decades.

With the resumption of commemorative coinage production in 1982, and the introduction of American Eagle bullion coins in 1986, Proof production was spread to all four coining facilities, in Philadelphia, Denver, San Francisco and West Point. The San Francisco Mint continues to strike the regular Proof set in addition to some Proof commemorative and bullion coins.

A new level of Proof set—a Prestige Proof set—was offered in 1983 and 1984 and again from 1986 through 1997. Prestige Proof sets contain the regular set and a commemorative half dollar, silver dollar or both.

Congress mandated annual sales of a Silver Proof set in 1990; it authorized a Proof set with 90 percent silver versions of all denominations of a dime or higher, the highest at that time being the half dollar, since no dollar coins had been struck for circulation for about a decade. The Mint did not issue the first Silver Proof sets until 1992, citing 1991 production difficulties. From 1992 to 1998, the Mint offered two packaging versions of the new Proof set: a set in the same kind of holder as the standard Proof set marked with the word "silver," and a Premier Silver Proof set containing the same coins in a higher quality package.

Beginning in 1999, again in 2000 and yet again in 2004 and 2005, the number of coins in the annual Proof sets increased as the Mint began redesigning circulating coinage.

The State quarter dollars program, introduced in 1999, has been reflected in the Proof sets since that year. Since five State quarter dollars are issued each year, the number of coins in the set rose from five to nine (cent, 5-cent coin, dime, five quarter dollars and a half dollar). The State quarter dollars appear in both of the nine-coin sets (standard and Silver Proof set).

A third annual Proof set was added to the Mint's inventory in 1999: a five coin set offering the five State quarter dollars composed of copper-nickel clad composition. The State Quarters Proof set has been offered every year since. The Mint began selling a State Quarters Silver Proof set in 2004.

A new offering by the Mint generated a good deal of collector hostility in mid-2002. The Mint briefly reopened sales of sets it had previously reported as closed or sold out by offering a package of 1999, 2000 and 2001 Proof sets at coin market prices, not at their original prices. A majority of collectors objected to the program, saying that once a program is closed or reported as sold out, it should remain closed. The Mint stopped offering the packaged sets after a few weeks of sales; officials claimed that storage problems resulted in damage to some of the coins in the 1999 sets and made them unsaleable.

Mint officials, in announcing the closing of sales, also reported that Mint inventories did not contain other unsold coins that it would be offering later.

Meanwhile, additional trends (explored in more detail in other chapters in this book) would cause the number of coins in the standard and Silver Proof sets to increase beginning in 1999. Although the production of 1999 Anthony dollars came too late for inclusion in the standard Proof set and the Mint set, the production of Sacagawea dollars beginning in 2000 increased the coin count in the Proof sets to 10 from nine. (The new coin also prompted the Mint to seek and Congress to grant an exemption to existing law that could have required a 90 percent silver version of the Sacagawea dollar in the Silver Proof set rather than a regular alloy manganese-brass coin; sales of the 2000 Silver Proof set were delayed while the Mint waited for the exemption.) The 10-coin count was maintained until 2004 and 2005, when the production of two Westward Journey 5-cent coins caused an increase to 11 coins. The number of Jefferson 5-cent coins in the standard and Silver Proof sets reverted to one in 2006.

Additional changes in the nation's coinage are affecting the number of coins in Proof and Uncirculated Mint sets.

The sets should contain five dollar coins beginning in 2007 (this book was edited in mid-2006, so specific details are unavailable): four Presidential dollars and a Sacagawea dollar. The 2007 and 2008 Proof sets should contain 14 coins, while the Uncirculated Mint sets should contain double that number with examples of each from the Philadelphia Mint and Denver Mint (the sets will have a cent, 5-cent coin, dime, five State quarter dollars, a half dollar, a Sacagawea dollar and four Presidential dollars).

The State quarter dollar program concludes at the end of 2008, but the same legislation authorizing Presidential dollars also authorized four commemorative 2009 Lincoln cents to celebrate the bicentennial of Abraham Lincoln's birth. With the Presidential dollars, the coin count of the 2009 set should be 13 and the Uncirculated Mint set twice that. (An even higher coin count is possible in 2009. Legislation has been introduced in several Congresses seeking commemorative 2009 quarter dollars honoring the District of Columbia and five U.S. territories, an extension of sorts to the State quarter dollars program. If such legislation were to become law, the number of coins in a Proof set could increase to 18, with twice that number in the Uncirculated Mint set.)

And, of course, these counts only represent legislation pending or possible in 2006; legislators have a way of surprising the collecting community.

Matte Finish coins

The decision by Mint officials in 2005 to offer Satin Finish Uncirculated Mint sets harkens back to another "unusual" finish used on some special coins on three occasions in the 1990s.

As the United States Mint began offering more collector coin products in the 1980s and 1990s, officials began experimenting with special finishes to enhance some of the Uncirculated commemorative coins. By the early 1990s, for example, commemorative silver dollars were given a matte surface similar in appearance to the Matte Proof coins of the early 20th century mentioned earlier. Collectors took little note of this special finish, however, because the Mint referred to it as their Uncirculated finish (not to be confused with the standard finish on coins in the pre-2005 Uncirculated Mint sets). Then the Mint released a special, unexpected coin in a 1994 commemorative coin set, and collector indifference ended.

Congress authorized a commemorative silver dollar celebrating the 250th anniversary of Thomas Jefferson's birth for release in 1994. The

Mint offered the 1994 Jefferson silver dollar in Proof and Uncirculated versions, the latter bearing the special matte surfaces developed over the years. Mint officials also offered the dollar in a variety of purchasing options.

Among the special options was a Jefferson Coin and Currency set, which contains three monetary instruments bearing Jefferson's portrait: a 1994-P Jefferson silver dollar, a $2 Federal Reserve note and a 1994-P Jefferson 5-cent coin. While Mint officials intended to limit this set to 50,000 pieces, they forgot to mention that fact in any sales literature. Thus the Mint produced the set to order, selling 167,703 sets.

Mint officials also forgot to tell collectors that the Jefferson 5-cent coin in the set was given the same matte surfaces that had been given to the Jefferson silver dollar in the set, to give the two coins uniform finishes. A collector, however, noted the special finish and informed *Coin World*. That suddenly made the Jefferson Coin and Currency set a hot property. Many collectors collect Jefferson 5-cent coins, and many seek to acquire Proof and traditional Uncirculated examples of each date and Mint mark. As collectors and dealers began referring to the coin as having a Matte Finish, many sought examples of the special 5-cent coin to complete their collections of the denomination. Many Matte Finish 5-cent coins probably have been removed from their original holders for placement into whatever holders the collectors are using to store their Jefferson 5-cent sets, and many have been encapsulated by commercial grading services. Prices for this special 5-cent coin remain high, as much as $125.

Three years later, Mint officials offered a second Matte Finish Jefferson 5-cent coin (although Mint officials were still not using this terminology), this one dated 1997-P and housed in the Botanic Garden Coin and Currency set (also containing a Botanic Garden silver dollar and $1 Federal Reserve note). Production of the set was limited to 25,000 sets, meaning just 25,000 Matte Finish 1997-P Jefferson 5-cent coins would be offered, making this set an even hotter property than the Jefferson sets of three years earlier. In what became one of the most criticized offerings by the U.S. Mint in recent years, the Botanic Garden Coin and Currency set sold out in about a week, before many collectors even received their order forms in the mail. Dozens of irate collectors called *Coin World* to complain about being shut out of the offering because other collectors living closer to where the order forms were placed into the mail had an advantage over those living farther away. Few if any of the callers (including those lucky ones receiving the sets) wanted the sets for the Botanic Garden dollar. Most wanted the extremely limited, 25,000-mintage Matte Finish 1997-P Jefferson 5-cent coin for their collections. Today, these coins sell for as much as $275.

Mint officials apparently learned from this experience, so in 1998, when it offered a Kennedy Collectors set bearing a 1998-P Robert F. Kennedy silver dollar and 1998-P John F. Kennedy half dollar, it limited sales to a specific ordering period, not to a specific number of sets. Sales totaled more than 63,000 sets. By this time, Mint officials had also accepted the terminology that had caught on in hobby circles, and noted that the half dollar in the set had been given the special Matte Finish. The same literature also noted that the dollar in the set was an Uncirculated example. However, it was clear to collectors that the finish was the same on both coins (which had been the intention in 1994 when the first Matte Finish 5-cent coin was produced). *Coin World* began calling the RFK dollar a Matte Finish coin, prompting a rival coin collector publication to contact Mint officials, who confirmed that the RFK had an Uncirculated surface, not a Matte Finish. *Coin World* persisted in calling both coins Matte Finish, and Mint officials eventually confirmed that yes, the finish on both coins is the identical Matte Finish. (As with the Botanic Garden set, many collectors bought the coin for the Matte Finish half dollar to keep their collections complete, not for the commemorative silver dollar.) The special 1998-P Kennedy half dollar today sells for $325 or more.

As has been noted with the Satin Finish on the 2005 Uncirculated Mint set coins, Mint officials continue to experiment with special finishes on collector coins. Will Mint officials make similar experiments in the future for other coin offerings? Stay tuned.

Proof sets

Year Minted	Note	Sets Sold	Commemorative	Selling Price	Face Value
1950		51,386		2.10	0.91
1951		57,500		2.10	0.91
1952		81,980		2.10	0.91
1953		128,800		2.10	0.91
1954		233,300		2.10	0.91
1955		378,200		2.10	0.91
1956		669,384		2.10	0.91
1957		1,247,952		2.10	0.91
1958		875,652		2.10	0.91
1959		1,149,291		2.10	0.91
1960	⟨1⟩	1,691,602		2.10	0.91

Year Minted	Note	Sets Sold	Commemorative	Selling Price	Face Value
1961		3,028,244		2.10	0.91
1962		3,218,019		2.10	0.91
1963		3,075,645		2.10	0.91
1964		3,950,762		2.10	0.91
Production suspended during 1965, 1966, 1967					
1968	‹2›	3,041,506		5.00	0.91
1969		2,934,631		5.00	0.91
1970	‹3›	2,632,810		5.00	0.91
1971	‹4›	3,220,733		5.00	0.91
1972		3,260,996		5.00	0.91
1973		2,760,339		7.00	1.91
1974		2,612,568		7.00	1.91
1975	‹5›	2,845,450		7.00	1.91
1976	‹5›	4,123,056		7.00	1.91
1977		3,236,798		9.00	1.91
1978		3,120,285		9.00	1.91
1979	‹6›	3,677,175		9.00	1.91
1980		3,554,806		10.00	1.91
1981		4,063,083		11.00	1.91
1982	‹7›	3,857,479		11.00	0.91
1983	‹8›	3,138,765		11.00	0.91
1983 Prestige		140,361	1983-S Olympic silver dollar	59.00	1.91
1984		2,748,430		11.00	0.91
1984 Prestige		316,680	1984-S Olympic silver dollar	59.00	1.91
1985		3,362,821		11.00	0.91
1986		2,411,180		11.00	0.91
1986 Prestige		599,317	1986-S Immigrant half dollar, 1986-S Ellis Island silver dollar	48.50	2.41
1987		3,356,738		11.00	0.91
1987 Prestige		435,495	1987-S Constitution silver dollar	45.00	1.91
1988		3,031,287		11.00	0.91
1988 Prestige		231,661	1988-S Olympic silver dollar	45.00	1.91
1989		3,009,107		11.00	0.91
1989 Prestige		211,807	1989-S Congress half dollar 1989-S Congress silver dollar	52.00	2.41
1990	‹9›	2,793,433		11.00	0.91
1990 Prestige		506,126	1990-P Eisenhower silver dollar	46.00	1.91
1991		2,610,833		11.00	0.91
1991 Prestige		256,954	1991-S Mount Rushmore half dollar 1991-S Mount Rushmore silver dollar	55.00	2.41
1992	‹10›	2,675,618		11.00/12.50	0.91
1992 Prestige	‹11›	183,285	1992-S Olympic half dollar 1992-S Olympic silver dollar	49.00/56.00	2.41
1992 Silver	‹11, 12›	1,009,586		18.00/21.00	0.91
1992 Premiere	‹11,12›	308,055		29.50/37.00	0.91
1993		2,337,819		12.50	0.91
1993 Prestige	‹11›	232,063	1993-S James Madison half dollar 1993-S James Madison silver dollar	51.00/57.00	2.41
1993 Silver	‹11, 12›	589,712		18.00/21.00	0.91

PROOF SETS (CONTINUED)

Year Minted	Note	Sets Sold	Commemorative	Selling Price	Face Value
1993 Premiere	‹11,12›	201,282		29.00/37.00	0.91
1994		2,308,701		12.50	0.91
1994 Prestige	‹11›	175,893	1994-P World Cup half dollar		
			1994-S World Cup silver dollar	49.00/56.00	2.41
1994 Silver	‹11, 12›	636,009		18.00/21.00	0.91
1994 Premiere	‹11,12›	149,320		29.00/37.00	0.91
1995		2,018,945		12.50	0.91
1995 Prestige	‹11›	105,845	1995-S Civil War Battlefields half dollar		
			1995-S Civil War Battlefields		
			dollar	55.00/61.00	2.41
1995 Silver	‹11, 12›	537,374		18.00/21.00	0.91
1995 Premiere	‹11,12›	128,903		29.00/37.00	0.91
1996		2,085,191		12.50	0.91
1996 Prestige	‹11›	59,886	1996-S Olympic Soccer half dollar		
			1996-P Olympic Rowing dollar	55.00/61.00	2.41
1996 Silver	‹11, 12›	623,264		18.00/21.00	0.91
1996 Premier	‹11,12›	151,817		29.00/37.00	0.91
1997		1,975,000		12.50	0.91
1997 Prestige		80,000	1997-S Botanic Garden dollar	44.00	1.91
1997 Silver	‹11,12›	605,289		18.00/21.00	0.91
1997 Premier	‹11,12›	135,905		29.00/37.00	0.91
1998		2,086,507		12.50	0.91
1998 Silver	‹11,12›	878,996		18.00/21.00	0.91
1999	‹19›	2,557,899		19.95	1.91
1999 State	‹20›	1,169,958		13.95	1.25
1999 Silver	‹12›	804,565		31.95	1.91
2000	‹19›	3,096,981		19.95	2.91
2000 State	‹20›	995,803		13.95	1.25
2000 Silver	‹12›	965,421		31.95	2.91
2001	‹19›	2,300,944		19.95	2.91
2001 State	20›	799,736		13.95	1.25
2001 Silver	‹12›	889,697		31.95	2.91
2002	‹19›	2,319,766		19.95	2.91
2002 State	‹20›	764,419		13.95	1.25
2002 Silver	‹12›	892,229		31.95	2.91
2003	‹19›	2,172,684		19.95	2.91
2003 State	‹20›	1,225,507		13.95	1.25
2003 Silver	‹12›	1,142,858		31.95	2.91
2004	‹19,21›	1,789,488		22.95	2.96
2004 State	‹20›	951,196		15.95	1.25
2004 Silver	‹12,21›				
		1,175,934		37.95	2.96
2004 Silver State ‹22›					
		593,852		23.95	1.25
2005	‹19,23,24›	2,260,075		22.95	2.96
2005 State	‹20,23›	981,271		15.95	1.25
2005 Silver	‹12,23,24›				
		992,777		37.95	2.96
2005 Silver State ‹22,23›					
		606,809		23.95	1.25

Year Minted	Note	Sets Sold		Selling Price	Face Value
2005 United States Mint American Legacy Collection ‹25›			2005-P Chief Justice John Marshall silver dollar		
			2005-P Marine Corps 230th Anniversary silver dollar		
		46,057		135.00	4.96
2006	‹19,23›	1,318,522		22.95	2.91
2006 State	‹20,23›	685,889		15.95	1.25
2006 Silver	‹12,23›	600,197		37.95	2.91
2006 Silver State	‹22,23›	452,112		23.95	1.25

40% silver clad dollars
Struck in San Francisco

Year Minted	Uncirculated	Proof
1971	6,868,530	4,265,234
1972	2,193,056	1,811,631
1973	1,883,140	1,013,646
1974	1,900,156	1,306,579

Special Mint Sets

Year Minted	Sets Sold	Selling Price	Face Value
1965	2,360,000	4.00	0.91
1966	2,261,583	4.00	0.91
1967	1,863,344	4.00	0.91

Uncirculated sets

Year Minted	Sets Sold	Selling Price	Face Value
1947	12,600	4.87	4.46
1948	17,000	4.92	4.46
1949	20,739	5.45	4.96
1951	8,654	6.75	5.46
1952	11,499	6.14	5.46
1953	15,538	6.14	5.46
1954	25,599	6.19	5.46
1955	49,656	3.57	2.86
1956	45,475	3.34	2.64
1957	34,324	4.40	3.64
1958	50,314	4.43	3.64
1959	187,000	2.40	1.82
1960	260,485	2.40	1.82
1961	223,704	2.40	1.82
1962	385,285	2.40	1.82
1963	606,612	2.40	1.82
1964	1,008,108	2.40	1.82
1965	2,360,000	4.00	0.91
1966	2,261,583	4.00	0.91
1967	1,863,344	4.00	0.91
1968	2,105,128	2.50	1.33
1969	1,817,392	2.50	1.33
1970	2,038,134	2.50	1.33

UNCIRCULATED SETS (CONTINUED)

Year Minted	Note	Sets Sold	Selling Price	Face Value
1971		2,193,396	3.50	1.83
1972		2,750,000	3.50	1.83
1973		1,767,691	6.00	3.83
1974		1,975,981	6.00	3.83
1975		1,921,488	6.00	3.82
1976		1,892,513	6.00	3.82
1977		2,006,869	7.00	3.82
1978		2,162,609	7.00	3.82
1979	‹13›	2,526,000	8.00	3.82
1980	‹13›	2,815,066	9.00	4.82
1981	‹13›	2,908,145	11.00	4.82
1984		1,832,857	7.00	1.82
1985		1,710,571	7.00	1.82
1986		1,153,536	7.00	1.82
1987		2,890,758	7.00	1.82
1988		1,447,100	7.00	1.82
1989		1,987,915	7.00	1.82
1990		1,809,184	7.00	1.82
1991		1,352,101	7.00	1.82
1992		1,500,098	7.00/8.00	1.82
1993		1,297,094	8.00	1.82
1994		1,234,813	8.00	1.82
1995		1,013,559	8.00	1.82
1995 Deluxe		24,166	12.00	1.82
1996	‹14›	1,450,440	8.00	1.92
1997		940,047	8.00	1.82
1998		1,188,487	8.00	1.82
1999		1,421,625	14.95	3.82
2000		1,490,160	14.95	5.82
2001		1,113,623	14.95	5.82
2002		1,139,388	14.95	5.82
2003		1,001,532	14.95	5.82
2004	‹21›	842,507	16.95	5.92
2005	‹23,24›	1,141,908	16.95	5.92
2006	‹2›	Pending	16.95	5.82

Proof American Eagle issue prices ‹15›

Year	Note	Metal	1/10 oz	1/4 oz	1/2 oz	1 oz	Set
1986		Gold	—	—	—	550.	—
		Silver	—	—	—	21.00	—
1987		Gold	—	—	295.	585.	870.
		Silver	—	—	—	23.00	—
1988		Gold	65.00	150.	295.	585.	1065.
		Silver	—	—	—	23.00	—
1989		Gold	65.00	150.	295.	585.	1065.
		Silver	—	—	—	23.00	—
1990		Gold	70.00	150.	285.	570.	999.
		Silver	—	—	—	23.00	—
1991		Gold	70.00	150.	285.	570.	999.
		Silver	—	—	—	23.00	—

Year	Note	Metal	1/10 oz	1/4 oz	1/2 oz	1 oz	Set
1992		Gold	70.00	150.	285.	570.	999.
		Silver	——	——	——	23.00	——
1993		Gold	70.00	150.	285.	570.	999.
		Silver	——	——	——	23.00	——
1993 Philadelphia set ‹16›							499.
1994		Gold	70.00	150.	285.	570.	999.
		Silver	——	——	——	23.00	——
1995		Gold	70.00	150.	285.	570.	999.
		Silver	——	——	——	23.00	——
1995 10th Anniversary set ‹17›							999.
1996		Gold	70.00/75.00	150./159.	285./299.	570./589.	999./1025.
		Silver	——	——	——	23.00	——
1997		Gold	75.00	159.	299.	589.	1,025.
		Silver	——	——	——	23.00	——
		Platinum	99.00	199.	395.	695.	1,350.
1997 Impressions of Liberty set ‹18›							1,499.
1998		Gold	70.00	150.	285.	570.	999.
		Silver	——	——	——	24.00	——
		Platinum	99.00	199.	395.	695.	1,350.
1999		Gold	70.00	150.	285.	570.	999.
		Silver	——	——	——	24.00	——
		Platinum	99.00	199.	395.	695.	1,350.
2000		Gold	70.00	150.	285.	570.	999.
		Silver	——	——	——	24.00	——
		Platinum	118.	227.	405.	740.	1,375.
2001		Gold	70.00	150.	285.	570.	999.
		Silver	——	——	——	24.00	——
		Platinum	118.	227.	405.	740.	1,375.
2002		Gold	70.00	150.	285.	570.	999.
		Silver	——	——	——	24.00	——
		Platinum	118.	227.	405.	740.	1,375.
2003		Gold	85.00	165.	315.	630.	1,098.
		Silver	——	——	——	24.00	——
		Platinum	170.	329.	587.	1,073.	1,995.
2004		Gold	90.	175.	335.	675.	1,175.
		Silver	——	——	——	27.95	——
		Platinum	210.	410.	735.	1,345.	2,495.
2005		Gold	95.	190.	360.	720.	1,260.
		Silver	——	——	——	27.95	——
		Platinum	210.	410.	735.	1,345.	2,495.
2006	‹26›	Gold	100./110./105.	200./220./215.	385./445./420.	770./885./NA	1,350./1,575./1,495.
		Silver	——	——	——	27.95	——
		Platinum	220.	435.	780.	1,500.	2,750.

Bicentennial sets
Final mintages for the 3-coin set are 3,998,621 for the Proof set, and 4,908,319 for the Uncirculated set.

Notes
1. Includes Large Date and Small Date cents. The Small Date is rarer.
2. Some Proof sets contain dimes struck from a Proof die missing the Mint mark, an engraver's oversight, not a filled die. Unofficially estimated that 20 examples are known. Beware of sets opened and reclosed with "processed" P-Mint coins inserted. Check edge of case for signs of tampering.

3. An estimated 2,200 Proof sets contain dimes struck from a Proof die missing the Mint mark, an engraver's oversight, not a filled die.
4. An estimated 1,655 Proof sets contain 5-cent coins struck from a Proof die missing the Mint mark, an engraver's oversight, not a filled die.
5. Includes 1776-1976 dated Bicentennial quarter dollar, half dollar and dollar along with the other standard coins.
6. 1979 Proof set: The Anthony dollar replaced the Eisenhower dollar. During latter 1979, a new, clearer Mint mark punch was used on the dies. Sets with all six coins bearing the new Mint mark command a premium.
7. 1982 Proof set: A new Mint mark punch with serifs was introduced.
8. 1983 10-cent piece: Some 1983 sets were issued with dimes missing the S Mint mark, similar to errors on 1968, 1970, 1971 and 1975 Proof coins.
9. The Mint released an estimated 3,555 1990 Proof sets with a cent missing the S Mint mark. The die was for business strikes at Philadelphia, but was inadvertently sent to San Francisco, prepared as a Proof and placed into Proof production.
10. Price increased from $11 to $12.50 July 1, 1992.
11. Prices are pre-issue discount/regular price.
12. Beginning in 1992 a new type of Proof set was issued, consisting of a regular Proof cent and 5 cents, but with the dime, quarter dollar and half dollar struck on 90 percent silver planchets, rather than the copper-nickel clad planchets of the circulating and regular Proof coinage. A Sacagawea dollar of standard alloy was added to the set in 2000. A "Premiere" edition—essentially fancy packaging—was sold at an additional premium for several years.
13. 1979-81 Uncirculated sets: While Anthony dollars were struck for circulation at the San Francisco Assay Office, the Unc. S dollar was not included in the 1979 Uncirculated Mint set, which has 12 coins and a face value of $3.82. The Anthony dollar was included in the 1980 and 1981 sets, which are 13-coin sets with a face value of $4.82.
14. 1996 Uncirculated set: A 1996-W Roosevelt dime, available only in these sets, was added at no additional cost to mark the 50th anniversary of the coin.
15. Prices are for single-coin or -set purchase only; bulk discounts may apply; in 1996, a pre-issue discount was offered on gold coins.
16. Includes tenth-, quarter-, half-ounce gold, 1-ounce silver coin and 1-ounce silver medal.
17. Includes four gold coins and one silver, all with West Point Mint mark.
18. Includes one each Proof 1-ounce platinum, gold and silver bullion coin.
19. Includes one each of that year's State quarter dollars, plus Proof versions of other regular denominations.
20. Includes one each of that year's State quarter dollars only.
21. Contains Peace Medal and Keelboat 5-cent coins.
22. Contains one each of that year's State quarter dollars only, in 90 percent silver.
23. Sales figures not final.
24. Contains American Bison and Ocean in View 5-cent coins.
25. Also contains the regular Proof coins of standard compositions.
26. Rising gold prices led officials to halt sales of the Proof 2006-W American Eagle gold coins on May 4 and not resume sales until May 18, after raising prices from 10 to 16.7 percent. Falling gold prices led to a second halt in sales from June 30 through July 9, and a lowering of prices for all but the single 1-ounce coin option, which had sold out. The original, increased and lowered prices are given in the accompanying table.

Glossary

Numismatics (pronounced nu-mis-mat-iks), like any science, has a language of its own spoken by its practitioners and students. New collectors unfamiliar with terms like obverse, reverse, Mint mark and double eagle may feel confused by a bewildering lexicon. However, the language need not be confusing.

The terms defined here are those that may be commonly encountered during the normal course of coin collecting. A more in-depth glossary can be found online at **www.coinworld.com**.

Alloy: Mixture of more than one metal.

American Bison 5-cent coin: One of four Jefferson 5-cent coins struck as part of the Mint's Westward Journey Nickel Series. Depicts an American bison on the reverse and the new portrait of Jefferson on the obverse.

American Buffalo silver dollar: Commemorative silver dollar struck in 2001, bearing revised versions of James Earle Fraser's designs for the Indian Head 5-cent coin ("Buffalo nickel").

American Eagle: A legal tender bullion coin struck and issued by the United States Mint. The Mint strikes four .9995 fine platinum coins, four .9167 fine gold coins and a .999 fine silver coin. Refer to "Values" section for other specifications.

Anneal: To soften dies, planchets or metal by heat treatment.

Assay: Analytic test or trial to ascertain the fineness, weight and consistency of precious or other metal in coin or bullion. An assay piece is one that has been assayed.

Attribution: The identification of a numismatic item by characteristics such as issuing authority, date or period, Mint, denomination, metal in which struck, and by a standard reference.

Base metal: Nonprecious metal; e.g., copper.

Bicentennial coins: Quarter dollar, half dollar and dollar struck in 1975 and 1976 with special reverse designs commemorating the 200th anniversary of the signing of the Declaration of Independence. Dated 1776-1976.

Blank, planchet: The disk of metal or other material on which the dies of the coin, token or medal are impressed. A blank is a piece that has not been given an upset rim; a planchet has the upset rim. Also called disk, flan.

Buffalo nickel: Nickname given the Indian Head 5-cent coin. Nickname is commonly though incorrectly used; most U.S. coins are named after their obverse design; the creature on the reverse is a bison, not a buffalo; and no U.S. coin denomination is legally called a "nickel." See "American Buffalo silver dollar" and "American Bison 5-cent coin."

Bullion: Uncoined precious metal in the form of bars, plates, ingots and other items.

Clad: Composite coinage metal strip composed of a core, usually of a base metal such as copper, and surface layers of more valuable metal like copper-nickel or silver. The U.S. dimes, quarter dollars, half dollars and dollars struck for circulation since 1965 are a clad coinage, including the Sacagawea "golden" dollar.

Coin: Usually a piece of metal, marked with a device, issued by a governing authority and intended to be used as money. Coins may or may not be legal tender. All coins issued by the United States government are legal tender.

Collar: A retaining ring die within which the coin dies operate; the collar (of the type called a close collar) forms the edge design of the piece, such as reeding or lettering. Until the 1830s, U.S. coins were struck within an open collar, which was slightly larger in diameter than the finished coin; the open collar roughly centered the planchet during striking, but did not restrict outward metal flow (and thus did not crush edge devices like lettering and reeding, applied before striking in a separate operation).

Contact marks: Surface abrasions found on U.S. coins, because of coins striking the surfaces of other coins during bagging and shipping procedures. See chapter on "Grading," for details. Also called "bag marks," derived from the canvas bags coins were once shipped in from the Mint.

Copper-nickel: Coinage alloy composed of copper and nickel in varying amounts.

Coronet: A style of Liberty Head used on U.S. copper and gold coins for much of the 19th century. Liberty wears a coronet (usually marked with the word LIBERTY).

Denomination: The face value of a coin; the amount of money it is worth as legal tender.

Denticles: Ornamental device used on rims of coins, often resembling teeth, hence the name; also "beading." Also called dentils.

Device: The principal design element, such as a portrait, shield or heraldic emblem, on the obverse or reverse of a coin.

Die: A hardened metal punch, the face of which carries an intaglio or incused mirror image to be impressed on one side of a planchet.

Disme: Original spelling of "dime," used into the 1830s in Mint documents. Pronunciation uncertain.

Double eagle: A gold $20 coin of the United States.

Eagle: A gold $10 coin of the United States.

Edge: Often termed the third side of a coin, it is the surface perpendicular to the obverse and reverse. Not to be confused with the rim. Edges can be plain, reeded, lettered or carry other designs or a combination of edge elements.

Encapsulated coin: One that has been sealed in a plastic holder, especially by a third-party grading service. The encapsulation is usually called by its nickname, "slab."

Field: The flat part of a surface of a coin surrounding and between the head, legend or other designs.

Fineness: Represents the purity of precious metal, either in monetary or bullion form. Often stated in terms of purity per 1,000 parts: A .925 fine silver coin has 92.5% silver and 7.5% other metal.

Flow lines: Microscopic striations in a coin's surface caused by the movement of metal under striking pressures. A coin's luster is caused by its flow lines; loss of luster is the result of wear to the flow lines.

Grading: The process of determining a coin's condition.

Hairlines: Fine scratches in the surface of the coin. Not to be confused with die scratches.

Half dimes, half dismes: A silver 5-cent coin of the United States. The Mint Act of April 2, 1792, authorized "half dismes," which was the standard spelling (rather than "half dime") until the 1830s.

Half eagle: A gold $5 coin of the United States.

Hub: A right-reading, positive punch used to impress incused, mirror-image dies.

Incuse: The opposite of bas-relief; design is recessed rather than raised

Indian Head: The preferred name for the 5-cent coin often called "Buffalo nickel." Indian Head cents, gold dollars, gold $3 coins, $5 half eagles, $10 eagles and $20 double eagles exist.

Large cent: Refers to the U.S. cents of 1793 to 1857, with diameters between 26 and 29 millimeters, depending on the year.

Legal tender: Currency (coins or paper money) explicitly determined by a government to be acceptable in the discharge of debts.

Legend: The inscription on a numismatic item.

Lettered edge: An inscription on the edge of a coin.

Luster: Surface quality of a coin, result of light reflected from the microscopic flow lines.

Matte Proof: Especially U.S. gold coins of 1908 to 1916, coins produced from dies entirely sandblasted with no mirror surfaces.

Mercury: The unofficial nickname given to the Winged Liberty Head dime of 1916 to 1945. The designer never intended the coin to depict Mercury, a male Greek god with wings on his ankles and wearing a winged helmet. The bust on the dime is an allegorical female Liberty Head figure with a winged cap.

Minor coin: A silver coin of less than crown weight, or any coin struck in base metal.

Mint mark: A letter or other symbol indicating the Mint of origin.

Mirror: Highly reflective, describing surface or field of a coin; usually mirror field with frosted relief.

Nickel: A silver-white metal widely used for coinage. It is factually incorrect to use "nickel" as a synonym for the copper-nickel 5-cent coin. In the mid-19th century, copper-nickel cents and 3-cent coins were also nicknamed "nickel," like the modern 5-cent coin. The U.S. Mint has never struck a coin officially called a "nickel."

Obverse: The side of a coin that bears the principal design or device, often as prescribed by the issuing authority. In informal English, the "heads."

Overdate: The date made by a Mint engraver superimposing one or more numbers over the date on a previously dated die.

Pattern: Coin-like piece designed to test coin designs, mottoes or denominations proposed for adoption as a regular issue and struck in the metal to be issued for circulation, but that was not adopted, at least in year of pattern issue.

Penny: The nickname given the 1-cent coin. The United States Mint has never struck a penny for use in the United States. The nickname derives from the country's English origins; England still uses a denomination called a penny.

Pioneer gold coins: Gold coins, generally privately produced, struck in areas of the United States to meet the demands of a shortage of federally issued coins, generally in traditional U.S. coin denominations. Often called "private gold," which is correct for many but not all of the issues, and "territorial gold," which is incorrect since none of the coins were struck by a territorial government authority.

Planchet: The disk of metal that when placed between the dies and struck becomes a coin. Also called flan or blank.

Prestige Proof set: A special U.S. Proof set, commemorating regular

Proof coins plus commemorative coins of that year. Offered first in 1983 with 1983-S Olympic silver dollar; also offered in 1984 (with 1984-S Olympic dollar) and 1986 (with 1986-S Immigrant half dollar and 1986-S Ellis Island dollar).

Proof: A coin struck on specially prepared planchets on special presses to receive the highest quality strike possible, especially for collectors.

Prooflike: An Uncirculated coin having received special minting treatment and a mirror surface for the benefit of collectors, with minor imperfections due to the minting process permissible.

Quarter dollar: A 25-cent coin of the United States.

Quarter eagle: A gold $2.50 coin of the United States.

Reeded edge: The result of a minting process that creates vertical serrations on the edge of a coin.

Registry: Two grading services, Numismatic Guaranty Corp. and Professional Coin Grading Service, allow participants to register their graded and encapsulated coins as sets. Collectors "compete" to have the highest-ranked registry set in terms of quality and completeness. The concept has led to very high prices being paid for "grade rare" coins that in terms of total mintage are common, but are rare in ultra-high grades.

Restrike: A numismatic item produced from original dies and by the original issuer, but later than original issues. In the case of a coin, the restrike usually occurs to fulfill a collector demand and not a monetary requirement. Sometimes "restrike" is used in a broader sense to refer to coins restruck at a later date, but not from original dies or by the original issuing authority.

Reverse: The side opposite the obverse; usually but not always the side with the denomination (the denomination appears on the obverse of the State quarter dollars, for example). The side opposite the side containing the principal design. Informally, the "tails."

Rim: Raised border around the circumference of a coin, not to be confused with the edge.

Ringed bimetallic coin: A coin composed of two parts: a holed ring into which is inserted a core. The two parts are often different colors and compositions. The only U.S. ringed bimetallic coin is a 2000 commemorative $10 coin honoring the Library of Congress, composed of a platinum core and gold ring.

Seigniorage: The profits resulting from the difference between the cost to make a coin and its face value, or its worth as money and legal tender. Most coins cost less to make than their face value; when it becomes too expensive to make a certain coin, its size, weight and composition are often changed.

Series: Related coinage of the same denomination, design and type, including modifications and varieties.

Slab: A rigid plastic, sonically sealed holder, usually rectangular, especially one used by third-party grading services.

Specie: In the form of coin, especially precious metal coin; paper money redeemable in coin. From Latin meaning "in kind"; see also fiat money.

State coinages or notes: Refers to coins issued by one of four state governments (Connecticut, Massachusetts, New Jersey and New York) between the Declaration of Independence and the ratification of the U.S. Constitution when the states' rights to issue coins were suspended. Among paper money, refers to notes issued between Declaration of Independence and Civil War by state governments.

Stella: A gold $4 pattern never issued for circulation. Also struck in other metals.

Subtype: A modification of a basic design type that leaves the basic theme intact without major revision. Examples include the Bison on Plain and Bison on Mound reverses for the Indian Head 5-cent coin and the three reverse subtypes used on the Capped Bust half dollar from 1836 to 1838 (the same Eagle design was used with and without E PLURIBUS UNUM; the denomination appears as 50 C., 50 CENTS and HALF DOL.).

Surcharge: An extra charge placed on an item, the revenue of which is usually earmarked for a specific fund. It has been the recent practice of the Congress to place a surcharge on commemorative coins, sometimes to benefit a worthy organization.

Trade dollar: A silver dollar coin produced for overseas markets. The U.S. issued a Trade dollar from 1873 to 1885 for use in the Orient.

Type: A basic coin design, regardless of minor modifications. The Indian Head and Jefferson 5-cent coins are different types.

Type set: A collection composed of one of each coin of a given series or period.

Uncirculated set: Set of coins issued by the U.S. Mint, consisting of one of each coin issued for circulation. Also called Uncirculated Mint set, or unofficially, a Mint set.

Upsetting mill: A machine that squeezes planchets so that they have a raised rim, in preparation for striking.

Index